SELECTED ESSAYS ON

EUROPEAN MEDIEVAL HISTORY

欧洲中世纪史研究论文选粹

陈灵海　主编

法律出版社
LAW PRESS·CHINA
—— 北京 ——

图书在版编目（CIP）数据

欧洲中世纪史研究论文选粹 / 陈灵海主编. -- 北京：法律出版社，2024. -- ISBN 978-7-5197-9483-5

Ⅰ. K503-53

中国国家版本馆 CIP 数据核字第 20247CM078 号

欧洲中世纪史研究论文选粹
OUZHOU ZHONGSHIJISHI YANJIU LUNWEN XUANCUI

陈灵海　主编

策划编辑 沈小英
责任编辑 常　锋
装帧设计 李　瞻

出版发行 法律出版社
编辑统筹 法治与经济出版分社
责任校对 王　丰　郭艳萍
责任印制 吕亚莉
经　　销 新华书店

开本 710 毫米×1000 毫米　1/16
印张 41　　**字数** 780 千
版本 2024 年 12 月第 1 版
印次 2024 年 12 月第 1 次印刷
印刷 北京虎彩文化传播有限公司

地址：北京市丰台区莲花池西里 7 号(100073)
网址：www.lawpress.com.cn
投稿邮箱：info@lawpress.com.cn
举报盗版邮箱：jbwq@lawpress.com.cn

销售电话：010-83938349
客服电话：010-83938350
咨询电话：010-63939796

书号：ISBN 978-7-5197-9483-5　　**定价**：188.00 元

凡购买本社图书，如有印装错误，我社负责退换。电话：010-83938349

目 录

总 论

第一编 政治·权力

第二编 城市·经济

第三编 立法·司法

第四编 观念·论说

总　论

中国的世界中世纪史研究 40 年

侯建新

世界中世纪史在我国曾经是边缘化的研究领域，随着改革开放的不断深化，也随着学术上破除了“黑暗中世纪”的误区，经过 40 年发展，世界中世纪史已经成为我国史学界进步最为明显、成果最为丰厚的学术领域之一。由于它特殊的历史时段，一度还成为我国比较史学特别是中外比较史学的重要策源地，引起学界的普遍关注。

一

20 世纪 80 年代是我国世界中世纪史研究的复兴期。在改革开放春风的吹拂下，世界中世纪史研究逐渐活跃起来，研究者们对以前因遇到禁区而中断的理论和历史思考跃跃欲试，重新探讨和反思，打破“以论代史”旧框架，追求实事求是的科学研究。“亚细亚生产方式”与社会形态问题的讨论就是典型事例。在 20 世纪 70 年代末的探讨中，尽管参与者的思维和语言仍然带有旧痕迹，但讨论的气氛是开放和宽容的，因此获得了一定成果并有长远的理论和学术价值。林志纯等人撰文认为，马克思的“亚细亚生产方式”意指原始社会，而且是一切民族的文明初期都曾经历过的。不过，有人提出不同意见，认为“亚细亚生产方式”是一种东方特有的社会形态，不能将它普遍化。①

① 东志：《亚细亚生产方式与世界史研究》，载《世界历史》1981 年第 4 期。

还有学者认为“亚细亚生产方式”是前资本主义社会形式之一。[①] 他们的观点涉及社会发展的普遍性和特殊性问题，为以后的进一步探讨埋下伏笔。

关于欧洲传统社会向资本主义社会的过渡，是20世纪八九十年代我国中世纪史的热点问题。对该问题的探讨基本上是与改革开放同生的。与该主题相关，中世纪晚期近代早期成为被关注的主要时段，人们在研究中倾注了自己的反思，也呼应了国际史学界20世纪70年代以来关于封建主义向资本主义过渡的大讨论。一些学者重视传统社会中农牧业经济结构差异与资本主义产生的关系，一些学者重视农业劳动生产率的作用，一些学者重视商品生产的作用，[②]还有学者重视农民个体力量增长或私人财产权利体系发展。[③] 与“过渡”问题讨论联系在一起的，是比较史学的兴起。国内中世纪史学者在政治制度比较、中西封建社会比较、中英农村经济比较等方面发表了引人注目的成果。[④]

一些专题性研究成果堪称精品，例如马克垚的《西欧封建经济形态研究》写于20世纪80年代中叶，至今仍有较深的学术影响。又如，都铎王朝议会制度研究、英国中世纪城市研究、英国中世纪农村行政和法庭研究、西欧政教关系和教会史研究、拜占庭研究以及阿拉伯伊斯兰世界研究等，也达到了一定深度。[⑤] 与此同时，关于文艺复兴、宗教改革和德国农民战争等老话题的讨论在20世纪八九十年代也得以延续。[⑥]

---

① 胡钟达：《试论亚细亚生产方式兼评五种生产方式说》，载《中国史研究》1981年第3期。

② 吴于廑：《历史上农耕世界对工业世界的孕育》，载《世界历史》1987年第2期；周广远：《经济结构与英国封建主义向资本主义过渡的关系》，载《世界历史》1982年第1期；庞卓恒：《西欧封建社会延续时间较短的根本原因》，载《历史研究》1983年第1期。

③ 侯建新：《现代化第一基石——农民个人力量与中世纪晚期社会变迁》，天津社会科学出版社1991年版；赵文洪：《私人财产权利体系的发展：西方市场经济和资本主义起源问题研究》，中国社会科学出版社1998年版。

④ 戚国淦：《十六世纪中英政治制度比较》，载《历史研究》1987年第4期；朱寰：《亚欧封建经济形态比较研究》，东北师范大学出版社1996年版；马克垚：《中西封建社会比较研究》，学林出版社1997年版；王晋新：《15—17世纪中英两国农村经济比较研究》，东北师范大学出版社1996年版；顾銮斋：《中西封建社会税权归属的差异》，载《中国史研究》1996年第4期。

⑤ 刘新成：《英国都铎王朝议会研究》，首都师范大学出版社1995年版；刘景华：《城市转型与英国的勃兴》，中国纺织出版社1994年版；徐浩：《中世纪英国农村的行政、司法及教区体制与农民的关系》，载《历史研究》1986年第1期；王亚平：《权力之争——中世纪的西欧的君权与教权》，东方出版社1995年版；刘城：《英国中世纪教会研究》，首都师范大学出版社1996年版；徐家玲：《早期拜占庭和查士丁尼时代研究》，东北师范大学出版社1998年版；陈志强：《拜占廷军区制和农兵》，载《历史研究》1996年第5期；哈全安：《古典伊斯兰世界》，中国青年出版社1999年版。

⑥ 张椿年：《从信仰到理性——意大利人文主义研究》，浙江人民出版社1993年版；朱孝远：《神法、公社和政府：德国农民战争的政治目标》，北京大学出版社1994年版。

二

进入21世纪以来，世界中世纪史研究领域不断拓宽，传统领域得到深化研究，一些薄弱或空白领域得到加强和填补。研究风格也发生了明显变化，如果说以前多有宏大叙事的色彩，那么现在则倾向于中观、微观研究和更加实证性的专题研究。改革开放初期以思想解放为标识，这一时期则以研究方法、研究理论和理念的更新开拓为特点。我国世界中世纪史研究呈现全面发展的势头。

其一，研究领域拓宽，研究时段延伸。人们寻求历史研究的新领域新视角，寻求改善历史学功能，使历史学研究更贴近社会，贴近生活，因此一些新兴学科和新的研究方法走进我国史学界，经济社会史学科为其中一例。2001年，天津师范大学历史学系和中国社会科学院世界历史研究所联合举办"经济社会史全国学术研讨会"，首次探讨经济社会史学科的概念、方法和范畴，充分肯定了该学科的积极意义，引起全国性的反响。① 实际上，当时无论世界史还是中国史的研究者，越来越不满足于传统的研究课题，倡导开拓新领域，尝试新方法，已经成为史学界的普遍呼声。② 令人感兴趣的是，2000年以后问世的一批批研究成果，颇具新世纪的风采。例如，农民日常生活和消费水平研究，社会转型时期下层民众的贫困问题研究，城镇化历程以及贸易手段的变革，中世纪女性观念、婚姻家庭研究，中世纪宗教生活和信仰研究，疾病和医疗社会史以及特许权研究，等等。这些研究从不同的角度剖析社会生活各个侧面，一些研究领域完全是开拓性的，一扫传统话题的老面孔，大大深化了人们关于中世纪经济与社会的认知。不仅研究领域空前拓宽，中世纪的研究时段也得到合理延伸。也就是说，欧洲中世纪早期历史的研究亦逐渐融入国际学术发展的大潮之中，例如欧洲中世纪早期文明与罗马文明的关系研究、欧洲民族起源和民族大迁徙研究、对中世纪早期历史叙事文献的翻译和整理、对宗教文化转型的思考等，③此其荦荦大端。随着研究领域拓宽，中世纪史

---

① 侯建新主编：《经济—社会史：历史研究的新方向》，商务印书馆2002年版；侯建新：《人文的和整体的历史：西方经济—社会史初论》，载《世界历史》2002年第1期；薄洁萍：《众名家关注"经济—社会史"》，载《光明日报》2001年12月11日。

② 刘新成：《日常生活史与西欧中世纪日常生活》，载《史学理论研究》2004年第1期。

③ 沈坚：《匈牙利人起源及早期变迁》，载《经济社会史评论》2016年第2期；王晋新：《早期西方文明历史文献的译介与研究》，载《世界历史》2013年第3期；李隆国：《"民族大迁徙"：一个术语的由来与发展》，载《经济社会史评论》2016年第3期；李云飞：《钦差巡查与查理曼的帝国治理》，载《中国社会科学》2017年第8期；夏洞奇：《"地上之国总是无常"，奥古斯丁论罗马帝国》，载《历史研究》2007年第6期。

学者近年来在日常生活史、乡村史、城市史、家庭史、妇女史、医疗史、教育史等方面取得了丰硕成果。

其二,以往一些薄弱领域研究取得进展。由于语言的障碍,英语地区以外的研究多是薄弱领域,21 世纪以来均有不同程度的改善。例如,法国中世纪史和德意志中世纪史研究领域都有相关成果问世;东欧俄罗斯地区研究亦有进展,关于俄罗斯文化、东欧俄国农奴制、农村公社、蒙古统治对俄罗斯历史的影响等问题的探讨都有一些新成果。① 阿拉伯及伊斯兰问题研究,取得了明显的发展,关于伊斯兰教的兴起、阿拉伯国家的建立、阿拉伯人的扩张、《古兰经》中的圣战思想、阿拉伯封建土地关系、阿拉伯帝国非穆斯林臣民的社会地位均有一系列成果,其中,《阿拉伯封建形态研究》可视为该领域的扛鼎之作。还有学者研究了中东中世纪城市和奥斯曼土耳其帝国的相关问题。② 拜占庭学研究、拜占庭与中国交通的研究等继续得到加强。东亚朝鲜史、日本史是学者密切关注的研究领域,近年来关于日本律令时代身份等级的研究、日本近代社会转型的研究、天皇王位继承以及武家政治之前伦理价值观等研究均有新意,进一步推动了东亚中世纪史的研究。

同样重要的是,一些传统课题的研究进一步深化。社会转型和历史比较得到持续的关注,不过更加注重社会转型内在因素的分析,传统观念的作用,同时更加专题化,如从某一个特定的方面讨论社会转型问题。③ 法律政治史,包括封建王权和财政史研究,在不同意见的讨论中进一步得到深化,并且出现研究重心下沉

---

① 陈文海:《试论中世纪法国王室的“圣德尼崇拜”》,载《世界历史》2008 年第 1 期;侯树栋:《德意志中古史——政治、经济社会及其他》,商务印书馆 2006 年版;刘新利:《德国的宗教改革与国家统一》,载《经济社会史评论》2017 年第 3 期;刘祖熙:《中世纪斯拉夫文化刍议》,载《世界历史》2001 年第 5 期;姚海:《俄罗斯文化》,上海社会科学院出版社 2005 年版。

② 哈全安:《阿拉伯封建形态研究》,天津人民出版社 2000 年版;车效梅:《中东中世纪城市的产生、发展与嬗变》,中国社会科学出版社 2004 年版;王三义:《“土耳其人阻断商路”说与西方的近东殖民》,载《历史研究》2007 年第 4 期。

③ 侯建新:《社会转型时期中的西欧与中国》,高等教育出版社 2005 年版;侯建新:《农民、市场与社会变迁:冀中 11 村透视并与英国乡村比较》,社会科学文献出版社 2002 年版;赵立行:《商人阶层的形成与西欧社会转型》,中国社会科学出版社 2004 年版;王加丰、张卫良:《西欧原工业化的兴起》,中国社会科学出版社 2004 年版;龙秀清:《西欧社会转型中的教廷财政》,济南出版社 2001 年版;顾銮斋:《中西中古税制比较研究》,社会科学文献出版社 2016 年版。

的现象,如出现村庄共同体和郡共同体研究,①农业史、农业劳动转移的历史亦然。② 关于文艺复兴研究取得新进展,包括积数年之功写成的《欧洲文艺复兴史》12卷,反映了这个领域的最新研究成果。③ 继20世纪亚细亚生产方式讨论,延伸至西欧"封建主义"是否有普遍意义的探讨,从20世纪90年代初就已经开始,进入21世纪后讨论更为集中。众多学者将目光转向更广阔的领域,分别从语义学、学术史以及实证史学等方面论述了各自的观点。④ 该问题尚未达成广泛的共识,不过从一个侧面反映了我国历史学研究发展的深入程度。全球史研究涌现和全球史研究机构成立,是对国际史学热点的呼应,也表达了论者的取向。⑤ 此外,还有大量译著问世,直接开阔了研究视野,其中具代表性的莫过于张绪山等翻译的马克·布洛赫的《封建社会》和徐家玲等翻译的詹姆斯·W.汤普逊的《中世纪晚期欧洲经济社会史》,其他尚有《西欧中世纪史》《中世纪文明》《剑桥欧洲经济史》《英国庄园生活》《英国个人主义的起源》《中世纪与文艺复兴》《中世纪的衰落》《大分流》等著述。

三

中世纪研究需要改善和继续努力的几个方面。

其一,需要更加重视原始卷宗等一手资料的使用和积累。随着互联网技术的飞速发展,各种专业数据库、网上资料已经在相当大程度上改变了早期资料严重匮乏的局面。近年来,我国不少高校和研究机构收集和整理外国中世纪档案资料,出现中世纪史学者使用原始卷宗写作的可喜现象。虽然还有很长的路要走,然而使用原始档案著述无疑是一个既定的目标,是我们的努力方向,也是拿出一

---

① 孟广林:《英国封建王权论稿——从诺曼征服到大宪章》,人民出版社2002年版;顾銮斋主编:《西方宪政史》,人民出版社2013年版;施诚:《中世纪英国财政史研究》,商务印书馆2010年版;侯建新等:《中古政治制度》,载《世界历史》第10册,江西人民出版社2011年版;程汉大:《中世纪欧洲的法治元素》,载《经济社会史评论》2015年第1期;陈日华:《中古晚期英格兰郡共同体探析》,载《世界历史》2016年第1期。

② 例如,向荣:《敞田制与英国的传统农业》,载《中国社会科学》2014年第1期;黄春高:《分化与突破:14—16世纪英国农民经济》,北京大学出版社2011年版;谷延方:《英国农村劳动力转移与城市化:中世纪盛期及近代早期》,中央编译出版社2011年版。

③ 刘明翰主编:《欧洲文艺复兴史》,人民出版社2008年版;夏继果:《哈斯金斯与12世纪文艺复兴》,载《史学理论研究》2004年第3期等。

④ 马克垚:《中国有没有封建社会》,载《史学理论研究》2004年第4期;侯建新《"封建主义"概念辨析》,载《中国社会科学》2005年第6期;冯天瑜:《"封建"考论》,武汉大学出版社2006年版;黄春高:《"封建主义的悖论"与中古西欧封建国家》,载《世界历史》2007年第6期。

⑤ 刘新成:《全球史观在中国》,载《历史研究》2011年第6期。

流研究成果的基本条件。从这个意义上讲,我国世界中世纪史研究仍处于奠基时期。

其二,尽快补足世界中世纪史研究的短板和空缺。我国世界中世纪史研究已经取得了可喜的成果,然而与时代的要求和与大国地位仍然是不相称的。教学研究人员的体量过小,非英语地区的研究人员尤其短缺;相当一部分国家和地区近代以前的历史研究成果付之阙如,以日本和印度为例,我国从事研究这两个重要国家中世纪史的人员寥寥无几。没有雄厚的中世纪史研究,就很难有成功的现当代史研究,而实际现状是许多国家和地区历史没有专业研究人员,或者只有现代史研究而没有中世纪史研究做基础。世界史学科布局不平衡、中世纪史研究短缺的现象相当严重。

其三,研究中存在零散现象,原创力度不足。一方面,当下的研究成果可能比过去更规范、更专业;另一方面,不少作品缺乏问题意识,往往就事论事,缺乏探索的热情、宽阔的视野和具有指向性的内在逻辑关系。所谓原创性一定是有系统的,一定独立地提出具有广泛影响的原创性概念和范畴,可当下很少有人做,也很少看到试图这样做的努力,这大概是最致命的短板。

中国的世界史学科需要“中外融通”

孟广林

在我国史学界,世界史学科起步较晚。新中国成立初期,一些史学前辈筚路蓝缕,为这一新兴学科的形成初步奠基。改革开放后,随着对外交流日益扩大,这一学科进入成长期,但基础仍显薄弱。但目前加强该学科建设的重要性却是不言而喻的。当前,在人类社会“全球化”的大趋势下,我国社会主义现代化建设进入了一个崭新阶段,与世界各国、各地区的联系与交流空前扩大,需要从各国、各地区的现实与历史中更多地总结与借鉴有关的教训与经验,由此就将这一学科的价值日益凸显出来,这也就提出了如何解决该学科发展的重大课题。这一重任当然不是几个人、几套方案所能解决的,需要学界同人集思广益,多方探讨,笔者仅从“中外融通”的层面略抒管见。

世界史的研究范围十分广泛。大跨度、长时段的历史空间与时间,众多的不同生活生产样式与文化背景的民族,使世界史的研究对象若“恒河沙数”,难以穷尽,且又“气象万千”,深奥复杂,对语言训练、理论功底与学术素养的要求极其严苛,没有毕生精力的投入与钻研,是难以有所建树的。也正因如此,世界史学科门类众多,专门化色彩极浓。从断代史来划分,有上古史、中世纪史、近代史、现代史与当代史;从地区上划分,有东北亚史、东南亚史、南亚史、西亚史、拉丁美洲史、北美史、西欧史、东欧史、北非史、撒哈拉以南的非洲史等;从国别上划分有埃及史、希腊史、意大利史、美国史、英国史、法国史、德国史、俄国史、印度史、日本史……;至于一些专门史如古希腊罗马史、古代东方史、西方文明史、文艺复兴史、宗教改革史、阿拉伯史、伊斯兰教史、佛教史、印第安人史乃至各种经济史、制度史、文化史、交通史等更是举不胜举。尽管上述门类中多有内容与线索上的交叉与纠葛,但这样的划分大体上已众所认同。限于学力与精力,我国的世界史学讲究专门化研究。毕竟这是世界史学科存在与发展的根本。只有厘清各个时代、各个地区与国家的历史、各种特定领域的历史,世界史才会以丰富多彩的面貌而具体、完整地展示出来。但必须看到,单纯、片面地强调专门化,常常是只见“树木”而不见森林,不利于对各国、各地区之间历史的横向联系与发展趋向作一宏观审视与整体把握,这对学科发展自有其严重弊端。显然,我国的世界史学科要取得长足的进步,既需注重专门化的研究,也须在此基础上作宏观的“融通”,走“中外融通”的发展路径。

提倡“融通”是从国际史坛发展的大趋势来考量的。一方面,在当代西方,受新史学的影响,“微观史学”的理念与方法至今仍有重要影响。另一方面,不少史界精英也逐渐意识到,单一、孤立与封闭的研究方式,固然是历史“个案”考察的可行方式,但要将“个案”的探究进一步深化,特别是要将无数的“个案”研究汇聚起来,进而阐明社会结构与历史进程并从中寻找某种历史规律性,那就必须突破地区、国家与民族的界限,将诸多的同类历史现象群纳入视野之中,进行交叉、对比与开阔的“融通”式研究。早在20世纪初,法国年鉴学派的创始人、大史学家马克·布洛赫首倡比较史学,很快受到欧美史学界的热烈呼应与普遍认同,比较史学由此而逐渐在西方史坛风行。这一重要学术现象的勃兴,无疑是西方史家开始追求“融通”学理的产物。当代英国著名史学家杰弗里·巴勒克拉夫在《当代史学主要趋势》中就指出:“只要历史学家忽视了从更加广阔的视野来看待世界历史,他们便会有回到知识孤立主义中去的危险,必然会阻碍他们更加深刻地认识西方世界和非西方世界的历史发展进程。”他强调,“今天的历史学家所需要的是范围广泛的比较性资料,使他们能够探索和分析世界上所有地区的历史发展和社会模式之间的共性和差异,能够认识到人类社会结构中的规律性,与此同时,也要努力发现出乎意料的明显的无规则性和变异性的深刻原因”。由此,巴氏倡导西方史学家“跳出欧洲去,跳出西方去,把视线投入所有的地区和时代”。正是基于“融通”的学术理念,20世纪的西方史坛涌现出像汤因比、斯塔夫里阿诺斯、伊格尔斯、亨廷顿那样的著名史学家。尽管他们的著作还存在这样那样的缺陷,但其广博的学识、宏阔的眼界与非凡的宏观驾驭能力却不得不让人击掌叹服。当前,对历史现象进行多层次、多维度的立体式综合研究正在国际史学界兴起,2000年奥斯陆第 19 届国际历史科学大会上，第一个大主题就是“全球史的前景：概念与方法论”，其下的两个副主题，一个是“普世史或全球史（Universal History）能否成立？”另一个是“几个世纪以来大陆之间的文化冲突”。在讨论中，代表们强调写一部完整而全面的新世界史。国际史坛讲求“融通”的学术潮流，无疑值得我们关注与借鉴。

事实上，讲求“融通”也是我国世界史学研究中的优良学术传统。我国世界史学科的开拓者，大多是国学基础深厚、讲求“中外融通”的史学大家，且多是在精通中国史的基础上研究世界史的。雷海宗先生原在芝加哥大学攻读的是纯外国思想史的博士学位，1927 年回国任教后，即从事世界史教学，并撰有在文化形态学上颇有创见的《西洋文化史纲要》，同时也注重国史探讨，著有《中国文化与中国的兵》的论文集，其中涉及中国古代的家族制度、君主制度、军事制度、历史分期等重要问题，在当时广有影响。解放后，他发表了《上古中晚期亚欧大草原的游牧世界与土著世界》与《世界史分期与上古中古史中的一些问题》这两篇文章，前者是有关文明的冲突和融合问题的先驱之作，而后者则是有关历史分期的开创性论著，均涉及世界古代史大局。齐思和先生同样是学贯中西。他在 1935 年获美国哈佛大学哲学博士学位，回国后即从事先秦史的研究与教学，先后出版的主要论著有《战国制度考》《周代锡命礼考》《孟子井田说辨》等，后来才转入世界史研究领域，讲授世界中世纪史、世界现代史、英国史、美国史等课程。他注重中国历史和西方历史的比较，主持编译了《中世纪初期的西欧》《中世纪晚期的西欧》两部史料集，还曾撰写了《世界中世纪史讲义》，发表了《英国封建土地所有制形成的过程》《从英国封建庄园看欧洲庄园制度的特征》等论著，成为我国世界中世纪史学的奠基人之一。周一良先生 1944 年是以《中国的密教》为博士论文在哈佛取得博士学位的。周先生不仅精通日文、英文、梵文等外语，国史根柢甚是深厚。回国后从事魏晋南北朝史、日本史、亚洲史、佛学、敦煌学、中外关系史的研究。他的《魏晋南北朝史论集》《魏晋南北朝史札记》《魏晋南北朝史论续编》在中国史领域深有影响。同时，周先生也是新中国亚洲史与日本史研究的奠基人。他和吴于廑主编的四卷本《世界通史》，一直是高校世界史教学中最具权威性的参考书。此外，他还撰有《中日文化关系史论》《中外文化交流史》等多种著述。这些史界前辈所开启的“中外融通”的学术传统，在当今又为一些著名学者“薪火相传”，由此推动了我国世界史学科的发展。例如，林志纯先生在世界上古史的研究中，将中国古代城邦与希腊、罗马、西亚的城邦加以比较研究，进而构建起“中西古典学”的学术研究框架。马克垚先生在潜心研究西欧中古史时，以中国古代史为参照，在经济、政治、思想观念上作了不少深入的比较研究。齐世荣先生在研讨现代国际关系史时,注重考量当时的中国在国际冲突与交往中所处的地位。他们之所以在世界史研究中取得不同凡响的成就,是与其深厚的国史基础与"中外融通"的学术理念分不开的。在当今,也有不少中青年史学工作者在本专业研究过程中注重继承"中外融通"的传统,在中外历史比较研究中初露头角。所有这些都有力证明,在专业研究的基础上进行"中外融通",将有力促进我国世界史学科的发展。

"中外融通"对我国的世界史学科发展具有重要意义,大致说来可以归纳为以下几个方面。

其一,它将深化诸多历史个案的研究,促进对历史规律性的探讨。众所周知,我国的世界史研究的始基点与归宿点,就是以唯物史观为理论指导,深入系统地探讨从古至今世界各国、各地区的历史,从中揭示出各种特殊的历史规律与人类社会历史发展的普遍规律,从而为我国社会主义现代化建设服务。这样的学术主旨,既要求我们对各种历史现象进行求实、求真的辨析与论证,也要求我们基于大量的"个案"研究,对各种历史规律性作科学的探索与阐发。这两大层次的研究,都离不开某种程度的"中外融通"。就前一个层次而言,"个案"研究固然讲究专门化,但专门化并非"狭隘化"与"孤立化"。那种"就个案而个案"的模式,常常局限于对史实的简单罗列、表象描述与线性分析,是难以作出独到、精辟的解释的。在许多情况下,如果将某一"个案"与中国的同类历史现象作一对照与比较,反倒易于厘清学理、洞察本质与深度阐释。早在20世纪初,著名学术大师梁启超就对此颇有所悟,撰写了《论中国与欧洲国体异同》等论著,认为从中国和欧洲历史比较中,可以"知今日现象之所由来",并提出"凡天下事,必比较而后见真"的学术箴言。因此,在研究世界史的具体问题时走"中外融通"的路径,以中国史作为一个参照系十分重要。有了这一参照系,无论进行比较与否,都有助于开阔视野,厘清思路,深化认识。此外,要研究处于中国古代文明辐射圈中的东亚史、东南亚史,"中外融通"的路径则更为关键。在规律性探求这一层次上,"中外融通"的重要意义尤为凸显。因为"一般"寓于"个别"之中,规律性寓于大量的"个案"之中,历史规律只能从对诸历史现象的归纳、比较中提炼与阐发出来。只有走"中外融通"的学术路径,对诸多同类历史现象群的相似点与差异点作宏观归纳与对比分析,从中研讨产生其异同的终极因果必然性,才有可能探究出相应的历史规律性。

其二,它将有力地推动中国的世界史研究群体真正形成高水平中国学派,以其独特的学术理念与学术风格与国外的同行进行平等对话与交流,在国际史坛占据应有的学术地位。因此,我们在研究西方史学包括西方人对其历史的研究成果的时候,就应当采取谨慎的态度,去粗存精,去伪存真。为此就必须要有"中外融通”的历史大视野。我们是东方人，是中国人，且又以唯物史观为理论指南，能够用科学的理论特别是比较熟悉的东方历史特别是中国的历史去与西欧的历史相对照，就会有所发现，有所创新，在某些问题乃至某些领域作出让西方史坛刮目相看的原创性成就，为跻身国际史坛、与西方史家进行高起点、高层次的交往铺平道路。如果没有“中外融通”的素养与眼光，总是唯西方之“马首”是瞻，对人家的观点、结论、模式等不分青红皂白地全盘照搬，“依样画葫芦”，就只能是远远跟在别人后面亦步亦趋，加大我们与人家的差距。如此下去，我们的世界史学最终也只是西方史学的简单复制品，沦为西方史学的学理模式与话语霸权的附庸。

其三，它将有助于促进优秀学术人才群体的培养。改革开放以来，我国的世界史学科涌现了一批后起之秀，其中不少人脱颖而出，学术界开始出现“雏凤清于老凤声”的可喜局面。但毋庸讳言的是，与史学前辈相比，我们这一代人并无多少国史或国学的根底，很难达到他们的那种“中外融通”的境界。造成此况的一大原因，就是我们的专业人才培养模式没有辩证地处理好“专”与“博”的关系，存在着单一化、片面化的缺陷。例如，有的知名大学为了培养高、精、尖人才，在本科阶段就搞专业分科，设置世界史专业，偏重于语言训练与原始资料释读，国史或国学方面的课程则不在修业范围。不少院校、研究所招收硕士生、博士生，只考世界史的科目，学生入学后，必修课也限制在专业领域内。世界史的教学常常是条块分割，壁垒森严，教师知识面狭窄，授课是“铁路警察，各管一段”，致力于“本行”而无力他顾。很难设想，这种教学模式能够培养出“中外融通”的人才。对此，史学界早有觉察。记得1986年，齐世荣先生在天津师范大学与研究生座谈时就指出，治世界史的人也应学习国史，了解陈寅恪、陈垣等中国史领域的大家，读读《元白诗笺证稿》《柳如是别传》《明季滇黔佛教考》《史讳举例》等名著。懂一些中国史，才会视野开阔，境界高远，研究问题起来才能触类旁通，游刃有余。马克垚先生对此也十分重视，他多次讲到，在研究西方历史时，要以中国人的眼光去审视问题，也要以中国史中的同类现象作为参照，才能获得独自、深入的学术见解。显然，如果将“中外融通”的学术理念贯穿于人才培养之中，摒除“拔苗助长”、急于求成的做法，在注重专业与外语的基本训练时，让学生学习国史基本知识，了解历史比较的理论与方法，无疑是十分必要的。如此长期坚持下去，我国的世界史学领域必将出现人才辈出、“群星闪耀”的兴盛局面。

以上从三个主要方面谈了“中外融通”对我国世界史学科发展的重要意义。必须指出的是，漫长时间与广阔空间的历史，决定了一个人乃至一个群体、一个学派的“学贯中外”“学贯中西”只具有相对的意义。我们所说的“中外融通”，实际上是相对于特定的历史时段与相对的地区范围内而言的，而且这一“融通”应当立足于本专业的研究、并以解决相关的学术问题为鹄的。忽略本专业的基本训练与“个案”考察,或脱离实证研究去搞大而空的比较研究甚至动辄去构建某种“体系”,是很难真正做到“融通”的。从根本上讲,“中外融通”应主要是指学术功底与学术境界而言,而非仅仅是一种具体的学术研究方法、可操作的研究模式或教学模式。这就决定了讲求“中外融通”是一个长期、艰难的学术系统工程,不可能一蹴而就,必须经过好几代人的日积月累、循序渐进。“任重道远”,但这毕竟是我国世界史学科长足发展的必由之路,需要诸多的有志者为之不懈努力。

西方学术界关于“New Medievalism”的三个论域

王云龙

“New Medievalism”是西方学术三个论域的支撑性话语,但其汉译因论域不同而有所不同。在历史学论域,“New Medievalism”一词,汉译应为“新中世纪学”。新中世纪学就是后现代中世纪学,采用后现代的学术视角来研究中世纪,新中世纪学全面解构了传统中世纪史的知识体系,呈现后现代的学理面貌,与传统中世纪史有着代际性差异。在政治学论域,“New Medievalism”应汉译为“新中世纪化”。“新中世纪化”,在后现代的语境中,表征民族国家的终结和形态学意义上的中世纪附会,而非本体论范畴的中世纪归来。在公共性论域,“New Medievalism”应汉译作“新中世纪性”(New Medievalism)作为反启蒙思想的表征,获得了反理性、反科学、反现代性的界定。

国内世界史学界对“New Medievalism”一词虽涉猎不多,却译名繁杂,亟待厘清。当下,在西方学术界“New Medievalism”一词出现的频度颇高,但其语境特别是话语所指却是多元的,是以下三个论域的支撑性话语。本文从“New Medievalism”一词入手,从下述三个论域的汉译名的角度,做一学术梳理,揭示汉语不同译名的学理规定性的不同。

一、作为“新中世纪学”的“New Medievalism”。在历史学论域,“New Medievalism”一词,汉译应为“新中世纪学"。在西方学术界,"新中世纪学"("New Medievalism")与"后结构主义中世纪学"(Post – Structuralist Medievalism)、新的中世纪学(Neo – Medievalism)等术语同义。何谓"新中世纪学"("New Medievalism"),威廉·帕登指出:"新中世纪学就是后现代中世纪学,采用后现代的学术视角来研究中世纪,关键之点是将其自身与现代性相区别。"①新中世纪学全面解构了传统中世纪史的知识体系,呈现出后现代的学理面貌,与传统中世纪史有着代际性差异。

新中世纪学肇始于新历史文献学(New Philology)。1989 年,时任国立法语研究所所长的伯纳德·瑟奎里尼出版了《异本举善——文献学批评史》。② 这部书全方位地解构了传统中世纪历史文献学,在欧美历史学界产生了极大的震荡与回响。20 世纪 90 年代,西方中世纪历史研究主体进入新中世纪学阶段,诺曼·康特的畅销书《构造中世纪——20 世纪杰出中世纪学家的生平、著作和理念》起到了标举新潮的学术作用。该书运用后现代的学术理念和方法论,通过对西方 20 世纪著名中世纪学家们的生平、著作和理念的重新释读,得出结论:中世纪就是我们当代文化的一部分,却以繁复的多样性困扰着我们,迫使我们质疑自己的价值观和行为方式,为之做出取舍或至少是调整。尽管学理意义的中世纪与当下的差异相对不大,但却全力突出这种被学理构造出来的差异性。③ 诺曼·康特认为,当下所言的中世纪,不是实时实然的中世纪,那样的中世纪是根本无法全然再现的,而是中世纪学专家构造的关于中世纪的学理体系,是 20 世纪以来几代中世纪学家创造的、充满创造者学术旨趣与个性差异的中世纪。针对始于启蒙运动的"千年黑暗"的传统中世纪史界说,世界著名历史学家雅克·勒高夫在《费加罗报》发表文章,阐释新中世纪学的理念:何谓历史? 历史是对诸社会变迁的研究。正如马克·布洛赫曾认为的那样,过去只有在阐明现在的范畴内,才有意义。对于中世纪学者来说,尤其如此。在我看来,中世纪是现代性诞生的长时段。这里,我要明确的是,中世纪并非像启蒙思想家和浪漫主义学者所宣称的那样,是一个蒙昧时代。19 世纪针对政教分离的辩论,事实上对推动中世纪文明进步的观念的形成作出了贡献。④ 雅克·勒高夫反对传统中世纪史的界说,坚持中世纪是西欧独有的建设性和进步的长时段。沿着后现代理念揭橥的新中世纪学的学术理

---

① William Paden. New Medievalism and Medievalism in The Year's Work in Medievalism 10 (1995), p. 233.

② Bernard Cerquiglini, Eloge de la variante: Histoire critique de la philology, Pairs Le Seuil, 1989.

③ Norman F. Cantor, Inventing Middle Ages: The Lives, Works and Ideas of Great Medievalists of Twentieth Century, William Morrow and Company, 1991, p. 47.

④ See Le Figaro Litteraire 4 decembre 2003.

路，美国学者1991年编辑出版了一部由13篇论文构成名为《新中世纪学》的专集，书中各位作者从中世纪研究的历史语言学、文学和编年史等领域出发，从批评理论、中世纪历史与文本话语的跨学科的互文性的学术视角，提出了新中世纪学与传统中世纪史不同的范式、方法与理念，初步形成了新中世纪学与传统中世纪史的代际规定性；①1998年出版的《现代世界的中世纪学》一书，提出中世纪史是“对中世纪文化的后中世纪的再创造”。② 新中世纪学是西方学者用中世纪解说当下，用当下的理念分析中世纪的学理体系。新中世纪学以复合论域研究为学术规定性，以中世纪千年历史为型构母题，通过学理路径的整合设置、学科范式的创新设定、学术话语的操作设计，在当下主流语境中，析解特定义题的历时性言说的语意差异，演绎作为复合论域的“新中世纪学”（New Medievalism）的无法限定的丰富性。新中世纪学阶段性集成的标志，是2005年开始出版的七卷、八册的《新编剑桥中世纪史》（第四卷分为两册），该著作封底文字称本书为“这一领域历史学作品的里程碑，由国际一流学者撰写，体现了最新研究成果，是所有对中世纪世界感兴趣的读者的基本参考工具。”③当然，该书并未囊括迄今西方学术界关于新中世纪学的所有研究成果和全部研究领域。

以上概括地梳理了新中世纪学的学术脉络与学理路径，接下来，必须对新中世纪学的否定性的前提——西方传统的中世纪学也做一要略性的述论，以便在整体学术史的背景下，更好地把握新中世纪学。在西方，传统的中世纪学发端于早期现代性阶段的浪漫主义运动时期，传统的中世纪学是浪漫主义反对理性主义的学术结晶。启蒙思想家为了给新时代开辟新的道路，以理性取代神性，以科学破除迷信，以线性取代轮回，以进步破除天定。启蒙思想家秉持理性的绝对律令，运用科学的绝对思维，构造线性的绝对路径，笃行进步的绝对理念，中世纪就成为启蒙思想合法性言说的绝对否定的对立面。由于启蒙运动，“千年黑暗”的中世纪成为常识性话语。在启蒙运动的话语霸权主导下，中世纪就成为线性进步、科学理性的对立面。在现代性话语体系中，中世纪自然地等同于蒙昧无知、落后腐朽。即使在启蒙运动风起云涌的18世纪，理性主义遭遇到浪漫主义的挑战。浪漫主义进攻理性主义的主战场，就是应用人文学（Humanities）的学理体系，构造反理性至上的中世纪学。

① Brownlee Marina S., Kevin Brownlee, and Stephen Nichols eds., The New Medievalism. Baltimore, MD: John Hopkins University Press, 1991, p.6.

② Utz, Richard, and Tom Shippey, eds., Medievalism in the Modern World, Essays in Honor of Lesile J. Workman, Turnhout: Brepols, 1998, p.4.

③ The New Cambridge Medieval History, Cambridge University Press, 2005.

德意志的浪漫主义思想大师、文化民族主义与传统中世纪学(史)的创立者之一赫尔德(Johann Gottfried Herder, 1744～1803年)指出,传统中世纪学侧重"再现",重在构造与理性主义双峰对峙的浪漫主义的中世纪意象,尤其反对启蒙运动的思想家"千年黑暗"的论断。赫尔德认为,中世纪与其说是历史的实在,不如说是历史的传奇。他从浪漫主义语境出发,把中世纪看作浪漫主义意象的源泉,中世纪是以"北欧骑士"为独特审美符号的历史时段。他写道:人们经常把"北欧骑士"精神与古希腊英雄时代相比较,但是,对于我来说,这不具有可比性,中世纪是唯一的。中世纪是历史的独特形态,它的优长与缺欠之处,既不可与其前的时代相比较,又在其后的时代被无休止地改头换面,因而,中世纪是唯一的。我们阅读关于这一时期(中世纪)的著作,都集中于揭示它的黑暗面。每一位在我们这个世纪居主导地位的经典作家(指启蒙运动思想家),都把整个中世纪看作野蛮、蒙昧、迷信、宗教狂热与极度匮乏充斥的时段……恰恰在中世纪欧洲被构造完成了……我只想指出中世纪是其后时代精神和人类行为方式的源泉。① 西方的中世纪学与中国语境中的中世纪史有着旨趣的差别,这种差别既是研究取向的差别,也是学术理路的差别。因而研究新中世纪学,必须兼顾传统中世纪学,否则,将陷入学术话语的迷宫。

二、作为"新中世纪化"的"New Medievalism"。在政治学论域,应汉译为"新中世纪化"。中国学术界将其径自汉译为"新中世纪主义"。这种译名只是用汉语把New和Medievalism简单地叠加译出,并未兼顾"New Medievalism"作为西方学术言说的后现代语境,更遑论使用"中世纪主义"直译Medievalism,也是词不尽义。—ism后缀,构成名词,主义只是其构成的众多语义的一种,既不是唯一的,更不是主要的一种。② "New Medievalism"在后现代的语境中,是知识论的实在(Reality of Epistemology),不是本体论的理念(Idea of Ontology),故不应译为理念本体论的"新中世纪主义",而应译作体现知识论实在的"新中世纪化"。

从词源学探究,慕尼黑大学的弗里德里希教授考证出,阿诺德·沃尔夫斯早在1962年一篇国际政治学论文中,就使用了"新中世纪化"("New Medievalism")一词。③ 但是,在"冷战"的大背景下,这篇论文未引起多少反响。"新中世纪化"一词,也随之湮没在浩如烟海的故纸堆中,直到1977年英国政治学家赫德利·布尔

① F. M. Barnard ed., J. G. Herder on Social and Political Culture, Cambridge University Press.

② 参见张柏然:《新时代英汉大词典》,商务印书馆2004年版,第1256页。

③ Friedrichs J., The Meaning of New Medievalism in European Journal of International Relation, Vol. 7 Dec. (4) 2001, p. 467.

的《无政府社会——世界政治秩序研究》一书出版才重见天日。西方学者公推布尔的这部作品在政治学论域，对“新中世纪化”（New Medievalism）一词，首先作出明晰的学理界定，以此来表述他所谓的现代世界“更为普遍的暴力行为”。① 布尔认为，这是从普世君主政体（最高权力属于教会和帝国）转变到由主权独立的民族国家构成的“新的封建形态”的必然结果。布尔在该书的第 11 章，用“New Medievalism”（新中世纪化）作为一节的标题，指出：新中世纪化是“一种现代的、世俗的、与存在于中世纪西方基督教世界的某种普世的政治组织的对应物。在那样一种体系中，没有哪一个统治者或国家在治理某一部分基督徒的意义上拥有主权。每一个统治者或国家都必须与其下的诸侯和其上的教皇与神圣罗马帝国皇帝分享权力。”②布尔从区域一体化、民族国家的消解、个人使用国际暴力、超国家组织和经济技术全球化等五个方面，来论证由民族国家组成的国际关系体系有可能被类似于中世纪基督教普世建制的“新中世纪化”取代的趋势。③ 这部著作奠定了布尔作为国际政治学的英国学派的代表人物的学术地位，他的“新中世纪化”理论在“后冷战”特别是“9·11”以来的西方学术界引起广泛的讨论。天主教大学校长、政治学教授洛伦左·奥尔尼契在 2004 年 10 月的一次访谈中，针对“新中世纪化”指出，根据布尔的看法，12、13 世纪与我们的时代存在一种互逆的关系，从那时到现在由一种普世体系（多元合法性体系，地方性权威网络，这两者最后都从属于两个最高权威——教皇和皇帝）转变为民族国家体系，现在则呈现一种方向转变，民族国家正在把部分主权让渡给普世的多边体系。21 世纪新的类似于中世纪基督教普世建制正在形成，并发挥越来越大的带有普世建制的职能。④ 但是，对于“新中世纪化”理论，西方学术界还有不同的意见。安妮 - 玛丽·施拉特指出，新中世纪学者声称民族国家终结了，但是，他们忽略了两个关键点：第一，非民族国家力量并不是民族国家的替代者；第二，力量转移并非“零和”对局，非民族国家力量增强，并不等于民族国家力量丧失。民族国家没有终结，反而在强化自身的功能性存在。⑤ “新中世纪化”在后现代的语境中，表征民族国家

---

① Hedley Bull, *The Anarchical Society*, *A Study of Order in World Politics*, London: Macmillan, 1977, p. 179 - 254.

② Hedley Bull, *The Anarchical Society*, *A Study of Order in World Politics*, London: Macmillan, 1977, p. 245.

③ Hedley Bull, *The Anarchical Society*, *A Study of Order in World Politics*, London: Macmillan, 1977, p. 255 - 266.

④ www. 30Days in Church and the world.

⑤ Anne-Marie Slaughter, The Real New World Order, in Foreign Affairs, September October 1997.

的终结和形态学意义上的中世纪附会,而非本体论范畴的中世纪归来。

三、作为“新中世纪性”的“New Medievalism”。在公共性论域,“New Medievalism”应汉译作“新中世纪性”。西方公共知识分子和多领域专家用“新中世纪性”,即“回到中世纪”(Return to Middle Age)来指称现代世界的弊端,如“鼠疫”般可怕的埃博拉或SARS病毒,体罚与酷刑,城市犯罪,财富分配不公,种族主义,性别歧视和以宗教名义进行的战争等。在西方的公共性论域中,“中世纪”一词仍然是启蒙运动的语境,等同于蒙昧,甚至罪恶、不宽容、压制知性。公共性论域的“新中世纪性”(New Medievalism)与历史学论域的“新中世纪学”(New Medievalism)的语义完全相反,这表明,即使在西方发达国家,知识进步并没有彻底转化为公共知识分子和公众的知性共识,公共性话语处于代际性时差滞后。

西方公共性论域的现代性,从启蒙时期开始了由精神到制度,再由制度返回精神的辩证发展过程。启蒙运动牢固地确立了线性时间维度的进步观,并以此为基础,构建出自洽的、批判的现代性话语霸权体系。公共性论域的现代性,首先是世界历史的界定符号。世界历史过程,是辩证的演进过程,是人类主体性发现的喜悦与付出的巨大代价交织的悲欣历路。现代性伴生的巨大不幸,是由于其自身合法性的源泉——理性的绝对主义所导致。启蒙时代,人们用理性的独断性与绝对性取代中世纪的基督教神性的独断性与绝对性,认为凭借理性,人类可以无所不能,只有想不到的,没有做不到的。世界历史作为人类社会与文明进程的一个普世性阶段,首先是一个历史哲学的命题。只有从历史哲学的智慧制高点俯视,才能厘清世界历史与其前人类历史的区别与差异。黑格尔是第一个从历史哲学角度界定世界历史的哲学家,他认为,绝对理念或世界精神是世界历史的基础与本质,这种精神或理念在历史进程中表现为“自由意识”。世界历史是“自由意识”的进步,自由不同于“任性”或偶然的“意志”,自由的本质是征服形式上偶然的“意志”。自由在人类历史进程中对偶然“意志”与任性的扬弃,决定了各个地域、各个国家、各个民族无论其本质与形式的存在样态差异多么巨大,都必然步入世界历史大进程之中。黑格尔指出,作为世界精神体现的本质,即自由意志,需要经过漫长的社会历史发展,才能够被意识到。人类只有意识到了自由,才有可能真正实现人类的自由。黑格尔以“自由”为轴心,勾廓出了人类历史发展为世界历史的系谱图:东方专制主义各国自古以来,只有专制君主一人是自由的;希腊罗马世界只有部分人,即公民是自由的;资本主义日耳曼世界,一切人都是自由的,因为人们普遍意识到自己是自由的。黑格尔认为,体现为世界精神的世界历史,发展进程大致与太阳的行程相同,太阳升于东方,落于西方,历史演进为世界历史也大体相似。历史始于东方诸国,埃及、两河流域、印度、中国,中经希腊罗马,终于日耳曼世界。世界历史是世界精神的运动进程,黑格尔认为,世界精神在世界历史中演化为一系列发展阶段,在发展的每一阶段都表现为特定的民族精神。特定的民族精神在这个民族的文化、政治制度、宗教、伦理、道德、风俗、法律、科学、艺术等一切方面展现出来。世界历史的进步,就是通过一系列体现为特定“民族精神”的“世界历史民族”来实现的。黑格尔认为,一个特定民族在世界历史上只能创造一次历史以其为标志的新境界。这个创造历史新境界的民族,就被称作“世界历史民族”,在世界历史与之相对应的时期,就是居于统治地位的民族。

西方现代性线性理性思维认为,从社会转变维度展现,是前现代化——现代性取向的现代化(正题)——反现代性取向的现代化(反题)——后现代性(合题)。这样,社会转型终了于后现代性。这是黑格尔式的世界历史从开端到终端的逻辑展示,美国学者佛朗西斯·福山在20世纪90年代初,因东欧剧变、苏联解体、冷战结束,欢呼“历史终结”。他的语境是黑格尔式的。他是基于冷战结束,全球在意识形态与社会制度两方面被资本主义所覆盖这一主观判断,认为表现为两种社会制度与意识形态斗争的异质性世界历史,结束于资本主义同质性的世界,因而,他提出“历史终结论”。应当说,冷战结束,没有终结世界历史,而是把世界历史的异质性在更加深刻的层面上展现出来,即在文明的维度上,以更加不可调和的方式展现出来。作为世界历史的文明变迁进程,不但没有终结,反而更加曲折与漫长。世界历史没有、也不可能止步于冷战终结,相反,在后冷战时空更加异质性的文明冲突与认同危机中蹒跚前行。西方的公共性论域中的“新中世纪性”是“历史终结论”破产的直接写照。破解后冷战全球性难题的金钥匙,在于具有世界历史纵深感与穿透感的哲学智慧,并把这种历史哲学智慧富含的精神资源存量,加以当代化重组,使之成为破解现实困顿的智慧增量。现实问题的底蕴,在于世界历史深层次的纠葛。离开现实的世界历史,与离开世界历史的现实,在15世纪世界历史形成以后,都是无法想象的。世界历史是昨天的现实,现实是明天的世界历史。世界历史的形成是精神的物化与物化的精神辩证统一进程,世界历史是现代性文明的外在化进程,同时,也是反现代性与现代性的文明角逐的过程。离开精神规定性的文明是没有的,世界历史从本质化的角度来看,更是精神的物化与物化的精神冲突的过程,只是仍看不到这一精神领域冲突终点在哪里。

在公共性论域,“新中世纪性”(New Medievalism)作为反启蒙思想的表征,获得了反理性、反科学、反现代性的界定。加利·威尔斯把小布什赢得2004年美国总统大选胜利,称为“启蒙思想的终结日”,是美国“放弃启蒙价值观的结果”。针对宗教信仰成为美国这次总统大选的决定性因素,威尔斯质疑道:"一个相信上帝创世、而不相信进化论的国家还能被称为是进步的国家吗?"他认为,布什政府是新中世纪性统摄美国的产物。[①] 美国《国家地理杂志》2004 年 11 月的一篇文章,引用 2001 年 2 月盖洛普专项民意调查数据,显示在 1000 个接受电话访问的美国成年人中,接近 45% 的人相信,上帝在一万多年前创造了人类,进化对于人类的形成没有起什么作用。[②] 塞尔维亚教育部长宣布,从 2004 年秋季开始的学年,国立学校将不再教授达尔文进化论。[③] 进化论既是人类起源的科学理论,也是现代性的支撑性意识形态,更是科学至上的合法性理念。解构了进化论,也就解构了启蒙运动开启的线性进步的科学观念,崩解了建基于理性之上的现代性。这是秉持现代性意识形态的西方公共知识分子和多领域专家所无法接受的,但却是北美和欧洲的现实存在。以"后现代"为包装的"新中世纪性",正在这些地域大行其道。

公共论域离不开社会转型轨迹的积累性推进。只有这样,公共论域才能在社会转型变迁轨迹与切片化事件点相遇,引发质的变迁的显像化。社会转型是人类发展的普遍现象,而公共论域的基本方法论是对照比较,即在一现象原生与次生形态之间进行同一参照系中的异差比较,来论证一个直观的结论,即次生之所以为次生、原生之所以为原生。进入 21 世纪,公共论域试图通过切片化方法,在次生与原生的既定格局基础上,以特定时段的特定国家的特定事件,发现超越原生与次生界定的可能存在的类同性。这仅是话语构造中的可能性,而非史实砌构中的类同性。但这正是公共论域特别是公共知识分子的话语磁力所在,超越实证科学和经验性学科的所谓科学精确,把人的历史还给人文思维领域。西方公共论域中的"新中世纪性",正是这样一种话语范式。

新中世纪性,在逻辑的时空四维学理构造中,按照尺度设定的主体性坐标看待社会转型,应用史实性现象,不是史料性表象,径直进行跨时空的情景挪移。这是主位理解与客位方法的哲学思维和客位理解与主位方法的史学方法,提供的开放互动的话语平台。这一以事件为载体的、针对特定的文本、超越绝对化取向的相对性主导的思维运行程序性过程,其基础是进行学理公设的转换,用动态的时间取代静态的界定。

---

① See Garry Wills, The Day the Enlightenment Went Out? in New York Times, Nov. 4, 2004.

② See David Quammen, Was Darwin Wrong? in National Geographic Magazine, Nov. 2004.

③ See Daily Telegraphy, Sept. 10, 2004.

第一编　政治·权力

中世纪教廷"封圣"问题研究

——对"封圣"过程的非宗教层面考察

陈文海

与历史悠久的圣徒崇拜史相比,教皇"封圣权"的获得是相对较晚的事情。在教皇正式行使"封圣权"的最初几个世纪中(中世纪中后期),教廷封授的新圣徒人数呈逐渐减少的趋势。之所以出现这一现象,从非宗教层面来看,其原因可归于"封圣"周期的渐趋延长、"封圣"所需费用的日益增加以及政治因素对"封圣"过程的影响,但最为主要的原因还是教廷"封圣"策略的变化。从根本上说,中世纪中后期"封圣"过程中出现的由多封型向少封型的转变是教廷谋取和巩固权力的反映,但其最终结果却与教廷的集权愿望背道而驰。

在西方天主教世界,"封圣"(canonization)是人们耳熟能详的词汇之一,教皇的"封圣权"亦被某些教会史家称为教皇所拥有的"最少有争议的特权之一"。[①] 所谓"封圣",简言之,就是在经过一定的调查核实程序之后,由教皇颁发谕令,宣布将某一或某些已故天主教徒的名字列入"圣徒名录"之中,同时要求天主教徒将之作为"楷模"而加以崇拜。圣徒崇拜现象源远流长,早在公元1~2世纪,基督教徒就已开始把受罗马帝国政权迫害致死的"殉教者"奉为"圣徒"并公开崇拜。在随后的几个世纪

① AndréVauchez, Sainthood in the Later Middle Ages, Cambridge, 1997, p.11.

中,“圣徒”的范围不断扩大,除了为信仰而献出生命的“殉教者”以外,还包括那些虽寿终正寝却“圣洁贤明”的教父、主教、传教士以及俗世之人。在这一时期(约公元1~10世纪),圣徒崇拜基本上只是地方教会的一种自发行为,被民众视为“圣徒”者也并未经历过什么“封圣”仪式”。① 与悠久的圣徒崇拜史相比,教皇“封圣权”的获得则是相对较晚的事情。一般认为,教皇“封圣权”萌芽于10世纪末,但教皇真正开始全面行使“封圣权”是在12世纪70年代初,即教皇亚历山大三世(1159~1181年)统治后期。② 此后,教皇“封圣”活动渐趋走入正轨,“封圣”程序亦日益程式化和复杂化。宗教改革时期,一些宗教改革家(如马丁·路德)和人文主义者(如伊拉斯谟)对教皇“封圣”以及圣徒崇拜等现象进行过辛辣的嘲讽和批判。③ 特兰特圣公会议(1545~1563年)以后,罗马教廷进一步强化了对“封圣”活动的管理和对圣徒崇拜的控制,对圣徒候选人的调查亦更趋复杂。进入近代以后特别是到了现代,教廷的权势和声望日渐衰微。为了扭转颓势,罗马教廷在天主教会内部进行了重大改革。1983年,教皇约翰·保罗二世对“封圣”程序作了历史性的调整,开创了“更简单、更快捷、更廉价”的“封圣”模式。④

教廷“封圣”史是西方史学家尤其是教会史学家长期关注并倾力研究的一个

① H. Delehaye, Les Origines du Culte des Martyrs, Brussels, 1993; W. Rordorf, Aux Origines du Culte des Martyrs, Irenikon, No. 46, 1972, p. 315–331.

② See E., Kemp, Canonization and Authority in the Western Church, Oxford, 1948, p. 99–104. 关于教皇“封圣权”起于何时,学术界有不同的看法。除了“12世纪70年代”一说以外,还有“973年”、“993年”以及“1234年”等说法。关于这些观点,可分别参见 The Catholic University of America, New Catholic Encyclopedia, Ⅲ, 1967, p. 55; André Vauchez, Sainthood in the Later Middle Ages, p. 22; S. Kuttner, La R serve Papale du Droit de Canonisation, Revue Historique de Droit Français et Ertanger, 4th ser., No. 18, 1938, p. 172–228。

③ D. Erasmus, Pilgrimages of St. Mary of Walsingham and St. Thomas of Canterbury, Oxford, 1875; Martin Luther, Works, Philadephia, 1930–1943, Ⅰ, p. 133, 240; Ⅱ, p. 127–132.

④ 约翰·保罗二世“封圣”改革的最直接后果就是受封圣徒人数的大幅增加,同时,圣徒的来源地亦由欧洲、北非等传统地区扩展至亚洲、中南非洲及美洲等地。西方学术界对约翰·保罗二世的改革多有微词。See David Farmer, The Oxford Dictionary of Saints, Oxford, 1997, p. xxi–xxii.

传统课题,有关著述及文献资料集成可谓汗牛充栋。[①] 笔者认为,对教廷"封圣"史必须进行全面而系统的研究,惟其如此,才能对"封圣"问题有一个客观准确的认识。而要做到这一点,对早期"封圣"史的研究就显得至关重要。基于这一考虑,本文将研究范围限定在中世纪这一能够反映"封圣"活动典型特征的重要时期。

12世纪末至15世纪中叶是教权进入鼎盛并由盛而衰以及教会"大分裂"的时期,同时也是"封圣"仪式不断完善和日益复杂化的时期。如果以阿维农首任教皇克莱门五世(1305~1314年)当选之年(1305年)作为分界点[②]而将这一时期分为两个时段的话,就会发现,教廷发布的圣徒候选人调查令和实际封授的圣徒人数在前后两个时段有着明显的差异:1198~1304年间(共107年),教廷发布的调查令共49件,实际封授圣徒24名;1305~1431年间(共127年),教廷发布的调查令共22件,实际封授圣徒11名。如果根据调查令和实封圣徒数的多少而将1198~1431年这234年的"封圣"史再细分为四个时段来考察的话,或许更能说明问题。(1)1198~1268年(共71年):调查令47件,封授圣徒23名;(2)1269~1304年(共36年):调查令2件,封授圣徒1名;(3)1305~1378年(共74年):调查令12件,封授圣徒6名;(4)1379~1431年(共53年):调查令10件,封授圣徒5名。[③] 从以上几组数字中可以明显看出,最初的71年是"封圣"活动相当频繁的时期,随后的36年则处于低迷状态;阿维农教廷时期的74年中,数字有所回升,但与历时基本相当的第一时段(71年)相比,无论是调查令的件数还是封授圣徒的人数都无法与之相提并论(分别为12:47和6:23),仅是第一时段的1/4左右;在随后的天主教会"大分裂"时期,调查令的件数和圣徒人数又相对有所上升(10:5),但需明确的是,这一组数字分别是天主教会内部两个(一段时期为三个)

---

① 关于教廷"封圣"方面的研究成果,安德列·沃歇有选择地为我们开列了多达63页的书目清单,参见 André Vauchez, Sainthood in the Later Middle Ages, p. 559-621;史蒂芬·威尔逊汇编的20世纪80年代以前有关圣徒崇拜及教廷"封圣"方面的著述亦达1309篇、部,参见 Stephen Wilson, Annotated Bibliography, In Stephen Wilson(ed.), Saints and Their Cults: Studies in Religious Sociology, Folklore, and History. Cambridge, 1983, p. 309-417。该研究领域成果之丰,由此可见一斑。在此特别需要指出的是,有学者认为,教皇取得"封圣权""带有一定的偶然性",参见 New Catholic Encyclopedia, Ⅲ, p. 55。笔者认为这种观点并不恰当。可以说,教皇"封圣权"的获得是教廷扩张权力与民众向往权威这两种因素综合作用下的必然产物。

② 法国人克莱门五世当选教皇是中世纪教皇权由盛而衰的一个重要标志,此后70余年间,教廷一直处于法国王室的控制之下,其间的1309~1377年,教廷所在地一直在法国南部的阿维农(Avignon,教廷在法国领土上的"飞地"),教廷的法国色彩极为浓厚,史称"阿维农之囚"。

③ 关于受封者的身份及去世年代、调查令颁布时间以及主持"封圣"的教皇等具体资料,详见 AndréVauchez, Sainthood in the Later Middle Ages, p. 252-255。

敌对教廷以及康斯坦斯宗教会议(1414~1418年)所颁调查令和封授圣徒数的总和,如果按其归属作一分解,可以看出,各方的"封圣"频率是相当低缓的。① 根据以上分析,不难得出这样一个结论,即13世纪60年代是中世纪教廷"封圣"活动的一个重要转折点,在此之前,"封圣"活动较为活跃,而在此之后,"封圣"模式开始由多封型向少封型转变。

对于这一变化,如果从纯粹的宗教、神学角度来进行解释,虽不能说没有意义,但恐怕很难得出令人信服的结论。任何一种宗教都有其一定的社会性,任何一种宗教活动都不可能完全脱离它所赖以存在的社会,一些非宗教的因素对某一宗教活动乃至某一宗教往往也会产生极为重要的影响。对于中世纪教廷的"封圣"活动,我们也应该持这种观点。下面将从非宗教的层面(这里的"非宗教"只是相对而言的)对中世纪中后期教廷"封圣"活动作一剖析,以图在一定程度上揭示"封圣"模式在这一时期出现变化的原因以及中世纪教廷"封圣"活动的基本特征。

一、"封圣"过程所用的时间

教皇"封圣权"从萌芽至确立,历时约两个世纪(10世纪末至12世纪后期)。到教皇英诺森三世(1198~1216年)在位初期,一套较为完整而复杂的"封圣"程式基本形成。具体来说,正式的"封圣"过程分为教廷调查和教廷审批两大阶段,②圣徒候选人能在多长时间内得到教皇的"封圣",从形式上看主要取决于完成这两个阶段所需时间的长短,而这一时间的长短在一定程度上也就成为某一时期实封圣徒人数多少的一个制约因素。从中世纪中后期各"封圣之事"所历时间的总体情况来看,在13世纪60年代以前,教廷调查和教廷审批相对来说大多比较快捷,而此后,两大阶段所耗用的时间大都空前延长。对此我们可作一具体分析。

第一,教廷调查程序所用的时间。教廷调查程序包含的主要内容就是由教廷委派的专员通过实地查访、听取证人证词以及搜阅有关文献档案材料等途径对圣徒候选人的生平、品德和"行神迹"(圣徒候选人在生前死后为崇拜者创造的各种"奇迹",如起死回生、治愈各种疑难病症等)等方面进行调查和鉴别。在13世

---

① 详见 AndréVauchez, Sainthood in the Later Middle Ages, p. 254 - 255。

② 在这两个正规阶段之前还有一个由地方教会或相关机构组织进行的初步调查过程,其主要功能在于向教廷提供有关圣徒候选人的各种资讯,调查所得的"正面"材料将是申请方提请教廷"封圣"的首要凭据。初步调查过程是教廷开启"封圣"之事的重要前提。

纪60~70年代以前,教廷调查所用的时间通常较短。例如,对意大利托斯坎那隐修士加尔加诺(Galgano,1181年去世)的调查只历时4天(1185年8月4~7日),对意大利托钵僧阿西西的克拉尔(Clare of Assisi,1253年去世)的调查只用了6天(1253年11月24~29日)。虽然说在这一时期有些调查时间较长甚至被教廷要求进行第二次调查,如对英国僧侣吉尔伯特(Gilbert,1198年去世)的调查即进行了两次(两次调查均在1201年),但这种情况毕竟只占少数。①

13世纪60~70年代以后,教廷调查的时间逐渐变长。例如1276年,对匈牙利人马格惹特(Margaret,1270年去世)的调查历时近3个月(1276年7月23日~10月20日)。② 1307年,对英国赫里福德前主教托马斯·坎蒂鲁普(Thomas Cantilupe,1282年去世)的调查在不间断地进行了4个月(7月13日~11月13日)之后,应已经厌倦了的教廷专员之要求,教皇才下令结束调查。从14世纪下半叶开始,教廷调查更趋冗长,有的甚至长达数年之久。例如,对瑞典人布里吉特(Bridget,女,1373年去世)的调查前后用了5年时间(1376~1380年)。对法国蒙托的多洛西(Torothy of Montau,1394年去世)的调查用了3年时间(1404~1406年)。③ 对意大利锡耶纳的卡特琳(Catherine of Siena,1379年去世)的调查更长达6年之久(1411~1416年)。

导致教廷调查程序时间变长的因素较为复杂,且不同个案之间的差异亦较为悬殊,但总体来说,其直接原因主要有两个方面:一是调查地点的增多。在教皇“封圣权”发展初期,对圣徒候选人的调查主要局限于当事人墓穴所在地。从12世纪晚期开始,调查范围逐渐由一地扩及圣徒候选人曾经生活过的各个地方,有时甚至要进行跨国调查。例如,对法国人腓力·布鲁耶(Philip Berruyer,1261年去世)的调查先后在布尔日(Bourges)、波艮西(Beaugency)和奥尔良(Orléans)三地进行(1265~1266年,不过,布鲁耶最终并未被封为圣徒)。对意大利人托马斯·阿奎那(Thomas Aquinas,1274年去世)的调查分别在那不勒斯(Naples,1319年)和福萨诺瓦(Fossanova,1321年)两地进行。对瑞典人布里吉特的调查范围更

① R. Foreville, Un Procès de Canonisation ∫au be du XIIIe Si cle (1201 - 1202): le Livre de Saint Gilbert de Sempringham. (th se compl mentaire), Paris, 1943.

② 对匈牙利人马格惹特的调查虽完成于13世纪,但在中世纪乃至整个近代时期,教廷一直没有为之“封圣”,只是到了20世纪中叶(1943年),教皇庇护二世才正式封之为圣徒。

③ 对多洛西的调查分4个时段方告完成,即1404年6月24~27日、1404年10月13日~11月6日、1405年4月30日~5月7日和1406年2月6~10日。参见 Gedanen, Beatificationis et Canonizationis Servae Dei Dorotheae Montoviensis, Vatican City,1971,p.261。

广,地点包括瑞典、斯波莱托(Spoleto)、那不勒斯和罗马等地(1376~1380年)。① 调查地点的增多必然意味着辗转周期的变长,同时也就意味着调查时间的变长。

二是证人人数的增多。根据调查程序,对于圣徒候选人的每一种圣洁崇高的品德以及他所创造的每一宗"奇迹",都必须有证人或目击者作证,而且所有证人还必须立誓诚实作证并保证未受当事方的礼金贿赂。在13世纪中叶以前,教廷对证人的监控较为松弛,而且作证人数也较为有限。例如,1185年,为加尔加诺作证的有20人;1199年,为霍莫勃努斯(Homobonus,1197年去世)的品行作证的只有奥斯贝尔(Osbert,此人为霍氏做过20年的忏悔牧师);1223年、1224年,教廷曾对约翰·加西亚佛隆特(John Cacciafronte,1183年去世)展开过两次调查,证人分别为16人和20人;1228年,为萨里斯伯里的奥斯蒙德(Osmund of Salisbury,1099年去世)作证的有29人;1232年,为图林根人伊丽莎白(Elizabeth of Thuringia,1231年去世)作证的不足10人;1233年,对多明我(Dominic,1221年去世)的调查更简单,教廷专员根本没有听取证人的证言,而是委托一些修士到多明我曾经生活过的一些地方作一简短寻访即告结束。② 但是,从13世纪中叶开始,对圣徒候选人的生平、品德以及"行神迹"情况的调查日趋烦琐,为候选人涂脂抹粉的证人也随之增多。例如,1240年,为诺瓦拉的奥多(Odo of Novara,1200年去世)作证的有106人;同年,为马萨的安布鲁斯(Ambrose of Massa,1240年去世)作证的有140人;1276年,为匈牙利人马格惹特作证的有110人;1307年,为托马斯·坎蒂鲁普作证的有205人;1404~1406年,为蒙托的多洛西作证的竟有257人。③ 可以想见,证人越多,工作量也就越大,调查程序所需的时间也就越长。

第二,教廷审批程序需用的时间。如果说调查程序所需的时间在中世纪中后期经历了一个由短到长的演化历程的话,那么教廷审批程序则更为鲜明地体现出这一轨迹。教廷审批程序的系统化是一个渐进的过程,在经历了两个多世纪的发展之后,到13世纪中叶基本定型。这一时期,教廷对圣徒候选人的审批步骤主要包括:(1)对调查报告的接收;(2)对调查报告本身的真伪进行鉴定;(3)对调查报

① 详见 AndréVauchez, Sainthood in the Later Middle Ages, p.560-564。

② See F. Schneider, Der Einsiedler Galgan von Chiusdino und die Anfange von San Galgano, Quellen udn Forschungen aus Italienischen Archiven und Bibliotheken, No.17, 1914-1924, p.71-77; E. Brocchini, Sicordo di Cremona e la sua Opera Letteraria. Gremona, 1958, p.103-104; A. Malden, The Canonization of S. Osmund. Salisbury, 1901, p.32-54; H. Knies, Miracula Sanctae Elizabeth, Bemerkungen zu den Kanonisationsakten der Heiligen Landgr3/4fin. In Universitas, Festschrift A. Stohr, II, Mainz, 1960, p.78-88; M. H. Vicaire, Histoire de Saint Dominique, Ⅱ. Paris, 1957, p.334-363.

③ AnréVauchez, Sainthood in the Later Middle Ages, p.47, 62.

告的具体内容进行研究核实;(4)对调查报告的主体内容进行归类编排并作相关论证;(5)撰写核查报告;(6)教皇召集红衣主教团成员举行秘密会议,讨论核查报告;(7)教皇召集第二次秘密会议(与会者的范围有所扩大,除了红衣主教外,还包括当时恰巧驻留教廷的主教和大主教),经过商讨之后,教皇宣布自己的裁决;(8)教皇公开召集会议,宣布将候选人列入“圣徒名录”之中;(9)为新入选的圣徒举行礼拜仪式;(10)将“封圣”决定以教皇谕令的形式通告天主教世界的所有教士和全体信徒。①

审批程序的复杂程度对教廷“封圣”的进度毫无疑问具有重大影响,但这只是问题的一个方面,对“封圣”进度影响更大的是教廷对审批程序各步骤之“精确度”的要求以及办事效率的高低。从“封圣”的实际历史进程中可以看出,在13世纪中叶以前,教廷对审批程序各步骤的履行是相当粗略的,完成各步骤所需的时间也相对较短。以英国图尔的劳伦斯(Lawrence O'Toole,1181年去世)“封圣”为例:1225年10月28日,教皇霍诺留三世(1216~1227年)将刚刚收到的有关劳伦斯的调查材料转交给教廷有关部门进行核查论证;12月4日,有关部门在教皇主持的教议会上汇报了审查结果;12月5日,教皇宣布了对劳伦斯的“封圣”决定。对劳伦斯圣徒资格的审批历时仅一个多月即宣告完成。据有关统计表明,1199~1255年间,调查时间和“封圣”时间均有明确记载的“封圣”法事共有21宗,其中在调查结束之年就完成教廷审批程序者为9宗,于次年完成者为8宗,于第三年完成者为3宗,经历漫长等待后终得“封圣”者1宗(时间长达229年)。②由此可以看出,教廷审批程序在这一时期从总体上来说是比较迅捷的(其中只有一宗例外情况)。

但是,从13世纪中叶起,教廷审批程序所需的时间开始大大延长。1256~1431年间,在当时或在将来获得“封圣”结局的教廷调查共15宗。与前一时期形成鲜明对比的是,在这15宗“封圣”中,于教廷调查结束之年或次年完成教廷审批程序者为零,于第三年完成者也仅有1宗;完成调查与最终“封圣”间的时差在4~5年之间者有1宗,6~10年之间者有4宗,11~15年之间者有2宗,16~20年之间者有2宗,其余5宗的最终“封圣”与教廷调查程序完成之年的时差则分别长达39年、45年、89年、562年和667年。关于这一时期教廷审批程序延宕多磨之

---

① 关于中世纪教廷审批程序及“封圣”仪式,可详见T. Klauser, Die Liturgie der Heiligsprechung. In Heilige Uberlieferung, Festschrift I. Herwegen. M nster, 1938, p. 212-233。

② See AndréVauchez, Sainthood in the Later Middles Ages, p. 252-255; David Farmer, The Oxford Dictionary of Saints, p. 378-379.

特征,我们可以前文提及的腓力·布鲁耶那宗最终不了了之的“封圣”为例作一具体的阐释:1266 年 8 月,有关布鲁耶生平、品德及“奇迹”的调查报告从法国送到罗马教廷。1267 年 9 月,克莱门四世(1265~1268 年)委托红衣主教厄德·德·夏特鲁(Eudes de Châteauroux)主持有关材料的审查论证工作,但未及完成,教皇便于 1268 年去世,时遇教廷内部矛盾迭起,审批程序随之中断。克莱门五世(1305~1314 年)时期,教廷准备恢复对布鲁耶的审批程序,但 1265~1266 年间汇集起来的原始调查报告却不翼而飞,审批工作再次中断。约翰二十二世(1316~1334 年)时期,教廷终于在意大利的维泰博城(Viterbo)找到了那批原始文件并将之运送到教廷所在地阿维农;1329 年,教皇任命了由三名红衣主教组成的专门委员会来负责审查工作;1330 年 6 月,委员会提交了第一份核查报告,但遭教皇否决;1331 年 1 月,委员会对原始卷宗再次展开核查,但又无果而终。克莱门六世(1342~1352 年)上台后又成立一个新的审查委员会,但委员会的一名成员不久去世,审查工作又陷于停顿。英诺森六世(1352~1362 年)和乌尔班五世(1362~1370 年)时期,教廷又先后两次对有关卷宗进行重新核查,但仍旧半途而废。历时一个世纪有余、先后有 7 位教皇参与的这宗“封圣”之事最终化为泡影,教廷审批程序在 13 世纪中叶以后呈现出的尾大不掉之势由此可窥其貌。

关于“封圣”活动所需时间在中世纪中后期的变化,还可从另外一个角度对之作出更为生动的说明。在 13 世纪中叶以前,对于一宗“封圣”,调查令颁布者和“封圣令”颁布者通常是同一位教皇,也就是说,教皇在自己的任期内通常可以完成某一“封圣”之事的全部工作(即教廷调查程序和教廷审批程序),1199~1255 年间的 21 宗“封圣”之事中,有 19 宗属于这种情况,例外情况只有 2 宗。而在 13 世纪中叶以后,形势则出现了逆转,一位教皇在任期内能够从头到尾完成一宗“封圣”法事者已相当少见,1256~1431 年间最终获得“成功”的 15 宗“封圣”中,只有 3 宗属于这种情况,余者皆属“善后”或“烂尾”工程。在此情形下,实封圣徒数在中世纪中后期呈现由多到少的变化也就是情理之事了。

二、申请“封圣”所需的费用

与“封圣”所需时间紧密相连的是创议方在申请教廷“封圣”过程中所需承担的费用问题。教廷“封圣”并不是一种免费的慈善活动,一宗“封圣”之事,从地方教会(或其他团体)提出创议到教皇“封圣”谕令的最终颁发,其整个过程中每个环节所需的一切费用均由创议方承担。因此,从一定意义上说,时间就是金钱,“封圣”战线拉得越长,创议方所需承担的费用也就越多。正因如此,“封圣”费用是我们研究教廷“封圣”史过程中不容忽视也是不容回避的一个重要问题。它不仅有助于我们描绘中世纪“封圣”历程的真实图景,而且还能以其特有的方式折射出“封圣”灵光背后的社会政治晕圈。

令人遗憾的是,中世纪教廷在诸多方面虽力求准确翔实、言必有征,但不知何故,在“封圣”所需费用问题上却未能给后人留下全面系统的数据材料。在这个问题上,西方学术界亦无大的作为,目前尚未见有专门详尽的论著问世。因此,我们只能根据散见在各种材料中的零星信息来探寻这种“神圣”费用的蛛丝马迹。为方便读者阅读同时也为便于叙述起见,这里以“封圣”基本程序为线索,对“封圣”所需费用问题分阶段进行梳理。

第一,创议发起阶段。这一阶段所需费用主要包括对拟请教廷“封圣”者进行初步调查并收集有关材料所需的费用、向教廷呈送“封圣”申请状所需的费用以及差旅费、人工费等各种杂项开支。关于这些费用的具体数目,所见史料鲜有明确论及,但法国著名教会史家安德列·沃歇认为,“一宗封圣之事,单看其创议和开局,其费用就是非常昂贵的”。① 这里谨举两例以资参考:1327 年,英国巴思 – 威尔斯(Bath-Wells)主教试图再次提请教廷为其先任主教威廉·马尔希(William March)“封圣”(第一封申请状于 1325 年呈送教廷,但被驳回),为解决履行有关程序所需的巨额费用,他下令在当年向整个主教区内的居民增收特别什一税;但所征什一税旋又告罄,1328 年,巴思 – 威尔斯主教再次向治下的教民征收特别什一税,而且对拖欠税款的教民采取了强制性措施,引起当地民众的不满;1329 年,第二封“封圣”申请状呈至阿维农教廷,但又被教皇约翰二十二世否决,巴思 – 威尔斯主教数年的努力终属枉费心机,教民们缴纳的税款亦随之付诸东流。② 另外,在为萨里斯伯里的奥斯蒙德(Osmund of Salisbury,1099 年去世)寻求“封圣”的 229 年历程中(1228 ~ 1457 年),英国方面至少向教廷呈送过 7 次“封圣”申请状,而每一次申请都要耗费不菲的资金。例如,1416 年,为筹集启动资金,萨里斯伯里主教罗伯特·哈莱姆(Robert Hallam)决定,在未来的 7 年中,主教区牧师会全体成员必须将年收入的 1/10 贡献出来专供申请“封圣”使用。③ 对于虔信的教徒来说,“封圣”申请状如能得到教廷的认可,那将是一种莫大的精神鼓励,但同时这也就意味着申请方将为之付出高昂的代价。相反,如果申请状遭到教廷的否决(1198 ~ 1431 年间教廷共否决 38 宗“封圣”申请),对申请方在精神上

---

① See AndréVauchez, Sainthood in the Later Middles Ages, p. 64.

② E. Hobhouse, Calendor of the Register of John de Drokensford, Bishop of Wells and Bath. Bath, 1887, p. 273 – 274, 297.

③ See David Farmer, The Oxford Dictionary of Saints, p. 378 – 379.

虽是一种"挫伤",但从经济上看却未尝不是一件不幸之中的"幸事"。

第二,教廷调查阶段。"封圣"申请状得到认可之后,教皇便会下令组成专门委员会前往有关地区对圣徒候选人展开全面调查,在这一过程中,申请方同样要支付大量的费用。首先,在教廷专员进驻某地进行调查期间,申请方必须向他们支付优厚的薪金同时还要经常为之提供额外的膳食招待。如果申请方在此方面考虑不周或有欠大方,其后果将是可想而知的。例如,1371 年,教廷专员前往昂热(Angers)对查理·德·布洛瓦(Charles de Blois,1364 年去世)的品德及"行神迹"情况进行调查,期间专员薪金的发放出现了贻误,于是他们立即向申请方发出威胁,即如果薪金不能及时付清,他们将即刻终止调查,打道回府。[①] 其次,在调查过程中,要召集证人或"奇迹"受惠者为圣徒候选人作证,申请方为此要向他们支付一定的报酬;随着 13 世纪中叶以后证人数目的逐渐增多,申请方在此方面的资金负担也不断加重。另外,从 13 世纪 20 年代起,首先在意大利继而在欧洲其他各地形成了公证员参与教廷"封圣"调查的制度,公证员在此过程中的主要职责是将证人证词汇总成册并将所有调查材料誊抄备份,最后还要监督教廷专员对调查材料的包装封印工作。[②] 对于公证员的工作,申请方也要支付高额的报酬。例如,1282~1283 年,教廷在巴黎圣丹尼修道院展开对法王路易九世(1270 年去世)的调查,一位来自佛罗伦萨的公证员参与其事,路易九世成功获得"封圣"以后,法国方面向其支付了 200 图尔锂(livres tournois)的高额酬金。[③] 除了上述各种常规支出外,有时还会有一些额外支出项目如翻译费等(教廷专员一般使用拉丁语,而证人特别是来自社会中下层的证人多使用当地方言,因此有时需要配备译员方能解决有关问题,因而申请方也要为此支付一定的报酬)。

第三,教廷审批阶段。申请方在教廷审批阶段的支出也是花样繁多。首先,对"封圣"之事的代理人要支付报酬。从 13 世纪末开始,申请方必须雇请一名全权代理人,由其负责在审批阶段与教廷的各种协调活动。例如,1327 年,英国林肯大主教为其前任戴尔德比的约翰(John of Dalderby,1320 年去世)之"封圣"(最终未果)而雇用约翰·豪(John Haugh)为代理人,而且与之签订了一份细致的雇佣合同,其中规定:在旅途中每天薪俸为 3 先令,驻留阿维农教廷期间每星期薪俸为 5 先令,在教廷活动期间为"封圣"而支出的其他费用则按其数目给予补偿。[④]

---

① P. Hay du Chastelet, Histoire de Bertrand du Guesclin, Pairs, 1666, p. 306.

② M. H. Vicaire, Saint Dominique, lavie Apostolique, Paris, 1965, p. 75.

③ C. Du Cange, L'Histoire de S. Louis par Jean de Joinville, Paris, 1688, p. 120.

④ E. G. Cole, Proceedings Relative to the Canonization of John Dalderby, Bishop of Lincoln, Associated Architectural Societies' Reports and Papers, No. 34, 1916, p. 243 - 276.

其次,对教廷关键人物(主要是那些负责审核论证工作的红衣主教们)要以“礼”相待,而且还要尽可能地给予其他各种好处,以确保那些红衣主教们不会因申请方礼数不周而拖延审核工作。例如,1320年,就在托马斯·坎蒂鲁普被阿维农教廷正式封为圣徒前的几个月,亦即审核程序的最后关头,英国赫里福德主教奥莱敦的亚当(Adam of Orleton)致信教廷中的有关红衣主教,向他们保证,如果红衣主教们能够促成此宗“封圣”尽快顺利结束,英国方面将为他们提供丰厚的年金。① 最后,在教皇宣布“封圣”决定并主持礼拜仪式之后,申请方还要为教皇及教廷中的其他要员举行盛大的宴会及庆祝活动。例如,1391年,瑞典人布里吉特第一次被封为圣徒后(此“封圣”之事后来因教会“大分裂”而多有反复,教皇约翰二十二世在1415年、马丁五世在1419年又先后宣布对布里吉特的“封圣”),瑞典方面的代理人“大彼得”(Magnus Petrus)设奢宴款待了教皇卜尼法斯九世(1389～1404年)。② 从史料反映的情况来看,在“封圣”之事的最后阶段,即从教皇作出审核决定到申请方正式拿到教皇的“封圣”谕令,申请方支出的费用是相当惊人的。又如,伊夫斯·埃洛里(Yves Hélory,1303年去世)“封圣”最后阶段(1346～1347年)的费用为3000弗罗林(florins,金币);③瑞典人布里吉特“封圣”最后阶段(1391年)的费用为500杜卡特(ducats,金币);④纽伦堡的塞巴尔德(Sebald of Nuremburg,生活于11世纪)虽于1425年就由教皇马丁五世(1417～1431年)封为圣徒,但教皇却迟迟不愿向纽伦堡市颁发“封圣”谕令,1429年,纽伦堡市在奉献了5000弗罗林礼金之后方才获得了教皇的一纸封文,加上此“封圣”之事代理人马丁·科诺佛(Martin Konhofer)出使罗马教廷期间所耗费的1388弗罗林,塞巴尔德“封圣”之事最后阶段的费用高达6388弗罗林。⑤

从以上所述不难看出,一宗“封圣”从创议到结项,申请方在经济上所付出的代价是颇为高昂的,特别是在“封圣”程序日益复杂化、“封圣”时间越来越长的情况下,申请方的资金负担就更显沉重。对于财力不济又无显赫地位的中小城镇、宗教社团和地方教会来说,开启一宗“封圣”并能坚持到底,其道路是极为艰难的。例如,在意大利奥西莫城(Osimo):1284年,市政会议恳请较有财力的贵族前往罗马教廷负责筹办该城前任主教本夫努托·斯考蒂沃利(Benvenuto Scotivoli,

① A. T. Bannister, Registrum Ade de Orleton (1317－1327), London, 1908, p. 120－121.

② AndréVauchez, Sainthood in the Later Middle Ages, p. 65.

③ A. de Serent, Monuments du Proc s de Canonisotion du Bienheureux Charles de Blois, Saint—Brieuc, 1921, p. 93.

④ Y. Brilioth, Svenska Kyrkans Historia, Ⅰ. Uppsala, 1941, p. 294.

⑤ AndréVauchez, Sainthood in the Later Middle Ages, p. 66.

1282 年去世)的"封圣"事宜,而且所需一切费用要由贵族们自己承担,这样,奥西莫城就可以不用变卖房产或征收特别税了。[①] 再如,在英国萨里斯伯里:1442 ~ 1457 年,即奥斯蒙德"封圣"的最后阶段,该主教区共耗费了 713 英镑才最终获得教皇的"封圣"谕令。[②] 正因如此,13 世纪中叶以后,除极少数"信仰执著者"外,中小规模的宗教社团、地方教会和中小城镇大都已逐步放弃了寻求教廷"封圣"的努力,能够坚持不懈地为"封圣"而频繁光顾教廷者一般只是那些较为殷富或有较强影响力的大型宗教团体和政治组织(如王朝国家等)。

三、"封圣"过程中的政治因素

如果说漫长的时间和巨额的支出使许多宗教团体或行政组织对教廷"封圣"望而却步的话,那么,"封圣"过程中所带有的浓厚的政治色彩则为这种"神圣"活动蒙上了一层更加难以抹刷的暗影。从形式上看,"封圣"是一种扬善彰圣的宗教活动,但从中世纪中后期教廷"封圣"的实际历程中却可明显看出,政治因素在相当程度上影响着教廷的决策方向,教廷与某些国家(或君主)之间存在的各种错综复杂的关系在这里扮演着一种远远不可忽略的角色,有相当一部分的"圣徒"都是特殊政治形势下的产物。因此,从政治层面对中世纪中后期教廷"封圣"活动作一考察,对于深入理解这一历史现象或许不无益处。根据不同"封圣"活动所体现出的不同特征,可将中世纪中后期带有政治色彩的"封圣"大致划分为以下几种类型。

第一,安抚型"封圣"。从 12 世纪晚期开始,封授圣徒已经成为教皇的专有权力,正因如此,教皇便可运用这一他人无权染指的权力来显示自己对芸芸教民的关爱情怀,特别是当某一地区需要绥靖安抚之时,封授圣徒就更加成为体现教皇慈爱之心的一种善举,当然,这种手段并不一定总能达其目的。在这类情形中,比较典型的是维吉尔(Virgil,784 年去世,加洛林帝国时期曾任萨尔茨堡大主教)的"封圣":自 11 世纪中后期起,德意志皇权与罗马教廷之间就已展开激烈的权力角逐,到 13 世纪前期,德皇腓特烈二世(1212 ~ 1250 年)更将争霸重心移到了意大利本土,试图征服教皇国。1227 年,上任伊始的教皇格里高利九世(1227 ~ 1241 年)以腓特烈二世迟迟不率兵前往圣地耶路撒冷与"异教徒"作战为由,将之开除

---

① F. Vecchietti, Memorie I storico—critiche di osimo. Rome, 1782, p. 103 - 110.

② 详见 A. P. Malden, The Canonization of St Osmund, Salisbury, 1901, p. xxxii。关于此事所耗费用的具体数字有不同说法,戴维·法默尔认为是 731 英镑零 13 先令,参见 David Farmer, The Oxford Dictionary of Saints, p. 379。

教籍。腓特烈二世表示悔过后重新获得教籍。1230 年,在相对和睦的氛围中,教皇与德皇就双方的地位及权力划分等问题展开谈判,就在谈判期间,德意志萨尔茨堡大主教埃伯哈德(Eberhard)向格里高利九世提出为生活于 4 个多世纪以前的维吉尔进行"封圣"的申请,出于融洽关系、推进谈判之考虑,教皇欣然允诺。对维吉尔的调查于 1231～1232 年间进行。不过,封授圣徒并不能弥合教廷与德皇之间的权力冲突,几年之后,腓特烈二世卷土重来,教皇的感情投资化为乌有,德皇于 1239 年再次被革除教籍。①

第二,交易型"封圣"。在特殊政治形势下,特别是当教皇权势衰弱而不能居高临下地全面控制局势之时,教皇会利用"封圣"来换取当事方在某些问题上的妥协。关于这类情况,我们可以意大利莫洛纳的彼得(Peter of Morrone,即教皇塞勒斯太因五世,1210～1296 年在世,1294 年任教皇)的"封圣"为例作一说明。塞勒斯太因五世是在位时间最短的教皇之一,也是天主教史上惟一一位主动逊位的教皇。在其短短几个月的任期中,塞勒斯太因五世任命了 10 余位与法国王室有着特殊关系的红衣主教,加之此人对教会法不甚了了以及对教廷管理不善,旋即招致众多教廷成员的不满,塞勒斯太因五世因此辞职,但他仍有一批坚定的追随者。新任教皇卜尼法斯八世(1294～1303 年)为防其东山再起而将之拘捕,1296 年 5 月 19 日,塞勒斯太因五世死于狱中。13 世纪末至 14 世纪初,法王腓力四世(1285～1314 年)与以卜尼法斯八世为首的教廷展开激烈斗争,备受羞辱的教皇卜尼法斯八世惊愤而死,教廷亦转迁阿维农。正是在这一政治背景之下,腓力四世向阿维农教廷首任教皇克莱门五世提出两项要求:(1)为遭受卜尼法斯八世迫害而死的塞勒斯太因五世"封圣",而且,在"封圣"之前首先要认定塞勒斯太因五世为教皇兼殉教者而不是普通的虔信者;(2)对已经作古的卜尼法斯八世进行"死后审判"(damnatio memoriae)。腓力四世此举的目的很明显,即借"封圣"而将卜尼法斯八世打入"非法践位者"的行列,从而证明自己与罗马教廷斗争的合法与正义。但教皇克莱门五世对此存有顾虑,经与法王多次协商,双方最终达成妥协,即:教廷方面负责为塞勒斯太因五世"封圣",而法国方面则不再坚持对卜尼法斯八世进行"死后审判"。对塞勒斯太因五世的调查于 1306 年进行,1313 年,克莱门五世正式为之"封圣"②。可以看出,政治交易在其中起到了关键作用。

第三,无奈型"封圣"。由欧洲各地呈送教廷的"封圣"申请中,有相当一部分

---

① See AndréVauchez, Sainthood in the Later Middles Ages, p. 77.

② G. Lizerand, Clment Vet Philippe le Bel. Paris, 1910, p. 211 - 213; David Farmer, The Oxford Dictionary of Saints, p. 402 - 403.

因“不合条件”而不为教皇所受理,但在某些特殊情况下(如大国君主插手“封圣”并对教廷施加强大的政治压力),教皇又会适时变通而有违心意地将原本属于“不合格者”封授为天主教世界的“圣徒”。这类“封圣”以前文多处提及的托马斯·坎蒂鲁普(1218~1282年)为典型。坎蒂鲁普曾任牛津大学校长、赫里福德主教,还担任过英王亨利三世(1216~1272年在位)的大法官;1279年,坎蒂鲁普因坚决反对坎特伯雷大主教享有独断司法权而被后者革除教籍,而且至死也未能恢复教籍,这就意味着他不再具有天主教徒的身份,同时也意味着他不可能成为教廷“封圣”的对象。然而,从1306年开始,英国多位主教强烈要求教廷为坎蒂鲁普“封圣”,英王爱德华一世(1272~1307年)于1306年12月2日亦就此事而专门与教皇克莱门五世以及多位红衣主教进行磋商,敦请克莱门五世下令开启教廷调查程序。迫于压力,教廷不得不颁文宣布坎特伯雷大主教对坎蒂鲁普的革除教籍属于“无效绝罚”,此后方才启动调查程序。但在调查过程中,多次有人对坎蒂鲁普的“圣洁性”和“行神迹”情况提出严峻的质疑并反对为之“封圣”,这种情形在“封圣”史上是极为少见的。在坎蒂鲁普“封圣”之事拖延不决甚至面临危机的情况下,英王爱德华二世(1307~1327年在位)在1307年8月、1307年12月、1309年9月、1318年1月、1318年5月和1319年1月又多次与教廷交涉并严辞要求教廷从速办理坎蒂鲁普的“封圣”事宜。在英王的强大攻势下,坎蒂鲁普终于在1320年获得“封圣”①。需要注意的是,教廷在此类“封圣”中表现出的“无可奈何”是有一定限度和一定前提的,即不能因封授圣徒而威胁教廷的根本利益。对此我们可作一简单分析。从14世纪初开始的70余年间,教廷一直仰仗法国王权的鼻息而生存,因此,不触犯法国王权就成为教廷的一条自律原则。在14世纪早期,英法之间的矛盾尚未公开化(至少尚未演变为战争),因此,适当满足英国在“封圣”方面的渴望并不会危及教廷的切身利益,对坎蒂鲁普的“封圣”便是在这一条件下进行的,而且,对坎蒂鲁普的“封圣”还得到了法王腓力四世的支持。但是,随着英法矛盾的激化及百年战争的爆发,教廷便本能地对来自英国的“封圣”请求采取紧缩政策,其最终结果就是,在阿维农教廷存在的70余年历史中,坎蒂鲁普是英国人中唯一受封为圣徒者,英国方面于1318年、1325年、1326年、1327年和1329年提出的其他多宗“封圣”请求则均是泥牛入海。

第四,惟亲型“封圣”。在中世纪西欧政教关系史上,教廷与法国之间一直保

① A. T. Bannister, The Cathedral Church at Hereford, London, 1924; R. C. Finucane, Miracles and Pilgrims: Popular Beliefs in Medieval England. London, 1977, p. 173 – 188; David Farmer, The Oxford Dictionary of Saints, p. 474 – 476.

持着一种复杂而微妙的关系,尽管双方也存在斗争乃至公开的冲突,但利用与被利用的合作关系仍是其主流,从教皇权的扩展到教皇国的壮大,无不留有法兰克人及法兰西人辅佐支撑的烙印。及至教皇权衰落并沦为“阿维农之囚”以后,教廷与法国方面的关系更加密切。在此时期,与教廷保持密切关系的法方势力由两大部分组成:一是统治着法兰西本土的法国王权,二是由法国王室支系安茹家族在意大利南部建立的那不勒斯王权。① 关于这一时期教廷的人员构成以及教廷政策,其浓厚的法国色彩已是人所共知的事实。让人啼笑皆非的是,就连在“封圣”这种拿死人做文章的事情上,阿维农教廷也鲜明体现出“惟法为亲”的裙带作风。对于这一点,从这一时期阿维农教廷对来自不同地区的“封圣”申请状所采取的不同态度上可以明显看出来。一方面,就目前所掌握的材料来看,在遭到阿维农教廷否决的“封圣”申请状中,没有一宗来自法国和那不勒斯,被否决的申请状全部来自英国、意大利北部地区、西班牙、德意志、波兰、波希米亚和塞浦路斯等地。也就是说,凡是来自法国和那不勒斯的“封圣”申请状,阿维农教廷均予以全盘受理(至于受理之后是否能够最终完成“封圣”程序则另当别论)②。另一方面,在阿维农教廷正式受理的“封圣”中,绝大多数有着深厚的“法国—安茹”背景。在此仅举几例以作概观。例如,安茹的路易(Louis of Anjou,1297 年去世,1308 年教廷调查,1317 年正式“封圣”):此人为那不勒斯王子,先后为之提出“封圣”申请的是两位国王,即其父查理二世和其弟罗伯特(Robert)③。再如,伊夫斯·埃洛里(Yves Hélory,1303 年去世,1330 年教廷调查,1347 年正式“封圣”):此人为法国人,为之提请“封圣”的主要有布列塔尼公爵约翰三世和法国国王腓力六世④。又如,萨布朗的埃尔兹耶(Elzear of Sabran,1323 年去世,1351 ~ 1352 年教廷调查,1369 年正式“封圣”):此人为那不勒斯阿里亚诺(Ariano)伯爵,同时也是那不勒

① 1268 年,法王路易九世之弟、安茹及普罗旺斯伯爵查理(1226? ~1285 年)在罗马教廷的支持与配合下,成功挫败并驱走德皇在南部意大利的势力,查理成为西西里王国的国王。此时的西西里王国由两部分组成,即西西里岛和西西里大陆部分,俗称“两西西里”。1282 年,王国的岛屿部分落入西班牙人(阿拉冈人)之手,安茹查理在南部意大利的领土只限于西西里大陆部分,由其家族控制的这部分地区后来渐被称为“那不勒斯王国”(以其西岸城市那不勒斯而得名)。安茹查理称王南部意大利后,仍以法王附庸的身份领有法国西北部的安茹和法国南部的普罗旺斯两地,而教廷“飞地”阿维农即位于普罗旺斯境内,因此,教廷与那不勒斯的关系自然难分难舍。

② 关于遭到阿维农教廷否决的“封圣”申请状详细目录,可参见 AndréVauchez, Sainthood in the Later Middle Ages, p. 72 – 73。

③ M. Toynbee, Louis of Toulouse and the Process of Canonization in the Fourteenth Century, Manchester, 1929, p. 212 – 228.

④ B. Pocquet du Haut—Juss, Les Papes et Les Ducs de Bretagne: Essai Sur les Rapports du Saint—Sige Avec un Etat, I. Paris, 1928, p. 290ff.

斯国王罗伯特的心腹重臣,为之提出"封圣"申请的是与国王过从甚密的方济各会修士弗朗西斯·德·迈罗纳(Francis de Meyronnes)①。按照法国教会史家安德列·沃歇的说法,1305～1378年间阿维农教廷下令进行的所有"封圣"调查中,与"法国——安茹"没有密切关系者仅有3宗②,教廷在圣徒选择上的好恶由此显露无遗。

第五,竞争型"封圣"。从14世纪70年代末开始,天主教会进入长达70年之久的"大分裂"时期。为了扩大自身的影响、证明自身存在的合法性,同时也为了寻求更多国家、更多地区的支持,相互敌对的教廷采取了各种各样的宣传和笼络策略,"封圣"便是其中之一。罗马教廷方面:以前文提及的布里吉特之"封圣"为例。对此人的"封圣"调查始于阿维农教廷时期,但遭搁浅。"大分裂"局面出现后,瑞典方面将申请状转呈罗马教廷,罗马教廷迅速受理并于1380年完成教廷调查,对布里吉特的"封圣"谕令亦于1391年由教皇卜尼法斯九世(1389～1404年)正式颁布。阿维农教廷方面:令阿维农教廷颇觉难堪且被动的是,以前遭受阿维农冷眼的英格兰、西班牙等国已将注意力转向了罗马教廷,在此情形下,阿维农教廷在一定程度上改变了从前的拖延作风,不过,向其提出"封圣"请求的仍基本限于法国和那不勒斯两地,如法、那两方1381年向克莱门七世(1378～1394年)提出为教皇乌尔班五世(1370年去世)"封圣"的申请以及法国王室于1389年提出为卢森堡的彼得(Peter of Luxembourg,1387年去世)"封圣"的申请等。另外,于"大分裂"时期召开的康斯坦斯公会议也超越常轨地参与了"封圣"活动,1417年,该公会议为瑞典教会同时开启了3宗"封圣"调查,不过,这3宗均无果而终。

以上只是选取了一些典型事例对各类具有政治倾向的"封圣"作了一个扫描,限于篇幅,对于这类"封圣"之事中所包含的丰富而复杂的政治内涵,我们无法作全景式的展示。但前文所作的这些简略的叙述和分析表明,"封圣"并不是一种纯粹的宗教活动,它在相当程度上要受到政治因素的左右。无论是安抚、交易、无奈也好,还是惟亲、竞争也罢,凡此种种的"封圣"无不使教廷的"神圣"形象日益暗淡,使教廷的吸附力日益削弱。正因如此,在中世纪中后期,尽管教廷为某些具有特殊背景的"封圣"忙得不亦乐乎,但是,许多地方教会或行政机构已经"看破红尘",原本急于获得教廷"恩赐"的心情已渐趋消沉。

---

① C. Langlois, Fran, ois de Meyronnes, Fr re Mineur. In Histoire Litt raire de la France, XXXⅢ, Paris, 1927, p. 388ff.

② See AndréVauchez, Sainthood in the Later Middle Ages, p. 81.

四、教廷“封圣”策略的调整

以上从时间、费用以及政治因素等层面分析了中世纪中后期教廷“封圣”的流变轨迹及其成因，然而必须看到，不论这几个层面在“封圣”轨迹变化过程中所起的作用有多么重要，但它们毕竟也都还只是属于显性的或外在的因素，相应地，它们对教廷“封圣”特征的揭示也必然具有表层性和局部性。因此，要想弄清教廷“封圣”的本质性特征，我们还必须对教廷在封授圣徒过程中所体现出的战略意图进行更深层次的探讨。

从中世纪中前期的历史中可以明显看出，罗马教廷的产生和发展史从某种意义上说就是一部教权扩张史，教廷的一切重大活动几乎毫无例外都是以追求和巩固权力作为其根本宗旨。对于“圣徒崇拜”这种影响遍及整个天主教世界的具有全民意义的宗教活动，当然不可能游离于教廷的视野之外。但正如前文所述，封授圣徒原本并非属于教皇的专有权力。在公元6世纪以前，对圣徒的崇拜只是普通信徒和地方教会的自发行为，一个人是否能成为“圣徒”，其唯一的评判标准就是其是否为民众所认可，也就是所谓的“民意即天意”（vox populi，vox Dei）。6世纪至12世纪晚期，教会虽对圣徒崇拜作了一些规定和限制，但“封圣”仍是天主教世界所有主教都可享有的一种共同的权力。[①] 在这种情况下，教廷只有采取渐进稳妥的策略才能将众主教的“封圣权”和平地转归教皇；在“封圣权”成为教皇专有权力之后，教廷又必然要对原本具有散漫随意特征的“封圣”机制进行改造，只有这样，行使“封圣权”对教皇及教廷才有实际意义，才能成为显示教皇权威的一个表征。关于中世纪中后期教廷“封圣”策略的演化，可将之分为几个阶段作一具体剖析。

第一，13世纪30年代以前，其总体特征是“有求必应”。从12世纪70年代教廷正式行使“封圣权”到13世纪30年代之前的数十年间，各地主教独自进行“封圣”活动的现象仍偶有发生。为从实践上根除主教“封圣”现象，在这一时期，教廷充分利用自身作为天主教世界的核心这一充满诱惑力的特殊优势，对来自各地的“封圣”请求采取兼容并包、兼收并蓄的优惠政策。首先是积极受理“封圣”申请状，对于各地呈送来的申请状，罗马教廷通常都是欣然应允。一些已故天主教徒的影响力具有很明显的地域局限性，其声誉有的甚至只限于某一修道院或某一教区，但只要有人为之提出“封圣”申请，教廷一般也不会加以拒绝，最多也只是

① See Barbara Abou-El-Haj, The Medieval Cult of Saints: Formations and Transformations, Cambridge, 1994, p. 7 – 32.

要求申请方在随后几年中再提出 1 ~ 2 次申请,以证明申请方对某位"圣徒"的崇拜并非一时的心血来潮。例如,布尔日的威廉(William of Bourges,1203 年去世,西多会修士,后为布尔日大主教,1218 年"封圣")的"封圣":1210 年,布尔日牧师会向英诺森三世提出为威廉"封圣"的申请,但被教皇驳回;1212 年,牧师会再次申请,英诺森三世告之仍须等待;1217 年,布尔日大主教在第四次拉特兰宗教会议上第三次提出申请,教皇霍诺留三世受理之,并于当年完成了教廷调查程序。① 可以说,在这一时期,提出申请并得到教廷的受理(即正式开启教廷调查程序)基本上是一种可望又可及的常理之事。② 其次,对圣徒资格的认定较为宽松:英诺森三世时期表现尤为明显,在其任期内(1198 ~ 1216 年)进行的 5 宗调查均顺利地进入教廷审批程序,而且最终均得以正式"封圣"。教廷的"包容"政策取得了巨大成功,经过几十年的努力,主教"封圣权"被兵不血刃地剥夺净尽。

第二,13 世纪 30 ~ 50 年代,其总体特征表现为"迂回搪塞"。有求必应的做法虽然为教廷赢得了"封圣"垄断权,但也使"封圣"的请求日益增多。当时的教廷正与德皇腓特烈二世展开激烈的权力斗争,有一个稳定的后方是十分必要的。③ 因此,为了能够在不过分刺激申请方的前提下抑制这一趋势、提高教廷在"封圣"之事中的庄严地位,教廷开始采取一种迂回策略。一方面,教廷继续慷慨地受理来自各地的"封圣"申请状:格里高利九世在位 15 年间(1227 ~ 1241 年),共为 14 位圣徒候选人开启了教廷调查程序;英诺森四世在位 12 年间(1243 ~ 1254 年),开启的教廷调查程序亦达 10 宗。而就现有的材料来看,1230 ~ 1259 年间,遭到教廷否决的"封圣"申请仅有 2 宗,而且均发生于英诺森四世时期(分别在 1244 年和 1254 年)④。对于申请方来说,申请状得到教廷的受理具有十分重要的意义,它意味着圣徒候选人有朝一日可能获得正式"封圣";即使达不到这一最终目的,它也表明得到了教廷的重视,对申请方也是一种心理安慰。教廷慷慨受理申请状的动机即在于此。

另一方面,教廷对调查过程则采取严格的控制措施,以降低调查取得成功的

---

① S. Steffen, Der Heilige Wilhelm von Bourges. Cistercienser Chronik, No. 19, 1907, p. 74 - 82.

② 据目前所掌握的材料看,1230 年以前,唯一遭到教廷否决者是意大利奥维埃托市(Orvieto)为其已故行政长官彼得·帕伦佐(Peter Parenzo,1199 年被"异教徒"暗杀)提交的"封圣"申请状。教皇英诺森三世拒绝对帕伦佐展开"封圣"调查的理由是:帕伦佐对"异教徒"毫不留情,此举可嘉;但他对并不属于"异教徒"的其他政治对手也同样残酷无情,此不足法。参见 V. Natulini, S. Pietro Parenzo, Rome, 1936; M. Maccarrone, Studi su Innocenzo Ⅲ, Padua, 1972。

③ 参见丁建弘、陆世澄主编:《德国通史简编》,人民出版社 1991 年版,第 81 ~ 82 页。

④ See AndréVauchez, Sainthood in the Later Middle Ages, p. 72.

可能性;对调查过程加强控制的措施主要包括两个方面的内容。首先,扩大对圣徒候选人的调查范围,即在圣徒候选人墓葬所在地以及候选人曾经生活过的地方对其受崇拜程度、品行状况和“行神迹”情况展开全方位的详细调查,这种事无巨细的调查方式一方面使调查进度空前放慢,另一方面也使圣徒候选人暴露出很多缺陷和问题,从而使许多起调查以否定性结论而告终。其次,对完成教廷调查程序的“封圣”采取不同的处理方式。例如,1252 年,英诺森四世曾下令开启两宗教廷调查程序,圣徒候选人分别是多明我会传道士维罗纳的彼得(Peter of Verona,1252 年初在米兰为“异教徒”暗杀)和俗人维泰博的罗斯(Rose of Viterbo,1251 年去世)。对于前者,教皇要求调查工作一结束就要将调查报告呈送教廷;而对于后者,教皇却明确规定,在教廷正式要求呈送之前,调查报告必须暂时保存在地方。这两种截然不同的处理方式预示着二者不同的命运结局:前者于几个月之后即受封为圣徒,而后者的“封圣”则终成泡影。教廷“迂回”策略的结果就是,对申请状的受理依旧繁荣不衰,而“封圣”的成功率却大打折扣(格里高利九世开启的 14 宗封圣调查中,有 8 宗无果而终;英诺森四世开启的 10 宗封圣调查中,有 4 宗无果而终),教廷对“封圣”的控制初显成效。

第三,13 世纪以后,其总体特征是“亲疏分明”。“迂回”政策虽在一定程度上有利于笼络信徒,但它并不利于教廷明确展示自身在“封圣”问题上的“神圣而崇高”的立场,而且还会给教廷增加许多劳而无功的工作负担。因此,当教廷与周边国家的关系基本处于平安无事状态时,教廷便开始放弃以前的暧昧作风。对于来自各地的“封圣”申请状,教廷如果认为不合格或不中意,便会直接加以否决,而不再让其进入教廷调查程序。例如,从 1260 年起,意大利佩鲁贾市(Perugia)多次为本地隐修士博维纳特(Bevignate,生活于 12 世纪晚期至 13 世纪早期)而向教廷提出“封圣”申请,但每次都被教廷以“对博维纳特的崇拜从未走出佩鲁贾市城墙之外”为由而加以否决。① 再如,1260 年、1285 年、1289 年和 1307 年,英国曾四度请求教廷封授曾任林肯郡主教的罗伯特·格罗塞泰斯特(Robert Grossetest, 1253 年去世)为圣徒,但教廷认为,格罗塞泰斯特曾恶毒反对教权至上论,以粗鲁的言辞攻击教皇英诺森四世,而且还谩骂教廷的财政政策。这种人无论其在本国享有多高的声誉,他也不可能符合教廷的圣徒标准,因而英国方面的申请每次都被教

① L. Kern, Saint Bevignate de P rouse. In studien aus dem Gebiete von Kirche und Kultur, Festschrift G. Schr rer. Paderborn, 1930, p. 39 -53.

廷直接否决。① 据不完全统计,1260～1334年间,被教廷拒绝受理的"封圣"申请状达27宗,其中教皇约翰二十二世(1316～1334年)一人便直接否决了14宗;1334年以后,被教廷拒绝受理的申请状逐渐减少,1334～1431年间仅有9宗,出现这一现象的原因并非是教廷重新改变了策略,而是在各种因素综合影响下来自各地的"封圣"申请状已大大减少(有关因素前文已有细述)。

由以上所述可以看出,在中世纪中后期,教廷的"封圣"策略经历了一个由松到紧的演变过程,这是中世纪中后期教廷新封圣徒人数出现由多到少变化的根本原因。同时还应当看到,无论其策略是"松"还是"紧",它们都是教廷追求权力的本质体现,只不过前者是为了获取权力,而后者是为了巩固权力。然而,让教廷料想不及的是,在成功地由"慷慨"转变为"吝惜"之后,教廷在圣徒候选人的选择上却不由自主地或身不由己地掺杂了其他许多非宗教的因素,其结果就是,"封圣"的神圣光环黯然失色,教廷的神学权威每况愈下,教廷曾为之苦心经营的"封圣权"最终却成为中世纪晚期教廷形象江河日下的一个病根。

---

① E. W. Kemp, The Attempted Canonization of Robetr Giosseteste, In D. A. Callus, Robert Grosseteste, Oxford, 1955, p. 241－246.

中世纪西欧教会法对教会与国家关系的理解和规范

彭小瑜

中世纪的西欧教会法对教会与国家关系的阐述，建立在教会神学家和法学家对教会和国家这两种制度的理解之上。教会法是中世纪西欧最完善的法律体系。教会法独特的性质既是基督教信仰的体现，也深刻地影响了教会法学家对教会与国家关系的看法。本文拟探讨教会法关于教会与国家关系的理论，以及这一理论是如何应对复杂多变的现实政治的。

一、教会法文献

中世纪西欧教会法的基本文献是《教会法大全》(Corpus iuris canonici)，最常用的版本分为上下两卷。[①] 上卷是格兰西编《教会法汇要》(Decretum，编成于1140年前后)，下卷是5部《教皇教令集》。15世纪末，这6部教会法著作被出版商编印为一套与《民法大全》相对应的

---

① 本文文中所用的《教会法汇要》是福里德伯格的版本，A. Friedberg, ed., Corpus iuris canonici, part 1, Decretum Magistri Gratiani. Graz, Akademischen Druck-U. Verlagensanstalt, reprint edition, 1959. Decretum 是惯用的标题。这一著作原本的题目是 Concordia discordantium canonum。参见 F. Heyer, *Der Titel der Kanonensammlung Gratians*, in Zeitschrift der Savigny-Stifung for Rechtsgeschichte, Kanonistische Abteilung, Vol. 2 (1912), p. 336 – 342。*Namen und Titeldes Gratianischen Dekrets*, in Archiv fur katholisches Kirchenrecht, Vol. 94 (1914), p. (1501) 517。

教律集，但直到1566年，教皇庇护五世才任命一些红衣主教和教会法学者审定全文。[①] 1582年教皇格里高利十三世正式批准发布教廷官方的《教会法大全》。教会法文献的另一重要部分是法学家对上述6部著作的诠释。

《教会法汇要》由三部分组成。第一部分由101节组成（Distinctio 在引文和注释中简写为“D”），每节包括数条至数十条教规（Capitulum，在引文和注释中简写为“c”）。第1～20节讨论法学的基础理论，其中第10节的主要内容是教会法与世俗法的关系；第21～80节讨论神职人员的选拔和提升；第81～101节比较杂乱，讨论主教的素质、教会经济和济贫等问题，也涉及教会与国家的关系。

第二部分由35个案例（Causa，在引文和注释中简写为“C”）组成，每个案例包含数个问题（Questio，在引文和注释中简写为“q”），每个问题下有数条至数百条教规。第1个案例讨论神职买卖的弊端；第2～6个案例讨论教会法之程序；第7～10个案例讨论主教的职权；第11个案例讨论犯罪神职人员的审理；第12～14个案例讨论教会经济；第15个案例讨论一些特殊的程序法问题；第16～20案例讨论修道院；第21案例讨论与教堂神职人员有关的问题；第22案例讨论誓约和假誓；第23～26案例讨论异端；第27～35案例讨论教会之婚姻法。第二部分中的问题之一（C. 33，q. 3）是一篇独立的讨论基督教忏悔的文章（Tractatus de penitentia），分成七节（Distinctio，其第一节第一条教规在引文中简写为 D. 1 de penit.，c. 1）。

第三部分主要涉及基督教圣礼（Tractatus de consecratione），共四节（Distinctio，其第一节在引文中简写为 D. 1 de cons.），每节有数十到百余条教规。

格兰西在教规前后的评注（dictum ante 和 dictum post，在引文和注释中简写为“d. a.”和“d. p.”），不仅是他对所引教规的注释，而且常常是他对整节或整个问题所做的总结。本文主要通过《教会法汇要》讨论中世纪西欧教会与国家的关系。

二、教会法论教会与国家

教皇吉雷西乌斯一世（492～496年在位）担任教皇的时间不长，在教会的政治理论方面却留下了深远影响。他著名的《第十二篇书信》是写给东罗马皇帝阿纳斯塔西乌斯的，提出了世界由教皇和世俗君主两种力量来统治。神职人员要负责完善君王的精神和品格以便后者的灵魂能得到拯救，所以地位更重要一些。君

---

① 即所谓的“罗马修订者”（Correctores Romani）。

王凌驾于万民之上,其权威源于神,在世俗事务上教会应服从国家法令。在与圣礼和信仰有关的问题上,君王应听从教会,尤其是统领全教会的教皇所作的决定①。吉雷西乌斯一世的原则是清楚易懂的,但应用到政治实践上却非常困难,因为在一个基督教国家里区分世俗和宗教事务往往是十分困难的。

他的思想在格兰西的《教会法汇要》里得到了更清晰和系统的论述。

格兰西的政治思想与11世纪格里高利七世所倡导的教会改革之余波有一定关系。格里高利七世激进的改革主张只是当时教会改革运动的一部分,改革从地域、时间和纲领上都不限于他在位期间的罗马教廷。② 12世纪初,授职权之争已近尾声,神职买卖、神职人员独身以及相关的政治问题都逐渐解决或消退,剩下主要的是主教授职权问题。通过1122年的"沃尔姆斯教皇——皇帝协定",这一问题也以妥协的方式解决,教会和德国皇帝的权限范围得以区分清楚,教会独立的法律地位得到承认。③ 此时教会内部激进派仍嫌对世俗王公的主教授职权限制不够,但温和的教会人士认为改革现在应以内部的整肃和提高为重点,即在确认教会是一个独立的法律实体、划清教会与国家职权界限之后,致力于提高神职人员的素质,增进教徒的信仰,改善道德生活水准。《教会法汇要》证明格兰西属于后一种改革派,他对于教会和国家的看法是同他的这种改革主张分不开的。④

毫无疑问,格兰西坚持并且清楚地声明教会是一个独立的法律实体。他认为,基督教信仰不仅意味着信徒同上帝建立了一种特殊的关系,而且意味着信徒之间也因共同信仰形成了一个互助互爱的团体。这种基督之爱一方面体现为信徒在信仰和情操上的互相督促,另一方面则通过神职人员的权威体现在教会的治理上,所以有教会法和教会法庭,也有必要划清教会和国家的权限。格兰西从三个方面讨论了教会的法律地位。

---

① Gelasius I, epistolue 12,2, See patrologiae latinae supplementum, Vol, p. 20.

② U. —R. Blumenthal, *The Beginnings of the Gregorian Reform: Some New Manuscript Evidence*, in Blumental, ed., Reform and Authority in the Medieval and Reformantion Church, Washington D. C.: The Catholic University of American Press, 1981, p. 1 – 13. 布氏是当代格里高利七世和"授职权之争"研究权威,参见 *The Investiture Controversy: Church and Monarchy from the Ninth to the Twelfth Century*, Philadelphia: University of Pennsylvania。

③ K. A. Fink, *Papsttum und Kirche im abendl andischen Mittelalter*, Munich: Beck, 1981, p. 136 – 39. "沃尔姆斯教皇—皇帝协定"拉丁原文见于 *Monumenta Germaniae Historica*, Leges 4, Vol. 2, p. 159。

④ S. Chodorow, *Christian Political Theory and Church Politics in the Mid – Twelfth Century: The Ecclesiology of Gratian's Decretum*, Berkeley: University of California Press, 1972, p. 53 – 64. S. Chodorow 的某些观点比较独特。他认为,格兰西对教会与国家关系不感兴趣。

首先,教会法和世俗法是人法的两大组成部分,都受制于自然法,而自然法即是上帝通过《圣经》启示给人们的神法。① 格兰西认为教会法独立于世俗法之外,与之地位相当。如前所述,在《教会法汇要》中,最前面的20节专门论述法学理论(D.1～D.20,即所谓的tractatus de legibus),格兰西在阐述许多法学理论问题时并不区分教会法与世俗法,给予教会法与世俗法同等的地位。法规由国王和皇帝所制定,但也可由教会制定;不管是世俗法规还是教会法规都要求人们履行义务,都禁止邪恶,都规定所允许的事②。从起源上讲,无论教会法还是世俗法都始自于上帝向摩西授予律法。③

其次,教会有自己的立法权。上帝的启示和《圣经》里基督的教诲固然是每个教徒所应该寻求和恪守的,教会还有权针对信徒们的道德生活和宗教生活制定各种《圣经》里所没有的法规。近亲通婚在《旧约》里是允许的,但基督和他的门徒们却不提倡,而他们之后的教会则明令禁止;在《新约》里神职人员是可以结婚的,但教会后来却为了追求道德完美而提倡神父独身。④

最后,教会有权强制性地保留和终止教徒的教籍。格兰西不赞同强迫异教徒改信基督教,但一旦有人被迫受洗,教会有权禁止他放弃信仰,以免基督教信仰被看轻。⑤ 可见教会并不仅仅是以纯粹的信仰为基础的,其司法权已经使它成为一个与国家相当的法律实体。教会也有权开除教徒的教籍。这是一个有趣而复杂的教会法问题。从比较宗教学的角度来看,在任何一种宗教里,信仰从根本上讲意味着人同神的精神关系,宗教组织和制度起中介和辅助作用。基督徒之所以为基督徒取决于他的精神和道德状态;一个好教徒被不公正地开除教籍,不应该使他在上帝眼里成为恶人,⑥但格兰西认为,教会的决定从律法上讲依然有效,该教徒应服从,等待教会通过合适的渠道修正错误的判决。⑦ 格兰西显然在指出教会宗教性质的同时,把教会看成和世俗国家相似的法律实体。

国家地位在《教会法汇要》里也得到充分肯定。自人类结成社会就有国家法

---

① 格兰西对自然法的理解见D.L, d.a.c.1。那里用《圣经》引文(《马太福音》第7章12行)所阐明的自然法原则大体上就是"己所不欲,勿施于人"的意思。基督教道德和律法称之为"黄金规则"。

② D.2, c.4; D.3, d.a.c.1 et d.P.c.3;D.4, d.a.c.1.

③ D.7, d.a.c.1.

④ C.31, q.1, d.a.c.8; C.35, q.1, d.plc.1.关于神职人员独身问题的历史渊源,参见J.E. Lynch, *Marriage and Celebacy of the Clergy, the Discipline of the Western Church*: *An Historico—Canonical Synopsis*, in Jurist, Vol.32 (1972), p.14-38, 189-212。

⑤ D.45, c.pl c.4 et c.5.

⑥ C.24, q.3, c.7.

⑦ C.11, q.3, d.p.c.40; d.p.c.64; d.a.c.66;et d.a.c.78.

律和权威,当权者以此统治人民。① 可见格兰西认为国家源于人之邪恶,但他同时相信国家权威本身是神授的,是上帝针对人之邪恶而建立的;上帝将宗教权和世俗统治权分授给主教和国王,让他们各司其职。② 国王和皇帝的法令不能违反自然法,不能违反基督教的基本教义,否则基督徒可以不服从;国王也必须服从自己制定的法令,给臣民作出榜样。③ 国家在社会生活中有不可或缺的作用。人间的邪恶必须借助国家法律来加以制约;对罪犯依法惩处一方面保护了无辜者,另一方面令坏人畏惧收敛,从而达到维持社会安定的目的。④ 社会生活的各个方面都需以法律加以规范,家庭、财产、税收、军事和外交都不能离开法律的指导。⑤ 国王有立法权,在通常的情况下百姓应听从他的命令。⑥

三、格兰西论教会与国家的关系

中世纪西欧教会法学家都很器重格雷西乌斯关于教会和国家分工合作、共同统治世界的理论。格兰西也不例外。他对教会与国家关系最有条理的论述基本上是格雷西乌斯理论的翻版:"如下事实不容忽视。世界是由君王和神职人员这两种人统治的。君王们在世俗事务上做主,神父们则在圣事上当家。国家负责刑罚,教会则给予信徒们宗教处分"⑦。可惜的是,正如格兰西自己的《教会法汇要》处处显示的那样,圣事和世俗事务在中世纪西欧并不是那么容易区分,教会和国家因此也就很难有清清楚楚的分工;合作是经常的正常的,但政治理论上的分歧和政治实践中的冲突因此也就不可避免。

在某些领域教会与国家的分工比较清楚。对私人财产的认可和保护是世俗法的重要功能之一。⑧ 教会财产自然由主教支配,世俗政权无权干涉。⑨ 济贫是

---

① D.6, d.p.c.3.

② D.10, c.8 et D.96, c.6. 这两条教规都取自格雷西乌斯一世的 Tractatus Ⅳ, 参见 A. Thiel, ed., *Epistolae romanorum pontificum genuinae*, reprint edition, Hildesheim: G. Olms, 1974, p.568。

③ D.9; c.1; et c.2:"君主服从他自己制定的法令是符合正义的。当他自己尊重这些法令时,他其实是告诉所有的人都守法。君主们应受他们自己法令的制约,他们颁布给臣民的法令自己也不应该违反。如果君主们不允许自己去做臣民被禁止做的事情,他们的统治就是正义的"。

④ D.4, d.a.c.1 et c.1.

⑤ D.1, cc.8–10.

⑥ D.8, c.2.

⑦ C.2, q.7, d.a.c.42; D.10, C.8:"……基督教皇帝在宗教事务上依赖于教皇,在世俗事务上教皇只依照皇帝的法令行事"。

⑧ D.8, d.a.c.1 et c.2.

⑨ C.12.

教会很注意的一项工作。对无能力劳动谋生的穷人和病人,主教应设法提供衣食;教士不得嫌弃前来求助的下层贫民,应与其他人一样招待;教会本不参与谋利的俗事,但若为接济孤儿寡母,可以经营一些商业。① 高利贷是教会所极力禁止的,神父不得施放高利贷,有放高利贷劣迹者不得担任神职。② 与婚姻家庭有关的各个方面都在教会法的管辖范围之内。必须注意到,权限区分得比较清楚并不意味着教会和国家互不相干或者冲突就可以完全避免,因为法律总是在复杂的政治实践中运行。教会希望国家及其法律能够保护教产。③ 国王在一般情况下总是承认教会在婚姻案件上的权威,但宗教改革时期英王亨利八世却因婚姻问题同教皇争执,闹得英国教会一度脱离罗马。

格兰西提到国家主司刑罚,这是否意味着他认为教会没有这方面的权威呢?在一定程度上他还是承认教会有使用武力和施加刑罚的权力。中世纪西欧早期国家衰弱,教会及主教有时不得不承担维持治安的责任,这一传统在教会法里留下了痕迹。格兰西曾数度提到教皇利奥四世和格里高利一世号召民众武装起来抵御外敌。④ 教会最常诉诸刑法和武力的场合是镇压异端,对此格兰西有大量论述。他在 C. 23 的导论中提到一个假设的案例:"有些主教和他们手下的教徒堕落成了异端分子,威胁并且折磨邻近的天主教徒,逼迫他们加入异端。得知这一情况后,教皇要求附近地方的天主教主教们行使他们受之于皇帝的行政管辖权来保护天主教徒,并运用一切可能的手段强制异端分子接受正统信仰。这些主教们在得到教皇的旨意后立即召集骑士进攻和伏击异端分子。有些异端分子被处以死刑,有些被剥夺教产和个人财产,还有一些则被监禁。所有异端分子都被强迫回归到统一的教会。"⑤在 C. 23 中,格兰西论证了在外敌入侵和异端叛乱等特殊情况下教会有权诉诸刑法和武力,但教士自己不能动武动刑,必须请世俗武士帮助或将罪犯移交给世俗政权。⑥ 在格兰西眼里,教会有权动武的确意味着教会是一个独立的法律实体,但并不意味着教会和国家没有分工,他还是认为战争和刑罚主要是世俗政权的职责。

在比较教会法和世俗法之后,格兰西指出后者往往过于严厉,教会在必要时

---

① D. 42, d. a. c. 1 et cc. 1 – 2; D. 82, d. a. c. 1; D. 88, d. a. c. 1.

② D. 47 et C. 14, qq. 3 – 6.

③ C. 12, q. 2, cc. 8 – 10.

④ C. 23, q. 8, d. a. c. 7 et cc. 7, 17.

⑤ C. 23, d. a. q. 1.

⑥ C. 23, q. 8, d. p. c. 28.

可以干预世俗法庭的决定，设法减轻刑罚，感化罪犯；①但教会在这方面必须慎重，不可轻易向世俗政权提出异议。② 他还提到，婚姻由教会法管辖，通奸妇女不得按世俗法处以死刑，因为教会法只以"精神之剑"惩罚这类罪行，而不对此使用"物质之剑"③。格兰西另一次提到"双剑"时用"物质之剑"比喻武力，以"精神之剑"比喻主教的劝告和祈祷，指出教士不得动刀。④ 如前所述，格兰西承认教会有借助世俗武士使用武力的权力，即间接地拥有"物质之剑"；他的意见似乎是，教会的"精神之剑"是指开除教籍等宗教处分。⑤ 换言之，格兰西并不明确地用"双剑"来象征教会（"精神之剑"）和国家（"物质之剑"）。⑥

"双剑"理论是中世纪西欧教会和国家关系学说里常用的一个比喻，各人有各自不同的解释。德皇亨利四世在其同教皇格里高利七世的冲突中引用《路加福音》第22章第38节："他们说：'主啊，请看！这里有两把刀。'耶稣说：'够了。'"亨利以此论证王权和神权应分别由君王和教会掌管。⑦ 有意思的是，亨利在这里采用了格雷西乌斯一世的权威二元论，一方面他反对教皇干涉世俗事务，另一方面他也默认了教会在宗教事务上的自主权。与格兰西同时代的约翰·索尔兹伯里和伯纳德·克来沃都提出世俗君王从教会那里接受"物质之剑"，即"双剑"本来都由教会掌管。因为他们两人都把"物质之剑"理解为使用武力和施加刑罚的权力，而不是广义地解释为对世俗世界的统治权，他们的"双剑"说其实并不是替教皇争取世俗统治权，至多只是认为教皇作为宗教领袖在道义上对君王有监督的责任。不过和格兰西一样，他们认为，教会拥有"双剑"，把教会看作一个完整的法律实体，独立于世俗国家之外。⑧ 14世纪初，教皇波尼法斯八世发布教令（Unam sanctam），重申"双剑"都由上帝给予教会，"物质之剑"由教会交给君主和

---

① C. 23, q. 5, cc. 1, 4. 参见 Rufinus, Die Summa Decretorum des Magister Rufinus, ed. by H. Singer. Paderborn: Schoningh, 1902, p. 408; C. 23, q. 5, d. a. c. 1："如果罪犯是初次犯法或有希望改过自新，当权者不必非要处死他或伤害他的肢体"。

② C. 14, q. 6, d. a. c. 3.

③ C. 33, q. 2, d. P. c. 5 et c. 5.

④ C. 23, q. 8, d. a. c. 1.

⑤ C. 23, q. 4, d. pl c. 12; C. 24, q. 3, d. d. c. 1 et c. 1.

⑥ A. Stickler, *De ecclesiae potestate coactiva materialiapud Magister Gratianum*, in Salesianum, 1942年第4期, p. 2－23, 97－119, 111－118 讨论了格兰西的"双剑"说。

⑦ MGH, Leges Ⅳ, Vol. 1, p. 111.

⑧ 约翰和伯纳德在这方面的著作均有英译本。John of Salisbury, *Policratus: The Statesmanps Book*, ed. By M. F. Markland. New York, Frederick Ungar Publishing, 1979, p. 48－49; Bernard of Clairvaux, Five Books on Consideration, translated by J. D. Anderson and E. T. Kennan. Kalamazoo, Mich., Cistercian Publications, 1976, p. 117－118.

骑士们使用。波尼法斯的理论与格兰西、约翰和伯纳德的"双剑"说有本质上的差异,他不仅强调使用"物质之剑"者的地位低于使用"精神之剑"的神职人员,前者必须接受后者的监督和指导,而且他对"双剑"的理解与德皇亨利四世的"双剑"说类似,以"物质之剑"指世俗统治权,"精神之剑"指宗教权威,但他对"双剑"关系的解释却与亨利的解释南辕北辙。亨利借用"双剑"的形象是为了说明教会不应干涉属于世俗君王管辖的事务。波尼法斯则认为君王从教会那里得到世俗统治权,不得侵害教会的利益。他发表激烈言辞是为了抗议法王腓力四世向法国教会征税,并不是为教会争夺世俗统治权。这一教令后被收入《教会法大全》。①

波尼法斯的"双剑"说吸收了6世纪伪丹尼斯关于宇宙和教会等级的理论。伪丹尼斯的等级论在中世纪西欧被赋予政治含义,有不少人认为权威均来自上帝,但世俗权威是通过教会的中介而来,与上帝的距离更远,所以地位比教会权威要低。② 这一学说不仅承认权威有不同的等级,而且强调较低等级在整个等级体制中有不可或缺的作用,反对过分的中央集权。波尼法斯的"双剑"说虽然指出世俗权威来源于教会,但并不否认国家的地位和作用,也绝不包含有建立以教皇为首的政教合一体制的意图。

教会和国家关系的真正麻烦并不在于"双剑"说这类含糊不清的言论,而在于中世纪西欧复杂的政治现实。教会和国家的分工合作关系说明二者既互相依赖又互相渗透,不可能真正做到"井水不犯河水",冲突因此也就不可避免。格兰西在《教会法汇要》中对教会与国家关系的这一性质从以下两个方面进行了探讨。

其一,教皇和君王在政治上的互相否定。这应该是很特殊的情况。中世纪西欧教会法既承认在特定的条件下教皇可以废黜君王,也指出在异端分子篡夺教皇

---

① Extrav. comm. 1. 8. 1. 这是现代学者援引《教令集补编》, Extravagantes communes,(构成《教会法大全》之第六部分时惯用的缩写),"Extrav. Comm." = Extravagantes communes,"1" = liber (book)1,"8" = titulus (title) 8,"1" = capitulum (chapter) 1. J. B. Morral, *Political Thought in the Medieval Times*, Toronto: University of Toronto Press, 1980, p. 34, 55, 86; W. Ullmann, *History of Political Thought: The Middle Ages*, Baltimore: Penguin Books, 1965, p. 110 – 111. W. Ullmann 是英国著名法制史专家,但毕生研究中世纪教皇权威世俗化这一命题,许多观点流于偏颇,其中之一就是认为"双剑"说历来是教会过度扩张权势的一个借口。W. Ullmann 的著作在国内有时被引用,我们应该注意到他是一位很卓越又很偏激的学者,其学术观点已被晚近的研究所推翻。

② D. Luscombe, *Lex divinitatis in Unam Sanctam*, in C. N. L. Brooke et al, ed. *Church and Goverment in the Middle Ages: Essays Presented to C. R. Cheney on His 70th Birthday*, Cambridge: Cambridge University Press, 1976, p. 205 – 221.

职位时皇帝可以推翻这一教皇。格兰西把誓约列入教会法的权限之内，包括封臣对封君、臣民对君王的效忠宣誓。教会通常要求封臣履行对封君所承担的义务。但正如格兰西所指出的，教皇可以解除臣民对不称职昏君的效忠宣誓、骑士对被罢免主教的封君封臣关系；对被开除教籍的封君，封臣不必尽义务。[①] 开除教籍本来只是一种宗教处分，但君王和封君被褫夺教籍就成了政治后果很严重的事件。基督教君王对教会政治的介入也在一定程度上为教会法所承认。格兰西毫无疑问捍卫教会在教皇和主教选举上的自主权，但他同时也意识到争取世俗政权赞同选举的结果不仅有利于巩固教会的政治地位，也便于防止异端分子篡夺重要教职。如果异端分子占据了教皇的位置，教会可能不得不依靠武力来驱逐他，此时自然要借助于世俗君王。[②]

其二，神职人员不受世俗法庭审判。首先来看一下教会法与民法的关系。教会法与世俗法各自有独立的管辖范围。格兰西强调指出，君王有权就世俗事务作决定，如果世俗法与教会法无冲突，基督徒必须无条件地服从之，违法者要依法严惩。有些世俗法令本来就是君王为帮助教会而颁布的。[③] 在现实生活中，两法的界限却不易区分。神职人员本应受教会法庭的审判，可是如果教士违反世俗法或卷入世俗财产纠纷，他是否该由世俗法庭审判呢？教会法学家难以回避这一棘手的问题。教会法一度承认，在某些特定的情况下教士可以由世俗法庭审判。[④] 格兰西及后来的教会法学家则强调教会是一个独立的法律实体，教皇为教会最高法官，一致认为世俗法庭和教会法庭的权限不应由诉讼的性质（宗教事务或世俗事务）而应由当事人的身份（教士或俗人）来决定：神职人员无论卷入何种民事或刑事案件在原则上都应由教会法庭来审理。[⑤] 格兰西在论证这一观点时不仅引用了教会法，而且还引用了世俗法，指出君王在他们自己的法律里已经承认了教会在司法上的独立自主地位。[⑥]

教会坚持神职人员不受世俗法庭审判最实际最直接的原因当然是教士的人身安全。中世纪西欧世俗法制长期以来不甚完备，当事人难以获得公正的判决。有时被释放的奴隶成为神职人员后，又被前主人的后代或王公贵族强逼为奴。教

---

① C.15, q.6, d.a.c.3 et cc.3－5; C.22, q.5, d.p.c.17 et c.18.

② D.63, d.p.c.25, d.a.c.28, d.a.c.29 et d.p.c.34.

③ D.10, cc.1, 7, 9, 11－13.

④ C.11, q.d.a.c.27－d.P.c.30.

⑤ C.11, q.1, d.a.c.32:"教会法和国家律法都禁止世俗法官在民事和刑事案件中审判神职人员"。

⑥ C.11, q.1, cc.35－37.

会坚持这类案件应由教会法庭来审理。① 教士若在世俗法庭上控告另一教士,要受到开除教籍和神职的处分。② 教会法甚至认为如诉讼一方因追求公正裁判而选择教会法庭,另一方无权反对。③ 毫无疑问,教会也有权将犯罪的神父和修士移交给世俗政权处理。一种情况是主教拒绝受理涉及神职人员的案件,另一种情况是神职人员罪行严重,又不服教会的处分,于是被剥夺神职,贬为俗人。在这两种情况下,世俗法庭自然要承担有关的司法职责。④ 教会作为一个独立法律实体的性质还体现在税收上。格兰西明确表示,国家无权向教会征税。只有神职人员个人购买的地产和从尚在世的信徒那里接受的馈赠才须向世俗王公交纳捐税。教会则可以什一税或其他方式向俗人征敛⑤。

总之,到12世纪中叶时,教会法学家和神学家意识到格里高利七世时期那种教会与国家关系的大危机不利于教会内部的改革振兴,更妨碍教会传播福音、拯救世人的使命。他们希望通过明确划分教会法和世俗法的界限,既摒除君王对宗教事务的干涉,又能建立教会与国家良好的分工合作关系。从教会的立场上看,上述对教会法庭权限的规定显然是清楚合理的。教会法建立在"爱你的神"和"爱你的邻人"这两条戒律的基础上。教会颁布教规旨在引导教徒解脱原罪、发扬爱心,最终得到永恒的救赎。基督教国家律法虽然独立于教会法,但也还是通过遏制邪恶、维持社会秩序来帮助人们改邪归正、走向爱神爱邻人的完美境界。⑥ 从这样一种以宗教信仰为核心的法律观出发,世俗法显然不可凌驾于教会法之上。基督教神学对国家权威历来尊重而不崇拜屈从,认为教会有自己的独立性,在宗教信仰上不应受国家干涉。如前所述,教会在申明教会法和世俗法互相独立时,的确试图划清两法的界限,但并不忌讳在二者有冲突时将教会法置于世俗法之上。

对教会法的权限,中世纪西欧君王们采取一种什么态度呢?这些国王均为教徒,以基督教为立国的基本意识形态,绝无在原则上与教会对抗的意图。偶尔的矛盾和激烈冲突是难免的,教会和国家关系的主流仍然是互相依赖和支持。理想

---

① C.11, q.1, cc.12 – 13.

② C.11, q.1, cc.10, 11 et 42.

③ C.11, q.1, c.35.

④ C.11, q.1, cc.18 – 22.

⑤ C.23, q.8, d.p.c.20, d.a.c.23 et d.p.c.25.

⑥ D.3, d.a.c.4; C.23, q.4, d.a.c.16; D.2 depenit. d.p.c.14.

的国王一向被认为是虔诚的信徒、教会的仆人。[1] 对于管辖范围广大的教会法庭,世俗君王的接受和容忍程度往往取决于世俗法庭自身的发展水平。英国法制成熟较早,上诉法庭制度比较完备,国王长期以来限制教会法的权限。[2] 亨利二世(1154~1189年在位)更进一步发表"克拉伦登宪章"(1164年),试图将这些有利于王室的传统变为成文法。该宪章除了规定犯刑事罪的教士由王家法庭审判,还指定英国教会的上诉法庭为国王而非教皇,任何人未经国王同意不得向教皇上诉。亨利的这一举措受到坎特伯雷大主教托马斯·贝克特(1162~1170年在任)的坚决反对。贝克特被刺后舆论大哗,亨利被迫让步,反而使教会法的权限在英国得到扩展。[3] 这一教会和国家关系史上的著名事件可以从很多方面来研究。从法制史的角度来看,贝克特力图将教会法的理论付诸实践,而亨利则是直接向教会法的权威提出了挑战。这一事件还说明以教会法为史料对教会和国家关系所做的研究不能局限于抽象地讨论教会法法规,必须考察这些法规在实践中的运行。[4] 教皇英诺森三世(1198~1216年在位)有数篇关于教会和国家关系的重要教令被收在《教会法大全》里。这些教令对研究实践中的教会法政治学说十分有用。

四、英诺森三世论教会与国家关系

英诺森三世是教会史上最有争议的教皇之一,争议的焦点是他对教会和国家关系的看法。在评估他的政治学说时,我们时刻不能忘记以下两点:其一,他不是一位书斋里的法学理论家,[5]他的言论同复杂多变的政治现实有息息相关的联系,不一定时时一致,有时甚至前后矛盾;其二,作为教皇和基督徒,他一方面不得不致力于保证教会在政治上的生存,另一方面也知道自己的首要任务是提升教徒

---

① M. Kaufmann, *The Image of St. Louis*, in A. J. Duggan, ed., Kings and Kingship in Medieval Europe, London: King's College London Centre for Late Antique and Medieval Studies, 1993, p. 265-286.

② W. L. Warren, *The Governance of Norman and Angev in England*, 1086-1272, Stanford: Stanford University Press, 1987, p. 114-116.

③ Z. N. Brooke, *The English Church and the Papacy from the Conquest to the Reign of John*, Cambridge: Cambridge University Press, 1952, p. 211-214.

④ A. Sticker, *Sacerdotium et Regnum nei decret isti eprimi decretalisti: Consider azioni methodolog idne diricercaetesti*, 载《萨雷西阿努姆》(Salesianum)第15期, p. 572-612。

⑤ 派宁顿一反前人的看法,证明英诺森只在波洛尼亚学习了很短时间,不可能接受系统的法学训练,大概也没有法学学位。K. Pennington, *The Legal Education of Pope Innocent Ⅲ*, in Bulletin of Medieval Canon Law, Vol. 4, p. 70-77.

的宗教信仰和道德水准,所以对参与政治抱有一种复杂的心态。《教会法大全》里所收入的英诺森三世教令也必须参照这两点来理解。①

现代史学家对英诺森三世的研究可以划分为三大学派。19 世纪末 20 世纪初的德国史学家霍克和哈勒批评英诺森过多卷入世俗政治,认为他违背了从教皇尼古拉斯一世开始、由教皇格里高利七世发扬的传统,不再运用教皇权威为宗教事业服务,而是利用自己的地位来实现统治世界的野心。② 德国史学家的上述看法与德意志民族主义情绪大有关系,他们把德国统一皇权的迟缓发展归罪于教皇对德皇的打击和对德国内政的干涉。③ 英国史学家厄尔曼继承并进一步发展了这一观点,指责英诺森力图取得宗教和世俗事务两个领域的司法权。④ 20 世纪 40 年代以后意大利学者马卡罗尼开始修正对英诺森的上述评价,指出他其实还是恪守格雷西乌斯一世的权威二元论,他对世俗事务的干预是出于宗教动机。⑤ 20 世纪 60 ~70 年代以后,美国教会法历史专家梯也尼和派宁顿发表了一些新的研究成果,以客观实证的态度纠正前人的偏激看法,强调英诺森政治思想的历史特性,试图准确评价他在教会法政治学说形成和发展中的历史作用。⑥

英诺森的出身、个性和教育背景都表明他是一位典型的中世纪西欧高级神职人员。他生于封建军事贵族家庭,但早年即立志当一名神父,在罗马、巴黎和波洛尼亚学习神学和教会法。他不是一位有创见的神学家,也没有受到教会法学位所要求的系统法学训练,但无疑是行政能力卓越的教会领袖。他的早期作品《论人之悲哀》流露出对人间疾苦的关注和对穷人的同情怜悯。⑦ 担任教皇后,他创办"圣灵医院",收容无家可归者和贫穷的病人,呼吁主教们致力于慈善事业、以实

---

① 除《教会法大全》所收的教令外,英诺森的著作和发表的文件都收在 Patrologia latina, Vol. 214 - 217。

② A. Hauck, *Kirchengeschichte Deutschlands*, Vol. 4, Leipzig: Hinrichs'psche Buchhandlung, 1913, p. 684 - 691; J. Haller, *Das Papsttum: I dee und Wirklichkeit*, Esslingen: Port Verlag, 1962, p. 338 - 357.

③ G. Barraclough, *The Origins of Modern Germany*, Oxford, B. Balckwell, 1952, p. 206 - 208.

④ W. Ullmann, *A Short History of the Papacy in the Middle Ages*, London: Methuen, 1974, p. 224 - 226.

⑤ M. Maccarrone, *Chiesa e stato nella dottrina di Innocenzo Ⅲ*, Rome: Lateranum, 1941, p. 26 - 42.

⑥ *Tria Quippe Distinguit Iudicia: A Note on InnocentⅢs Decretal Per Venerabilem*, in Speculum, Vol. 37, p. 48 - 59; K. Penning ton, *Pope InnocentⅢs Views on Church and State: A Gloss to Per venerabilem*, in K. Pennington, Popes, Canonists and Texts, 1150 - 1550. Aldershot, Great Britain: Ashgate Publishing, 1993, Ⅳ, p. 1 - 25.

⑦ *Patrologia Latina*, Vol. 217, p. 708 - 709.

际行动教育信徒。① 对激愤的圣法兰西斯他不仅能理解和支持,而且同意建立法兰西斯修会;②对有异端思想者他也力求挽救。③ 如此一位教皇是否会在他的教令和政治活动中表露出政治野心呢?下面我们就来分析一下英诺森在《教会法大全》里涉及教会与国家关系的几篇教令。

教令之一(Pervenerabilem,发布于1202年9月7日)④:这篇教令是英诺森写给蒙彼利埃伯爵威廉的,婉转地拒绝了给予威廉的私生子嫡出地位的请求。教皇解释说,他曾经答应过法王腓力二世类似的请求,那是因为法王再没有上一级的世俗权威可以上诉;威廉应该向自己的君王陈述情况,请他帮助确立自己孩子的名分。在此英诺森引用《路加福音》第20章第25行来表明自己区分世俗权威和宗教权威的二元论观点:"凯撒的物当归给凯撒,神的物当归给神"。在这篇教令的下半部分,英诺森指出,教皇并非完全不能行使命名世俗权威。为证明这一观点,他引用了《申命记》第17章第8~12行:凡是疑难的案子,世俗法官决断不下的,应由祭司来审判,任何人都必须服从祭司的判决。⑤ 他又指出,教皇集王权和教权于一身,但教皇并不总是干预世俗的诉讼,只是在某些情况下才如此。换言之,英诺森与格兰西一样,在承认世俗权威和宗教权威互相独立的同时,认为教会高于国家,因此可以裁判世俗案件。英诺森更进一步地认为,教皇作为最高的宗教领袖统领世俗和宗教两个领域。在这里我们有必要引入"基督教世界"(Chritianitas)这个中世纪西欧的概念。⑥ 12世纪的西欧神学家已经明确地把所有的基督徒看成一个团体(universitas Christianorum),俗人和教士是这一团体的两大组成部分,俗人由世俗政权管理,教士由教皇领导;世俗政权也由上帝设立,当君王行为不轨时,教皇可以纠正他们。⑦ "基督教世界"这一概念有三层含义:其一,教皇是最高领袖;其二,基督教世界不是一个政教合一的实体,宗教事务和

---

① *Patrologia Latina*, Vol. 214, p. 83 – 84.

② J. Jorgensen, St. *Francis of Assis*, New York: Image Books, 1955, p. 83 – 87.

③ B. Bolton, *Innocent Ⅲ and the Humiliat i*, in G. J. Cuming and D. Baker, ed., Popular Belief and Practice, Cambridge: Cambridge University Press, 1972, p. 73 – 82.

④ X 4. 17. 13. 这是现代学者援引《格里高利九世教令集》(Liber extra 构成《教会法大全》之第二部分)时惯用的缩写,"X" = liber extra, "4" = liber (book) 4, "17" = titulus (tittle) 17, "13" = capitulum (chapter) 13。

⑤ 英诺森所引用的《圣经》文本(Vulgate)在此处大不同于现在通行的从希腊文直接翻译的版本,参见 Biblia sacraiuxta Vulgatam ver sionem, Stuttgart: Deutsche Bibelgesellschaft, 1983, p. 259。

⑥ F. Kemp, *Papsttum und Kaiser tum bei Innocenz* Ⅲ, Rome: University Pontificia Gregoriana, 1954, p. 185.

⑦ 休·圣维克多(卒于1141年), Patrologia latina, Vol. 176, 418。

世俗事务在那里是不同的两个领域,教会在宗教上直接行使权威,君王则直接管理世俗事务;其三,精神高于物质,在某些情况下,教皇作为宗教领袖可以直接干预世俗事务。可见,中世纪西欧的国家概念不同于现代主权国家,国家在当时只是被视为"基督教世界"的一个组成部分。英诺森也接受这种世界观,并且确认教皇是"基督教世界"的领袖,[①]统领各地的教会,指导每一个信徒。[②] 对英诺森声称他有世俗权威,我们应该联系"基督教世界"这一概念来理解。按照中世纪的标准,他实际上承认国家的独立性,并不打算成为政教合一的世界领袖,而是试图在坚持权威二元论的前提下行使教皇作为宗教领袖的权力。[③] 正如下一篇教令所提示的,这种二元论给教皇介入政治提供了方便。

教令之二(Nov it ille,发布于 1204 年)[④]:教皇当时试图调解法王腓力二世(1180~1223 年在位)与英王失土者约翰(1199~1216 年在位)为争夺诺曼底封地而发生的冲突,引起腓力二世的不满,抗议教皇干涉世俗政治。英诺森为此写了这一教令。首先,他申明绝无贬低或干扰王权的意图,也不打算介入封君封臣之间的纠纷。然后他从三个方面说明教皇有权力裁判约翰和腓力之间的诉讼。首先,约翰已经在世俗法庭上申诉而无结果,只有在教皇处可以上诉。其次,教皇的基本职责是劝诫世人弃恶从善。从纯粹法律的角度上讲,教皇固然无权审理与封建法有关的案子。但腓力所作所为扰乱和平、违背基督教道德;对他这种道德上的罪孽,教会无疑是有权审判的。最后,腓力不遵守他与约翰订立的条约,这种违反誓约的罪行照例应由教会依照教会法来审理。英诺森也提到了格兰西的意见,即世俗法已经承认诉讼当事人有权选择教会法庭,但指出教皇作为宗教领袖的地位已足以保证他有权力干预约翰和腓力的争讼。英诺森这里对世俗法和教会法管辖范围的理解大致同格兰西的看法一致。后来激进的中世纪西欧教廷人士在评注这篇教令时因为英诺森没有明确指出教皇即使在世俗事务上也高于君

---

① Patrologialatina, Vol. 216, 901; Vo 1. 217, 848, 907 - 908; W. Imkamp, Das Kirchenbild Innocenz Ⅲ, Stuttgart: A. Hiersemann, 1983, p. 182, 196.

② Patrologia latina, Vol. 214, p. 779; M. Maccarrone, *Chiesae stato nella dottrina diInnocenzo Ⅲ*, p. 16 - 26.

③ B. Tierney, *The Crisis of Church and State*, 1050 - 1300. Englewoo d, N. J.: Prentice-Hall, 1964, p. 127 - 131. 派宁顿指出,英诺森只受过初级法学教育,所以在这一教令中未能以法律语言清楚地表达他所理解的教会与国家的关系,以致他的本意被许多后人所误解。K. Pennington, *Pope InnocentⅢs Views on Church and State: A Gloss to Per Venerabilem*, p. 25.

④ X2. 1. 13.

王而感到遗憾。①

教令之三(Venerabilem fratrem,发布于1202年3月):②英诺森在这篇教令中就教皇使节是否有权参与德国皇帝选举发表了意见。12世纪中叶以来教皇的对德政策在很大程度上取决于德皇对意大利的战略意图和举措。霍亨斯陶芬家族出身的弗雷德里克一世(1152~1190年在位)及其子亨利六世(1190~1197年在位)对意大利和西西里野心勃勃,直接威胁教皇的生存。自8世纪中叶以来教皇对罗马和意大利中部一些地区有世俗统治权,建立教皇国(Patrimonium Petri)。教皇国在政治上是教皇的驻地,在经济上是教皇最可靠的财政收入来源。弗雷德里克一世和亨利六世染指意大利、西西里和教皇国,迫使当时的历任教皇联合德国内部反霍亨斯陶芬的威尔夫家族,阻挠霍氏家族的强大王公当选皇帝。③ 英诺森三世继承了这一政策,但他在这一教令里并不认为教皇有参加选举德皇的权力。他明确承认只有德国的王公贵族才能参加选举皇帝。教皇对选举结果的影响由他的宗教权力引申而来:西方的帝国地位在800年由教皇从东罗马帝国转移过来,其标志是教皇利奥三世(795~816年在位)给查理曼大帝加冕;根据这一传统,教皇有权考察皇帝候选人的个人品格,拒绝认可亵渎神灵者、被开除教籍者、独裁者、愚昧者以及异端分子为皇帝;当参加选举的贵族不能达成一致意见时,教皇的使节也可以拒绝给皇帝候选人加冕。英诺森三世的上述意见与格兰西认为教皇在特定情况下可以废黜君王的观点是相通的。

英诺森三世在位时,霍亨斯陶芬家族及其盟友取得对西西里的控制,南北夹击,对教皇国的胁迫十分严重,以致教皇四处求援无果,绝望之中不得不号召教徒们参加征讨统治西西里的德国贵族马克德的十字军。④ 可见,教皇对德国政治的干涉实在是不得已而为之,出于生存需要。不打击霍亨斯陶芬家族,教皇对教皇国的权力无从恢复,教皇的人身安全和财政收入无以保证,更谈不上从这里领导整个基督教世界。⑤ 教会法的政治学说和英诺森本人对教会法和世俗法的界限、对教会与国家的关系可以有这样或那样的理解和解释,但在政治环境险恶、强权

---

① F. Gillmann, *ZuComp. Ⅲ*: *Ⅲ*, 1, 3 *ad v. Iurecommuni*, in Archivfr Katholisches Kirchenrecht, Vol. 105 (1925), p. 541.

② X 1. 6. 34.

③ H. Jedin, ed., *History of the Church*, Vol. 14, New York: Crossroad, 1982, p. 51 -66, 143 -149.

④ E. Kennan, *Lnnocent Ⅲand the First Political Crusade*: *A Comment on the Limitations of Papal Power*, in Traditio, Vol. 27 (1971), p. 231 -249. 史实见 Patrologia latina, Vol. 214, 780 -782。

⑤ Patrologia latina, Vol. 214, 377. A. Luchaire, Innocent Ⅲ, Vol. 1, Paris: Librairie Hachette, 1907, p. 77.

往往取代律法和公理的中世纪西欧,教会和任何一位教皇都不得不为自己的生存而挣扎。理论的完善不足以保障和平和安全,为了生存往往需要修正理论。格兰西和英诺森其实都希望清楚地划分教会与国家的界限,从而能够在教会内部稳步进行改革,实现教会拯救世人的宗教使命。英诺森作为教皇与格兰西处境不同,不得不应付复杂的政治局面,所以多次公开提出教皇有权干预世俗政治。他的政治思想的核心与格兰西并无不同,基本的原则仍然是格雷西乌斯一世的权威二元论;格兰西也认为在某些特定的情况下教会和教会法可以扩展权限至世俗事务。我们应该注意到,在以上三篇收入《教会法大全》的教令中,英诺森三世多次否认教皇直接拥有世俗权威,把教皇干预世俗事务的权力局限于与其宗教权力有关的一些特殊场合。格兰西和英诺森都力图分清教会和国家的权限,但又难以忽视二者之间难解难分的关联。

教令之四(Quisquis electioni 发布于 1215 年):这条教令原是英诺森主持的第四届拉特兰会议的第 25 条法规,禁止世俗王公无端干预神职人员的选举。[①] 在这方面,英诺森三世与英王失土者约翰有激烈的冲突。约翰一直试图任命自己的亲信执掌重要的主教区,但他秉性刁蛮,采取的手段十分露骨拙劣,激起英国教会人士的强烈不满。教皇因忙于应付德国问题,曾一度容忍约翰的行为。1205 年,坎特伯雷大主教一职出缺,教堂的选举人背着约翰选举了大主教,而后约翰又强迫他们选举自己的候选人,于是两个选上的大主教都向教皇上诉。英诺森不愿得罪约翰和英国争取教会自主的宗教人士,任命德高望重的英国神学家斯蒂芬·兰顿为坎特伯雷大主教。约翰大怒,派人赶走了大主教教堂的人员,没收了教堂的财产。英诺森不得不于 1208 年禁止全英国教会举行宗教活动(interdict),在 1209 年又开除了约翰的教籍。1213 年法王腓力二世计划入侵英国,约翰方始让步,接受兰顿为坎特伯雷大主教,奉教皇为封君。[②]

国王在神职人员的选举中并非毫无权力。坎特伯雷大主教不仅是英国教会传统的领袖之一,而且还控制着很大的封地。英王为维持自己的地位不能不要求大主教是他所能接受的人,更不能容忍对自己有敌意者担任此职。教会法其实也承认国王同意主教选举的结果有利于教会的宗教事业,问题在于约翰太不讲策略了。

---

① X 1.6.43. 从这条教令看,所禁止的只是世俗王公不符合教会法的干涉;教会法并不否认王公在神职人员的选举中有一定的发言权,D.63, d.p.c.25, d.a.c.28, d.a.c.29 et d.p.c.34。

② H. Tillmann, *Pope Innocent* Ⅲ, Amsterdam: North-Holland, 1980, p.79–84.

五、小结

中世纪西欧没有现代意义上的主权国家,教皇作为基督教世界的最高领袖拥有一系列政治特权,但是并无实力建立政教合一的神权统治。从上面介绍的教会法政治学说来看,教会也没有设立这样一种体制的意图。教会和国家权威二元论始终是以教会法为形式的教会官方政治学说的基本原则。这种二元的政治结构既是互相合作的基础,又引发紧张和冲突。教皇和各国的主教们是错综复杂的封君封臣关系中的成员。教皇的人身安全和财政收入在很大程度上依赖于他对教皇国的直接控制,维护教皇国的完整是教皇们一刻不敢松懈的任务,他们也因此卷入西欧各国的实际政治斗争中。

但是教会法学家和教皇们在讨论和关注教会与国家关系时并未忘记教会最重要的使命是拯救世人的灵魂。为贯彻这一使命,教会需要有和平安定的环境,需要世俗政权的合作帮助。教会的独立和自主并不意味着否认国家在宗教事务上有发言权,但是教会与国家权限的清楚划分的确有利于改善和稳定二者的关系。在这个意义上,由格雷西乌斯一世提出、格兰西加以系统化、英诺森三世于艰难时世恪守的教会和国家权威二元论的思想,既是基督教精神的体现,又赋予中世纪西欧政治制度和文化鲜明的特色。

"王在法下"的浪漫想象:中世纪英国"法治传统"再认识

孟广林

受"辉格派"史学的影响,诸多西方学者一直强调中世纪英国盛行限制王权的"法治传统"。然而征诸史实则不难发现,在当时的英国,虽然流行着由日耳曼法、封建法与神法融合而成的"王在法下"的观念,但这种观念并不能真正地限制独裁的国王。被视为体现这种"法治传统"的议会,虽然有时限制君主的权威,但仍旧是国王的议会,从根本上说是支持王权的。大贵族集团利用议会来争权夺利,不应该被视为宪政意义的"革命"和"实验"。对西方学者的这一"辉格版"诠释,我们应该重新考量,在研究中将"思想中的政治""制度中的政治"和实际发生的政治区别开来,得出令人信服的科学结论。

在过去百余年中,"王在法下"无疑是西方史学界在解读中世纪英国封建君主政治时所着力阐发的历史意蕴。这一基调是那种以强调中世纪西欧是"法治"社会之学术理路的产物。著名史家厄尔曼(Walter Ullmann)就认定,在中世纪的欧洲,法律的地位至为关键,考察法律是理解中古政治的前提,因为"中世纪的历史进程完全是由法律决定的和制约的",只有"认识到中世纪的历史首先涉及法律",才能看清各种政治冲突的"真正本质"。①

---

① W. Ullmann, *Principles of Government and Politics in the Middle Ages*, London: Methuen & Co. Ltd, 1978, p. 19.

而中世纪的英国,则普遍地被西方学者视为其"法治"理路的学术样本,有史家就援引英国的状况指出,"中世纪的政府,无论采取何种形式,都是依据法律来统治的政府"。独裁君主虽偶尔浮现,但却常常受到惩罚与抵抗,"因为在当时人们的眼光中,君主受到法律的约束"。① 正是循此理路,西方史学家不仅赋予"封建契约"以浓烈的"法治"精神,而且将"大宪章"的产生、议会的出现、理查德二世被废黜等事件,都归结为法律对王权限制的体现,英国的封建政治史由此在很大程度上被诠释成"法治传统"根深蒂固并限制王权的"王在法下"的历史。

一、"法治传统"的建构及其影响

考量英国封建君主政治时强调"法治传统"的学术理路,并非现代史家别出心裁的任意建构,而是源自近代英国根深蒂固的"辉格传统"(Whig Tradition)。

所谓的"辉格传统",形成于17世纪英国政治大变革时期政治思想的激烈交锋之中。17世纪初,斯图亚特王朝的詹姆斯一世上台,为了强化专制君主权威,竭力强调"王权神授"与"君权至上",并欲将苏格兰与英格兰合并。这些举措引起了新兴资产阶级、新贵族的强烈不满,他们中的精英人物利用议会作为平台,阐发"法治"理想来展开抗争。他们不仅主张"完善的"合并需要法律的统一,而且强调"法律至上"。因此,捍卫普通法"就成了反对合并的政治手段"。在此情况下,传统的所谓"法权"和大宪章逐渐导入他们的理论框架。著名的王座大法官柯克(John Cooke)对此贡献尤甚。1604年,他发表了《有关英国法律制度的第四报告》(*The Fourth Part of the Institutes of the Laws of England*),在强调君主改变法律的危险性与非法性的基础上,阐发了有关法律与王权之关系的观点,"国王不在任何人之下,而只是在上帝和法律之下,因为法律造就了国王。由此,让国王将他从法律中所获得的权力和统治归功于法律",在没有法律的地方也"就没有国王"。② 与柯克同一时代的著名法官、议会下议院议员托马斯·赫德利(Thomas Hedley),也力倡"法治"的权威。他宣称,"在英国,王国的法律不仅是国王的遗产,而且也是他的臣民的遗产,国王不能罚没或剥夺它们。因此,接下来必然是,没有他们的同意,国王不能改变他的任何自由之民众的土地和财产,因为那将是罚没或剥夺他们的法律的成果和利益,也就是剥夺了他们的法律本身"。③ 赫德

① N. Zacour, *An Introduction to Medieval Institutions*, London: Macmillan, 1977, p. 122.

② E. Sandoz, *The Roots of Liberty: Magna Carta, Ancient Constitution, and the Anglo-American Tradition of Rule of Law*, Columbia: University of Missouri Press, 2008, p. 84.

③ B. Sandoz, *The Roots of Liberty*, p. 101.

利甚至强调,是普通法而不是议会才是王国的最高权威:"议会是从普通法中获得其权力和权威的,而不是普通法从议会获得权力与权威的"。[①] 其实,在整个17世纪,英国的普通法法学家都将普通法(common law)拔高到成文法之上。因为是习惯法,普通法当然是有价值的,它经历了长期的积淀和时间的考验,为英国各个阶层所普遍认同。由此,"大多数普通法的鼓吹者相信,普通法反映了盎格鲁人的实践"。[②] 而库克等将这样的普遍认知系统地加以理论化,并从中阐发出反对君主专制的"法治"理想,这就为日后强调中世纪英国"法治传统"的理论建构铺垫了深厚的思想土壤。到了19世纪末20世纪初,著名法律史家梅特兰(F. W. Maitland)及其学生霍兹沃斯(W. S. Holdsworth)的研究理路几乎完全承续于此,尽管他们作了某种程度的修正。

当时,这一理想的"法治传统"的建构从一个侧面反映了新兴资产阶级、新贵族的反君主专制的政治诉求,由此而进一步勾勒出"自由权利"和"议会主权"的近代宪政蓝图。1610年3月21日,英王詹姆斯一世在两院发表的演讲中,提出了"君主创制的宪政王权"(constitutional monarchy created by kings)的说法。[③] 这很快遭到不少人的质疑和反对,赫德利就宣称,君主没有这个特权,只有普通法才能如此。因此,应该是"普通法支配的宪政王权"(constitutional monarchy governed by the common law)。[④] 赫德利还论及大宪章所肯定的"英国臣民的古代的自由和权利",认为大宪章是对诺曼征服给英国民主传统伤害的一次修复,恢复了自由人之权利和君主特权之间的古代联系。[⑤]

这一鼓吹法律、议会对民众权利的保护和对王权的限制的理论模式,不久就随着政治冲突的加深而日益拓展,开始为正在建构的理想"法治传统"赋予"自由权利"与"议会主权"的思想底蕴。17世纪初期的许多法学家,都惯常于将普通法和议会的因素整合起来考虑。在他们看来,普通法的权威与议会的权威是同一的,因为普通法包含着"王国的理性"和"不朽的习惯",也表现在议会的投票和法令之中,议会是普通法的守护者。有学者就此指出,当时,"对古代法律的每一次

---

① Jeffrey Goldsworthy, *The Sovereignty of Parliament: History and Philosophy*, Oxford: Clarendon Press, 1999, p. 117.

② M. S. Zook, *Radical Whigs and Conspiratorial Politics in Late Stuart England*, University Park: The Pennsylvania State University Press, 1999, p. 67.

③ B. Sandoz, *The Roots of Liberty*, p. 92.

④ B. Sandoz, *The Roots of Liberty*, p. 97.

⑤ B. Sandoz, *The Roots of Liberty*, p. 101.

拔高，都是对议会权威的拔高”。[①] 受此影响，17世纪后期形成的“辉格派”的学者和思想家，纷纷以浓厚的“普通法的意识”去建构“普通法版本的议会历史”。在他们看来，所谓的普通法实际上就是古代盎格鲁—撒克逊传统中保存下来的习惯，它超越于成文法之上，是永存的和不朽的。它先于王权存在，具有高于君主的权威。正是这一法律，构成了中世纪英国“宪政”的基础。在他们的视野中，“古代宪政代表了英国特殊的政府形式，它起源于人民与国王之间的一致同意。在这一形式中，国王发誓要维护人民的习惯法和权利……尊重人民的会议——议会”。作为普通法的彰显，“古代宪政通过人民的通常的习惯而诞生，一个英国人的权利和特权不是国王赐予的，也不能被国王剥夺”。[②] 但这一说法立即遭到保皇党人的反驳。罗伯特·菲尔默（Robert Filmer）在《父权制》等论著中，竭力鼓吹君权神圣、“王大于法”，也否定议会最高权威的合法性。他声称，因上帝“神法”造就了至尊的王权，“因此没有任何低一级的法律去限制它”。同时，国王先于法律存在，正是国王制定了法律，而且“国王的命令就是唯一的法律”。[③] 此外，他更强调，自产生以来，议会都是由国王来统驭的，而议会代表则“将自己约束在效忠和服从的界限内”“议会只是国王的法庭”而已。[④] 到了1679年，菲尔默还撰文断言，议会两院的存在来自于国王，上议院的功能是为国王提供资助和建议，而下议院则是赞同和执行国王的意愿，“国王自己安排和制定法律，是议会中的最高法官”。[⑤] 为了驳斥保皇党人的理论，捍卫议会和法律的权威，威廉·皮蒂特（William Petyt）、威廉·阿特伍德（William Atwood）等人纷纷撰文力倡“议会主权”说，断言议会从一开始就是从英国古代人民的普遍意志中获得权力的。著名的辉格派人物亨利·卡莱（Henry Care）则发表了《英国人的权利》这一著作。在前言中他指出，每个英国人具有天然的权利，“一种与生俱来的混合的基本权利，即他的人身自由和他的不能被剥夺的等级的财产”，对此，“所有我们的君主都在他们的加冕誓词中作出了庄严的遵守法律和维护法律的承诺”。[⑥] 在此著中，卡莱还引证了从布克莱顿到福特斯鸠等中世纪法学家有关“王在法下”的叙述，并

---

① J. G. Pocock, *The Ancient Constitution and the Feudal Law*, Cambridge: Cambridge University Press, 1987, p. 271.

② M. S. Zook, *Radical Whigs and Conspiratorial Politics in Late Stuart England*, p. 68.

③ Sir Robert Filmer, *Patriarcha and Other Writings*, ed. J. P. Sommerville, Cambridge: Cambridge University Press, 1991, p. 41, 44, 35.

④ Sir Robert Filmer, *Patriarcha and Other Writings*, ed. J. P. Sommerville, p. 55, 56 – 57.

⑤ M. S. Zook, *Radical Whigs and Conspiratorial Politics in Late Stuart England*, p. 69.

⑥ M. S. Zook, *Radical Whigs and Conspiratorial Politics in Late Stuart England*, p. 81.

且刊印了大宪章以为佐证。与当时的辉格派一样，卡莱断定大宪章是由古代习惯实践的权利所组成，表明了每个英国人的权利和特权是神圣的、永存的，大宪章中没有什么东西是新的。①

在与保皇党人的论战中，以"议会主权"为基调，英国的所谓"古代宪政"逐渐被辉格派所演绎与叙事出来。他们自称是英国珍贵的历史遗产的继承者与捍卫者。他们反对菲尔默及其追随者，认为这些安立甘教与王权至上的信徒将政府的起源归结为神和《圣经》是荒谬的，并试图对之给予世俗化的解释。同时，他们更是吸取了中世纪作家和在此之前的法学家的思想营养，阐述了所谓的"普通法"的由来，并最终将之归结为凝聚了自由权利和民主精神的"盎格鲁传统"。正如有学者评论说，"议会主权，'英国的最高权力'，成为辉格主义话语和思想体系的最高检验标准之一"；②还有学者指出，"在普通法传统中又产生了被作为古代宪政而知晓的历史的虚构"，③而这一虚构所认定的"议会中两院的古代状况"，无疑"是这个政治神话的一个根本的组成部分"。④ 这一以"法治"为基调、以"自由权利"为内核的"宪政主义神话"，对日后的历史编撰学产生了重大而深远的影响。⑤

在当时，这一理想的"法治传统"的建构，也曾经受到某些学术研究的冲击。17 世纪初，历史学者斯伯尔曼通过对伦巴底的《封土之律》的研究，发现了中世纪所存在的"封建制度"，认为中古时期的英国是封君封臣制占据主导地位。这给当时人们对英国以往历史的观照形成了巨大冲击。因为既然是君主自上而下的土地分封，那么法律就不是古老的和被发现的，而是由君主制定的。而议会也是由君主召集其总封臣形成的，由此而导致对"普通法版本"的"历史"的质疑。当时的保皇主义者布拉迪（R. Brady）就据此对这种"历史"进行新的否定，他宣称，"我们的古代英国法律来自于诺曼底"，实际上是威廉在 1066 年用专制权力对撒克逊人的征服而建立的封建占有权。⑥ 这就意味着对辉格派政治理论的否定，因为他们所崇尚的权利、法律，被看作是一位外来的专制君主强加给英国人民的。一些保皇党人随之竭力宣扬英国的法律来自于诺曼征服者，以"诺曼征服"来否定所谓的议会赖以起源的"盎格鲁民主传统"。对此，"议会主权"论者纷纷反击，

---

① M. S. Zook, *Radical Whigs and Conspiratorial Politics in Late Stuart England*, p. 81.

② M. Schonhorn, *Defoe's Politics: Parliament, Power, Kingship, and Robinson Crusoe*, Cambridge: Cambridge University Press, 1991, p. 61.

③ M. S. Zook, *Radical Whigs and Conspiratorial Politics in Late Stuart England*, p. 68.

④ M. S. Zook, *Radical Whigs and Conspiratorial Politics in Late Stuart England*, p. 68.

⑤ J. G. Pocock, *The Ancient Constitution and the Feudal Law*, p. 232, 264.

⑥ M. S. Zook, *Radical Whigs and Conspiratorial Politics in Late Stuart England*, p. 69.

威廉·皮蒂特就反驳说，威廉一世“从未进行过如此专制的征服，英王国也从来没有接受过如此普遍的改变”，被征服的也仅仅是哈罗德国王一人。[①] 不过，随着时间的推移，“封建制”不但没有成为英国“法治传统”的异己物，反倒是被纳入这一“法治传统”的叙事，参照中世纪贵族与国王的冲突加以重新诠释，阐发出具有平等、互动的“封建契约”精神，并将之化为其“自由权利”的一个重要历史来源。

17 世纪英国思想界之理想“法治传统”的建构，是在政治大变革的冲突与论战中以特定的政治语境而发生和展开的，严格地说，它属于政治思想史而非史学之学术史的范畴，但正是它的日益积淀，让日后中世纪英国政治史的研究浸淫于其中而难以“独善其身”。随着近代君主立宪制的确立与发展、工业革命的率先进行以及“日不落帝国”的形成，英国在 19 世纪进入政治稳定、经济兴盛与文化繁荣的“维多利亚时代”。这一时代的英国史学家普遍怀着“盎格鲁文明优越”论的心态，当他们以这样的心态来考量中世纪英国的封建君主政治史时，很自然地把 17 世纪辉格派所建构的政治思想史的理想“法治传统”，转化为史学研究的理想“法治传统”而视为圭臬。以斯塔布斯(William Stubbs)为代表的“牛津学派”，正是这一“辉格版”历史编纂的典型代表。他们竭力从近代早期“辉格党”人的政治理想中，摄取社会契约、自由平等、法权至上、权力分离等思想的营养，最终在这一理想“法治传统”的基础上，演绎出中古英国的“宪政主义”政治图景，那就是，由日耳曼自由精神和权利意识所熔铸的“王在法下”的政治文化传统的流播，使王权始终受到“法律”的限制，受到体现了“法律”精神的议会制度的限制。[②]

二、“王在法下”抑或“王在法上”

17 世纪辉格党人所建构的“法治传统”，并非完全是杜撰历史的不经之谈。包括英国在内的中世纪西欧的封建君主制，是在日耳曼的原始部落基础上孕育的，并在基督教的影响下于封建制的基础上形成的。日耳曼原始军事民主制的残余，特别是封君封臣制的影响和教会神权的制约，都构成了君主专制体制拓权的

① M. S. Zook, *Radical Whigs and Conspiratorial Politics in Late Stuart England*, p. 7.

② 参见孟广林：《西方史学界对中世纪英国“宪政王权”的考量》，载《历史研究》2008 年第 5 期。这一模式对其他学科也有熏染，例如，在社会学界，马克斯·韦伯在论及自然法的起源时指出，近代西方的自然法思想在某种程度上也源于大宪章所包含的“固有的自然权利”的思想：“这一特别的有关‘天然权利’的英国概念，其兴起从根本上说是受那种流行概念的影响，即那些在大宪章中肯定了的作为贵族的特殊地位的某些权利，是所有英国人的民族权利，他们可以避免国王或任何其他政治权威的任何干预”。(M. Rheinstein, ed., *Max Weber on Law in Economy and Society*, Cambridge, Mass: Harvard University Press, 1954, p. 289)

障碍。在此特定的历史背景中,体现了“王在法下”或“法大于王”的所谓“法治传统”也就流行于世,对封建君权的发展与运作形成了某些限制。不过,这一“法治传统”能否真正地限制君权,最终取决于君主与王国内主要政治势力的现实博弈。在封建君权强大的时期,“王在法上”的专制独裁更是让这一所谓的“法治传统”沦为虚幻的政治图景。

在中古英国,这一所谓的“法治传统”主要由三种观念或习惯融合而成。其一是日耳曼人的“法律”观念。中古之初盎格鲁—萨克逊人的蛮族王国因从日耳曼部落脱胎而来,势必要依据先有的部落习俗即“法律”来统治,这种“法律”通过记忆而世代传承,其中蕴含着原始的民主观念残余。由此,“法律是被发现的、公布的、‘找到的’而不是被制定的”。[①] 国王在制定“新法”时,也要派人去各地搜集已有“法律”,在贵族会议上加以讨论、整理与增减,然后颁布。由于国王不能单独立法,“法律”是“找到”的与共同议定的,那么,“法律”权威当然就高于国王的权威,国王理应遵守“法律”。由于新兴的“蛮族”王权尚未强化,贵族会议操持国之权柄,甚至决定国王的废立。因此,“王在法下”“法大于王”的观念也就逐渐流行。

其二是“封建法”的观念。在中古英国,随着封建化进程的拓展,所谓“封建法”即封建习惯也逐渐形成。在以土地分授、占有为基础的封君封臣制中,有关占有、继承、资助、服军役、监护、婚姻等一整套封建习惯也逐渐约定俗成,被视为古已有之的永恒习惯。同时,“日耳曼法”的法律为共同体所共有、任何统治者都不能改变法律的观念,在调节各个封建等级间关系上仍然产生影响。因此,“日耳曼的习惯法概念也就被轻易地吸收进那些制约着封君与封臣之间联系的原则之中”。[②] “封建法”建立在封君与封臣之间个人“约定”基础上,双方都应按照“约定”的规则行事,否则“约定”就会自动解除。由于仍属于未成文的习惯,在表述与解释上,“封建法都显得模棱两可与不精确,由此导致大量的讼争、违抗、求诉与战争”。[③] 所有这些特性,都使“封建法”被看作被“找到的”古已有之的“良法”,也使它被贵族用作抵制国王“暴政”的依据。

其三是“神法”观念。在中世纪的英国,涵盖了整个基督教的信仰、教义与伦理准则的所谓“神法”,也浸润在社会政治观念之中。基于“神法”高于并制约着“人法”的神圣信条,基督教将国家看作神的机构,要求国王须服从“神法”来实行

① N. Zacour, *An Introduction to Medieval Institutions*, p. 123.

② N. Zacour, *An Introduction to Medieval Institutions*, p. 129.

③ N. Zacour, *An Introduction to Medieval Institutions*, p. 129.

公正、仁慈的统治,否则就是违背神意的"不合法"的专制暴君。12世纪的英国神学家索尔兹伯里的约翰在《政府原理》一书中,既鼓吹"王权神授",同时也主张"神法至上",强调教会对君权的指导地位。按照其形象比喻,整个国家治理体系犹如一个人,国王是头,而教士则是灵魂,"头由灵魂刺激和支配"。从此出发,约翰强调,"那些在人的法律范围内的上帝的大臣,低于那些在神的法律范围内的上帝的大臣"。[①] 这类"王在神下"或"王在教下"的主张,也常常被诠释成"王在法下"或"法大于王"的观念反映。有史家就这样指出,在基督教的神权政治框架中,"国王是一个神圣的代表人物……他站在上帝和臣民之间,受到相互关联的对此二者的忠诚与尽职的束缚",因此,在教会为国王举行的涂油加冕典礼中,"隐藏着一种神权政治的立宪主义"。[②]

在中世纪的英国,上述三种观念在积淀与流播过程中逐渐融为一体,构成了一个朦胧的"法治传统",它并没有作自然法与实体法、神法与人法的具体区分,而是将"法律"看作是古已有之的、体现了"神意"与"正义""公平"的普遍法则,既对社会成员也对君主有着至高无上的制约力。因此,13世纪的王家法官、法学家布克莱顿(Bracton)就宣称,国王不在任何人之下,但在法律与上帝之下,是法律造就了国王,因此国王应当遵守法律,在没有法律治理的地方就没有国王。[③] 在13世纪60年代产生的反映贵族政治诉求的政治诗歌《刘易斯之歌》中,作者更是大弹"王在法下"的调子:"法律支配着国王的尊严……如果没有法律,他(国王)的统治将偏离正道";[④]"法律这样宣称:'国王通过我来统治,通过我对那些立法的人展示公正'""没有一个国王可以改变这一牢固的法律"。[⑤] 15世纪的王国大臣、法学家福特斯鸠(John Fortescue)则明确地反对君主的独裁统治,倡导建构一种将君主置于法律限制之下的"有限君权"。他声称,法律是民众意愿的体现,应当为君主尊重与循守。君主不能将其意志当成法律,"不能够任意改变他的王

---

① J. Dickinson, ed. and trans., *The Statesman's Book of John of Salisbury*, New York: Alfred Knopf, 1927, p. 65.

② [英]克里斯托弗·道森:《宗教与西方文化的兴起》,长川某译,四川人民出版社1989年版,第86页。

③ See F. Maitland, *The Constitutional History of England*, Cambridge: Cambridge University Press, 1919, p. 100.

④ T. Wright, ed. and trans., *Thomas Wright's Political Songs of England: From the Reign of King John to that of Edward Ⅱ*, Cambridge: Cambridge University Press, 1996, p. 115.

⑤ T. Wright, ed. and trans., *Thomas Wright's Political Songs of England: From the Reign of King John to that of Edward Ⅱ*, p. 116.

国的法律”。[①] 君主要受法律的限制,“为他在加冕典礼上作出的遵守法律的誓约所约束”。[②]

如果完全依据“法治传统”来考量中世纪英国政治史,固然可以获得一些“顺理成章”的答案,但必定是破绽百出,难以令人信服。在中古之初,“日耳曼法”的确曾借助于残存的部落体制约束了王权,贵族会议的“集体立法”甚至拥有对国王的选举权与废黜权。不过,随着社会的发展,基督教的“王权神授”理想与封建法的效忠精神,在某种程度上消解了“日耳曼法”对王权的制约。同时,因为无文字记载,“随着时间的推移越长,日耳曼的记忆就消失得越多”,社会受“旧的蛮族传统”的影响就日益式微。[③] 基督教“神法”中的“王权神授”主张,实际上也多有利于王权发展而为君主所援用。因为在它看来,国王是“承蒙上帝的恩典”来统治的、终身任职的“神命”之君,任何人都必须服从。即使国王是昏君暴君,也仍然是“神命”君主,惩罚君主只能由上帝实施。到了12世纪,随着罗马法研究的复苏,其“君权至上”的法理原则更对原有的“法治传统”形成冲击。正因如此,索尔兹伯里的约翰虽然在《政府原理》一书中强调“法律”对王权的限制,但同时也引用罗马法的原则强调,“国王的意志将具有一种决断力量,最恰当的是,在他满意的地方就拥有法律的力量”。[④] 法学家格兰维尔(Ranulf de Glanvill)在《论英格兰王国的法律和习惯》一书中,尽管将“法律”与“习惯”相提并论,并强调英国的“集体立法”传统,但也试图将之与罗马法的“君权至上”原则结合起来。故他指出,“英国的法律虽然未写下来,但无疑应该被称为法律(因为君主所喜好者即具有法律效力,这本身就是法律)”。[⑤] 正是在这样的情况下,君主的立法活动频繁展开,其作为崇高立法者的形象也逐渐显现,爱德华一世时期就流行着这样的说法,在此之前贵族反对国王的内战中,“当国王亨利被囚禁时,由于法律的统治者和领袖被囚禁,法律本身也被囚禁”。[⑥]

如果进一步探讨中世纪英国的君主政治,则不难发现,在当时的英国,“王在法下”与“王在法上”的观念和实践往往是相互碰撞与交错的。严酷的政治现实,

---

① Sir John Fortescue, *De Laudibus Legun Anglie*, ed. and trans. S. B. Chrimes, Cambridge: Cambridge University Press, 1942, p. 25.

② Sir John Fortescue, *De Laudibus Legun Anglie*, p. 79.

③ See B. Guenee, *States and Rulers in the Later Middle Europe*, trans. J. Vale, Oxford: Oxford University Press, 1985, p. 39.

④ J. Dickinson, ed. and trans., *The Statesman's Book of John of Salisbury*, p. 3.

⑤ *Glanville*, trans. J. Beames, Colorado: Colorado State University Press, 1980, p. 27.

⑥ T. F. T. Plucknett, *Legislation of Edward I*, Oxford: Clarendon Press, 1949, p. 74.

使“法大于王”的理想常常停留在观念层面，为专横独断的君主所践踏。

首先来看所谓的“封建法”限制王权的效能。西方不少史学家过去一直强调所谓“封建契约”(feudal contract)对于英国“法治传统”的建构意义，从其所谓权利、义务的平等、互动属性出发，强调贵族的抵抗权利与协商诉求，最终限制了王权滑向专制主义。但实际的情况是，在当时，所谓国王与封臣“约定”的相互间的封建权利与义务，其实并没有包含着近代那种“自由”“平等”的“契约”精神，而是封建等级身份关系的反映。有人就指出，封建法所体现的“并非是完全平等的关系，因为封臣有忠诚和服从等一般义务，而封君则无此类义务”。① 作为最高“封君”的国王，对其封臣拥有诸多的封建宗主的支配权，这样的权力常常又被其“神命”之君的地位所强化。其次，正是“封建法”，使国王依据“宗主”的权力获得了封臣在财政、军役、司法等方面的支持。② 在英国，由于其封建制度是通过诺曼征服而“舶来”的并通过“自上而下”的方式建立的，其间君主与其封臣之实力的不对称与权益的不平等尤为明显。作为封君的国王在这一关系中所占据的优势地位是他的总封臣们难以望其项背的。此外还必须指出，英王与其总封臣之间的“封建契约”，实际上并非是“书面约定”(paper contract)，而是一种“口头约定”(mouth contract)。迄今为止，在英国尚未发现一份“封建契约”的文本，封臣要向国王尽的封建义务并非是由文字记载下来的。这样的“契约”无疑是模糊的，这就为各自的解释留下了很大的弹性空间，履行什么以及如何履行，最终的决定性因素当然是国王与其封臣之间政治实力的对比。中古英国国王的加冕誓词，几乎都对臣民作出了恪守“祖宗之法”、尊重原有习惯而实施仁政的承诺，这常常被认为包含了封建“契约”的权利、义务关系的精神。但应该看到，当时的英王大多即位于动荡纷争时期，作出承诺以争取贵族支持乃理所当然。一旦君位巩固，则往往打破封建习惯而强化权威，亨利一世以及亨利二世在12世纪的政治集权措施，不仅违背了其在加冕时所作出的政治承诺，而且对封建习惯多有突破与超越，以至于史学家将此时的英国王权称为“君主独裁制度”(despotism)或“君主专制制

---

① [美]乔治·霍兰·萨拜因:《政治学说史》(上册)，盛葵阳、崔妙因译，商务印书馆1986年版，第261页。

② 不少当代学者针对以往的那种夸大“封建法”与王权发展之矛盾的倾向，纷纷提出了辩驳。有人通过大量论证还提出这样的看法：德意志封建化较晚，因而国王既受到“选举”习惯的困扰，也“没有在利用封建法的帮助来挽回自己力量方面取得成功”；而在诺曼征服后的英国，“国王一度立足于封建法而奠定了权威”，这是因为英国的封建制是“由国王舶来的和安排的”；法国加佩王朝从弱到强的态势更表明“一种自发的和非舶来的封建制最终能被证明是有益于国王权威的”。(参见 G. Fourquin, *Lordship and Feudalism in the Middle Ages*, London: George Allen & Unwin Ltd, 1976, p. 102 – 103)

度”(absolutism)。[①] 显然,夸大这样的“封建契约”对君主的限制,进而从中揭示“法大于王”,无疑是不妥当的。

这里涉及对“大宪章”意义的评判。在约翰王末期国王被迫与贵族签订的“大宪章”,可以被看作封建法的集中表现,它以君主和臣民共同协商的成文法的形式,将原来双方“口头约定”的习惯用条文记录下来,要求君主遵守。如君主违背这一封建法,贵族就可依据“大宪章”进行抵抗。“大宪章”将国王的权力界定下来,形成对国王的约束。但是,这并不意味着国王从此就受到限制。君主制的本质决定了国王总是根据自己的意志来进行统治,以往的习惯、旧制并不能完全扼制国王,反倒是不断地被打破。这就是日后“大宪章”不断被重新颁布的原因。正因如此,《刘易斯之歌》抱怨国王独裁暴政,按照自己的喜好和意志为政,延揽和重用来自外国的人为廷臣,贬黜忠耿的贵族,并将之作为“叛国者”加以惩罚,“英国人被当作狗那样遭到藐视”。[②] 因此,西蒙伯爵高举“复仇”义旗,率众为民众的权利而战,最终在刘易斯之战中击败国王。作者感叹道,“通常说,当国王乐意时,法律也就趋之。但真理却是,只是在国王屈服时,法律才挺立起来”。[③] 14世纪初,英王不断地展开对外征伐。战争的负担十分沉重,国王尽一切方式来向臣民征调。贵族在议会中多有抱怨,因此出现了《爱德华三世镜鉴》(Mirror of King Edward Ⅲ)这一作品,作者署名为帕古拉的威廉(William of Pagula)。该著的主基调是寓国王的权威和尊严于道德和宗教的理论框架中:君主应当崇奉上帝的正义与公正,君主的职位和权威源于他根据上帝的意志来公正行事。他应当受法律限制,以此来证明自己的公正意愿。当君主显得错误时,一定是错误的建议使然,这样的建议应当在国王那里被废除。文中对国王的征调十分不满,并揭露了国王的吏员、法官压价强制购买民间货物的行径。作者愤怒地指出,“我的国王陛下,在某些行为上,您与一个强盗头子一样,带领一拨窃贼和强盗”。“根据普通法,任何人都不应当攫取另一个人的财产,如果所有者不愿意和没有正当理由的话”。[④] 君主必须摒除这一违背法律、危害民众的苛政,要知道,“君主的权威依

---

① J. C. Dickinson, *An Ecclesiastical History of England*: *The Later Middle Ages*, Vol. 2, London: A. & C. Black, 1979, p. 226; B. Lyon, *A Constitutional and Legal History of Medieval England* (2nd ed.), New York: W. W. Norton & Co., 1980, p. 310.

② T. Wright, ed. and trans., *Thomas Wright's Political Songs of England*: *From the Reign of King John to that of Edward Ⅱ*, p. 72.

③ T. Wright, ed. and trans., *Thomas Wright's Political Songs of England*: *From the Reign of King John to that of Edward Ⅱ*, p. 116.

④ C. J. Nederman, ed., *Political Thought in Early Fourteenth-Century England*, London: Brepols Publishers, 2002, p. 84.

赖于法律的权威"。"虽然应当说在一些地方君王并不被法律支配,然而,根据法律来安排自己的生活对他来说是适用的"。[①] 这里叙述的是"应然"的"法治"理想状态,折射的却是"王大于法"的政治现实。而到了14世纪后期,英王理查德二世在实行独裁统治时则公开宣称,法律在自己的口中和胸中,唯有自己"才能够制定和改变王国的法律"。[②] 在这样的专制强权下,"法治传统"的理想完全成为可望而不可即的"镜花水月"。

三、"国王的议会"

在证立中世纪英国的"法治传统"时,议会与君权的关系素来被西方史家诠释成"王在法下"之原则在制度上的集中体现。斯塔布斯等不仅强调议会在征税、立法和行政上对国王的限制,而且将大贵族在1399年逼迫理查德二世退位称之为"1399年革命"(Revolution of 1399)[③]或"兰开斯特革命"(Lancastrian Revolution),[④]并将由此开端的兰开斯特王朝统治及其对议会的较多依赖,看作是近代宪政制度萌发的标志,冠之以所谓的"兰开斯特宪政主义"(Lancastrian Constitutionalism)。[⑤] 这一看法在西方流播深远,影响了诸多学人,更有人借此进一步发挥,提出了所谓的"议会主权"论。著名学者格尔德斯沃希就将议会与君权分割开来,认为"议会成了王国之中除了王权本身之外的最权威的机构",[⑥]因为它逐渐地控制征税权和立法权,甚至还有权废黜君主,拥有代表整个共同体的"崇高权威"。[⑦]

史实证明,以夸大"议会"的权威来佐证理想"法治传统"的诠释,无疑是片面之论甚至是主观臆断。在14世纪、15世纪,随着议会君主制的发展,英国议会的地位和功能的确有明显的提升。1322年著名的《约克法令》就称:凡涉及王室以

---

① C. J. Nederman, ed., *Political Thought in Early Fourteenth-Century England*, p. 96.

② A. Tuck, *Crown and Nobility* 1272 – 1461: *Political Conflict in Late Medieval England*, London: Basil Blackwell, 1985, p. 220.

③ B. Wilkinson, *Constitutional History of Medieval England in the Fifteenth Century* (1399 – 1485), London: Longmans Inc., 1964, p. 195.

④ E. B. Fryde and Edward Miller, eds., *Historical Studies of the English Parliament*, Vol. 1, Cambridge: Cambridge University Press, 1970, p. 26, 28.

⑤ W. Stubbs, *The Constitutional History of England*, Vol. 3, Oxford: Clarendon Press, 1896, p. 8, 73, 74.

⑥ J. Goldsworthy, *The Sovereignty of Parliament: History and Philosophy*, p. 29.

⑦ J. Goldsworthy, *The Sovereignty of Parliament: History and Philosophy*, p. 31.

及民众利益的法案,都须在议会中得到教、俗贵族与市民的代表同意。① 国王征税也须经过议会的批准,一些要务如对外媾和、弹劾要臣、王国税收的花费等大事,也常常受到议会的干预。此外,上、下议院的分设和下议院议长的产生,立法权的获得,召集、议政程序的逐渐定型,都使议会在君主政治中扮演着重要角色,并的确对君主个人权威形成了某种限制。然而应该看到,一方面,当时的英国议会远非常设性的国家机构。当时的议会法案规定,议会应该每年举行一次,如有必要,也可多于一次,但事实上并未得到严格执行。当国王需要时,一年可以召开两次甚至更多次,而国王觉得没有必要时则不召集。召开的时间一般两到三周,偶尔也因税收问题争执拖延几个月,甚至不少年份无议会举行。由此看来,议会还只是临时性搭建的供国王与教、俗贵族、地方等级进行对话、协商的政治平台,其实际政治权力自然有限,尚难对国王的权威予以制度化的限制。另一方面,当时的英国议会实际上是从属于君主权威的,是国王统治国家的政治工具。正是国王决定议会召开的时间、地点和议题,决定参与会议的人员,并有权使其休会或者干脆解散议会,所以说议会始终是"国王的议会"。② 议会的根本宗旨乃是要辅佐和拱卫王权,它有时对国王的要求也予以限制,但这样的限制从根本上说是要将国王的权威纳入能够长治久安的运作轨道。而且,这样的限制,也时常因国王的强权而失效。这从当时的税收问题上即可窥其一斑。

爱德华一世在1295年召集教士参加议会的令状中曾引用罗马法的条文:"涉及所有人的事务应当被所有人批准"。③ 崇奉理想"法治传统"的史学家习惯于以此来揭示议会运作的属性,夸大议会对王权的限制。但实际上,罗马法传播过来后,其有关公民对国家经济资助的"必要性"这一概念,同样对议会的限制效应产生了有力的抵消作用,为君主的财政权威提供了重要的法理支撑,④为英国君主所援用。有史学家就指出,在14世纪的英国,"如果君主能够表明一个迫切的必要性,其臣民将负有明显的义务为他提供所需要的资助。假如有必要性,税收还要被接受,而没有任何拒绝的权利"。⑤ 英法百年战争期间英王通过议会大规模

---

① H. Rothwell, ed., *English Historical Documents* 1189 – 1327, Vol. 3, London: Eyre & Spottiswoode, 1975, p. 544.

② G. O. Sayles, *The King's Parliament of England*, New York: W. W. Norton, 1974, p. 4.

③ Francis Palgrave, ed., *The Parliamentary Writs*, I (Anno XXIII Regis Edwardi), London: Eyre & Spottiswoode, 1830, p. 30.

④ See G. L. Harriss, *King, Parliament and Public Finance in Medieval England to* 1369, Oxford: Clarendon Press, 1975, p. 22.

⑤ M. Prestwich, *Plantagenet England*, 1225 – 1360, Oxford: Clarendon Press, 2005, p. 33.

征税,再次证明了这一点。

14世纪初期,通过英王与议会的协商,议会逐渐获得了税收批准权,并形成"先纠正,后供给"(Redress Before Supply)的原则,即议会根据地方等级的请愿,要求纠正冤屈,并以此作为批准税收的前提。然而,长期延续的英法百年战争,使君主急需财源的"必要性"空前凸显,促使议会对此予以高度关注并着力以税收来解决。英国是一个统治版图和人力、物力资源有限的王国,①如果国王恪守传统的"封建法"的"靠自己过活"的原则,如果国王在征税时处处受到议会的掣肘,那就不可能克服财政困难,筹措经费,派大军长期到大陆与当时西欧最富有和最强大的法国征战,并且长期处于优势。曾经有传统观点认为,议会在14世纪是"勉强"地、"吝啬"地批准征税,有人甚至认为议会对征税的基本态度是予以"抵制"。② 但史学界的实证研究否定了这一观点。有史学家指出,"如果对事实作一总体的考量,这样的观点是十分错误的"。③ 事实上,当时的国王一旦举出为了"公共利益"而有征调税物的"必要性"时,完全能够"合法"地打破"封建法"的原则来支配王国的财政资源,充分利用议会来解决财政困难。这是因为"国王有征税的权利,在表明有必要性时,就须承认税收应当被批准征收"。④ 对于国王的这项权力,议会一般都会予以同意。自1344年起,为了解决王权在对法战争中所面临的财政危机,议会在批准征调资助金、动产税、羊毛税等时,最终几乎都予以支持。据统计,百年战争爆发前的10年,即1327~1337年,在爱德华三世召开的20次议会中,只有5次同意授予君主征收的权利。⑤ 但在该君主统治的后40年,即1337~1377年,在其召开的30次议会中,只有5次没有授权征税。而在百年战争期间,英王大约召开了90次议会,议会也只有大约18次没有授权征税。⑥ 而在间接税的征调上,当时的议会的确反对过"羊毛补助金"等税收,但议会反对的是国王绕开议会直接向商人征调。当批准权掌握在议会的手中时,即从1351年开始,议会对"羊毛补助金"征调的批准就形成了一个连续的链条,在前一个征调期结束前就作出新的征调授予。而一直到15世纪亨利五世统治时期,议会只在少数

① 就人口而言,在1300年,英国人口增长达到高峰,大约有500万人口。到1348年黑死病发生后,大约有1/3到1/2的人口死亡。(参见M. Prestwich, *Plantagenet England*, 1225-1360, p.9)

② See E. Power, *The Wool Trade in English Medieval History*, Oxford: Oxford University Press, 1941, p.82.

③ Sir Goronwy Edwards, *The Second Century of the English Parliament*, Oxford: Oxford University Press, 1979, p.32.

④ M. Prestwich, *Plantagenet England*, 1225-1360, p.279.

⑤ Sir Goronwy Edwards, *The Second Century of the English Parliament*, p.17.

⑥ Sir Goronwy Edwards, *The Second Century of the English Parliament*, p.16-17.

征调期内授权征调低的税率,大多数都授权征调较高的税率。此外,王权从羊毛税中获取的收入也十分惊人。例如 1353 ~ 1354 年为 11.34 万英镑,1355 年一年则达到 8.9 万英镑。① 而在直接税的征调上,议会在作出相关决定时常常显得犹豫,但这并非是要"抵制"国王的要求,而是考虑国内的政局和民众的承受能力。在一些非常时期,议会甚至不顾民众的承受能力而批准税收,1381 年的农民大起义,正是议会批准征收苛重的人头税所引发。② 可以说,在支持王权应付百年战争带来的财政挑战时,议会发挥了重大作用。有史学家就强调,"议会的基本态度并非是抵制,而是合理的合作……必须记住,议会是以给予赞成而不是对之拒绝来获得它对税收的同意权,赞成是反复给予的,而拒绝是鲜有的"。③ 尤其值得注意的是,在议会批准征税后,国王的征调就获得了强制性的法律保障。当时,议会决定一般采取的是"双联合同单"(indenture)的形式,这种文本"本身是一种具有绝对权威的法律文件"。这一文本以法律的形式将国王的臣民约束起来,如果任何人拒绝或忽略支付应缴的份额,国王的法庭将强制他交纳。④ 这也显示,由议会制定、批准的条例、法规,本身就包含着浓厚的维护君主权威的政治意蕴。

兰开斯特王朝建立后,议会的权力明显增长,1407 年确定了税收的动议权,即"由下议院制定,上议院同意"。同时,下议院继续以推迟税款批准为手段,再次提出"先改正后给予"的原则,要求国王先将他们呈递的对民间冤情以及对不法、不当统治行为的陈情予以答复或处理后,再行批准税案。尽管如此,在兰开斯特王朝时期,议会仍然发挥着国王税收工具的效能。亨利四世时期的 9 次议会,除了有一次议会上国王没有提出赋税要求外,其余 8 次议会都批准了税收,"在大多数情况下,议会所做的被认为是它的责任,他们至少要批准国王声明所需的大部分税款"。⑤ 亨利五世时期,英国对法战争规模再度扩大,实得益于议会的大力相助。他在位期间征调的税额,大大超过了前任君主,而且还被议会授予终身征收羊毛补助金的权力。自 1416 年 6 月至 1417 年 11 月,亨利五世赋税征收的频度是每 6 个月一次。在这一年半所征的税额几乎等于 1377 ~ 1381 年共 5 年的赋税

---

① See M. Prestwich, *Plantagenet England*, 1225 – 1360, p.289.

② 参见孟广林:《1381 年英国农民起义探析——兼论评价农民反封建斗争的学术取向》,载《河南大学学报(社会科学版)》2009 年第 3 期。

③ Sir Goronwy Edwards, *The Second Century of the English Parliament*, p.36.

④ See Sir Goronwy Edwards, *The Second Century of the English Parliament*, p.43.

⑤ A. L. Brown, *The Governance of Late Medieval England*, 1272 – 1461, Stanford: Stanford University Press, 1989, p.229.

总额。[①] 有史学家就强调:“此时期议会的最明显特征就是全力支持国王对法战争”。[②] 亨利六世时,议会不仅在税收批准上支持国王,而且议会多次为国王的债务提供担保。总体来看,兰开斯特时期,尽管议会的税案批准权已经明确,但是否批准征税,主导的因素是国王的需要而不是议会的意愿。难怪有史学家指出:“下议院具有专门的税案批准权,这对国王执行统治是必需的,尽管实际上国王被认为要尽可能地靠自己生活”;[③]“议会税收实际上是将更多的资源置于国王的处置之下,多于国王本来所拥有的”。[④]

从政治层面上看,夸大议会对君权的制度限制,甚至鼓吹“议会主权”论,也是值得推敲的。自英国议会形成后,教、俗贵族有了与国王进行对话、协商的政治平台,逐渐兴起的地方等级也有了反映自身诉求的固定场所,由此对国王个人的独断意志的确形成了某些限制。1322 年 5 月,《约克法令》第一次在法律上承认议会参与立法的权力,规定“凡是关系到国王及其后嗣的财产、王国和人民财产的任何法令,都应当经国王在议会内决定”。在争取立法权的同时,议会还力图介入对王国大臣官员的任命与监督。《1341 年法令》也曾经规定,任免政府大臣必须经过议会,上议院有权参与决定;大臣必须向议会述职,如有渎职行为应该接受而且只接受上议院的审判。议会或更具体地说,上议院借此获得了对行政的监督权,有权控告和审判国王的高级官吏。此外,议会试图对“叛逆”之大罪作出界定,1352 年议会制定的《叛逆法》,就力图限制国王和法官的“自由裁量权”。有史家就认为,1352 年的《叛逆法》能够防止国王对叛乱事件作出错误的判决,避免贵族重蹈爱德华二世时期走向败落的覆辙。[⑤]

但必须看到,上述举措既没有使议会成为王权的异己机构,也难以有力地限制王权,且议会因时常受到国王的掌控而难以形成长效机制。议会立法和干预王国官员之任命的主旨,乃在于维持正常的君主政治秩序,确保王国统治机构的顺利运转。而国王则尽力在君主政治中利用议会凸显个人的权威,甚至不惜实施高压手段,使议会完全听命于自己。1352 年的《叛逆法》更有规定,凡有弑君之企图

① See G. L. Harriss, ed., *Henry V: The Practice of Kingship*, Oxford: Oxford University Press, 1985, p. 145.

② R. Butt, *A History of Parliament: The Middle Ages*, London: Constable, 1989, p. 485.

③ S. B. Chrimes, *An Introduction to the Administrative History of Mediaeval England*, Oxford: Basil Blackwell, 1966, p. 347.

④ C. Carpenter, *The Wars of the Roses: Political and the Constitutional in England*, c. 1437 – 1509, Cambridge: Cambridge University Press, 1997, p. 32.

⑤ See M. V. Clarke, *Fourteenth Century Studies*, Oxford: Clarendon Press, 1937, p. 132.

和行动(包括对王后、太子、公主的侵犯等)、发动对君主的战争、伪造国王的玉玺和货币、杀害国王的大臣与法官等,皆属须严惩的叛逆罪。[①] 这一法律其实包含着明显的政治意蕴,那就是协调君臣之间的效忠关系,维护君主统治之目的。[②] 这一法令此后就构成了有关反对王室之阴谋罪的法律基础。在每一个政治动荡时期,该罪还被作新的解释。1397 年,理查德二世就颁令规定,杀害、推翻君主皆属"叛逆罪"。1414 年,亨利四世规定,杀死或抢劫获得国王庇护的人也是"叛逆罪"。[③] 在当时的历史条件下,这一法令实际上也构成了君主突破议会限制的有力武器。1376 年,大贵族主导的"贤明议会"对国王爱德华三世的宠臣拉蒂默、尼维尔等人进行弹劾,被看作"是对王权至高权威的根本性挑战"。[④] 理查德二世即位后不久,反对派贵族利用国王年幼而数度利用议会这一平台发难,清洗保王派。1379 年,议员在议会上宣布,议会有权检查王国的税收账簿与税款的消费情况。此举引起国王的不满。1386 年,理查德二世公开否认议会有干预王室财政的权利,次年又指使王家法官作出决定,声称无论何人,如果其在议会中提出不符合国王之旨意与违背国王特权的议案,就是犯了"叛逆罪"。此后议会与国王为此而持续冲突。[⑤] 在 1388 年的"无情议会"中,反对派弹劾、起诉国王宠臣波拉德等人。不过,这一弹劾没有形成制度,也不可能剥夺国王任命和控制大臣的格局,反倒遭到国王的彻底清算。1389 年 5 月,理查德二世召开御前会议,宣布自己不再受监护而开始亲政。他随即对贵族反对派大加报复,不仅撤换中书令与财政大臣,解除格罗斯特公爵与沃里克伯爵等人的御前大臣职务,代之以自己的心腹,而且在 1397 年的议会上取消了 1388 年限制王权的有关条款,反对派首领格罗斯特公爵被处以监禁,阿伦德尔伯爵则被斩首示众,不少人遭到罚没财产和流放。[⑥] 由此可见,在理查德二世统治后期,议会不仅没有限制王权,反倒成为君主专制独裁的政治机构。

至于所谓的"1399 年革命"这一废黜国王的事件,其实是大贵族挟持议会阴

---

① See F. W. Maitland, *The Constitutional History of England*, Cambridge: Cambridge University Press, 1908, p. 227; A. R. Myers, ed., *English Historical Documents*, Vol. 4, London: Eyre & Apottiswoode, 1969, p. 403.

② See B. Wilkinson, *Constitutional History of Medieval England* 1216 – 1399, Vol. 2: *Politics and the Constitution*, 1307 – 1399, London: Longman, 1948, p. 132.

③ See F. W. Maitland, *The Constitutional History of England*, p. 227.

④ B. Wilkinson, *Constitutional History of Medieval England*, 1216 – 1399, Vol. 2: *Politics and the Constitution*, 1307 – 1399, p. 204 – 214.

⑤ See A. R. Myers, ed., *English Historical Documents*, Vol. 4, p. 156 – 160, 365 – 366.

⑥ See A. R. Myers, ed., *English Historical Documents*, Vol. 4, p. 172.

谋所为,并非是议会权威乃至所谓的“议会主权”的显现。理查德二世后期,由于未能处理好与大贵族之间的关系,统治集团内部的权力争夺日趋尖锐。1399 年夏秋之交,兰开斯特家族的亨利趁国王远征爱尔兰之机,从大陆率领武装进入国内,以收复被国王剥夺的爵位和财产继承权为号召进行反叛,受到不少贵族的同情和支持。见时机成熟,亨利公然以武力发动军事政变,逮捕了国王。然而,要废黜一个合法统治且臣民曾对之宣誓效忠的国王,既不能以赤裸裸的武力为之,也不可能由议会单独作出决定。经过精心策划,亨利在 1399 年 9 月 29 日派由教、俗贵族组成的代表团到伦敦塔面见被囚禁的国王,迫使理查德二世签署退位声明,宣称因自己无能和独裁而解除臣民对自己的效忠义务,退出王位。接着,亨利以国王名义发布召集令,于 9 月 30 日在西敏寺召开“议会”。其实这并非是一次合法的议会,因为当时议会是国王的统治机构,不仅由国王召集,而且要讨论国王提出的政务,“没有国王,就没有议会”既是一项政治制度,也是普遍的政治共识。但在亨利追随者的武力威胁下,这次所谓的“议会”在西敏寺召开。在会上首先由约克大主教宣读了理查德二世的“退位”声明,接着又颁布了理查德二世践踏法律、独裁为政、迫害臣民的 33 条罪状。[①] 其后,在询问意见时,尽管大多数出席者表示同意,但仍然有异议提出。卡尔利斯勒主教深表不满,宣称应该让国王在场听取意见,不能在其缺席的情况下谴责他,会后该主教被剥夺了教职。此外,诺森伯兰德伯爵等贵族也对亨利的举措深为不满。[②] 会议最后,亨利向众人宣称他成为新的国王。然而,在获取王位的资格上仍旧存在着反复的考量。起初,亨利建议“以军事征服的权利获取”,但王国大法官森营等认为这一主张既不合乎王国的王位继承原则,也让臣民没有安全感,故而规劝亨利强调自己的王族血统。[③] 由此,亨利四世以优先的血统继承权作为其获得王位的根据,并声称这也是上帝的裁决。最终在 1399 年 10 月 13 日,亨利加冕成为兰开斯特王朝的国王亨利四世。

在亨利四世的篡权过程中,无论是对理查德二世的指控,还是其对王位获取的主张,都是在所谓的“议会”中宣读昭示的,这表明,议会的政治地位日益凸显,成为王权的僭越者必须借助的一个政治平台。但应该看到,亨利四世的这些举措,都是在他动用武力囚禁了国王并以胁迫议会成员的方式来完成的,在仓促的

① See A. R. Myers, ed., *English Historical Documents*, Vol. 4, p. 407 - 412.

② See A. Tuck, *Crown and Nobility* 1272 - 1461, p. 220.

③ See A. Tuck, *Crown and Nobility* 1272 - 1461, p. 221. 理查德二世是自 1066 年诺曼征服以来既无后嗣也无兄弟姐妹的第一位国王,篡夺王位的亨利则具有亨利三世血统,同时也是理查德二世的堂兄,也就有了获取王位的合法资格。

“议会”推举的所谓“程序正义”背后,刀光剑影赫然可见。可以毫不夸张地说,正是兵变的血腥而非所谓议会的“宪政原则”才是亨利成功的秘诀,他“对王位的实际占有成为唯一有效的权利主张”。[①] 即便是没有议会,亨利照样可以其他的形式宣示自己篡权的合法性。正因如此,对这一事件作出近代宪政式的演绎,已经引起了不少西方史学家的质疑和否定。有史学家曾通过对编年史、议会档案的细致梳理与比较考证,认定所谓理查德二世主动要求退位、议会对他的暴政指控的档案记载等,都是兰开斯特王朝的鼓吹者所杜撰的,他们“扭曲或掩盖了真相”,抹杀了亨利四世篡权的阴谋和议会对此篡权的抗议,把“一个至多由晦暗的和有偏袒的当代记载所证明的事件”,建构成一个为当代“宪政主义”史学家们所钟情的“官方的革命故事”。[②] 尽管所谓的“1399 年革命”因利用议会阴谋篡权而一度被误读与曲解,但这并不能改变这一事实:即中世纪的英国议会固然对国王本人的权威形成某种限制,但议会终究是国王的议会,没有国王,就没有议会。议会远未获得凌驾于国王之上的国家权威,也并未彰显“法大于王”的政治意蕴。诚如一位英国史学家所指出的那样,“在中世纪后期的英国,不存在‘宪政主义’的理想,也不存在议会的至尊权威。要问‘谁统治中世纪的英格兰’,答案仍旧是国王”。[③]

亨利四世上台后开启所谓的“兰开斯特宪政主义”,同样也是一种“王在法下”的历史神话。亨利四世即位之初,不少贵族对其僭越王位深怀不满,各地反叛屡仆屡起,有的甚至散布各种政治谣言,拥戴一个伪理查德二世在苏格兰组建“流亡朝廷”,[④]企图实现复辟。在这种巨大的压力下,亨利四世当然要紧紧依靠议会来巩固权力,这并非是所谓“宪政”实验。在此之后,随着所谓“变态封建主义”(bastard feudalism)的盛行,大贵族集团日益崛起,议会在王国统治中的政治功能逐渐退化与蜕变。当时,在地产占有日益割裂和商品经济发展的情况下,国王和大贵族开始普遍采用“货币封土”即以金钱支付的方式,让大量的附庸聚合在自己周围效忠服役。这一区别于传统封建制的“变态封建主义”虽然确保了英国对法国战争的有力攻势,但却使传统的封建效忠原则受到利欲的严重腐蚀,贵族的

---

① J. B. Kirby, *Henry Ⅳ of England*, London: Constable, 1970, p. 70.

② L. S. Sutherland and M. Mckisack, eds., *Fourteenth Century Studies*, Oxford: Oxford University Press, 1937, p. 88 – 89.

③ J. W. McKenna, *The Myth of Parliamentary Sovereignty in Late-Medieval England*, English Historical Review, Vol. 94, no. 372 (July 1979), p. 484.

④ See R. E. Archer, *Crown, Government and People in the Fifteenth Century*, Stroud: Alan Sutton, 1995, p. 10.

私家武装迅速扩大,权势日益膨胀,形成了一些具有区域性权威的大贵族,即史学家所谓的"超级臣民"(over-mighty subjects)。[①] 为了争夺更大的权益,由这些"超级臣民"及其附庸构成的大贵族集团不仅相互斗争,而且公开对抗与扼制王权。他们设法将自己的依附者选进议会下院,并以其盘踞上院,影响和控制下院议员的立场与行为,议会也就成为大贵族争夺权势甚至是阴谋篡权的政治平台。亨利六世统治后期,议会更是成为大贵族集团泄露野心的表演场所。由于对法战争的失败、财政危机的加剧,社会矛盾趋于激化,1450 年爆发的凯德起义,更让肯特等一些南部郡的统治秩序陷入混乱。以约克家族、尼维尔家族、贝德福家族等为轴心的一些大贵族集团,在议会中展开权力争夺,甚至把矛头直接对准王权。生性软弱,且患有时常发作的精神疾病的亨利六世在处理社会危机和贵族挑战上应对无力,最终在"玫瑰战争"中被约克家族武力推翻。正是鉴于 15 世纪的政治状况,有史家认定,"君权与贵族的冲突,构成了中世纪后期英国政治史上唯一的主题"。[②] 这样的冲突既借助于议会进行,更依赖于战争来解决。这样的史实再次揭示,君主统治的合法性和权威性,不是由"法律"及其所"滋养"的议会制度决定的,而归根到底是由政治集团之间"血与火"的较量决定的。

四、如何研究政治史

如果说 17 世纪英国思想家尤其是辉格派建构的"法治传统",旨在为反对君主专制的资产阶级革命披上合法性的神圣外衣,那么自 19 世纪后期以来西方史学界则钟情于这种"法治传统"所演示的历史神话,以特有的"辉格版"学术理路将中古英国的政治史诠释为西方"王在法下"的"有限王权"的历史样本,这在学术史上是值得深入检讨与反思的。的确,与东方古代的君主专制不同,中古英国的封建君主的政治集权欠缺深厚的社会基础。日耳曼原始民主制残余、封君封臣制的习惯和基督教神权的某些限制,构成了一个要求国王恪守"法律"的"法治传统",而议会的建构也在某些方面体现了这一"法治"精神,这既有利于新的经济因素和政治力量的滋长,也为英国 17 世纪的政治变革提供了一个历史借鉴。但必须指出,这并不意味着这一传统是英国率先建立资产阶级君主立宪制的决定性

---

① See K. B Mcfarlane, *The Nobility of Later Medieval England*, Oxford: Clarendon Press, 1973, p. 3; J. T. Rosenthal, *Nobles and the Noble Life*, 1295 - 1500, London: George Allen & Unwin Ltd, 1976, p. 74. 也有史家将这类大贵族及其附庸称之为"变态封建主义的贵族"(The Bastard Feudal Aristocracy)。(参见 M. A. Hicks, *Bastard Feudalism*, London: Longman, 1995, p. 5)

② A. Tuck, *Crown and Nobility* 1272 - 1461, Introduction, p. 11.

因素。传统固然对政治的演进有重要影响,但只有在新的经济因素和社会阶层成为主导性力量时,重大的政治变革才会发生与成功。正因如此,中世纪英国的"法治传统"在都铎王朝建立后的一个世纪中,在比较专制的"新君主制"(New Monarchy)的钳制下,处于"埋汰"的境况。当代西方史学家一般认为,这个时期的都铎君主都是"专制主义"或鼓吹"权力神授"的统治者,他们利用常备军和大批官僚"践踏了在他们的王国中所有其他权威机构的传统特权,这包括贵族的、代表会议的、市镇会议的、商业公会的和教会的特权"。① 在这一过程中,亨利八世的独裁尤以为甚。他统治的37年中只召开过9次议会,并将议会变成自己集权的御用工具。有史学家这样评论道:"英国议会从来没有像它在1529至1545年之间的作为那样,去努力运作或拓展国王的权威"。② 只是到了17世纪初,随着资本主义经济的发展,日益壮大的新兴资产阶级和新贵族渐次展开反君主专制的斗争时,那个"休克"良久的"法治传统"才得以复活,而且必须借助于政治革命的风暴才得以实现。正是受滥觞于19世纪的"辉格版"历史编纂理路的影响,不少西方学者漠视了英国政治史从中世纪向近代演进的复杂性和曲折性,以偏概全甚至是主观臆断,建构出了一个中世纪"法治传统"的历史神话。不过,当它问世不久,就不断遭到西方史学界的强烈质疑。

早在20世纪40年代,英国著名史家巴特菲尔德(Barfield T.)就对之予以深刻的针砭。他指出,"辉格派历史学家的谬误在于走上了一条穿越历史复杂性的捷径",由于"为了当下而研究过去",他们在考察英国历史上的宪政体制时,"并不考虑曾经经历过无数曲折变动",而是"强调在过去出现的某些进步原则,编写出能够确认现实甚至是美化现实的故事"。由此,"历史的复杂纠葛在辉格派版本中被大大简单化……历史故事被改写了,那些最重要的评价也被修正"。③ 此后,对此反驳与批判的观点连绵不断。然而令人遗憾的是,辉格派史学的流风余韵至今仍在西方史坛时常浮现,对其他学科的研究也多有影响,甚至对中国学术界的探讨也多有干扰。

对中世纪英国"法治传统"之效用的拔高与夸大,实际上是一种典型的"政治文化传统决定"论,其基本的学术取向,就是着力于发掘当时社会中的所谓日耳曼"自由权利"和封建"契约精神",进而阐发其对政治行为方式和制度建构模式的

---

① G. Richardson, *Renaissance Monarchy*, London: Oxford University Press, 2002, Introduction, p. 2.

② G. Richardson, *Renaissance Monarchy*, p. 118, 196.

③ [英]赫伯特·巴特菲尔德:《历史的辉格解释》,张岳明、刘北成译,商务印书馆2012年版,第16、17页,"序言",第97、18页。

决定性影响。在这样的学术路径中,"法律"成了至高无上的政治权威,贵族则始终作为"法律"的维护者和践履者而与王权抗争。应该说,这样的观照自有不可忽略的可取之处。因为在政治史的发展与流变中,政治文化传统的确有着重要的潜在效应,它所包含的价值指向与它所蕴含的集体记忆,不仅会影响社会政治群体的利益诉求、话语表达与政治行为,而且也会影响国家政治体制的建构模式与变动趋势。然而,政治文化传统毕竟是思想或观念层面的因素,它的衍生、积淀与流变,在一定程度上是政治现实在社会政治群体之思想中的反映,但并不等同于政治现实本身。政治文化传统在多大程度上发挥作用,从根本上说既取决于社会政治群体的利益认知及其建立在这种认知基础之上的政治行为,也取决于他们在利益博弈上的实力对比及其对政治行为的影响。马克思曾经指出:"全部社会生活在本质上是实践的。凡是把理论引向神秘主义的神秘东西,都能在人的实践中以及对这种实践的理解中得到合理的解决"。[①] 这告诉我们,政治史的研究应该从人们的政治实践活动出发,揭示相应的政治文化传统的实质与实际影响以及政治体制的建构与实际运作。

在人们的政治实践活动中,"利益原则"和"实力对比原则"无疑是影响人们政治倾向与政治行为的两个关键因素。在中世纪的英国,封建生产关系和依附体制决定了当时的贵族阶级以及乡绅、市民阶层与封建君权既存在权益分享上的矛盾,也有着最基本的共同利益。稳定的君主政治不仅是贵族享有特权的根本保证,也是乡绅、市民阶层发展实业、积聚财富的根本前提。正因如此,我们看到,在这一时期,从根本上讲,贵族等阶层对君主统治是认同和支持的,有史学家就指出,在13、14世纪的英国,君权与贵族之间的"合作和协作",是"政治生活中的正常模式"。[②] 还有人说,不应该强调"君权与贵族的冲突"是"英国政治结构中常有的和固有的现象",因为"这是一种不明智的观点"。[③]

同时,由于权益之争,贵族等阶层也不断援引"王在法下"的"传统"来限制君权,甚至在这一"传统"旗帜下抵抗、反叛君权。这样的政治行为能否奏效,并非是这一"传统"中的"法律"权威决定的,而是由贵族群体与君主之间的政治实力对比决定的,而在关键时刻,战争则是解决问题的唯一手段。不过即便如此,在大多数时期内,"法律"仍旧是屈从于君权的,"王在法上"仍旧是严峻的历史事实。

① 中共中央编译局编:《马克思恩格斯选集》(第1卷),人民出版社2012年版,第135~136页。

② M. Prestwich, *The Three Edwards: War and State in England*, 1272 - 1377, London: Weidenfeld and Nicolson, 1980, p. 146.

③ A. Tuck, *Crown and Nobility* 1272 - 1461, Introduction, p. 11.

这是因为在当时的英国,君权具有天然的合法性与神圣性。君主不仅承袭了无人敢于僭越的王室血统,而且通过教会"王权神授"理论与涂油加冕典礼的神化而代表上帝统治王国。此外,通过开疆拓土的战争,君主依据"军事王权"(militant monarchy)的声威挺立其至尊的权威,并将其战争胜利归结为神的恩典。① 尽管此时贵族不断援引"法大于王"的精神从君权的运作上判断其合法性,强调君主循守"法律"、实施"仁政",但尚不足以动摇君权神圣、权威的政治原则。正是在这一原则下,君主在行政、司法、经济、军事方面的主导地位使其政治实力远远超过了任何一个大贵族,因而能够让"法律"为己所用,甚至打破"法律"对君权的限制。只有在君主孱弱且统治失序而导致其与贵族之间政治实力对比失衡时,贵族诉诸武力废黜君主的阴谋才会得逞。有鉴于此,有史学家称,在当时,"废黜国王是一种脱离正轨的现象,这一可以为日后的宪政史奠定基础的观点,对于国王和他们的臣民来说都是异己的"。② 也正因如此,我们就不难发现,中世纪英国的思想家、法学家"常常限于君主专制和有限王权这两种统治形式的冲突中",③他们对"王在法下""法大于王"的反复强调或阐发,固然反映了英国延续不断的政治文化传统,也彰显了非常时期王权孱弱的现实,但主要还是对一种"应然"理想的憧憬而非对"已然"事实的叙述,简言之,这其实是"思想中的政治"。从另一个方面说,他们提出的以"法治"为基点的政治诉求,恰恰是现实政治中所罕见的甚至是严重缺失的。这样的政治信条强调得越多,反倒是证明"王在法上"的专制现象越严重。

这里还须指出的是,某种政治体制的建构与运作,无疑也是各种政治实力博弈的产物,势必对它们的政治倾向和行为产生有序的引导与规范作用。然而,在任何政治体制中,"利益原则"和"实力对比原则"都必然存在并且必定要对制度效用产生重大影响。如果对之忽略,则难以洞见制度的本质与制度下的政治现实。中世纪英国的议会君主制的体制和运作,恰恰也印证了这一情况。从表象上看,议会拥有征税权、立法权等大权,且有上下议院分设、请愿制等制度建构,这些都限制了王权。但如果进行深入的实际考察,则可看到情况并非完全如此。基于共同的"利益原则",这一政治体制的主旨实际上是支撑王权而非否定王权。基于"实力对比原则",君主在这一政治体制中始终占据主导地位。"没有国王,议

---

① See W. M. Ormrod, *Political Lifein Medieval England*, 1300 – 1450, London: St. Martin's Press, 1995, p. 64.

② W. M. Ormrod, *PoliticalLifein Medieval England*, 1300 – 1450, p. 77.

③ D. W. Hanson, *From Kingdom to Commonwealth: The Development of Civic Conciousnessin English Political Thought*, Cambridge: Harvard University Press, 1970, p. 172.

会什么也不能做;可是没有议会,国王仍然能做。议会始终是国王的议会"。[①] 固然,贵族等阶层从自身的利益考量,也常常利用议会去限制王权,但这样的限制多着眼于使王权"规范"运作而非与王权对抗。而且,君主受不受限制,受多大程度的限制,以何种方式受到限制,则是由君主本身所具有的胆略、声威及其政治策略决定的,更是由君权与各种政治集团的实际力量对比决定的。事实证明,正是在议会的支持下,君主在稳定国内统治和对外征服战争中不仅有所作为,而且大有作为。而在君权较弱和"实力对比"失衡下,议会必然成为贵族实现政治阴谋的遮羞布,"法治"在这一政治平台上则成为武力篡权的婢女。由是观之,夸大议会对君权的限制,建构出来的必定是"制度中的政治",而非实际发生的政治,它当然不应该也不可能成为信史。

---

① G. O. Sayles, *The King's Parliament of England*, p. 108.

论中古西欧“上帝的和平”运动

施　诚

10世纪末由基督教会在西欧大陆发起的“上帝的和平”运动是当时的政治、经济和宗教等原因共同促成的。它包括“上帝的和平”和“上帝的休战”两个阶段，主要通过举行和平集会等活动，力求限制贵族的私战和骑士的暴力行为，从而保护社会各阶层免受其害。这一运动使西欧的社会秩序有所好转，有利于西欧的经济复兴。它提高了教会的权威，促进了西欧骑士制度的形成，产生了划分三个等级的社会理论，并为十字军东侵创造了条件。

9～10世纪的西欧不仅经济文化落后，而且政治分裂，战争频仍，社会秩序混乱，有的西方学者称之为“真正的黑暗时代”。10世纪初，西欧基督教会内部发生了著名的克吕尼改革。10世纪末，在以法国为主的西欧大陆，教会发起了“上帝的和平”运动，这是由教会发起，得到一些世俗封建主支持，限制骑士暴力行为的政治——宗教运动。本文拟对这一运动做初步探讨。

一、“上帝的和平”运动的起因

“上帝的和平”运动产生于10世纪末的西欧不是偶然的，它具有深刻的政治、经济和宗教原因，而且是一定的客观条件促成的。

中古早期西欧陷入严重的政治分裂，世俗中央政府权力衰落。西欧政治分裂大致经历了两个阶段：9世纪，法兰克（查理曼）帝国瓦解，西欧封建化过程加快，各级封建主篡夺了中央政府及其官吏的权力，出现所谓“公共权力私有化”现象。10世纪，法国分裂为众多的封建领地，如阿奎丹公爵领、勃艮第公爵领、诺曼底公爵领、弗兰德尔伯爵领等。法国王权极其虚弱，国王再也不能任命地方官吏，作为王权象征之一的铸币权也被大封建主所侵夺，各个大封建领地都拥有自己的货币。封建主还负责领地内的道路和桥梁维修，但是他们更感兴趣的是敲诈过往客商。因此，“上帝的和平”运动主要产生于法国，在那里取得的成就也最大。而封建王权强大的英国则从来没有出现过“上帝的和平”运动，因为那里的王权足以维持社会公共秩序。

9～10世纪，西欧面临外族入侵的严重威胁，这些外族侵袭活动加剧了西欧的封建分裂局面。南部的阿拉伯人（撒拉森人或摩尔人）袭击了南欧沿海地区，东部的马扎尔人（匈牙利人）越过喀尔巴阡山脉，在多瑙河流域定居下来，然后对意大利北部、德国西部和法国部分地区发动了闪电式袭击，直到995年才被打败而退居到现在的匈牙利地区，停止了对西欧的侵略活动，并皈依了基督教。特别是来自北方的维京人的侵袭给西欧社会造成了巨大的破坏，他们在西欧沿海地区和河谷地带烧杀抢掠。841年，维京人烧毁了鲁恩城，848年，烧毁了波尔多、阿奎丹和普瓦提埃等地。[①] 维京人所到之处，人口减少，贸易停止，农田荒芜。西欧陷入经济崩溃、王权式微、文化凋零的局面。由于中央政府无力组织有效的抵抗，所以各地的封建主纷纷修筑城堡，进行抵抗，这使他们的势力更为强盛。为了争夺封建领地和附庸，封建主之间常常爆发私战。这些内外战争进一步加剧了封建分裂和无休止的动荡局面。

骑士对西欧社会秩序和安全的危害是“上帝的和平”运动发生的直接原因。10世纪的骑士是一群傲慢、目不识丁、言谈举止粗鲁的武士。骑士以战争为职业，是“战争与和平的决定者”，是“不受限制的骑士”，法国君主制的鼓吹者苏格尔称他们为“暴君”。[②] 骑士之间的争斗不是依靠国王的司法来仲裁，而是用他们手中的刀和剑来解决，他们根本不受当时已经近乎消失了的公共司法的管辖。“只有道德义务和同侪的劝告才能对他们的暴力和贪婪起一定的限制作用”。[③] 当外族入侵活动停止后，骑士就把武力的矛头指向西欧内部，他们转而以暴力抢劫为生，当时最富裕的教会就成为其首选目标，社会中的非武装人员——教士、农民等就成为骑士争战和抢劫的牺牲品。

---

① Steven Ozment, *The Many Sides of History*, New York, 1985, p. 105.

② J. H. Burns, *The Cambridge History of Medieval Political Thought*, Cambirdge, 1988, p. 180.

③ Frances Gies, *The Knight in History*, New York, 1984, p. 17, 18.

在世俗中央政权无法维持社会和平和正常秩序的情况下,维持和平的任务就落到了西欧基督教会的身上。基督教会发起"上帝的和平"运动具有自己的动机。一是经济动机。基督教会希望借助它保护教会的财产,教士的人身安全。教会还宣扬"上帝的和平"也保护农民和商人的人身和财产安全,这是因为农民和商人交纳的地租和什一税是教会收入的重要组成部分。教会通过"上帝的和平"运动还可以抵制世俗封建主对教产的侵夺。994年和1025年,马孔地区的主教举行和平集会,其主要目的就是防止奥托·归拉姆伯爵对教会领地的权利要求,特别是对属于克吕尼修道院的其他较大修道院土地的侵夺。① 二是政治动机。9世纪和10世纪,随着西欧封建化的推进,教士变成了国王和大贵族的封建附庸,成为国王和贵族利用的工具。德国的几位奥托大帝使主教变成了他们的驯服的诸侯,而罗马教皇变成了意大利贵族手中的玩物。因此,基督教会力图摆脱世俗政权的控制及对教会事务的干预。三是宗教理想的驱动。基督教会宣扬,和平是绝对的善,它有利于促进基督教世界的秩序、公正和统一。曾经担任过加洛林王朝国王罗退尔的秘书、后来担任劳恩大主教的阿达佩罗就特别怀念法兰克时代的和平景象。② 在当时的一次和平集会上,主持人在开场白中说,"和平这个字眼多么公正,基督升入天堂时,他留下的教会统一的名声多么美好啊。"③但是基督教会最大的宗教理想是把桀骜不驯的骑士驯服成教会能够利用的力量,使骑士成为基督教信仰的捍卫者,镇压异端的军事力量。

但是,如果不具备一定的客观条件,那么基督教会维持和平的任务也将会无果而终。基督教会发动"上帝的和平"运动的最有利条件是克吕尼修道院改革带来的教会权威的提高。910年,法国的阿奎丹公爵威廉在自己的领地上建立了克吕尼修道院,规定世俗封建主和当地的主教都不许干预修道院的事务,修道院长由修士自由推选。克吕尼修道院致力于教会改革,要求教会摆脱世俗政权的干预,实行教士独身制度,教会史家称之为教士"摆脱国王和妻子",创立纯洁的教会。从此,西欧各地的封建主纷纷在自己的领地中建立类似的修道院,或者延请克吕尼修道院的修士到自己的领地上恢复以前的修道院。克吕尼修道院建立后的一个世纪里,西欧各地出现了近2000所类似克吕尼的修道院,④它们很快便成为法国和意大利修道院改革的中心。经过改革后的克吕尼修道院具有以下几个

① See Frances Gies, *The Knight in History*, New York, 1984, p. 17, 18.

② See J. H. Burns, *The Cambridge History of Medieval Political Thought*, Cambirdge, 1988, p. 180.

③ Frances Gies, *The Knight in History*, New York, 1984, p. 17, 18.

④ Norman Zacour, *An Introduction to Medieval Institutions*, New York, 1969, p. 170.

方面的优势:第一,政治优势。931 年,经罗马教皇约翰十一世批准,克吕尼修道院长负责管辖其他修道院长。克吕尼修道院系统成为欧洲第一个国际性的修道组织。10~11 世纪,许多克吕尼修道院出身的修士出任各地的主教,统治着各地的教区,甚至被选举为教皇,如著名的教皇格列高利七世和乌尔班二世。克吕尼修道院的院长位同王侯,如法国劳恩主教阿达佩罗就曾经批评克吕尼修道院的第三任院长奥迪罗为"奥迪罗国王"。[①] 第二,巨大的经济实力。封建主为了灵魂得救,常常把大量的土地捐赠给教会和修道院,普通基督徒向教会交纳什一税,或者因租种教会和修道院的土地而交纳地租,从而使教会和修道院成为当时欧洲的首富。据统计,克吕尼修道院从建立到 1048 年,获得近千份土地捐赠,面积达到 2058 阿克尔。[②] 第三,精神权威的提高。教士摆脱世俗权力和独身制度的实行,有助于增强普通信徒对教会的信任。克吕尼修道院虽然以本尼迪克修道院的院规为标准而建立,但是有一些重要的变化。克吕尼修士不从事体力劳动,而把它留给修道院的依附农民,修士则集中精力通过祈祷的形式来拯救人的灵魂,修道院成为职业祈祷场所。11 世纪的西欧人普遍认为,魔鬼抱怨克吕尼修道士的祈祷使死去的人逃脱了他们的控制。克吕尼修道院还广施财物,照顾老弱病残和香客,提高自己的威信。中世纪西欧的修道院常常埋葬圣徒的遗体或收藏大量的圣徒遗物,如法国北部卢瓦尔河畔的弗洛里修道院就以埋葬圣本尼迪克的遗骨而闻名。而圣徒具有超自然的力量,他们是得到上帝特殊恩典的人,是尘世与神意联系的中介。圣徒被赋予维护社会和平的职责,人们普遍相信圣徒的力量,认为圣徒能够保护自己的财产。维持和平曾经是世俗政权的责任,现在这个任务转移到了这些能够产生奇迹的圣徒身上,这些条件为"上帝的和平"运动奠定了基础。

西欧基督教会发动"上帝的和平"运动的另一个有利条件是,它得到了一些世俗贵族甚至国王的支持。在一定程度上,"上帝的和平"运动是教士和世俗贵族合作的事业。骑士暴力活动对大封建主的人身和财产也造成了威胁,所以一些大封建主也积极地参与了"上帝的和平"运动,如法国国王虔诚者罗伯特在其领地勃艮第、阿奎丹公爵威廉在封地分别主持和平集会。某些世俗封建主趁机利用"上帝的和平"运动来打击自己的对手。例如 1025 年,在萨恩河畔的安瑟举行的和平集会就是法王虔诚者罗伯特和夏隆伯爵用来反对他们的对手的方式。[③]

---

① Robert Fossier, *The Cambridge Illustrated History of the Middle Ages*, Cambridge, 1997, p.94.

② 参见王亚平:《修道院的变迁》,东方出版社 1998 年版,第 97 页。

③ Frances Gies, *The Knight in History*, p.18.

二、“上帝的和平”运动的过程

“上帝的和平”运动发端于王权衰落、克吕尼修道院影响较大的法国南部和中部地区,然后逐渐向法国的西部、东部和北部地区延伸。它包括10世纪末开始的“上帝的和平”与11世纪初开始的“上帝的休战”两个阶段,11世纪40年代,二者逐渐结合起来。

公元987年,法国南部勒皮主教区的主教、修道院长和其他神职人员举行了和平会议。公元989年,阿奎丹的夏洛主教区也举行了类似的和平会议。公元990年,南部的纳尔旁主教区也举行了和平会议。公元994年,在勒皮、里摩日和安瑟主教区都举行了和平集会。① 从此以后,各地的教士和世俗贵族都宣布举行和平集会。

“上帝的和平”主要是为了保护社会中的非武装人员,即神职人员、农民、商人等免受骑士的暴力袭击和抢劫,对于违反和平法令者给予严厉惩罚。所以,公元989年,阿奎丹的夏洛大主教贡巴德在和平集会上以上帝的名义宣布了3条和平法令:(1)谴责袭击教堂的人。如果有人擅自闯入教堂或抢劫教会财产,那么他将遭到谴责,除非他做出赔偿;(2)谴责抢劫穷人的人。如果有人抢劫农民或其他穷人的绵羊、公牛、奶牛、毛驴、山羊或猪,那么他将遭到谴责,除非他做出赔偿;(3)谴责那些伤害教士的人。如果有人袭击、逮捕或殴打没有携带武器的教士、主教或其他神职人员,那么他将被革除教籍,并永远不得进入教堂。②

在法国的洛恩河和萨恩河流域,1020年后在整个法国境内,所有骑士都必须作如下宣誓:“我保证不进攻教堂,不抢劫教会的财物,我保证不袭击不带武器的教士、修士及其同伴”。③ 在封建主私战期间,骑士还必须保证不捕获牲畜以勒索赎金,不逮捕农民、妇女和商人。骑士还保证不帮助违反和平法令的骑士,无论他是亲属,还是朋友或附庸。并保证在四旬节(复活节前的40天)和万圣节(11月1日)期间不抢劫磨房、不毁灭葡萄园,不抢劫值钱的牲畜(马匹、骡子等)。和平法令不仅禁止骑士,而且还禁止教士参与暴力活动。1043年,纳尔旁大主教归夫雷宣布禁止教士携带武器,并庄严地保证自己从此不携带武器,不发动和领导军事

---

① 乔治·杜比根据当年的编年史学家加拉尔夫·格拉博的记载而认为,989年夏洛的和平集会才是“上帝的和平”运动的发端。See Georges Duby, *France in the Middle Ages*, Massachusetts, 1991, p. 84.

② See Brian Tierney, Sources of Medieval History, Vol. 1, New York, 1983, p. 135.

③ Georges Duby, *France in the Middle Ages*, p. 86.

行动。[1]

为了扩大影响，和平集会常常在几个大主教区或几个世俗封建领地的边界举行。如在位于马孔和里昂大主教区的边境安瑟举行。[2] 除了教士和修士外，世俗贵族和农民都必须出席和平集会，而且所有与会者都必须进行宣誓，保证维护和平。由于和平誓言被认为是个人与全能的上帝之间签订的神圣协议，所以，它们都必须由教士或修士用文字记录下来。

“上帝的和平”集会充满了强烈的宗教色彩，表现在以下几个方面：第一，大多数和平集会都是由主教或修道院长主持。第二，几乎所有的和平集会上都展示圣徒的遗物，甚至尸骨。可以说，圣徒的遗物是这些和平集会的核心。当时的编年史家阿德马尔记载了994年里摩日的和平集会：经过3天斋戒后，集会在城外的山丘上如期举行，由圣马丁修道院的院长主持。“圣人的遗物从各地运送到会场，高卢的保护神圣马丁的尸体也从坟墓中被刨挖出来带到会场，每个人都充满了无与伦比的欢乐”。[3] 然后所有的人都当着圣徒的遗物宣誓维持和平。第三，与会群众常常虔诚地祈求和平的降临。编年史家拉尔夫·格拉博记载的一次和平集会中，与会者“把双手伸向天空，对着上帝异口同声地高呼‘和平’‘和平’‘和平’”。[4] 第四，为了显示教会的神圣性和济世性，这种和平集会上常常还表演教士或修士治病的奇迹。

11世纪初期，“上帝的休战”运动的开始，标志着这一运动发展到新的阶段。“上帝的休战”的主要内容是把贵族的私战和骑士的暴力活动限制在一定的时间之内，从而保护社会各个阶级免受其害。最初，规定骑士在星期日和宗教节日放弃争战。1017年，贵族和骑士宣誓，保证遵守由克吕尼修道院长奥迪罗拟定的《上帝休战书》，从星期六正午到星期一早晨，停止所有的私战。[5] 对于那些破坏“上帝的休战”的人，将不许他们参加教会的圣餐礼，不许教士为他们举行葬礼，没有人为他们的灵魂祈祷，而那些遵守上帝的和平的誓言的人，将摆脱上帝的绝对审判。后来休战时间逐渐延长，从星期四到星期六，还包括万圣节、四旬节、基督降临节（自靠近11月30日的星期日至圣诞节，为期4周）。1037年，阿尔勒斯

① See Georges Duby, *France in the Middle Ages*, p.99.

② See Georges Duby, *France in the Middle Ages*, p.84.

③ Frances Gies, *The Knight in History*, p.18–19.

④ ［英］克里斯托弗·道森：《宗教与西方文化的兴起》，四川人民出版社1989年版，第167页。

⑤ ［美］哈罗德·J.伯尔曼：《法律与革命——西方法律传统的形成》，高鸿钧等译，中国大百科全书出版社1993年版，第107页。

主教区的和平集会规定,休战的时间从星期三晚上至星期六早晨。①

1041 年,在法国南部图鲁兹举行的和平集会上,首次把"上帝的和平"与"上帝的休战"中的一些主要因素结合起来。要求"任何人不得在教堂及其周围或教堂享有特权的地方、教堂公墓、教士居住的房屋 30 步之内的地方进行暴力活动……禁止任何人袭击不带武器的教士,或者对教士不敬。禁止抢劫教士、修士和其他神职人员……任何人不得烧毁或损坏农民、教士的房屋和谷仓。任何人不得杀害、殴打农民或农奴及其他们的妻子,也不得逮捕他们……主教庄严地重申了上帝的休战,而且上帝的休战包括了所有的基督徒,休战时间是从星期三到星期日……"。② 1054 年,纳尔旁大主教归夫雷首次在和平集会上提出,休战的时间从星期三日落到星期一日出。③ 从此以后,骑士的暴力活动受到了严格的限制。

三、"上帝的和平"运动的影响和后果

"上帝的和平"运动历经一个世纪,对中世纪西欧的历史发展产生了重要的影响。

"上帝的和平"运动在一定程度上限制了中古早期西欧封建贵族的私战和骑士的暴力活动和行为,在教会和修道院周围地区建立了社会需要的最低限度的和平与安全,使西欧的社会秩序有所好转,从而为西欧经济复兴创造了有利条件。"上帝的和平"运动之所以能够获得一定的成功,还在于克吕尼修道院的修士大多出身于骑士家庭,这使他们比较容易与世俗贵族和骑士达成和平协议。并且教会利用了当时人们对圣徒的崇拜以及对圣徒神奇力量的诚信。最重要的是,教会用革除教籍等手段威胁违反和平法令的人。

但是,"上帝的和平"运动具有明显的局限性。第一,"上帝的休战"虽然把骑士的争战限定在一定的时间之内,但是它也意味着其他时间进行的私战是合法的。第二,世俗国王和封建主发动的"公共战争"与封建主之间的私战难以区分,所以战争和暴力活动仍然有增无减。维持封建领地内部和平仍然是封建主的职责,封建主常常以维持和平的名义发动私战。根据当时的《圣福伊的奇迹》一书记载,980 ~ 1020 年,圣福伊为干预暴力事件而显示的奇迹占其总数的 26%,而 1030 ~ 1076 年,则上升到 35% 以上。④ 第三,教会人士也常常动用武力维持和平。

① Robert Fossier, *The Cambridge Illustrated Histroy of Middle Ages*, p.95.

② Frances Gies, *The Knight in History*, p.19.

③ Georges Duby, *France in the Middle Ages*, p.99.

④ See Robert Fossier, *The Cambridge Illustrated Histroy of Middle Ages*, p.37.

例如，维也纳大主教伯查德就曾经亲自带领一群骑士镇压违反和平法令的人。①

“上帝的和平”运动提高了主教的地位，加大了主教权力，从而也提高了教会的权威，为 11 世纪后期的教会改革（“格列高利改革”）提供了重要条件。和平运动给予主教一件新的武器——那就是开除违反和平法令的俗人教籍的权力。这种权力使主教越来越被卷入世俗政治之中，这既显示了教会改革的必要，又为教会改革准备了充分的力量。

“上帝的和平’运动促进了西欧骑士制度的形成。在“上帝的和平”运动中，骑士的集体宣誓形式有助于骑士等级意识的形成，这种意识包括骑士对教士和农民等社会中的非武装人员的保护责任的承诺。教会为骑士制定了严格的纪律，并劝导他们应该怀有良好的心愿和强烈的荣誉感，教会不但禁止骑士袭击教士和穷人，更赋予骑士保护教士和穷人的积极使命。“只有当保护弱者的时候，骑士才举起手中的利剑”。所以，在日耳曼人的忠诚和勇敢品德之外，基督教会为骑士制度注入了新的价值观念，即基督教战士观念。1070 年后，授封骑士的仪式被称为“授剑仪式”，通常在教堂中举行，教士声称拥有授予骑士佩剑的特权，而骑士的佩剑是其军事功能的象征。这表明教会已经接受了骑士制度，骑士集团已经成为基督教世界中维护教会利益、听从教会指挥的警察力量，后来被教会用于镇压异端、消灭异教徒、传播基督教。

“上帝的和平”运动产生了划分三个等级的社会理论。一方面，由于和平集会中常常采取集体宣誓的形式，这促进了骑士与其他等级之间的差别。另一方面，通过强调教士和教会财产的神圣特征，教会力图保护自己，并为教士寻求在社会中的特权地位。1015 年左右，法国的劳恩主教阿达佩罗提出了社会三等级理论。在基督教“三位一体”教义的影响下，他认为世界的结构同样是“三”存在于“一”之中。虽然所有受洗过的基督徒组成单一的民族，但是他们实际上被划分成三个等级——负责祈祷的教士，负责战斗的贵族，从事体力劳动的农民和手工业者。根据阿达佩罗的设想，在这三个阶级之间，存在——或者必须存在——服从和团结的关系。教士因为从事最高贵的事业，作为上帝与人之间的中介，所以教士是最高等级；教士之下是领主，他们不需要从事仆人的劳动，而是掌管权力和司法。最后一个等级是广大农民，他们臣服前两个等级，他们存在的理由是为每个人提供物质需要。每个等级具有不可或缺的作用，没有其他等级，任何人都不能生存。把社会划分为三个等级，强调各个等级之间的团结，为每个等级规定其特定的作用，并赋予各个等级神圣的特征是为了避免各个等级之间的冲突。阿达

① See Steven Ozment, *The Many Sides of History*, New York, 1985, p. 108.

佩罗企图固定当时的社会结构,因为如果把社会划分为三个等级是上帝的旨意,那么改变社会的结构或它的运行都是亵渎上帝之罪行。直到法国大革命,这种社会理论都是等级权力分配的思想和理论基础。

"上帝的和平"运动为十字军东侵创造了条件。基督教会和罗马教皇都认识到,仅仅依靠革除教籍等威胁手段不能限制骑士的暴力活动和行为,最好的方法是在驯服骑士的同时,对这一力量加以利用。为此,教会和教皇除了支持各地的休战措施外,还号召骑士停止基督徒之间的流血战争。1054 年在纳尔旁和平集会上,主教提出"禁止基督徒之间互相杀戮,因为这会使基督流血"。[①] 虽然只有少数骑士能够从字面意义上接受这种说法,但是它包含了巨大的潜在含义:只有反对基督的敌人才能证明骑士的战争职业的合法性。1060 年,教皇亚历山大二世号召骑士到基督教世界的前线去与异教徒作战。从 11 世纪中期起,克吕尼修士和罗马教皇鼓励基督教骑士参加西班牙的"再征服"运动,援助受到穆斯林威胁的西班牙北部的基督教小王国。克吕尼修道院变成"再征服"运动的强大后盾,为它提供骑士,从宗教理论上论证它的合法性。克吕尼修士宣扬说,在反对穆斯林的战斗中阵亡的骑士将"得到永恒的祝福"。骑士从教士和穷人的保护者演变为"基督的战士"。随着发展,骑士们从基督的战士变成为解放耶稣墓地而战的"圣战者"就只是时间问题了,所以,1095 年,原克吕尼附属修道院长、教皇乌尔班二世发动十字军东侵只不过是 11 世纪中期以来教会宣扬的骑士战争理论和实践的延伸而已。

---

① Georges Duby, *France in the Middle Ages*, p. 99.

中世纪法兰西王室徽章研究

——百合花象征主义的神学渊源及内涵

陈文海

在中世纪法国，滋养象征主义的土壤极为丰厚。法国王室百合徽章作为象征符号，发轫历程较为明晰；但在论及其渊源和象征内涵时，学术界则存在较大分歧。王室百合与基督教神学有着深刻的渊源关系。但是，随着王权的逐步强化，王室百合的神学色彩渐趋弱化，而其政治色彩则趋于浓重。法兰西王室百合的发展史曲折地反映了王权和神权之间利用与被利用的关系，同时也反映了法兰西王权由弱到强的历史进程。

在文化相对落后或人们的交流主要以口耳相传为基础的社会里，象征符号往往具有颇为重要甚至是不可替代的信息传输功能。对于诸多不可名状的抽象事物，人们通常将之转化为象征性实体并加以尊崇膜拜，似乎只要赋予它们以某种可以感知的形式，其神秘感便可把握了。中世纪的法国亦莫能外，在这里，滋养象征主义[1]的土壤极为丰厚，其中宗教领域的情形自不必说[2]，即便在世俗生活中，有关现实世界的许多观念也都有着各自的象征载体；在诸如此类的象征符号中，从感召力度、出现

---

① 这里所说的“象征主义”与19世纪后期在法国出现的“象征主义”文学艺术流派有着原则区别。前者是将抽象的事物具体化，使之可知可测；而后者在相当程度上则是将具体的事物抽象化，使之神秘莫测。

② 参见［荷］约翰·赫伊津哈：《中世纪的衰落》，中国美术学院出版社1997年版，第159～185、209～222页。

频率以及人们的熟悉程度看,具有典型意义的当数王室的百合花徽章。① 那么,王室百合②是何时出现于法国政治生活之中的?这一象征符号最为根本的渊源是什么?其具体内涵如何?它与中世纪中后期法国王权的强化有何关系?关于这些问题,在我国学术界尚未见有系统的分析;西方学术界对之虽有一定的研究,但在许多具体问题上却是见仁见智,观点纷呈。由此看来,对法兰西王室百合作一深入的研究还是很有必要的,它不仅可以弥补我国的法国史研究领域中的某些空白,更为重要的是,它还为我们开辟了一个研究封建时代法国社会政治史的新视角。

一、王室百合的发轫历程以及有关王室百合起源问题的争论

在探讨法兰西王室百合的历史之前,有必要对徽章(纹章)在中世纪西欧的一般性起源略为说明。从源头上看,徽章的出现首先是军事装备变革的结果。11~12世纪,西欧骑士的头盔和铠甲由原来的半裸型向封闭型转变,骑士的脸部与躯体几乎被完全遮住;其安全系数虽有提高,但骑士的身份或所属阵营却不易辨别。因此在征战时,骑士便在各自的盾牌上涂上各种特殊标志以作区分,徽章的雏形由此肇端。③ 在其发展初期,这种特殊的标志基本上只是从战人员的识别符号,但是到了12世纪中期以后,随着各种识别符号特有的象征功能逐渐得到世人心理上的认同,它们开始从军事领域走进日常生活,并进而与采邑、份地乃至家族联系起来,最终成为一种不可侵犯的世袭符号,此即徽章。

作为众多徽章中的一种,法兰西王室百合可以考证的历史亦始于12世纪,而且其发端到完善也经历了一个较为漫长的过程。具体来说,我们可以将这一演化过程大致划分为以下几个阶段。萌芽时期:12世纪至13世纪初。路易六世统治(1108~1137年)时期,在王室的德罗(Dreux)铸币场铸造的小枚银币上,出现了十字符号,并饰有百合花图案。路易七世当政(1137~1180年)时,在王室铸造的

---

① 徽章,西欧历史上通常称之为“纹章”(法文 héraldique,英文 heraldry 或 coat of arms)由一组特殊图案构成,一般绘于盾形物或能代表吉祥的其他形状的牌物之上;在古代西欧各国中,显贵家族、市政会议以及大学等通常将之作为自身的特殊标志。本文在涉及“纹章”这一语汇时,一般依从汉语的表达习惯,称之为“徽章”。

② 据考证,中世纪法国王室徽章上的图案实际上是三叶草或香根鸢尾花,但它们与百合花极为相像,因此中世纪的法国人一般认为二者是可以互换的,将王室徽章上的图案直接视为百合花并无不妥。因而,在中世纪法国,无论是王室本身,还是普通民众,都毫无例外地将百合花看作为王室徽章。参见 Collete Beaune, *The Birth of an Ideology*, California, 1991, p. 197。

③ 中世纪西欧各地的徽章多取盾牌之形,其基本源流即在于此。参见[法]乔治·泰特:《十字军东征:以耶路撒冷之名》,上海书店出版社1998年版,第70页。

银币上，百合花被置于中心位置，其四周配有一组颂扬基督的文字，即“基督凯旋，基督统治，基督指挥”。腓力二世（1180～1223年）时，百合花图案不再局限于王室铸币上，国王印玺的印顶上面亦开始出现百合花，从事十字军征讨的法国骑士军队的军旗以及受王室庇护的修道院的院旗也都装点着百合花。路易八世（1223～1226年）时的情形又有一些新的变化，国王印玺的印顶上面刻有盾形徽章，而徽章的中心图案便是百合花；另外，路易八世在其加冕典礼上所穿的王袍上亦点缀着百合花图案。[①] 纵观一个世纪左右的历史进程，作为一种特殊的徽章，百合花在此时期呈现出一系列草创性特征，如图案尚无确定的形式，钱币、印玺及旗帜上的百合图形多有不同；在不同的图案中，百合花的数目亦有很大差异，如单朵型、双朵型和多朵型；而且，这一时期的百合花徽章只是国王本人的象征符号，尚未上升为家族性的徽章，因而对王室支系（或旁系）并无直接的约束力。

初步发展时期：13世纪（主要是路易九世统治时期，1226～1270年）。路易九世是中世纪法国颇有作为的一位君主，在其主政期间，王室领地进一步扩大，王室的权威不断加强。与此相伴，百合花徽章亦进入一个新的发展阶段。尽管说此时的百合花仍属国王个人的徽章，但它在其他方面的变化却是较为显著的，其主要表现是：首先，就单朵而言，百合花开始具有确定的形式，其基本构造如下：3枚花瓣，没有雌蕊，底部为一个3枚萼片基座，图案中部（花瓣与基座之间）有一细长横杆，百合花即附着于横杆上。这种图案不仅具有简洁易识、便于制作之特点，而且还可能暗示了数字“3”的神奇威力（路易九世是以笃信宗教而著称的君主“圣徒”）。[②] 其次，百合花图案的传播范围比前一时期有较大扩展。1238年以后，王室管辖下的法院系统普遍接受了百合花图案，无论是初级的巴伊法庭（bailliages），还是高级的君主法院，其印章上均刻有百合标志；在法国南部，王家公证人在1261年以后开始使用带有百合花图案的印章；附属于王室领地的或领有国王“特许状”的城市亦在其印章上加上了百合花。可以说，百合花图案在多种场合的频繁出现，在一定程度上反映出王权不断强化的这一历史事实。另外，在路易九世时期，饰有3朵百合的徽章亦时有出现，虽然说其地位尚未确定，但这种一徽三花的形式却为后来的法国王室所采用，其先导作用是不宜低估的。[③]

---

① 详见 G. Saffroy, *Bibliographie historique et nobiliaire*, Paris, 1964, Vol. Ⅰ, p. 102－105, 547－549; Braun von Stumm, *L'origine de la fleur de lys des rois de France du point de vue numismatique*, in Revue Numismatique, Vol. 13, 1951, p. 43－58。

② Guillaume de Nangis, *Chronique*, Vol. Ⅰ, Paris, 1843, p. 182.

③ 参见 M. Prinet, *Les variations du nombre des fleurs de lys dans les armes de France*, in Bulletin Monumental, Vol. 75, 1911, p. 469－488。

进一步发展时期:14 世纪至 15 世纪中叶。从腓力四世(1285 ~ 1314 年)开始,法国进入等级君主制时期,王室的权威和影响范围在原有的基础上又有扩大,百合花的地位亦随之提高。首先,百合花由国王个人的象征物演变为家族性徽章。从腓力四世统治中期开始,不论是王室直系,还是王室支系,凡是具有法兰西王室血统的所有成员均须佩戴百合花徽章(王室公主亦可佩戴百合,但却不能将之传给自己的子女①);这一原则的施行具有双重效用,一方面,它使百合花成为一个特殊群体的"出身权"的标志(即"佩戴百合徽章 = 具有王室血统");另一方面,它也使百合花成为"归顺""服从"的标志(无论是直系成员还是旁系成员,也无论是身处巴黎还是远居外省,只要佩戴百合花徽章,就表明他有义务接受法兰西国王的最高领导),这对于加强王室家族的凝聚力应当说不无作用;②为了使徽章规范化,1376 年,查理五世(1364 ~ 1380 年)更明确颁令,规定饰有 3 朵百合的盾形徽章(百合为金黄色,徽章的衬底为天蓝色)为法兰西王室徽章,王室的象征符号由此变得更为鲜明。其次,百合花图案的流传范围更趋广泛。14 世纪时,度量衡器具、王室建筑、珠宝、布匹以及许多教俗团体的徽章上,均出现了百合花的图案;由此可以看出,百合花已经成为法国王室对全国施行统治的普遍性标志,王权的触角已经遍及各个领域,大有"率土之滨,莫非王臣"之意味。

完善时期:15 世纪中叶以后。百年战争结束以后,法国的政体逐渐由等级君主制向绝对君主制过渡,王权的神圣色彩愈益浓重,国王与王室其他成员之间的关系亦因此变得更为森严。在此情形下,国王与王室其他成员佩戴同样的 3 朵型百合徽章显然已不合时宜。因此,在查理八世(1483 ~ 1498 年)时,法国王室明确规定:作为法国王室的标志,3 朵型百合徽章居于至高的地位;在一国之中,只有国王一人享有与之相仿的尊威,因此也只有国王才能有资格佩戴 3 朵型百合徽章,而王室普通成员只能佩戴饰有两朵或一朵百合花的徽章图案。因此,从 15 世纪晚期开始,饰有 3 朵金黄色百合花的天蓝色徽章成为法兰西国王的专有标志,这种情况一直延续至 18 世纪末的资产阶级革命时代(19 世纪上半叶的"复辟王朝"时期,3 朵型百合一度死灰复燃)③。

如果说法国王室百合徽章的出现时间和演变轨迹尚属有迹可循的话,这一象征符号的渊源问题则显得扑朔迷离,不同时期的不同学者赋之以殊然不同的答

---

① 由此可以引申出女子不得继承王位这一基本原则。关于这一问题,可参见陈文海:《〈撒利克法典〉在法国中世纪后期的复兴和演化》,载《历史研究》1998 年第 6 期。

② 参见 R. Chabanne, *Le Régime juridique des ar moires*, Lyon, 1954, p. 297。

③ 参见 R. Mathieu, *Le Système héraldique francais*, Paris, 1946, p. 1 – 11。

案。早在绝对君主制时期,即已有人对王室百合进行追本溯源。17~18 世纪时,较为流行的观点认为,王室百合图案是由古代兵器(长矛、梭标或战斧)演变而来的;1653 年,在法兰克人早期首领希尔德里克一世(约 457~481 年,克洛维之父)的墓穴中出土了蜜蜂状的宝石饰物,于是又有人断称,宝石饰物上的图案最终转化为王室百合。19~20 世纪时,有关王室百合起源问题的解释依旧众说纷纭。有人认为百合花图案源于古代罗马神话中海神尼普顿(Neptune)的武器三叉戟;有人认为它是古代罗马"束棒"的衍生物;另有一些人则认为其源头是古代亚述、克里特或埃及的某种形象;还有人从抽象的词源学角度对之进行考释,认为"百合花(fleur-de-lys)"的本意是"充盈的光芒",而后者恰恰又是"圣灵"的另一称谓,因此"百合花"意即"圣灵"①。

从上述可见,对法兰西王室百合起源问题的各种解释大都具有求古求远的倾向,它们或将之置于悠久的上古时代,或将之置于遥远的异国他乡;其探索精神固然可贵,但其具体的诠释却难以自圆其说,它们基本上只是根据某些表象而作的主观上的推理或猜测;这些解释既没有(或许根本不可能)为我们提供其"象征原型"向王室百合转化的演变图,也无法圆满说明由"原型"脱胎而来的王室百合在中世纪法国所具有的象征内涵。至于说从词源学角度将百合花等同于"圣灵"的解释也同样不能令人信服,近年来已有学者对之提出质疑和批判。② 笔者认为,要想准确理解法兰西王室百合的起源问题,比较稳妥可靠的途径是将之放在中世纪法国特有的精神文化氛围中进行考察,而没有必要在上古与中世纪之间作某些勉为其难的牵线搭桥(当然不是一概排除中世纪对上古的继承)。从有关历史文献中我们可以看出,在中世纪的法国,象征主义充斥着每一个领域,而每一种象征几乎均是孕育于神学摇篮之中;中世纪的法兰西人又自称是世界上最为虔信基督教的民族,而且,法国国王也被视为最为虔诚的基督徒君主;③由此可以推断,既然法兰西民族和法兰西国王享有"最信基督"的君主之誉,那么,王室的标志(当时也是国家的标志)与基督教神学应当不无关联。如果沿着这一思路去分析王室百合的起源,问题或许可以迎刃而解,王室百合的象征内涵也将不再令人难以捉摸。

---

① See F. Oppenheimer, *Frankish Themes and Problems*, London, 1952, p.171–235.

② See Collete Beaune, *The Birth of an Ideology*, p.203–204.

③ 参见[荷]约翰·赫伊津哈:《中世纪的衰落》,中国美术学院出版社 1997 年版,第 12~15 页;陈文海:《民族形象·民族空间·民族情感——中世纪中后期法兰西民族观念形成轨迹探析》,载《世界民族》1998 年第 4 期。

二、王室百合的神学溯源

从源流角度来说，在基督教神学体系中，百合花形象起初并无什么神秘色彩，但经过教会神学家经年累世的演绎与修正，百合花逐渐失去其原有的朴素性特征，并由此进入了一个漫长而复杂的蜕变历程，它首先成为耶稣基督的象征，继而变为圣母玛丽亚的标志；而自中世纪中期起，法国王室对圣母的尊崇日益浓烈（随处可见的圣母院或圣母教堂是其最为直接的表征），在此背景下，圣母及其百合花标志也就自然而然地与法国王室产生了难以割舍的联系。关于这一转变过程，我们可以结合有关材料对之做一具体剖析。

第一，《圣经》中有关百合花的描述。在古代世界，百合花是一种较为常见的花卉；从自然属性来说，它具有生长繁盛、色泽鲜艳和芳香沁人的特点。基督教经典《圣经》对此多有述及，如"我是沙仑的玫瑰花，是谷中的百合花""我的佳偶在女子中，好像百合花在荆棘内""良人属我，我也属他；他在百合花中牧放群羊""你的两乳好像百合花中吃草的一对小鹿""他的嘴唇像百合花，且滴下没药汁""你的腰如一堆麦子，周围有百合花""我必像以色列如甘露，他必如百合花开放""你想，百合花怎么长起来？它也不劳苦，也不纺线。然而我告诉你们：就是所罗门极荣华的时候，他所穿戴的，还不如这花一朵呢"等。[①] 由此可以看出，在《圣经》里，百合花既无神秘面纱，也无神圣色彩，它只是作为自然界中的一种自然物而被常常用来比喻美好的事物或美妙的意境（如女子的美貌、少女的乳峰、女子的腰肢以及美男子的仪容等），这便是百合花在基督教神学体系中的本来面目。

第二，百合花神圣化的第一次变奏。既然《圣经》中将百合花视为"美好"和"美妙"的代名词，这就为善于附会的中世纪神学家提供了演绎的空间。从公元4世纪起，教父们开始赋予百合花以神学象征意义，并将之与灵魂的美丽联系起来，进而成为耶稣基督的象征。圣安布鲁斯（Saint Ambrose，340～395年）认为，基督是"山谷中的百合，是贞女的王冠"。在伪麦里托（Pseudo-Melito，生卒时间不详）看来，百合花既是救世主耶稣，又是那些浸透着天堂光芒的圣徒。生活于8世纪的本笃派僧侣、副主祭保罗（Paul the Deacon）亦将耶稣基督视为一株百合，花的外表呈白色，象征着基督的纯洁无瑕；其内部则为金黄色，这是基督权力的标志；他认为，百合花芳香甜美，其花茎曲直有序，优雅别致地向世人指明通往天国上帝的路径；而且，百合花具有与众不同之处，它鹤立于丛生的荆棘之中，其醒目的地

---

① 经文依据中国基督教协会翻译出版的《圣经》（南京，1996年版）：《雅歌》第2章，1、2、16；第4章，5；第5章，13；第7章，2。《何西阿书》第14章，5。《路加福音》第12章，27。

位让人们的视线无法回避。[①] 在基督教神学家们的笔下，百合花的形象已远远超越了《圣经》赋予它们的原始特征，其自然属性已经沦为其神秘性的一个底衬。到10世纪时，百合花已经成为某些特定价值观念（如信仰、公正、纯洁等）的象征，而这些价值观念则是通往"天堂至福"的必要前提。

第三，百合花神圣化的第二次变奏。11～12世纪，百合花的神学象征开始由基督转向圣母玛丽亚，圣母在法兰西基督教神学体系中的地位日益提高。在此我们有必要追溯一下圣母的"发迹"历程。在中世纪早期，玛丽亚并无特别显赫之处，尽管她由圣灵感孕而生耶稣，但她依旧是木匠约瑟（Joseph）之妻，一位没有神性的凡人妇女。从8～9世纪起，玛丽亚的地位趋于上升，她开始以尘世教会的"预兆"之形象而出现在基督徒面前（即有了玛丽亚，才有了教会），同时，玛丽亚的尊号亦不断涌现，如"海洋之星""天国女王"以及"通往救赎的阶梯"等。不过，只是到了10世纪末至11世纪初，玛丽亚才与百合花联系在一起。当时的著名学者、夏尔特尔主教富尔柏（Ful-bert de Chartres，960？～1028年）认为，玛丽亚不仅具有一切常规的美德，而且她还拥有一种超常规的美德，即"贞洁"，因而她理应成为荆棘丛中的百合，成为基督徒追求救赎的指路明灯。11世纪末，鲁柏·德·都茨（Rubert de Deutz）更进一步，他开始将玛丽亚与教会等同起来，在他看来，二者具有许多共同的本质特征，如贞洁纯真、普施恩泽等，而且二者都是上帝在尘世的代理主教。[②] 自此以后，玛丽亚逐渐成为救赎体系中的主角，法国人对玛丽亚的崇拜之情亦日渐高涨。[③]

12世纪时，法国宗教领域中对玛丽亚及其百合标志的阐述更趋系统和具体。在西多会[④]（Cistercian）下属的各修道院，包括修道院建筑本身在内的所有物品均被毫无保留地"奉献"给了圣母玛丽亚；西多会的领袖人物、第二次十字军东征的

---

① See Collete Beaune, *The Birth of an Ideology*, p. 205.

② 详见 H. Coathalem, *Le Parallélisme entre la sainte Vierge et L'Eglise jusqùà lafin du XIIe siècle*, *Roma*, 1974。

③ 公元1000年前后宗教情感的转变并非是法国独有的现象，在意大利、德意志等地也都有所表现，不过却以法国为甚，究其原因，大概有二。一方面，教会宣扬的公元1000年"末日审判"的神话破产以后，基督教世界的"人性"在一定程度上有微弱的复苏，人们普遍觉得基督的"神性"距离他们的现实生活过于遥远，因而人们试图在基督教神学体系中寻求一种较为贴近现实的精神寄托，具有慈母形象的圣母玛丽亚便是其最佳人选。另一方面，就法国而言，世俗生活中盛行着所谓的"骑士道德"，它所提倡的敬重妇女之行为准则（且不论其是实是虚）在某种程度上也促进了中世纪法国人对圣母玛丽亚的崇拜。

④ 西多会是12世纪法国影响最大的修道院势力，其详细情况可参见［美］C. 沃伦·霍莱斯特：《欧洲中世纪简史》，商务印书馆1988年版，第192～194页。

鼓动者圣伯尔纳(Saint Bernard,1091～1153年)及其信徒大力传播玛丽亚的“圣母—百合”形象,玛丽亚由此成为尘世一切人等的代言人和一位普世之母,而她的百合形象是其美丽绝伦的象征,百合的纯洁色彩则是其美德所折射出来的光辉。[1] 12世纪法国著名的神学家和历史学家基伯·德·诺让(Guibert de Nogent,1053～1124年)对“圣母百合”神秘性和神奇性的渲染更具神韵,他认为,这种百合没有花茎,而且,即使其根子被截去,它也能照常开花,其情形就像玛丽亚本人那样,即使没有男性的介入,也能够怀孕生子。玛丽亚的“圣母—百合”形象并未囿于神学著作之中。在12世纪出现的圣母塑像中,其披风上开始饰有百合花图案,主教团徽章以及以玛丽亚之名铸造的教会铸币上也开始出现类似图案。在兰斯大主教热尔韦(Ger-vais)下令铸造的教会钱币上,有一十字符号,在由十字隔出的4个扇形面上均饰有一朵百合花;其后继者又在铸币上加上了“圣玛丽亚”(Sancta Maria)字样。兰斯铸币的信誉较高,在北部法国曾一度广为流通。不久以后,当法王路易六世决定铸造王室货币时,其模型便直接采自兰斯铸币(只是其色彩稍有不同)。[2] 王室百合与圣母百合之间的关联由此可见一斑。

第四,法国王室对圣母玛丽亚的崇拜与王室百合的茁壮成长。在浓烈的宗教氛围与法国特有的骑士道德精神的综合推动下,法国王室对圣母玛丽亚显示出西欧其他各国王室所不可比拟的炽热情怀。例如,在建筑方面,自12世纪前期的路易六世开始,法国王室即不断兴建圣母教堂,并将王室领地内已有的教堂全部置于圣母之名下(与此形成鲜明对照的是,在王室领地之外的其他地区,许多教堂则是以某些“圣徒”命名的),甚至连供王室成员做圣事、行圣礼的宫廷小教堂也被奉献给了圣母,而且王室还向众多的圣母院或圣母教堂赠予大量的土地及诸多特权(名义上是献给圣母玛丽亚)。在艺术风格方面,哥特艺术是位于法兰西岛的王室精心培育出来的一种美学风格,它所创造的一系列光彩照人的圣母形象(如头戴王冠的圣母、耶西树圣母以及领报圣母等)在相当程度上也是王室精神旨归的体现。不仅如此,甚至连法国王室的某些特殊性事件亦被蒙上了圣母的光环,据称,腓力二世、路易八世以及路易九世等的降临人世均是圣母玛丽亚施恩的结果,这时的圣母已经成为具有神奇功能的“送子观音”。对于圣母的这些善举,国王们当然会举行朝圣以示谢恩,例如,路易七世(腓力二世之父)因喜得贵子而于1140年去隆蓬圣母院(Notre-Dame-de-Longpont)朝圣,1145年又相继去了卜伊圣母院(Notre-Dame-du-Puy)和里埃斯圣母院(Notre-Dame-du-Liesse),而且,在其要

① 详见 P. Bernard, *Saint Bernard et Notre Dame*, Paris, 1953。

② See F. Oppenheimer, *Frankish Themes and Problems*, p. 203 - 204, 218 - 219.

求之下，他死后还被安葬于自己生前所建的巴波圣母院（Notre-Dame-de-Barbeaux）。另外，法国王室还宣称，每当国王处于危难之际，圣母玛丽亚总会鼎力相助并使其化险为夷；如果国王率军出征，圣母也会适时伸出援助之手以使国王终能克敌制胜。13 世纪初，腓力二世在与英国国王争夺大陆领土的军事争斗中曾数度逢凶化吉；为了感怀圣母的恩典，在每次“得救”之后，腓力二世都要在奇迹发生地修建圣母教堂或竖立圣母塑像以为纪念；后来，他还在首都巴黎的城墙上竖起一尊圣母雕像，一方面是为了表达对圣母的崇拜之情，另一方面也是为了让自己能够永远沐浴着圣母的恩泽。①

通过上述各种途径，法国王室成功地利用并传播了对圣母玛丽亚的信仰，并最终使圣母崇拜成为法国王室不能忘怀的“宫廷习俗”，甚至可以说，玛丽亚已经成为法国王室中一位永不消亡的“神圣母亲”。在此背景下，圣母百合所具有的各种崇高品德（如纯洁无瑕、公正无私、信仰坚定、拯民水火、完美无缺等）也就顺理成章地延及法国王室，国王也就自然而然地成为尘世上带领臣民脱离苦海，走向彼岸的“荆棘丛中的百合”。关于法国王室百合与圣母玛丽亚之间的这种关联，中世纪后期的神学家以及许多虔信基督教的学者多有论述。14 世纪后期，法国作家巴泰莱米·德·格兰维尔（Barthélemy de Glanville）在《伟大的万物之主》一书中写道：“百合花被运到教堂并被置于上帝和圣母面前。……万能的上帝将之赠予所有基督徒国王中最为高贵者——法兰西国王”。② 如果说格兰维尔对二者关系的表述尚显暧昧，那么，15 世纪的情形就大不一样了。15 世纪上半叶，著名贵族、历史学家罗伯·布隆代尔（Robert Blondel，生于 1380～1400 年间？卒于 1461 年以后）曾写下一段流传颇广的话语：“在一个久远的年代，圣母选择了这片美妙的土地，……在这片蔚蓝色的土地上，栽下了三株金黄色的百合”。③ 当法国最终在百年战争中取得胜利以后，百合花的神秘色彩更趋浓重。15 世纪末，作家奥利维埃·马亚尔（Olivier Maillard）曾不无自豪地将圣母百合与王室百合并作一处而加以颂扬，他认为，尽管魔鬼撒旦（指英国人）向百合发起猖狂进攻，但在上帝的帮助之下，百合依然盛开如故；而且，百合具有神圣的慈悲心肠，对一切善者均予以护卫，它既是“万福”的圣母玛丽亚，同时也是终将获享天国至福的仁慈的法兰西国王。大约与此同时，旅居法国的意大利文人吉奥瓦尼·维瓦尔迪

---

① 详见 A. Latreille, J. Palanque, E. Delaruelle, *Histoire du catholicisme en France*, Paris, 1963, p. 14－16。

② Barthélemy de Glanville, *Le grand propriétaire de toutes choses*, Paris, 1518, p. 94, 138. 此书原为拉丁文，后由 Jehan Corbechon 译为法文。

③ R. Blondel, *Oeuv res complètes*, Rouen, 1892, Vol. Ⅰ, p. 88, 123.

(Giovanni Vivaldi)对王室百合的圣母色彩更是着意铺陈,他曾写道:法兰西国王在自己的徽章上饰有百合花,而此花恰恰又是最为纯洁的圣母之象征;由此可以证明,国王热爱并尊敬圣母,而且在圣母的恩典之下,国王成为臣民得救的可靠保证。[①] 从以上所述的历史演变轨迹中可以看出,到15世纪后期(亦即绝对君主制初步发展时期),圣母百合与王室百合之间已经形成一种辩证的互动关系,对圣母玛丽亚的狂热崇拜带来了王室百合的欣欣向荣;同时,对百合花的顶礼膜拜又进一步强化了圣母玛丽亚与法兰西王国(尤其是王室和国王)之间的关系。可以说,法国王室百合的这种神学渊源以及随之而带有的神圣色彩既是法国中世纪文化氛围的产物,也是法国王室及其御用文人和御用神学家苦心经营的结果。

三、王室百合的象征内涵

在中世纪法国王室百合的成长历程中,基督教神学一直发挥着重要的推动作用;王室百合这一构图简单的象征符号之所以能够在较短的时期内蒙上神秘且神圣的色彩并为社会所普遍接受,与它所具备的丰富的神学底蕴以及由此而产生的强烈的宗教象征意义有着颇为密切的关联。但需要明确的是,作为国王、王室乃至整个法兰西王国这一系列政治实体的标志,百合花的象征内涵并不可能仅仅局限于纯粹的神学范围之内;实际上,神学只是王室百合借以发展壮大的一顶华盖,随着王权的逐步强化,百合花的象征内涵势必要在原有的神学基础之上演绎出某些特殊内容,以利于法国王室进行有效的社会政治统治。可以说,王室百合是神学与政治的混合体,其中神学是依托,政治为根本。

王室百合的象征内涵并非是一个静态的范畴,不同时期的人们曾对之作出各种不同的解释。关于这一问题,可分为几个阶段进行考察。第一,13世纪后期:神学色彩占据统治地位。尽管说王室百合在12世纪已初具雏形,但对其象征内涵作较为系统的诠释却迟至13世纪后期(即法国由割据君主制向等级君主制过渡时期)。受王室百合的神学渊源以及当时浓厚的宗教氛围之影响,时人几乎不约而同地将王室百合的象征内涵与基督徒的德行联系在一起,其中具有典型意义的是在腓力四世时曾任文卷保管官(custos cartarum)和王家正式史官的吉约姆·德·朗伊(Guillaume de Nangis)所作的解释。他认为,王室百合的3枚花瓣分别代表信仰、智慧和骑士制度,它们是法兰西有别于其他国度的特色之所在,这是因为法兰西人对基督教的信仰最为虔诚,法兰西人的智慧远在他人之上,法兰西的

① See Collete Beaune, *The Birth of an Ideology*, p. 209.

骑士制度亦是基督教世界中最为完美的；3 枚花瓣的排列顺序是：信仰之瓣位于中心，智慧之瓣位于右边（右首的地位比左首略高一筹），骑士制度之瓣位于左边，即“骑士制度（左）—信仰（中）—智慧（右）”；左右二者相互协作，鼎力支撑着居于中心地位的“信仰”，从而有力地保证了法兰西王国在现世和来世的救赎。[①]朗伊对百合图案的解释迎合了法国王室利用宗教发展王权的需求，而且，朗伊作为王家史官所享有的特殊地位更使他的解释一度具有准官方色彩。

第二，14 世纪至 15 世纪上半叶：王室百合的宗教蕴涵依然浓郁，但体现世俗精神的解释亦偶有显现。从 14 世纪起，有关王室百合的著述渐趋丰富，对王室百合象征内涵的认知亦开始出现歧异，其中别具一格的是夏利（Chaalis）修道院僧侣吉约姆·德·迪古尔维尔（Guillaume de Digulleville，1358 年卒）的观点。他是分三个层次来构建王室百合的象征内涵的。首先，对 3 枚花瓣的解释：左瓣代表负责守卫疆土的军事贵族，右瓣代表教士和王室顾问，中央的那一瓣则是极富生命力的正义之剑——法兰西君主的象征。其次，对百合徽章底部图案的解释：百合花的萼片基座代表法兰西的普通民众，它是 3 枚花瓣得以生存和发展的基础。最后，对百合徽章的总体解释：它象征着神秘化的法兰西王国“躯体”，其中的不同部位各具功能，它们相互协调，共同运作，最终使正义之树常青不老。[②] 迪古尔维尔虽为僧侣，但他对王室百合象征内涵的解析已大大越离了基督教神学轨道，百合花已在相当程度上体现出世俗意义。不过，由于迪氏的理论较为繁琐，加之当时的法国王室对宗教的笼络功用极为重视，因而对王室百合的这一世俗化解释并未广泛流传。

这一时期，对王室百合最具权威性的解释来自王室本身。1376 年，王室颁发特许状，决定在利马伊（Limay）修建一所则肋司定修道院（Célestins）。在特许状中，王室对百合花的寓意作了明确阐述：百合花是法兰西王国的象征，是王国一切美德和繁荣昌盛的标志，它向全世界昭示了法兰西王国的伟大；同时，百合花本身就是“三位一体”，它无与伦比地展现了法兰西王室的尊严和崇高。[③] 在王室对百合图案的内涵作出明确定位以后，一些追随王权的文人墨客开始对之进行逻辑引申，他们认为，百合花是上帝给予法兰西的恩典，它是上帝与法兰西之间爱意与联盟的标志，只要它能使上帝愉悦，这种爱意与联盟便会日益增进，且永不终结；百

---

① 参见 Guillaume de Nangis, *Chronique*, Vol. 1, Paris, 1843, p. 182。

② 参见 A. Piaget, *Un poème inédit de Guillaume de Digulleville, le Roman des fleurs de lys*, in Romania, Vol. 62, 1936, p. 317 – 358。

③ 参见 P. Lefébure, *Le monastère des Célestins de Limay*, in Mémoires de la Société historique et archéologique de Pontoise, Vol. 44, 1935, p. 7 – 106。

合花具有非凡的生命力,任何外来力量(如狂风暴雨、丛生的荆棘、瑟瑟的寒风等)都不可使之屈服衰亡;而且,百合花还将随着"年龄"的增长而变得越发美丽,愈益多彩;与百合花一样,法兰西的君主制度虽然已经非常古老,而它依旧焕发出勃勃生机。① 通过将百合图案喻解为"三位一体",法国王室成功地把王权与神权糅合在一起,它向世人表明法兰西君主制度的存在和延续得到了上帝的特别恩准,这对于法国王权朝神圣化方向迈进应当说具有不可忽视的作用。②

第三,15 世纪下半叶以后:在神学光环的衬托之下,王室百合的政治色彩日益鲜明。百年战争的创伤弥合以后不久,从查理八世(1483～1498 年)时起,法国开始走上侵略扩张的道路。在此背景下,对王室百合象征内涵的解释也随之发生了某些变化。15 世纪 80 年代,长期客居法国宫廷的意大利人吉奥瓦尼·德·莱戈尼沙(Giovanni de Legonissa)曾为查理八世著书,专门探讨王室百合问题。在王室百合的内涵和特征方面,莱戈尼沙并无什么新的发现,但他却将百合花的地位抬升到了一个特殊的高度,他认为,百合花可以战胜一切可能出现的恐吓和威胁,因而它完全有能力主宰上帝曾经允诺于它的三块土地(指法兰西、意大利和德意志);无论是罗马教皇还是(神圣罗马)帝国雄鹰,都终将置于百合花的那面保护性旗帜之下。与内文相配合,莱氏在手稿的卷首配有一幅醒目的插图,在这幅图中,佩戴百合徽章的法兰西君主气宇轩昂,他一手拿着教皇的三重冠,另一手则握有神圣罗马帝国皇帝的皇冠。③ 数年以后,前文已经提及的另一意大利人吉奥瓦尼·维瓦尔迪又为路易十二(1498～1515 年)写了一本专论王室百合的著作,书名为《三朵百合的胜利》。在此书中,维瓦尔迪详细总结了王室百合的象征内涵,如数字 3 象征"三位一体",百合花所呈现的金黄色象征法兰西王权的经久不衰,百合徽章的天蓝底色则象征着百合花是来自天国上帝的赠礼,如此等等。④ 通过对王室百合的全面考察,维瓦尔迪得出结论:法兰西国王是上帝的扈从和斗士,在上帝的恩宠之下,他的统治将是无可匹敌、充满荣耀的,他将以摧枯拉朽之势去扫除各种形式的暴政和野蛮。可以看出,维瓦尔迪的观点与莱戈尼沙是一脉

---

① 参见 Barthélemy de Glanviue, *Le grand propriétaire de toutes choses*, p. 4; R. Blondel, *Oeuvres complètes*, Vol. 1, p. 148。

② 15 世纪中后期,路易十一(1461～1483 年)在论证自己的绝对权威时声称,他的高贵与尊威"是由百合花恩赐的,而百合花是由上帝赠予的,并且上面有着上帝的印记(即'三位一体')。"参见 Réponse du dauphin auxambassadeurs de Charles Ⅶ,法国国家图书馆,法文抄本 2831 号,第 2～14 页。

③ 参见 A. Linder, *L'expédition italienne de Charles Ⅷ et les espérances messianiques des juifs*, in Revue des études juives, 1978, p. 179－186。

④ 关于百合徽章上的两种颜色,详见 M. Pastoureau, *Et puis vint le bleu*, in Europe, 1983, p. 43－50。

相承的,在他们的笔下,百合花已经成为法兰西国王孔武有力的象征,法国王室试图开疆拓土、雄霸欧陆的愿望在此已见端倪。在王室的悉心哺育之下,法国社会上流传的一些文学作品也开始赋予王室百合以强烈的政治色彩,例如,15 世纪末 16 世纪初出现的一首诗歌即对百合花的威力作了正中王室下怀的描绘:"它们将战胜其他一切徽章,它们将如雨后春笋般茁壮成长,它们将聚居于法兰西王国,通过战役和战争,它们将比尘世上任何其他徽章都更令人敬畏"①。随着百合花政治内涵的不断发展,王室百合的神圣地位在日常的社会政治生活中亦开始具有程式化的表现形式,这一点可以集中体现在国王葬礼的某些重大变化上;从 15 世纪后期开始,在为已故国王举行的葬礼上,王冠和饰有百合徽章图案的旗帜不再与死者一同下葬,百合花旗只是在死者的墓前降半以示志哀。这一变化表明,法国王室已将百合徽章与王统理论紧密联系在一起:法兰西王统是永恒的,作为王室的标志,百合花当然也应当是永不枯萎的,它必将随着法兰西王统的传承而延诸万世。②

由百合花图案的源流及演变历程可知,法兰西王室百合徽章与基督教神学有着深刻的渊源关系,是宗教土壤养育了法兰西的王室百合。王室百合诞生以后,其象征内涵的神学色彩经历了一个渐趋弱化的过程,它曲折地反映了王权与神权之间利用和被利用的关系,同时也反映了法兰西王权由弱到强的历史行程。从一定意义上说,百合徽章的历史已经成为中世纪法国社会政治史的浓缩。

---

① Jean Divry, *Les Triomphes et L'origine des Francais*, Paris, 1508, p. 7.

② 参见陈文海:《试论中世纪中后期的法兰西王统理论》,载《世界历史》1999 年第 1 期。

论中古英国“国王靠自己过活”的原则

施 诚

中世纪英国贵族和议会多次提出“国王必须靠自己过活”，即国王应该像其他封建主那样依靠自己的习惯收入，维持王室的生活和国家正常的行政开支，只有在战争时期才能向全国臣民征税。但是随着行政事务和官员的增加，即使在和平时期，国王也难以“靠自己过活”。实际上，中古英国历代国王都不断地开辟新的税收，向全体臣民征税，扩大收入，所以他们也不必“靠自己过活”。

弄清中古英国“国王靠自己过活”的原则，对于我们了解中古英国封君与封臣的关系、中古英国的税收制度以及中古英国宪政的演变和发展，具有重要的学术意义。

中古英国流行一句谚语，贵族和后来的议会也多次提出，即国王必须靠自己过活。所谓“国王靠自己过活”，是一个地道的封君封臣制度的概念。根据封君封臣制度，封君除了把土地分封给封臣以外，还有一部分自营地，在正常情况下，封君应该依靠自营地的收入维持生活，只有在封君被俘被对方勒索赎金、封君的长子被封为骑士和封君的长女出嫁这三种特殊情况下，封君才能向他的封臣征收协助金。受封君封臣制度的影响，中古英国国王的财政收入和支出分别被划分为正常和特别两大类。所谓正常收入是指国王作为最大的封建主所获得的收入，主要包括王领收入、司法收入和封建协助金，其中封建协助金可以征收的次数有限，司法收入也不是大宗，所以，国王的正常收入主要依靠王领的收入。正常收入应该用于满足国王的正常需要,包括维持王室的生活、官吏的俸禄等日常行政开支,即所谓“国王靠自己过活”。特别收入是指国王以国家首脑的身份获得的收入,它只有在特殊情况下才能获得,一般是指在战争时期,国王为了保卫国家而向臣民征收的各种税收。

作为全国封建主的最高封君,国王也有自己的自营地,即王领(royal demesne 或 crown lands)。关于中古英国王领的起源,西方史学家有不同的说法,本文采用当代研究英国王领的史家霍以特的观点,认为中古英国王领起源于诺曼征服。1066 年,威廉一世以武力征服英国,建立了英国历史上的第一个封建王朝——诺曼王朝。虽然威廉一世要求全体贵族都必须宣誓效忠国王,从法理上国王成为全国土地的最高所有者,但是为了获得贵族特别是跟随他征服英国的诺曼底贵族的军事和政治支持,他不得不按照诺曼人的习惯,把土地分封给世俗贵族和教会贵族。那些没有被国王分封给教俗贵族的土地就是王领。另外,根据封建法,如果国王的直接封臣(又称为“国王的总佃户”)死后无嗣,那么其土地全部被国王没收;如果总佃户的继承人未年满 21 周岁,那么其土地全部由国王监护;如果主教和修道院长职位出现空缺,那么他们的土地也收归国王,直到新的主教和修道院长继任为止。这些土地与王领一样,也是国王的财源之一,但是它们不能长期被国王占有,所以本文姑且称之为“临时王领”。

一、王领的财政价值

中古英国王领的重要功能之一,就是它能够为国王带来一定的财政收入,它是国王正常收入的主要组成部分。王领的各种收入用于满足维持王室生活、官吏俸禄等日常行政开支。中古英国国王从王领获得的收入主要包括地租、任意税以及临时王领带来的各种收入。王领分布在全国各地,根据 1086 年全国土地调查(调查结果即为著名的《末日审判书》),该年全国土地的总收入为 7.3 万英镑,而威廉一世的王领就占有 17650 英镑,接近 1/4。[①]《末日审判书》是研究中古英国王领历史的起点。

由于王领能够给国王带来大笔收入,所以中古历代英王都比较重视。而王领的财政价值取决于其面积和管理,因此,中古英王都相当重视扩大王领面积和加强对其财富的榨取。为扩大王领的收入,大多数国王都采取这样几种方法:第一,就是恢复王权衰落时期被贵族非法侵夺的王领土地。如亨利二世即位后,立即下

---

① 参见[美]莱斯·鲍德温·斯密斯:《1740 年前的英国》(Lacey Baldwin Smith, *This Realm of England Before 1740*),西北大学出版社 1989 年版,第 86 页。

令恢复以前国王赏赐或被贵族夺取的王领土地。第二,国王通过行使封建法,利用封建权利(没收和监护)而获得临时王领。1363 年,一名贵族被迫把 13 座庄园"转让给国王爱德华三世"。① 15 世纪,诺丁汉伯爵哀叹:"一个家族的土地经过 3 次监护后就等于被毁灭了。"特别是 1352 年,英王爱德华三世颁布"叛国罪法"以后,国王经常利用它来剥夺贵族的土地,变成王领。1459 年,亨利六世召集议会,指控约克公爵及其支持者犯有叛国罪,没收他们的所有土地和财产。② 第三,利用改朝换代的时机,国王继承或没收前朝的大量王领土地,把它们据为己有。1399 年,兰加斯特王朝的亨利四世就从安茹王朝的灭亡中获得了大量的王领土地。1461 年,约克王朝的爱德华四世获得了中世纪英王空前庞大的王领地产,特别是面积最大的兰加斯特公爵领,它分布在 33 个郡(中古英国常设 36 个郡)。第四,国王有时也通过购买扩充王领面积。1327 年,爱德华二世就动用议会批准的税款 1 万马克(约合 6666 英镑)从几个贵族家庭家族为王后购买土地。

在扩大王领面积的同时,中古英王还特别注意加强对王领的管理,包括加强对临时王领的管理。中古早期,王领的管理主要由国王的财政署和地方的郡守负责。郡守负责把分布在本郡中的王领土地包租出去,于每年的复活节和米迦勒节(9 月 29 日)把王领的收入上缴国王的财政署。随着国王财政收支事务日益繁多,财政署的运行程序又复杂,降低了工作效率。财政署不能根据物价上涨的具体情况指导郡守提高王领的包租,减少了国王的收入。此外,郡守负责征收和交纳王领收入,给他们中饱私囊提供了机会。鉴于王领管理上的这些弊端,从安茹王朝(1154 ~ 1399 年)起,国王开始把王领管理权从郡守手中撤出来,特命一批王领管理官员,由他们把王领交给其他人包租,并把收入直接交纳到财政署,剥夺了郡守对王领的管理权。王领官员往往根据物价上涨的情况,提高包租数量。为了监督王领官员,国王经常派遣巡回法官到各地检视王领的经营和管理状况。英国现存最早的 1194 年国王给巡回法官的指令中,就要求巡回法官调查王领的各种财富状况:固定地租的数额;其他财产的价值,如磨房、鱼塘等;耕地的数量和价值、牲口的数量和价值等。③

王领的收入对于维持王室的日常行政开支极其重要,但由于贵族的激烈反对,亨利三世难以向臣民征税,因此不得不对王领管理作重大改革。1236 年至

---

① 参见[英]沃尔夫:《英国的王领》(B. P. wolffe, *The Crown Lands*),伦敦 1970 年版,第 21 页。

② 参见[美]安东尼·杜克:《王权与贵族》(Anthony Tuck, *Crown and Nobility*),牛津大学出版社 1986 年版,第 313 页。

③ 参见[美]霍以特:《英国宪政史上的王领》(R. S. Hoyt, *The Royal Demesne in the English Constitutional History*),纽约 1968 年版,第 21 页。

1242年间,亨利三世任命他的宠臣彼得·里沃进行财政改革,重点是加强对王领的管理和剥削。彼得·里沃自任全国王领的总管,所有的王领庄园都按照新的价格承包给出价最高的人,王领的收入由承租人直接交纳到财政署。同时亨利三世还任命了一个全国临时王领总管,专门负责调查总佃户、空缺主教和修道院长死后的土地和财产状况,并决定其土地由国王没收或监护。亨利三世每年从空缺教职中获得大约1700英镑,①而且开始由临时王领总管设立单独收支账目。

中古前期英王从王领上获得的另一项重要收入是任意税,对王领居民征收任意税是中古英王的特权之一。起初任意税是国王对不交纳盾牌钱的土地征收的一种税收,后来逐渐固定对王领中的城市和庄园上的居民征收,而且任意税常常与盾牌钱同时征收。由于王领被当作国王的私人领地,所以征收任意税无须经过贵族大会议和后来的议会同意,由国王和小会议(由国王和少数高级官员组成)决定征收。它的估税基础是王领居民的所有财产,但实际上是由国王派出的官员与各地王领上的居民协商决定其数量,保持了这种税收作为一种“礼物”的特征,但是这种协商并不意味着王领居民可以拒绝交纳任意税。每次任意税大约可以征收到四五千英镑。任意税成为安茹王朝前期国王的一个重要财源,从表1中可以看出。②

表1 安茹王朝前期征收任意税的次数与金额

国王	征收次数	总量/英镑	平均税量/英镑
亨利二世	7	17,477	2497
约翰王	5	21,650	4330
亨利三世	14	74,100	5293
爱德华一世	1	—	—
爱德华二世	1	—	—

爱德华一世在位期间(1272~1307年),只征收过1次任意税,爱德华二世也是如此。1332年,爱德华三世要求征收任意税,遭到议会的坚决反对,于是他宣布从此以后,国王再不征收王领任意税。国王为什么放弃征收任意税呢?其主要原因就是自从爱德华一世以来,英国的税收结构发生了重大变化,王领任意税与

① 参见[英]哈里斯:《1369年前英国的国王、议会和公共财政》(G. L. Harriss King, *Parliament, and Public Finance* to 1369),牛津1975年版,第139~140页。

② 参见[英]詹姆斯·拉姆塞:《中古英王收入史》(Sir James H. Ramsay, *A History of the Revenues of the Kings of England*)(第1卷),牛津大学出版社1925年版,第195、261、364页。

动产税逐渐融合。动产税从12世纪开始征收,它是国王以国君身份,在特殊情况下才能征收的一种全国性税收,因此它需要经过代表全国的贵族大会议和后来的议会的批准方可征收。从理论上说,每次动产税征收之前都要对臣民的财产进行估价,每次的税率都不一样,而且城市的税率高于乡村。1334年,为了加快征收速度,爱德华三世和议会颁布法令规定,动产税的税率固定为城市居民1/10,乡村居民1/15,而王领居民不论城市或乡村,一律固定为1/10。这样每次动产税可以得到3.8万~3.9万英镑。由于动产税的税量比任意税大得多,而且王领居民的税率又比较高,所以国王乐意把王领任意税转化成动产税,这样既可以加快征收速度,又扩大了税收收入。国王能否依靠自己过活,关键就看王领的收入能否满足国王的正常需要,其中王廷开支是正常需要的主要部分。中古英国历代王廷开支账目没有被完整地保留下来,但是根据现有材料可以列出(见表2)。①

表2 亨利一世至亨利六世期间的王领收入与王廷开支

国王	时间	王领每年收入/英镑	王廷每年开支/英镑
亨利一世	1100~1135年	24,072	—
亨利二世	1154~1189年	19,723	—
约翰王	1199~1216年	24,000	7760
亨利三世	1216~1272年	16,000	10,000
爱德华一世	1272~1307年	17,000	15,000
爱德华二世	1307~1327年	11,000	11,000
爱德华三世	1327~1339年	8300	12,000
	1340~1359年	—	21,530
	1360~1363年	—	30,400
	1363~1367年	—	39,800
	1368~1377年	—	26,200

① 参见[英]理查德·摩提美尔:《英国安茹王朝》(Richard Mortimer, *Angevin England*),马萨诸塞1994年版,第31页;雅哥布:《牛津15世纪英国史》(E. F. Jocob, *The Fifteenth Century*),牛津1961年版,第444页。

续表

国王	时间	王领每年收入/英镑	王廷每年开支/英镑
理查二世	1377～1386 年	31,150	20,700
	1386～1389 年	—	20,700
	1389～1392 年	—	25,100
	1392～1395 年	—	33,800
	1395～1399 年	—	53,200
亨利六世	1433 年	25,000	13,000
	1449 年	—	24,000

从表 2 可以看出,中古英国王廷开支呈上涨趋势,造成这种趋势的原因:一是王廷官吏增多,二是物价上涨。王领的收入基本上不能满足王廷的开支,即使加上偶然征收的封建协助金和司法收入,国王的正常收入也难以满足他们的正常财政需要。所以,中古英国的国王不能靠自己过活。实际上,中古英王也不必"靠自己过活"。早在盎格鲁—撒克逊时代,英国就存在全国性的税收丹麦金,诺曼征服后,历代英王不断寻找更加有利的财源,推动中古英国税收结构发生了重大的变化,从盾牌钱、卡鲁卡奇(以土地面积为基础而征收,只在安茹王朝前期征收过几次)到动产税。13 世纪后期,爱德华一世又开始征收全国性的关税。动产税和关税成为中古后期国王的主要财政收入,而王领的收入不断下降,如 1327～1337 年,平均每年的王领收入为 3458 英镑,而临时王领的收入也只有 400～500 英镑。① 王领收入在国王收入中所占的比重不断下降,从表 3 中可以看出这种变化。②

表 3　亨利一世至理查二世期间的王领收入占比

国王	年均总收入/英镑	王领收入/英镑	王领收入占年均总收入之比/%
亨利一世	26,670	24,070	90
亨利二世	24,740	19,723	79
约翰王	44,000	24,000	55

① 参见[英]哈里斯:《1369 年前的国王、议会和公共财政》,牛津 1975 年版,第 147 页。

② 参见[英]詹姆斯·拉姆塞:《英王收入史》(第 1 卷),第 60、195、261、303 页,第 2 卷,第 80、146、293、423 页;[英]奥姆罗德:《爱德华三世的统治》(W. M. Ormrod, *The Reign of Edward Ⅲ*),耶鲁大学出版社 1990 年版,第 204～207 页。

续表

国王	年均总收入/英镑	王领收入/英镑	王领收入占年均总收入之比/%
亨利三世	34,400	16,000	47
爱德华一世	57,000	17,000	30
爱德华二世	55,600	11,000	20
爱德华三世	58,000	8300	14
理查二世	140,000	31,150	22

所以,从爱德华一世起,国王作为国君的收入远大于他作为最高封建主的收入,王领的财政价值急剧下降,而税收(动产税)成为国王收入的主要来源,国王的正常收支与特殊收支之间的界限变得越来越模糊。作为特殊收入的税收除了用于战争开支以外,还被国王用于满足日常行政需要,国王不必靠自己过活。

二、"国王靠自己过活"原则的形成和嬗变

从以上分析可以看出,中古后期英王既不能靠自己过活,也不必靠自己过活,那么为什么贵族和议会提出"国王靠自己过活"这个口号呢?"国王靠自己过活"的依据是封君封臣制度下封君的权利和封臣的义务。实际上,国王靠自己过活的原则并不是随着封君封臣制度的确立提出来的,恰恰相反,它是在封君封臣制度日趋瓦解的过程中才被明确提出来的。因此,了解这个原则的演变过程,有助于我们理解它的真实含义以及提出它的真实原因。

11~12世纪,英王作为最高封建主的收入(或正常收入)远高于他作为国君的收入,或者说他的私人收入高于他的公共收入,国王基本上能够"靠自己过活",再加上当时还没有出现区分国王公共收入与私人收入的观念,因此,11~12世纪,英国的贵族没有提出"国王靠自己过活"的原则。1215年,英王约翰由于连年与法国交战,在国内违反习惯向贵族征收盾牌钱等,在国外又丧失了安茹王朝在欧洲大陆的大片领地,引起英国贵族的强烈不满,他们武装反抗,迫使约翰王签署了英国历史上的重要政治文献《大宪章》,其中第25条规定,"除了王领以外,国王不能任意增加其他郡和百户区的包租"。这是英国历史上第一次在公共文件中明确把国王在王领与在郡和百户区中的财政权利区分开来。虽然这种区分在当时并不意味着王领开始介入宪政斗争之中,但是在国王看来,贵族的反抗和《大宪章》的目标之一,就是把国王的日常财政负担从王国的其他地区转移到王领上来,即国王必须靠自己过活,所以《大宪章》第25条是"国王靠自己过活"原则的

渊源。

“国王靠自己过活”原则与区分王位(Crown)与国王(king)观念的形成有关。12 世纪末 13 世纪初,英国的政治思想家开始区分永久性的王位与任期有限的国王。王位的永久性集中体现在属于王位的财富不可转让原则中。约翰王和亨利三世统治早期,王领开始被当作属于王位的天赋财产,属于国王的职位,而不属于国王的私有财产,国王不能像处理私有财产那样处置它。1254 年,亨利三世把土地和城堡授予王太子爱德华时曾经对议会说,它们“将永远不能与王位分离”。1258 年,贵族爆发反对亨利三世的内战前夕,推举了一批贵族担任亨利三世的顾问,控制亨利三世的政府。这些顾问宣誓就职时说,“他们将不允许属于古代王领的任何土地和财产被转让”。1261 年,亨利三世抱怨这些掌权的贵族“允许王太子滥用国王授予他的属于王位的土地”。1266 年内战结束后,亨利三世颁布《肯尼沃斯敕令》,其中第 6 条规定,“所有被贵族夺取的属于王位的土地、权利、财产等都应当恢复给王位和国王,除非占有者能够出示由国王或先王授予他们的合法证据”。这是英国历史上第一次以公共法令的形式明确阐述王领的法律地位,表明贵族对属于王位的土地与国王作为最高封建主所获得的土地之间进行了区分。与此同时,王领在公共法令中的称呼也发生了变化,从“王领”转变为“古代王领”——“王位的古代王领”。[①] 但是《肯尼沃斯敕令》否定了贵族的誓言,因为它承认,只要有合法依据,古代王领还是可以转让的,正如英国著名宪政史家波拉克和梅特兰指出的,王领不可转让的理论“与其说是一种法律规则,倒不如说是一种强烈的愿望”。[②]

而临时王领由于是国王通过行使封君权利而获得的土地,因此不属于王位,只属于国王本人的财产,它的转让不受限制。13 世纪英国著名的法学家勃拉克顿认为,临时王领之所以可以被转让,是因为“它们是国王的特权而获得的,而不是国家公共利益的组成部分,他们的转让只使国王个人的利益受到损失”。

所以 13 世纪区分王位与国王、属于王位的财富不可转让理论的形成,是“国王靠自己过活”观念形成的一个重要标志,但是由于当时封君封臣制的影响还比较强,国王的封建权力和封臣的封建义务在一定程度上仍然维持着,所以直到 13 世纪后期,英国议会虽然产生了,但是它还没有明确提出“国王靠自己过活”这个原则。中古英国明确提出“国王靠自己过活”的原则是在 14 世纪早期。1311 年,

---

① [英]霍以特(Robert S. Hoyt):《英国宪政史上的王领》,纽约 1968 年版,第 135、143 页。

② [英]波拉克、[英]梅特兰:《爱德华一世以前的英国法律史》(Pollock & Maitland, *History of English Law before the Time of Edward Ⅰ*, Volume Ⅰ)(第 1 卷),伦敦 1923 年版,第 180 页。

爱德华二世统治时期的“贵族立法团”制定法令,其中第7条指责爱德华二世滥赏土地给宠臣;在第4条和第8条中,贵族明确要求国王应该“靠自己过活”。为什么议会和贵族在这个时期才提出这个原则呢?

第一,与王领的政治功能紧密相关。中古英王一直享有把土地赏赐或分封给大臣或贵族的特权,王领的土地尤其是临时王领的土地常常被分封出去,以获得贵族的政治或军事支持。威廉一世之后,英国的王领就不断地被国王分封或赏赐给教会和贵族,到亨利一世时期,王领的土地已经有一半被封赏出去了。研究中古英国王领的史家沃尔夫甚至说,“约克王朝之前,英国王领的历史实际上就是一部国王不断赏赐土地的历史”。14世纪英国两位被废黜的国王爱德华二世和理查二世的罪状之一都是滥赏土地和财富给宠臣。到15世纪中期,中古英国王领的面积下降到最低点。爱德华二世把大量的王领土地和财富赏赐给宠臣,特别是赏赐给他的法国王后带来的法国贵族,如加维斯通等人,从而疏远了与大多数贵族的关系,这是导致该原则被明确提出的直接原因之一。

第二,它与中古英王的先买权有关。先买权是古代英国王室的一项特权,即王室的采买官在任何市场上都拥有优先购买王室所需生活用品的权利,这是在古代英国商品货币经济不发达的情况下,王室维持生活的一种手段。但是到13世纪晚期,英王爱德华一世为了与苏格兰和法国进行战争,他除了连年征收动产税以外,还大肆利用先买权为军队采购后勤物资,而且常常以低于市场的价格购买,甚至赊购,最后根本不付款。先买权演变为强买权,臣民都认为强买权是一种非法税收,引发了中古英国第一次严重的财政和政治危机,教俗贵族都反对爱德华一世的税收政策,特别是他的强买政策。爱德华二世为了与法国战争,继续利用先买权强行征购臣民物资供应军队的后勤需要,由此引起贵族的强烈不满。1360~1413年,平均每2次议会中就有1次是抨击国王的强买政策。

第三,由于国王滥用先买权,导致贵族对王领收入的用途的看法发生了变化。13世纪贵族认为国王收入的用处是国王的责任,而14世纪贵族则认为,王领的作用是减轻国王的财政需要带给国家的负担。1308年,贵族在议会声称,他们是向王位宣誓效忠和行臣服礼,国王有责任维持王领,而作为国王天然顾问的贵族则有责任强迫国王维持王领的土地,因为王位是王国的象征,是王国的共同利益,国王的财富应当为王国的利益服务,这样就把国王的正常收入纳入国家公共财政收支的范围。如果国王的财富不够维护王廷的开支而向臣民强买,那么王领的财政价值就成为臣民关心的焦点。

自1311年议会明确提出“国王应该靠自己过活”的原则后,每当议会感到国王的税收和强买政策过于严苛时,便老调重弹。1332年,下院议员向国王爱德华三世递交请愿书，要求国王靠自己过活，不要通过强买而加重臣民的财政负担。1340年，百年战争迫使爱德华三世不仅空前地连年征收动产税，而且大规模地利用强买政策征购后勤物资，并征用车马和船只运输物资和士兵，下院议员在议会中又提出，为了减轻人民的负担，国王应该靠自己过活，他们还要求滥用职权的王室采买官员，调查王领的管理情况。以后，“国王靠自己过活”的观念深入人心。

三、“靠自己过活”的国王

奇怪的是，当英国王领面积在15世纪中期降低到最低点时，国王反而主动提出靠自己过活。1467年，约克王朝的建立者爱德华四世（1461～1483年在位）在议会中说，“我之所以召集这次议会是因为我想靠自己过活，除非在紧急情况下，我将不再向臣民征税……”①爱德华四世为什么主动提出要靠自己过活呢？

第一，爱德华四世吸取前车之鉴，兰加斯特王朝（1307～1399年）的国王由于过分依靠议会批准税收而使王权受制于议会。15世纪英国著名政治理论家约翰·佛特斯鸠在《论英格兰的法律和政制》一书中认为，为了建立强大的王权，国王应该收回被赏赐出去的土地，“靠自己过活”。② 据说，该书后来被献给了爱德华四世。第二，爱德华四世通过继承、没收和恢复等手段而获得了大量的王领地产。他三番五次颁布恢复被贵族侵占的王领土地，1461年，他没收了2个公爵领、5个伯爵领、6个男爵领和许多骑士的土地。这些王领土地每年给他带来3万多英镑的收入。③ 第三，最根本的原因是，“国王自己的”收入构成发生了重大变化，或者说国王的正常收入结构发生了变化，原先属于特别收入的羊毛补助金现在变成了正常收入。中古英国的养羊业发达，出产优质羊毛，畅销欧洲大陆的毛纺织业地区，如欧洲低地国家和意大利。1275年，爱德华一世建立了全国性的关税，对国内外出口羊毛的商人征收6先令8便士的关税。1303年，爱德华一世开始对英国出口的呢绒征收关税，每匹1先令。1308年，国王对从法国进口的葡萄酒每吨征收2先令的关税，称为“吨税”。1347年，国王对其他进出口商品按照其价值征收每英镑6便士的关税，称为“镑税”。这些关税中，羊毛出口关税是大宗，它们都是常年征收，无须议会的批准。但是在战争时期，国王提高羊毛出口的关税，称

---

① ［英］沃尔夫（Bertram Percy Wolffe）：《英国的王领》，伦敦1970年版，第102页。

② ［英］约翰·佛特斯鸠：《英格兰的法律和政制》（John Fotescue, *On the Laws and Governance of England*），剑桥大学出版社1997年版，第94～114页。

③ 参见［英］查尔斯·若斯：《爱德华四世》（Charles Ross, *Edward IV*），伦敦1974年版，第372～373页。

为“羊毛补助金”，它的征收率不固定，总之是不断提高，有时达到每袋出口的羊毛征收2英镑多。它有征收期限，因此被认为属于国王的特别收入，到14世纪中期，议会控制了羊毛补助金的批准权。但是在1398年，英国议会批准理查二世终生享有征收各种关税包括羊毛补助金的权利。15世纪，新国王即位时，议会就批准国王享有终身征收关税和羊毛补助金的权利，虽然议会名义上还掌握着它们的批准权。爱德华四世每年获得关税的收入达到3.5万英镑。[①] 由于王领和关税成为爱德华四世的两项重要财源，所以他成为一百多年来没有出现财政破产的国王，成为能够“靠自己过活”的国王。实际上，爱德华四世的“自己的”正常收入中已经包括了“特别的”收入，因此，他不是传统意义上的靠自己过活的国王。

综上所述，在封君封臣制度的影响下，中古英国国王被要求“靠自己过活”，但是以王领为主的正常收入越来越难以满足国王的正常财政需要，所以国王不能“靠自己过活”。由于中古历代英王不断突破封君封臣制度的束缚，把特别收入转化为正常收入，导致英国税收结构和国王收入构成发生变化，所以国王也不必“靠自己过活”。“国王靠自己过活”原则对中古英国国王的财政产生了重要影响：第一，中古英国没有建立常规的全国性税收体制，每当遇到紧急情况时，特别是战争时期，国王就必须通过议会才能征收全国性的动产税；第二，由于中古英国战火不断，所以国王不得不经常依靠议会批准征收动产税，这就导致议会不断地加紧对国王钱袋的控制，扩大了议会的权利，从而推动了中古英国“宪政”的发展。

---

① 参见[英]波斯坦：《剑桥欧洲经济史》(M. M. Postan, *The Cambridge Economic History of Europe*)(第3卷)，剑桥大学出版社1979年版，第318页。

诺曼西西里:中古地中海世界的一页

沈　坚

如果说,维京时代的海盗冲击是一场直接肇始于北欧本土的原生型征服运动,尚带有明显的原始性、野蛮性的色彩,那么,11世纪中叶前后由其后裔发自第二故乡诺曼底的这又一轮攻势,则可称作次生型运动了,且已具有了封建的性质。无论对于英国还是南意大利、西西里,"诺曼征服"所激起的历史性影响,都是毋庸轻视的。诺曼人天赋的勇武精神和文化适应性,同定居诺曼底百余年来所接受的法兰西成熟制度和文明的熏陶相拌和,使得在英国和南意大利、西西里的新环境中成功地孕育出两个繁盛昌盛的封建王国,成为当时颇具效率和先进性的强盛王朝的楷模。

有关诺曼英国,资料丰富,著述浩繁;而对诺曼西西里的历史,则论者寥寥,因而有必要开展这方面的研究,厘清脉络,深入探察。其实,无论从探究中古意大利史、地中海区域史,还是从国际关系史、经济文化史的角度,诺曼西西里都是难以回避、不可或缺的重要一页。它承纳并弘扬着地中海古代文明的精粹,以自己特有的实力和风采,傲视群雄,独树一帜,给历史抹上了浓重绚丽的一笔。

一

创造这段历史的是一些什么样的人?一位同时代的历史学家马拉特拉曾经这样描述过他的诺曼人同胞:诺

曼人是狡猾而爱挟嫌报复的人民,巧言令色和装腔作势,看来是他们与生俱有的秉赋。他们能不惜屈尊对人谄媚。除非受到法律条款的抑制,否则,他们会由着其天性和炽烈的情绪而恣意放纵。他们的公侯们老爱夸赞其民心的慷慨大度;人民遵守的生活准则是适度的或稍嫌过分的贪婪和挥霍。他们急于渴求财富和统治权力,鄙视已经拥有的一切,而希图获取所要求的一切。拥有优良的武器和马匹、奢侈的服饰,驱犬放鹰追逐游猎,都是诺曼人的喜好所在。然而在危难时刻,他们又具有令人难以置信的耐心,忍受每一次因气候造成的险恶之境,以及军旅生涯中的辛劳和节制。①

正是这样的一批极具个性特点的人群,凭着他们的野性、意志力和机巧性,在南意大利这片分崩离析、群雄并立的逐鹿场上,折冲周旋,一展身手,建立起一个别开生面的西西里王国。

这伙冒险家从诺曼底辗转涉足南意大利,最早大约始于 1016 年。当时以朝圣者身份而来,充当雇佣兵为业,久居不归,并很快卷入了南意大利纷繁复杂的政治漩涡,周旋于拜占廷人、伦巴第人、阿拉伯人、罗马教皇和神圣罗马帝国的皇帝的诸种势力之间。随着羽翼渐丰,1029 年,诺曼人在南意大利获得首块永久性居留地阿韦尔萨,此后吸引了更多的诺曼移民迁入。1042 年,诺曼人奥特维尔家族建立了以梅尔菲为中心的政权。1053 年,他们击败教皇,化敌为友。1059 年,奥特维尔家族的罗伯特·圭斯卡德与罗马教廷正式缔盟,始称阿普利亚和卡拉布里亚公爵。1091 年,其弟罗杰一世率诺曼人部众经 30 年苦战,征服西西里全岛;与此同时,罗伯特则在南意大利大陆部分持续推进,蚕食领地,最终逐出了阿拉伯、拜占廷势力。罗杰一世之子罗杰二世秉政时期,首次将南意大利大陆部分和西西里岛的诺曼人统一起来,1130 年正式创建了地跨墨西拿海峡的西西里王国诺曼王朝。在罗杰二世、威廉一世、威廉二世祖孙三代治下,诺曼西西里国势达于鼎盛。然而不久,即因一场王室联姻带来的王位继承纠纷,这个地中海诺曼人王国竟于顷刻之间易帜更张,沦入了神圣罗马帝国霍亨斯陶芬皇室之手。

从 1130 年立国,到 1194 年易手于德意志人,诺曼西西里存在仅逾 60 载;若从 11 世纪初诺曼人始涉南意大利时算起,也不到 100 多年。这在有过无数王朝兴衰沉浮的漫长历史篇章中,似乎也只是并不起眼的一小节插曲。然而,她在中世纪欧洲和地中海历史图卷里却仍有着自己独特的位置,不失为一个内涵丰富"华彩乐段"。

当然,同英国的"诺曼征服"相比,南意大利诺曼人的活动更加艰难曲折、旷

① See Edward Gibbon, *The Decline and Fall of the Roman Empire*, NY, Vol. Ⅲ, p.353 – 354.

日持久,表现为渐进的过程。其一,这是由于他们所遭遇的敌手和矛盾,远比诺曼底公爵威廉入侵英国时迎头相遇的盎格鲁—撒克逊贵族要来得更多、更复杂;其二,作为中小贵族为首的散兵游勇,其征服活动初始便缺乏有力的官方背景与合法身份,似乎更具有民间色彩,没有高屋建瓴的强劲气势和哈斯丁斯之类"一役定乾坤"式的打击,而依赖于游击方式的缓慢蚕食和推进。这恐怕正是诺曼人在南意大利征服活动的特点。

很明显,征服南意大利、西西里的诺曼人,早已不是如其祖辈那样的纯粹的蛮族,而带有着来自诺曼底的封建印记。他们不是以依旧崇信怪力神乱的异教徒面目,而是以虔诚基督徒的身份来同意大利和整个地中海文明世界打交道的,他们的经验和手法可以说已相当圆熟、老到。

值得注意的是,他们不仅富于冒险性、扩张性,擅长破坏既定的旧秩序,同时也是一个颇具朝气和治理才能、肯于汲取他人之长的民族。他们创建的西西里王国,是一个卓有成效、"高度中央集权化和具有良好行政管理的国家组织"。① 显然,这与诺曼人在行政和文化上抱持兼容并蓄、博采众长的态度是分不开的。

从地理环境来看,意大利半岛犹如一只刚劲有力的长筒靴,深深地迈向地中海,西西里岛则形同靴尖前待踢的一只球,恰又横亘于地中海中央的咽喉部位,与北非海岸遥相对望。自古以来,西西里和南意一带就是地中海各民族和文化移动、交汇的场所,东移西去、南来北往的人群无不在此留下各自的历史遗痕。11世纪、12世纪时,这里居住着希腊人、阿拉伯人、意大利人、犹太人,他们各有自己独特的文化传统和优长。西西里王国建立前后,诺曼人统治者在实施其统治意志和输出其文化影响的同时,并未强制推行同一化,而是允许各民族保持其生活方式、风俗习惯和宗教信仰,尽量吸收和利用任何一种足以加强自己地位的有利因素。从罗杰一世起的历代当政者,特别是罗杰二世及其子孙威廉一世、威廉二世,其政策取向大致一脉相承,无出其右。西西里和地中海的开放性态势,使他们的眼光和度量要远胜于西欧内陆那些局处一隅的促狭邦君们。

诺曼人沿袭和采纳了西西里阿拉伯人和希腊人的某些行之久远而卓具成效的行政官僚体制,诸如阿拉伯人的财政主管机构"地万"(Diwan)及其阿拉伯人、希腊人官员。② 阿拉伯人的土地分配与土地丈量制度,也都留存到了诺曼西西里时代,并成为其课税的基础。当时的国库叫"多哈纳"(Dohana),该词源自阿拉伯

---

① H. G. Koenigsberger, *Medieval Europe* (400 – 1500), Essex 1987, p. 158.

② See E. M. Jamison, C. M. Ady, K. D. Vernon & C. S. Terry, *Italy Medieval and Modern A History*, Oxford 1917, p. 104, 108.

语。国库收入多来自从商港征收的关税和航运税。首席财政官负责拟定王室领地的佃农名册,保管土地簿册和关税记录,并登记封地,料理海军和陆军的后勤服务。此外,多哈纳的负责官员还巡察各地,以听取对财政状况的申诉和审计地方官员的账目。[①] 罗杰二世本人极为重视财政制度的完善,在他看来,王朝的基础就在于一支强大的军队和一个有效率的国库收支系统。他认为,不会记账理财的人,是难以取得成功的。

西西里宫廷汇集了各色人才,王国军政官员和教会高级僧侣的出身背景各异。财政部门的两位最高级官员是英国人塞尔比·罗伯特和托马斯·布朗。锡腊库扎主教理查德·帕尔默是英国人,吉尔甘提主教甘泰尔为匈牙利人,众多宫廷文官是穆斯林或犹太人。曾在政治上权倾一时的舰队司令官安条克的乔治,则是希腊人。罗杰二世之孙威廉二世嗣位之初,曾得力于他的私人教师,巴勒莫大主教、英国人米尔的瓦尔特大力辅佐。[②]

西西里颇具效率的国家管理体制得以有效运转,其实正是倚重于这些不同才俊之士的奇妙组合,以及他们的才智和优势最大限度地发挥。

立法方面诺曼人同样注重吸取他人之长。罗杰二世平定南意大利后曾于1140年颁布了法律大全《阿里亚诺条例》,作为治国之根本。这部重要法律的制定,即深受罗马法的濡染,拜占廷《查士丁尼法典》为其提供了范本,它的不少章节皆取法于此。罗杰二世有关惩治谋反罪的刑事法律条文,也是直接来自拜占廷的。[③]

在行政上,西西里实行中央集权,国王总揽一切大权,中央政府具有很强的统聚力。凡军国要务一般皆须经权力极大的议会[④]审议。该机构源于诺曼底时代每年召开两次商讨大事的会议传统。出席者一般均为诺曼人资深贵族,嗣后,一些本地的意大利名门望族和教会主教也陆续加入,但普通民众代表则无权参加。议会分两个等级或两个院(bras)——贵族院和教会院;继而又出现由一些自由城市代表组成的领地院。据说这种由诺曼人初创的议会制度日后在南意大利的影

① See E. M. Jamison, C. M. Ady, K. D. Vernon & C. S. Terry, *Italy Medieval and Modern A History*, Oxford 1917, p. 104, 108.

② 参见 C. W. Previte-Orton, *The Shorter Cambridge Medieval History*, Cambridge 1962, Vol. Ⅰ, p. 516。

③ 参见 E. M. Jamison ect., op. cit., p. 107。

④ 此处有时作 Curia,亦可译作元老院。有时又作 Curia Regis,据此译为国王的御前委员会或封建领主大会,似更贴切。

响尚颇久远。[1]

在诺曼西西里中央政府中,舰队司令官(the great admiral)的职位,有着显要而特殊的意义。起初,其地位相当于首相,不仅指挥调度国家的海军,而且还掌管财政机构,尤其当安条克的乔治在任时,其权势更是炙手可热。迄1161年司令官巴里的马尤被杀后,舰队司令官的威权才有所弱化,对多哈纳的控制权乃转入宫内大臣之手,[2]舰队司令官则专司海军事务。掌玺官成为政府的首脑。

在地方政府一级,由于西西里岛和南意大利的大陆部分在政治和种族历史背景方面原本存有差异,王国在两地分别采取了不同的治理方式。没有试图将西西里的制度全盘照搬到大陆的阿普利亚和卡拉布里亚去,而依旧沿用了当地颇富伦巴第色彩的传统制度框架,同时也吸收了新的人才和设施,建构起坚实的地方政府体系。旧有的政治区域变成了新的行省政府的基础。起先行省政府的权力被委派给国王诸子,后来则移交给了卡拉布里亚、阿普利亚和卡普亚的主要将领或总管。[3] 诺曼国王将全国规划为若干个区域,派遣王室法官和总管去那里审理刑事案件,监管军役佃户;派遣宫内大臣主持高等民事审判,经营王室领地和维护王室的财务权力。除个别例外,地方行政官一般无权管辖刑事裁判。王室掌握着最高司令裁判权,以此来实现中央对地方的统治权力。王室新的法官和总管,是从南意大利那些最忠诚可靠的骑士和小贵族里擢选出来的。唯其如此,才能避免地方大贵族势力尾大不掉,确保国王的最高权威与政令畅行。

就总体而论,诺曼西西里政府体制的根基还在于封建贵族。南意大利封建贵族的滋生,起自当地的封建化。

中世纪初期,南意大利在拜占廷控制下,长期保留着使用隶农、奴隶和自由佃农的大庄园,封建关系发展相当迟缓。及至阿拉伯人入侵,也未完全消除旧体制的影响。11世纪诺曼人对南意大利的征服,如同在英国那样,予原有社会基础以重大的冲击,大大加快了那里的封建化进程。诺曼人首领将所占土地连同依附其上的农民,按军功分封给自己的部属作为领地,由此而生成一个封建贵族阶层。据西西里诺曼王朝的《贵族名册》记载,当时的4223名贵族大多尚属骑士、男爵一类的中小贵族。[4] 同威廉入主后的英国一样,诺曼人在统治南意大利期间,似乎

---

① 参见[法]卡尔洛·博塔:《意大利史》第2卷;[德]马克思:《马克思历史学笔记》,红旗出版社1992年版,第56、246~247页。

② 参见E. M. Jamison etc., op. cit., p. 108 – 109。

③ See E. M. Jamison ect., op. cit., p. 109 – 110.

④ 参见[法]P. 布瓦松纳:《中世纪欧洲生活和劳动(五至十五世纪)》,潘源来译,商务印书馆1985年版,第129页。

也未着意去培植一个易于滋惹事端的强大贵族集团,而是有力地保持了王权的主宰地位。罗杰一世和罗杰二世时期,特别在西西里岛的大部分地区,凭借征服之势建起了类似英国那样的广大的王室领地,大规模的王室领地在西西里国家经济中起着主导作用。

这样的经济基础自然也就保证了诺曼人政治上的集权化统治,树立了王权的威势。国王牢牢握有对地方的统治权,不容当地权贵插手。大贵族一旦图谋不轨,发动叛乱,便遭到无情镇压。诺曼人国王任用官员时吸纳了不少非贵族出身的外族人,除欲借重他们的行政才干和经验,恐怕也含有摒除本族大贵族势力盘根错节、结党谋逆的考虑。同样,西西里国王还反对地方城市独立,抑制任何有助于独立倾向的运动。地方行政官(strategoti 或 catepani)均由国王直接任命,南意大利城市没有出现城市公社和城市国家,应该说,与此不无关联。①

诺曼人凭武力得天下,素重军事组织的建设。西西里王国高度集权的政权结构,使之得以最大限度地利用充足的人力、物力和财力,保持一支颇具规模和实力的军队。反过来,拥有这支强有力的军队,又进一步保证了政权的稳固。诺曼西西里的军队,不仅在高级将领的人选上奉行唯才是举的原则,大力启用忠诚而富有才华的外族人,而且其广大官兵也都募自不同的民族集团,既有诺曼人,也有希腊人、阿拉伯人。这种军队构成的选择,似乎也是出于南意大利地区复杂政治态势和人口力量对比的现实背景。诺曼人擅长骑兵陆上作战,也十分重视利用堡垒、港口等战略设施,从而维护了自己的军事优势。

二

诺曼西西里的经济文化,也极具自己的特色。

无论风云变幻,西西里王国的经济活动总是保持着旺盛的活力。所有居民都必须毫不例外地向国家缴纳同样的人头税,无种族、宗教之别,从而构成这个多元国家财政收入的重要来源之一。

在西西里,各民族和谐共处,各得其所。西部居住着习于农耕的阿拉伯农民,一仍如旧地辛勤耕耘;而在岛的东部地区,大多数希腊—罗马裔的居民则致力于他们世代所长的海上贸易和其他商业活动。诺曼西西里王国政府历来鼓励和保护商业,居民享有完全的贸易自由。西西里岛得天独厚的地理位置有利于开展对外贸易,它控扼着东西地中海之间狭窄水道上的各条通路,政府可向行经的所有

① See E. M. Jamison etc., op. cit., p. 110.

商舶课征通行税。王国首都巴勒莫位于纵横商路的轴心,商贾云集,市廛稠密,为当时地中海上首屈一指的国际贸易港口。西西里国王由此征收的贸易通行税,以及从诸如丝绸一类王家垄断商品中牟取的利润,都十分可观。据说仅由巴勒莫一地获取的收入,即超过英王从其全国的所得,①可谓富甲欧洲。巴勒莫的人口在12世纪已达约50万人,②堪为中世纪欧洲的一大都市。而巴勒莫的繁荣,又促进了诺曼西西里国内其他商港的活跃,如墨西拿、阿马尔菲、那不勒斯及萨莱诺等。锚泊于此间的众多商船,连结着地中海各地的名埠大港,如君士坦丁堡、亚历山大里亚、威尼斯、比萨、热那亚、加的斯、马赛、休达等。

为了适应商业活动之需,诺曼西西里王国也参与铸造了金质货币,后来流通欧洲各国的金币杜卡特(ducats),最早是由罗杰二世在南意大利阿普利亚境内发行的。③ 阿普利亚特拉尼城最先通行的海商法,被视为早期的国际公法,在当时地中海世界的商贸活动中有过广泛的影响。贸易活动理所当然地成为诺曼西西里国家的生命线。因而,保证和扩展这种商业权益,实际上也构成了西西里的地中海军事外交政策的核心。

此外,西西里本地的采掘业和制造业同样颇具光彩,值得一提。像开采铁矿、硫黄砂、煮盐、陶器、玻璃、金银器制作,均素负盛名。其手工业产品质地优良,技艺高超。国家直接参与了生产活动的组织。制造业的发展,不仅可满足本地各阶层居民的生活需求,同时也为对外贸易提供了丰沛的出口货源。

诺曼西西里的地位,还体现于她在国际经济交流中的作用。1147年罗杰二世远征拜占廷属地巴尔干时曾掠得大批丝织工匠,以此在巴勒莫创设了西欧最早的丝织行业,一度使西西里成为西欧丝绸业生产、贸易和传播的中心。

如同在经济交往中获益匪浅,诺曼西西里突出的地域优势也给它带来了文化的繁荣。归根结底,诺曼西西里的文明,无论物质的或精神的,都是地中海世界各种文化的混合物。④

罗杰二世倡导各种文化自由杂处,抱有一种中世纪难得的宗教平等与宽容襟怀。在诺曼西西里境内,犹太会堂和伊斯兰清真寺共存,东正教堂与罗马天主教堂并立,不同民族和文化背景的人们依然得以保持各自的宗教信仰。宗教宽容无

---

① 参见[美]汤普逊:《中世纪经济社会史》(下册),耿淡如译,商务印书馆1984年版,第20页。

② 参见[法]P. 布瓦松纳:《中世纪欧洲生活和劳动(五至十五世纪)》,潘源来译,商务印书馆1985年版,第206页。

③ 参见[法]P. 布瓦松纳:《中世纪欧洲生活和劳动(五至十五世纪)》,潘源来译,商务印书馆1985年版,第169页注1。

④ 参见[美]汤普逊:《中世纪经济社会史》(下册),耿淡如译,商务印书馆1984年版,第21页。

疑同当地浓烈的商业氛围有关,因为商业行为更重视平等交往,赢取利润,毋须太多的意识形态约束,天然地反对宗教偏见所起的阻碍作用。穆斯林尽管在政治上处于被征服地位,但一般仍被允许在清真寺里自由地从事礼拜。东正教的祭拜礼仪按希腊教会的规范得到严格遵行。罗杰二世本人幼年时在其母影响下,遵奉的也是东正教圣巴西勒修会的宗教礼仪,而非天主教本笃修会的宗教礼仪。① 随着教区管辖权的转移,此间希腊教士最终还是不得不承认了罗马教廷的最高权威,②实际上则直接受治于作为教皇使节的西西里国王。

王国在语言文字方面也呈多元化,境内通行几种语言。除了卡拉布里亚以外的南意大利大陆部分,通常使用一种意大利语方言。西西里岛上,有说阿拉伯语的穆斯林聚居区和几处犹太人聚居区,但大多数人操希腊语。宫廷使用诺曼底法语,此外还有一个说法语或意大利语的、来自大陆的官员和移民群体。法律和教会以拉丁文、希腊文和阿拉伯文发布。③ 阿拉伯语和希腊语仍分别是遵奉古兰经律法的穆斯林法庭和拜占廷希腊法庭使用的正式语言。罗杰二世本人在文化教育方面接受的拜占廷影响,绝不亚于前述的宗教方面,"他受的教育看来掌握在希腊人手中,而不是拉丁教士方面,虽然宫廷语言是法语,但他的亲笔签名和手迹总是用的希腊文。"④加之采用希腊式加冕典仪服饰,更凸显了罗杰二世的拜占廷文化情结。他的儿子威廉一世也曾亲自学习过希腊文。12、13 世纪之交的西班牙穆斯林学者伊本·朱拜尔,在他的游记中曾记述诺曼西西里国王威廉二世雅好阿拉伯文化,能够阅读和书写阿拉伯文;其生活的奢靡华贵、言谈举止都酷似一位穆斯林君主;他宠幸穆斯林宦官姬妾,任用了不少穆斯林高级官吏。首都巴勒莫的很多基督徒,也追慕阿拉伯风习,从仪容服装到操用阿拉伯语,俱有表现。当时阿拉伯文字、图案甚至伊斯兰教历的日期,都铸印在西西里的金币上。⑤ 一些阿拉伯语汇(特别在农业方面的)仍孑遗在流行至今的西西里方言中,这要归功于阿拉伯人此前已将橘子、桑树、甘蔗、棉花、椰枣引种到了西西里。阿拉伯文地名即使在现今的巴勒莫尚依稀可辨。⑥

---

① See E. M. Jamison ect. , op. cit. , p. 105.

② See Steven Runciman, *The Sicilian Vespers*, Cambridge University Press1984, p. 9.

③ See Steven Runciman, *The Sicilian Vespers*, Cambridge University Press1984, p. 9.

④ E. M. Jamison ect. , op. cit. , p. 107.

⑤ 参见[巴基斯坦]赛义德·菲亚兹·马茂德:《伊斯兰教简史》,中国社会科学出版社 1981 年版,第 216 ~217 页。

⑥ 参见[英]伯纳·路易:《历史上的阿拉伯人》,马肇椿、马贤译,中国社会科学出版社 1979 年版,第 133 页。

正像不同语言的并存,形形色色的文化因素在诺曼西西里被糅合在一起,艺术上尤呈纷繁绚丽、多姿多彩。在建筑方面,诺曼人曾以擅于筑堡而著称。选择高地构筑围墙堡垒,简易而有效,这就逐渐形成了南意大利不少诺曼底式城堡的雏型。属于这种建筑风格的,还有巴里的圣尼古拉斯教堂等。长方形剖面的传统罗马巴西利卡式的教堂建筑,在南意大利仍颇普遍,诺曼西西里时代被视作一种典范,却融入了部分其他优秀的文化因素。阿普利亚地区特拉尼、特罗亚和拉伏洛诸城所铸的大型城门,被认为是受了来自拜占廷的青铜浮雕艺术家创作灵感的启示。闻名于世的阿拉伯室内装饰和拜占廷镶嵌艺术的专家,在西西里随处留有他们的创造痕迹。罗杰二世曾按阿拉伯风格建成的巨大宫殿,即带有凉爽的宫室,铺砌着整齐素雅的米色大理石,装饰着缀金的绿树和蓝孔雀镶嵌图案。罗杰二世所建的巴勒莫王宫礼拜堂、切法卢大教堂以及建于威廉二世时代的蒙雷阿勒大教堂,更是放射出罗马、诺曼、拜占廷和阿拉伯建筑艺术精华和谐统一的光彩。尽管它们的基本构架仿自罗马巴西利卡式,但其唱诗班的席位的设计风格、承载于纤长圆柱之上的尖形拱门、色彩鲜明的大理石装饰以及路面、墙面的镶嵌图案,却无不传递着新颖奇妙的创作观念,①体现了当时艺术风格趋尚混合、流变纷呈的风貌。从那个时代以来历经世纪风雨而留存至今的如许建筑杰作,不啻是给诺曼西西里的文化交融提供的最生动翔实的物证。

尤堪称道的是,罗杰二世及其后诸王对文化教育的大加扶掖,有力地推动了繁盛的学术文化交流,诺曼西西里也因此而成为名副其实的东西方文化的汇合点。罗杰二世时代,以拥有欧洲最早的萨莱诺医学学校等一批学术教育机构而著称的南意大利地区,学术文化相当活跃。在他的宫廷里人才荟萃,聚集着不少当时优秀的阿拉伯、犹太、希腊和西欧的知名学者。经过他们积极的译介传输,许多古代经典著述得以流布后世。柏拉图对话录和亚里士多德、欧几里得的一些著作译本,就是经由西西里传往西欧的。1160 年后的一个时期里,巴勒莫是希腊文的一个翻译中心,西西里王国很自然地成为当时"将学问传入西欧的一个渠道"。宫廷权贵中不乏潜心研习学问的饱学之士。舰队司令官犹金尼乌斯作过数学和天文学研究,还直接从希腊文将托勒密的《光学》一书译成了拉丁文。卡塔尼亚副主祭亨利·亚里斯提卜实地勘察过维苏威火山的喷发。蜚声遐迩的阿拉伯地理学家伊德里斯,曾效命于罗杰二世,在西西里度过其后半生。他的不朽之作《地理纲要》,就是献给这位诺曼人国王并以《罗杰之书》的名义而传世。曾将欧几里得《几何学原理》的阿拉伯文本译成拉丁文的英国学者巴斯的阿德拉德,也访问

① See E. M. Jamison etc. , op. cit. , p. 111 – 112.

过西西里,并分享其学术成果。

西西里辉煌的多元文化倾向,其实一直持续到13世纪霍亨斯陶芬王朝的腓特烈二世和曼弗雷德在位时期。只是在此之后,拜占廷的希腊文化因素和阿拉伯因素才渐趋消退,西西里走上了同意大利完全融合的道路。①

不过,对于诺曼西西里时期的文化平等和宽容政策,特别是同穆斯林的关系,似还应有一种冷静的估价。西西里阿拉伯人与基督徒的相处是否始终如人们津津乐道的那样亲密协调?有人指出,当时伊本·朱拜尔的记载也许太注重于宫廷这个范围极小的封闭环境,而忽略了社会上广大下层民众中穆斯林居民的不幸遭遇,诸如遭受驱赶、屠杀、清真寺被毁,等等。② 而且,似乎也存在一些城市的穆斯林知识阶层大批迁逃到北非和埃及的事例。③ 客观地说,恐怕也确有其事。没有穆斯林的人员外迁,或弃教改宗,阿拉伯因素后来在西西里的消失自也无从解释。但这或许是一个逐渐的过程。对穆斯林的迫害,恰恰是由于他们受到诺曼人国王的过分宠信,而招致骑士们的忌恨。"宫廷内的疑忌往往与保留阿拉伯人官职、朝臣和侍女有关"。④ 所以,迫害似乎主要不是来自王室的意志,而大抵为中下层的偏见所致。

西西里的文化称盛于一时,应该说,并非偶然,而是导源于一系列的历史条件:

首先,得益于诺曼人国家建立后一度出现的稳定的和平环境。而这正是自中世纪初期以来南意大利所未曾有过的社会政治条件。社会安定,才能利于文化的生长。

其次,南意大利、西西里自古即有优越的文化基础。这块土地曾饱经古希腊、罗马文明的浸润;进入中世纪后,又汇入了拜占廷东正教文明、阿拉伯伊斯兰文明和拉丁天主教文明的涓涓支流。肥田沃土,积淀丰厚,加之贤能毕集,人才济济,这就给诺曼西西里的文化兴盛提供了一个有利的客观前提。

最后,诺曼人由野蛮步入文明的门槛不过百来年,本身虽不具备积存深厚的文化素养和传统,主观上却绝少对外排拒性和偏狭性。他们十分善于兼收并蓄,充分利用别人现成的文化遗产,取其所长,力加弘扬,而且还通过其自身的介入,将诺曼底的法国式影响输进了南意大利。文化上的这种务实态度,使他们能够区

---

① See E. M. Jamison et c. , op. cit. , p. 115.

② 参见 Norman Daniel, *Arabs and Medieval Europe*, London, 1975, p. 147 – 149。

③ 参见[英]伯纳·路易:《历史上的阿拉伯人》,马肇椿、马贤译,中国社会科学出版社 1979 年版,第 133 页。

④ Norman Daniel, *Arabs and Medieval Europe*, London, 1975, p. 150.

别于那些一味摧残文明的地道的野蛮征服者，从而扮演了一个文化维护者和创建者的历史角色。诺曼人不是单纯凭恃武力，而是运用精明的统治艺术，才在南意大利具有不同民族背景的人们和不同的文化因素之间巧妙地掌握着平衡的。

三

从国际关系格局的角度来看，诺曼西西里的崛起，无论对意大利半岛还是对地中海世界各国的政治生活，都产生了巨大的扰动。诺曼人把南意大利大陆部分和西西里岛捏合为一体，纳于其治下，至少在一定程度上缓和了过去因教廷、伦巴第人、拜占廷人和阿拉伯人诸种势力长期纷争而引起的紊乱，在意大利南部营造了一个局部的相对平稳的政治环境，这同当时呈现分裂之状的意大利北部适成鲜明的对照。于是，在南意大利各地，以往相互仇视的民族开始息战言和，敌对的港口又恢复了正常的货物流通，人民多少得以休养生息，这显然与本地居民长期以来渴求社会安定和经济文化繁荣的愿望是一致的。

削除割据，统一南意大利，虽说诺曼人给自己多年来的征服活动画了一个完满的句号，赢得了一份不薄的产业，但却也因此而招引来颇多竞争者的觊觎，谁都欲图攫夺南意大利这块膏腴之地，结果又惹出新的不绝的争斗。如果说，诺曼人早先曾为抢夺地盘而主动参与混战的话，那么，他们此刻倒确是为了维护既得江山而被迫应付外来挑战了。但无论主动进征，抑或被动应战，终不免使意大利半岛这方多事之土重罹兵燹之祸。

由于意大利半岛的客观政治态势，及西西里统治者与罗马教皇和北方的德意志皇帝之间存有的那种错综复杂的利害关系，诺曼人既无意也无力充当统一全意大利的力量，反而身不由己地陷进了该半岛由来已久的政治军事冲突的泥淖。在这个意义上，又似乎可以说，诺曼西西里的存在和参与，毕竟又助长了整个意大利分裂状态的凝固化。诺曼王朝，及其后续者德意志的霍亨斯陶芬王朝、法国的安茹王朝和西班牙的阿拉贡王朝的统治，事实上迟滞并推延了南意大利同半岛北部、中部的统一进程。

教皇可以羞辱西方的皇帝，却不能把诺曼人赶出意大利，[①]诺曼人无论如何已成为意大利政治生活里绝对不可忽视的一支现实力量，而且其影响极大。比之远在阿尔卑斯山北麓的德意志皇帝时断时续的干涉，诺曼人却能自南意大利就近控制罗马的政局。11、12 世纪时期罗马教廷内部屡现裂痕，多次产生过受外部势

---

① See Donald Matthew, *Atlas of Medieval Europe*, NY. 1983, p. 97.

力扶持的敌对教皇。诺曼人介入其间,使教廷局势更加复杂化。他们从自身需求出发,借教廷分裂之势推波助澜,依据不同教皇的态度,或笼络或打击,迫其按照自己的价码作出一次又一次承诺。结果,教廷所极力奉行的权力平衡政策则不时被击败,教廷分裂的态势也进一步加剧。

对屡侵意大利、醉心于同教皇争权夺利的德意志皇帝们来说,南意大利诺曼人势力的崛起,无异于半途平添了一只"拦路虎"。1084 年德皇亨利四世攻陷罗马,教皇格雷戈里七世遁避圣安杰洛城堡。若非诺曼首领罗伯特·查斯卡德及时由巴尔干回师相救,逐走德皇,这幕政教之争历史剧的终局殊难逆料,意大利半岛力量对比的天平尚不知倾向何方呢！12 世纪 30 年代诺曼西西里王国正式创立以后,其势炽盛,损及列强利益。德皇先是出兵干涉,武力打压不成,后遂改以和亲。至 12 世纪末,始利用亨利六世和西西里法定继承人康斯坦公主的联姻关系,最终吞并与排除这个麻烦的诺曼人敌手。总体上说,南意大利诺曼人的存在,对于神圣罗马帝国德意志皇帝们梦寐以求的征服整个意大利半岛的野心,仍不失为一道不易逾越的重大障碍,同时也正缘于此,德意志人插足南意大利的计划,被一定程度地延迟了。

有人认为,11 世纪末诺曼人征服西西里和对穆斯林发动的战争,推动了以讨伐异教徒相标榜的十字军运动兴起,或至少使之在时间上提前了。应该说,这种看法在一定范围内或有其合理性。在诺曼人立国之前,当其尚需大力拓展领地和权势之时,确曾打过诸如秉承教皇懿旨和对异教徒进行圣战的幌子,甚至也还有博希蒙德投身第一次十字军东征之举。然而一旦时局和处境有变,特别在其建立王国之后,诺曼人却并不在乎同十字军的目标和行动是否保持一致了,他们更注重此刻自身的实际利益和需要。譬如,罗杰二世唯恐损及其既得商业权益,坚持不愿卷入十字军东征。[①] 诺曼人的主要旨趣和终极目标其实不在于地中海东岸的圣地,他们更汲汲于多年来征服拜占廷的梦想。因而,当着最初几批西欧十字军尚戮力于同穆斯林作战,未敢公开与拜占廷对抗时,诺曼西西里早已抛开意识形态的薄纱,将兵锋指向了同宗上帝的拜占廷基督教兄弟,1147 年和 1185 年的战争,不啻是给日后攻占君士坦丁堡的第四次十字军东征的一种示范。

诺曼人尽管四面树敌,采取全方位的攻击态势,但主要矛头所向却始终是针对拜占廷这个老大帝国的。他们在 11 世纪下半叶将南意大利的拜占廷势力逐出,随后又向其本土发动过多次军事远征,这不仅从根本上动摇了拜占廷长期以来在东地中海地区一直保持的霸主地位,而且还直接引发了帝国中枢的政治危

---

① 参见[美]汤普逊:《中世纪经济社会史》(下册),耿淡如译,商务印书馆 1984 年版,第 21 页。

机。1081年的进攻,成为亚历克修斯一世更替尼斯福鲁斯三世统治的契机,催生出了科穆宁王朝。时隔百年后的1185年的攻势,更是触发了君士坦丁堡的暴乱,科穆宁王朝末帝被杀,致使帝国又蹈入新一轮的改朝换代。拜占廷长达数世纪的衰落的起始,常被归结为1071年来自东、西两个方向的两起灾难性事件:巴里的陷落和曼齐克特惨败。这里,诺曼人攻陷南意大利巴里城所产生的作用是显而易见的,正是他们参与启动并加速了帝国的这一衰败过程。

诺曼西西里的崛起,使地中海权力趋于多极化,国际战略格局重组。原先居统治地位的阿拉伯人和拜占廷人遭到排挤,霸权旁落,被诺曼西西里同威尼斯、热那亚和比萨取而代之,并称为当时新兴的四大海上强国,一度瓜分了地中海的商业权益。以往史实多瞩目于北意大利三个商业共和国的作用,其实南意大利的诺曼西西里也曾地位显赫,称雄一时,有过举足轻重的影响,这是不应被忽略的。

处于地中海中央的西西里,不论从历史的时间尺度还是空间范围,都堪称是个绝好的汇合点。不仅洋洋洒洒汇聚了西方文化,而且羁留了不少匆匆过客,这些不同族源的人群在此定居、交融,给当地居民的人文背景涂抹上斑驳陆离的色调,以致西西里亦素有"民族熔炉"之称。诺曼人虽则人数不多,与其说是移民,不如说是统治者",[①]但毕竟存留遗痕。他们的到来,也给近代西西里居民的形成注入了一份新鲜血液。[②]

诺曼西西里以武力征服起家,在繁复交错的政教之争和国际冲突中发展;她承前启后,联结东西,构成了意大利和地中海历史长链中的一个重要环节。作为中古维京人扩张拓殖运动向南欧地区的延伸,作为在意大利再度创立一个异族王国的尝试,以及辟建一个著称于史的经济文化黄金时代,诺曼西西里无疑有其独具的历史魅力。

① [英]布赖恩·布洛伊特:《马耳他简史》,黑龙江人民出版社1975年版,第50页。
② See The Encyclopedia American, Vol. 24, 1985, p. 779.

拜占庭的历史分期与早期拜占庭

徐家玲

从古典的罗马帝国到中世纪拜占庭帝国历史发展是延续性的,由此应该以君士坦丁皇帝统一地中海世界(324年)为拜占庭历史的开端。4~6世纪是自古典罗马帝国向中世纪拜占庭帝国的重要过渡时期,查士丁尼是这一过渡时期的重要人物。此外,中期拜占庭(565~1081年)是拜占庭最为强盛时期;晚期拜占庭(1081~1453年)则是拜占庭的衰落时期。

拜占庭,我们习惯于称它为"东罗马帝国",它是在古代罗马帝国的基础上发展演变而来的。因它的首都君士坦丁堡就坐落在古希腊移民城市"拜占庭"(Byzantium)的旧址上,所以,近现代研究者称这一帝国为拜占庭。

拜占庭这一名称开始被学术界所采用,是在16世纪的法国。著名历史学家、史料编撰和整理者热罗姆·沃尔夫(Jerome Wolf)在整理出版拜占庭历史资料时第一个使用"拜占庭"来称呼以君士坦丁堡为中心的东方帝国。后来,在路易十四赞助下,法国卢浮宫出版了由许多法国学者合作编辑的《拜占庭历史资料大全》后,"拜占庭"这一名称正式成为学术界的专门术语。① 此后,"拜占庭学"成为一个专门的学科,在西欧、北美乃至俄国迅速发展起来。

---

① 参见[美]A. A. 瓦西列夫:《拜占庭帝国史》,威斯康星大学出版社1961年版,第4~6页。

虽然,对于拜占庭的最后灭亡时间(1453 年),中外史学家从未有过异议。但是,对拜占庭帝国的起始年代,学术界却没有取得过一致的意见。综合国内外各派专家学者的意见,大致有以下几种认识。

其一,有意见认为,拜占庭帝国的起始年应该定于 395 年。因为在这一年狄奥多西逝世,他的两个儿子分治帝国的东、西两部。相当一部分学者认为,这次分离后,东、西罗马世界就未曾统一过。因此,从这一年起,罗马帝国已分裂为东、西两大部分,于是这一年应该是东罗马,即拜占庭历史的开端。持此意见的代表者有美国著名中世纪学者 J. W. 汤普逊、法国拜占庭学者 L. 布莱耶尔、前苏联学者列夫臣柯、当代学者 A. 杰罗斯特尔吉奥斯等。近半个世纪以来,这种观点在我国居统治地位。著名罗马—拜占庭研究专家 J. B. 伯里虽然在其《晚期罗马帝国史》中强调君士坦丁皇帝是拜占庭帝国的奠基人,但是,为了强调罗马世界与蛮族世界的斗争和冲突,他也从 395 年开始记载东方帝国——拜占庭的相对独立的历史。另外有相当一部分学者反对罗马世界曾经分裂为两个帝国,他们强调的"罗马地中海帝国"的大一统观念始终存在于整个中世纪,而且,自戴克里先以来,罗马帝国一直保持着东、西方分治的传统,甚至到查理大帝时期,西方世界也没有否认拜占庭作为罗马帝国正统继承者的地位。因此,他们强调拜占庭帝国是罗马帝国历史的延续,从而把 4 世纪初,即君士坦丁时期作为拜占庭历史的开端。但是,持此观点者对于究竟以哪一年为拜占庭历史的开端,仍有不同意见。其中一部分学者认为应该以君士坦丁重新统一地中海罗马帝国那一年,即 324 年为拜占庭奠基的开始。因为从这一年起,君士坦丁中止了"四君共治"传统,在戴克里先改革基础上重建了罗马——地中海世界帝国,并决定以基督教作为统治这一帝国的精神支柱,同时将帝国的行政管理中心东移。支持这一派理论的本世纪著名拜占庭学者有美国的 A. A. 瓦西列夫、南斯拉夫的 G. 奥斯特罗戈尔斯基以及当代希腊的卡拉扬诺布鲁和 A. 赫里斯托菲洛布鲁。

其二,另一部分学者则强调君士坦丁迁都之时,即 330 年应该是拜占庭历史的开端。其主要代表有《世界文明史》的作者威尔·杜兰、《拜占庭文明》的作者英国学者 S. T. 任西曼和著有《拜占庭帝国史》的法国学者 C. H. 第尔等,《剑桥中世纪史》的作者 J. B. 伯里也持这一观点。① 从原则上说,这两种意见没有大的分歧,只是后一派学者更重视"帝国首都"在东方建立这一历史性事件,尽管他们并不否认,于帝国东方博斯普鲁斯海峡建立新的都城,是自晚期帝国以来一系列历

① 参见[英]J. B. 伯里:《剑桥中世纪史》(*Cambridge Medieval History*),剑桥大学出版社 1975 年版(重印本)(第 1 卷),第一章,第 435 ~436 页。

史变化和政治改革发展的结果。[①] 这种划分历史时期的方法在中外历史研究领域都很常见，如中国划分东、西周，东、西晋，前、后汉，南、北宋等时期，都是根据中华帝国之首都的位置变化来确定的。在涉及地中海罗马世界的历史时期划分时，上述原则当然也有其合理的方面。但是，如果考虑罗马—拜占庭世界之历史的延续性和君士坦丁皇帝之政策的连贯性，应取 324 年作为拜占庭历史的开端。因为，从这一年起，君士坦丁的一系列"重建"帝国的政策开始实施，并在短期内改变了罗马—地中海帝国的面貌。

其三，第三种意见认为，476 年罗马城的沦陷和最后一位罗马皇帝罗慕洛·奥古斯都被废，意味着西罗马帝国的灭亡，因此，与之相对的"东罗马"的独立历史由此开始。但是，持这一派意见的学者多是从事中世纪史研究的专门学者，他们无意于研究自罗马到拜占庭时期的演变是什么时候完成或怎样完成的，而只是关注于地中海西方世界自"罗马"帝国衰落后发生的变化。这一派意见的主要代表者有法国学者布瓦松纳、《世界史纲》的作者 H. C. 韦尔斯及《罗马帝国衰亡史》的作者爱德华·吉本等。严格地说，这一派学者也从来不同意隔断历史，把罗马时期和拜占庭时期分为截然对立的两个毫不相关的历史单元，只是更强调蛮族入侵在改变地中海世界历史方面的作用。

综上所述，笔者倾向于以 324 年，即以君士坦丁皇帝重新统一罗马—地中海世界这一年作为拜占庭历史的开始。在阐明这一问题之前有必要强调对传统上的历史分期研究方法的基本认识。按照马克思主义的历史唯物主义观点，所谓的世界和世界历史的形成是在近代地理大发现之后，此前的世界，只是民族和地域的历史按照自己的模式分别独立发展并在不断的交往和冲突中相互影响、相互融合、相互促进的过程，恰如江河之流归于大海一样，这是一个不断发展、演变、交汇的过程，没有中断，也没有什么永远不可逾越的屏障。因此，研究历史，主要是从纵横两个方面研究各地区、各民族、各种族历史的演变和它们之间的交汇和融合，而不应该机械地把活的历史人为地分割为几个"板块"。但是，历史学者们为了便于对各民族、各地区多元性的历史和复杂的发展过程进行研究时的方便，已经习惯于采取划分历史时期的方法。因此，对前人的分期方法加以研究、探讨，并找出使之得出不同结论的主要理由并加以综合分析，从中找出某些真正规律性的东西，才是现阶段对待传统"历史分期"方法的正确态度。

上述几种分期方法之间的主要分歧在于：如何认识罗马帝国与拜占庭帝国的

---

① 参见[英]S. T. 任西曼：《拜占庭文明》(ST. Runciman, *Byzantine Civilization*)，伦敦 1959 年版，"前言"部分。

关系，从罗马时期到拜占庭时期是以历史的继承、延续和发展为主流还是以中断或分离为特点？罗马—地中海世界究竟有没有发生过“分裂”？如果发生了“分裂”，其原因是什么？是来自“外部”因素，还是来自“内部”因素？长期在中世纪欧洲世界保持着其旺盛生命力的“罗马—地中海大一统”观念产生和存在的依据是什么？它在中世纪欧洲政治生活中，尤其是在决定西方各封建君主国与罗马教皇、拜占庭皇帝之政策取向的问题上起到了什么作用？要说明上述问题，必须简单回溯一下“前拜占庭”时期，即自罗马帝国3世纪危机以来罗马—地中海世界的深刻历史变化。

所谓罗马帝国“3世纪危机”，其实质是奴隶制度的危机，中外学者对于这一结论并无疑义。问题的关键在于，这一危机在地中海罗马帝国的政治经济生活中究竟带来了什么变化？是否引起了政治经济制度的变革？以戴克里先改革为标志的晚期帝国，究竟构架于什么样的经济基础之上？

3世纪的危机，给罗马—地中海帝国带来的变化是决定性的，它促进了奴隶制度的瓦解和以小生产及租佃制度为主体的早期封建关系的产生。它破坏了罗马奴隶制大帝国各地区的联系和奴隶制的商品经济，使自给自足的自然经济成为帝国经济生活的主导。3世纪危机以后，帝国政府加强了对于帝国各地区各阶级人民的超经济强制，戴克里先的帝制改革就构架于这一基础之上。戴克里先之后，君士坦丁经历了与其他权力集团的长期角逐，于324年重新统一了地中海—罗马世界，进一步深化了戴克里先改革的内容，并以承认基督教和迁都于帝国东方希腊化地区的举动，完成了将古典的以多神崇拜为其精神支柱的罗马奴隶制帝国改造为以新兴的基督教为其精神支柱的以小生产者和自由租佃农为主体的早期拜占庭帝国。虽然我们还不能肯定地说，在君士坦丁时期拜占庭帝国已经确立了封建制度，但是至少可以说，自君士坦丁以后，封建因素在罗马—拜占庭世界开始稳步发展，正在取代古典时期的残酷而落后的奴隶制的生产方式。因此，自君士坦丁重新统一罗马—地中海帝国以后，其名称没变，仍然是“罗马帝国”；其人民使用的基本语言没变，仍然在西方以拉丁语为主，在东方以希腊语为主；其首都的名称不变，仍然叫作“罗马”，只是自帝国的西方迁移至东方，并在其前面加了一个“新”字，以示与古代罗马相区别；东西方新旧都市中的行政管理体制和共和时期遗留的元老院和城市库里亚体系也保持不变，但是，元老们的出身背景和他们在政府中的地位却发生了重大的变化：他们不再是早期帝国时代大奴隶主阶级的代表，而演变成新兴官僚阶级的代表。他们虽然也是大地主，但已经放弃了奴隶制的剥削方式，这种变化在帝国的东方更为明显。随之而来的，是在经济生活结构和阶级结构方面，在皇权的更加集中和专制方面，在新的宗教组织逐渐取代旧的传统宗教势力方面，在行政、官僚和军队体系方面发生的巨大的变化。传统的“罗马帝国”只余一副躯壳，其内部已经完成了本质的变化，只待条件成熟，就会脱壳而出。君士坦丁时期（324～337年）的统治就是这一长期演变过程的开始。

虽然戴克里先改革中的一个重要措施即实行“四头政治”，或曰“四君共治”体系，采取了对罗马—地中海世界分而治之的方针，但是，所谓“罗马世界”（orbis romanus）的概念却一直存在于整个罗马—拜占庭早期历史中。在戴克里先的改革活动中，最典型的是他的帝制改革：他摒弃了自奥古斯都以来确立的传统的罗马皇权观念，不再自称元首（princeps），而改称君主（dominus）不再强调“君权取自于民”的原则，而强调“君权受命于天”，并通过一系列宗教礼仪和宫廷仪式弘扬这一原则，将皇帝与平民隔离开来：凡罗马公民欲面见皇帝，必须行跪拜礼，只有少数权贵在得到准许后才可以吻皇帝长袍的边；帝国的高级官员成为皇帝的私人臣仆，而不再是公民意志的代表，皇帝在他们的官阶之上冠以“神圣”的字样，如司掌财务的官员被称为“圣库掌管者”（或称“圣库伯爵”），帝国议会被称为“圣议会”或“御前会议”，以强调他们与皇帝个人的关系；皇帝的露面也成为真正的宗教盛会，绛红色的丝绸袍服成为皇室的象征和皇权的标志，镶饰着宝石的皇冠，则代表着皇权的至高无上。[①] 但是，戴克里先没有从此建立一个人的绝对独裁，而是在他的三个“共治者”中间分割了帝国的统治权，他在帝国的东方和西方分别设两名奥古斯都和两名恺撒，分别以一处战略要地为自己的驻节地，各自管理帝国的四个不同地区。为了保持皇室的统一性，在理论上，两位奥古斯都被认为是兄弟（当然是以戴克里先为主）而两位恺撒则分别是他们的儿子，并以联姻方式使奥古斯都和恺撒们建立了血统联系，以防止帝国被分割。在理论上，四位统治者是完全一致的，所有法令皆以四人的名义联合签发。这个由多位皇帝分别统治一个庞大帝国的模式，一直延续到476年。在476年之后，这一传统则成为拜占庭东方皇帝选择储君和摄政者的一种常用方式。所以，从早期拜占庭时期人们的观念看来，帝国东西方的分治，只是“分治”而不能算是“分裂”。而且，东西方皇帝在法律和政策上的协调和互相支持也一直存续于“分治”期间。不过，从实质上看，由于历史、文化、宗教、民族的原因，东西方帝国之间的分歧本来就有，而且在两君或“四君”分治期间，呈逐渐扩大的趋势。它们的“分裂”本来是不可避免的，只是人们还没有认识到这一点或不愿意承认这一点而已。总之，罗马—

① 参见［美］斯塔夫里阿诺斯：《全球通史》，吴象婴、梁赤民译，上海社会科学出版社1993年版，第244～245页。

拜占庭世界是一个形似统一实则分离的世界,但是有一股传统的力量一直在小心地保护和维持这一形式上的统一,此即"罗马—地中海统一帝国""罗马世界"的传统思想。

由于"罗马世界"思想的存在,使罗马—地中海世界的各族人民,无论处于什么地位,是受压迫者还是统治者,都执着地相信地中海罗马世界是统一的、不可分割的,地中海罗马世界的皇帝是唯一有权力统治他们的最高领主。因此,西方各蛮族国家在建立相对自治的统治时,无一例外地要求得到东方罗马皇帝——君士坦丁堡皇帝的承认,即使在公元476年,西方首都的蛮族首领奥多阿克在废除了最后一位"西罗马"皇帝——罗慕洛·奥古斯都后,也请求东方皇帝芝诺"批准"自己成为意大利的合法统治者。[①] 罗马教区的教宗即后来的教皇,直到8~9世纪在法兰克王国找到了自己的政治靠山之后,才不再听命于东方帝国的皇帝。此前,他们时有冲突,但是,所谓"罗马皇帝"对教会的严格控制一直存在,而且在查士丁尼时期似乎达到顶点。直到公元800年,罗马教皇为查理大帝加冕时,仍然只称查理为"罗马人的皇帝",而不是"法兰克人"的皇帝。这种历史现象,在中世纪中期又得以重演,如德意志王奥托一世在教皇支持下称帝时,也自称为"神圣罗马帝国皇帝",而不是"德意志人的皇帝"。因此,所谓"地中海统一世界"的观念在整个中世纪(甚至在近代)都保持了强大的影响,并一直是一些想称霸于地中海世界的野心家梦寐以求的目标。纵然罗马—地中海帝国东西方的分离在罗马帝国的早期时代已经开始,但是,人们在心目中并没有接受这一现实。任何时代的人们,即使其中最出众者,也只能感觉到时代前进的脉搏,却很少能真正站在时代的前列。这种情况,也正发生在4~6世纪的罗马—地中海世界。这种统一观念的存在,几乎成为拜占庭历代皇帝对外政策的全部依据,尤其是早期拜占庭最后一位皇帝查士丁尼的对外政策的全部依据。

因此,以公元324年君士坦丁皇帝重新统一地中海世界为拜占庭史的开端,能够突出自罗马到拜占庭时期历史的延续和发展,有利于摸清罗马—拜占庭时期历史演变的基本轨迹,有利于将其经济、文化、宗教、军事发展演变的过程放到地中海文明区的大环境中加以考察,从而更加深刻地认识拜占庭这一"古董国家"[②]在"罗马帝国"西半部被蛮族占领之后,能够继续生存下来的基本原因和条件。

---

① 参见[英]J. B. 伯里:《剑桥中世纪史》(*Cambridge Medieval History*),剑桥大学出版社1975年版(重印本),第1卷,第一章,第435~436页。

② [美]J. W. 巴克尔:《查士丁尼与晚期罗马帝国》(J. W. Barker, *Justinian and the Later Rom an Empire*),威斯康星大学出版社1966年版,第209页。

需要强调的是,在人类文明史中,任何重大的历史转折时期,新的事物都是在旧的传统事物的胚胎中发育成熟的,历史的演变犹如江河汇流的过程,总是在渐变中发展,永不止息。所谓的“突变”,只是一系列渐变达到一定程度的一个临界点,或曰坐标点,而不是终极。因为,从这一临界点上,又开始发生新的变化。

君士坦丁统一了罗马—地中海世界之后,采取了两项重大决策,即:接受基督教为罗马帝国的合法宗教;把帝国首都迁至东方希腊化中心城市君士坦丁堡。这决定了罗马—地中海世界此后1000余年的命运,使晚期罗马帝国的历史发展脱离了它原来的发展轨迹,站到了一个新的历史起点上。从此,古典的罗马—地中海奴隶制帝国开始向中世纪的“封建性”的拜占庭—东地中海帝国转变。

虽然,历代中外史学家和神学家对于君士坦丁为什么会容忍和接受基督教这个问题,时常争论不休,而且,君士坦丁本人在位期间也一直没有真正放弃罗马异教赋予皇权持有者的特殊头衔“最高祭司”的称号,没有放弃对罗马传统异教的保护,直到他去世前才接受了基督教的洗礼。但是,君士坦丁承认基督教的举措,却使基督教处于与旧时罗马异教平等竞争的地位,从而使基督教以它自身所拥有的明显的超阶级、超民族、超种族的普世性,战胜了带有浓厚民族风格和落后的古典时期传统的罗马多神教,成为统一的罗马世界帝国的统一宗教。从此,在思想意识形态领域宣告了一个新时期的到来。此外,君士坦丁迁都于罗马帝国东部,即地中海东岸、亚欧大陆交接处的举措,则使帝国的上层统治集团成员脱离了古典异教文化发展的中心罗马城和意大利半岛,进入了希腊文化的腹地,处于东方古典文化传统的包围之中。从此,他们能更多地接受东方希腊文化,在语言、文化、宗教和价值观念方面不断地摆脱拉丁异教文化的影响。于是,曾被罗马人征服的东地中海地区希腊化人民,在文化上战胜了他们的征服者,从此走上了独立发展的道路;与此同时,西地中海地区也以罗马和意大利半岛为中心,发展了自己的文明,并在蛮族进入西欧以后,使拉丁文明与日耳曼文明、基督教文明相结合,发展了西方中世纪文明。东、西地中海世界的分离,即从这一时期开始。当然,在东方帝国政治经济生活中发生的变化,自早期帝国统治时期和3世纪危机时期已经远比西方表现得突出,这就为拜占庭东方帝国历史的发展提供了更新的起点。

为了研究的方便,学者根据拜占庭历史兴衰发展的规律,把1453年之前长达1000余年的拜占庭历史划分为三个主要的历史时期:早期(324~565年)、中期(565~1081年)和晚期(1081~1453年)。

所谓早期拜占庭,即自罗马时期向拜占庭时期的过渡时期。如前所述,我们既已确定君士坦丁时期是拜占庭历史的开端,那么,君士坦丁重新统一罗马—地中海帝国之时(324年),自然是早期拜占庭的开端。而所谓早期拜占庭的下限,中外史学界意见颇不一致，有相当一部分学者把这一过渡时期的结束推至7世纪初（希拉克略时代）[①]或8世纪初（伊苏里亚时代）。英国学者范莱在《希腊史》中强调，希腊化的拜占庭帝国的形成是在717年伊苏里亚的利奥三世统治时期。但是，以查士丁尼统治时期（527～565年），作为这一过渡时期的结束比较合适。理由如下：

自君士坦丁在地中海东岸的博斯普鲁斯海峡建立"罗马帝国"的新的首都后，至查士丁尼时期，已经经历了200余年的激烈动荡。这时，以君士坦丁堡为中心的东地中海地区，事实上已脱离了以罗马城为中心的拉丁化罗马—地中海帝国的发展轨迹，在政治、经济、文化及宗教各个领域的发展方面，基本具备了中世纪拜占庭帝国的特点，并为此后1000余年内拜占庭历史的发展奠定了基础。

在政治上，拜占庭虽然几乎完全保留了罗马时期的政治框架，但在基督教精神和东方希腊化文化的强有力的影响下，已逐渐改变了其实质性内容。统一的宗教为皇权的集中提供了强大的精神支柱，早期帝制时代未曾消灭的罗马共和时期传统的残余，在这一时期受到了致命的打击，元老院和库里亚阶层的作用日渐削弱，庞大的官僚集团取代了"公民"的代表，成为皇权在中央和地方管理机构中的代表。

在经济上，以君士坦丁堡和小亚细亚为中心的东地中海地区，依靠其自然环境和气候条件的优势，加之历史上残存的自由小土地所有者经济的广泛存在和自1世纪以来隶农（coloni）制的普遍发展以及持续繁荣的工商业和对外贸易活动，使这一地区能以强大的经济实力医治3世纪危机造成的创伤，有效地抵制来自多方面敌人的入侵和骚扰，新的生产方式——封建生产方式的基本因素开始在古老的奴隶制帝国的框架内发展和成熟。可以说，自君士坦丁大帝统一罗马世界帝国以后，东方帝国就开始了向封建制转变的基本过程。[②]

在宗教上，经过几个世纪的激烈斗争，在皇权亲自干预下，通过宗教会议的方式，基本确定了基督教的正统信仰和中世纪拜占庭政教关系的基础。但是，东、西派基督教会的分和以罗马为中心的西派教会脱离拜占庭皇权控制的倾向已经出现。

在文化上，希腊语言和文字从民间开始进入上层阶级中间，并有逐渐取代拉丁语的趋势。查士丁尼整理和重新颁行罗马法之后，开始使用希腊语颁布"新

---

① 参见［日］井上浩一：《拜占庭帝国》，载《世界历史研究动态》1985年第3期。

② 参见［澳］杰克·林德赛：《拜占庭进入欧洲》（Jack Lindsay, *Byzantium into Europe*），伦敦1952年版，第20页。

律”,标志着希腊语已经正式成为拜占庭东方帝国的官方语言,拉丁语已经从此退出东地中海帝国的上层建筑舞台。

在领土疆域上,查士丁尼是最后一个使罗马—拜占庭帝国重归统一,使地中海重新成为“罗马”之内湖的罗马—拜占庭皇帝。虽然,他无力阻止地中海罗马帝国终究要“一分为二”(后来,随着伊斯兰教的产生和阿拉伯帝国的崛起,地中海文明区实际上已经分化为三个主要的文明圈)的历史必然性,但是,毕竟使“罗马帝国”有了一个较为“辉煌”的结局。因此,上述这一时期可以视为罗马帝国的最后时期,因为罗马时期的许多特质还残留着部分活力。与此同时,它也可以被视为是拜占庭时代的开端,因为新时代的许多要素在这一时期已经形成。作为这个时代的杰出代表,查士丁尼完成了他认为自己应该完成的业绩,而若以历史唯物主义者的眼光来看,他结束了一个旧时代,呼唤着一个新时代,完成了历史赋予他的使命。因此,以查士丁尼时代为早期拜占庭时期的结束是符合历史发展的本来面目的。

所谓“中期拜占庭”,即从查士丁尼逝世(公元 565 年)至 1081 年拜占庭杜卡斯王朝结束。学者认为这一年是东方希腊化王国拜占庭由盛而衰的开始,因此称这一时期为“希腊帝国”时期。① 这一时期,拜占庭帝国历史发展的主要特点是:查士丁尼逝世后,帝国陷入多方面敌人的打击之中。在北方,自 6 世纪末以后,巴尔干半岛迎来了一批又一批斯拉夫人定居者。在东方,自 7 世纪 30 年代,拜占庭最后取得了对波斯战争的胜利之后,阿拉伯民族在伊斯兰教的旗帜下迅速统一起来,开始大规模地向北方的新月形富饶地区发起攻势。在半个世纪之内,阿拉伯人从拜占庭手中夺取了西亚、北非、小亚细亚的大片领土,并征服了波斯等许多地区,建立了横跨亚、欧、非三洲的大帝国。从此,地中海航道不再为拜占庭一家所垄断,却成为拜占庭和阿拉伯新兴势力相角逐、相抗衡的战场。这一时期,因周边民族的蚕食,拜占庭的地理范围不断缩小,但在文化和宗教方面,却更加统一,出现了中世纪希腊文明的“黄金时代”。

在经济和社会结构方面,随着“军区制”的广泛推行和完善,新兴的军人地主阶级成为中期拜占庭帝国的主宰,皇权的专制受到地方军阀割据势力的挑战。在农村,生活在广大军事地产上的农民及相当一部分下级军农,多已沦为大地主的依附农(在拜占庭时期,他们被称为“巴力克”),军区制趋于瓦解。在这一时期,处于东地中海地区东、西方商路要冲地区的拜占庭,皇权比较强大,经济实力也很

---

① 参见[希腊]卡拉扬诺布鲁斯:《拜占庭史》(J. Karay iano populous, *Byzantion Kratos*),雅典希腊文 1983 年版,第 13～16 页。

强,因此,帝国一度战胜了来自多方面的敌人和内部的分离因素,成为中世纪早期亚、欧大陆上最强盛的国家。但是,11 世纪中后期,由于帝国在小亚细亚和意大利的军事失败,加之东西方基督教会在经过长期互不相容的斗争后,最后分裂为东方"正教会"和西方天主教会("加特力教会",亦称"大公教会")。从此拜占庭日益脱离了西方世界,孤傲地独立于东地中海世界,应付来自各方面的强大敌人。它的衰落时期,也从此开始。

晚期拜占庭(1081~1453 年),是帝国的衰落时期。导致这个一度强盛的中世纪帝国衰落的因素有很多,但其中最重要的还是由于大土地所有制的发展和地方割据势力的兴起削弱了中央政府和国家的军事力量。小农,尤其是自由军农的大批破产,导致国家税收锐减,军力不足,对外防御能力明显减弱。为了对付来自多方面的敌人,拜占庭国家不得不动用大批金钱去收买雇佣军人,并以牺牲帝国海关税收特权的下策,使意大利各航海城市(以威尼斯、热那亚为主)以海军帮助帝国维持其在亚得里亚海和东地中海域的"秩序"。从此拜占庭国家丧失了控制东、西地中海交通和贸易的优势,国家财政也陷于深深的危机之中。此外,来自东方的新兴游牧部族塞尔柱突厥人在小亚细亚的渗透,导致了拜占庭皇帝向西方封建势力求救的"引狼入室"之举。随着西方十字军一次又一次地进入近东和拜占庭领土,加速了拜占庭的衰落。虽然,拜占庭这个古典时期遗存下来的"百足之虫",顽强地战胜了 1204 年拉丁帝国统治时期西方封建骑士对它的皇权专制体系和统一概念的肢解,一度励精图治,"恢复"了"希腊人"在这一古代东方帝国的统治地位(1261 年),出现了一个"回光返照"的时期(1261~1453 年),但却挽救不了它最后灭亡的命运。1453 年,奥斯曼土耳其人进入君士坦丁堡,标志着拜占庭的灭亡。但是,土耳其人的入侵,只是促使拜占庭灭亡的一个外因,其内部的衰落和瓦解过程早在 11 世纪中后期就已经开始了。

开明专制的文本解析

——叶卡特林娜二世《指导书》评述

王云龙

叶卡特林娜二世以开明专制君主著称于史，奠定她这一历史地位的文献，就是致法典编纂委员会的《指导书》。《指导书》是叶卡特林娜二世开明专制的政治宣言书和精神境界的文本，也是18世纪自由主义政治理论实践性的登峰造极之作。它反映了叶卡特林娜二世具有比较明显的启蒙思想意识，是她实行开明专制统治的指导性文件。

叶卡特林娜二世开明专制的政治形态，与其悖论性本质一致，是自由主义与保守主义两种取向互逆的动态复合结构。在18世纪启蒙运动的振刷下，欧洲精神领域出现了反映时代精神的两种主要思潮，即自由主义与保守主义。这两种思潮皆源于欧洲文明的摇篮——希腊思想，经过漫长中世纪的隔阻，由文艺复兴运动重新发扬光大，在18世纪启蒙运动中得到近代意义上的诠释。

自由主义与保守主义是开明专制的精神之源，是开明专制的发生学研究的两大支柱。开明专制的现实悖论与其精神来源的悖论性质有着一致性，这是人类社会发展与精神成长的辩证统一规律的历史性体现。自由主义与保守主义是西方文明相克相生的一对孪生子，两者在历史空间中的组合运行。

自由意识深植于西方历史之中，古希腊和犹太——基督教传统，确信人类的个人价值和个体意识。基督教传统经过中世纪后期宗教改革,使自由主义重心转向强调普通大众和统治阶级的个人责任意识,促发自律意识,以免自由流于无政府主义。在16世纪后期,被放逐、受迫害的新教教派为了捍卫个人有选择宗教信仰的自由这一革命性信念,而慨然赴死。

自由的信念尽管深蕴于西方文化传统之中,但经典的自由主义则发轫于17世纪末和18世纪之初的启蒙运动。启蒙运动的自由意识,重点放在现世人们的命运和福祉,体现了启蒙思想关于科学、理性和进步的基本思想。采纳自由的原则,在政治上意味对所有人而言,建立更开明的政府和更人道的社会,启蒙运动活动家和思想家不遗余力地倡导更大程度的个性自由,他们大力宣传宗教宽容、言论自由、公正与法律上的人格平等,许多法国启蒙思想家,以叶卡特林娜二世的精神导师——伏尔泰为代表,主张这些自由可以由开明专制君主来实现。

对叶卡特林娜二世这样的封建专制君主来说,自由主义是一把“双刃剑”,既有对其统治有利的一面,又有对其统治产生威胁的一面。实行开明专制的君主们,不得不用保守主义来抵消自由主义激进的一面。18世纪启蒙运动激进自由主义思想,把民治政府、个人自由、法律平等三者结合起来。这是专制君主所绝不能接受的。世界上任何事物都是对立统一的,这是唯物辩证法的基本法则。有自由主义,则必然要有保守主义。

“人们的社会存在决定人们的意识”,①在叶卡特林娜二世的思想武库中,不仅有自由主义,而且还有更合“朕意”的保守主义。“保守主义与自由主义相联系,同时开始形成各自的思想体系。”②保守主义并不是一概反对变革与进步,只是要求社会变迁不要损害国家与社会的根基——君主制、教会、社会等级、财产与家庭。保守主义是贵族意识形态,是贵族阶级对18世纪启蒙运动自由主义思潮的回应。保守主义像自由主义一样,主张尊重人的价值,反对国家全能的权力,特别是高度的中央集权。保守主义尊重人的价值是有阶级性的,变相主张贵族与平民、贵族与农奴在人格价值上不平等,反对任何把其他阶层人们与贵族等量齐观的社会改革措施,这是保守主义的反动性最露骨的表现。保守主义反对中央集权,是为了贵族特权不受君权的制约,这也是逆历史潮流的。保守主义是权势集团的意识形态,当社会改良有利于维护贵族统治时,“保守主义可能是最有效率的改革措施,它能够在一定范围内使激进的改革计划缓和,充当民众与宫廷的中

---

① 《马克思恩格斯选集》(第二卷),人民出版社1972年版,第82页。

② [英]戴维斯:《欧洲史》,牛津大学出版社1996年版,第812页。

间人。”①

18世纪下半叶，开明专制风行于欧洲大陆，特别是在中东欧更是大行其道。中东欧国家，特别是俄罗斯，尽管比西欧经济落后，但资本主义新的生产关系已经萌发，新的资产阶级开始形成，旧的封建农奴制经济结构面临来自农奴反抗与资本主义经济冲击的双重威胁，社会意识形态发生了巨大变化，先进的启蒙思想涌入，落后的社会现实与先进的意识形态产生了巨大的反差。“人的意识不仅反映客观世界，而且创造客观世界。”②开明专制适应这些时代性变化，从主观上是为了维护农奴经济制度和贵族政治制度，对新生资产阶级和其他平民作出一定让步，使贵族专政适应新的生产关系和社会变迁；客观上，开明专制开启了和平地由封建君主绝对专制向资本主义立宪君主制过渡的大门，但在18世纪的中东欧，这种和平过渡受到这些国家主客观条件和开明专制的内在悖论的制约，无一成功。但是开明专制已不同于封建君主专制，正如列宁所指出的：“十七世纪的俄国专制制度就不同于实行官僚政治、官吏等级制和有过个别‘开明专制制度’时期的十八世纪的专制制度。”③

叶卡特林娜二世“开明专制”最具历史典型性的举措，是1767年新法典编纂委员会及为该委员会工作发布的指导书。这一举措是18世纪自由主义政治理念实践性的登峰造极之作，叶卡特林娜二世因此被启蒙思想家欢呼为：“北方的塞米拉米达”④（塞米拉米达系传说中的亚述女王，她领导了亚述多次征服活动并建造了“空中花园”）。

叶卡特林娜二世取得皇位后，欲行“开明专制”。开明专制之首务，为编定新法典，她写道：“我下定决心（1765年）国家总体态势和国内法律必须完善，以适应有效的管理。法典必须由我亲自撰写并批准，在任何形势下适用于帝国内任何人。我开始读书并为法典编纂委员会撰写指导书。我读写了两年，有一年半的时间不说一个字，听凭自己的判断与感觉，在崇高的为帝国全体人民幸福与荣誉的激情激励下，忘我工作。我认为，我达到了我的目标，我开始把指导书给不同的人看。最后，我写了诏书，从帝国不同地区召来代表来开会，以便了解不同地区的情况，把他们叫到克里姆林宫，听取他们对指导书的意见。在每个问题上，都有不同的意见。我允许他们根据自己的意见，在文本上进行修改，他们把我的指导书改

① ［英］戴维斯：《欧洲史》，牛津大学出版社1996年版，第812页。

② 《列宁全集：卷38》，人民出版社1972年版，第228页。

③ 《列宁全集：卷15》，人民出版社1972年版，第310页。

④ ［波］瓦利舍夫斯基：《俄国女皇——叶卡特林娜二世传》，上海译文出版社1982年版，第1页。

动了大半,但付印的指导书还是我的原本知识,这个帝国是我必须与之朝夕相伴的”。[①]

叶卡特林娜二世这番自白,是她初行开明专制的真实写照。这一时期,自由主义在她矛盾性精神世界中占了上风,表现的开明色彩较多,但在根本问题上仍坚持专制主义。她按照自己的意志起草指导书:召集代表对指导书提意见,但不采纳。开明专制这艘由叶卡特林娜二世掌舵的悖论性航船,升起了“文明立法”的旗帆,驶进了俄罗斯农奴制贵族政治的泥淖。有论者指出:叶卡特林娜二世“给法典编纂委员会的著名指导书,目的在于制定近代法典。”[②]这里需指出的是,所谓近代法典在当时俄罗斯历史条件下。只能是封建农奴制关系与新生资本主义相互妥协的混合物。叶卡特林娜二世的法典编纂委员会不同于18世纪西欧封建民族国家出现的立法委员会,虽同为编制法典,但俄罗斯的法典编纂委员会充其量是一个秘书班子兼谘议机构,不是权力部门,立法权操于叶卡特林娜二世一人之手。这是开明专制君主与立宪君主制的根本法理性区别所在。

叶卡特林娜二世于1766年12月14日发布了《建立法典编纂委员会的诏令》,在陈述了旧法度的弊端后,她宣称:“我们的根本目的是我国人民的幸福与祉吉,为此我们需要更好地了解人民的需求与渴望。本诏令发表半年后,各个地区选一名代表,来到我国旧都莫斯科。每个地区选出代表后,应给代表成文的条陈和委托书。召集代表开会,不仅要听取他们关于各个地区的匮乏与需要的说明,而且要他们起草新法典,提交朕御批。这个委员会将在朕的指导与带领下开展工作。建立这个委员会,为帝国臣民提供一个检验自己的真诚及对祖国的热爱的机会。”[③]在这个诏令中,叶卡特林娜二世使用了许多启蒙运动自由主义蛊惑人心的语句,其目的是“叶卡特林娜召集法典编纂委员会不过是为她个人制定新法典,提供谘询。”[④]

法典编纂委员会的组成结构,以封建贵族阶级为主体,辅之以新兴的资产阶级、市民阶级、国有农民及自由农民的代表组成。这个委员会的阶级成分是开明专制的政治基础的代表,“新法典编纂委员会经选举产生,具有等级性质。贵族(地主)代表每县一名,市民代表每个城市一名,国有农民分(乡、县、省)三级选举,每省两名,哥萨克和非俄罗斯族代表每省一名。教会由正教院派代表参加。

① [美]维涅德斯基:《俄国历史资料Ⅰ》,耶鲁大学出版社1972年版,第403页。
② [英]戴维斯:《欧洲史》,牛津大学出版社1996年版,第654页。
③ [美]维涅德斯基:《俄国历史资料Ⅰ》,耶鲁大学出版社1972年版,第405页。
④ [美]科钦:《现代俄罗斯的诞生》,企鹅出版公司1983年版,第129页。

此外,中央机关:参政院和各委员会都有代表参加。占全国人口一半以上的地主农民被剥夺选举权与被选举权。全体代表总数是596人,其中中央机关28人,贵族216人,农民24人,独户农43人,哥萨克45人,非俄罗斯族51人。……委托书共有1465份,反映了各个阶级的政治和经济要求。"①1767年8月10日,法典编纂委员会在莫斯科开幕。会议的第一项议程,与新法典无关,大主教季米特里提议授予叶卡特林娜二世"英明伟大的皇帝和国母"称号,获得通过,叶卡特林娜二世,是继彼得一世俄罗斯帝国历史上第二位大帝。② 叶卡特林娜二世对于该委员会发布了多达500余条的指导书,从立法的目的到具体细则详加指令,反映了开明专制君主的绝对权威与事必躬亲的专制作风。针对俄罗斯内部东正教原教旨主义势力强调"第三罗马"的文化特性,与西欧分庭抗礼,实行东方"拜占庭化"的图谋,叶卡特林娜二世在《指导书》第6、7条明确指出:"俄罗斯是欧洲大国。这一点已经为下列观察所证实,彼得大帝对俄罗斯改造之所以顺利取得成功,原因在于俄罗斯的旧俗已经不符合时代的潮流。彼得一世把欧洲的风尚与习俗引入俄罗斯,将俄国人改造成为欧洲民族,这一进程在他的时代进展顺利得超乎他的期望。"③

叶卡特林娜二世对于权力以及俄罗斯社会的权威崇拜,有着深刻的洞察。她强调,专制君权是国家最高权力,是不可分割的,集于君主一身。她在《指导书》中以不容置疑的决断式语句写道:"9.最高权力是专制的。这项威权集于君主一身,权威所及遍于国事各个方面。10.国家的广袤疆域要求专制君权统御万民,统管万事……12.另一个(实行专制君权的重要)原因是,服从(君主)一人的律法要比服从多人的律法为好。"④叶卡特林娜二世为专制主义涂上一层启蒙运动自由主义思想的油彩:"13.专制的目的是什么?不是剥夺人民的天赋自由,而是指导他们的行为,以便其获得最大的益处……15.专制的意旨和目标是市民的荣耀、国家的繁荣"。⑤

在维护社会稳定的关键点——罪与罚的问题上,叶卡特林娜二世表现出了启蒙运动的近代刑罚意识"使用肉刑与健全的人类天性相抵触。人们对于这种刑罚怨声载道,特令全部废止肉刑……"⑥事实上,在叶卡特林娜二世当政期间,俄罗

① 参见孙成木、刘祖熙、李建主编:《俄国通史简编》(上),人民出版社1986年版,第331页。
② 参见孙成木、刘祖熙、李建主编:《俄国通史简编》(上),人民出版社1986年版,第332页。
③ [美]维涅德斯基:《俄国历史资料Ⅰ》,耶鲁大学出版社1972年版,第404页。
④ [美]维涅德斯基:《俄国历史资料Ⅰ》,耶鲁大学出版社1972年版,第404页。
⑤ [美]维涅德斯基:《俄国历史资料Ⅰ》,耶鲁大学出版社1972年版,第404页。
⑥ [美]维涅德斯基:《俄国历史资料Ⅰ》,耶鲁大学出版社1972年版,第404页。

斯的肉刑不但没有被废止,反而更加严酷,具体情况在下一节详述。叶卡特林娜二世在《指导书》中把理想与现实的辩证法,玩弄得炉火纯青。这套悖论的辩证法,把她推向了18世纪欧洲开明专制君主的荣誉的顶峰。叶卡特林娜二世进一步阐述带有自由主义色彩的刑罚准则:"为了不使刑罚蜕变为对市民的暴力,刑罚应是公开的、必需的、适度的和迅疾奏效的,在条件可能的情况下温和一些,刑罚要与所构成的犯罪相一致,罪名要在法律中详列之。"①

叶卡特林娜二世在俄罗斯社会的痼疾——农奴制问题上,其言辞的激进足以与19世纪民粹派相媲美:"216.法律应能够赋予奴隶拥有私有财产。"但她为此设置了一个先决条件:"260.突然地、或经过一般法律使大批(奴隶或农奴)获得自由是不适当的。"②叶卡特林娜二世维护农奴制,一方面是其贵族君主的阶级本性使然,另一方面也是俄罗斯农业发展离不开农奴劳动力所决定的。尽管叶卡特林娜号称"开明君主",但正是在"叶卡特林娜二世执政时期,人民终于落到农奴制的权力统治之下"。③ 叶卡特林娜二世虽未对农奴制进行变更,但不主张对农奴竭泽而渔,她认为:"295.如果农业凋敝,就没有人还能拥有财富。"④为了避免出现这种危局,"299.奖励那些把土地耕作得比其他人好的农民是很好的作法"。⑤叶卡特林娜二世谙知启蒙运动的自由主义思想,俄罗斯的社会现实使她在农奴问题上很难有所作为,只是在历史惯性作用下,随波逐流把农奴制推向了高峰。农奴制是与自由主义理念水火不容的,在叶卡特林娜二世那里却兼容并蓄了。这是历史情势的必然,是不以人的意志为转移的客观存在,"理论在一个国家的实现程度,决定于理论满足于这个国家的需要的程度"。⑥

贵族是叶卡特林娜二世所依靠的统治力量,在《指导书》中对于贵族权益,给予多方面的界定。在贵族经济利益方面,《指导书》针对俄罗斯出现的新的资本主义货币关系,贵族地主肆意盘剥农奴货币租赋指出:"贵族使用新的收取租赋方式,削弱了俄罗斯农业和人民。贵族很少或根本不住在农村,向每个农奴征收一个、两个,甚至高达五个卢布的租赋,根本不考虑农奴是否拿得出这笔钱。"⑦俄罗

① [美]维涅德斯基:《俄国历史资料Ⅰ》,耶鲁大学出版社1972年版,第404页。
② [美]维涅德斯基:《俄国历史资料Ⅰ》,耶鲁大学出版社1972年版,第404页。
③ [苏]别尔嘉耶夫:《俄罗斯思想》,雷永生、邱守娟译,生活·读书·新知三联书店1995年版,第15页。
④ [美]维涅德斯基:《俄国历史资料Ⅰ》,耶鲁大学出版社1972年版,第404页。
⑤ [美]维涅德斯基:《俄国历史资料Ⅰ》,耶鲁大学出版社1972年版,第404页。
⑥ 《马克思恩格斯选集》(第二卷),人民出版社1972年版,第10页。
⑦ [美]维涅德斯基:《俄国历史资料Ⅰ》,耶鲁大学出版社1972年版,第404页。

斯是一个农奴制农业国，叶卡特林娜二世不希望贵族地主的残酷压迫，导致农奴丧失生产积极性、起来反抗，威胁其统治和贵族集团的整体利益。《指导书》要求："220. 法律必须明确规定贵族向农民收取租赋数额，其数额应是公正和精确的，这是绝对必须的。惟其如此，农业才会发展，人口才能增长。"①叶卡特林娜二世是贵族集团的首脑，对待国事比一般贵族有着更深刻的考虑与谋划。她比其前辈沙皇更加坚定地依靠贵族武装力量，《指导书》说："365. 没有什么比在军中服役更光荣的了。保卫祖国、战胜敌人是贵族的首要的权利和合适的工作"。② 叶卡特林娜二世为了扩大统治依托力量，在原有的贵族体制基础上，使贵族身份的获得不再局限于军功："贵族身份可以非军功的劳绩方式取得。"③

叶卡特林娜二世在民族与宗教问题上也表现出了自由主义倾向，她写道："494. 在这样一个大国，统治如此众多的民族，如果错误地禁止或歧视不同的(宗教)信仰将极大地损害国民的安全与社会的稳定。"④叶卡特林娜二世对于不同信仰作了理性的分析，显示了一个开明专制君主与绝对专制君主的区别："496. 人类心智会被迫害激怒，应允许每个人根据自己的信仰缓和最僵化的想法，远离根深蒂固的偏执，抑制那些损害国家稳定和国民团结的争论。"⑤

叶卡特林娜二世对于异端和民间巫术的立法态度也是很谨慎的，表现得比较理智："497. 应该十分审慎地审理涉及巫术和异端的案件。如果对于这两种行为酿成的犯罪不加以适当的法律约束，就会损害国民的自由与安宁，导致国家动乱。"⑥叶卡特林娜二世作为开明专制君主，对于荒诞不经的封建迷信以及巫术魔法兴趣不大，但相信近代科学。在 18 世纪后期，西欧民众乃至宫廷都不接受接种牛痘这一科学免疫新方法时，叶卡特林娜二世不顾冥顽的贵族大臣的阻拦，在法典编纂委员会开会期间，接种了牛痘，"1768 年，她是彼得堡甚至是全俄国接种牛痘的第一个人"。⑦ 叶卡特林娜二世对于代表们和贵族大臣赞美她接种牛痘的阿谀之词不以为然，她说："我想，伦教街头的任何一个小孩都有这样的勇气。"⑧在

① ［美］维涅德斯基：《俄国历史资料Ⅰ》，耶鲁大学出版社 1972 年版，第 404 页。
② ［美］维涅德斯基：《俄国历史资料Ⅰ》，耶鲁大学出版社 1972 年版，第 404 页。
③ ［美］维涅德斯基：《俄国历史资料Ⅰ》，耶鲁大学出版社 1972 年版，第 404 页。
④ ［美］维涅德斯基：《俄国历史资料Ⅰ》，耶鲁大学出版社 1972 年版，第 405 页。
⑤ ［美］维涅德斯基：《俄国历史资料Ⅰ》，耶鲁大学出版社 1972 年版，第 405 页。
⑥ ［美］维涅德斯基：《俄国历史资料Ⅰ》，耶鲁大学出版社 1972 年版，第 405 页。
⑦ ［波］瓦利舍夫斯基：《俄国女皇——叶卡特林娜二世传》，上海译文出版社 1982 年版，第 224 页。
⑧ ［波］瓦利舍夫斯基：《俄国女皇——叶卡特林娜二世传》，上海译文出版社 1982 年版，第 225 页。

东正教传统深厚的俄罗斯，叶卡特林娜二世虽皈依了东正教，对待近代科学的态度却不受东正教的保守思想羁绊。叶卡特林娜二世像中东欧其他开明专制君主一样，对西欧最新科学成果贪婪地持拿来主义态度。器物层面的科学硕果，是专制君主的好朋友，因为科学发展的物化成果，有利于巩固君主专制。开明专制君主们对于产生科学革命的社会结构制度——英国式立宪君主制和社会意识形态——主权在民思想则视若仇雠。

叶卡特林娜二世企图把自己的立法普及全俄罗斯各个角落，她在《指导书》中要求："158. 法律应用通俗的语言写成，法典应把所有法律包容在一本书中，法典的售价应像小学课本一样低廉。"①叶卡特林娜二世在《指导书》中把开明专制君主的统治理念与带有自由主义色彩的追求表述得颇为充分："520. 不能让那些整天吹捧自己君主的人得到恩宠。我庄严地宣告，人民不是为君主创造的，相反，君主是为人民所创造的。基于这样的原因，我必须实事求是发表自己的意见。但愿我们的立法工作结束后，世界上再没有任何国家比俄罗斯更公正、更繁荣；如若不然，那就是我们的立法目的没有达到，我不希望出现这种不幸的局面。"②

《指导书》是叶卡特林娜二世开明专制的政治宣言书，其中混杂着自由主义与保守主义、专制与民主的对立因素。这个《指导书》是叶卡特林娜二世精神境界的文本，也是她那个时代开明专制君主精神状态的典型性写照。理想与现实，超越与权势，使叶卡特林娜二世在悖论性的泥淖越陷越深，以至完全丧失了自拔的自觉，叶卡特林娜二世身上比较明显的启蒙思想特点，是一种立法狂热，"叶卡特林娜毕生始终对法律知识感到兴趣。她本人也永远是一个立法者，不过是一个'即兴式'的立法者"。③ 叶卡特林娜二世不可能超出界定她存在方式的历史时空，在《指导书》中她已经把自己的政治旨趣完整地阐述了出来。《指导书》是开明专制悖论性质的政治标本，是启蒙运动政治理念——开明专制的集大成之作。它"渗透着伏尔泰关于专制制度的学说。这一学说，也给那个必须执行女皇旨意的委员会的工作打上了自己的烙印"。④《指导书》思想本身，就是要用女皇的个人意志来代替俄国代表的集体意志。这个思想纯粹是伏尔泰的思想。以至于伏

① [美]维涅德斯基：《俄国历史资料Ⅰ》，耶鲁大学出版社 1972 年版，第 404 页。

② [美]维涅德斯基：《俄国历史资料Ⅰ》，耶鲁大学出版社 1972 年版，第 405 页。

③ [波]瓦利舍夫斯基：《俄国女皇——叶卡特林娜二世传》，上海译文出版社 1982 年版，第 362 页。

④ [美]维涅德斯基：《俄国历史资料Ⅰ》，耶鲁大学出版社 1972 年版，第 355 页。

尔泰认定,“叶卡特林娜一个人就比所有的代表都能胜任这项工作”①。叶卡特林娜二世的《指导书》,使她赢得欧洲知识分子的尊重,在欧洲启蒙思想家的心目中,叶卡特林娜二世是“开明专制”的代表。

开明专制与绝对专制对待言论自由的态度是不同的,开明专制允许在钦定的阶层和范围内,进行有限度的自由讨论。而绝对专制以禁锢言论为撒手锏,文字狱肆行,官民噤若寒蝉。叶卡特林娜二世召集法典编纂委员会开会,鼓励各阶层代表发表言论,做出开明专制享有“言论自由”的姿态。发言者除了贵族官僚,就是资产阶级和富裕农民。由于农奴根本没有资格当选为代表,俄罗斯社会底层最大多数民众——农奴和下层群众的声音在会议上是根本听不到的。法典编纂委员会的讨论,反映了代表所在地区和所处阶层的主流意见,折射出18世纪60年代俄罗斯社会的某些真实的侧面,从中可以看到开明专制的实行并不是叶卡特林娜二世的个人行为所致,而是有着深刻的社会原因。俄罗斯自彼得大帝改革以来,社会转型无序,变革速率呈非稳态,时而停滞倒退,时而放纵狂奔,贵族官僚和新生的资产阶级及富裕的有产者希望有一个稳定的、强有力的沙皇做自己的保护人。社会上层和中间阶级通过叶卡特林娜二世执政几年的实绩和《指导书》阐述的治国之道,更加靠近女皇,把她看作俄罗斯国家的忠实的守护女神。叶卡特林娜二世在西欧专制君主那里,却成了一个危险人物,这是历史的悖论。她的渗透自由主义精神的《指导书》在欧洲许多国家被视为颠覆性读物,“导致法国查禁了这本书”。②

开明专制的“言论自由”是君主的恩赐,不是天赋的人权,取决于君主的“开明”程度。这种“言论自由”是由专制君主制向立宪君主制过渡的中间状态,既有别于专制君主制的“言论一律”,又有别于立宪君主制的“言论自由”。贵族是法典编纂委员会的强势集团,在会议讨论中表达了维护和扩大贵族特权的要求。贵族毫不讳言地要求取得国家重要的军事与民事职权。雅罗斯拉夫尔地区的贵族说:“俄罗斯贵族是帝国最重要的阶级,由于他们的服务,得到了君主的特别信任与恩宠,自远古以来,民事与军事的最高职位都由他们担任,迄今亦然。他们仍然应享有这样的特权。”③莫斯科的贵族从维护沙皇与贵族相互依存的角度,强调保持贵族特权的极端重要性,“俄罗斯贵族自远古就形成一个整体,一方面保障了国

① [波]瓦利舍夫斯基:《俄国女皇——叶卡特林娜二世传》,上海译文出版社1982年版,第356页。

② [美]拉萨诺夫斯基:《俄国史》,牛津大学出版社1977年版,第286页。

③ [美]维涅德斯基:《俄国历史资料Ⅰ》,耶鲁大学出版社1972年版,第431~432页。

家的强大与独立,维护了沙皇制的稳定;另一方面,贵族把自己的特权与安全同帝国的完整与稳定密不可分地联系起来。由于这种天然的相互依存关系,保留贵族特权符合沙皇的意志与仁慈的统治”。① 贵族不但维护自己的政治特权而且还要求经济特权。来自资本主义商品货币关系较发达的奥勃良斯克等地的贵族提出,“任何贵族都可以利用自己的资产,投资建厂,毋须由矿业与制造委员会批准。不得禁止其向国内外城乡市场出售工厂的产品。只有在工厂生产情况良好,才需向矿业与制造委员会申告工厂生产的产品。贵族不再想拥有工厂时,可以自由将其出售给任何人,毋须矿业和制造委员会的批准”。② 贵族要求兴办资本主义性质的制造业,表明贵族在一步一步地向新兴的生产关系靠拢,并力图用封建特权方式改造之。这种状况造就了开明专制的悖论性经济基础,先进的生产方式与落后的生产关系融合在一起,两种互为逆向的社会作用力在内耗,极大地损害了社会运行机制。

新兴的资本主义商人和市民阶级对于社会现实是不满的,但他们把改善的希望寄托于开明专制君主——叶卡特林娜二世。这是俄国资产阶级形成时期就带有的反动性和妥协性。这种劣根性使资产阶级在整个 19 世纪和 20 世纪初期,俄国需要资产阶级革命的重大历史选择关头,资产阶级都当了逃兵。伟大的列宁领导布尔什维克党勇敢地承担起改进沙皇俄国的历史重任,带领工人阶级,经过十月革命,推翻了旧制度,建立起人类历史上第一个社会主义国家。俄国资产阶级自然地倾向于开明专制,他们通过放弃在 18 世纪具有革命性的阶级属性,以换取在工商业方面享有与贵族同等的特权。俄国资产阶级对于贵族利用政治特权来谋取经济特权的做法极为不满,卡斯托玛地区的市民提出:“不应允许贵族从事贸易、拥有工厂或取得经商特许权,因为贵族的特权会使他们赚取巨额利润。只应允许贵族出售他自己庄园的产品,禁止贵族购买用来赚取利润的其它物品。贵族从事任何一种这样的行业,都与其贵族身份不相称。如果贵族以各种借口从事以获取利润为目的商品买卖和远程交易,经查实,所获利润应由国库没收。”③俄罗斯各地市民为了维护自己的经商垄断地位,对于贵族经商办厂不遗余力地反对,同时也反对农民经商。莫索尔斯克的商人认为:“所有阶层的人们,特别是农民,极大地损害了商人阶级的事业。越来越多的农民放弃务农,在地主的鼓励下从事商业。这些地主允许农民用他们的名义进行买卖。我们恳请女皇陛下明令禁止

① [美]维涅德斯基:《俄国历史资料 I》,耶鲁大学出版社 1972 年版,第 431 页。
② [美]维涅德斯基:《俄国历史资料 I》,耶鲁大学出版社 1972 年版,第 432 页。
③ [美]维涅德斯基:《俄国历史资料 I》,耶鲁大学出版社 1972 年版,第 436 页。

其它阶层人们,特别是农民,以自己或他人的名义,在全国城乡市场经商。"[①]商人和市民等新兴的资产阶级,不但要垄断工商业,而且要凭借经济实力,像贵族那样拥有农奴,俄罗斯资产阶级有着很浓厚的封建性色彩。市民代表提出:"一等行会的商人最多可拥有五名男农奴,二等行会商人可拥有三名男农奴。农奴被上述商人购买后,即为其不可剥夺的财产。"[②]俄国资本主义产生于农奴制社会结构之中,它的身上有着挥之不去的农奴制胎印,它是新的生产关系的阶级性代表,同时又是旧的社会结构的承载者,因为"在农奴制社会内,随着商业的发展和世界市场的出现,随着货币流通的发展,产生了一个新的阶级,即资本家阶级"。[③] 俄国资产阶级对于开明专制是欢迎的,开明专制内蕴的悖论性质符合俄罗斯资产阶级的双重本性。

随着资本主义新的生产关系出现,大量肥沃的土地被贵族、商人和市民掠夺,造成了国有农民的生计困难。国有农民代表说:"农村份地,包括最好的耕地和肥沃的草地被商人和不属于商人阶层的市民用各种阴谋诡计掠夺去了。"[④]"最好的土地被城里来的商人占用了,(国有农民)付完人头税,没有任何东西贡献给村社。"[⑤]国有农民要求拥有土地并自由买卖:"应允许在纳税的国有农民中买卖土地,社会将从中受益。这些土地由在过去购买别人继承土地的人掌握,他们希望把土地传给自己的子孙。土地拥有者会珍视自己的土地,精耕细作,这只会有利于国家。"[⑥]使国有农民耕者有其田,在叶卡特林娜二世《指导书》中也作为立法的要点提到了。开明专制从贵族形态演进过程解析,应是由封建土地贵族向资本化贵族转变的中间性政治形态。不但叶卡特林娜二世,中东欧其他开明专制君主也面临如何在不危及贵族土地垄断特权的前提下,实现广大农民千百年期盼的"耕者有其田"的棘手问题。在这一重大的问题上,叶卡特林娜二世讲了不少带有自由主义色彩的漂亮话,所谓"自由"拥有土地的许诺,对于俄罗斯农民只能是镜中花、水中月,"只要地主还占有几千万俄亩土地,任何'自由'都不能对农民有所帮助"。[⑦] 因为贵族地主的土地垄断特权,非但没有削弱,反而被叶卡特林娜二世大大地强化了。1785年叶卡特林娜二世发布的《贵族宪章》"确认贵族占有土地和

① [美]维涅德斯基:《俄国历史资料Ⅰ》,耶鲁大学出版社1972年版,第437页。
② [美]维涅德斯基:《俄国历史资料Ⅰ》,耶鲁大学出版社1972年版,第436页。
③ 《列宁选集:卷4》,人民出版社1972年版,第46页。
④ [美]维涅德斯基:《俄国历史资料Ⅰ》,耶鲁大学出版社1972年版,第446页。
⑤ [美]维涅德斯基:《俄国历史资料Ⅰ》,耶鲁大学出版社1972年版,第439页。
⑥ [美]维涅德斯基:《俄国历史资料Ⅰ》,耶鲁大学出版社1972年版,第441页。
⑦ 《列宁全集:卷24》,人民出版社1972年版,第46页,第113页。

农奴的权利,以及过去所赐予的一切特权,如免除肉刑和人丁税”。[①]

叶卡特林娜二世对于农奴制问题,在法典委员会讨论期间,像其他国家的开明专制君主一样,持有一种自由主义观点。针对贵族、商人、市民等阶层代表都要取得占有农奴的特权,公开对她倾向自由主义人道化地解决农奴问题持敌对态度,叶卡特林娜二世颇为激进地写道:“如果不能认为农奴是人类中的一员,那么他就不是人,但是可以认为他是畜牲。因此,全世界不小的光荣和博爱,都要落到我们的头上……关于奴隶的一切规定,都是现实环境的结果,都是为畜牲制定的。”[②]叶卡特林娜二世表现出了开明专制君主激进的一面,把顽固坚持农奴制的人直呼为“畜牲”。但是,她没有把这种想法转化为国策准则和施政举措。叶卡特林娜二世的自由意义倾向,传染给了贵族激进势力。在叶卡特林娜本人的影响下,贵族代表格·科洛宾对于农奴制作了最为激进的批评。格·科洛宾是来自科兹洛夫县的贵族代表,他主张农民应拥有土地所有权,农民所承担的义务应由法律明确规定,不能任由贵族地主和官府衙门横征暴敛。他说:“农民再也无法忍受深重的负担,被迫逃离自己的家园和地主。为了结束农民的苦难,我认为限制地主对农民的支配权是必需的。为达此目的,通过涉及奴隶的各种法律,应以《指导书》第295、261款为基础。农民每年交纳给地主的租赋数额,应按《指导书》第277款精神,明确规定之,数额应是适度的。我认为,根据《指导书》第270款,租赋可以是实物,也可以是货币。”[③]科洛宾阐述了农民拥有土地所有权对于沙皇国家的重要性:“如果农民知道自己可以享有部分土地所有权,就将会非常努力地耕作。农民将不再把钱埋在地里,不再逃离家乡,不再变成流浪者。帝国的农业将取得长足发展。”[④]科洛宾的主张遭到贵族代表的围攻,雅罗斯拉夫尔地区的贵族代表米·斯切尔巴托夫说:“我认为,本委员会应对科洛宾发言所造成的(对国家的)损害给予严厉谴责。”[⑤]贵族代表的主流意见——维护、加强农奴制占了上风,科洛宾只是在国家农民代表这样的弱势集团那里获得赞同。阿尔汉格尔斯克地区国家农民代表伊万·楚普洛夫说:“农民在地主的管辖下没有任何法律保证,这一点是非常显而易见的。新法典制定后,农民就不应像现在这样在地主的压迫

---

① [苏]潘克拉托娃:《苏联通史》,雷永生、邱守娟译,生活·读书·新知三联书店1980年版,第123页。

② [波]瓦利舍夫斯基:《俄国女皇——叶卡特林娜二世传》,上海译文出版社1982年版,第363页。

③ [美]维涅德斯基:《俄国历史资料Ⅰ》,耶鲁大学出版社1972年版,第434页。

④ [美]维涅德斯基:《俄国历史资料Ⅰ》,耶鲁大学出版社1972年版,第434页。

⑤ [美]维涅德斯基:《俄国历史资料Ⅰ》,耶鲁大学出版社1972年版,第435页。

下,生活在贫困、不安定、没有保障的状态中。"①少数贵族和国有农民代表并不是要从根本上废除农奴制,只是企图通过自上而下的改革,使农奴制能够有所改善,在赋予农民土地所有权的前提下,调动农民的生产积极性,培养广大农奴对沙皇国家持建设性的效忠态度。即使如此,贵族主流集团仍不予支持,坚决反对任何触动农奴制度的建议。农民代表阿·马斯洛夫建议设立一个管理地主的农民委员会,由该委员会征收人丁税和代役租,地主向该委员会获得收益,这样可以使农民摆脱地主的统治,减轻他们的凄惨境况。但是,上述意见遭到多数代表的围攻,没被通过。

法典编纂委员会于 1768 年 2 月从莫斯科迁到彼得堡,由于代表素质良莠不齐,参政议政能力参差不齐,在关乎农奴制、国家立法原则等重大问题上争执不下,莫衷一是,会议成为清谈馆。叶卡特林娜二世以俄土战争爆发为由,于 1769 年 1 月"暂时"解散该委员会,由其下设的专门委员会继续立法工作,1774 年 12 月 4 日,她下令专门委员会停止工作,法典编纂委员会未通过一项立法,无疾而终。叶卡特林娜二世把毫无成果的法典编纂委员会,看作自己开明专制国策的创举。20 年后,1787 年 4 月 5 日,她在致旅法的德国哲学家格里姆的信中不无炫耀地写道:"我的代表会议所以如此成功(?)是因为我曾经告诉他们:'这就是我的观点,你们把自己的不满告诉我:鞋子在什么地方夹了你们的脚?我们尽量要把事情办好,我没有什么方法,我只想谋大众的福利,这也是我个人的福利。我们要进行工作,要制定草案,要注视他们是如何前进的。'于是他们就进行研究,收集材料,讲演,幻想,争论,而您的忠实的仆人则洗耳恭听,对无益于大众福利的事则淡然置之。"②尽管法典编纂委员会一事无成,但叶卡特林娜二世却通过此举在西欧赢得了启蒙运动活动家和知识分子的好感,柏林科学院聘请她为院士。叶卡特林娜二世的《指导书》没有变成法典编纂委员会通过的正式立法,代表们在喧闹的争论中使它丧失了效用。《指导书》在启蒙思想家那里产生了震动,伏尔泰、狄德罗等人认为,《指导书》不仅是为俄罗斯起草的,也是为世界起草的,任何走向文明、开化的国家都可以直接利用它。普鲁士的腓特列大帝对《指导书》赞扬有加。③

法典编纂委员会是叶卡特林娜二世自由主义倾向的尝试性政治举措,她的本

① [美]维涅德斯基:《俄国历史资料 I》,耶鲁大学出版社 1972 年版,第 436 页。

② [波]瓦利舍夫斯基:《俄国女皇——叶卡特林娜二世传》,上海译文出版社 1982 年版,第 359 页。

③ 参见[波]瓦利舍夫斯基:《俄国女皇——叶卡特林娜二世传》,上海译文出版社 1982 年版,第 359 页。

意是试图通过新的立法，建立起开明专制的法律秩序，实施专制法治。有限度的民主——贵族民主、市民民主，即特权阶层和有产阶级的民主，在她统治下的俄罗斯行不通，她再不需要开放政治参与来施政了，她认为自己已经在智慧上远高于民智未启的俄罗斯各阶层人们。她是俄罗斯土地上带来文明与启蒙的女神，她这样自诩，也这样自负地治国。

叶卡特林娜二世解散法典编纂委员会，特别是18世纪70年代上半期发生了普加乔夫起义以后，开明专制的政治取向更加趋于保守主义。叶卡特林娜二世是贵族集团扶上台的，其统治的依托力量也只能是贵族。正如波兰历史学家瓦利舍夫斯基准确地指出的那样："1762年使她登上皇位的是贵族（至少是特权等级的代表）但不是人民。这样，女皇就有责任去依靠这个上层阶级，首先考虑到这个阶级。实际上，叶卡特林娜……具有自由主义思想，但她还是向往贵族政治的。"① 在现实政治考量中，叶卡特林娜二世自然地放弃带有人民性的自由主义施政取向，同样自然地采取充满贵族性的保守主义政治举措。

① [波]瓦利舍夫斯基：《俄国女皇——叶卡特林娜二世传》，上海译文出版社1982年版，第365页。

第二编　城市·经济

城市的空气不一定自由

——重新审视西欧中世纪城市的“自由”

朱 明

以往中世纪经济社会史研究中，西欧的城市总是象征着自由和进步，由资产者缔造的城市也被认为是孕育自由的资本主义的母体。但通过对 11 到 13 世纪西欧城市的具体考察，可以发现情况恰恰相反，城市不仅是由封建领主建立的，而且城市中教俗领主也占据着支配和统治地位。因此对于西欧中世纪城市“自由”的说法，需要给予更多的批判和认识。

一

中世纪的西欧城市向来被看作是与封建和传统社会迥异的新生事物，是一个闪耀着自由光芒的地方。长久以来的史学叙述中，城市成为商人的聚居地，领主庄园中逃离出来的农奴也以这里作为目的地，他们在城市里获得自由，并且以城市为根据地展开同领主和封建社会的斗争，孕育了富有自由和斗争精神的市民，促进了资本主义的发展。在中世纪城市中，商人阶层不断上升的权力，城市政府的自治、金钱针对封建等级的胜利，城市文化的进步，等等，这些与传统截然不同的特征，都被赋予在城市的身上，而“城市的空气使人自由”(Standt Luft macht frei)这一俗谚，更使中世纪城市在人们心目中的形象被塑造为自由的乐土。这一形象是否真的代表了中世纪城市的本来面目呢？自由和进步的观念究竟是中世纪的事实还是人类精神的衍生呢？本文将通过对中世纪城市的建立和其中权力结构作初步探讨，重新审视城市中所谓的"自由"。

关于中世纪城市的建立，依照比利时著名历史学家皮朗(Henri Pirenne)的说法，是伴随着11世纪西欧商业复兴而由商人聚居形成的。皮朗论证：8世纪起阿拉伯人崛起后的扩张使地中海的大门对欧洲日益关闭，导致欧洲的城市逐渐萎缩并退缩到主教的教区和一些城堡中。9世纪的诺曼人入侵更加剧了这一封闭状况，古代城市衰落为主教教区(cité)和城堡。直到11世纪欧洲与东方的商业贸易恢复，才由商人聚居在要冲地带形成定居点(portus或faubourg)，并由此逐渐发展成中世纪城市。皮朗的观点成为延续至今广为延用的经典结论。针对其论点中有关中世纪城市兴起的原因早有异议，如法国史学家莫里斯·隆巴尔(Maurice Lombard)就持完全相反的看法，他将商业复兴和货币流通归功于阿拉伯世界，认为正是阿拉伯人的商业活动促使了中世纪城市的诞生；而阿德里安·韦鲁斯特(Adrian Verhulst)则通过对低地地区城市的研究，认为9世纪开始的中世纪城市复兴并非源于国际商业的推动，而是由于地方经济活动尤其是制造业发展而产生的。①

从语源学和史料中我们也可以看出，城市的出现过程并非如皮朗的逻辑。其实从9世纪起就在某些乡村，或者围绕着修道院和城堡产生了一批聚居点，成为中世纪城市的雏形，可称之为城镇(法语为bourg，英语为borough，亦可译为设堡城镇。源于日耳曼语Burg，中世纪拉丁语为burgus，最初在日耳曼地区意为加强防御用的围墙，或为小城堡。有时也将其与villa，castrum，civitas等表示城市的术语并用)。从10世纪中叶起传统行政中心开始向周边扩展，也产生一批新的城镇。总的说来，城镇在欧陆主要产生于教区、修道院或城堡周围的聚居地，在盎格鲁萨克逊地区则多是王室的防御性工事，并被赋予越来越大的特权。② 正是从这些城镇中诞生和发展起了中世纪的城市，它们的缔造者基本上都是封建社会的领主。

早在加洛林时代的9世纪，就有城镇在古代城市和村庄的边缘出现，许多地方都出现了作为商业交易中心的城镇。这时所谓的城镇基本上还是继承了古代城市的传统，只是新的政治和社会形势促进了新的组织形式的发展，如为应付侵袭而修筑的城堡，宗教精神高涨而修建的修道院和教堂，随着经济的发展在紧邻

---

① Le Goff, Ville, in Jacques Le Goff, Jean-Claude Schmitt, eds., *Dictionnaire Raisonn éde L'Occident Médi éal*, Fayard, 1999, p. 1186.

② Fédou, René, et al., eds., *lexique historique du moyen Age*, Paris, 1995, p. 29.

古代城市、城堡、修道院的地方或村庄的郊区形成了城镇。到12世纪初，这种城镇在各地广泛出现。从11世纪下半叶到13世纪初，在欧陆西部的诺曼底、曼恩和安茹地区以及稍后的巴黎盆地地区，一般的村庄教区都会有3~4个城镇分散在周围，这些城镇都是由领主建立，主要容纳从事农业劳动的人口。领主建立这些城镇的目的在于促进人口、经济和政治的发展，货币经济的发展也使领主需要招徕自由租地保有者，鼓励他们缴纳货币地租，同时还通过设立集市以促进贸易的发展。如1080年法国西部的教会领主对农民的纳税时间不再是宗教节日，而是改为集市召开的时候，从而可以将剩余农产品卖向城市。[①] 建立城镇就是为了更好招揽人口、促进贸易以有利于领主本身的利益，同时领主也让渡一些权利，如让与土地保有权，以有利于市镇的发展。[②]

希尔顿也认为，城市的复兴并非仅仅由商路带来，更多的是由于贵族对奢侈品的需求增加。在城镇中农民将农产品换作货币，交纳给领主从而又被用作购买奢侈品。因此城镇构成中世纪经济中的重要组成部分，领主也想要建立城镇以从中攫取利益。到14世纪初，在英格兰已有将近400个城镇(small boroughs)，其中绝大部分由领主建立，并派其代理人驻扎在市镇的法庭。[③] 在诺曼底地区，从11~13世纪约有140个城镇建立，其中一半是纯粹乡村的，另一半则是集市的中心。在布列塔尼地区，有57座新城建于10~11世纪。在卢瓦尔河中部的弗雷(Forez)地区，12、13世纪时在原先罗马高卢时代的3座城市上又增加了12座，其中蒙布里松(Montbrison)还成为这一地区的首府。在普罗旺斯地区，除了7座大城市，到13世纪末城镇数量达到65座。关于制造业城市，在朗格多克地区，出现71个小城镇，在弗兰德尔地区则有44个小城镇。这些小城镇都致力于贸易和生产，大都是由领主建立的。[④] 由此可以看出，城市的出现是与农业的成功和传统庄园领主紧密相关的。

同时，在修道院、城堡周围也建立起城镇，它们与领主建立的城镇之间很难划出清晰的界线。著名的修道院逐渐吸引人们前来，不管地处多偏僻，总是有很多朝圣者，由此产生道路和城镇。此外由于修道院具有被保护的神圣特权，战乱期

---

① Kaplan, Michel, et al., eds., *Le Moyen Äge*, XIe—X V e siècle: premier et second cycle universitaire, Rosny: Br éal, 1994. p. 168.

② Le Goff Jacques, et al., eds., *La ville m éli éale*, seuil, 1980, p. 67.

③ Hilton, Rodney, *English and French Towns in Feudal Society: A Comparative Study*, Cambridge, 1992, p. 32 – 33.

④ Hilton, Rodney, *English and French Towns in Feudal Society: A Comparative Study*, Cambridge, 1992, p. 34 – 35.

间也可以提供庇护,因而围绕着修道院也逐渐发展起来了城镇。在9世纪的低地地区,正是由修道院长和带有庄园的皇室领地推动了城镇化,10世纪时,教区中心如列日、阿拉斯、图尔内、康布雷以及尼韦尔、让布卢等地的小修道院也促进了城镇的发展,而且也大多建在古代城市的遗址之上。① 1110年,提隆的贝尔纳(Bemard de Tiron)在诺曼底地区的贝尔歇(Le Perche)建立了一座修道院,从此便不断有手工艺者、木匠、泥瓦匠、铁匠前来服务并定居,逐渐形成城镇。如果修道院正好坐落在朝圣之路上的话,便会有香客建立客栈,更多的人会到此参加随节日而举行的集市。修道院周围往往只会产生一个城镇,而人口则越聚越多,如克吕尼,便是在11世纪时围绕着圣玛伊(Saint-Maïeu)教区教堂而建立的镇子的基础上扩大规模而形成的。②

在英格兰,约克地区除了几个新城是由奥玛勒伯爵所建以外,城镇主要行政中心还是集中在莫尔修道院手中。温切斯特主教也建立了一批城镇。在布列塔尼地区尤其明显,修道院和教堂在其中起到关键的作用,除了雷恩、瓦讷、南特3个罗马时代的城市和两个由公爵建立的城市外,大多都是围绕在成为主教府的修道院附近形成的,如多勒、特莱居伊、圣布里约、圣伯勒,虽然这些聚居点创始于6世纪或7世纪,但都是在12、13世纪时达到城市规模的,都是由朝拜道路而吸引手工业者和商人来此定居的。在雷东,一座本笃派修道院建于公元832年,吸引着大批朝圣者,因此11世纪初在附近也由一些商人聚居成了一个城镇,并集资建了一座教区教堂。③

围绕着大教堂也产生了无数的城镇。11、12世纪的巴黎地区,不少城镇围绕着教堂出现,在塞纳河左岸,12世纪中叶以后围绕着圣热内维耶芙修道院周围开始出现住户。在圣马塞,出现了被栅栏围起来的城镇,这里住着葡萄种植者和皮革商。圣日耳曼修道院周围的城镇也许是最大的一个,但最重要的还要数圣叙尔皮斯教堂附近的城镇。在塞纳河右岸,欧塞尔修道院周围的城镇规模却不是很大,都还显示着乡村的特征。在这些新兴的城市里,居民也会维修或修建教堂,从而使城市在11、12世纪日益显得宗教化。11世纪末兰斯城内分为两大部分,一个是布满了教堂的宗教领域,另一个则是古老的广场,以及被国王腓力普一世于1067年授予了特许状的集市市场。④ 正如勒高夫认为的那样,修道院和教堂促进

---

① Verhulst Adriaan, *The Rise of Cities in North-west Europe*, Cambridge, 1999, p.69.

② Le Goff Jacques, et al., eds., *La ville m édi éale*, p.68 – 70.

③ J. Heers, *La Ville au Moyen Äge en Occident*, Pairs, 1990, p.111.

④ Le Goff Jacques, et al., eds., *La ville medi*, seuil, p.92 – 97.

了一套新的城市体制的出现,而属于领主阶层的教会也成为中世纪城市的缔造者。

城堡附近的城镇也发展起来。城堡往往占据最有利的地方,在河流边或关隘口,目的是为领主防御或保持地产,这里也产生了城市。城堡主并非一律离群索居,他们也希望吸引人口,以更好控制领地,或获取劳力。同时也与修道院处理好关系,为其提供保护,而后者则为其提供精神支持。中世纪的城市便处在这两个权力所有者的共同统治和支配之下。

在城堡或围绕着城堡的城镇,随着地方领主的驻军、集市和消费而建成了一批城市。如在前面提到的弗雷地区,几乎所有城市都是围绕城堡建立的。由于这里是连接从南部到东北部香槟和巴黎地区的商业大道,而往来商人在大道上找不到城市或修道院以住宿或开展集市,只有由弗雷伯爵从 1070 年起建成的许多城堡可供借宿,这些城堡都坐落在河流旁边或交叉路口处,因而围绕着这批城堡建成了一大批'城堡城市",如蒙布里松(Montbrison)、玻恩(Boën)、圣日耳曼拉瓦尔(Saint-Germain-Laval)、圣卡拉米尔(Saint-Galmier)、奈隆得(Néronde)、塞尔维耶(Cervières)、圣玻内城堡(Saint-Bonnet-le-Chateau)等。① 英国国王威廉一世于 1203 年 5 月 21 日也发布谕旨鼓励人们移居到他在艾尔河边新城堡旁设立的城镇,并承诺对于那些移居来的市民将让渡所有像其他城镇市民一样的自由,并且准予每周六召开集市,对于移居的市民还将免除市场税,并且授予每个市民 6 英亩土地的持有权,便于其在树林中垦荒。同时也欢迎商人前来交易,参加集市。②

城堡往往建立在构成冲突的边界,如卢瓦尔河流域的布卢瓦伯爵与安茹家族之间的一系列城堡。同时城堡的建立也是为了更好地控制和经营那些富庶的地区。因此每个重要的城堡附近总会有两个以上的城镇。在旺多姆,10 世纪末期建立了属于伯爵的城堡,为了使新获得的权力更加合法化,杰奥弗里·马特尔(Geoffroy Martel)伯爵从 1033 年起在此建立了三位一体修道院,1040 年又在城堡附近建立了城镇,其经济职能相比较军事职能更为突出,从 11 世纪中期起,除了葡萄农和一般的农民,旺多姆还吸引了各类手工业者:皮毛皮革制品工人,裁缝和鞋商,面包店主和屠户,泥瓦匠和木匠,磨坊主,羊皮纸工人和铁匠,等等。并且由于卢瓦尔河使这里与外界贸易不断,这里甚至还有铸币厂和高利贷,以及大量

---

① J. Heers, *La Ville au Moyen Äge en Occident*, p. 111.

② Olivier Guyotjeannin, ed., Archives de l'Occident, Tome Ⅰ, *Le Moyen Age*, 5ᵉ – 15ᵉ siècle, Fayard, 1992, p. 567 – 568.

的商人来往。[①] 这些建于中世纪的城市都构成了今日法国城镇的主体。

在佛兰德尔地区,城市也往往从城堡内部产生。原因一是经济的发展,二是领主的支持。在圣奥默尔、杜埃(douai)、阿拉斯、根特,商业和手工业是这种发展的主要因素。同时伯爵城堡也发挥了作用。在托尔豪特(thourout)、伊普斯(ypres)、梅森(messiness)、利斯河边的艾尔(aire-sur-la-lys)、卡塞尔(cassel))等,在11世纪下半叶都由于领主的推动,城堡、教会、集市的建立而发展起来。[②] 从1050年起,在博杜因(Beaudoin)五世和弗里斯兰的罗贝尔(Robert le Frison)的统治下,通过建立一批城堡、教堂和商人城镇,建起了从里尔经布鲁日直到海边的道路系统,而且为了吸引人口前来居住,城堡伯爵负责维持秩序和安全,而教堂则负责接待旅客和组织集市。在东部,布拉奔特公爵为巩固和拓展其东部边界,也建立了一些城镇,尤其在亨利一世时期,依附着古老的乡村建成的一批城市,获得了极大的成功,如斯海尔托亨博斯(Bois-le-Dus)、尤多瓦涅(Jodoignes)、蒂尔瑙特(Turnhout)、赫伦塔尔斯(Herentals),尤其后者成为布料生产的重要城市。[③]

此外,11世纪以后,基督教世界开始向外扩展,在新开拓和殖民的土地上也建立起一批城市。尤以西班牙南部、德意志东部为最,这两处地方一个以再征服运动,一个以骑士团的开荒拓殖运动,在基督教世界的边界上建起了一批新的城市。这些地处森林、沼泽等远离农耕中心的定居点,不光被用来进行殖民和移民,还作为贸易中转站和行政中心以及边界防御点。在英国的偏远地区也由国王建立了一批新的城市,爱德华一世统治时期的1270~1290年,为了巩固新征服的土地,在威尔士兴建了10座以上的城市。在与苏格兰交界的地方以及沿英吉利海峡也发展起一批城市。同时,在东盎格利亚,德文和斯特拉福等地区也因垦荒而建成一批城市,到1290年时整个英格兰总共有120个新城市被规划建成。[④] 在德意志西部地区,霍亨斯陶芬朝的皇帝于1164~1237年间在阿尔萨斯兴建了十几座城市,在莱茵河和多瑙河流域,也兴起了一批城市,有的是从皇帝行宫建成的,如法兰克福、乌尔姆(Ulm)、亚琛(Aix-la-chapelle)、科布伦茨(Coblence)、宾根(Bingen),有的是围绕着修道院如圣加仑(Saint-Gall),有的是主教驻地如康斯坦茨、巴塞尔、帕绍,还有是享有豁免权和司法权的教堂如波恩、哈滕(Xanten)、特里尔。在易北河两岸也有一批因皇帝和主教而建立的城市。而在易北河以东殖民

---

① Le Goff, Jacques, et al., eds., *La ville m édi*, évale, p. 81.

② Le Goff, Jacques, et al., eds., *La ville m édi*, évale, p. 81 - 83.

③ J. Heers, *La Ville au Moyen Äge en Occident*, p. 101.

④ J. Heers, *La Ville au Moyen Äge en Occident*, p. 101 - 102.

的地区,则由骑士团兴建了一批城市,以防御的城堡为主。如吕卑克、罗斯托克、维斯马(wismar)、格赖夫斯瓦尔德(greifswald)、施特拉尔松(stralsund)、但泽、耐德堡(neidenburg)、艾尔布隆格(Elbing)、马尔堡(Marienburg)等。①

创建城市的领主或国王都将城市看作自己的领地,在城市里凭借权力侵吞各种利益,他们在城市里也建立了名副其实的封建附庸。事实上,中世纪城市与乡村、教会、城堡的密切联系很难在之间划出一道清晰的分界线,也使城市不得不受到领主的统治和支配。中世纪城市处处都有领主体制的标记,城市土地无法摆脱领主地产的束缚,土地的使用在税务和法律方面都由领主控制,由领主决定如何将土地分配给新到的市民。布歇隆(Boucheron)甚至将城市称为"领主的女儿",②由此可见中世纪城市同领主的紧密关系。至于成为市民的商人,也并非中世纪城市和新社会的先行者,事实上他们中许多都是主教的随从,负责出售教区领地内多余的粮食等经济任务,或是来自附近的乡村,在集市上从事商业交易的农民,或者是来到城市定居从事服务业的手工业者。还有许多商人都是出自豪门大户的富家子弟,他们的家族都早已在城市定居。总的来说,商人市民大都有乡村出身背景,许多还同时从事着农业生产。因此那些城市产生密集的地区不仅是商业集市的集散地,更是农业富庶的地区,如意大利北部、法国东北部、弗兰德尔地区。③ 因此不能将中世纪城市与传统社会截然分开,或者呈对立状态,中世纪城市的产生,更多的是一种传统的延续。封建社会传统的权力结构也仍旧保留着,并在城市的权力体系中体现出来。

二

中世纪的城市仍然处在一个或多个领主的管辖之下,主教、大主教、修道院长、伯爵、公爵、子爵以及国王等只是让渡一部分权利与城市而达成妥协,但保留了其他更大的权力,如最高司法权、征税权等,而且无论是理论还是实践中城市都不能不经过领主的同意而自行其是。教俗领主在这一时期都单独或合作而增加了他们对城市控制和统治的权力。

在德意志帝国内,主教更大程度上属于诸侯,享有伯爵权利,也有城市内铸币等多种特权。在意大利,这种情况更为明显。10 世纪时经常由教皇组织防御和

① J. Heers, *La Ville au Moyen Äge en Occident*, p. 103 – 106.

② Kaplan, Michel, et al, eds, *Le Moyen Äge*, XIe—XV e si ècle: premier et second cycle universitaire, p. 169.

③ Balard, Michel, *Le Moyen Äge en Occident*, Pairs, p. 161.

恢复城市秩序,征收市场税,铸币,并委任主教－伯爵,这是一种将世俗权力加之于主教的头衔,在维琴察、帕图亚经常被提及。他们也经常排挤伯爵,同时行使宗教和世俗的双重权力。主教享有权力,并拥有自己的附庸,在11世纪时这种情况制度化。在维罗纳,主教就在皇帝的允许下掌管法庭。虽然受到世俗贵族的反对,但许多城市都是由主教掌握权力一直到中世纪末期。米兰主教在11世纪是城市的真正主宰,甚至能够与德意志皇帝和教皇相抗衡。1037年也是由米兰大主教行使军事权力抵抗入侵的德意志军队的。甚至后来意大利城市公社的兴起也是与主教直接相关,大多是在主教的支持下反对君主和贵族。①

到11世纪中期时,在法兰西除了克吕尼,绝大多数教堂的主教都取得了世俗权力,并得到了皇帝、国王、伯爵乃至地方领主的认同,从而大大增加了他们的权威。主教的权力在法国各个地区都不同,在西部,由于抵抗外来入侵,因此主教权力有时次于伯爵。在北部的琅城,主教拥有极大特权,在努瓦永和夏隆,主教在城市也拥有相当大的权力,前者甚至获得主教－伯爵的头衔。南部的马赛、纳博讷、尼姆、阿尔勒等在11世纪由于子爵在城市的权力强大,因而主教与其共享权力。②主教和子爵在城市内部的权力范围划分则是非常清晰的。如1069年在马赛,子爵占有城堡、老城和老城门,而主教则在新城内享有权威,本地的行政权力则归属子爵。③ 1177年的阿拉斯,主教从佛兰德尔伯爵那里得到扩大权利的允许,尤其是对布料尺寸测量方面的偷漏舞弊。1222年巴黎腓力普二世承认主教在右岸西部的纳税和司法权。12世纪末13世纪初纳博讷大主教加强了他在城市西边1/3地区以及所有市镇的权力,甚至伯爵都要向他称臣。当然也有一些例外,如在普瓦提埃主教的世俗权力是非常微弱的,在土伦主教也并非城市的领主。④

尽管有时权力受到限制,主教们作为城市领主仍然持有特权和尊位,尤其是掌控着市民的活动。在兰斯,大主教、教士会议长、圣雷米修道院长、圣尼凯斯修道院长成为这个城市的四大领主,更准确地说是将城市分成了四个部分,其中圣雷米由6位成员组成地方长官,但全部是由修道院长任命的。而所有的市民也都依附于这4位领主,没有独立的法律权利,教会领主还向市民们征税,并监视商业贸易,市民团体在市政中没有代表,而且在没有得到修道院长的允许时也不能举

---

① Georges Jehel, Philippe Racinet, *La ville m édi évale*, de l'Occident chrétien àl'Orient musulman 5e－15e siècle, Pairs:Armand Colin, 1996, p.284－285.

② Le Goff Jacques, et al., eds., *La ville m édi évcale*, p.148－151.

③ Georges Jehel, Philippe Racinet, *La ville m édi évcale*, de l'Orident chrétien àl'Orient musulman 5e－15e si ècle, p.283.

④ Le Goff Jacques, et al., eds., *La ville m édi évale*, p.263－264.

行集会。[①] 在沙特尔,直到13世纪末以前大多数市民还不是作为独立的工匠或者商人进行活动,而是作为伯爵或主教的仆人和官员而履行义务。

除了主教在城市中的显要地位之外,国王也直接控制着许多城市,并且也会居住在城市里。与德国和意大利的皇权真空不同,法国国王的权力还是很大。城市市长往往由国王任命或是国王的亲信,路易七世也通过城市同地方领主作斗争,发展一系列有利于城市发展的措施,给予城市宪章。虽然他也在修道院长和主教的请求下剿灭韦兹莱(Vézelay)、欧塞尔(Auxerre)的公社运动,但更多是与城市保持一种相互倚靠的关系,腓力普二世就利用城市与王室领地外的领主斗争。在第戎,城市和市民都会帮助国王进行战争。[②] 从腓力普四世开始还在城市中规范一系列度量衡,并涉入行业、司法、金融等各个领域。在平民与富人的斗争中,领主也会给予公平的仲裁。一直到中世纪晚期,法国国王在城市的权力也越来越大,以至于确立了相当数量的王家城市(bonne ville),将其纳入直接控制的范围,并对于近代国家的兴起具有重要意义。[③]

在英国,亨利二世也积极介入城市事务,通过向城市颁发特许状来控制城市。虽然特许状内容一般都是确认亨利一世时期的权利,免除市民通行税和加入行会的权利,但国王的意志也在其中显现,并且掌握着城市的财政和司法。从忏悔者爱德华一直到12世纪末,绝大多数英国城市都处在国王委派的城镇长官(reeve)权威之下。尤其在财政税收事务上,根据中世纪的财务府记录(piperoll),国王对城市的税收以年金形式缴纳,从1168年起,这种税收的征收对象从有限的一些郡城镇扩展到工室所有的城镇,这被称作征税(tallage),而且征收的时间也更为频繁,到爱德华诸王时代这种税收被动产税所取代。[④] 亨利二世对城市的控制显然也延伸到了金雀花王朝统治下的欧陆。亨利二世尤其不能容忍公社运动,1090年左右在鲁昂出现了由富裕且有军事力量的市民代表科南(Connan)领导的城市暴动,但在国王的镇压之下遭到失败,亨利二世将他带到塔楼的最高处推下摔死,以向城市示诫。[⑤]

同样,贵族和世俗领主权力也在城市里占据着重要地位。在意大利的北部和

---

① Le Goff, Jacques, et al. , eds. , *La ville m édi évale*, p. 244.

② Le Goff, Jacques, et al. , eds. , *La ville m édi évale*, p. 303 – 306.

③ Chevalier, Bernard, *Les Bonnes Villes de France du 14e au 16e siècle*, Pairs, 1982; *Les bonnes villes, l'éata et la société dans la France de la fin du 15e siècle*, Oral éans, 1995.

④ Palliser, D. M, ed. , *The Cambridge urban history of Britain*, Vol, 1, 600 – 1540, Cambridge, 2000, p. 62 – 66.

⑤ Palliser, D. M, ed. , *The Cambridge urban history of Britain*, Vol, 1, 600 – 1540, p. 68.

中部城市,如佛罗伦萨、比萨、热那亚、威尼斯等,从 12 世纪起领主往往在城市和乡村占有上好的地产,在山区拥有森林和锻铁厂,他们还有强大的海上武装力量用于战争和贸易保护。因此在这里贵族既是领主也是商人,在他们的城市里享有所有的权力。在掌握了城市命运的一批贵族中,又加入了新富,即大采邑和众多山村的领主,因而城市更为膨胀,其军事力量和金融实力都大为增强。这些新来的贵族在城市里都拥有一块地产,会在此建立豪宅以安置亲戚朋友和被庇护的人。因此,他们还会在城市里树立新的服从于他的采邑和下属关系。在比萨和热那亚,领主和贵族会有大片的土地用于建设豪宅和储养附庸。拉瓦涅(Lavagna)伯爵、菲耶斯基(Fieschi)家族在热那亚拥有强大的势力,其宫殿和豪宅占有大量土地。在比萨,1197 年德意志皇帝允许领主奇科涅的布纳科索(Buonaccorso di Cicogna)在城市中建立多处奢华的豪宅。此后接着有大批贵族都移居到城市。而城市中的贵族世家如维斯孔第(Visconti)、乌佩津根(Uppezinghi)、卡布罗内赛(Capronesi)等家族都结成了联盟形成了一个集团(consorteria)。在比萨北边的里帕弗拉塔(Ripafratta)也出现了一个庞大的家族,在城市的要冲处拥有城堡,在城市里也建有宫殿和塔楼。在锡耶那,乡村领主也于 13 世纪住进城市,他们拥有有利地势的城堡,倚着城墙边上,还有专门的城门供进出,但并非公用,而是由领主控制。最强大的领主在豪宅间还修筑了相互联系的道路,一直连接到市场和公共场所。而正是这些道路形成了城市道路的雏形。黑尔斯认为,每个城堡只是移居到城市的封建宫廷(curtis, curia)而已。① 在西西里的巴勒摩,西哈蒙特(chiaramonte)家族是岛上最强大的封建家族之一。在西西里的南北直至拉古萨都有根基,他们通过建立教堂和钟楼得到城市公社的允许进入巴勒摩,从 1306 ~ 1315 年间通过各种手段在城南获得了大片的地产,并在此之上建立各种权力机构。在那不勒斯,格里夫(griffo)家族也像这样占有大量的地产。同时他们也保持与出身的乡村的密切联系。这些家族的组成也并非都是古老的贵族世家,许多都是通过商业等途径发展起来的新兴势力。②

在德意志,城市里也有古老的贵族世家。13 世纪在大多数城市里。贵族家族的所有成员都会在石头上留有肖像,此外,纹章、印章、墓碑或墙上都会刻上贵族世家的印记。这种祖先崇拜说明了城市里的贵族也注重其谱系,都是为了彰显其源流久远。在城市里,这些贵族也控制着政治和经济,之间也有不断的斗争。14 世纪末期在科隆还成立了贵族间的联盟,虽然并没有很多豪宅,但集中了众多

---

① J. Heers, *La Ville au Moyen Äge en Occident*, Pairs, p. 209 - 212.

② J. Heers, *La Ville au Moyen Äge en Occident*, Pairs, p. 213 - 215.

贵族家族的首领从而在城市生活各领域占据重要地位。在英国，也有大量庄园城市(manorial borough)，庄园主控制城市，一直持续到19世纪初期以至于许多城市摆脱了王室宪章但还保留着庄园法律。①

法国的世俗领主也对城市享有统治权力，并且不臣服于卡佩君主。朗格多克最有权力的世俗领主就是图鲁斯伯爵或其下的子爵们。阿尔比10世纪以前处在伯爵的直接控制之下，其后在其附庸特兰卡韦尔(Trencavel)子爵控制下，直到13世纪早期都同主教分享司法权。卡奥尔则由主教和图鲁斯伯爵分享权力直到1213年主教被任命为卡奥尔的伯爵和该城的领主。②

由此可以看出，在中世纪的城市中，教俗领主不仅是多数城市的创建者，还在城市内部享有很大的统治权力。这在城市的内部通过建筑的所在地也可以看出，代表权力机构的宫殿或城堡仍由教会和世俗领主所占据。而且往往处在城市地势最高最中央的位置。在阿尔勒，由三座庭院拥簇的大主教城堡就坐落在最高处的高台最顶端。在尼斯，普罗旺斯伯爵的城堡也在全城最高处。这些建筑代表了领主或君主对城市的权力，直到12、13世纪，这种权力仍是由世俗领主和主教或单独占有或分享。在艾克斯－普罗旺斯，城市被分为两个部分，各有其中心，一个围绕着伯爵的宫廷，另一个则围绕着大教堂。在贝济耶(Béziers)，城市权力则由子爵和主教共享，时而会有权力之争。在纳博讷(Narbonne)，12世纪末时主教对旧城的1/3和新城的全部行使权力，而子爵则控制旧城的余下部分。③

在建筑形式上可以看出这种权力的象征。最为明显就是宫殿之上塔楼的建造，当然，这时已不是用于战争，而是显示了一种身份和权力。在图尔，安茹伯爵在1030～1040年间在其府邸建造了一座塔楼，与其宫殿大厅相连，显示了他在城市里的独特地位。这一倾向在这一时期的城市里不断出现。1104年，普瓦提埃伯爵建造了一座塔楼，并命名为莫贝尔庸(Maubergeon)，后又为贝里(Berry)公爵所增建，这座塔楼周围还建有炮塔，虽然表现出军事防卫性，但其宽大的玻璃窗，环立周围的16座雕像却使其看起来具有居住性和象征性。此外，在莫城主府、阿尔勒主教府、格拉斯主教府、维韦尔(Viviers)的主教宫殿等，都于12世纪前后建立了塔楼。④ 到14世纪文艺复兴时期，这种高大的塔楼的修建更是如火如荼，但在12世纪时就已体现出它在城市里的权力象征了。

---

① Palliser, D. M. ,ed. , *The Cambridge urban history of Britain*, Vol,1 ,600 – 1540, p. 63.

② Hiltion, Rodney, *English and French Towms in Feudal Society*: *A Comparative Study*, p. 88.

③ Yves Esquieu, *La Ville au Moyen Age*, L'exemple Fran? ais, Joué-lès-tours, Indre et Loire: A. Sutton, 2001, p. 71.

④ Yves Esquieu, *La Ville au Moyen Age*, L'exemple Fran? ais, p. 74 – 75.

12世纪末开始尤其是13世纪,城市里的宫殿迅速出现,帕图瓦的公社宫殿在1200年建成,在佛罗伦萨巴尔杰罗(bargello)建于1250年,领主府(Palazzo della Signoria)建于1298年,这些地方成为城市生活的中心。但也正是随着王公权力如那不勒斯的安杰文家族、米兰的维斯孔第家族以及罗马教皇的参与才使其得以大规模建设。正是当这些宫殿成为皇室、教宗和贵族在城市里的驻足地时,城市才成为权力中心和行政所在地。① 瑞士的伯尔尼是1191年由公爵贝尔多(Berthold)五世在阿尔河的拐角处建立的一处城镇逐渐形成的。这里人口增加很快,城市规模迅速扩大。从地形图中可以看出,托钵僧居所和广大住户都处在城市边缘,而显贵和富人则都居住在城市的中央,靠近教堂和市政厅处。最中央则是公爵的法庭,也是集会处,手工业者和商人则分散在全城各处活动。② 在领主高度控制城市的时代,对市民来说自由度相当之低,他们多是作为领主的奴仆而存在,从事的也多是领主允许的职业并且为领主服务,自由更多地体现在领主划定的范围之内,并非为所欲为或反对领主的自由。他们在城市中的居住权利也多少需要得到领主的同意和认可,并非简单地循着"清新的城市空气"就能前来,或通过激烈斗争就能够夺取城市的自由权利的。

三

在对西欧中世纪的研究中,往往都遵循传统的封建社会等级划分,即教士、骑士和劳作者,③或者将教俗领主同其附庸和农民的关系视作封建时代的核心关系,将分封制、庄园制等作为主要标志。城市则成为"封建海洋中的一片孤岛",或者说是封建社会内部不合时宜的一个异端,由商人和手工业者构成的市民成为最早的反封建的力量,他们作为摧枯拉朽的力量源泉,不断噬咬着封建社会的内部肌体,最先在封建体制内部唱响了资本主义的赞歌。

这种观点,19世纪的史学是其始作俑者,革命的时代和进步的意识使历史学家将中世纪城市等同于资产者领导下的自由和进步。从19世纪初的梯也里到20世纪初的皮朗,都认为在中世纪城市里,获得了自由和特权的商人是与贵族和教士针锋相对的,一切创新精神都被认为是在中世纪的城市里酝酿出来的。而马克

① Georges Jehel, *Les Villes d'ltalie du 12e au milieu du 14e siècle*, Nantes: éditions du temps, 2004, p. 149.

② Olivier Guyotjeannin, ed., Archives de l'Occident, Tome I, *Le Moyen Age*, 5e – 15e siècle, p. 570 – 574.

③ Duby, G., *Les Trois Orders ou L'Imaginaire du Féodalisme*, in Féodalit é Gallimard, 1996, p. 457.

思和恩格斯在涉及中世纪城市问题时更将这种观点推向了极致,1848 年马克思在《共产党宣言》中指出:“从中世纪的农奴中产生了初期城市的城关市民(Pfahlbürger);从这个市民等级(Pfahlbürgerschaft)中发展出最初的资产阶级分子(Bourgeoisie)。”[①]市民(bürger)这个德语词在历史叙述中较为中性,也更为客观。而法语词 Bourgeoisie(资产者、资产阶级)的引申使用则使其深深蒙受了阶级斗争的烙印。“市民”在中世纪拉丁语中 burgenses 和 de brugus,在中世纪语境中的含义为城市(bourg)或郊区(faubourg)的居民,后来指居住在获得特许状的城市中的居民,或城市公社中享有权利和义务的居民。[②] 在马克思主义史学的语境中将其引申为“资产者”或“资产阶级”(Bourgeoisie),将这个原本如同 Bürger 一样中性的概念纳入斗争和进步的洪流中去了。恩格斯写道资产阶级在公社里是武装的和自治的团体,在一些地方组成独立的城市共和国。[③] “意大利和法国的市民,从他们的封建主手中买得或争得最初的自治权以后,就把自己的城市共同体称为‘公社’”,[④]这一思维模式给后世史学界造成的影响极大。

同样,在马克思主义史学中的中世纪城市,仍继承了这一取向,手工业者获得农民的生产剩余,将城市变成与领主权力对抗的根据地,并因此撼动了封建社会的基础,并由此产生了新的人文精神,获取政治权利以及经济力量。[⑤] 而马克斯·韦伯作为 19 世纪重要的城市史专家,也认为城市公社是西方城市特有的机构,实施自治法律。因此从 19 世纪起欧洲这一浪漫主义史学的传统就一直延续下来,中世纪城市的自由成为一个神话般的定论,甚至被作为西方兴起的重要因素,而处在对立方的中国和东方,则因为城市中没有自由而阻碍了资本主义的兴起,最终落后于西方。

这一结论最有力的论据莫过于那句被引用了无数遍的话,即“城市空气使人自由”。这一来自中世纪德意志城市的法律规定,通常而言,城市自由往往在居住者住满一年零一天(Jahr und Tag)的时候,而且如果领主不反对的话就获得了。皮埃尔·莫奈运用史料重新分析了这一论断。他认为,城市特权往往由自由、司法和法律几个部分组成,这也通常是城市空气使人自由这论断的依据。但具体的史实与概括抽象出来的理论却总是相差甚远,因为城市自由是在领主不反对的情

① 关于该文本的原文为:“Aus den Leibeigenen des Mittelalters gingen die Pfahlb ürger der ersten St? dte hervor, aus dieser Pfahlb ürgerschaft entwickelten sich die ersten Elemente der Bourgeoisie.”

② Fédou, René, et al., eds., *Lexique historique du Moyen Age*, Pairs, 1995, p. 29.

③ 参见恩格斯:《德国农民战争》,人民出版社 1962 年版,第 173 页。

④ 《马克思恩格斯选集》(第一卷),人民出版社 2012 年版,第 402 页,脚注 2。

⑤ Robert Fossier, *Enfance de L'Europe*, Pairs, 1989, p. 980 – 981.

况下超过一年的期限就能获得的，但如果被领主推迟的话那么此期限就会被延长，如1230年在雷根斯堡居住期限被延长至10年。城市自由的获取在很多时候都并非简单易得的。在1278年，巴伐利亚公爵禁止其臣民获取在多瑙河上的新城的市民权，而只有限定的几种职业的从业者才可以获取。① 此外，为了获取这一依附于城市的特权，几乎总是需要宣誓，有时市民对其权利也需要购买，并且证明其具有从事某种职业的能力才可以。这种权利源于领主、国王、公爵、伯爵、教会或主教让渡的特许权，或者随着城市自治而由公社议会或法官争取到的自治权利，往往是由斗争得来。它还特别规定了领主给予城市和市民的自由的程度，以及由公社自行规定的权利和义务。因此，不能单纯地看待城市自由，因为它更多是一种共同分享的权利，需要对于防守、缴税、忠于城市法庭、尊重和平以及不制造假币等方面做出共同的承诺。

因此对于城市空气使人自由这句话，还应看到市民和城市共同体还处在领主的监管之下，除非通过豁免权而自我管辖，如自由城市。但也是经过长期的斗争，如在帕骚，城市议会于1225年被迫解散，科隆大主教同其市民的斗争以及对斯特拉斯堡主教的斗争直到13世纪后期才获得胜利。而且斗争也是反复的，如美因茨（Mayence）到15世纪后期时又落入大主教的统治，直到1462年才获得帝国的保护。② 但即使在神圣罗马帝国内成为帝国城市（Reichsstädte），皇帝也往往会限制城市的自由。如弗利德里希一世于1162年与意大利北部城市之间的冲突，以至于将米兰的城墙全部破坏。从而掀起意大利北部城市同盟同斯陶芬王朝之间的一系列争斗。直至1183年的君士坦丁和平，皇帝才停止对意大利城市的干涉，城市才获得自由，也选择了自己的执政官，虽然这些执政官都是附近乡村地区的封建贵族出身。③

中世纪德国史专家帕里斯指出，中世纪德意志的城市社会始终至少有三个群体：一是首富，即那些控制着政府和资源的人，以及商人贵族和知识精英；二是手工业者，行会的组织者，教会中的大部分人；三是余下的穷人、体力劳动者、挣工钱者、移民以及那些掌握极少资源并无法缴税的人。城市里占主导地位的是城市贵族，是由市民子弟参加军队成为骑士，从而逐渐取代老的贵族成为新贵族的。他们有豪华的住宅，对文化有品位，时有赞助，并成立团体，虽来自商人市民，但也仿

---

① Monnet, Pierre, *Villes d'Allemagne au Moyen Äge*, Pairs, 2004, p. 36.

② Monnet, Pierre, *Villes d'Allemagne au Moyen Äge*, p. 37.

③ Pinol, Jean-Luc, *Histoire de l'Europe urbain*, Vol. 1. De l'Antiquit éau 18e siècle, p. 500.

效乡村贵族,如比武、徽章等。因此这种等级划分是不可能使自由的空气存在的。①

中世纪英国的情况稍微特殊一些,自从诺曼征服后许多城市受到王权的直接控制,因此可能会拥有较多的自由。亨利一世为贝弗利(Beverley)发特许状,准许其为自由城市(liberum burgagirum)后来的特许状沿用这个称呼,一直到13世纪为liber burgus所代替,但含义都一样,即对城市占有土地状况的承认。此外国王还准许免除整个约克郡的通行税。城市从国王和主教以及大小领主手中都可以获得这样的特许状,从而获得了城市的权力。但雷诺兹也只是确定了英国中世纪城市享有土地保有权(tenure)。② 关于中世纪英国城市的自由程度,雷诺兹在承认英国城市相对于欧陆自由度较高的同时,也认为应该更多理解城市、公社和行会所包含的社会和政治结构,而不是像后世史学家那样追求准确的定义。特许状所赋予城市的自由,很多时候被高估,甚至根本就没有实现过。③

商人市民从领主那里获得市场、集市、征税等权利并得到特许状被称作城市的自由,有时市民也获得了机构和政治上的自治而成立公社,然而正如勒高夫认为的那样,这一引起19世纪史学家极大兴趣的现象却远不是自由和民主,而是一种时间错位。④ 关于中世纪城市自由的幻象中,还有不可忽视的问题就是边缘化人群的自由程度。在等级化的城市中,不仅中间等级的资产者市民没有充分的自由,更多的边缘化的人群,如穷人、杂耍演员、残疾人、妓女、精神病患者、麻风病人以及犹太人等,都成为中世纪城市中的不自由的人群。⑤ 因此,对于所谓中世纪城市的自由,不能一味沿用宽泛的定义,只给予一个笼统的概括性定论,而是需要更多的具体考察。

---

① Parisse, Michel, *Allemagne et Empire au Mayen Äge*, Pairs: Hachette, 2008, p. 242 - 243.

② Reynolds, Susan, *An Introduction to the History of English Medieval Towns*, Oxford, 1977, p. 100.

③ Reynolds, Susan, *An Introduction to the History of English Medieval Towns*, Oxford, 1977, p. 116.

④ Le Goff Jacques, Schmitt, Jean-Claude, eds., *Dictionnnaire Raisonn éde L'Occident Mécdiéval*, p. 1188.

⑤ Bruno Dum ézil, *La sociét ém éli éale en Occident*, Pairs, 2006, p. 134 - 136.

从大教堂到市政厅:中世纪晚期锡耶纳的城市空间转型

朱　明

13～14 世纪意大利城市锡耶纳经济获得了飞跃发展,新兴平民阶层迅速崛起,同过去占主导地位的权贵家族分庭抗礼,并最终超越后者而建立了“九人体制”的共和政府。这种政治经济变迁使锡耶纳的城市布局发生了重大转型。共和政府以前,城市布局主要以散布全城、各自为政的贵族私邸和塔楼构成。当平民对贵族的政治斗争取得决定性胜利后,平民主导的共和政权为了塑造合法性和显示政治权威而着手建设市政厅、市政广场,并延请艺术家创作富含政治寓意的市政厅壁画。锡耶纳城市空间的转型实际上从一个侧面反映了这一时期意大利城市权力的重大转移。

意大利丰富的建筑和艺术,一直是城市史研究的史料宝库。在意大利的城市中,除广场外,教堂和市政厅往往是最为醒目的两处地标性建筑。自从 11 世纪后期进入城市公社(commune)[①]时代,意大利各个城市便陆续兴起

① “commune”是 12～14 世纪在欧洲尤其是意大利广泛出现的重要政治团体,应译为“公社”,与表示“共同体”的“communitas”不同。(参见 J. C. Traupman, *The Bantam New College Latin and English Dictionary*, New York: Bantam Books, 1995, p. 103)“公社”是西方政治思想史的重要概念,可溯源至古罗马时期,而且影响一直延续至今,帕特南在《使民主运转起来》中就将意大利 20 世纪 70 年代中央政府分权改革的成功部分归因于意大利中世纪的公社传统。([美]罗伯特・帕特南:

市政建设,在象征权威的大教堂、洗礼堂等宗教建筑旁边出现了市政场所,如市民广场、市政厅。最早一批市政厅(Palazzi del Comune)于12世纪出现在意大利北部城市,到13世纪中叶更是出现了集中建设市政建筑的繁盛局面,这象征着自治城市公社的胜利。①城市政府还毫不吝惜地投资艺术装饰,往往在建筑底层设有宽敞的大厅,并且布满装饰一新的壁画。建筑内部的壁画,也可以作为史料来佐证城市发展的历程,尤其是其中所蕴涵的精神状态和思想层面的演进。

本文以中世纪晚期意大利托斯卡纳地区的重要城市锡耶纳(Siena)作为个案进行研究。锡耶纳从13世纪初扩建大教堂,到该世纪末开始建造市政厅,14世纪上半叶市政厅建成后又延请著名艺术家创作巨幅壁画。锡耶纳的市政建筑和艺术,凸显了城市空间结构的重大转型,从一个侧面反映了这一时期意大利经济和政治变迁下的城市权力转移。②

《使民主运转起来——现代意大利的公民传统》,王列等译,江西人民出版社2001年版)虽然"公社"这个词会极易使人联想到巴黎公社,但事实上这个概念在西塞罗的著作中就已经常出现(《论法律》、《论共和国》),12世纪欧洲出现了罗马法复兴,更是带动了公社运动的发展。"共同体"更多指代教会、行会等自治组织,而"公社"在本文中主要指中世纪中晚期在城市(civitas)中出现的政治组织形式。[参见[英]J. H. 伯恩斯主编:《剑桥中世纪政治思想史:350年至1450年》(下),程志敏等译,生活·读书·新知三联书店2009年版,第710~716页]但对于这一时期的意大利城市,仍有不同称呼,如城市共和国(City-Republic)、城市国家(City-State)等。近年来西方史学界关于中世纪公社的研究和讨论正如火如荼,相关论著层出不穷,对于公社的发展阶段也已经基本达成共识,可分为执政官时期(Consulc)、特别行政官时期(Podestà)、波波洛体制(popolo)和领主体制(signoria)时期。参见G. Milani. I *comuniitaliani Secoli XII - XVI*, Roma-Bari: Gius Laterza and Figli Spa, 2005。

① See P. Racine, *Les Palais Publics dans les communes italiennes* (*XIIe - XIIIe siècles*), Actes des congrès de la Société des historiens médiévistes de l'enseignement supérieur public, 11ᵉ congrès Lyon 1980, p. 134.

② 关于20世纪以来锡耶纳的城市史专题研究,较早的经典之作有F. Schevill, Siena: *The Story of a Medieval Commune*, Charleston Biblio Bazaar, 2009(1909),主要依靠穆拉托里整理的史料和著述;D. Balestracci and G. Piccinni, Siena nel Trecento: *Assetto urbano e strutture edilizie*, *Firenze*: Ed. cooperativa libraria universitatis studii florentini, 1977。是对14世纪锡耶纳城市和建筑的专门研究;W. M. Bowsky, *A Medieval Italian Commune*: *Siena under the Nine*, 1287 - 1355, Berkeley University of California Press, 1981。集中论述了九人体制时期的锡耶纳城市公社;D. Waley, *Siena and the Sienese in The Thirteenth Century Cambridge*: Cambridge University Press, 1991。将对锡耶纳市政的考察扩展到了从13世纪中期到14世纪初,以上两本著作都利用了大量锡耶纳市政厅文献史料;从经济史角度研究的最好的集体之作是Banchieri e mercanti di Siena, Siena: Monte dei paschi di Siena, 1987,由F. Cardini、G. Cherubini、G. Pinto等学者结集而成;O. Redon, L'espace d'une cité: Sienne et le pays Siennois, XIIIe - XIVe siècles, Rome: ÉEcole francaise de Rome, 1994。对锡耶纳与其周边郊区形成城市国家的过程进行了研究尤其侧重从空间变化的角度;从艺术史角度解读锡耶纳城市的研究有R. Starn, Ambrogio Lorenzetti: The Palazzo Pubblico, Siena, NewYork: George Braziller, 1994。

一、转型前的城市布局

锡耶纳特殊的地理状况决定了它的山城特征,因而城市布局多呈弯曲状而非像意大利其他城市那样曲直分明。从城市形态看,独特的地理特征决定了锡耶纳不是按照同中心发展的,而是沿着山脊发展。城市主要由分布在3个丘陵之上的区域构成,道路基本上依山而建,3条脊状的道路将城市分成3个区域:原属主教驻地的"城市区"(Città),东部的"圣马丁区"(Sanmartino),北面的"卡莫利亚区"(Camollia),3个区域又可划分为更小的单位(contrade)。呈倒Y型的3条道路向外分别通往3个城门,并相交在坎波广场(Piazza del Campo),从而使这里成为城市的天然中心。①

坎波广场位于几座山丘汇合处的山坡上,通过3条主要道路将锡耶纳的3个区域连为一个整体,正中的开放空间便是广场。最初坎波广场主要用作集市,是商业小贩的聚集地,一直到13世纪末以前主要用于经济活动。12世纪,锡耶纳城市建设最辉煌的建筑成就要数教堂,这时城市的中心也是在市区的大教堂及其广场,12世纪末和13世纪初锡耶纳建立起主教座堂,教堂前的广场成为公社的宗教和政治生活中心。锡耶纳在5世纪成为主教驻地,12世纪主教权力逐渐衰退,贵族最终迫使主教承认城市自治,因此,12世纪后期成立的城市公社脱离了主教控制。锡耶纳大教堂成为城市的主教座堂,纪念圣母玛利亚的升天。这里在罗马时代是供奉密涅瓦的神庙,9世纪时改造为主教宫殿,是主教区的中心所在地,12世纪末开始在这里兴建起大教堂,到13世纪初每日都有集会弥撒,13世纪更是进行了修复和扩建,大规模的扩建最初在1215年设计并动工,到1263年竣工,新的大教堂由一个轻微突出的耳堂、圆屋顶和塔楼组成,教堂内外的大理石表面是相互交错的白色和墨绿色线条,构成锡耶纳特有的标志。教堂的拱顶和耳堂是在1259~1260年间建造,其后断断续续地增建一直持续到1264年才最终完工。1265~1268年间,著名雕塑家尼可拉·皮萨诺携其子乔凡尼·皮萨诺为这个主教座堂设计祭坛。大教堂与锡耶纳城市的宗教信仰密切相关,自从锡耶纳在蒙塔佩蒂(Montaperti)战役中战胜对手佛罗伦萨之后,就奠定了这里对圣母玛利亚的

---

① 参见[美]斯皮罗·科斯多夫:《城市的形成——历史进程中的城市模式和城市意义》,单皓译,中国建筑工业出版社2005年版,第59~61页。

崇拜,并尊奉她为城市的保护者,当时城市长官就是在大教堂为战争祈祷的。①

除了大教堂作为宗教中心外,还有分散在城市各处的权贵家族私邸,这些塔楼林立的私邸成为城市政治的重要场所。以大教堂为中心的城市区坐落着许多权贵的私邸,有多个大家族在此聚居,因此大教堂附近有不少宏伟的私邸。圣马丁区以乌古基耶里(Ugurgieri)家族而闻名,它也是圭尔夫党的皮科洛米尼家族(Piccolomini)的所在地。在卡莫利亚区则居住着更多的大家族,如托洛梅伊(Tolomei)、邦西尼奥里(Bonsignori)、萨林贝尼(Salimbeni)、马尔沃尔蒂(Malavolti)等家族,他们的私邸在市政厅修建之前也经常租赁给公社使用。② 沿着城市里弯曲的山路还有许多大家族的防卫性私邸(castellari),它们大多配有塔楼和城垛,权贵各据一处,私战不已。中世纪意大利城市里塔楼林立,大家族的庭院总是会有高高的塔楼,用作保卫之途,它成为贵族家族的象征。13 世纪时锡耶纳的塔楼多达 56 座,③而其周边所属郊区公社也有众多的城堡和塔楼,如锡耶纳附近的圣吉米尼亚诺城就有许多塔楼,而且一直保存至今。

与此形成鲜明对照的是,这一时期的锡耶纳市政建设非常滞后,公社行政人员没有自己的官邸,往往是寄居在教会建筑中,或者租赁权贵私邸作为办公场所,因而具有很大的流动性。13 世纪市议会往往在教堂召开,有时则在主教座堂,但在 1271 年被迫迁出教堂,此后十年不得不租赁大家族私邸作为召集地点,如乌古基耶里、托洛梅伊等家族将其府邸租与市议会,皮科洛米尼等家族将其府邸租与督政官,其他各个市政机构也都坐落于各处权贵私邸。④

由此可见,此时的锡耶纳城市布局仍然是一盘散沙,主要是沿袭传统的以主教教堂作为城市的中心,尚不发达的商业活动仅在交通便利处开辟出有限的集市,而发达的权贵和各个家族则武装起各自的私邸彼此防范,城市空间的转型还有待经济和政治上出现重大变革。

二、"商业革命"与平民阶层

锡耶纳的城市空间转型,是与其经济发展及其带来的阶层变化密切相关的。

---

① See P. Cammarosano, Il *comune di Siena dalla solidarietà imperiale al guelfismo: celebrazione e propaganda*, in P. Cammarosano, ed. Le forme della propaganda politica nel Due e nel Trecento, Rome: École Francaise de Rome 1994, p. 462.

② See W. M. Bowsky, *A Medieval Italian Commune: Siena under the Nine*, 1287 – 1355, p. 12 – 18.

③ See D. Waley, *Siena and the Sienese in the Thirteenth Century*, p. 6.

④ See D. Waley, *Siena and the Sienese in the Thirteenth Century*, p. 7.

从12世纪开始的欧洲商业复兴和经济扩张算得上是一场"商业革命",[①]这一时期的意大利乃至整个欧洲都出现了经济复苏和飞跃,整个欧洲的商业化和城市化水平不断提高,意大利经济的发展尤其迅速,而锡耶纳正是在这一时期趁势崛起为一座商业和金融业城市。在商业复兴中,城市以市场为导向,进行大规模生产,价格水平持续升高,货币供给量和铸币量也都相应增加。城市还加强对周边乡村地区的开发,财富流动加快。随着市场和集市的扩展,交通方式日益专业化,商业模式日趋复杂化,城市也随之成为商业中心和常年开放的集市,有常驻的代理商从事商业活动。国际性的商贸活动大规模展开,意大利商人的身影开始出现在近东甚至到达远东,尤其是纷纷攘攘地涌到地中海东岸开展商业贸易,同拜占庭、穆斯林甚至相互之间展开商业竞争;同时意大利商人积极前往西北欧进行商业交往,尤其是从1270年以后实现了同西北欧的直航。意大利越来越多的城市商人加入这股商业化大潮中,如海洋共和国威尼斯、热那亚、比萨,内陆城市伦巴第地区、艾米利亚地区,托斯卡纳地区等,到13世纪中叶他们已经建立一个意大利商人占主导地位的商业网络。

商业的发达推动了金融业的发展,货币兑换、银行和信贷都随之迅速发展起来。到13世纪,意大利人不仅在商业上,而且在金融业方面成为欧洲的主导力量。意大利商人在国内推动使用银行储蓄、信贷,在国外则使用汇票,与东方和西北欧的贸易很多都是通过汇票进行结算的,在这些贸易和金融活动中意大利商人如鱼得水,施展天赋。欧洲西北部的香槟集市在意大利的参与和推动下,从13世纪中叶起发展成为一个国际性的货币市场。意大利商人也向教皇、国王、贵族乃至十字军提供信贷服务,教皇从12世纪末起向神职人员征税,所需远程汇兑的任务就交由金融网络发达的意大利银行承担,教皇的权威使这种金融活动无风险之虞,而托斯卡纳商人尤其受益于教皇的国际财政需要。托斯卡纳商人更是大力发展金融业,在罗马、香槟集市、博洛尼亚大学城等处进行信贷活动。通过金融业和商业的结合,托斯卡纳在13世纪后期迅速占据了意大利和欧洲贸易、金融业的领导地位,尤其以佛罗伦萨、锡耶纳和卢卡三个城市最为重要。在卢卡和锡耶纳出

---

① 关于"商业革命",参见[比]亨利·皮朗:《中世纪欧洲经济社会史》,乐文译,上海人民出版社2001年版;德·鲁弗提出了13世纪商业革命说,认为1300年前后香槟集市的衰落引发了1275年到1325年的"商业革命"(R. de Roover: *The Commercial Revolution of the Thirteenth Century*, Bulletin of the Business Historical Society, Vol. 16, 1942);洛佩兹认为从10世纪到14世纪中叶由于国内外市场的拓展而引发了商业革命(R. S. Lopez, *The Commercial Revolution of the Middle Ages* 950 – 1350, New Jersey Englewood Cliffs, 1971),琼斯对商业革命和意大利公社的关系作出了极其详尽的论证(P. Jones: *The Italian City-State*:*From Commune to Signoria*, Oxford: Clarendon Press, 1997)。

现了遍布全欧洲的商业组织，在人数、实力和规模上都超过了其他地区。[①]

13 世纪下半叶锡耶纳是欧洲经济最耀眼的明星，其商人和银行家在西欧许多地区开展大规模的经济活动，他们不仅在香槟集市居于主导地位，也活跃于英国、低地地区、德意志、法国南部。在意大利内部，他们则与比萨、热那亚、威尼斯和那不勒斯进行大规模贸易活动。锡耶纳的经济发展尤其借助于金融业，相当一部分传统封建贵族投资商业金融活动，成为重要的商人银行家，这与许多其他城市不同。[②] 与此同时，很多因商业潮流而致富的商人银行家又投资地产，成为拥有地产和身份的新贵族。这两个群体不断合流，成为借助商业革命而迅速崛起的新的精英，他们被称作“权贵”（magnat），[③]其共同点是在城市中拥有庞大的家族网络，故也称“权贵家族”。13 世纪，锡耶纳的大家族诸如皮科洛米尼、托洛梅伊、萨林贝尼、邦西尼奥里、伽莱拉尼成为欧洲重要的商人和银行家，他们长期担任教皇的银行家，同教廷的友好关系使他们享有很高声誉，并获得可观的利润。邦西尼奥里家族公司的崛起就是同这一时期教皇英诺森四世（1243 ~ 1254 年）对金融的需求有关，虽然该家族 1260 年以后由于支持基伯林派而被教廷支持的佛罗伦萨银行家取代，但仍不失为重要的金融力量。[④] 卡莫里亚（Camollia）、托洛梅伊家族都出身贵族而从事商业金融业，萨林贝尼家族和马尔沃尔蒂家族都是经营金融业而致富的，其中萨林贝尼家族是锡耶纳最富裕的家族。商业发展使许多商人家族一跃而起，也正是他们这种强大的经济实力帮助锡耶纳在蒙塔贝蒂战役中战胜佛罗伦萨。[⑤]

这样一个权贵阶层的存在，使锡耶纳的权力结构呈现出不同于其他城市的特点。涉足金融业的权贵牢固地掌握市政权力，以家族名义向城市提供贷款，成为政府的债权人。根据城市财政部门记载，1257 年下半年市政府获得邦西尼奥里、

---

① See P. Jones, *The Italian City-State: From Commune to Signoria*, p. 192 - 193.

② See E. Crouzet-Pavan, Enfers et Paradis: *L'Italie de Dante et de Giotto*, Paris: Albin Michel, 2001, p. 214.

③ 也称作“patriciate”（显贵），在中世纪经常指代那些大地产所有者。1272 年召开的锡耶纳市议会提到“许多城市权贵”（plurium magnatorum civitatis）与会，从此权贵（magnates）成为一个专有名词，为市民为了限制富人权力的立法中所用。See D. Waley, *Siena and the Sienese in the Thirteenth Century*, p. 100.

④ See D. Waley, *Siena and the Sienese in the Thirteenth Century*, p. 26 - 29.

⑤ See G. Pinto, "*Honour*" *and* "*Profit*": *Landed Property and Trade in Medieval Siena*, in T. Dean and C. Wickham, eds., City and Country side in Late Medieval and Renaissance Italy: Essays Presented to Philip Jones, London: The Hambledon Press, 1990, p. 81 - 82.

萨林贝尼、托洛梅伊等家族的巨额贷款,1262 年下半年总贷款高达 16,000 里拉。[①] 1260 年蒙塔贝蒂战役前夕,萨林贝尼家族向政府提供了巨额贷款。[②] 在 1271 年当安茹的查理因锡耶纳的亲皇派立场而施以惩罚时,萨林贝尼家族还为政府提供了 16,000 里拉的巨额贷款供支付罚金,因而萨林贝尼家族对城市政府的财政具有几近支配的程度。此外,其他各大家族也成为城市的重要银行家,参与信贷业务,利率高达 30%,贷款也以城市的地产作为担保,城市政府成为权贵家族的常年债务人,很大程度上受到后者的操控。

整个 13 世纪,大家族的经济活动主要集中在两个领域,一是银行业的国际扩张,二是大量购买郊区地产和城堡,以及相应的领主权利。如皮科洛米尼家族以向神圣罗马帝国服务作为条件获得了腓特烈二世在锡耶纳的采邑地产;萨林贝尼家族在 13 世纪利用锡耶纳的扩张在周边乡村各处建立其庞大的势力,1275 年他们通过代偿债务,从锡耶纳公社手中获取奥尔恰谷地的城堡以及附带的领主权;邦西尼奥里等家族也都纷纷到乡间获取地产以及领主权。权贵家族以此种方式将迅速上升的社会地位合法化,通过在乡间获取地产巩固家族的权力,同时也能为其提供武装力量和忠诚的受庇护人,有时他们也通过与乡村贵族的联姻而获取权势。由此,诞生于城市的新贵族获得了传统贵族的地产和名号。到 14 世纪 20 年代,2% 的锡耶纳家族拥有 1/3 的城乡地产,伽莱拉尼、萨林贝尼、托洛梅伊、马尔沃尔蒂四大家族持有 20% 的地产财富。[③] 通过对锡耶纳财税和土地的占有,他们趁着商业化的大潮将传统秩序破坏之际,迅速成长为城市中的重要势力。

与此同时,随着商业化的进程,意大利大多数城市出现了从事工商业的平民(popolo),[④]这个诞生于 13 世纪的新阶层是建立在工商业和行会基础之上的,行会在城市生活中取得了非常高的地位。平民往往指那些非权贵的市民,有时也包括工匠,他们构成了行会中的大多数。行会中也有权贵家族的商人和银行家参

---

① See D. Waley, *Siena and the Sienese in the Thirteenth Century*, p. 33.

② See D. Waley, *Siena and the Sienese in the Thirteenth Century*, p. 33; E. Crouzet-Pavan, *Enfers et Paradis: L'Italie de Dante et de Giotto*, p. 362.

③ See G. Pinto, "*Honour*" *and* "*Profit*": *Landed Property and Trade in Medieval Siena*, p. 85 – 87.

④ 音译为波波洛,意大利语为 popolo,拉丁语为 populus。这个效仿古罗马时期称呼的概念,表现了意大利城市政治上的冲突。在罗马共和时期,因工商业而兴起的"平民"(plebeians),同政治上享有特权的元老贵族产生对抗,并且因反对元老院决议和坚持罗马公民大会而称作"民众派"(populares)。这种平民或民众包括商人、手工业者以及普通民众,同 13 世纪意大利城市普遍兴起的工商业者类似,故也称后者为平民。而人民是更为现代的政治概念。(参见[英]迈克尔·格兰特:《罗马史》,王乃新、郝际陶译,上海人民出版社 2008 年版,第 60、145 页)

与,但他们只占据少数。这两个群体在经济活动中往往相互合作,因而并非能截然分开。权贵和平民都从商业革命中获益,都利用经济扩张的机会迅速发展起来。佛罗伦萨的行会组织发展最为迅速,这主要是由于这里发展起规模较大的呢绒业,以及其他各种工商行业。然而,锡耶纳没有像佛罗伦萨那样发展起庞大的呢绒业,以及随之而壮大起来的手工业行会,它仍然以金融业为重。由于手工业发展的落后,锡耶纳经济权力始终掌握在权贵手中,行会力量非常弱小,没有出现规模庞大的平民阶层。锡耶纳的阶层分布影响了它的政治发展,如何在权贵家族影响极大的城市中保证权力,成为平民面临的最大问题。

在锡耶纳,除了手工业者,还有许多出身较低社会阶层却通过国际贸易和金融投资而暴富的商人和银行家,这些人都属于平民阶层。如"斯卡拉的圣玛利亚"医院(Santa Mariadella Scala)的资助者雅各布斯(Jacobus),据其遗嘱所知,在他 29 岁时获得父亲的遗产,将钱投到银行并且进行有息贷款,使遗产增加了十倍,从而进入城市富人行列。有些富人甚至出身低贱,如吉尼巴尔杜斯(Ghinbaldus),他原本是修道院农民之子,后来成为市民进入市政厅,他娶了大户人家的女儿,最后还为其父购买了一座修道院。这些新兴的城市精英通过商业或金融业变得富有,进而跻身城市上层,他们最后却都转向购买地产进而成为"新领主"。[①] 在锡耶纳的政治舞台上,这些人都将起到重要作用,成为 13 世纪末到 14 世纪中叶掌握市政权力的主体。

三、权贵家族、平民与共和政府

商业革命造就了托斯卡纳城市金融业的发展,与此同时,平民阶层也发展起来。对于锡耶纳来说,正是以金融业为主的经济格局,导致了从事金融业的权贵家族在城市政治中占据中心地位,他们之间进行着此起彼伏的私斗。而且权贵具有强烈的家族意识,以大家族为单位开展商业活动并参与政治生活,而且频繁涉入派别斗争,以致到 13 世纪还形成了以圭尔夫和基伯林两大派别为代表的斗争。

在中世纪晚期的一些意大利城市中,血亲复仇(vendetta)屡见不鲜,一般都系权贵所为。在锡耶纳,最著名的私斗莫过于萨林贝尼和托洛梅伊两大家族之间的恩怨,而其他家族如皮科洛米尼也被卷入。例如,1321 年 12 月 29 日晚,萨林贝尼家族的弗兰切斯科在回家途中被托洛梅伊家族的巴尔西诺伤害并身亡,1322 年 4 月萨林贝尼家族的乔瓦尼为其报仇,从佛罗伦萨召来一帮人夜袭托洛梅伊家族并

---

① F. Menant, *L'Italie des communes* (1100 - 1350), Paris: Belin, 2005, p. 60 - 61.

杀死3人,同年9月,两个家族都组织起大批人马准备火拼,整个城市几乎都武装了起来,即使督政官介入也毫无效果。到1330年又发生更大规模的火拼,九人政府派部队将双方隔开,并对肇事者进行罚款,以图阻止私斗。锡耶纳两个家族的仇恨之深以至于教皇也派人调和,但两大家族的仇恨一直延续着。① 权贵家族除了相互之间无休无止的私斗之外,甚至还会对市政府发起攻击。1272年身为参议员的奇阿波罗(Ciampolo Salimbeni)带领家丁袭击市政府警卫,被罚以1000里拉,但只支付一半,其余则用市政府欠其家族的债务偿还。1288年,一个人夜间携带武器打伤督政官的警卫,被罚款800里拉,但由其庇护人萨林贝尼家族支付。②

正是由于权贵家族的猖獗,对于这一时期的锡耶纳来说,维护城市治安和社会秩序是非常重要的任务,携带武器、射击、从塔楼上掷石子都被认为是对城市秩序的破坏。平民尤其反对权贵的特权以及权贵之间的仇杀,同时政府也禁止权贵私自建造防卫工程,尤其是其私邸的塔楼。为抑制血亲复仇,政府和平民有时对参与斗殴的权贵家族施以罚款,有时则组建武装力量抑制权贵家族之间的仇杀,锡耶纳拥有民兵3000人,由平民选举的领袖指挥。平民政权的首要目的是维持城市的和平与稳定,而权贵则被认为是严重的威胁。

为遏制权贵家族暴力活动,平民也被赋予了保卫和平的使命,并组建起地区性的武装团体。13世纪初意大利各个城市都出现了平民组织,他们要求经济和政治上的权利,并积极参与公社,分享政府权力。面对不断壮大的工商业者,城市政府逐渐允许更多的平民进入政权。平民不断扩大在城市政府中的影响,甚至在有的城市主导了公社,并且建立了一整套行政体制,拥有自己的旗帜和徽章,"公社"之名也改为"公社与平民"。③ 这种体制是建立在行会基础之上的,与行会的利益密切结合。行会力量强大的城市往往由出身行会的平民领导政府,而如锡耶纳这样的城市里行会势力并非很大,因此平民主要是通过参与市政府捍卫自己的利益。此时的平民还不是现代意义上的市民群体,而是由各种群体和派别所组成。商人和手工业者获取政府权力后,排斥其他群体,将公社权力据为己有。在政治结构上,平民的目标一方面是增加在政府中的比例,另一方面是极力反对权贵进入政府,为此他们进行了一系列的制度变革。从13世纪前半叶开始从其他

---

① See K. L. Jansen, J. Drell andF. Andrews, eds. *Medieval Italy Texts in Translation*, Philadelphia: University of Pennsylvania Press, 2009, p. 131 – 134.

② See D. Waley, *Siena and the Sienese in the Thirteenth Century*, p. 98.

③ P. Jones, *The Italian City-State: From Commune to Signoria*, p. 501 – 505.

城市聘用督政官(podestà)[①]的做法，逐渐在整个意大利流行开来，[②]督政官逐渐取代过去由传统贵族垄断的执政官(consulat)，[③]从12世纪末起成为公社中的首要官员。这一官职由受过法律训练的专门人才担任，主要聘自外地，负责召集和主持市议会以及司法事务。他往往自带一套行政班子，包括法官、骑士、公证人、随从和警卫，通常得到极高的佣金，但在任期间需要遵守公社约束。在1236年的锡耶纳，督政官被配以一个或多个平级的平民领袖(capitano)，在这些官僚之上又设置了新的权威，称作"最高行政长官"。[④]

锡耶纳的政治体制在13世纪中叶以后发生了重大变化。1240年锡耶纳成立了"24人政府"(Ventiquattro)，这个基伯林派占主导的政权由权贵和平民共同构成。随后出现的一个契机导致了权力的转移，这就是基伯林派和圭尔夫派之间的对峙以及前者的失败。在1260年蒙塔贝蒂战役中，锡耶纳由基伯林派领导战胜了圭尔夫派主导的佛罗伦萨，但此后几年锡耶纳的圭尔夫派迅速发展起来，并于1269年6月在埃尔萨谷口村(Colle Vald' Elsa)的科莱之战中彻底击败基伯林派，许多基伯林派于次年被流放。[⑤] 由此，许多权贵家族纷纷倒向圭尔夫派。但此后的圭尔夫政权也受到极大削弱，一方面是由于平民的大量加入，另一方面也是由于限制权贵家族权力的一系列立法。平民加强反对权贵，并对势单力薄的圭尔夫政权不断施压，从而导致政府中的权贵在1277年被清除出政府，从这时起到1287

---

① 督政官最初是由君临意大利的神圣罗马皇帝任命的，安排在意大利城市中负责监督和决断，类似于中国古代的按察使。从腓特烈一世起，皇帝在征服意大利的同时也受到意大利自治城市同盟的抵制，因此对亲皇帝派(后来的基伯林派)的城市派遣督政官，这种官职逐渐在意大利城市制度化，尤其在后来城市内部新旧政治势力发生矛盾时，或大家族之间争夺执政官职位时，往往从其他城市引进一名督政官，作为超越利益冲突双方之上的仲裁者，从外部招聘行政官也成为避免内部矛盾激化的折中途径，并且实现了行政管理的专业化。督政官的任命在13世纪主要由市议会代表负责，到14世纪初权力转归平民政权。

② See G. Milani, *I comuni italiani*, Secoli Ⅻ - ⅩⅣ, p. 110.

③ 执政官是12世纪城市公社初兴时的最高官员，往往限于封建教俗贵族担任。(参见朱明：《城市的空气不一定自由——重新审视西欧中世纪城市的"自由"》，载《史林》2010年第2期。)

④ 又称作aldermen, anziani, priors，往往以人数命名。1236～1271年选举出24名最高行政长官，称作"24人政府"，此后又相继有36人、15人等作为最高行政长官，最终确定到9人。参见D. Waley, *Siena and the Sienese in the Thirteenth Century*, p. 46; P. Jones, *The Italian City-State: From Commune to Signoria*, p. 408.

⑤ 关于这次战役以及基伯林派的失败，在但丁的《神曲》中有所反映，见"炼狱篇"第13章。Sapia Salvani(1219 - 1278)本是锡耶纳基伯林派的领袖，并在蒙塔贝蒂战役中战胜佛罗伦萨，但在埃尔萨谷口村的内战中受到背叛并被私敌托洛梅伊家族所杀。

年9人体制确立之前,锡耶纳形成了以上层平民为主的寡头统治。①

锡耶纳的9人体制②从1287年一直持续到1355年(中间有数年间断),这段时间构成了锡耶纳经济和文化发展最为繁盛的时期。9人政府的主要执行机构是枢机会议(concistòro),由9名最高执政官和城市其他等级构成委员会,每两月进行一次定期集会。委员会由财政部门的4名监督官(provveditori),4名商会领事,3名骑士领袖(或圭尔夫派领袖)组成。③ 9人政府负责任命立法委员会和财政部门的监督官以及督政官,9位最高执政官由上一任委员会秘密选举,委员会的人选则是由9人、督政官、财政部门4名监督官、商会4名理事、骑士领袖集会选举出来的。④

作为上层平民的富商和银行家构成了这样一个统治集团的社会基础,不仅权贵被排除出政权,连专业阶层如律师、医生,小行会的成员如屠户、面包师、理发师、木匠,以及劳工阶层也都被锡耶纳的统治阶层拒之门外,那些从事金融业的上层平民完全控制了公社。⑤ 1309年至1310年的新章程中提到:"九人政权应当属于锡耶纳城的商人们,即中等阶层",而中等阶层(mezzagente)的界定则为:"法令决定,锡耶纳城的任何贵族,骑士、法官、公证人、医师都不能成为九人政权的成员。"⑥权贵家族被从政府最高领导九人成员中剔除出来,特权归于上层平民,主要是国际商人和银行家,包括富裕的羊毛生产者、药品和染料经销商、大规模的零售商,甚至一些金匠和旅馆主人。⑦ 这些中等阶层与他们之下的工匠、店铺主、小商贩、工资劳动者不同,他们持有数量可观的地产,在郊区大量兼并地产,其财富主要由土地构成,行为也越来越模仿传统贵族。⑧

9人体制将排斥权贵家族和创造民主国家作为自己的口号和宗旨,努力建立一个完全属于平民的政府,这甚至成为9人体制维护自身合法性的重要途径。只

---

① See P. Cammarosano, Il *comune di Siena dalla solidarietà imperiale al guelfismo: celebrazione e propaganda*, p. 460 - 461.

② 9人体制在中世纪的意大利城市公社中并不少见,如佛罗伦萨13世纪共和国时期就由九名最高官员(priori)领导,由来自大行会的6人、来自小行会的2人和一名旗手(gonflarori)组成。

③ See W. M. Bowsky, *A Medieval Italian Commune: Siena under the Nine*, 1287 - 1355, p. 23.

④ See L. Martines, *Power and Imagination: City-States in Renaissance Italy*, New York: Alfred A. Knopf, 1979, p. 152.

⑤ See F. Schevill, *Siena. The Story of a Medieval Commune*, p. 194 - 195.

⑥ F. Schevill, *Siena. The Story of a Medieval Commune*, p. 196.

⑦ See W. M. Bowsky, *A Medieval Italian Commune: Siena under the Nine*, 1287 - 1355, p. 19 - 20.

⑧ See G. Pinto, "*Honour*" *and* "*Profit*": *Landed Property and Trade in Medieval Siena*, p. 89 - 90.

有塑造出一个城市的对立面和敌人,才能巩固自己的统治,但对权贵的划分有时完全是一种政治界定,甚至有时只要不属于行会、不归入平民的市民都可以划入其中,而权贵主要指有声望的土地贵族以及世家大族。

拥有金融和地产财富的权贵为公社财政所需,因此9人政府仍受其掣肘。在锡耶纳尤其如此,最重要的原因就是权贵作为金融家因向政府贷款而享有特权,9人政府的反权贵策略更多的是一种象征,而非事实。9人执政期间也吸收了一些权贵进入公社担任要职,如1288年9人执政之初,最活跃的市议会议员就包括伽莱拉尼、托洛梅伊、皮科洛米尼、萨林贝尼、马尔沃尔蒂、邦西尼奥里等家族的成员。从13世纪末到14世纪初许多权贵家族的成员都在政府中担任职务,该时期最显耀的锡耶纳市民也都属于托洛梅伊、皮科洛米尼和马尔沃尔蒂家族。① 权贵家族控制着公社的经济命脉,9人政府也离不开他们的支持和资助。因此,因经济活动而崛起的平民和拥有财政优势的权贵家族成为相互抗衡的力量,但在长时期内又不得不妥协和共处。

四、权力转移与城市空间的转型

从"24人政府"到"9人体制"这100多年的发展历程中,平民作为一股政治力量,在锡耶纳的城市政府中担任了非常重要的角色,尤其是在9人执政时期,平民对城市的控制得以加强。平民力量增强显著体现在城市的外观,如市政厅、市政广场的修建,艺术的投资,以及市民宗教,城市形象等,这些都构成了平民执政时期的市政文化,成为平民城市公社的符号象征,也是共和政府的理想体现。锡耶纳市政厅的建造和市政厅壁画的创作,都是在9人执政时期进行的,他们为锡耶纳的城市面貌留下了永久的印记,他们还规划了城市的街道,修葺和整理了坎波广场,建起曼吉亚塔楼。这些规划作为市政权力的表象,可以折射和反映出当时的历史背景,对它们的解读可以进一步加深对锡耶纳城市空间转型的理解。

面对权贵私邸和塔楼林立的状况,锡耶纳城市公社进行了一系列的市政建筑工程。锡耶纳市政府从13世纪末开始修建市政厅,此后50年建设始终在进行,1310年完成了主体建筑部分。东侧的9人大厅(Sala dei Nove 或 Sala della Pace)最先建立起来,于1310年完工,是"9人体制"时期召开会议并执掌政府全权的地方;西侧督政官大厅于1325年开始建造,1330年完工,督政官及其随从官员都在

① See D. Waley, *Siena and the Sienese in the Thirteenth Century*, p. 94 – 95.

此配备了住处;[①]1330～1342 年扩建了著名的大议会厅(Sala del Gran Consiglio,或寰宇图厅 Sala del Mappamondo),作为城市议会所在地。整座市政厅建设到 14 世纪中叶完工,坐落于呈漏斗形的坎波广场的最低处,通过督政官庭院(Cortile del Podestà)可以进入。坎波广场以市政厅为轴心向各个方向的高处铺开,同时有 8 条石灰线从市政厅门口向外延伸,将广场分成 9 个扇形,象征着 1287 年到 1355 年间统治这座城市的"9 人"政治体制,而处在交叉点上的市政厅正好作为这些线条出口的对景。11 条街道以坎波广场为中心投射到城市各个方向,使市政厅及其塔楼成为整个城市的中心。到 1344 年,市政厅外的曼吉亚塔楼(Torre del Mangia),高达 102 米,超过相隔不远的教堂钟楼,在当时是托斯卡纳地区最高的塔楼。由于坎波广场和市政厅位处高丘之上,因而这座塔楼成为锡耶纳最高的建筑。[②] 锡耶纳市政厅塔楼的建成,在高度上压倒了大家族的塔楼,而且市政厅严格限制家族塔楼的建设,并限定不得超过特定高度。市政厅的塔楼从此"一枝独秀",占据了最高位置,成为共和时代公社权力的象征。

锡耶纳市政府还对坎波广场进行了整顿。自 1262 年坎波广场铺砌好之后,市政府规定了一些分区的限制,到 13 世纪 90 年代开始进行更大规模的整顿,广场被清理并扩展,这一切都是为建设一个庄严宏伟的市政厅所做的准备。1297 年市政府要求建立一个统一的广场,因而立法规定广场上的所有建筑物须有统一的立面,而且全要仿照市政厅的模式,这种形式主义的限制直到 15 世纪才被解除。1309 年市政府出台了一系列法规,通过限制特定贸易来制造广场的威严氛围,法律规定广场上不得再进行各种买卖,曾经的制革商、理发师、肉商以及各种小商贩都被清除出广场。虽然直到 1407 年谷物、家禽市场才从坎波广场迁移到邻近的集市,但自此广场的商业机构越来越限于零售高档商品如金银、呢绒的店铺,以及公证所和银行。此外,市政府还规定:围绕坎波广场而建造的面对市政厅的房屋,其窗户都必须一分为二,中间以柱子隔开,且不得有突出和悬垂的结构,违者罚款 25 里拉;不允许任何房屋向窗户外长期放置托架或窗帘杆,工作用的长椅不得放到面对坎波广场的房屋以外,违者罚款 5 里拉;建筑材料如石头、砖块、木头、干草、麦秆不得堆放在广场及路面上,环绕坎波广场的石块路面应当保持清洁,摆放的椅凳或其他可移动物体不得超出房屋到道路的一定距离,违者罚款 20

---

① See R. Starn and L. Partridge, *Arts of Power Three Halls of State in Italy*, 1300 – 1600, Berkeley and Los Angeles: University of California Press, 1992, p. 17.

② 关于锡耶纳 14 世纪的建筑参见 T. Dean, *The Towns of Italy in the Later Middle Ages*, Manchester: Manchester University Press, 2000, p. 25 – 27。

里拉。[1] 正是通过一系列措施，市政府努力将坎波广场从过去的集市转变成市政广场，使之与市政厅共同构成城市权力和政府权威的象征。

就市政厅本身来说，其构造和布局也显示了权力的分殊。垂直地看，地下仓库用于政府储备垄断食盐，第一层是财政部门，也是市政府强大的税收机构；第二层是装饰有壁画的9人大厅和大议会厅，这里是权力的核心地带，负责城市政策的制定。水平地看，督政官大厅与9人大厅和大议会厅相分离，彼此无法直接进出，只是从市政厅外面看是连为一体的。[2]

城市公社与教会的关系发生了变化，教会逐渐被置于市政府的庇护之下。12世纪公社时代初期，大教堂及其钟楼仍是城市的象征，主教官邸和大教堂是城市公共生活的中心。从13世纪后期起这种情况发生了变化，市政厅从建设伊始就占据了更中心的位置，用于指引和领导公共生活从大教堂转向市政厅。[3] 大教堂的重建虽然也在进行中，但更多是一种辅助工程，是市政府和市民用来宣扬城市荣耀的手段。早在1146年教堂钟楼就已建立，旧址本是用于军事防御的半堡垒半宫殿式塔楼，但随着城市的发展和市民财富的增加，锡耶纳公社急需建造一座规模更大的教堂。以佛罗伦萨和比萨的教堂作为榜样，也受到北方哥特风格的影响，锡耶纳从13世纪中叶开始重建大教堂。[4] 著名雕塑家乔凡尼·皮萨诺于1285年到1296年担任教堂建筑的负责人，他进一步改进了教堂宏伟的立面，到14世纪初杜齐奥(Duccio di Buoninsegna)创作的圣母像被放入大教堂。1337年锡耶纳政府修订法令，提出保护大教堂，并将其视作公社的重要事务。[5] 从13世纪开始，教会逐渐失去独立性，在财政上越来越依附于城市公社政府，政府也尽力维持本地主教与教士的尊严和财产，协助教会组织宗教节日活动。在建筑和其他艺术方面，市政和宗教的艺术形象逐渐合流，市政府越来越多地主持宗教活动，市政厅中设有礼拜堂和圣母像，市政府自视为公社属灵生活的监护人，对信仰实行官方保护，不光保护教会财产不受损失，也慷慨资助教会，不惜重金帮助教会修缮

---

① See K. L. Jansen, J. Drell and F. Andrews, eds. *Medieval Italy: Texts in Translation*, p. 261 – 263.

② See F. Nevola, *Siena Constructing the Renaissance City*, New Haven: Yale University Press, 2007, p. 20.

③ See P. Jones, *The Italian City-State: From Commune to Signoria*, p. 445.

④ See C. E. Norton *Historical Studies of Church Building in the Middle Ages: Venice, Siena, Florence*, Whitefish: Kessinger Publishing, 2003, p. 92 – 93.

⑤ See C. E. Norton, *Historical Studies of Church Building in the Middle Ages: Venice, Siena, Florence*, p. 154 – 155.

房屋和美化教堂。①

同时,公社也充分借助教会的权威。随着商业活动逐渐侵入传统的宗教中心,主教以其官邸为商人提供仓库、店铺和生产场所,教堂的广场也被用作交易场所,市政府最初也是租用教会的府邸作为办公场所,而且为维护自身权威而越来越多地利用教会。1260 年以后锡耶纳逐渐形成了对圣母玛利亚的崇拜,9 人政府正好利用这种市民崇拜加强自身的政治合法性。政府帮助教会进行慈善活动和修建医院,"斯卡拉的圣玛利亚"医院就是由公社政府资助修建的。这时修建的教会建筑可以算作城市的市政建设,宗教意义不再只体现在教堂和教会,在坎波广场和市政厅内部也能感受到宗教的力量。市政厅内部设立了一个装饰豪华的礼拜堂,在大议会厅内,由西莫内·马丁尼(Simone Martini)于 1315 年创作的圣母像(Maestà)为议会决策增添了神圣色彩,也将神圣的气氛带入市政厅。同样,设在坎波广场的一处露天祭坛(Cappella di Piazza)也使市民广场神圣化。可以看出,城市政府逐渐超越并控制了教会,分享了教会的一部分宗教职能,这种神圣化也是市政府维护自身权威的重要途径。

市政厅内部的装饰壁画进一步彰显平民的统治权威。在市政厅内部,9 人政府委托艺术家杜奇奥和洛伦泽蒂(Ambrogio Lorenzetti)等人创作壁画。位于 9 人大厅的是洛伦泽蒂创作于 1337 ~ 1339 年间的壁画《好政府与坏政府》,它们占据了大厅整整 3 面墙壁,涉及数个主题,旨在讽喻和宣传。北墙的壁画反映了好政府的形象,正中手执盾牌和权杖的老人象征主持正义的君主,侍坐两侧的女神从右到左依次象征正义、节制、宽容、谨慎、力量与和平,君主头上的 3 个天使象征"信望爱",这样九个形象被认为是指代当时的九位执政官。② 在图左还有象征智慧、法律与和谐的女神。在最下方,聚集着两队人,左边是 24 位市民,右边是士兵及其看守的囚犯,象征着法律和正义。③ 西墙是反映坏政府的壁画,以正中的魔

① See P. Jones, *The Italian City-State*: *From Commune to Signoria*, p. 434 – 438.

② 也有人将其与基督教信仰联系在一起,认为君主头上的"信望爱"(FIDES, CARITAS, SPES)三个符号象征"对神三德"(Vertù teologale),侍坐左右分别代表谨慎、正义、力量、节制(Prudenza, Giustizia, Fortezza, Temperanza)的女神象征"基本四德"(virtùcardinali),这些阿奎那式的解释被斯金纳所否定,他认为这些象征符号在阿奎那和亚里士多德的著述中提到不多,主要还是在西塞罗等罗马共和时期的思想家和前人文主义的著作中多有论述。参见 Q. Skinner, *Ambrogio Lorenzetti and the Portrayal of Virtuous Government*, in Q. Skinner, Visions of Politics, Vol. 2 Renaissance Virtues Cambridge: Cambridge University Press, 2004, p. 92。

③ See Ch. – M. de La Roncière, et al, eds. *L'Europe au Moyen Age*: *Documents Expliqués*, *Tome III*, Paris; Armand Colin, 1971, Document 10, p. 35 – 37; Q. Skinner, *Ambrogio Lorenzetti and the Portrayal of Virtuous Government*, p. 69 – 82.

鬼象征暴君(tyrant),它展现了坏政府在城市内外导致的贫困、腐败和饥荒,武装的士兵肆虐郊区,劫掠民房,蹂躏耕地,各种建筑都毁于兵燹,只有一座城堡屹立在山丘上。① 对面东墙的壁画则显示了好政府在城市内外的影响,城市中正修建着砖石砌成的伟大城市,布满塔楼、宫殿、民居、教堂和大厅,全然锡耶纳的写照,有泥瓦匠、裁缝、金银匠、商人、贵族、洗染工、金银匠、大学、酒馆,一派和谐欢乐的祥和气象;毗邻的乡村有农民在田地辛勤耕作,有商人携带货物从田间穿过,有赶着牲畜行路的人,有狩猎者勒马向乞丐施舍。② 这样一种象征城市和理想政府的壁画,更早时候在佛罗伦萨的巴杰罗宫里也出现过,由乔托创作,可惜已经失传,因而锡耶纳的壁画为研究托斯卡纳地区这一时期的城市史、政治史提供了艺术的视角。

西莫内·马丁尼在1328年应锡耶纳市政厅请求,在大议会厅作了圭多里齐奥(Guidoriccio da Fogliano, 1290~1352年)的骑马像,壁画表现了这位当年来自托斯卡纳北部的著名雇佣军领袖,如何率领锡耶纳军队征服近郊的罗卡(Rocca)。在他志得意满的骑行形象背后,显示了锡耶纳城市对郊区的圈占和统治,征服城市周围的腹地已然成为城市公社的目标。1300~1340年,当锡耶纳公社向郊区扩张并加以控制时,它显然已成为一个地域性的城市国家。③ 对于此时的9人政府来说,用壁画表现公社对城乡的扩张和控制是一种重要的政治策略,可以起到巩固政权的作用。④

然而值得注意的是,9人政府的这种宣扬更多是一种修辞策略,并不能视作完全真实的情况。在向郊区的扩张中,城市权贵同平民政府一样都起到了重要作用。郊区一向是传统封建贵族的领地,城市公社在扩张过程中不断侵蚀这些领主的权力,郊区领主被迫失去地产和城堡,无法再组织起有效力量来对抗城市公社,城市在13世纪中期已能较稳定地控制周边郊区。⑤ 锡耶纳往西南方向有通往马雷马地区和铁矿山的道路,一直到达格罗塞托(Grosseto)的沿海地区,往东南穿过风景如画的丘陵地带奥尔恰谷地到达阿米亚塔山(Amiata),北部的土地则构成

---

① See E. Crouzet-Pavan, Enfers et, *Paradis*: *L'Italie de Dante et de Giotto*, p. 291 – 293.

② See Ch. – M. de La Roncière, et al, eds. *L'Europe au Moyen Age*: *Documents*, Expliqués Tome Ⅲ, Document 10, p. 142 – 144.

③ See O. Redon, *L'es pace d'une cité*: *Sienne et le pays siennois*, ⅩⅢe – ⅩⅣe siècles, p. 226.

④ See P. Boucheron, '*Tournez les yeux pour admirer*, *vous qui exercez le pouvoir*, *celle qui est peinte ici*': *Lafresque du Bon Gouvernement d'Ambrogio Lorenzetti*, Annales HSS, Vol. 60, No. 6, 2005, p. 1152 – 1154.

⑤ See G. Milani, *I comuni italiani Secoli* ⅩⅡ – ⅩⅣ, p. 118 – 119.

与邻居佛罗伦萨的分界线。① 这些郊区先前受主教管辖，其领主保留乡村地产，并在城市公社中拥有权力，使这一时期的城市公社很难摆脱封建体系。② 到14世纪这种情况发生了变化，城市政府通过对郊区征税来加强控制，并强迫领主归顺城市，绝不允许领主地(castelli)发展成城镇中心，如格罗塞托就被严厉地遏制。然而城乡间的这种交流，也使许多领主转变成城市权贵，而许多城市权贵也购买乡间地产成为领主。对郊区的管辖权不仅归于锡耶纳平民政府，也属于权贵家族，正是二者的合作使锡耶纳发展成为“城市国家”。因此对于9人政府委托创作的壁画，既要看到其反映的真实一面，也要看到它所掩盖的事实，这种掩盖的目的也正是为了维护平民政权的合法性与城市和平。

五、结论：空间的建构与表征

锡耶纳在市政厅建造之前，一直以大教堂作为最重要的公共场所，并且由分散各处的贵族私邸构成整座城市的空间网络。然而，随着中世纪晚期锡耶纳经济的发展，以大教堂为中心、权贵私邸遍布全城的格局越来越不利于商业时代城市的发展，而作为城市三条中轴线交叉点的坎波广场既是地理中心也是商业中心，更易推动经济的发展，自然成为新的城市中心。除了经济因素，城市空间的变化与政治发展息息相关，商业复兴使从事贸易和金融活动的商人、手工业者和银行家逐渐在城市中获取了更高的地位，他们积极要求参与政治，分享政治权力。这些人构成了新兴的平民阶层，他们通过组成9人政府掌控了城市公社的权力，继而对城市空间进行了调整和重塑。在市政建筑方面，通过清理坎波广场和建立市政厅，同时严令限制权贵私邸塔楼的高度，市政厅及其塔楼以超越一切的雄姿成为整个城市的中心。平民正是通过这些举措树立了自己的权威，并且通过一系列立法保证了市政空间的威严感，从而树立平民政府的威信和遏制城市内部的斗争。在市政艺术方面，以市政厅内部的壁画进行政治宣传，也是新的掌权者投资艺术的用意所在，这些图像成为平民政府的政治诉求方式，它既加强本阶层的自我认同，也努力赢得市民的支持，从而维持共和政体的成熟和稳定。③

对中世纪城市的理解，一方面，是通过考古发掘复原城市的面貌，或者通过城市档案材料等重构历史；另一方面，则是通过城市空间的研究来建构历史，城市广

---

① See O. Redon, *L'es pace d'une cité: Sienne et le pays siennois*, XIIIe – XIVe siècles, p. 72 – 82.

② See F. Menant, *L'Italie des communes* (1100 – 1350), p. 40 – 44.

③ See P. Cammarosano, *Il comune di Siena Dalla Solidarietà Imperiale al Guelfismo: Celebrazione e propaganda*, p. 463 – 464.

场、市政建筑、经济活动、文学艺术创作等都参与了城市空间的生产。正如列斐弗尔所言,“所有的历史事件和活动都生产空间,自然、劳动、技术、知识以及生产关系等都成为生产的力量”。① 它们在建构城市空间的同时,一定程度上承载了历史的记忆功能,“一个已经被生产出来的空间能够被破译(decode)、能够被阅读。这样一个空间就意味着意义(significantion)的衍生过程”。② 空间的符号意义是由权力者建构的,体现的是权力者的意志,而这种意志则通过城市空间的转型而演变为市民的“集体表象”,③并象征性地反映出等级间的斗争。④ 在这种转型中,城市的自然发展与人为建构合二为一,共同表征着时代的政治经济变迁。

---

① H. Lefebvre, *The Production of Space*, *trans. D. Nicholson-Smith*, Oxford: Blackwell, 1991, p. 46.

② H. Lefebvre, *The Production of Space*, p. 17.

③ R. Chartier, *Le monde comme représentation*, Annales HSS, Vol. 44, No. 6, 1989, p. 1513 - 1514.

④ 布尔迪厄认为这种符号的生产造成了“区隔”(或等级分化)并使其合法化,充当起权力者的统治工具,也反映出经济和政治斗争。P. Bourdieu, *Sur le pouvoir symbolique*, Annales HSS, Vol. 32 No. 3, 1977, p. 408 - 410.

论中世纪德国“市民城市”商品经济与法律地位的关系

哈全安

中世纪的德国流行着一句谚语:“城市的空气使人自由”。在人身奴役关系广为存在的时代,“市民城市”以其自由的法律地位,如漫漫长夜中灿烂之星斗,与周围的乡村形成鲜明的对比,使人充满希冀和向往。“市民城市”夺目的光彩,也引起了西方史学界的极大重视。遗憾的是,他们往往脱离社会经济条件,主要从法权和政治角度解释“市民城市”的自由地位,将“市民城市”的自由单纯归结为法权的演变和宪章的授予。近年来,我国学者也开始探讨“市民城市”的自由问题,但亦过于强调超经济因素的作用,仅仅将“市民城市”的自由地位归因于政治分裂和封建割据,而忽视了“市民城市”的具体经济内容与其法律地位的关系。

法律形式作为上层建筑的重要组成部分,与“市民城市”的经济活动有着直接的联系,是“市民城市”特定社会经济环境的具体表现。为此,本文拟从分析“市民城市”的社会经济条件入手,就“市民城市”自由地位的起源和性质提出一管之见。

一、商品经济在德国“市民城市”中的地位

与西欧其他国家一样,德国“市民城市”作为商品经济发展的产物,拥有发达的商业和手工业,是商品经济的中心所在。中世纪德国最大的城市科伦,地处欧洲从地

中海到北海的南北商路和从伦敦、巴黎、低地诸国到东欧以及多瑙河地区的东西商路的汇合处,拥有发达的过境商业。“科伦在1074年有600个商人。”①科伦的纺织业和金属加工业在德国也占有重要地位,产品远销欧洲各地。纽伦堡扼守波格尼兹河谷与通往巴伐利亚、法兰克尼亚、士瓦本、波希米亚的商路,是中世纪德国重要的交通中心和工业中心,手工业十分发达,以制造武器闻名全欧。在商业方面,纽伦堡是利凡特与北欧之间的交易市场,是佛来铭布匹、波罗的海青鱼、法国葡萄酒和意大利各种工业品的重要集散地。累根斯堡位于多瑙河的最北端与累根河汇合之处,是最早与意大利建立直接商业联系的德国城市。累根斯堡的商人将波希米亚、波兰和普鲁士的毛皮和毛织品运到威尼斯,换取东方商品,然后转运欧洲内陆,从中牟取厚利。奥格斯堡也是中世纪德国与意大利贸易的重要据点,亚麻、毛织品、金属制品和番红花是奥格斯堡市场的主要商品。另外,奥格斯堡也是南德最大的金融中心,巨富威尔瑟家族和富格尔家族的金融总部均设在这里。乌尔姆是中世纪德国最大的亚麻加工中心,并生产各种金属制品和棉纺织品。乌尔姆的金属商人曾经得到皇帝的特许,可在全国所有集市自由贸易而不受任何限制。康斯坦斯是南德纺织业中心,亚麻加工为其主要经济部门。据史料记载,康斯坦斯的亚麻制品早在12世纪初就见于热那亚市场,并逐渐穿过意大利进入亚洲和北非市场,而经法兰克福集市运往西北欧和英国,向东则远销波兰和匈牙利。德国西南最大的城市巴塞尔位于莱茵河源头,并有通往朱拉山和阿尔卑斯山的道路,转运贸易十分发达。1216年的文献记载了巴塞尔商人在热那亚市场贸易的情况。德国西南另一个重要城市斯特拉斯堡的地理条件近似于巴塞尔,交通便利,贸易发达,主要经营热那亚市场与里昂市场之间的商品转运。哥斯拉尔是伴随哈尔茨地区的矿山开发而兴起的城市,所产的银、铝及其他金属在欧洲市场上占有十分重要的地位。不来梅是北海地区的重要商业城市,也是汉萨同盟的主要成员;德国商人与来自俄国、丹麦、英国和佛兰德尔的商人在这里进行繁忙的货物交易。汉萨同盟的另一重要成员闵斯特也是发达的商业城市,在东北与威斯比、里加、诺夫哥罗德进行贸易,在西部与佛兰德尔、英国进行贸易。② 汉萨同盟的中心律伯克既是波罗的海沿岸地区的贸易总汇,也是北德众多较小城市的商业中心,英国、丹麦、瑞典、挪威和俄国的商船云集律伯克港内。1367年,汉萨同盟的77个城市在科伦发表宣言,规定入盟城市如违反盟约将受到如下制裁:“他们

---

① [美]汤普逊:《中世纪经济社会史》(上册),商务印书馆1961年版,第375页。

② 参见[德]古特金德:《中欧城市的成长》(Gutkind, E. A. *Urban Development in Central Europe*),伦敦1964年版,第239~412页。

的市民和商人将失去与该同盟其他所有城市的友谊，在10年内人们不能与他们贸易，他们也不得进入任何港口装卸货物。"[①]以断绝商业往来作为制裁手段，体现了商业在汉萨城市中的重要地位。

"市民城市"的居民构成状况，也反映了商品经济的重要地位。作为工商业活动的中心，手工业者和商人构成了德国"市民城市"居民的主体。以汉堡为例，1376年，汉堡有1175名市民参加宣誓仪式，其中外贸商人178人，零售商贩31人，酿酒工457人，工匠509人。[②] 而在1263年的纽伦堡，仅从事织布和服装加工的工匠就达1200人。[③] 在为数众多的小城市中，居民的成分也大致如此。14世纪的莱茵菲尔登城共有220户居民，其中约有1/2到2/3的家庭从事手工业。[④]另外，在14世纪前后，里加有90个行会，纽约堡有96个行会，斯特拉尔松德有113个行会，汉堡有114个行会，律伯克有129个行会，法兰克福有137个行会。[⑤]在当时的历史条件下，"市民城市"规模有限，人口较少，却拥有如此之多的行会，反映了手工业者和商人在城市居民构成中的重要地位。而且，在"市民城市"中，只有行会成员享有选举权和被选举权，市政立法主要取决于行会利益的需要。[⑥]这也说明手工业者和商人构成了"市民城市"的阶级基础。

除手工业者和商人外，城市居民还包括世俗贵族、教士以及帮工、学徒、农奴等，但人数有限，而且帮工和学徒亦属工业人口。据统计，1440年法兰克福拥有10,000居民，其中只有2.3%的人口是教士；1449年纽伦堡的20,000居民中，教士仅有230人。[⑦] 至于世俗贵族则人数更少。"几乎所有的贵族都离开了城市，

---

① ［英］拉凡：《欧洲史文献选辑（800—1492年）》（Laffan, R. G. D. ed, *select Documents of european history*, 800 - 1492），伦敦1930年版，第157页。

② 参见［德］爱宁：《中世纪城市》（Ennen, E. The Medieval Town），阿姆斯特丹1979年版，第176页。

③ Mathew, D., *The Medieval European Community*, p. 162, 1977, New York. 玛修：《中世纪欧洲公社》，纽约1977年版，第162页。

④ Pounds, N. J. G., *An Economic History of Medieval Europe*, 1974, p. 261, Longman. 庞兹：《中世纪欧洲经济史》，朗曼1974年版，第261页。

⑤ 参见［美］汤普逊：《中世纪晚期欧洲经济社会史（1309—1530年）》（Thompson, W., *Economic and Social History of Europe in the Later Middle Ages* (1309 - 1530)，纽约1931年版，第492页。

⑥ 参见［美］汤普逊：《中世纪晚期欧洲经济社会史（1309—1530年）》（Thompson, W., *Economic and Social History of Europe in the Later Middle Ages* (1309 - 1530)，纽约1931年版，第398页。

⑦ 参见［意］齐波拉：《工业革命前的欧洲社会与经济（1000—1700）》（Cipolla, C. M., *Before the Industrial Revolution, European Society and Economy*, 1000 - 1700），纽约1976年版，第79页。

居住在乡村堡垒。在城市，只有在特殊的情况下，才发现零星的骑士家庭。”①

上述两个方面说明，商品经济构成了中世纪德国“市民城市”经济活动的主要内容，是“市民城市”赖以存在和发展的物质基础。发达的商品货币关系使“市民城市”与周围的乡村相区别，形成了特殊的经济地位；而正是“市民城市”的这种特殊经济地位在根本上决定了它在法律上的特殊地位。作为上层建筑重要组成部分的自由法权，集中体现了“市民城市”的商品经济基础。

二、德国“市民城市”的商品经济与自由法律地位的形成

“市民城市”的自由法律地位，主要包括市民人身自由、城市土地自由、财政独立和司法独立几个方面。这种区别于乡村的特殊法律地位，与“市民城市”的商品经济活动密切相关，是“市民城市”商品经济发展的必然结果。

在德国“市民城市”中，市民具有人身自由，其原因在于“市民城市”的经济性质。经济性质与社会生产者密切相关，从根本上决定着社会生产者的地位。一方面，在自然经济统治的乡村，农业是基本的生产部门，而土地则构成主要的生产资料和生活来源。“生产与消费的整个过程都围绕着土地运行，土地对这一时代的人供给了几乎全部的生活要素。”②因此，生产者离开土地便无以为生，只能与土地牢固地结合。另一方面，在自然经济条件下，土地所有权的实现是以对直接生产者的超经济强制为前提。这样就产生了生产者固着于土地和人身依附的奴役状态。然而，在“市民城市”中，经济活动的性质发生了变化，商品经济居统治地位。在这种条件下，市民摆脱了对土地的依赖，实现了与土地的分离，主要从事独立于土地的手工业生产和商业活动。“在农业社会里的新兴城市中，商人和工匠与在农业社会中的重大差别，在于商人和工匠的生活不再决定于他们与土地的关系。在这一点上，他们形成了一个名副其实的脱离土地的阶级。”③市民既然摆脱了对土地的依附，与固着于土地相联系的人身依附关系也随之消失，从而获得了人身自由。“他们可以自由结婚，并让他们的子女自由结婚；他们可以随意迁出，随意往来；他们可以自由支配他们自己的财产，如同自由支配他们的人身一样；他们可以取得、占有、让渡、交换、出卖、馈赠和遗传他们的动产和不动产，而不受领主管制”。④

---

① [比]皮朗：《中世纪欧洲经济社会史》，上海人民出版社1964年版，第152页。

② [法]布瓦松纳：《中世纪欧洲生活和劳动》，商务印书馆1985年版，第67页。

③ [比]皮朗：《中世纪欧洲经济社会史》，上海人民出版社1964年版，第40页。

④ [法]布瓦松纳：《中世纪欧洲生活和劳动》，商务印书馆1985年版，第201页。

当然,在多数情况下,经济活动的变化并未立即导致人身法律地位的变化。在“市民城市”发展的初期阶段,市民的经济活动与其法律地位之间往往存在很大的差异。“9~10世纪开始逐渐明显的贸易复兴运动,为城市居民的自由开辟了道路……然而必须注意到,即使是商人,自由最初往往也仅是一种事实,而尚未得到法律的承认。”①手工业者的情况更是如此。“他们已经不是农民了,但还不能除掉农奴的色彩。”②只是随着“市民城市”的进一步发展和商品货币关系的不断扩大,法权形式才逐渐转变,经济活动与法律地位之间的差异日趋消除,从而使市民摆脱了奴役状态而获得了人身自由。

前已指出,“市民城市”的居民除手工业者和商人外,还包括少量的教士和农奴等非工商业人口。“市民城市”中的教士属特权阶层,享有人身自由。但是,教士的人身自由并非取决于他们的经济活动,而是取决于他们的宗教权力和政治地位,与市民的自由具有本质的区别。他们并不具有市民的身份,被排斥于城市法的适用范围之外。因此皮朗指出:“城墙内的所有人,除教士外,都获得了市民特权。”③至于城市中的农奴,“他们是修道院或世俗领主的仆役,固着于不属城市法管辖而由旧制度统治的少量土地上。”④因而他们也不享有市民的自由权利。城市中教士和农奴的经济活动及其非市民性,间接地证明了商品经济活动与市民法律地位之间的内在联系。

“市民城市”的商品经济基础不仅决定了市民的人身自由,而且决定了城市土地领有条件的自由。在自然经济统治的乡村,土地作为基本的生产资料,与超经济强制密切相联,其领有条件具有明显的人身奴役性质。而在商品经济统治的城市范围内,土地的性质发生了变化。城市的土地主要不是作为与人身奴役相联系的基本生产资料,而是作为城市居民的建筑用地,逐渐进入流通领域并体现为商品,土地的奴役性领有条件也随土地性质的变化而逐渐消失。城市土地的所有权尽管仍属领主,但其领有条件却由奴役性质转变为自由性质。一般来说,市民领有的土地需要缴纳固定的年金,代替全部义务;而年金的数额通常较少。尤其是在新城市初建之时,建城者为了吸引居民,在提供建筑用地时只收少量年金。

---

① [英]波斯坦主编:《剑桥欧洲经济史》(Poston, M. M. Ed., The Cambridge Economic History of Europe),第3卷,剑桥1963年版,第18页。

② [比]皮朗:《中世纪城市,它们的起源和贸易的复兴》(Pirenne, H., Medieval Cities, Their Origin and the Revival of Trade),伦敦1925年版,第115页。

③ [比]皮朗:《中世纪欧洲经济社会史》,上海人民出版社1964年版,第20页。

④ [比]皮朗:《中世纪城市,它们的起源和贸易的复兴》(Pirenne, H., Medieval Cities, Their Origin and the Revival of Trade),伦敦1925年版,第138页。

许多城市中流行这样一个原则:市民领有的土地只需缴纳一先令或仅仅一便士的年金。“与农奴份地和贵族采邑不同,市民的土地不受固定的继承原则的限制,可以像一把斧子或一块布那样地随意转让。”①1120 年,德国贵族康拉德·冯·查林根公爵在建立弗赖堡的城市宪章中规定,凡来弗赖堡定居者,每人可得到宽 50 码、长 100 码的土地用于建房,并享有世袭租佃权,年金为一先令,租佃者有权将土地转让给任何人。② 当然,城市土地的自由途径不尽相同,或者从不自由的土地逐渐演变为自由的土地,或者从开始就具有自由的领有条件。但是,无论具体途径如何,“市民城市”的土地领有条件随着商品经济的发展和土地性质的变化而具有必然的自由趋势。

在“市民城市”的自由地位方面,更为重要的内容是摆脱领主权的控制、取得财政独立和司法独立。“市民城市”兴起之时,正值封建关系广泛发展,形成了“没有无领主的土地,也没有无土地的领主”的局面。初兴的城市作为封建领地的组成部分,与庄园同处于领主权的管辖之下。领主对城市的权力主要有以下内容:征收实物和货币、征发劳役或军役、强行招待权、禁用权、专卖权、市场权和司法审判权,其实质是体现了领主对城市的所有权和由此产生的统治权,是私权与公权的结合。在分裂割据严重、封建混战连绵和外族入侵十分频繁的特定历史环境中,初兴的城市作为新生事物还很脆弱,需要强有力的保护而免遭摧残;而领主权的存在为城市提供了较为安全的环境,是初兴城市得以生存和发展的首要条件。因此,在城市兴起的初期阶段,存在于城市的领主权具有一定的合理性,促进了城市的发展。

然而,领主权是建立在自然经济基础之上的法权形式,与生产者固着于土地的状态相联系,不适合于商品经济广泛发展的城市。领主对城市的盘剥勒索,是强加于市民身上的沉重负担;而领主的司法权对于城市的发展更是极大的障碍。“传统的法律,程序拘泥而狭隘,仍使用神判法和司法决斗,其法官来自农民;这种法律只是一些逐渐形成的惯例,其作用是处理以耕种土地为生或以土地所有权为生者的关系,不适合于工商业者。后者需要一种更为灵活的法律,更为迅速、更不依赖偶然性的证明方法,以及熟悉受审者职业的法官。”③因此,城市的商品经济基础与领主权之间存在根本的对立。

当城市进一步发展,城市与领主之间的关系发生了变化。城市以其日趋增强的自身防卫力量,逐渐取代了领主的保护,领主权在城市失去了继续存在的合理

① [美]史蒂芬森:《中世纪史》(Stephenson, C., *Medieval History*),纽约 1935 年版,第 358 页。
② 参见爱宁:《中世纪城市》,阿姆斯特丹 1979 年版,第 90 页。
③ [比]皮朗:《中世纪欧洲经济社会史》,上海人民出版社 1964 年版,第 47 页。

性;而摆脱领主控制、获得更多的自由,成为"市民城市"进一步发展的首要条件。"工业和商业既产生了财富,也相应地引起了对自由的需要。"①因此,随着城市工商业的不断发展,城市与领主之间的矛盾日趋尖锐。在商品货币关系广泛发展的"市民城市"范围内,领主权日益丧失了赖以存在的经济基础而逐渐变为空中楼阁。领主权在城市范围内的消除已是大势所趋。

商品经济的发展不仅为城市摆脱领主权的控制而争取进一步的自由提供了动力,而且准备了客观条件。其一,与分散的和自给自足的农业经济不同,"市民城市"的手工业生产和商业活动是交换性的商品经济,以实现商品流通为目的,各行业之间相互依存,具有很强的联系性。商品经济的这种特性使城市的手工业者和商人摆脱了中世纪农民相互隔绝的闭塞状态,密切了彼此的关系,并促使他们在共同经济利益的基础上团结一致,形成了强大的政治力量,从而为摆脱领主权的控制提供了重要的保证。行会作为城市手工业者和商人的基本组织,在城市反对领主权的斗争中起了重要的纽带作用。"行会不仅享有商业垄断权,而且是强大的政治力量;它迫使控制市政的原有地方保护者几乎在各地都让位于自己。"②其二,商品经济的发展为城市争取财政独立和司法独立提供了货币这一强大的武器。恩格斯在论述封建制度解体过程中货币的作用时曾经指出:"市民阶级有一件对付封建主义的有力武器——货币……在十五世纪时,封建制度在整个西欧都处于十分衰败的状态。在封建地区中,到处都楔入了有反封建的要求、有自己的法和武装的市民的城市,它们通过货币,已经在一定程度上使封建主在社会方面甚至有的地方在政治方面都从属于自己。"③但是,货币的作用绝不限于瓦解封建制度。货币在"市民城市"反对领主权的斗争中也具有极为重要的作用。商品经济的发展和货币关系的加强,扩大了领主对货币的需求,同时使市民拥有的货币财富不断增多,从而为城市通过货币赎买摆脱领主权提供了可能。当然,科伦和沃姆斯等少数城市是通过暴力手段摆脱领主控制的,但大部分城市主要是通过货币赎买的和平方式取消了领主在城市的权力,获得了财政和司法的独立。另外,许多领主在建立新城市的过程中,为了扩大财源,往往以缴纳一定数量的货币为条件,允许市民在建城伊始就拥有独立的财政权和城市法庭。因此,货币是"市民城市"摆脱领主权的重要杠杆。

---

① [法]布瓦松纳:《中世纪欧洲生活和劳动》,商务印书馆1985年版,第195页。

② [美]亨德逊:《德国简史》(Henderson, E. F. A., Short History of Germany),第1卷,纽约1923年版,第181~182页。

③ 《马克思恩格斯全集》(第21卷),人民出版社2003年版,第449~450页。

在商品经济的作用下,大约在12~13世纪,德国“市民城市”基本上摆脱了领主权的控制。“对市场的控制权、对贸易的控制权、对所有商业活动的监督权、对重量和尺度的规定——所有这一切都从领主手中转移到市民手中,特别是市民上层手中。领主的铸币权很快被剥夺了;早在1174年,科伦大主教就抵押了全部铸币权。在13世纪,大部分莱茵主教被迫同意通过市政机构共同监督铸币。到14世纪,在巴塞尔、斯特拉斯堡、爱尔福特等城市,铸币权完全成为市民的权力;沃姆斯、施佩耶尔、奥格斯堡、累根斯堡、美因茨,随后也获得了这项权力。市民还剥夺了领主对通行税的垄断权,直接税的征收也转归市民政府。”①在新建的城市中,商品经济的作用尤为明显。弗赖堡是莱茵河上游到多瑙河上游的商业中心,从建城伊始就由该城大商人独立行使管理权,享有免除“任意税”“过境税”和“强行招待”的权利。12世纪开始兴起于易北河以东的移民城市,多是由德国商人建立的商业中心,往往从建城伊始就具有独立的财政权,而这种财政独立的权利归根结底体现了商业活动的客观需要。在财政独立的同时,“市民城市”的司法形式也逐渐变化,新的城市法庭取代了原有的领主法庭,行使独立的司法权。城市宪章一般都规定:城市居民只隶属于主要由市民组成的城市法庭,不受领主法庭管辖;城市范围内的所有诉讼均由城市法庭根据城市法进行审理,领主无权在城市之外审讯市民。

当然,“市民城市”的自由法律地位在形式上起源于皇帝以及教俗领主授予的所谓“城市宪章”。但是,这种宪章往往只是在商品经济不断发展的情况下对“市民城市”特殊地位之既成事实的承认。单凭宪章一纸空文而无商品经济基础的城市即使曾经存在,也只能是无本之木而昙花一现。

三、商品经济的局限性与城市自由的封建性

商品经济的存在不仅构成了“市民城市”自由法律地位的客观物质基础,也决定着“市民城市”自由的社会性质。而商品经济的发展水平,则取决于当时的生产力状况。

恩格斯在《社会主义从空想到科学的发展》一文中,对中世纪的生产力状况做了高度的概括:“在资本主义生产出现以前,即在中世纪,普遍地存在着以劳动者对他的生产资料的私有为基础的小生产:小农即自由农或依附农的农业和城市的手工业。劳动资料——土地、农具、作坊、手工业工具——都是个人的劳动资

① [德]罗里格:《中世纪城市》(Rorig, G., The Medieval Town),纽约1967年版,第24~25页。

料,只供个人使用,因而必然是小的、简陋的、有限的","生产或者是为了生产者本身的直接消费,或者是为了他的封建领主的直接消费。只有在生产的东西除了满足这些消费以外还有剩余的时候,这种剩余才拿出去卖和进行交换;所以商品生产刚刚处于形成过程中。"①至于城市手工业的生产力,主要是由劳动者的体力、劳动熟练程度和劳动技巧构成的,机器尚未发明,生产规模狭小,生产过程主要是由行会师傅及少量帮工学徒完成。"在城市中各行会之间的分工还是(非常原始的),而在行会内部,各劳动者之间则根本没有什么分工。每个劳动者都必须熟悉全部工序,凡是他的工具能够做的一切他都应当会做;商业的不发达、各城市之间联系的不密切、居民的稀少和需求的有限,都妨碍了分工的进一步发展,因此,每个想当师傅的人都必须全盘掌握本行手艺。"②

首先,中世纪生产力的个体性质决定了简单商品经济结构,具有明显的局限性。这种局限性在"市民城市"中主要体现为城市生活的农业性、行会活动的保守性和经济政策的自然性三个方面。首先,城市生活的农业性长期存在,乡村色彩浓厚。城市居民除经营手工业生产和商业活动外,往往兼营农业。小手工业者和小商人尤为如此。城市除房屋、街道外,往往还包括花园、葡萄园、耕地、草场、甚至小型林地。许多城市制定了关于城内牧场、谷仓和养猪等方面的章程。1387年,法兰克福规定:不得在大街上建造猪圈。1410年,乌尔姆规定:11时到12时为放猪时间。③"在和平时期,人们可以从城垛俯瞰周围的乡村。在城墙外围分布着精耕细作的农田……甚至在一些最大的城市中仍然保留着大规模集体耕作的痕迹。这里有属于城市公社的森林;每天清晨市民便将牲畜赶到这里放牧;这里还有由市议会指派的牧人和看林人。随着市民在城市外围不断获得私有土地,锄耕农业逐渐发展。城外还有葡萄园、菜地和花园,并种植蛇麻草、亚麻和菘蓝。城内靠近城墙的许多地方与城外情况大致相同,新兴城市尤为如此。城内也有葡萄园和果园,菜地和花园……13世纪后期的科不林士由于缺少劳动力,在农业收割季节不得不停止修筑城墙的工作。直到1387年,法兰克福市议会仍雇用4个牧人和6个看地人。即使在一些大城市,仍有许多迹象表明:大量市民从事农业。饲养家畜、园艺业与商业同时进行。"④城市生活的农业性体现了当时商品经济发展的不足,是有限的商品经济的必要补充。

---

① 《马克思恩格斯全集》(第19卷),人民出版社2003年版,第229、245页。

② 《马克思恩格斯全集》(第1卷),人民出版社2003年版,第58页。

③ 参见[美]亨德逊:《德国简史》(第1卷),纽约1923年版,第182页。

④ [美]蒙罗:《欧洲学者中世纪文明研究选集》(Munro, D. C. ed. Medieval, Civilization Selected Studies from European Authors),纽约1907年版,第361~363页。

其次，行会作为城市的基本经济组织，具有明显的保守性。一方面，行会对内竭力维护其成员的平等经济地位，以简单再生产为宗旨，反对行会成员的两极分化，体现了平均主义的倾向；另一方面，行会对外反对自由竞争，实行经济垄断，往往还借助于超经济的力量。许多行会制定了严格的财产资格标准，以限制行会成员的增多。在不来梅，必须拥有 8 马克的财产才能加入鞋匠行会；而如果加入汉堡的面包匠行会或鲁尼堡的鞋匠行会，则要拥有 20 马克的财产；律伯克某些行会的财产资格标准竟高达 30 马克。[①] 关于手工劳动的报酬，行会也有严格的规定。律伯克琥珀业行会规定：制作千件石器钻孔而付给帮工的报酬不得超过 4 芬尼；法兰克福的成衣行会则规定：加工一匹呢料而付给帮工的报酬不得高于 12 先令。[②] 通过上述种种方式，行会对手工业的生产规模实行了严格的限制。

再次，城市实行的经济政策也体现了商品经济发展的局限性。“市民城市”的手工业和商业，存在于生产有限和市场有限的环境之中。因此，城市实行的经济政策主要着眼于两个方面，一方面保证城市的粮食及其他原料的供应，另一方面为城市提供稳定的产品市场。城市实行各种垄断性措施，强制使本城成为商品集散地，在城内以至城外一定范围内禁止外来商人从事某些内容的贸易活动。“中世纪城市保留着中世纪早期修道院自给自足的经济性质。所有物品均应在城内制造，至多是在城市与乡村的中间地带制造。外来者一般被禁止入城，或被限制在某些指定的场所活动。外来者是法律上的无权者。城市尽可能避免超出地方市场需求的生产过度。本尼狄克原则似乎在各个方面规定着城市经济及其性质，而行会则充分体现了这种性质。大量材料表明，中世纪的城市敌视外来者，特别是外来商人，限制他们进入城市。”[③]德国的一些城市制定了称为 Stapelrecht 的特别法令，规定：凡过往商人必须在本城卸货，供本城居民优先购买，然后方可越城而过。这项法令甚至在城外一定范围内也有效力。许多城市还有一种称为 Kaufhaus 的建筑，由市议会任命官吏加以管理，外来商人只能在这里将货物批发出售给当地商人，由当地商人零售。[④] 德国城市库斯特林的商人如果往波罗的海港口运送货物，必须先沿奥德河上溯到法兰克福，卸货纳税后方可装货沿河入海。在易北河上，一个城市的商人运货往另一个城市，必须中途

---

① 参见[苏]琼图洛夫：《外国经济史》，上海人民出版社 1962 年版，第 169 页。

② 参见[苏]琼图洛夫：《外国经济史》，上海人民出版社 1962 年版，第 172 页。

③ [意]齐波拉：《丰特那欧洲经济史》(Cipolla, C. M., The Fontana Economic History of Europe)，第 1 卷，纽约 1976 年版，第 77 页。

④ 参见[美]汤普逊：《中世纪晚期欧洲经济社会史》，纽约 1931 年版，第 212 页。

改变航向，离开河道，花费昂贵的代价陆运到鲁尼堡，纳税后才能继续船运货物至目的地。①

中世纪德国"市民城市"的商品经济发展水平尽管高于周围的乡村，但仍属简单商品经济结构，尚未达到发达的程度。因此，在"市民城市"里，货币关系并未完全排挤掉人身关系，其自由地位远非近代资本主义的自由，仍属封建社会范畴，具有明显的封建性质。"市民城市"的自由以封建制度的存在为前提，并不完全排斥封建权力和封建关系，仅仅要求在封建制度条件下享有一定的独立地位。"市民城市"承认封建义务的合理性，只是要求这些义务应有严格的限制和确定性。"市民阶级本身对这个社会远没有采取革命的态度。他们认为地方诸侯的权威，贵族的特权，尤其是教会的特权，是理所当然的。他们只希望在日光下享有一席之位，他们的要求只限于他们所不可缺少的需要。"②城市自由的封建性不仅表现在市民对自由的要求上，而且表现在市民享有的权利上。"根据当时流行的理论，城市享有从事贸易的权利；这种权利是由皇帝授予的封建保有权（feudal tenure），而皇帝的权力来自上帝。市议会将这种封建保有权在行会或市民各集团之间进行分配，每个行会仅仅有权从事市议会分配的一种职业。

最后，行会在服从皇帝的最高权力和市议会各项规定的前提下，有权处理关于行会成员的具体活动。"③除权力分封的原则外，在"市民城市"里还存在效忠与保护的关系。正如封臣必须效忠并服务于封君一样，市民必须宣誓效忠和服务于所在的城市，同时从所在的城市得到保护和恩惠。在科伦，市民每年一度举行宣誓仪式。"首先，他们必须宣誓效忠和服从科伦市议会，自备武装为城市提供军役。"而且，科伦市民享有的自由也非近代所谓的"天赋自由"，而是有条件的自由。"如果一个人在科伦居住时间已超过 3 年，那么需要缴纳 6 个盾的年金；如居住时间不满 3 年，则要缴纳 12 个盾的年金，否则不能享有市民的权利。"④

另外，在德国"市民城市"里，有一个人数众多的阶层，他们将自己委身于教会或其他势力的保护下，作为依附者缴纳一定数量的年金，因而失去了自由的地位；但在实际上他们的处境远远优于普通市民，享有免税等许多特权，保护人并不

---

① 参见［英］波斯坦：《剑桥欧洲经济史》第 3 卷，剑桥 1963 年版，第 163 页。

② ［比］皮朗：《中世纪欧洲经济社会史》，上海人民出版社 1964 年版，第 45 页。

③ ［美］汤普逊：《中世纪晚期欧洲经济社会史》，纽约 1931 年版，第 196 页。

④ 莱斯涅尔：《中世纪晚斯的德国》（Leuschner, J., Germany in the Later Middle Ages），北兰 1979 年版，第 164～165 页。

干涉他们的行动。[①] 这种现象也说明，市民的地位取决于其主观需要，而与近代的人身自由有别。因此，恩格斯明确指出：在15世纪末新航路开辟之前，“市民等级本身是一个封建等级”。[②]

① 参见波斯坦：《剑桥欧洲经济史》第3卷，剑桥1923年版，第18页。

② 《马克思恩格斯选集》（第3卷），人民出版社2003年版，第144页。

“限制”还是“促进”：特许状与欧洲中世纪商业

赵立行

学界一般认为，欧洲中世纪有关市集和城市的特许状促进了商业的发展，并促使商业成为瓦解封建制度的重要力量。这种价值判断在一定程度上夸大了特许状的作用，也夸大了商业和封建制度的对立性。其实，商业始终是封建制度和封建经济的一个重要组成部分。特许状是国王或领主自上而下颁布的，只是为商业顺利进行提供了某些必要的条件。颁发特许状的目的是将商业活动限制在一定的范围之内，也就是说，所谓特许状对商业的“促进”必须以“限制”为前提。

特许状与中世纪商业始终如影随形，[①]市场的建立要有特许状的认可，市集的创办需要特许状授权，城市地位的确立更离不开特许状的规定。尽管学术界专门探讨商业或城市特许状的成果不多，但在有关中世纪经济社会史的著作中都必然提到特许状。长期以来，学术界流行这样的观点，认为商业或城市特许状的出现是商人进行斗争、领主妥协和退让的结果，即特许状意味着商人力量的不断增强和封建领主的逐步衰败。汤普逊就认为：“市民为了争取他们所要求的权利会不择手段来进行暴动；

① 关于中世纪的特许状有许多表达方式，如 charters、grants 或 awards 等。当然关于特许状的颁发在中世纪涉及许多领域，本文主要探讨商业特许状。

其中最激烈的要求,是取消庄园地租。他们的口号是:'如果可能的话以和平手段争取,必要的话就使用暴力争取。'"①布瓦松纳也认为:"商人与工业阶级利用他们敌人的不和,在一处地方联合小的贵族去反对大的贵族,在另一处地方联合教会或王权去反对封建制度,而在另一个地方则联合封建制度去反对教会。"②由此出发,学界认为特许状的出现意义重大,它保证了城市市民的自由,从而使城市成为新的经济方式萌生的基地,并最终使城市中的市场经济发展成为取代庄园制农业经济以及瓦解封建体制的重要力量。国内学者大多同意此说,如冯正好认为特许状是国王和封建主维护自己领主权的一种"迫不得已"的行为;③黄春高认为"最初也许是为领主干涉市场交易所苦,于是城市以各种方式和手段来一步一步地、一点一滴地获得领主的让步与妥协。领主的压迫必然引起反抗,市民阶级跟农民阶级一样,是与封建主相对立的阶级"。④

针对这种观点,学术界也出现了不同的声音,认为特许状的颁发以及城市合法地位的获得并非是斗争的结果,而是领主和国王的自主行为。泰格、利维就认为:"城市居民的合法地位,乃是由最高权威予以规定,而不是取决于市民自身的联合行动。"⑤奇波拉尽管承认特许状有时由起义赢得,且更经常的是市民付现钱购买所得,"但是许多统治者在城市的建立中同样起了有意识的积极作用"。⑥ 同时,也有学者认为,不宜把特许状的作用太过夸大,"不应该过分强调授予城市自治特权的重要性",甚至"对于自由公社的存在而言,城镇特权被以书面形式固定下来和被王侯批准并非是绝对必须的"。⑦

笔者在某种程度上赞同后者的判断,认为从对立和革命的角度来看待特许状并不完全符合中世纪的历史实际。一方面,这种观点过高估计了中世纪"特许"的意义。其实,在中世纪特许是司空见惯的,只不过是给暂时无法纳入正统封建制度的事务以特别处理,使它能够在特别法的基础上被纳入封建体系之中。正如泰格、利维所说:"在中世纪,对不同阶级分别实行不同法制并不奇特——不比在

---

① [美]汤普逊:《中世纪经济社会史》(下册),耿淡如译,商务印书馆1984年版,第425页。

② [法]布瓦松纳:《中世纪欧洲生活和劳动》,潘源来译,商务印书馆1984年版,第198页。

③ 参见冯正好:《中世纪西欧的城市特许状》,载《西南大学学报(社会科学版)》2008年第1期。

④ 黄春高:《西欧封建社会》,中国青年出版社1999年版,第301页。

⑤ [美]迈克尔·E.泰格、玛德琳·R.利维:《法律与资本主义的兴起》,纪琨译,刘锋校,学林出版社1996年版,第142页。

⑥ [意]卡洛·M.奇波拉主编:《欧洲经济史》(第一卷),徐璇译,吴良健校,商务印书馆1988年版,第283页。

⑦ [英]M.M.波斯坦、E.E.里奇、爱德华·米勒:《剑桥欧洲经济史》(第三卷),周荣国、张金秀译,经济科学出版社2002年版,第25页。

不同的领土上分别建立不同制度更为奇特。贵族享有许多优惠权利;教士也有自己的一套特权。'特权'一词非常频繁地出现在许多风俗志、特许状和法律书籍中,它通常指可以求助于某个特殊法庭,或者有权援用某种特殊法律规定。"①另一方面,这种观点太孤立地看待城市特许状本身,而忽略了特许状自始至终一直伴随欧洲中世纪商业发展的现实。中世纪针对商业行为颁发特许状是一贯的措施,在城市特许状之前就有针对犹太人经商的特许状,也有批准建立市集的特许状,而城市特许状只不过是诸多类似特许状之一种,如果不从全面的角度探讨有关商业的特许状,就很难说清这些特许状的性质。

一、商业特许状与封建领主权的让渡

商业或者城市在封建状态下并未灭绝,而是始终存在,它们本身始终是封建制度和封建经济的重要组成部分;而且,许多特许状都是由封建主主动颁布的,并非封建主斗争落败后的无奈之举。因此,当我们考察特许状时,如果置身于封建制度这一基本的框架中就会发现,它本质上是某种封建权力在不同领主之间分配和转移的凭证,通过授予特许状建立市集、市场,管理城市,其中尽管存在权力让渡,但它在某种程度上和赐封土地、赏赐礼物具有相同的属性。

欧洲进入中世纪后,随着封建等级制度以及庄园经济的逐步确立,商业大幅度衰退,而人们也从观念上表现出对商业的普遍鄙视。但是,商业和交换并没有因此而灭绝,皮雷纳所谓中世纪商业彻底灭绝的论点,早已遭到学界的普遍质疑,人们很难想象商品交换会在一个社会中完全消失。莱奥纳德说:"在所有时代,甚至在现代理论认为每个人都生活在'自给自足的庄园'时期,也有活跃的地方贸易。那种认为一个庄园和另一个庄园之间没有贸易的观念……有违乡村的事实:某一个庄园会有过剩的小母牛,另一个庄园有小公牛,同时其他庄园则有过剩的羊,等等。同时,所有的地区总有这样或那样的短缺。短缺和过剩的结果导致了一个地方和另一个地方、一个村民和另一个村民、一个村落和另一个村落间的乡村贸易。"②不但在乡村社会中有商品交换的必要性,而且在并不发达的城市里,也仍然存在商人,"在少数地方,商人仍然生活在内部颓废的城市里,他们从地方商业中获得的收入同从地产中获得的一样多,而且借贷的数量也不是微不足道

① [美]迈克尔·E.泰格、玛德琳·R.利维:《法律与资本主义的兴起》,纪琨译,刘锋校,学林出版社1996年版,第50页。

② Robert Leonard Reynolds, *Europe Emerges: Transition toward an Industrial World-Wide Society, 600-1750*, Madison University of Wisconsin Press, 1961, p.175-176.

的。在社会上,他们是位于穷人和富人之间的中产阶级的幽灵。在经济上,他们防止钱币被完全排斥出流通之外,并防止村落成为自我满足的孤岛。”①事实上,在整个中世纪期间,长途贸易、地方市场、市集和城市始终以某种形式存在着,这些商业活动并不是什么异己的力量,也不是一开始就是瓦解封建制度的因素,而是封建经济和封建制度不可或缺的组成部分。在雅克·勒高夫所编辑的《中世纪的世界》中有这样的描述:“在11世纪初,当绝大多数欧洲人口都居住在乡村的时候,城镇和城市就存在着,而且商人是社会的一分子。确实,他们的作用是不能被小觑的。”②

纵观中世纪商业发展的历程,我们可以将其划分成三个明显的阶段。(1)以犹太人为主的外来商人时期。在这个阶段,欧洲本土从事商业的人员很少,商业比较落后,主要是由边缘商人和外来商人来维持商业。③ (2)市集勃兴时期。在这个阶段,国王或领主授权建立了大量的市集和市场,地方市场和“国际性”市场开始复兴,欧洲本土的商业活动开始活跃。(3)城市复兴时期。在该阶段,被授予特许自由的城市开始逐步复兴。这三个阶段的商业发展尽管有不同的特征,但很明显,它们都和特许状形影不离。可以说,尽管私下交易的情形不可能完全避免,但是大部分商业交易都是在特许之下进行的。

犹太人由于其特殊身份和宗教信仰,多遭受歧视,也存在许多限制犹太人的禁令或驱逐的法令,但是我们同样可以看到许多保护和允许犹太人从事商业的法令,德国的斯派耶(Speyer)主教在1084年给犹太人颁发的经商特权法令就经常为学者们所引用。在英国,理查一世国王在1190年、约翰国王在1201年都先后颁布了给予犹太人特权的宪章,其中规定:授予英国和诺曼底的犹太人在英国土地上自由和有尊严地居住的权利;基督徒和犹太人发生法律纠纷,应在提供证人等方面具有同等的权利;命令免除犹太人在英格兰和诺曼底贩酒的关税和通行税。④ 关于批准建立市场的法令则很早就出现了,洛塔尔二世(Lothar Ⅱ)早在861年就颁布过授予修道院建立市场的特许状。而中世纪市场或市集的建立则

---

① Robert S. Lopez, *The Birth of Europe*, New York: M. Evans and Company, Inc., 1967. From Norman F. Cantor and Michael S. Werthman, *Medieval Society* 400 – 1450, New York: Thomas Y. Crowell Co., 1972, p. 30.

② Jacques Le Goff, ed., *The Medieval World*, trans. Lydia G. Cochrane, London: Collins & Brown, 1990, p. 243.

③ 当时的边缘商人主要是外围的威尼斯商人、北欧的弗里斯兰人、北欧海盗商等;而外来商人当时主要是指犹太人。(参见赵立行:《欧洲中世纪边缘商人及其特征》,载《复旦学报》1998年第1期。)

④ See Joseph Jacobs, *The Jews of Angevin England: Documents and Records*, London: G. P. Putnam's Sons, 1893, p. 134 – 136.

大多是通过特许状认可的,这方面的法令数量众多。尽管市集特许状大部分是在12世纪左右出现的,但是最早的市集特许状可以追溯到法兰克国王达戈伯特(Dagobert)在629年批准建立圣丹尼斯市集的文告。城市人获得特许状,争取到相对的自由,获得经商的权利,则是更加普遍的现象。因此,在封建体制之内颁发商业特许状是长期的惯例,并非城市复兴之后的新现象。

这些特许状通常是国王或领主自上而下颁发的。其中,封建领主在特许状中所给予或让渡的,以及经营商业的团体因此而获得的,大多只是经营商业所必要的便利。尽管不同年代、不同地域或不同性质特许状的称谓不同,内容也有详有略,但是概括而言,商人阶层获得的无非是在规定地域内居住、自由买卖、自由通行、免除一定的通行税、享受和平不受伤害的权利等,而这些权利是商业经营这个行业所不可或缺的。我们列举几条分别授予犹太人、市集商人以及城市商人特许状的内容就可以清楚地看到这一点。在斯派耶主教颁发给犹太人的特许状中,规定了犹太人在限定的地域内居住的权利,"我把他们安置在城镇之外,离开其他市民的房屋一段距离,我在他们周围围上一道墙,以免市民的傲慢会轻易地干扰他们";特许状也给予他们在规定地域买卖的权利,"我也授予他们全权,在他们居住的区域,从城外的那一区域远至港口的区域以及港口之内的区域交换金银以及随自己所愿进行买卖"。同时为了保障他们的安全,规定"拉比可以聆听在犹太人之间发生的或者针对犹太人的案件……他们也可以在该区域周围布置守卫、卫兵和要塞"。① 在神圣罗马皇帝腓特烈1166年颁布的在亚琛(Aix-la-Chapelle)建立两个市集的特许状中,所给予商人的同样是经营商业的便利条件,"他们在皇家的这些市集中都免除通行税,而且他们可以依自己所愿进行买卖。在市集期间,任何商人和任何人都不得将商人带到法庭要求偿付债务,也不得在市集开始之前把他们带到那里从事商业;但是如果在市集期间犯了错误,则根据正义进行纠正……而且,我们确定授予该城的商人一所铸币厂和一座建筑,以使他们决定结束交易时兑换银币和钱币"。② 再以城市特许状为例,同样可以看到这一点。1155年法国国王路易七世给洛里斯(Lorris)颁发了特许状,"不得要求洛里斯教区的任何居民付通行税或任何其他货物税;在前往伊塔普斯、奥尔良、米里(位于加蒂奈)或默伦的路上,这些居民不付任何通行税;在前往这些市集和市场,或者

---

① *Grant of land Privileges to the Jews by a German Bishop*, in Roy C. Cave and Herbert H. Coulson, eds., A Source Book for Medieval Economic History, New York: Biblo and Tannen, 1965, p. 101 - 102.

② *Grant of Two Fairs at Aix-la-Chapelle*, in Roy C. Cave and Herbert H. Coulson, eds. op. cit., p. 120.

从这里返回的路上,不得逮捕或者骚扰任何人,除非他当日犯了罪;我们或任何其他人,都不得从洛里斯的市民那里收取任何捐税、税收或补助金;任何市民如果想要出售自己的财产则拥有全权;只要能够接受买方的价格,他就有权利这样做"。① 尽管与早期的特许状相比,城市特许状规定的内容更加细致,但是仍然没有超出一个职业商人经商所必需的条件。从这些特许状的内容中,我们可以发现,国王或封建领主颁发特许状,目的是保证商业可以在特许的范围内能够正常进行。国王或领主给出了某些权利,为商业经营规定了某些特权,但并不能因此说领主的统治权和控制权等封建权力有任何削弱。

因此,尽管有许多针对商业或市场的特许状,但是封建领主对市场的控制权并没有真正让渡。市场控制权可以在封建领主之间进行转移,但很少出现领主和商人群体之间的封建权力转移。在授予犹太人的特许状中,这一点非常清楚。尽管领主给了犹太人不少照顾,但那只不过是封建领主在自己的领地之内给了犹太人一块暂时的居留地,后者的一切都要处于领主的管理和关照之下,"由于有权颁发特许状的是国王、基督教会、公爵贵族之类的统治者,这一做法的结果是欧洲犹太社区的存在直接取决于这些统治者的一致同意。为了获得特许状,犹太社区首先要满足特许状颁发人提出的条件"。② 颁发给市集的特许状则明显是封建权力在不同的封建领主之间的转移。我们仔细考察一下当时的市集特许状就会发现,建立和管理市集的特许往往是国王颁发给贵族、修道院院长或大主教的。629 年建立圣丹尼斯市集的特许状是颁发给修道院的,956 年国王奥托则授权洛奇修道院建立市场,963 年埃德加国王批准美海姆斯泰德的圣彼得教堂牧师建立市集,公元 999 年,奥托三世把市场建立权授予了尊贵的公爵赫尔曼,国王亨利在 1110 年则把建立市集的权力给予了林肯的主教罗伯特。类似授权建立市场或市集的例子很多,我们没有必要在此一一列举,但可以明确的是,市集建立权主要授予了贵族、修道院院长或主教等,不是直接给予了商人,而前者毫无疑问属于封建领主上层的一部分。而且在某种程度上,一个封建领主而非商人的声誉和地位决定着市集的成败。正如科瓦莱斯基所说:"市场和市集的分布与开办也会受到它们的领主和创办者之地位以及社会名声的影响。"③纵观这些特许状,我们还发现一个很重要的现象,就是获得授权开办市场或市集的大部分上层人士中,宗教人士或

① Frederic Austin Ogg, ed., *A Source Book of Medieval History*, New York: American Book Company, 1970, p. 328 – 330.

② 徐新:《反犹主义解析》,上海三联书店 1996 年版,第 54 页。

③ Maryanne Kowaleski, *Local Markets and Regional Trade in Medieval Exeter*, New York: Cambridge University Press, 1995, p. 44.

宗教机构占很大的比例。这看似有点奇怪,但实际上,把市集或市场的开办权授予宗教上层并不难理解,因为中世纪大部分市场或市集本来就自然地集中在修道院或者教堂旁边。"在村落或邻近地区的类似交易通常会出现在因其他目的而出现的聚集地,比如教堂。游戏娱乐、社交和贸易都集中在某个村落的教区教堂(如果建有教堂的话)或者几个村落共有的重要教堂中。结果,某些宗教节日,如某个村落的礼拜日,或者邻近地区的圣徒日,也都会成为市场日。"①而且,那些已经衰落的城市正是靠教会才得以维持。这种市集开办权的授予既然是在封建领主之间进行,那么同国王或者大领主把土地分封或赏赐给为自己服务的人有什么本质的不同呢?

谈到城市特许状,表面看起来有所不同,因为它直接授予一个城镇的所有人,并不是给予某个领主。但是,城市也并未因此而获得类似领主的城市所有权,城市所有权还是属于国王或者某个贵族领主。即使国王或领主让渡了某些管理权,但也必须要获得领主的同意,要么城镇必须花大价钱进行交换,要么让领主相应取得其他权力。大部分城市事实上都是归属某个领主的。1201 年,当一位主教要把市政自由授予埃本布赫霍特兹(Ebenbuchholtz)时说:"由于若无拥有上述整个郡县的丁登的苏德尔的同意,这样的授权就不能进行,我们与他达成协议,他放弃对该市政区域(weichbild)的权力,反过来他将获得对该城镇的民事管辖权。"②而且,我们也看到有些城市要求摆脱某个领主管辖而转归国王管辖的情况。1267 年,斯派耶的市民便提出这种要求,帝国宫廷的财政官为此发布了文告:"菲利普,法尔肯斯坦的领主,帝国宫廷的财政官。我们以此文告晓谕众人,并公开告知,斯派耶市的市民直接加入到帝国,而不再对斯派耶的主教负有任何责任(在世俗事务方面)。"③这种转换可能对城市有利,但也说明城市并没有真正摆脱封建领主的管辖权,只是说明国王的直接管辖可能比诸侯管辖更加宽松而已。相反,当城市自发用暴力争取独立权,建立公社,彻底摆脱领主管辖时,往往会遭到拒绝。当巴塞尔的主教亨利质询德国国王及其大臣"我们和任何其他人是否有权在隶属于某个主教的城市中建立市议会(也就是给予城市市政自由)"时,他得到了一致否

---

① Robert leonard Reynolds, *Europe Emerges*: *Transition toward an Industrial World-Wide Society*, 600 – 1750, p. 176.

② *Municipal Freedom is Given to the Town Called Ebenbuchholtz*, 1201, in Oliver J. Thatcher and Edgar Holmes McNeal, eds., A Source Book for Medieval History, New York; Charles Scrobner's Sons, 1905, p. 588.

③ *Confirmation of the Immediateness of the Citizens of Speyer*, 1267, in Roy C. Cave and Herbert H. Coulson, eds. op. cit., p. 586.

定的回答,国王因此而颁布文告,撤销了类似的特许:"我们因此而撤销和废除目前在巴塞尔的市议会,而且撤销授权巴塞尔市民建立市议会的特许状,他们今后不再使用该特许状。为了更好地证明我们对巴塞尔主教的支持和热爱,我们宣布,若无他们主教的同意,将禁止巴塞尔的市民创设或建立市议会,或者不管什么名称的其他类似机构,否则将永远失去我们的照顾。"①

综上所述,我们可以得出这样的结论:商业并不是封建体制外的东西,而是封建体制和封建经济的一个组成部分。在这样的背景下,我们很难得出特许状因为商业发展提供了某些特权从而损害了领主权益这样的价值判断。我们只能认为,商业特许状是封建体制内管理商业的一种措施,特许状只是为商业这个特殊行业提供了某种便利而已,其中并无领主权因此逐步削弱而商人力量逐步加强的逻辑。

二、商业特许状以封建主的利益为前提

国王或者领主自上而下颁布有关商业的特许状,尽管在一定程度上促进了商贸的活跃,但壮大市场经济或者培育商人阶层并不是领主颁发特许状的目的,给予商人某些便利只不过是增加封建主利益的手段而已。不同时期颁发的各类有关商业的特许状,尽管理由各不相同,但都是从封建主的利益出发来考虑的。正如苏珊·雷诺兹所说:"促使颁发皇家特许(状)的,不可能仅仅是皇家的仁慈和慷慨。"②

从特许状文本本身来考察,特许状颁发的动机表现为以下方面。首先,前已述及,市集特许状往往与宗教机构有关。我们在此暂且不去深究其深层原因到底是什么,但特许状中通常会提到某种宗教动机,确是不争的事实。这表现在许多特许状中。965 年,在奥托国王颁发给某位大主教的特许状中提到:"以不可分割的三位一体的名义;深受神恩的皇帝奥古斯都奥托;如果答应宗教人士的要求,向致力于上帝崇拜的地方慷慨捐赠,我们相信这毫无疑问会给我们带来永恒的报偿。"③这一文告本身带有强烈的宗教性,而且认为答应宗教人士的要求给予特许,可以确定无疑地获得永恒来世。861 年,洛塔尔在批准普鲁姆修道院建立市

---

① *The Decision of a Diet about the Establishment of City Councils in Cathedral Towns*, 1218, in Oliver J. Thatcher and Edgar Holmes McNeal, eds. op. cit., p. 590.

② Susan Reynolds, *An Introduction to the History of English Medieval Towns*, New York: Clarendon Press, 1982, p. 103.

③ *Grant of A Market to An Archbishop*, in Roy C. Cave and Herbert H. Coulson, eds. op. cit., p. 117.

集时说:“普鲁姆修道院的院长安斯巴尔德告诉我,那个地方由于远离市场和铸币厂非常不方便,他恳求我们授权允许他的修道院在一个名叫拉马里维拉的地方建立一个市场,那个地方离修道院不远。出于对主耶稣的崇敬以及为了拯救我们的灵魂,我们很高兴同意他的请求,下令撰写此文件。”①公元940年,奥托一世给予了新科尔维的修道院院长管理城镇的权力,特许状中提到:“所以,让我们现在和将来的所有臣属都了解,为了上帝的爱、我们灵魂的救赎和我们罪恶的赎取,在我亲爱的夫人的要求下,我们授权,从现任修道院院长福尔玛开始,新科尔维修道院的所有院长,都将对居住在修道院所在地域以及周围所建城市的所有人拥有司法权。”②尽管这样的宗教动机并不一定如特许状所表现的那样是建立市场或市集的真正动机,但在中世纪,尤其是当把特许状授予宗教人士或机构时,这样的动机或表示也是顺理成章的。当时,国王或者地方领主往往一次赐予教堂或修道院大量的动产和不动产,包括土地或实物等,因此,某些修道院或教堂成为当时非常富裕的机构。授予这些机构特许状涉足商业与其他赏赐并无本质不同。

除了出于宗教虔诚而特许建立市集外,有些特许状提出建立市集的理由或是对某些忠诚的人进行奖赏,或是为了增加某个地方的荣耀。1030年,康拉德皇帝批准在多瑙沃特建立市集时,在特许状中提到:“考虑到这位曼尼戈尔德忠诚可靠的服务,我们授予他一个持续3天的年度市集。”③这里授予市集似乎是对某个人忠诚或忠信的一种奖励。斯派耶授予犹太人居住和经商权则是为了增加当地的荣耀:“当我把斯派耶这个乡村变成一座城镇时,如果我引入犹太人就会使这个地方的荣耀增加。”④在腓特烈授予亚琛建立市集的特许状中,则提到建立市集是为了查理曼的光荣,“亚琛皇宫的尊严和荣耀超越所有其他省份和城市,不仅是因为只有该城保有神圣的查理大帝的遗骨并对其进行赞美,而且此地也是这位罗马人皇帝的皇家所在地,正是在这里他第一次登上皇位,因此,我们遵循神圣皇帝查理曼以及其他前辈的榜样,如同用城墙和高塔来加固这座作为帝国支柱的地方一样,用自由和特权来加强它是非常合适和合理的。因此我们颁布法令,在那里隆

① *Lothar II Grants A Market to the Monastery of Prüm*, 861, in Oliver J. Thatcher and Edgar Holmes McNeal, eds. op. cit., p. 580.

② *Otto I Grants Jurisdiction over a Town to the Abbots of New Corvey*, 940, in Oliver J. Thatcher and Edgar Holmes McNeal, eds. op. cit., p. 583.

③ *Grant of a Market and Fair at Donauwörth*, in Roy C. Cave and Herbert H. Coulson, eds. op. cit., p. 119.

④ *Grant of land Privileges to the Jews by a German Bishop*, Ibid. 101.

重举行一年两次的亚琛市集。"[①]以奖赏或增加荣耀为动机而授予建立市场或市集的权利,更加符合封建时代的特征,领主和附庸之间形成密切关系的纽带本来就是"赏赐"和"忠诚"的结合,正因为上级慷慨给予赏赐,下层才有了忠诚的义务,反过来,正因为下级忠诚地履行义务,所以才能够获得赏赐。特许状与忠诚和荣耀相联,类似封建式的土地分封或赏赐。从这样的动机中,我们看不出任何促进商业发展或培养商人阶层的原初动机。

应该说,上述两种动机在中世纪特定的环境下有其合理性,并不仅是长期约定俗成的套语,但这很难说就是建立市集或市场的真正动机,其真正的动机还是经济利益或其他利益。封建领主所关心的并不是如何让商人阶层壮大或者让商业经济蓬勃发展,不是关心商人在这样的交易活动中有多少收益,而是更加关心自己在开办和管理市场中能够获得多少收入。在许多特许状中,都谈到了开办市场或市集的领主所获得的经济利益。英国国王亨利一世在1110年授予拉姆齐的圣本尼迪克修道院和斯莱佩的圣伊夫斯修道院院长以开办市集的权利,其中谈到该市集从复活节那一周的星期二开办到斋日,(修道院院长)完全拥有各种司法权力以及英国其他市集所拥有的各种惯例。[②] 获得了司法权也就获得了市场权,也同时获得了对该地域以及商业经营中的各种经济权。其中,通过掌控司法权而获得罚款就是实实在在的收入。在许多颁布建立市集的特许状中,市集创办者都获得了对市集的司法权。圣丹尼斯市集特许状规定:"市集两年内不征收通行税,但之后,每个单位蜂蜜要向圣丹尼斯修士缴纳两个先令,同样每一单位洋西(madder)[③]付两个先令。按照旧例,撒克逊人、鲁昂市民和来自海外的异教徒,要为他们的船只付通行税,每单位货物付12第纳尔。"[④]约翰国王在将伊普维奇授予当地居民时,要求市民"在米迦勒节,通过伊普维奇的长官之手,向我们的国库上交合理和惯常的租税,同时根据惯例他们应该交纳额外100先令的英国纯正货币"。[⑤] 这告诉我们,居民们根据特许状获有某个城镇,主要是以租借的形式,需要向领有该城镇的主人付租税和其他费用。在大主教特斯坦颁发给贝弗利的特许状中也谈到了经济权,"除了应该向我们缴纳通行税的三个宗教节日外,我也答

---

① *Grant of Two Fairs at Aix-la-Chapelle*, Ibid., p.120.

② See *Grant of a Fairs by King Henry I*, in Roy C. Cave and Herbert H. Coulson, eds. op. cit., p.119.

③ 洋西,是一种茜草属植物,可制作红色染料。

④ *The Fair of St. Denis*, in Roy C. Cave and Herbert H. Coulson, eds. op. cit., p.114.

⑤ Brian Tierney, *The Middle Ages*, *Volume I*, *Sources of Medieval History*, New York: McGraw-Hill Publishing Company, 1983, p.185.

应他们每年交纳18马克的永久通行税”。[①] 我们在此列举的只是众多特许状之一部分,但这足以说明,无论是颁发特许状的领主还是择受特许状建立市集或市场的领主,都能够在其中取得各种各样的利益。反过来,封建领主在通过建立市场或市集获取自己利益的同时,除了为商人的到来和经营提供便利之外,并不怎么关心商人的利益,甚至市集的环境往往也是很糟糕的。1248年的一则材料是这样来讲述市集环境的:“但所有的商人在把他们的商品摆出来出售时,会面临极大的不便,因为除了帆布帐篷外,他们并没有别的遮蔽处;同每年这个时候一样,由于无常的风吹打着他们,寒冷、潮湿,同时又忍饥挨饿;他们的双脚陷进泥里,他们的商品因为雨水而腐烂了……”[②]腓特烈在进入意大利的城市时,除了宣扬自己的领主权和物质利益外,并不关心城市的利益,“当我们进入意大利后,他们要付给我们惯常的皇家租税,这是他们一直要付而且必须要付的。为了我们往返,他们要忠诚无欺地辛勤修补路桥。他们要为我们的来去准备充分的军事装备,而且要非常忠诚地做到这些”。[③] 1074年科隆爆发了市民反对大主教的斗争,斗争的起因很简单,就是大主教只顾自己而根本不顾及商人的利益。“大主教邀请他的朋友芒斯特的主教在科隆与他一起过复活节。当主教准备回家时,大主教命他的仆人为主教准备一艘合适的船。他们四处打量,最后发现一只属于该城富裕商人的好船,并要求将船交付给大主教使用。他们命令马上把船准备好,并把船上装载的所有商品扔出去。那位负责看守船只的仆人进行阻止,但是大主教的人用暴力相威胁,除非他们马上遵守命令。……(商人的儿子)在城里四处走动,讲述大主教严酷的统治,并谴责他给人们身上强加了不合理的负担,剥夺了无辜之人的财产,并用他粗暴和冒犯的语言侮辱尊贵的市民。”[④]从这些材料中可以看出,封建领主颁发或获得建立市场的特许权和自己的各种利益密切相关。

关于封建领主受自身利益驱动而开办市集和市场的情况,许多史学家都进行了精彩的分析。有的学者认为,贵族领主阶层虽然以领地的出产作为自己的经济支柱,但是土地上的出产物根本无法满足他们奢侈的消费,况且有些消费品和奢侈品是领地上根本无法生产或制造的,这些都决定他们需要商业和贸易。他们给商业以发展的空间正是为了满足自己的需要。“君王、高级教士、贵族甚至包括那

---

① *Archbishop Thurstan's Charter to Beverley*, in Roy C. Cave and Herbert H. Coulson, eds. op. cit., p. 203.

② *Physical Inconveniences at a Fair*, in Roy C. Cave and Herbert H. Coulson, eds. op. cit., p. 125.

③ *The Treaty of Constance*, in Roy C. Cave and Herbert H. Coulson, eds. op. cit., p. 205.

④ *The People of Cologne Rebel Against their Archbishop*, 1074, in Oliver J. Thatcher and Edgar Holmes McNeal, eds. op. cit., p. 586.

些人口中比较富裕的阶层,需要各种在当地无法生产必须从其他地方甚至有时从很远地方进口的物品和商品;不仅奢侈的服装和材料、上好的餐具和其他用来满足统治精英们讲排场的稀缺品,而且那些非常普通的商品也经常由商人提供,后者通过水道和陆路来往经营生意。"①苏珊·雷诺兹则认为"并不是在任何情况下,城镇的所得一定是贵族的所失",正是由于城市繁荣所带来的财政收益,才使"领主而非国王更愿意通过授予更加有利的条件鼓励贸易和定居地建设。甚至教会的领主也愿意许可城市租地权以及限定其他税费,他们所希望的不仅是避免麻烦,而是在这种秋千式的游戏中转弯抹角地补足自己的损失"。② 希尔顿则认为,尽管中世纪贵族在等级上高高在上,而且在观念上歧视商人,但是贵族同样喜欢和需要钱,他们同样希望通过商业获得收入,贵族和商人之间并没有什么对抗,反而是前者为了利益愿意维持市场。"尽管某些贵族对赚钱的人充满蔑视,但似乎不可能有如此这般的对抗。贵族对钱财当然很感兴趣。……他们生活方式的每一个方面,从毛皮、他们所穿的上好羊毛衣服和丝绸,到他们所享用的酒、香料和其他奢侈食品,再到他们庄园的房屋和城堡,都只能通过钱财才能获得。作为一个阶层,贵族构成了商人资产阶级所提供商品的必要市场……总的来说,城镇远不是封建社会内部的反抗因素,而是其必要的构成成分。"③而且,他赞同城市历史学家 R. H. 格莱顿的观点,即"这些早期的特权是由领主施加的而非居民要求的。不管城镇的大小,这似乎都是可能的。领主也许只是希望鼓励它发展成为一个市场中心并因此给他带来利益"。④ 科瓦莱斯基则指出,贵族领主们非常努力地获得特许状来经营市集和管理城镇,他们头脑里想的就是如何在其中获得利益:"举办特定市场和市集的特权通常是由国王授予领主的(有时授予市镇的居民),领主们则从通行税和司法权行使中获利。……领主们要因国王授予市场或市集特权而支付 5 马克,他们和那些向自己某个庄园的居民们颁发市镇特许状的贵族一样,在订立这样的计划时一定有潜在的利益。通行税、租金和法庭罚款代表直接的现金回报,而如果另外的定居者被吸引到这位领主的村镇,(他)就能实现未来的利益。"⑤在《中世纪城市生活》中,约瑟夫和吉斯指出,商人获得自由和受到保护的前提是领主们获得了利益,"出售税,即对运出的商品征收的'流出'

---

① Jacques Le Gtoff, ed., *The Medieval World*, p.243.

② Susan Reynolds, *An Introduction to The History of English Medieval Towns*, p.99.

③ R. H. Hilton, *English and French Towns in Feudal Society: A Comparative Study*, New York: Cambridge University Press, 1995, p.18.

④ R. H. Hilton, *English and French Towns in Feudal Society: A Comparative Study*, p.95.

⑤ Maryanne Kowaleski, *local Markets and Regional Trade in Medieval Exeter*, p.44,50.

费,以及其他费用则归伯爵所有。而许多摊位、大厅、马厩和房屋的租费也同样归伯爵。主教也同特鲁瓦的市民和骑士一样从租金中获得大笔收入。圣殿骑士则因垄断羊毛的称重而获得收入。由于这些税费,光顾的商人反过来获得自由和保护"。①

因此,建立市集和市场的直接驱动力是贵族领主们自身的利益,特许状所维持的商业只是贵族领主维护和增加自己利益的一种手段。商业发展在一定程度上与领主利益的扩大休戚相关,特许状保障了商业活动的顺利进行,也保障了领主在商业发展中所获得的收益。因此,特许状下领主和商人之间的关系并不是此消彼长的关系,而是相辅相成的关系。

三、将商业限制在可控的范围之内

商业发展是以自由为前提的,商人阶层只有拥有自由的人身地位,有四处游走买卖商品的自由,有通过商业积攒钱财并自由处理自己财产的权利,才能顺利地经营商业。正如皮雷纳所说,"没有自由,也就是说,无权来往,无权做生意、买卖商品,商业就不可能进行"。② 所谓"自由"就是有自由行动不受干涉的权利。就这一角度而言,"特许"往往与"自由"无法协调。特许商业经营看似是一种特权,但也同时意味着商业只能在特许的范围内经营,在特许范围之外的商业活动是不被允许的,甚至是非法的,尽管在特许之外不可避免地存在这样或那样的商业行为,但本身是不受保护甚至是要受到惩罚的。因此,尽管特许状为商业经营者在一定范围内提供了某些便利,但是特许状本身却表现为对整体商业行为的限制和控制,也就是要将商业活动本身限制在可控制的范围之内,或者说要限制在封建领主所能容许的界限之内。在中世纪封建体制和庄园制经济的特定条件下,特许状所管理的商业既要满足封建领主通过商业获得利益,同时又不能损害封建体制和领主的地位。

几乎在所有的特许状中,都详细限定了允许商业行为进行的地点和日期,从时间和空间上对商业交换行为进行详细规定。特许状虽然恩赐了在某地开办市场或市集的权利,但商业并不是在该地的所有地区和所有时间都可以进行的。在颁布建立圣丹尼斯市集的特许状中就规定:"丹尼斯市集是一年举行一次的聚会,

① Joseph Gies and Frances Gies, *Life in a Medieval City*, New York: Harpet and Row Publishers, 1981, p. 213.

② Henri Pirenne, *Economic and Social History of Medieval Europe*, New York: Harcourt Brace &World, Inc., 1937, p. 50.

在10月9日的弥撒日举行。……这一聚会在前往巴黎城的路上,即一个名叫圣马丁山的地方进行。……我们也规定这一市集将持续四周……"而且为了强调特许状中所规定时间和地点的严肃性和权威性,接下来特别强调对违反规定的处罚:"我们希望并严正命令,除了在我们为尊重圣丹尼斯而设立的市集中,任何商人不得擅自在巴黎附近地区从事交易。如果任何人胆敢这样做,就让他向我们和圣丹尼斯的机构交纳罚款。"①在某个北方市集的特许状中,规定在市集交易期间敌对双方要休战给予商人和平,但是也同时规定这种休战是临时性和暂时性的,仅限于市集进行期间,"当市集结束,他们离开维纳河后,这一地区的休战也宣告结束……"②1173年颁发给杜伊斯堡的特许状法令中,涉及授权建立四个市集,许多历史学家将其视为商业发展以及不同市集交错进行使市集交易形成良好循环的明证,但是还是应当承认,特许状对时间和地点的限制是非常严格的。"一个市集将在杜伊斯堡的圣巴塞罗缪节(St. Bartholomew)开始,持续14天;另一个市集将在中四旬斋节的礼拜日(Mid-Lent Sunday)开始,持续整个四旬斋节。亚琛的一个市集将在四旬斋节礼拜日开始,持续14天,另一个市集在圣米切尔节开始,也持续同样的天数。"接下来的说明更加明确了限定的严肃性,"当两星期结束后,法兰德斯人和其他商人此后可以静候另一个14天。尽管禁止出售他们的任何布匹,但是那一时间结束后,他们可以自由出售。"③这种在特许状中对时间和空间进行限制的规定几乎是所有市集特许状不可缺少的部分,说明进行这种限制对封建领主而言是必然而又必需的。从城市的特许状方面来看,似乎并没有像市集特许状那样对市场开办的时间和空间有那么详细的规定,但并不能因此而认定城市的商人有更大的自由度。尽管我们在谈到城市自由的时候,经常会谈到"一个人在城市里待满一年零一天,就获得自由",将其视为城市地位提高和具有优越地位的明证,但是我们不应该忘记,城市的所有自由权利都严格限定在城墙之内,踏出城墙一步,就进入了封建法管理的地盘。在授予伦敦自由的特许状中,就规定人们不能在城外和前来的商人进行交易,"晓谕众人知道,从该城外起各个方向三英里的范围内,任何人不能抓住或者阻碍另一个人,如果后者希望和平地进城,也不能与他做生意"。④ 如果城市想把城市的自由稍加扩大,扩展到城市周围的地区,也必须经过特许批准,并不能根据自己的意愿而随意行事。

---

① *The Fair of St. Denis*, in Roy C. Cave and Herbert H. Coulson, eds. op. cit., p. 114.

② *The Northern Fair*, in Roy C. Cave and Herbert H. Coulson, eds. op. cit., p. 118.

③ *The Grant of Two Fairs at Duisburg*, in Roy C. Cave and Herbert H. Coulson, eds. op. cit., p. 122.

④ *Liberties of London*, in Roy C. Cave and Herbert H. Coulson, eds. op. cit., p. 200.

不仅特许状所规定的商业经营的时间和空间受到限制，就是市集具体的交易过程也受到严格的管理和限制，商人在市集开办期间也不能随心所欲地进行交易。市集在交易期间，订立了一系列管理规则，设立了一系列的管理机构。在市集的成熟期，几乎所有市集的营业程序都趋向一致。一般来说，市集的营业程序可分为三个阶段。第一个阶段是准备期，也就是来自各地的商人租定货摊、陈列商品的时间。第二个阶段为正式交易期。在交易期，商人们并不能随意地交换自己的商品，而是要根据安排进行交易。一般分为几期，每期只能交易一种物品。比如，第一期集中交易鞋子，等鞋子交易结束后，第二期集中交易布匹，第三期则集中交易酒类。第三个阶段为结账日。来自各地的商人手持不同的货币在专设的钱币兑换所进行清算交割。交割完毕之后，市集宣布结束，一切交易停止。一般最后还留出5天的宽限期，以便商人和市集管理部门处理未了的事情。控制市集的最高权力属于创办市集的伯爵或教会人士。他们对市集的管理非常严格、精细。首先其中有"市集监督"，负责司法、警务、公布管理法令等事宜；其次是"市集书记"；再次，市集还有秘书，负责把伯爵的印章加盖在市集期间所订立的契约上；最后，市集还有警卫官。同时，一般市集都设有法庭。[①] 这样的管理尽管对市集或市场交易是必要的，但是这种管理并不是商人自发组织而是由封建领主出面负责的，因此，在需要自由的市场交易中还是处处可以看到封建权力的影子。

在有关市集和城市的特许状中，还有保证某些地区实行商业垄断、避免自由竞争的内容，这同样反映出对商业的限制，因为避免竞争与商业的性质也是相抵触的。1236年的一则法令规定任何人不得迫使商人前往他自己的市场，"尊敬的萨尔茨堡的大主教问道：当商人们沿着公共大路前往市场时，有人是否可以迫使他们离开大路沿着小道前往他的市场？君主的决定是，任何人都没有权利迫使商人们离开大路，商人们可以前往任何他们喜欢的市集"。[②] 这样的规定当然有给商人自由选择前往市集的权利，但将其作为法令来颁布，自然隐含着避免市集间竞争的倾向。如果说这样的法令还比较暧昧，那么有些法令则表现得更加明显。在授予伦敦自由的特许法令中，就规定了对外来商人的限制，"同时任何外来商人和他的同伴都不得在该城设立市场倒卖商品，他也不可以与某个市民讨价还价，也不可以在城里待较长的时间"。[③] 同样，在给圣奥默尔同业会所的土地特许状

---

① 参见［美］汤普逊：《中世纪经济社会史》（下册），耿淡如译，商务印书馆1984年版，第281～284页。

② *No One Shall Compel Merchants to Come to His Market*, 1236, in Oliver J. Thatcher and Edgar Holmes McNeal, eds. op. cit., p. 582.

③ *Liberties of London*, in Roy C. Cave and Herbert H. Coulson, eds. op. cit., p. 200.

中，也对外来商人进行限制，“我们另外要说明，除了在那个大厅及其附属建筑或在公开市场中，外来商人不能出售或陈列自己的商品。只有市民可以在市场和同业会所出售物品，而且如果愿意也可以在自己的房屋内出售”。[①] 亨利一世1150年授予鲁昂市民伦敦的某一港口，其中就规定他们对该港口具有垄断权，而排斥任何其他外来船只，“如果他们在那里发现任何船只，不管它从什么地方来，都可以命令它从这里离开；他们可以等待一次潮水的涨落，如果船只还没有离开那里，鲁昂的市民可以依自己所愿切断那条船的缆绳，把它赶走，不会因此而获致索赔或惩罚；如果因他们的驱逐而致船只处于危险之中，他们不对任何人负有责任”。[②] 这些法令本身具有双重作用，一方面保证了所授权地区对商业的垄断，另一方面又排斥了商业的自由竞争。这种对自由竞争的限制甚至影响到后来城市行会的条例。在南汉普顿的商人行会条例中就有这样的规定：“该城的任何人都不得在该城买卖同样的东西，除非他是一个行会会员或公民。如果有人违反，则所获收益收归国王……除非是一个会员，任何人不得购买蜂蜜、肥肉、盐或油、磨石及鲜皮，不能拥有商店，零卖布料，市集日除外。如果不是会员，不得在谷仓里储存多于5夸脱的谷物，以及进行零售。如果违反，将收归国王。”[③]行会条例中这种避免竞争的条例与特许状的条例如出一辙，说明对自由竞争进行限制是当时社会的总体趋势，从本质上来讲这种限制同样妨碍商业的发展。

为什么特许状给予商人某些自由和便利，同时又提出许多不利于商业自由发展的限制条件，尽量把商业活动限制在一定的范围之内呢？要回答这一问题，必须置身于中世纪社会的大背景中。这种看似矛盾的行为和政策，其实非常符合中世纪人的思维和社会秩序。其一，前面已经讲过，为了满足自己的消费和其他钱财需求，领主需要从商业活动中获得利益，但是根据中世纪基督教以及正统的观念，商业违反天意，应当受到谴责，因为商业唯一的目的就是通过买卖赚取差价，并没有实质性地增加社会财富，而完全以积攒财富为目的则与基督教的精神不符，因为物质财富和富贵意识会危害精神幸福。其二，在封建制度下，土地是维持等级制度的基础，维持既定社会秩序的稳定是每一个人应尽的义务，而商业与这种制度天生就是对立的，因为商业所要求的人身自由、自由流动、平等与庄园制、等级制所要求的束缚、稳定并不相容。因此，尽管庄园制经济不能完全离开商业

---

① *A Grant of Land for the Gild-Hall of St. Omer*, in Roy C. Cave and Herbert H. Coulson, eds. op. cit., p.205.

② *Charter of Henry I to Rouen*, in Roy C. Cave and Herbert H. Coulson, eds. Op. cit., p.204.

③ Brian Tierney, *The Middle Ages, Volume I, Sources of Medieval History*, p.188.

而运行,但是商业的存在必须有一定的限度,也就是说,它只能作为庄园经济的一种补充,而不能对庄园制度有任何破坏。正如莱奥纳德所论述的:"为保证庄园的正常运行,商业须与其切实地平衡。商业是要有一点的,但太多便会破坏这种制度。"①勒高夫对这种矛盾态度也进行了贴切的描绘:"根据教会教父的观点,难以避免让罪恶潜入买卖关系中。商业几乎总是出现在神学家所罗列的具有'不诚实'和'不纯洁'特性的职业名单中,当教士们拒绝世俗的事务向往天国时,他们无法不谴责商业这一以追逐利润为目的的职业。……尽管教士有时明确对商业进行保护并从中获取利益,但是他保留对商业的所有偏见,托马斯·阿奎那尽管完全承认商业贸易对社会的必要性,但他写道:'商业贸易中有不光彩的东西,有某种肮脏和可耻的东西。'"②因此,正是中世纪以土地为基础的封建制度以及对商业的矛盾态度,决定了特许状所维持的商业活动只能维持在可以控制的范围之内,不能自由发展或无限扩大。

事实上,我们也看到,当城市的力量进一步增强,试图建立公社,而摆脱特许状所限定的范围时,长时期内商人和领主和平共处的局面开始被打破。当时,"自由民常常不等领主授权就建立公社,即使他们的授权要求被否决,他们也会坚持自己的态度"。③ 尤其是商人阶层为进一步获得自主权利开始更多地使用暴力手段,里昂、科隆等都有类似的暴力行为。反过来,为了维护对商业活动的控制、避免暴力,国王或领主也开始加紧控制,甚至开始取消原来所授予的特权。1231 ~ 1232 年,由于城市使用暴力争取独立权的事情不断出现,腓特烈二世甚至取消了所有的城市特许状。"由于执行法律失败或由于疏忽,某些可憎的习惯建立起来,良好的外表掩盖了其恶劣的本性。帝国君主的权力和光荣因之而减少,帝国的权威因之而削弱。务必让这些坏习惯甚或腐败的活动不再发挥作用是我们的责任。……为了使这些罪恶的滥用停止而且不再假借权威的名义,兹撤销由我们、我们的先辈或者大主教和主教为了照顾这些社团、公社或市府而私下和公开发布的,导致君主和帝国不利的所有特权、公开准则的条例,宣布它们不再有效。"④这说明,城市进一步获得自主权的要求已经超出了特许状所允许的范围,在特许状的范围之

---

① Robert Leonard Reynolds, *Europe Emerges: Transition toward an Industrial World-Wide Society, 600 – 1750*, p. 125 – 126.

② Jacques Le Goff, ed., *The Medieval World*, p. 247.

③ [英]M. M. 波斯坦、E. E. 里奇、爱德华·米勒:《剑桥欧洲经济史》(第三卷),周荣国、张金秀译,经济科学出版社 2002 年版,第 22 页。

④ *Frederic II Forbids the Municipal Freedom of the Towns and Annuals All City Charters*, 1231 – 1232, in Oliver J. Thatcher and Edgar Holmes McNeal, eds. op. cit., p. 591.

内,城市不可能获得完全独立和自由发展的权利。当城市试图用暴力突破特许状的限制并要求进一步的权利时,领主和城市之间才开始走向对立。

通过上面的分析,我们可以得出这样的结论:中世纪商业特许状只是在封建体制框架内处理商业活动的一种手段,同其他类型的特许状并无多少区别。这种特许关系之所以存在,是因为"中世纪某些事务的存在取决于它拥有的法律地位……每一项中世纪制度都具有特定的法规、社会关系,只有得到法律的认可才能生效"。[①] 这种特许法律关系的建立,并不存在如我们想象的对立或对抗关系。在某种程度上,它是以契约关系约定了领主和商人之间的权利和义务关系,其中即使有让步或者反抗,也并不具有所谓的革命性,正如泰格、利维所说:"城市居民从统治者处争取到的各种让步,使他们能在封建体制以内建立自己的制度。但是,那些让步即使是双方出于至诚达成的,也都只是不全面的权宜之计,它没有随之夺取国家权力,使新阶层可以在整个领地上指导经济活动,发展出足够的力量来消灭新秩序的内外敌人。"[②]也如奇波拉所指出的:"如果说中世纪的城市用某些方式攻击封建社会……但是无论如何,中世纪的城市终究是存在于封建社会之中,因而它必须使自己适应封建制度,而适应方式之一是它本身也像封建领主一样行事。"[③]因此,在尝试回答特许状到底是"限制"还是"促进"商业发展的问题时,我们不能对此作纯粹现代意义上的价值判断,必须还原到特定的中世纪历史场景中。那时的商业并非现代的商业,城市并非现代的城市,特许状也并非现代意义上的法律。在中世纪以土地为基础、以封建等级制为基本结构的社会中,特许状对商业的"促进"必须以"限定"为前提,反过来,特许状对商业的"限制"也必须以容许商业顺利进行为前提。商业的发展必须以满足封建领主的利益要求同时又不损害既有制度为平衡点,也许这就是特许状为什么与中世纪商业发展形影相随的原因所在。至于商品经济最终取代了庄园经济、城市兴起而贵族没落、重商政策为许多国家所接受,则是王权加强、国王与城市结合、民族国家形成等诸多因素促成的结果,绝非特许状所承载的任务和功能。

---

① [俄]古列维奇:《中世纪文化范畴》,庞玉洁、李学智译,庞卓恒校,浙江人民出版社 1992 年版,第 195 页。

② [美]迈克尔·E. 泰格、玛德琳·R. 利维:《法律与资本主义的兴起》,纪琨译,刘锋校,学林出版社 1996 年版,第 183 页。

③ [意]卡洛·M. 奇波拉主编:《欧洲经济史》(第一卷),徐璇译,吴良健校,商务印书馆 1988 年版,第 77 页。

佛罗伦萨理性商业的兴起及其特点

赵立行

随着西欧商业复兴，佛罗伦萨率先走上了理性商业的道路。它以工业立国，注重技术和产品质量，形成以精确计算为基础的经营方式，并总结出颇具系统的经营理念，启示了近代商业的到来。

10～11世纪，城市复兴以后，西欧兴起了许多城市，它们都恢复了经济功能，但是很难说这些城市已经具备了成熟的商业，具有了理性经营的特点，而大多循着传统的商业特点，依靠贸易，尤其是转运贸易而生存和发展。为了保护自己的有利地位，它们往往会采用武力等非理性手段。但是在这些城市中却有一个城市独树一帜，那就是佛罗伦萨，它不同于大多数城市而成为一个具有理性商业实践和思路的城市。佛罗伦萨通过工业带动了商业，最后也带动了银行业。围绕工业的发展，佛罗伦萨形成了注重技术、注重核算、追求稳定和信誉的经营意识，并通过实践总结出一套颇成系统的经营理论，不但对当时的经营者，而且对近代商业的发展都起着非常重要的作用。

一

佛罗伦萨城市立足和发展的基础是制造业而不是转运贸易，它以工业立国，并支撑着自己的商业，正是工业和商业的联动提供了佛罗伦萨繁荣的基础。汤普逊说："佛罗伦萨的繁荣在于既有商业，也有工业和银行业，既有原材料市场,也有向远近各国推销产品的贸易活动——佛罗伦萨发展了国内工业,特别是发展了呢绒制造业这一事实,是它强盛的首要原因。”①

佛罗伦萨能够在当时独树一帜,起初并不是因为它有什么深谋远虑,而可能只是出于非常简单和实际的原因和目的。因为佛罗伦萨在地理位置上基本上是一个内陆城市,因而不可能在商业竞争中与威尼斯和热那亚等城市处于同一起点上。它选择工业制造,是适应自己国内特点的明智选择。佛罗伦萨能够发展工业,掌握工业制造的技术,也并非由于佛罗伦萨有多么悠久的工业制造传统,主要是因为当时许多城市,尤其是那些以转运贸易为主的城市,根本不是很在意产品制造的工艺,因为这些东西对他们的繁荣并不起什么关键的作用。相反,佛罗伦萨人能够掌握这些工艺技术,最初在很大程度上是受惠于那些频繁进行转运贸易的城市,“起初,在威尼斯和热那亚,手工艺和制造业仅仅起着次要的作用。在这些城市里商人是大贵族。但值得感谢的是,他们与东方的密切联系使手工艺开始繁荣。通常外国的手工艺人被邀请进来,从而可以获得他们的制造品并以低价格卖出。但是从这种发展中获得主要利益的并不是威尼斯和热那亚那样的大商业城市,而是坐落亚诺河(Arno)远离海洋的佛罗伦萨。佛罗伦萨不可能指望在商业中起重要作用。所以它的居民集中于工艺和技术。很快他们的产品在欧洲市场获得很高的声誉”。② 正是通过许多城市与东方的广泛交往,使许多工艺技术传到了西方。佛罗伦萨对产品制造的注重,使他们非常积极地吸收这些先进工艺,并在实践中进行改进,从而使这些技艺成为只有佛罗伦萨人才掌握的秘密。由于当时西欧的主要城市都是以转运贸易为主,所以,普遍在产品制造方面比较薄弱,竞争局面远远没有形成,因而,佛罗伦萨可以在没有大的竞争的宽松环境下一跃而成为重要的产品集散地;同时,由于贸易城市之间竞争激烈,所以,城市和城市之间往往伴随着武力和流血,而佛罗伦萨的不同特征则使它可以脱离这种漩涡,在相对和平的环境下发展自己。

佛罗伦萨以工业立国,最明显地表现在,佛罗伦萨城内的大街小巷都是制作各种各样产品的作坊,每个家庭都是一个小的工厂,它的街道往往是以集中生产某种物品的名称所确定的,整个城市的管理主要是靠大大小小的行业工会来维持的。由于佛罗伦萨注重工业生产,所以,在那里手工业者很快便获得了合法的地位,在13世纪,手工业者的数量激增。14世纪初的一份文件列举了佛罗伦萨当时

---

① [美]詹姆斯·W.汤普逊:《中世纪晚期欧洲经济社会史》,徐家玲译,商务印书馆1996年版,第346页。

② Samhaber Ernst, *Merchants Make History*, New York, Day, 1964, p. 119.

必须缴纳税收的行业名单,名单中列举的手工业种类有将近70个之多,而且分工非常细致。[①] 如果说这是需要对佛罗伦萨公社缴税的手工业的名单,那么实际上在佛罗伦萨存在的行当肯定还要多得多。更主要的是,佛罗伦萨在手工业普遍发展的同时,已经有了主营的行业,那就是和纺织有关的行业,尤其是羊毛纺织和呢绒加工业。同时,在羊毛纺织和呢绒加工领域分工特别细致,带动了许多相关行业的发展。乔瓦尼·维拉尼在他的《编年史》中,对佛罗伦萨羊毛和呢绒工业的兴盛进行了描绘:毛纺工业行会的工厂有200多所,他们能够生产7万到8万匹布,价值120万金弗洛林。在不计算业主利润的情况下,大约有总数的1/3留在当地作为劳动的报酬。有3万多人以此为生。……鞋匠、拖鞋匠和木鞋匠的商店数不胜数。有300多佛罗伦萨之外的人前来做生意。同样还有石匠、木匠等诸多行当。[②]

佛罗伦萨以羊毛纺织和呢绒加工业而在欧洲立足,主要是靠技术和质量取胜。应该说,佛罗伦萨在当时并不是集中的羊毛和呢绒的原料产地,英国和西班牙的羊毛远远比佛罗伦萨多,呢绒制品在法兰德斯是非常盛行的,但是这些地区都没有佛罗伦萨那样的精细加工能力。在羊毛制品方面,佛罗伦萨的染色在当时是首屈一指的,通过它染色而制成的产品,不但在欧洲地区无可匹敌,而且一点也不逊于东方的产品。“佛罗伦萨在毛纺织业上的成功,部分归功于它引人注目而又高效率的印染流程。为了最大限度地提高产品质量,佛罗伦萨人一丝不苟地严格管理印染工业。一旦出现印染质量低劣的呢绒,都要‘返工重染,剪断卖给小贩,或烧掉’。结果,佛罗伦萨的呢绒达到了真正完美的质量标准,其染料的精美程度超过了所有其他欧洲人的产品”。[③] 在加工呢绒方面,更体现了佛罗伦萨的技术优势。当时的法兰德斯市场是一个很大的呢绒产地和批发地,但是这里生产的呢绒,在佛罗伦萨人眼里,只不过是供他们加工的原材料和半成品而已。通常的做法是,佛罗伦萨人前往那里购买它们的原色呢绒,或购买北方的粗呢绒,然后利用自己的优良工艺进行再加工改良,从而使原来的呢绒产品价值倍增。由于佛罗伦萨人的经营是依靠技术和质量而获得竞争力,所以,佛罗伦萨人把产品质量

---

① See Roy C. Cave & Herbert H. Coulson, *A Source Book for Medieval Economic History*, New York, Biblo & Tannen, 1965, p. 258 - 259.

② See Robert S. Lopez, Irving W. Raymond, *Medieval Trade in the Mediteranean World: Illustrative Documents Translated with introduction and Notes*, New York, W. W. Norton & Company Inc, p. 72. (原书无编辑出版年月)

③ [美]詹姆斯·W. 汤普逊:《中世纪晚期欧洲经济社会史》,徐家玲译,商务印书馆1996年版,第379页。

和对顾客的服务看得重于一切。“对佛罗伦萨人而言,顾客是‘商业朋友’,在自由竞争下,以较低的价格给予顾客最好的商品。顾客会对自己的购买非常满意。只有在这样的基础上,才能建立持久的生意。这就是为什么佛罗伦萨人最细致地注意完成所有的职责,遵守相互约定的条例,商品的质量超过自己对买主的许诺,送货坚决按期到达,并保证货币的真实性,毫不掺假”。① 这样一种对产品质量和服务的重视,在西欧商业复兴时期是难能可贵的,具有超越时代的特征。

佛罗伦萨的工业已经摆脱了满足于自给自足的家庭手工业的特点,同时也摆脱了为某一地市场而生产的特点,在当时的条件下真正具有了“大工业”的性质。佛罗伦萨的工业发展是在广泛的联系中而运作的。它的原材料是来自欧洲各地的,它同羊毛产地西班牙、英国和北欧有着广泛的联系,它在这些城市都有固定的代理人,负责采购佛罗伦萨羊毛和呢绒所需要的原料。它的产品也不是满足于当地市场,而是满足欧洲甚至东方的市场。佛罗伦萨城市本身聚集了来自欧洲各地的商人,不但负责向佛罗伦萨销售原料,而且负责把佛罗伦萨的产品行销各地。虽然佛罗伦萨是一个内陆国家,但是,携带它的产品的船只遍布各地。向东行时,船只携带着工业品,用来交易有价值的东方物品。向西行时,则通过交易来购买原材料——西班牙的上好羊毛以及英国的粗羊毛。为了拓展自己的业务和市场,佛罗伦萨广泛使用代理商,他们在法兰德斯、英国、西班牙各大市集和东方,都有固定的代理机构,并普遍受到欢迎。“在13世纪早期,虽然法律和习俗不允许外国商人在自己的国家里居住,但是锡耶纳和佛罗伦萨人得到亨利三世的允许,一次可以在英国呆上三年”。② 而且,佛罗伦萨商人善于在国外投资营建自己长期的经营基地。1252年,一位著名的佛罗伦萨商人得到亨利三世的授权,获得了作为伦敦市民居住和进行交易的权利。他在该城花了大价钱造了一幢房子。③ 同时,在佛罗伦萨也接纳了来自各地的商人。其中,德国经营布料的许多商人长期在佛罗伦萨居住、经营,还有许多德国人专门到佛罗伦萨研究和学习佛罗伦萨纺织业的制造工艺。所以,无论在原材料的获取还是产品的销售方面,它都具有了“国际化”的特点,把欧洲各国相关的工业力量纳入一个统一的运作体系之中。即使在国内的工业生产上,佛罗伦萨也摆脱了一家一户的小作坊式生产方式,而是利用一家一户的力量,实行了分工协作和集中管理,“他们制定了一套改良的工

---

① Samhaber Ernst, *Merchants Make History*, New York, Day, 1964, p.119.

② Postan, *Economic Organization and Policies in the Middle Ages*, Cambridge University Press, 1968, p.71.

③ See Pamela Nightingale, *A medieval Mercantile Community*, Yale University Press, 1995, p.84.

厂体系。大部分工作仍然在家庭里完成;一种定期的企业信使机构开始活动,通过这一机构向工人分发原料。并在加工完成之后,由信使们收集成品。至于有些商家,则建立了固定的中心工厂。在工厂里受雇的最下层工人在工头监督下劳动,其管理规则类似于现代工厂的厂规"。[①] 这样的分工协作,合理配置了人力资源,形成了资金的集中优势,并使工业生产有了目的性,紧紧围绕市场的需要而运转,所以,它的效率是原来一家一户的生产方式不能望其项背的。

因而,佛罗伦萨以工业为基础的城市生存方式,在很大的程度上已经摆脱了非理性的生产模式,而真正具有了理性的和资本主义萌芽的性质,启示了日后大工业生产的模式。因此,佛罗伦萨的兴盛,"不是通过强有力的军队帮助或强大的海军帮助,而只是通过其手工艺人的辛勤劳动和商人的机敏。佛罗伦萨寻求的是有规律的、理性的商业。城市的整个生活打着中产阶级的烙印"。[②] 汤普逊也给予佛罗伦萨的工业以很高的评价,他认为:"家庭手工业的成功使佛罗伦萨作为当时世界上第一个工业城市而兴起——这是近代资本主义植根于其上的沃土。"[③]

二

佛罗伦萨除了以工业作为立身之本,从而不同于大多数其他城市之外,还以注重精确的记账制度和核算制度而与众不同。应该说,注重核算和记账是近代成熟大工业的产物,但是这种后来成熟的制度却已经在中世纪佛罗伦萨萌芽了。这种对精确计算的偏爱并不是佛罗伦萨人的传统或脾性所致,它是大规模工业生产所必需的东西,也是佛罗伦萨人理性的表现。

应该说,注重精确计算的风格在当时欧洲还不是很流行的,甚至是同当时的氛围格格不入的。因为,从根本上说,西欧的大多数城市是以经营贸易为主,贸易本身的成功与否和利润大小,绝不是简单通过计算可以确定的。他们不能通过计算而确定一艘货船从港口出发,到底是安全地满载而归,从而一夜暴富,还是被大海吞没,船毁人亡,从富翁沦为乞丐;在他到达某个远方的产品生产地之前,他不能准确地计算出所付出的精确成本,在他把货物卖出之前,也不能预见卖出的价格和应该获得的利润,因为卖出价格的高与低,最终取决于很多事情:当遇到战

① [美]詹姆斯·W. 汤普逊:《中世纪晚期欧洲经济社会史》,徐家玲译,商务印书馆 1996 年版,第 382 页。

② Samhaber Ernst, Merchants Make History, New York, Day, 1964, p. 119.

③ [美]詹姆斯·W. 汤普逊:《中世纪晚期欧洲经济社会史》,徐家玲译,商务印书馆 1996 年版,第 364 页。

争、暴风雨时，或君主专横地拦住道路时，价格就会上升。但是，如果有几个商队同时到达，他们就不得不低价出售自己的物品。所以，当时的贸易本身是无法用数字来计算的，更多的是冒险和运气的成分，说明贸易活动中存在着许多无法预知和判断的变数，这些变数都是非理性的因素。它可以使贸易之中的利润空间无限地大，同时也会使利润的损失无限地多，这一切，除了靠自己的经验之外，更要靠运气。所以，由于贸易本身存在许多偶然性和不可预知的因素，因而，人们要想相对比较成功地获得贸易利润，除了正常的贸易交往之外，少不了的是在贸易活动中加入许多非理性的活动。这在当时是非常明显的。这并不是说这些从事贸易的商人不精于计算，而是因为计算对他们而言毫无意义，“那些城市的大商人从来不计算。对他们来说，计算从一开始就是无意义的。如果在一个外国港口，他们发现丰富的供应和低价格，便以优惠的条件备货，最终，下一次造访时情况就会完全不同。在这样的情况下，他们怎样计算最初成本？如果他们的船只和商品全被大海吞没或被海盗劫掠，他们就会一下子失掉自己的金钱，这一命运就如同发生在莎士比亚笔下的威尼斯人一样”。[①] 因此，对威尼斯和热那亚等贸易城市而言，计算和记录除了浪费时间外，毫无价值，他们不禁反问，数字何用？他能提供什么安全？如果一场飓风便可以使所有的计算化为泡影，而一次成功的交易便能补足所有的损失，为什么要日复一日地费力记下什么东西呢？

但是，对威尼斯等城市而言毫无用处的数字和计算，对佛罗伦萨人就不同了。佛罗伦萨人似乎对数字和统计特别感兴趣，对于与计数有关的学习也是非常注重的。乔瓦尼·维拉尼在描绘佛罗伦萨时这样写道：当时佛罗伦萨在为婴儿进行洗礼的时候，就注意精确地计算人数，“他们为一名男性的婴儿施行洗礼后，就保存一粒黑豆，为一名女性婴儿施行洗礼后就保存一粒白豆”。同时，“在佛罗伦萨，男童和女童进行学习的有8000人到1万人，其中学习算盘和阿拉伯数字系统的就有1000人到1200人。学习语法和逻辑的则有550人到600人[②]。佛罗伦萨人这样注重统计和计数，并不是在习惯和性格上天生与其他城市不同，关键是因为佛罗伦萨人的经营基础与其他城市不同。由于佛罗伦萨人的生存是建立在自己生产产品的基础上，所以，对成本和收益的计算至关重要。“他想要准确地知道在某一时刻它值多少，不是模糊的估算，而是准确的数字。因此，他必须记下每件事

---

① Samhaber Ernst, *Merchants Make History*, New York, Day, 1964, p. 121.

② See Robert S. Lopez, Irving W. Raymond, *Medieval Trade in the Mediteranean Word: Illustrative Documents Translated with introduction and Notes*, New York, W. W. Norton & Company Inc, p. 72.（原书无编辑出版年月）

情,必须保持记录,在他的明细账上记录下他的库存数量,他发出的商品,他的顾客的欠款,以及他自己的欠款。然后他必须认真地估量交易的风险,并去除某些数量。如果他太谨慎,高估了旅程的危险,那么年终的收益将比预期的要大。如果船只损失过多,或顾客并不能如设想的那样迅速付款,或者他的商品并没有达到预期的价格,那么他的明细账上就会显示出利益较少,或可能是亏损。财产可以被估算,诸多的因素可以通过数字来表现"。① 同时,由于他们自己能够控制生产和销售,所以,他们的经营是在可以计算的范围之内的。佛罗伦萨商人对统计和核算的注重反映到对货币的态度上,则是在当时货币普遍混乱和不稳定的整体形势下,非常注重每种货币的精确价值,非常注重自己货币的稳定性。当时每一个国家甚至每一个地区或城市都有自己的铸币,铸币的大小,纯度和价值变化不定,地区和地区之间不同货币的交换往往会出现很多障碍,但佛罗伦萨人自己制造的弗洛林金币却一直非常稳定,并广泛为欧洲各地所接受。他们的铸币所每年可以铸造金币达35万~40万弗洛林。在最繁荣的时期,佛罗伦萨有80家银行,其分支遍布意大利。

佛罗伦萨人这种保持自己货币稳定的做法,与核算方式有关。为了购买远距离的羊毛,并把它带回佛罗伦萨,必定长时间占用大量的资金,而且,由于从事的不是冒险极大和报酬丰厚的交易,利润率普遍较低,因此,国内纺织业存在着竞争。为此,佛罗伦萨必须发展复杂的银行系统。只有保持自己的货币稳定和复杂的银行系统,才能精确地估算自己的成本和收益,保证生产和交易的正常进行,才能去除交易过程中的偶然因素。

虽然佛罗伦萨注重核算和统计的经营特征,少了冒险经营所具有的丰富的传奇故事,少了大起大落的悲喜剧,少了武力配合商业的霸道,但是,佛罗伦萨用细微的计算行为,用精确的估算,代替了无法预知的运气,尽最大可能消除了产品交易中过多的偶然因素,把更多的理性融入交易之中,从而使产品经营沿着稳定和持续的方式发展。这种经营方式正是近现代经营所采取的方式,它是以佛罗伦萨人作为源头的。"从佛罗伦萨商业开始,我们已经熟悉了这种思考方式。但是我们不应当忘记在13世纪这是多么新奇和革命性的思想。从商人冒险到严肃的计算之所以成为可能,只是因为佛罗伦萨商业建立在自己的工艺和技术上,并与坚实的中产阶级的原则一致"。②

---

① Samhaber Ernst, *Merchants Make History*, New York, Day, 1964, p. 122.

② Samhaber Ernst, *Merchants Make History*, New York, Day, 1964, p. 126.

三

佛罗伦萨人的理性经营特征还表现在他们已经在一定程度上具备了理性的交易理论。这些理论或是由专门的教师所劝告,或是由富有经验的大商人所总结,为我们留下了生动的记述材料,使我们可以了解当时佛罗伦萨人的经营心理。这些人分别从诚信、谨慎、安全、经营技巧、选择商业伙伴以及爱护佛罗伦萨等诸多方面进行了阐述。

其一,他们认为,作为一个商人和经营者,必须注重信誉,因为这是佛罗伦萨人的立身之本,而这也正是佛罗伦萨不同于威尼斯和热那亚等城市而独树一帜的基础所在。一位教师这样来总结:"你必须公正和坦率地对待你的商业朋友。你自己必须绝对可靠——商人一定不要忘记他只是别人财产的委托人,他靠别人的信赖而生活。"①

其二,作为一个经营者,在经营的任何环节上都要寻求安全和谨慎,不要冒无谓的风险,不要受利益的诱惑而失去主张,不要过分相信人而蒙受损失,要仔细清点账目,同时不要过分暴露自己的财富。乔瓦尼·摩莱里在他的《编年史》中对此进行了详细的论述:不要指望一夜暴富。管理和盘算自己的钱,不要为了利润而借贷。与那些名声和信誉良好以及出身良好的人做生意。如果你曾经被他们欺骗,就不要再陷入他们的圈套。不要把商品卖给那些愿意多付钱的人;不要因为贪婪而受到高价的诱惑;永远要求没有瑕疵的记录,行动慢但安全方为上策。如果你经营羊毛工艺,就要管理和盘算好自己的钱,不要急着把自己的商品送往国外,除非你找到一个人,这批货物对他而言同样至关重要。如果没有同伴,则能自己做就自己做,如果自己不能经营,则要明智地找一个同伴——一个良好而又富裕的人,但不要高过你,尤其是在社会地位方面和以傲慢态度对待家人方面。不要从事你没有任何经验的商业和交易。做你能做的,对任何其他事情都要小心,否则你会受到欺骗。如果你想在某件事情上有经验,就要从小进行实践,与其他人一起待在商店和银行里,到国外去,经常与商人和商品打交道,亲眼见识你想做生意的地方和国家。对一个朋友考验百次才能信任一次,不要过于信赖任何人,结果他会毁了你。不轻易信任,不轻易受骗。一个人越是显得对你忠诚,越是花言巧语,就越不要信任他。你可以聆听高谈阔论者、吹牛者和不吝恭维的人的谈话,并恭维他们,但是不要付出信任,那会伤害你,一点也不要依靠他们。至于

① Samhaber Ernst, *Merchants Make History*, New York, Day, 1964, p. 120.

伪善者和伪君子,他们或是重责自己或是披着宗教的外衣,不要信任他们而宁可信任士兵。不要与那些经常更换生意、伙伴和主人的人发生关系。不要把自己的货物或自己的生意托付给那些从事赌博、生活奢华、穿着过于考究、爱好吃喝的人或浮躁的人。如果你在国外做生意,你要经常去——至少一年一次——考察并清点账目。观察为了你的生意而在国外居住的人的生活——他是否开销过大。他是否拓展了声望,有没有莽撞办事,有没有磨洋工。他是否谨慎从事,从没有对指导有所逾越,如果他在任何事情上有所欺骗便解雇他。永远聪明行事,不要惹麻烦。不要显露你的财富,而要藏而不露,无论你说话或是做事都要让人相信你只拥有你真正拥有财富的一半。按照这样的路线,你不能受到大的欺骗,无论是你还是跟着你的人都不会。① 因而,研究者们总结说:"我们看到,佛罗伦萨从一开始就遵从着一种极具智慧的原则:从不卖弄,也不冒险、徒劳地炫耀自己,相反要极力谨慎克制,保持稳定的均衡。"②

针对经营技巧,他们总结出凡事都要有预见性,不要随波逐流,要在萧条中预见景气的到来,同时也要在景气中注意步入萧条的危险。乌扎诺在他的《商业实践》中从货币兑换和商品交换的角度阐明了这一道理。他认为:"在某些地域,预计钱币价格高的时候,千万不要使自己处于借债之中。无论什么原因,你都要保持充足的货币供应。不要因为某一个地方货币短缺就急着汇钱去,也不要因为某一地方货币充足就急着把钱币抽回。因为无论任何地方,如果钱币因短缺而价格上涨,现金就会从其他地方流入,钱币会从银行中提出,结果货币充足就会到来。如果一个地方货币过于充足,则现金就会退走,钱币就会吃紧。在货币充足的时候很可能利息率会上升1%,而不是下降0.5%;在货币短缺的时候,最可能利息率会下降1%,而不是上升0.25%。就商品而言,你不要在货币短缺的时候买,因为那样你很少能够合算,当一种物品价格昂贵的时候不要去碰它。这同货币兑换一样,你必须预见到货币的短缺。在货币充足的时候已经购买了商品,这样在人们货币短缺的时候你的手里有了商品。但是在货币短缺的时候你不要购买商品,你们必须考虑到在短缺之后到来的是充足。"③另外,经营的本质在于动,永远不

---

① See Robert S. Lopez, Irving W. Raymond, *Medieval Trade in the Mediteranean Word: Illustrative Documents Translated with introduction and Notes*, New York, W. W. Norton & Company Inc, p. 422 – 423.(原书无编辑出版年月)

② Benjamin G. Kohl, *The Earthly Republic*, University of Pennsylvania Press, 1978, p. 137.

③ Robert S. Lopez, Irving W. Raymond, *Medieval Trade in the Mediteranean Word: Illustrative Documents Translated with introduction and Notes*, New York, W. W. Norton & Company Inc, p. 422.(原书无编辑出版年月)

要使你的财富静止不动,而要在市场中流动,你必定会有收获。塞塔利多在他的《有用之书》中写道:"如果你有钱,不要静止不动,或藏在家里,因为同样无法获得利润,行动比旁观要好。因为如果你行动,即使没有什么获得,也不会失去商业联系。如果你不会失去资金而又没有失去商业联系,你就大有收获。"①

其三,一个商人和经营者,无论穷富,无论身在何方,都不能忘记自己的城市和家乡,都不能违背自己城市的规则和根本利益,它是一个经营者能够成功的后盾。塞塔利多说:"永远不要从事你的公社禁止的商业,因为你无法阻止从中获得厄运。即使你一次从中获得好运,你也会从中获得多次厄运。珍爱你的城市或你主人的尊贵、善良和财富,为此贡献你的财产和你自己,永远不要支持其他团体或公社。'你的公社'和'你的城市'意味着你与家庭生活的地方,以及你拥有财产和亲戚的地方。"②

这些教导,已经把商业经营本身完全上升到了理性的高度,无论是注重安全、谨慎、信誉还是具有预见性的商业技巧,其实都强调了在当时并不理性,充满许多变动因素的情况下,佛罗伦萨商人和经营者要尽量避免各种偶然因素,认识商业和经营本身内在的规律,去把握和实践。这种经营思想从本质上同佛罗伦萨工业为立身之本的经营特性是一致的,也是同佛罗伦萨人善于计数和核算的精神是一致的,这些特点共同标志着佛罗伦萨理性经营的萌芽,从中也启示了近代中产阶级的思想和原则。

---

① Robert S. Lopez, Irving W. Raymond, *Medieval Trade in the Mediteranean Word: Illustrative Documents Translated with introduction and Notes*, New York, W. W. Norton & Company Inc, p. 424.(原书无编辑出版年月)

② Robert S. Lopez, Irving W. Raymond, *Medieval Trade in the Mediteranean Word: Illustrative Documents Translated with introduction and Notes*, New York, W. W. Norton & Company Inc, p. 424.(原书无编辑出版年月)

西欧封建社会农奴的法律地位与实际状况

顾銮斋

关于西欧封建社会农奴的生产生活问题,学界近年多有议论。许多学者认为,农奴的负担沉重,生活贫困,境况极其悲惨。其实,这一结论与农奴的实际状况出入颇大,夸大了农奴的悲苦。究其原因,很可能是论者对农奴的实际状况及其法律地位的关系了解不够,将二者混为一谈了。我们不妨选择11世纪至13世纪的西欧历史做些考察,因为在西方学者看来,这一阶段是封建社会的鼎盛时期,农奴制度已经定型,最具代表性。

一

所谓农奴的法律地位,主要指12、13世纪的法学家依据罗马法对农奴的社会身份、经济地位等方面所作的规定。这些规定大致包括以下几个方面。

其一,农奴的人身属于主人。法语“农奴”一词,意指人身属于主人之人。12世纪法国一个修道院院长曾谈到他的农奴,说“他从头到脚都是我的”。英国12世纪的文件《棋盘署对话集》说,维兰(农奴)的人身及土地都属于主人。① 著名教皇英诺森三世也曾悲叹“农奴不属于他

① 马克垚:《西欧封建经济形态研究》,中国出版集团、中国大百科全书出版社2009年版,第198~199页。

自己”。[①] 在这一基本前提下，法律规定，主人对农奴可随意处置，买卖、转让、交换、迁移、监禁、拷打等等均可。《正义之鉴》(*Mirror of Justices*)说：“主人可随意捆绑、囚禁、拷打、严惩他们，只要不危及其生命和肢体。只要主人供给他们生活之需，他们就不能从主人处逃跑；未经主人同意，任何人不得接受他们。未经主人同意，他们不能反对任何人，除了罪犯。如果这样的农奴从他们主人处拥有土地，必须明白，他们是按主人的意志、通过服不确定的劳役而拥有的。”[②]此外，领主对农奴还享有监护权，即可监护已故农奴的未成年的继承人。监护期间，领主管理其土地，收取土地的全部收益。

其二，农奴须向主人缴纳租税。一是劳役租，即农奴携带自己的工具到领主直营地上从事耕地、播种、收割、运肥、刈草等各种农活。通常每周3天，农忙季节，天数还要增加。13世纪的法学家强调劳役租的不确定性，并视之为农奴身份的重要标志。英国法学家布拉克顿的名言即说：“绝对的农奴制以提供一种不确定的、不明晰的义务为特征，在这里，晚上便不知道早晨提供怎样的义务。”[③]《正义之鉴》也作了同样的表述：“农奴除了供主人驱使之外，不能获得任何东西；在晚上，他不知道早晨干什么，他的劳役是不确定的。”[④]

二是结婚税和继承税。农奴婚嫁须缴税，其量虽一般不大，却是农奴身份的重要标志，它往往造成领主对农奴婚姻的横加干涉。农奴从死者处继承财产亦须缴税，法国称之为“死手捐”，英国称为“继承金”。这项捐税源于奴隶无财产权的原则。奴隶生前可得主人恩惠、接受赐与，死后财产悉归主人。据此，农奴的财产属于主人，故要缴纳继承税。

三是任意税。即一种在数量和时间上皆无定制，领主随意征收的税。维诺格拉道夫把它定义为一种在人身依附和政治从属之间的毫无边际的租税。13世纪，它被视为农奴制的标志之一，如当时巴黎神学院教授、英国方济各会会士理查德·米道尔顿在一次神学辩论中，谈到了农奴身份与任意税之间的不可分割的关系，他说：“告诉你们，这些臣民不是农奴，就是自由人。如果他们是农奴，我说他们必须缴纳新加在他们身上的任意税，即使这仅仅对于领主有利；因为农奴和他们的所有物都是领主的财产……。”[⑤]柯尔吞认为，任意税的征收意味着农奴的人

---

① [英]莫尔顿：《人民的英国史》，谢琏造等译，生活·读书·新知三联书店1958年版，第49页。

② [英]哈切尔：《英国的农奴制与维兰制》，载《过去与现在》1981年2月号，第8页。

③ [英]贝涅特：《英国庄园生活》，剑桥大学出版社1984年版，第103页。

④ [英]贝涅特：《英国庄园生活》，剑桥大学出版社1984年版，第8页。

⑤ [英]贝涅特：《英国庄园生活》，剑桥大学出版社1984年版，第139页。

身及财产均属主人。①

单纯从法律上看,农奴与古代罗马的奴隶相差无几。奴隶是主人会说话的工具,属于财产之列。而农奴,人身亦属主人,被视为主人之物。② 故而领主对农奴可作"任意处理"。所以封建法中出现了随意买卖、转让、交换、迁移、监禁、拷打等规定,这在封建法理论上是能自圆其说的。在财产关系上,奴隶既无人身权,当然无所谓财产所有权。农奴也一样,不存在所有权的有无问题。封建法关于农奴服劳役,缴纳结婚、继承、任意税等的规定即表明农奴的财产归属主人。即便部分财产暂时归农奴占有和使用,也不过是封建主为了进行再生产、获得租税的必要投资的一种方式。而一旦农奴亡故,又无亲属承担其义务,则财产全部归还主人,主人又可据此觅寻新的农奴。

英诺森三世把农奴制看作一种"极其严重的奴隶状态",③这也许有些过分。但说农奴与奴隶的法律地位基本一致,总体来看似乎并不为过。

法律规定如此,农奴的实际状况是否与之一致呢?

二

农奴的实际状况主要包括人身关系、法权关系、劳役负担、物质生活等方面。以下我们逐一作具体考察,并与相应的法律规定作比较。

(一)人身关系

农奴作为直接生产者已不是主人之物,而只是领主的依附农民。这主要有以下表现:其一,领主对农奴不可"随意处置"。形成这一状况的主要原因有:(1)农奴对土地占有的世袭性。封建生产关系的一个显著特征是,领主与附庸间的关系具有显著的契约性质。契约双方都享有一定的权力和担负一定的义务。如有一方违背,另一方可向法庭提出申诉,从而使之受到惩罚。依据这一原则,领主必须向农奴提供份地供其耕种,以保证其生活资料的来源。农奴的身份世代相袭,对土地的占有也世代相传。这种世袭受到法律的保护,对于领主的意志无疑是有力的限制。所以亨利·皮朗说:"农民(农奴)不怕被驱逐,因为他的土地是世袭的,

① 参见马克垚:《西欧封建经济形态研究》,中国出版集团、中国大百科全书出版社2009年版,第205页。

② 参见马克垚:《西欧封建经济形态研究》,中国出版集团、中国大百科全书出版社2009年版,第216页。

③ [英]莫尔顿:《人民的英国史》,谢琏造等译,生活·读书·新知三联书店1958年版,第49页。

有保障。"[①]基于此,随意买卖、驱逐农奴的事情很少发生。(2)农奴的反抗。对农奴"随意处置"容易招致反抗。反抗的形式有多种。例如,可以在向领主服役时怠工,这类例子史不绝书。可以在法庭上据理力争,英国13世纪的法庭卷档即充斥着这类案件。[②] 可以逃亡,有的甚至是集体逃亡。12世纪,在西欧各地,农奴逃亡事件频频发生,领主虽往往追踪拘捕,但成功者很少。而一旦逃离领主,农奴便可改变自己的身份,成为自由人。逃亡农奴新建城市以及进入其他城市住满一年零一天即获自由的例子已为我们所熟知。12世纪,西欧各地出现的大量的"客籍农",即由农奴转变而来,他们是自由人,是"自己的主人"。[③] 农奴的逃亡,使领主丧失劳动人手,对其经济是一种打击。农奴的反抗尚不限于以上几种,矛盾激化到一定程度,还往往伺机报复,甚至聚众起义。1280年,英国普莱斯顿曾发生一桩农奴聚众攻击领主大总管的事例。大总管西蒙逼迫农奴希尔德布兰德出任管事,结果后者聚集农奴十数人,袭击西蒙住宅,焚烧房屋,斩杀猎鹿,虐待马匹,并以刀斧相胁,直至西蒙发誓以后不再做违背他们心愿的事,并对他们此次的反抗不予追究方休。[④] 农奴的反抗,促使领主权衡利害,妥善处理与农奴的关系。(3)习惯与传统。领主在法律上享有无限的权力但他们无不承认习惯强加给他们的种种限制。[⑤] 在一般情况下,农奴结婚、读书、迁移、买卖牲畜、分割地产、接受自由地等,以及领主因允诺农奴的这些要求而收费的多寡,都依习惯而定,领主不会违背习惯或践踏成例。而一旦与习惯相违,损害了农奴的利益,庄园法庭也能够作出公正处理。1300年,英国埃尔顿庄园有19个茅舍农被起诉未给领主的马车装草。茅舍农依据习惯力争,说他们没有此项义务,法庭经调查最后确认:他们有义务在草地或领主庭院垛草,但无义务装车。[⑥]

从这一时期英国的庄园报告、法庭记录等文献中,经常看到一个极其普通的称谓——"惯例佃户"。所谓"惯例",是指维兰所保有的土地,并非由法律所规定,而是由领主法庭所解释的庄园惯例所决定。由于对土地占有的牢固,维兰在服役时常常怠工,而领主也难以提出有效的对策加以制止。[⑦] 正如哈切尔所指出,"领主广泛的权力得到了王室法庭的确认,而法律的阐释家却处处受到习惯的

---

① [比]亨利·皮朗:《中世纪欧洲经济社会史》,上海人民出版社1987年版,第58页。
② 参见[英]博尔顿:《1150—1500年中世纪英国经济史》,伦敦1980年版,第117页。
③ [比]亨利·皮朗:《中世纪欧洲经济社会史》,上海人民出版社1987年版,第63页。
④ 参见[英]贝涅特:《英国庄园生活》,剑桥大学出版社1984年版,第170页。
⑤ 参见[英]哈切尔:《英国的农奴制与维兰制》,载《过去与现在》1981年2月号,第8页。
⑥ 参见[英]霍曼斯:《13世纪的英国村民》,哈佛1941年版,第104页。
⑦ 参见[英]克拉潘:《简明不列颠经济史》,上海译文出版社1980年版,第134~135页。

限制。习惯在庄园上、村庄里通常发挥法律效力”。[①] 领主虐待农奴的事例,文献中并非不见。善待农奴的事例亦有所见,但这均非常例。“平均说来,中世纪领主在对待他的依附者方面,既不是一个野蛮人,也不是一个感情主义者”。[②] 这种看法大体符合历史实际。

其二,农奴与领主之间似乎没有不可逾越的鸿沟。13 世纪的英国,常有领主的儿子与维兰的女儿结婚的事情发生。婚后所生子女应列入哪一等级,常常引起争议。这说明作为婚姻一方的农奴的后代具有晋升自由人行列的可能。

另外,从法律上说,农奴固着于土地、不可迁移是其依附性的重要表现。事实上,农奴及其子女在农闲或生活不济时外出打工谋生的事情很多,领主一般予以准许。农奴的经济活动并不是法律规定的那样严格限制在庄园之内。

关于领主的监护权,亦应作具体分析。比如在英国,监护人一般出自继承人家庭,通常是母亲。若母亲已故,则从母族中选一最近的亲戚,土地的收益仍留在死者家庭之内。在婚姻方面,领主也很少对农奴或其子女采取强制干涉手段。

以上所论,仅限于农奴与其领主二者之间的关系。对于第三者,他甚至不是一个依附者,而几乎是一个享有全权的自由人了。梅特兰说:“农奴几乎不是一种身份,它只是农奴与领主两人间的一种关系。……对于其他人,他拥有一个自由人所有的一切或几乎一切的权力;对于他们,他简直就不是一个农奴。”[③]农奴犯罪,同自由人一样量刑;农奴挨打受辱,法庭作与自由人同样的处理。国家征收动产税也未将农奴与自由人加以区别。

农奴还经常是政府的保护对象。英国 1215 年《自由大宪章》第 20 条即限制关于农奴罚金的数量,反对领主的过分剥削。1232 年,亨利三世命令威尔特郡守只扣押负国债者的财产,而不要涉及维兰。1252 年,政府颁布诏令,允许维兰携带武器,其理由是为了保卫国家。可见政府是把维兰看作自己的国民而加以保护的。

(二)法权关系

封建法规之下的农奴几乎处于无权状态,而事实上享有很多权力。主要表现在以下几个方面。

在行政上,英国的维兰可以担任国家低级官职。有许多维兰担任村长,而村长之下的十户长等职则完全由维兰充任。他们负责村内的治安、纳税、管理等

---

① [英]哈切尔:《英国的农奴制与维兰制》,载《过去与现在》1981 年 2 月号,第 14 页。

② [美]汤普逊:《中世纪经济社会史(下册)》,商务印书馆 1984 年版,第 404 页。

③ [英]波洛克、梅特兰:《英国法律史》(第 1 卷),剑桥大学出版社 2007 年版,第 415 页。

事务。

在立法上,农奴参与庄园法规的制定。在英国,12、13世纪,庄园的立法机构是庄园法庭,而组成法庭的主要成分是维兰。拟定法律,确定条文,须经出席人员全体通过。领主或其总管,只能借助其立法会议主持人的身份影响制定的过程,却无决定之权。

在司法上,农奴可参与案件的审理,担任某些职务。例如,英国的维兰可以充任法庭的陪审员,与自由人一起审理案件。13世纪伯明翰以西地区有一个名叫托马斯·科林的维兰,几次被选为陪审员。按一般原则,无职维兰可充任庄园法庭的陪审团,负责本庄园有关案件的调查。任十户长的维兰,可担任刑事法庭的公诉陪审团成员,负责调查侵犯王室特权、破坏国家治安的案件。12、13世纪,英国庄园法庭的公诉人、法官一般由维兰担任,案件的判决也一般由他们作出,领主或其总管作为法庭主持人,亦只能影响判案过程。在郡法庭,出席人员中亦须包括各村村长、十户长和一定数目的无职维兰。

在动产上,领主不可视农奴的财产为己有,不可随时随地加以剥夺。相反,他们尊重农奴的财产权。农奴的遗嘱,领主一般予以承认,并监督执行。如果继承者是寡妇,还可把财产的全部或一部分转给她的第二个丈夫。

另外,农奴有权控告自己的领主。文献中此类事例很多。1230年,诺福克的一个维兰抱怨其领主扣押他的现金和牲畜以抵劳役,而这些劳役并未在文件上特别指出。判决的结果是维兰胜诉。1280年,诺森伯兰的一个领主为证明一个人是他的农奴,找来被告的一个姐妹和两个远亲作证。被告依据庄园惯例指出,妇女性格天生脆弱,不足为证。法庭据此推论原告找不到满意的男性证人,最终宣布被告为自由人。

13世纪,英国的维兰有些甚至拥有法人资格,既可以保有土地、接受土地,也可以同封建主订立契约。伯克郡庄园的维兰和他们的领主订立过一项关于林地的契约,曾使威斯敏斯特的法学家感到震惊。莫尔顿谈到英国维兰的权利时指出:"甚至在最恶劣的情况下,庄园上仍存有使农奴为人而不为物的权利的核心,仍存有自由的残余作为新权力的起点;……。"①

(三)劳役负担

法律规定农奴所纳租税庞杂,如牛负重,实际状况却并非如此。

先看农奴的劳役量。西欧各地,劳役量差别很大,难以整齐划一。大致说来,在意大利,在勃艮第和罗亚尔河以南的法国,劳役很轻。有人考察认为,契约集

① [英]莫尔顿:《人民的英国史》,谢琏造等译,生活·读书·新知三联书店1958年版,第50页。

(Cortularies)所提到的大多数份地完全豁免了劳役,而通过强制性劳动耕作的份地则根本找不到。12世纪末,托斯坎尼的瓦隆布劳萨的僧侣要求一个农奴一年用牛服役3次,用驴服役3次;另外两次和一些手工义务则从另一农奴征得。在骚西兰吉的奥沃格尼庄园,农奴的耕作劳役一年不过几天。在马康主教的一个庄园,服役份地按劳役的轻重可分为3组:一组为13块,每块每年提供8个劳动日为领主翻耕直营地,另提供少量劳动日从事葡萄园、林地、收割、打谷等轻微劳务。一组为14块,只提供8天的耕作劳役。另一组8块则只抽2或3个劳动日为领主服役。这样一年总计,35块份地共提供220个劳动日。克吕尼修道院有3个庄园全无劳役,其余也仅仅征收轻微的割草劳役。在耕作季节,只从所属村庄借用耕犁。全年总计劳役不过4天。①

西欧大陆的北部,劳役要重些。马尼斯领地的农奴带着自己的牲口每月为领主服役2天或3天。另外,在耕作、收获与割草时节还提供一些补充性义务。总计每块份地每年提供55~57天的劳役。② 这较每周3天或更多的劳役量还是轻多了。

在13世纪的英国,只有少数地方如诺福克、索福克、剑桥等郡的农奴履行周工义务,数量通常为2天。在约克、肯特、康沃尔等大多数郡里,劳役很轻。1279年,在沃维克郡两个百户区的43个村庄中,只有极少数人履行重役。1/4以上的居住区则完全没有劳役,仅有不多于10%的居民履行周工义务。另外,有些劳役仅仅在文件上作了规定,实际上并未履行。据地方官和法警的调查,履行的劳役仅仅是文件规定的一部分,通常是很少的一部分。③

劳役量每周达3~4天或3~4天以上者,仅见于极个别地区,且限于一年中的个别时间,如收割季节。即使在这样的地区和时间内,农奴也非终日劳作。贝涅特考察了12、13世纪英国的劳役量后指出,周工通常是一家中的一人干规定日子中的部分时间。如果打谷,一天的任务一般为2蒲式尔小麦或一夸脱黑麦;如收割,则为半英亩庄稼,割草通常为一英亩,而年迈的劳动力一天至少能割2英亩小麦。④

劳役通常分为无偿与有偿两种。无偿劳役仅占总劳役量的小部分。英国边地农和茅舍农的无偿劳役通常为每周1天或2天,此外,领主都给予一定的报酬。

---

① 参见[法]德比:《中世纪西方的农业经济与乡村生活》,南卡洛莱纳大学出版社1976年版,第204~205页。

② 参见[法]德比:《中世纪西方的农业经济与乡村生活》,南卡洛莱纳大学出版社1976年版,第207页。

③ 参见[英]哈切尔:《英国的农奴制与维兰制》,载《过去与现在》1981年2月号,第11页。

④ 参见[英]贝涅特:《英国庄园生活》,剑桥大学出版社1984年版,第104页。

有偿劳役中有帮忙一项,它最初是在领主的请求下,维兰同意提供的,以后逐渐形成了惯例。帮忙一般在农忙季节进行,包括收获、割草、剪洗羊毛等,届时,领主照例置办丰盛的酒菜和充足的食物。萨塞克斯郡一个庄园的实物租税清册中记录了农奴帮忙用餐的情况:以自己的犁为领主帮忙两天,可吃鱼、肉,饮啤酒;用自己的牛帮忙者可在领主家中进餐;凡帮忙收割小麦者,其午餐可食用小麦面包、牛肉、乳酪和汤,晚餐可用面包、乳酪和啤酒。① 巴尔特修道院的院长甚至允许帮忙的农奴带一同伙到修道院用餐。此外,还可获得其他小惠,如从领主处牵走一只羊,带走一捆草或领取一笔款。由于待遇优渥,大多数身强力壮的劳动力宁可抛弃对自己庄稼的管理,到领主直营地上帮忙。在稍后的历史中,他们甚至拒绝豁免“帮忙日”。

(四)物质生活

按法律规定,农奴必须用一半的劳动时间为领主服役,此外还必须向领主缴纳沉重的实物、货币地租,这样看来,农奴的生活极其凄苦,简直无法维持。实际状况究竟如何呢?

吉恩·布鲁克尔考察了13世纪英国牛津库科斯汉姆村(Cuxham)维兰的财产占有状况。他认为,该村维兰每家拥有12英亩土地,一所住宅、一头奶牛、一头猪、一匹耕马和若干家禽。② 科斯敏斯基依据百户区卷档推算了13世纪英国中部6郡维兰的土地占有状况:拥有15英亩以上者,占维兰总数的62%;8英亩至15英亩者占9%,③约30%的维兰占地不及8英亩。利普森考察认为,13世纪典型的维兰占有一维尔格特(Virgate)土地,其面积因地区和土质的不同而存有差异,但最少不低于15英亩,最高可达80英亩,一般则为30英亩。④ 布瓦松那认为,农奴的份地通常很大,“在阿尔萨斯,它平均为30英亩;在德意志,为20英亩到180英亩;在英格兰为15英亩到30英亩;而在特殊情况下则为50英亩,这是法兰西和其他地方的通常面积”。⑤ 库科斯汉姆的维兰占有的土地数量显然居中下水平,而其担负的劳役租税却很重,除每周提供两天且在收割季节另外增加的无偿劳役外,还须缴纳奴役性租税,但生活却并不算贫困。布鲁克尔指出,他们的收入不仅能维持整个家庭的生活之需,且具有一定程度的经济保障,不会借债。有些

---

① 参见[美]霍曼斯:《13世纪的英国村民》,哈佛1941年版,第261页。

② 参见[美]吉恩·布鲁克尔:《西方世界的人民与团体》(卷1),多尔西1979年版,第189页。

③ 参见[苏联]科斯敏斯基:《十三世纪英国农业史研究》,牛津1956年版,第216页。

④ 参见[英]利普森:《英国经济史》(卷1),伦敦1945年版,第133、35页。

⑤ [法]布瓦松那:《中世纪欧洲生活和劳动》,商务印书馆1985年版,第144页。

甚至雇人帮工。[①] 据此，大致可以认为，其余地方的农奴的物质生活会更好些。再与自由人作比较。按科斯敏斯基推算，占有 8 英亩以下的自由农民占其总数的 47%，而类似的比例在维兰那里仅是约 30%。[②] 这也是西欧大陆自由人与农奴占有土地比例的一般状况。然而在负担上，“农奴所付的捐税，在固定之后，一般低于自由人所付的捐税”。[③] 这样看来，农奴的生活水平似乎不会低于自由农民。

综上所述，不难看出法律规定下的农奴近似奴隶，实际状况中的农奴却接近自由人。

三

一般情况下，法律的制定迟于社会经济现象的产生。意即，一定的社会经济现象出现后，才制定相应的法律对它进行规范和制约。所谓“迟”，是指二者一先一后，先后相连，不是脱节。但是前文所述西欧封建法，不仅仅与西欧封建社会经济现象相脱节，而且简直是背离。何以会出现这样一种情况呢？要回答这一问题，需要考察西欧封建社会早期的法律。

西欧封建法是在非正常状态下建立起来的。蛮族的入侵摧毁了西罗马帝国的国家机器，阻断了罗马法由奴隶制性质向封建制性质的转化。从 5 世纪至 10 世纪的 500 年间，西欧社会大体经历了罗马法与日耳曼法并存继而融合的过程。早期，日耳曼人以罗马法治罗马人，以日耳曼法治日耳曼人。这时制定的罗马人法如《西哥特罗马人法》《勃艮第罗马人法》等，无论在形式上还是在内容上都沿袭了罗马法。在制定罗马人法的同时，日耳曼统治者也聘请罗马法学家作指导，对自己的习惯法进行编纂。这些法典虽然没有全盘接受罗马法精神，却也受到它的直接影响，有些甚至直接采用罗马法的某些条文。晚期，由于经济的发展，人口的杂居和民族的同化，罗马法与日耳曼法逐渐融合，出现了既适用于罗马人也适用于日耳曼人的共同法或混合法。它仅仅把罗马法和日耳曼法机械地结合在一起，而几乎没有顾及奴隶制经济向封建制经济转化，封建制经济发展这一基本事实。

随着城市的发展和市民阶级势力的增长，11 世纪，西欧各国掀起了研究、应用罗马法的热潮。意大利开风气之先，著名法学家伊尔纳里乌斯在波伦亚首创法科大学，讲授罗马法，并缔造了以注释罗马法为宗旨的波伦亚学派。一时间，西欧

---

① 参见[美]吉恩·布鲁克尔：《西方世界的人民与团体》（卷 1），多尔西 1979 年版，第 189 页。
② 参见[苏联]科斯敏斯基：《十三世纪英国农业史研究》，牛津 1956 年版，第 233 页。
③ [美]汤普逊：《中世纪经济社会史》（下册），耿淡如译，商务印书馆 1984 年版，第 389 页。

各国纷纷效仿,研究、传播罗马法蔚然成风。在法国,由于罗马帝国统治的影响,大部分地区一直沿用罗马法。至11世纪,罗亚尔河以北的日耳曼人聚居区也逐渐采用之。在英国,罗马法精神在人们的观念中尚未消失,11世纪的诺曼征服使大陆浸透这一精神的法律制度再度传入,《末日审判书》的制定即依据了罗马法的许多原则。12世纪,许多英国贵族被派往波伦亚学习罗马法,那里的罗马法学家也应邀到英国讲学。著名法学家布拉克顿即深受罗马法影响,他的名著《英国的法律与习惯》即是以查士丁尼大帝的《法学阶梯》为蓝本撰写的。在神圣罗马帝国,采用罗马法被称为"潘德克顿"(Pandekten)运动。这一运动虽较法国来得晚些,却得到了中央政府和皇帝的倡导,因而比较广泛和深入。

如果说,在5世纪至10世纪,罗马法还只是封建法的一个重要组成部分,那么,在11世纪至13世纪,由于上述热潮的出现,罗马法在西欧封建成文法中已居主导地位了。

但是,罗马法进入封建社会以来,虽在某些方面、某些环节上有所更动,其基本性质却大体未变。与此相反,西欧经济经过数百年的发展,已由奴隶制经济转化为封建制经济了。生产关系在质的方面发生了变化,生产者的境况也大为改善,他们不再是奴隶,而是拥有自己的家庭、经济且享有一定的自由和权利的生产者了。按照正常的发展,新的法律早应取代罗马法。然而那时西欧所处的是一种特殊的历史环境:王权式微、诸侯纷争,政府极度软弱。在这种情况下,中央不仅无暇而且无力拟制新法以适应社会发展。而罗马法又是现成的,一直相沿未废,所以自然为官方所借重。出于上述原因,罗马法难与实际相吻合,几无成效,人们不得不遵从另一种法律,即庄园习惯法。它的基本构成成分是日耳曼原始社会末期及稍后一段时间形成的惯例。至公元7世纪,这些惯例的一部分,已在罗马法专家的指导下写成文字。《西哥特法典》《勃艮第法典》《撒利克法典》《伦巴德法典》等即是对这种惯例的编纂。其实,这些"法典"徒具成文法的形式,远非严格意义上的"法典",而只是对已有的习惯加以记载或辑录,并未改变其习惯法本身的性质。在这之外,更存在为数众多的惯例,它们同样源远流长,约定俗成,为人们所世代遵行。而且随着时间的推移和社会关系的日趋复杂,不断有新的惯例产生出来,仅农奴通过斗争迫使领主满足他们的要求而形成的惯例即不在少数。所谓庄园习惯法,即主要指这种成文的和未成文的惯例。

以社会发展水平衡量,庄园习惯法中的许多内容较罗马法更为落后,然而正是这些形成于原始社会末期的落后的内容中包含着恰合时宜的民主自由的成分,这使农奴实际上享有更多的权利和自由,如果无视这一点,仅拘泥于罗马法条文,必将造成错觉,难以窥见历史的真相。

男权重构与欧洲猎巫运动期间女性所遭受的迫害

徐善伟

男权重构与女性成为中世纪晚期和近代早期欧洲猎巫运动的主要受害者有密切的联系。自中世纪盛期以来，女性在社会、经济和宗教等方面的作用日益增强，这引起了男权社会的忧虑，而猎巫运动则为男权的重构和强化对女性的控制提供了一种机会和手段。

在中世纪晚期和近代早期（15～18 世纪初），欧洲大地上掀起了一场规模宏大的猎巫运动。据统计，在这场延续了 3 个多世纪的猎巫运动中，有 10～20 万名巫师受到了审判，其中有 5～10 万人被处死。① 而女巫则占了其

---

① Merry E. Wiesner, *Women and Gender in Early Modern Europe*, Cambridge University Press, 2000, p. 265. 到目前为止，有关的估算仍未取得一致的意见。不过，现代西方绝大部分学者的估算数字基本上在这一范围之内。自 20 世纪 70 年代以来，西方学者对中世纪晚期和近代早期欧洲的猎巫问题进行了广泛而深入的研究，有关的研究著作和论文数以百计，但我们国内的学者对该问题还无人问津。在此文中，笔者主要对女巫迫害与男权重构之间的关系作一探讨，而有关猎巫运动的总体情况和女巫迫害其他方面的原因，笔者将另作专门的研究。

中的75% ~80%,①以至于许多西方学者把这次猎巫看作是一场主要针对女性的迫害运动。② 那么,中世纪晚期与近代早期欧洲的猎巫运动何以把女性作为主要的迫害对象呢？其中的原因当然是多方面的。本文着重从该时期男权重构的角度对这一问题作一探讨。

笔者认为,在中世纪晚期和近代早期的社会经济转型过程中,欧洲文明中的各种社会关系也面临重新调整,两性关系自然也不例外。而在两性关系的调整中,男权社会的重构则是其中最为重要的一个方面。而对女巫的迫害就与之有着密切的关系。也就是说,巫术指控成为这一特定历史时期对女性进行社会控制的手段之一。

一

自11世纪以来,女性在欧洲社会发展中的作用不断增强,其地位也有所提高。这具体体现在如下几个方面。

其一,尽管把女性看作罪恶之根源的消极女性观一直在中世纪的欧洲占有主导地位,但是把女性看作值得崇拜和保护的对象的积极的女性观,即一种尊重女性,强调两性平等的潮流自中世纪盛期开始也在欧洲社会变得较为多见。在宗教界,那就是圣母崇拜的流行和一些教士宣扬男女平等的思想。如教士罗伯特是第一次十字军东征的积极宣传者,但他的女性观则是相当独特的。他宣称:“女性不

---

① 有关遭到指控或处死的女巫在所有巫师中所占的比例,西方学者们的估算也不太一致。布莱恩·P. 莱沃克认为,女巫所占的比例为75%左右。参见 Brian P. Levack, *The Witch-Hunting in Early Modern Europe*, New York, 1995, p. 133 - 134。伊夫琳·哈尼曼认为,女巫所占的比例为80%。参见 Evelyn Heinemann, *Witches: A Psychoanalytic Exploration of the King of Women*, London and New York, 2000, p. 18。C. 拉娜认为,在猎巫运动的中心地区,如德国、法国、瑞士和苏格兰,女巫占的比例为80%,而在其边缘地区,如英格兰和俄罗斯,女巫的比例则为95% ~100%。参见 Christina Larner, *Witchcraft and Religion*, Oxford, 1984, p. 85。E. 威廉·蒙特通过对德国西南部、瑞士西部、威尼斯共和国、卡斯提尔、比利时的纳幕尔郡和英国的埃塞克斯郡的巫师进行抽样分析而得知,女巫所占的平均百分比是82.5%。参见 E. William Monter, *The Pedestal and the Stake: Courtly Love and Witchcraft*, in R. Bridenthal and C. Koonz eds., Becoming Visible: Women in European History, Boston, 1977, p. 132;又可见 E. William Monter, *Witchcraft in France and Switzerland*, Cornell University Press, 1976, p. 119。因此,综合各家的估算,75% ~80%应当是一个较为可信的比例。

② 如英国著名巫术史专家拉娜认为:“猎巫就是猎捕女性”。参见 C. Larner, *Enemies of God*, Oxford, 1983, p. 100。另一位西方学者则指出:“欧洲大规模的猎巫等于是由男性所发动的一场对女性的战争,而这些男性则受有学识和有权力的将领的指挥。”参见 Margaret L. King, *Women of the Renaissance*, The University of Chicago Press, 1991, p. 144。还有的学者则认为,它是西方历史上第一次“专门集中在女性身上的有计划的迫害”。参见 Linda E. Mitchell ed., *Women in Medieval Western European Culture*, New York and London, 1999, p. 302。

仅与男性是平等的,而且还要优越于男性。"他认为,"与男性相比,那些有身份的女性往往是一些更为优秀的管理者"。结果,众多男女追随他。1099年,在一些贵族的资助下,他建立了一所献给圣母玛利亚的修道院。① 在世俗社会则是宫廷之爱的传播。宫廷之爱宣扬爱情至上、两性平等。它在上层社会的广泛流行使尊重和保护女性成为贵族社会中的一种风尚。正是在宫廷之爱流行的时期,"男女两性之间的关系在西方社会发生了一种巨大的转变"。② 在文艺复兴时代,这种积极的女性观得到了更多人文主义者的赞同。如意大利著名的人文主义作家薄伽丘效仿古典作家普卢塔克的《名人传》,写成《关于著名的女性》一书,为古代希腊和罗马历史上的著名女性立传。他认为,那些以忠诚、勇敢和优秀品德而著称的女性同样是值得人们学习的楷模。薄伽丘为著名女性树碑立传的做法则为后世的许多作家所效仿。被称为"第一位女权主义者"的女作家克里斯蒂娜·德·皮桑则写了一系列为女性辩护的著作,其中最著名的则是《女性之城》。她详细探讨了广为流行的厌女症思想的根源,认为女性地位低下的原因在于她们缺乏教育,在经济和社会上处于依附的地位。胡安·路易斯·瓦埃乌斯(Juan Luis Vives)、狄赛德留斯·伊拉斯谟和托马斯·埃利奥特这三位重要的人文主义者都把所有女性看作是在精神上与男性平等的,并强调要使女性(至少是上层社会的女性)接受教育。德国著名的人文主义者科尼勒斯·阿古里帕则认为,女性与男性不仅是平等的,而且还要优越于男性。③ 人文主义者的这些论见对传统的消极女性观无疑带来了某种程度的冲击。

其二,与此同时,女性在社会和经济领域的作用也日益凸显出来。贵族女性利用大批贵族因十字军东征等各种战争离家(其中许多人死于战争当中)的机会,获得家庭财产的拥有权和管理权,不仅如此,她们还涉足公共领域:控制骑士、控制法庭案件的审理等。在法国就存在大量此类的事例。如威廉·高齐二世(William Gouet Ⅱ)的夫人布劳的欧斯塔奇(Eustachia of Brou)常常与丈夫一起确认其附庸所缴纳的贡物,她还同丈夫一起听取法庭案件的审理。当其丈夫参加十字军东征后,她就经常主持法庭审理案件。当她的丈夫在1115年左右回来时,他发现家中的封地管理良好,秩序井然。④ 西方学者的研究也表明,拥有土地的

---

① See Claude Marks, *Pilgrims, Heretics and Lovers*, New York, 1975, p. 62 – 63.

② Georges Duby and Michelle Perrot eds., *A History of Women in the West*, Vol. Ⅱ, Cambridge, Mass: Harvard University Press, 1992, p. 266. 有关宫廷之爱所宣扬的女性观及其社会影响,参见徐善伟:《典雅爱情的特征及其社会影响》,载《上海师范大学学报(哲学社会科学版)》2003年第6期。

③ See Merry E. Wiesner, *Women and Gender in Early Modern Europe*, p. 20 – 22.

④ See Linda E. Mitchell ed., *Women in Medieval Western European Culture*, p. 19 – 20.

贵族女性在欧洲大陆并非罕见。而女性地位和声誉之提高的一个重要体现则是在这一时期欧洲大陆所出现的大量随母姓的事例。例如在公元8世纪、9世纪中,随母姓的人还相当少,但从10世纪开始,随母姓的人大量增加。这种变化在法国南部尤为明显。如从10世纪至12世纪这三个世纪中,法国南部随母姓的人所占的比例分别为9%、12%、10%。① 在城市中,女性几乎参与到了所有的行业当中,并在其中发挥着较大的作用。艾丁勒·保力的《行业书》中记载了当时巴黎众多行会的行规,在他所列举的巴黎100个行业中,有6个行业是完全由妇女从事的,而在另80个行业中也有妇女劳动。也就是说,在这100个行业中,妇女参与其中的就有86个。在1319年伦敦的纳税登记册中,妇女占所有纳税人的4%;约克1381年人头税的纳税册上列了203个劳动者,其中53个是妇女。② 由此看出,尽管以独立身份从事工商业活动的女性的比率较低,但是她们却成为了其中一支不可忽视的力量。尤其是在纺织、酿酒和零售业中,女性则占据了优势。不论是在城市还是在农村,普通女性除了在家庭经济中发挥不可替代的作用外,她们(如接生婆、乳母、照顾生育的母亲和刚刚出生的婴儿的女佣、女治疗者等)还几乎垄断了与孩子的生养和女性疾病的治疗相关的所有工作。

其三,在中世纪后期,女性在宗教中的作用也是相当突出的。根据西方学者的研究,在官方确认的圣徒中,在13世纪之前,女圣徒仅占12%,而至15世纪,女圣徒的比率则达到了28%。③ 在神秘主义的传播中,也有众多杰出女性的参与,如著名的女神秘主义者锡耶纳的凯瑟琳、弗利吉诺的安吉拉、专门由女性创立的贝居安女修会的女修士玛格丽特·普艾蒂等。可见,正是在其中,女性作为一个人的价值和尊严得到了体现。正如论者所言:“在中世纪社会中,女性出现在正统教会改革、异端和巫术——所有这三者——中的频率要大大高于她们在任何其他地方出现的频率,这一事实表明,她们感到被剥夺的不是财富,而是作为一个人应得到的尊严与价值。女性的这些活动反过来又打乱甚至威胁到了男性所固有的地位。”④另一位学者也论道:“中世纪后期的宗教思想以敏锐和富于创造性的方式使性别界限趋于混杂并横越了性别界限。尤其是女性的宗教似乎已经抛弃了男性与女性、精神与肉体的二元对立,并试图通过强调其与上帝的相交而救赎其

---

① See Susan Mosher Stuard, ed., *Women in Medieval Society*, University of Pennsylvania Press, 1976, p.17 - 18, 27, 32 - 33.

② 参见刘文明:《妇女在中世纪西欧城市工商业中的作用与地位》,载《首都师范大学学报(社会科学版)》2002年第1期。

③ See Linda E. Mitchell ed., *Women in Medieval Western European Culture*, p.309.

④ Jeffrey Burton Russell, *Witchcraft in the Middle Ages*, Cornell University Press, 1972, p.282.

肉身来取代之。"①

总而言之,自中世纪盛期以来,女性在社会、经济和宗教等各个领域的活动已经在许多方面逾越了男权社会所规定的界限。这种状况已引起了男性权威们的忧虑。尤其是在中世纪晚期和近代初期,随着新生资本主义经济的兴起和社会的转型,人们迫切需要对两性关系重新加以审视和建构。那么,两性关系是如何重新加以建构的呢?

二

在猎巫运动期间,欧洲社会两性关系的建构不是弱化或打破旧有的男权社会,而是对之加以重新确证,以达到对女性的全面社会控制,从而使她们遵循男权社会的准则去行事。此即劳伦·斯通所谓的"父权制的强化"。② 在这种背景下,那种强调女性贞洁、缄默、温顺的传统女性观不仅得以重新流行,而且还得到了进一步的强化。

在猎巫运动期间,这种传统的消极女性观是相当盛行的。这在当时许多布道和宣传性的小册子中就有着鲜明的体现。如17世纪末的一位教士在其布道词中就讲道,女性应对原罪负责,而且她们通过使男性与其肉体结合而将男性引入毁灭,因此"她在给男性带来如此多的危害和不幸中发挥了极大的作用,所以她应当积极地承诺去取悦和安慰男性,这几乎是公正和公平的"。③ 而在16世纪后期的教诲文学和新教的家庭手册中,也重新强调女性作为小孩子之抚育者和照看者的角色。④ 实际上,这种传统女性观的强化并不仅仅体现在文字和口头上,还体现在具体的行动当中。猎巫运动则为之提供了一个机会和一种借口。

在中世纪晚期和近代早期,欧洲社会经济领域发生了巨大变化,新生资本主义生产方式由此诞生。这种巨大的变化也导致了该时期男女权利关系在经济领域发生冲突,其结果则是男性最终获得了胜利,并确保自己的主导地位。自15世纪后期开始,在诸如纺织、酿酒、零售、治疗等这些原本主要由女性从事的行业中,女性遭到排斥或者受到了极大的限制。如1461年英国布里斯托尔城的市政当局

---

① Linda E. Mitchell ed., *Women in Medieval Western European Culture*, p. 309.

② Law rence Stone, *The Family, Sex, and Marriage in England*, 1500 – 1800, New York, 1979, p. 109 – 146.

③ Jonathan Barry, Marianne Hester and Gareth Roberts eds., *Witchcraft in Early Modern Europe: Studies in Cultural and Belief*, Cambridge University Press, 1996, p. 295, note②.

④ See Deborah Willis, Malevolent Nurture, *Witch-Hunting and Maternal Power in Early Modern England*, Cornell University Press, 1995, p. 17.

通过法令，禁止妻子、女儿和织工的女仆去纺织作坊工作。在日内瓦，主人断然拒绝将其技艺传授给女儿们甚至其妻子。[①] 一些德国的城市则限制寡妇的工作。根据规定，商店老板去世后，其寡妻只能经营1年或2年就必须停业。而后来，则只允许她们开业几个月，并声称，这是为了让"国王的人民"（即男人们）不失掉工作。[②] 原先主要由女性所经营的零售业至16世纪和17世纪也逐渐为男性所取代。[③] 酿酒业也是如此。女性大量地被排斥于新兴资本主义经济领域之外是由各种原因造成的，如该时期人口的增长和经济危机带来的就业机会的减少等。与此同时，它也与传统女性观的强化有关。例如，把持市政的男人"把自立的女人视为有某种嫌疑的人"，至15世纪末和16世纪初，这种观念得到进一步加强，政府认为"未婚的自立女性对他们的道德秩序是个威胁"。[④] 而猎巫者也乘机对女性加以迫害。如在1571年，一位名叫多丽特·尼珀斯的女商人在丹麦的埃尔锡诺被指控从事巫术并被处死。而其中的真实原因则是，她是一群女商人的首领，当市议会命令她停止经商时，她却断然拒绝。显然，她是一位令男性权威主张者感到不安和讨厌的女性。[⑤] 在啤酒酿造和销售业中，人们往往把淡啤酒妻子（alewife）描绘为"一位古怪、女巫一样的年老女性""一位品行不端的女商人""像一位恶魔并且是恶魔的亲属"。这导致了人们对从事这一行业的女性的恐惧和迫害。如在英格兰的埃塞克斯郡，就有一位啤酒酿造业的妻子被指控为女巫。[⑥] 当然，从事手工业和商业的女性被指控为女巫的相对来说还是比较少的。

在医疗行业，女性与男性之间的冲突也相当激烈。而在该行业，女性被指控为女巫的数量则相当多。那些"有智慧的女性"，即用民间药物和祈祷或符咒等魔法形式为人治病的女治疗者则更多地被指控为女巫。实际上，早在13世纪，随着大学的兴起和医疗行业的专业化，医疗业逐渐为医学院所控制。新成立的大学拒绝接收女生，医师行会也很少招收女学徒。有关的法律也几乎只允许授予那些受过大学教育的医生以行医执照。[⑦] 如在1322年，巴黎大学医学院就对一些无行医许可证的治疗者提出指控，其中包括著名的女医生雅各布·费利西亚，而对她

---

① See Merry E. Wiesner, *Women and Gender in Early Modern Europe*, p. 126.

② See Merry E. Wiesner, *Women and Gender in Early Modern Europe*, p. 252 – 253.

③ See Merry E. Wiesner, *Women and Gender in Early Modern Europe*, p. 118.

④ Linda E. Michell, *Women in Medieval Western European Cuture*, p. 253.

⑤ See Merry E. Wiesner, *Women and Gender in Early Modern Europe*, p. 277.

⑥ See Jonathan Barry, Marianne Hester and Gareth Roberts eds., *Witchcraft in Early Modern Europe: Studies in Cultural and Belief*, p. 304.

⑦ See Barbara Ehrenreich and Deirdre English, *Witches, Midwives, and Nurses: A History of Women Healers*, The Feminist Press, 1973, p. 15 – 17.

提出指控的依据则是有关禁止女性行医的法律。[①] 1329 年的巴伦西亚法令强调："任何女性都不可以行医或开药，否则，就要受到鞭笞之刑；她们可以给小孩和女人看病，但不能开药方。"[②]1421 年，英格兰的医生们联合向国会提交申请书，请求限制女性行医。至 16 世纪，德国也展开了限制女性行医的讨论。[③] 总的来看，至 14 世纪，针对城市中有教养的女治疗者的排斥已经在整个欧洲得以顺利完成，男医生已经完全控制了上层社会的医疗业。[④] 随着猎巫运动的展开，大规模的消除女治疗者的行动也启动了。许多西方学者对欧洲大陆和英伦三岛之巫术案例的研究已经充分肯定：许多遭到指控的女巫确实是有智慧的女性，而在法国，那些诉诸于巴黎国会的巫术案例中，大约有一半是涉及魔法治疗者的指控。[⑤] 正如论者所言："猎巫运动的目的就是整肃女治疗者的领地，以便为男性同行开路。"[⑥]最终，女治疗者遭到了毁灭性的打击，"由女性所从事的医学已经死亡；而男性所从事的'科学'的医学获得了胜利"。[⑦]

除了女治疗者外，接生婆也受到了众多的限制。自 15 世纪中期开始，地方当局和教会权威就出台规章以规范接生婆的行为（主要是道德方面，而不是技术方面），这与女巫迫害在时间上恰好吻合。[⑧] 确实，有许多接生婆遭到了巫术指控。如在 1587 年德国的蒂林艮镇，一位接生婆被指控用巫术导致了 40 位婴儿的死亡。而在 1728 年匈牙利的苏兹盖德，一位接生婆因以上帝的名义为 2000 名小孩施行洗礼而遭到巫术指控并被烧死在火刑柱上。[⑨] 但是，对于接生婆究竟在多大程度上受到了巫术的指控，学术界还没有真正搞清楚。一些现代西方学者之所以认为大量的接生婆也遭到了巫术的指控，主要是依据两位多名我会的宗教裁判官

---

① See Emilie Amt ed., *Women's Lives in Medieval Europe: A Sourcebook*, New York, 1993, p. 108 – 112.

② Judith M. Bennett, Elizabeth A. Clark et al., *Sisters and Workers in the Middle Ages*, The University of Chicago Press, 1989, p. 53.

③ See Judith M. Bennett, Elizabeth A. Clark et al., *Sisters and Workers in the Middle Ages*, p. 54.

④ See Barbara Ehrenreich and Deirdre English, *Witches, Midwives, and Nurses: A History of Women Healers*, p. 19.

⑤ See P. Levack, *The Witch-Hunting in Early Modern Europe*, p. 139.

⑥ Christina Larner, *Witchcraft and Religion*, p. 151.

⑦ Evelyn Heinemann, *Witches: A Psychoanalytic Exploration of the King of Women*, p. 20.

⑧ See Judith M. Bennett, Elizabeth A. Clark et al., *Sisters and Workers in the Middle Ages*, p. 55 – 56.

⑨ See P. Levack, *The Witch-Hunting in Early Modern Europe*, p. 139 – 140. 有关女巫与接生婆之间的密切联系，参见 Barbara Ehrenreich and Deirdre English, *Witches, Midwives, and Nurses: A History of Women Healers*。

克拉默和斯布伦吉的《巫术之锤》中的有关论述。① 而另一些学者则通过对大量的巫术档案进行分析而认为,尽管也有一些接生婆遭到了巫术指控,但却并不像人们想象的那么多。② 虽然一些接生婆遭到了巫术指控,但是她们仍然存在了下去,直到18世纪。不过,在该时期出台的有关法律则对她们进行了更加严厉的限制。

总之,面对社会经济领域的巨大变动,男性为了确保其统治地位而利用猎捕女巫去限制或排斥女性。而一些历史学家却否认女巫的迫害与男权社会的重构存在密切联系的事实,这恰恰是由于他们缺乏性别观念所致。

三

男性不仅利用猎巫运动在经济领域重建其权威,而且还在社会行为规范方面也利用猎巫运动对女性加以控制,以使她们的行为符合男性所规定的女性行为准则。通常遭到巫术指控的女性主要有两大类:其一,那些离经叛道的女性,即那些在宗教和道德方面有越轨行为的女性;其二,那些名声不好的女性,即那些行为古怪异常、脾气暴躁、说话尖酸刻薄、喜欢吵架与咒骂的女性。

离经叛道的形式是各种各样的。巫术理论家认为,女巫天生就是邪恶的,她们利用魔法去伤害人。但是,这只是她们离经叛道行为的一部分。众多包含在教会法庭记录中的司法证词表明,许多女性也因其他不道德的行为而容易遭到巫术指控,如没有到教堂做礼拜、搅乱安息日、通奸、堕胎、杀婴、乱伦、卖淫、搞同性恋。例如在1613年,英国的一位女性受到了巫术审判,其中的原因是她生了3个非法的孩子。在瑞士的卢塞恩,那些被指控从事巫术活动的女性中,有一些人曾公开谈论性问题,或者在公开场合展示她们的性行为。那些被怀疑不遵守宗教规范或者毫无宗教信仰的女性也更容易受到巫术的指控。③ 一些西方学者的研究表明,

---

① 克拉默和斯布伦吉论道:"以各种方式做接生婆的女巫杀害子宫中的婴儿,并促成怀孕的女性流产;或者,假如她们做不到这一点,她们就把新生儿奉献给魔鬼。"参见 Heinrich Krämer and Jacob Sprenger, *The Malleus Maleficarum*, trans. Montague Summers, London, 1928, Ⅰ, Ⅺ。

② See Robin Briggs, *Witches and Neighbors: The Social and Cultural Context of European Witchcraft*, Viking Books, 1996, p. 279 – 281.

③ See P. Levack, *The Witch-Hunting in Early Modern Europe*, p. 154. H. C. 埃里克·米德尔福特也指出,在16世纪和17世纪,"许多诸如通奸、堕胎、杀婴和施毒的犯罪都与巫术联结在了一起"。See H. C. Erik Midelfort, *Witch Hunting in Southwestern Germany, 1562 – 1684: The Social and Intellectual Foundations*, Standford University Press, 1972, p. 187.

在猎巫运动期间,杀婴罪和巫术罪之间存在一种令人吃惊的密切联系。① 在很多案例中,这两种罪实际上是相互交织在一起的。如在1566年,英格兰的埃塞克斯郡出版的一本巫术审判小册子中,就记录了一位名叫伊丽莎白·弗朗西斯的女性因从事巫术而遭指控,同时还涉及她自行流产和杀婴罪。② 这一切说明,对女巫的猎捕已经扩大到所有那些男性权威认为不符合宗教和道德规范的女性,而不仅是那些利用魔法进行伤害的女性。

那些有坏名声的女性也常常成为巫术指控的对象。这是因为,她们的个性特征不仅容易导致她们与他人(通常是其邻居)发生冲突,而且也容易招致他人的无端怨恨。一旦灾祸发生,那么她们往往成为人们怀疑的对象,即怀疑是她们施行巫术造成的。巫术主要是一种乡村现象,巫术指控常常发生在邻里之间,尤其是女邻里之间。③ 这类巫术指控通常起始于一位年老的女性与她的一位邻居发生了争吵。年老的女性通常较为贫穷,而其邻居通常也是一位女性,并且通常较为年轻。当这位年老女性到其邻居家要食物或某些家用物品或请求进入其田地时,其邻居拒绝了她的请求。年老女性在走开时则公开咒骂或低声抱怨其邻居。后来,一些灾祸恰好发生在了这位邻居身上或其家庭中,如小孩子生病、妻子或丈夫去世、牛或羊死亡、一场突如其来的暴风雨毁坏了其庄稼、牛奶变酸、黄油无法搅动。于是,邻居就会回想起这位年老女性的诅咒,并怀疑这些灾难就是她施行巫术造成的。④ 两位英国学者指出,在都铎王朝和斯图亚特王朝时期,"'咒骂'是一个带有极强贬义的术语,其损害性的影响力仅次于'妓女'……作为一个贬义的标签,它被用于女性身上"。⑤ 事实也证明,对确信有咒骂行为的女性的处罚与

---

① See Deborah Willis, Malevolent Nurture, *Witch-Hunting and Maternal Power in Early Modern England*, p.66.

② See Barbara Rosen, *Witchcraft in England*, 1558 – 1618, University of Massachusetts Press, 1991, p.74 – 75.

③ 许多西方学者对猎巫运动期间欧洲乡村的邻里关系进行了研究,他们发现,巫术指控通常发生在邻里之间,这是由于社会变化导致了邻里关系的恶化。最早提出这一观点的则是英国的两位学者——托马斯和麦克法兰,后来许多学者的研究也证实了这一点。参见 Keith Thomas, *Religion and the Decline of Magic*, New York, 1971; A. Macfarlane, *Witchcraft in Tudor and Stuart England*, New York and London, 1970; P. Levack, *The Witch-Hunting in Early Modern Europe*; Deborah Willis, Malevolent Nurture, *Witch-Hunting and Maternal Power in Early Modern England*; Robin Briggs, *Witches and Neighbors—The Social and Cultural Context of European Witchcraft*。

④ See Deborah Willis, Malevolent Nurture, *Witch-Hunting and Maternal Power in Early Modern England*, p.31 – 32.

⑤ Jenny Kermode and Garthine Walkereds, *Women, Crime and the Courts in Early Modern England*, London and Durham, NC: UCL Press and University of North Carolina Press, 1994, p.48.

巫术成为一种主要是女性的犯罪之间存在着密切的联系。[1] 女巫就是一位“坏心肠的母亲”,一位不可救药的“长舌妇”,一位性情粗暴的“悍妇”和高声咒骂的“泼妇”。[2] 同时,由于女巫大多是年老、寡居和独身的女性,所以她们常常显示出喜欢争吵、容易发脾气、爱搬弄是非等古怪的或反社会的行为。而正是这些不符合男性所规定的女性行为标准的行为使她们成为巫术指控和诉讼的对象。

总之,无论是离经叛道的女性还是有坏名声的女性,她们都逾越了男性所规定的女性行为规范。而针对这类女性所进行的巫术指控,其目的显然是为了达到对女性进行完全的社会控制。然而,在西方学术界,有许多学者却否认猎巫与两性间的冲突有直接的联系,否认女性被指控为女巫与男权社会的重构存在着直接的联系。他们的主要依据是:在乡村层面的巫术指控中,许多发生在女性之间,即一位女性对另一位女性提出指控,这表明冲突与斗争并不存在于两性之间而是存在于女性之间。[3] 确实,许多巫术指控发生在女性之间,但若据此否认二者存在着直接的联系,则是站不住脚的。中世纪晚期和近代早期欧洲社会的急剧变化,确实也加剧了女性之间的竞争和冲突。但是,在男权社会中,女性要在这种竞争和冲突中取得主动,就必须遵循男性所规定的好妻子和好母亲标准,去对抗那些背离这一标准的女性。只有这样,她们才能获得益处,得到一种社会和经济的保障。事实上,众多的女性业已采纳和吸收了男权社会的道德和文化价值观念,并使之成为她们自我意识中的一部分。[4] 所以,当猎巫运动来临之时,她们能够自觉和主动地加入指控其他女性的行列之中。同时,在男权社会中,女性还被赋予道德监督人的地位和权利。也就是说,她们在社会上还有权监督其他女性的行为。作为道德监督人,她们受到了尊重,并且还获得了某些权利。[5] 可以说,女性的这种自我意识和社会角色则是导致大量女性也参与对其他女性提出巫术指控的根本原因。

综上所述,女巫迫害与男权社会的重构密切相关。正如论者所言:“虽然巫术迫害在很大程度上被一些学者确定在女性社会之内,但是这些巫术迫害却与男性

---

① See Kermode and Walker, *Women, Crime and the Courts in Early Mordern England*, p.57.

② See Deborah Willis, Malevolent Nurture, *Witch-Hunting and Maternal Power in Early Modern England*, p.34 – 37.

③ 英国猎巫运动研究的奠基者托马斯就持此种观点,最近则以布里格斯为代表。需要指出的是,持此种观点的学者也并不否认受到指控的巫师大多数是女性。

④ See Merry E. Wiesner, *Women and Gender in Early Modern Europe*, p.276 – 277.

⑤ See Jonathan Barry, Marianne Hester and Gareth Roberts eds., *Witchcraft in Early Modern Europe: Studies in Cultural and Belief*, p.300.

的地位密切相关,而且也有助于强化——或者有助于重构——男性的地位。”①可以说,猎巫运动为强化对女性的控制和巩固男权地位提供了一种机会和手段。正是通过3个多世纪的对女巫的猎捕,男权社会得以重新巩固。

① Jonathan Barry, Marianne Hester and Gareth Robert eds., *Witchcraft in Early Modern Europe: Studies in Cultural and Belief*, p. 302.

中世纪欧洲大学生学习及生活费用的考察

徐善伟

本文主要对一位中世纪欧洲大学生的总花费及各项主要费用在其中所占的比例作了大致的估算。从总体来看，在中世纪欧洲各大学，膳宿费、获得学位所支出的各项费用和听课费占了大学生花费的绝大部分，而现代大学中学生每学年开学交纳的高额入学注册费在中世纪大学则微乎其微。而且，不同时代、不同地区、不同专业、不同阶层的大学生的花费亦有差别。大学通常本着贫富有别的原则收费，从而使贫富学生获得相对等同的教育机会，而教俗统治者和富人的捐资助学也为学生完成大学教育作出了贡献。可见，让贫穷学生进入大学并完成其学业可以不必通过降低收费标准，而是可以通过减免或免除其部分费用的方法来实现。但总的来看，在中世纪欧洲，就读大学的费用是昂贵的，绝大部分大学生仍然是占人口极少数的富有阶层的子弟。

众所周知，现代大学导源于中世纪的欧洲大学，因此大学的出现及其制度化是中世纪欧洲留给现代世界最为重要的遗产之一。在过去的30多年里，西方学术界在中世纪欧洲大学史的研究中出现了一个显著的变化，那就是大学社会史的出现及其繁荣，而作为其中一个重要组成部分的大学日常生活史的研究也由此走向兴盛。本文主要探讨中世纪欧洲大学生的生活与学习费用情况，并期望通过对该问题的考察，使人们了解和认识中世纪欧洲大学生的花费情况及其日常生活状态。

虽然从19世纪末20世纪初开始,西方大学史研究的奠基者们就已涉及大学生的花费问题,①但总体来看,直到20世纪70年代中期之后,随着日常生活史逐渐成为当代西方史学研究的一个重要领域,有关中世纪欧洲大学生日常花费问题的研究才逐渐为学者所重视,出现了较多的研究成果。② 在我国史学界,近年来有些博士论文虽对此有所涉及,但还是初步性的。③ 本文将依据所收集到的有关资料,并在吸收西方学者相关研究成果的基础上,对中世纪欧洲大学生的生活和学习费用进行考察,以期抛砖引玉。

一、中世纪欧洲大学生生活费用之估算

中世纪欧洲大学是一个由教师和学生组成、致力于知识与文化传播的高等教

① 一些西方学者曾以专文、专著或在大学通史中列专章讨论该问题,其中代表性的有:[英]黑斯廷斯·拉什达尔:《中世纪欧洲大学》(Hastings Rashdall, *The University of Europe in the Middle Ages*),第3卷第14章,牛津大学出版社1936年版;[美]哈斯金斯:《大学的兴起》(C. H. Haskins, *The Rise of Universities*),纽约1923年版;[法]马赛尔·波伊特:《巴黎大学史》(Marcel Poëte, *Une vie de cité: Paris*),巴黎1924年版;J. 罗柏:《1450年之前圣安德鲁斯的学生生活》(J. Robb, *Student Life in St. Andrews before 1450*),《苏格兰历史评论》(*Scottish Historical Review*) 1911~1912年第9卷;[美]G. 波斯特:《中世纪大学"教师"的工资与学生的学费》(G. Post, *Master Salaries and Student Fee in the Medieval Universities*),《镜》(*Speculum*) 1932年第7卷;[英]罗伯特·S. 赖特:《中世纪大学的生活》(Robert S. Rait, *Life in the Medieval University*),剑桥大学出版社1912年版。

② 较重要的研究论文和著作有:[英]阿斯顿:《"牛津大学"的中世纪校友》(T. H. Aston, *Oxford's Medieval Alumni*),《过去与现在》(*Past and Present*) 1977年第74卷;[英]阿斯顿、邓肯、埃文斯:《剑桥大学的中世纪校友》(T. H. Aston, G. D. Duncan, T. A. R. Evans, *The Medieval Alumni of the University of Cambridge*),《过去与现在》1980年第86卷;雅克·帕克特:《中世纪大学的穷学生》(J. Paquet, *L, Universitatire "Pauvre" au Moyen Age*),[比利时]约瑟夫·伊加西温、雅克·帕克特编:《中世纪晚期的大学》(Jozef Ijsewijn, Jacques Paquet, eds., *The Universities in the Late Middle Ages*),鲁汶大学出版社1978年版;[英]柯班:《中世纪英国大学生活》(Alan B. Cobban, *English University Life in the Middle Ages*),伦敦1999年版。另外,还有M. 弗莱彻、C. A. 厄普顿、E. 德·梅斯乔克(E. De Maesschalck)、P. 特里欧(P. Trio)有关中世纪大学生费用的个案研究等。具有代表性的大学通史著作有:[比利时]希尔德·德·洛德-西蒙尼主编:《欧洲大学史》(Hilde de Ridder-Symoens, ed., *A History of the University in Europe*),剑桥大学出版社1992年版;[丹麦]奥拉夫·彼得森:《最初的大学》(Olaf Pedersen, *The First Universities*),剑桥1997年版;[法]弗吉尔:《中世纪巴黎大学》(J. Verger, *Les Universités francaises au Moyen Age*),莱顿大学出版社1995年版;[英]卡托与埃文斯主编:《牛津大学史》(J. I. Catto, ed., *The History of the University of Oxford*, Vol. Ⅰ; J. I. Catto & T. A. R. Evans, eds., *The History of the University of Oxford*, Vol. Ⅱ)中的第1卷和第2卷,牛津大学出版社1984年版和1992年版。

③ 参见石广盛:《欧洲中世纪大学研究》,复旦大学2007年博士学位论文;宋文红:《欧洲中世纪大学:历史描述与分析》,华中科技大学2005年博士学位论文。

育机构。在中世纪欧洲多元权利体系中，它从教俗统治者那里获得了独立自主的办学权利，因此自治性成为它的一个重要特征。这决定了大学可以自主地决定自己的管理体制、学科设置、教学方法等，同时也需要它自己解决办学场所、经费来源等问题。但中世纪欧洲大学既非公益性的也非营利性的，所以为了维持自身的运转就需要筹措相关经费。大学经费基本上源于各个教俗团体或个人的捐赠，以及学生缴纳的各种费用。而大学在向学生收取费用的同时也会依法保障其成员的各种权利，将必需的费用降低到最低限度，从而使每个学生在学习的过程中能够获得各种物美价廉的生活和学习用品，并通过各种方式给学生提供广泛的资助，以便学生能够完成学业。那么，一位进入大学的学生他的一般的花费情况又是如何的呢？

中世纪欧洲大学生的费用基本上分为两大块：生活费和学杂费。其中，大学生的生活费主要包括各种日常花费，如膳宿、衣物、床上用品、照明、医疗和来回旅途的费用，这些花费是最基本的也是必需的。除此之外，它还包括一些因人而异的额外开支。膳宿费是生活费中最主要的花费，其他费用所占份额甚少，因限于资料，本文将主要考察膳宿费。

在中世纪欧洲大学生的各种生活费用支出中，膳食费所占份额最大。在牛津大学发现的一所讲堂负责人的笔记，记录了他所指导的 3 位学生在 1424 年的开支账目。据此可知，他们每人每天在公共食堂的支出不到 1 便士。① 一位于 15 世纪晚期在牛津大学学习的学生讲到，他在公共食堂一周花费 7 便士便可达到一种满意的生活水平。据英国学者柯班推断，这大概是 15 世纪所有普通自费大学生每天花费在基本饮食上的费用。② 如此，一位普通自费大学生每年的饮食花费大约为 1 镑 1 先令。当然，这一饮食标准是比较低的，英国大学学院中的一名正式成员每周的公共食堂津贴通常在 1 先令左右。③

在神圣罗马帝国，维也纳最低廉的学院每人每周的饮食费为 2 便士或 3 便士，当然这是专门为穷学生设立的。而在爱尔福特的任何一个大的学院，2 便士只能获得一顿午餐。④ 在 15 世纪末德国弗赖堡的一个学院，每位学生在午餐和晚

① 参见［英］A. R. 迈尔斯主编：《英国历史文献》（A. R. Myers, ed., English Historical Documents），伦敦 1996 年版，第 900 ~ 901 页。

② 参见［英］柯班：《中世纪英国大学生活》，伦敦 1999 年版，第 39 页。

③ 参见［英］柯班：《中世纪英国大学生活》，伦敦 1999 年版，第 39 页。拉什达尔也指出："在 14 世纪后半期的一个英国学院，一名学校正式成员每周公共食堂的津贴标准（通常）从 1 先令到 18 便士不等。"黑斯廷斯·拉什达尔：《中世纪欧洲大学》第 3 卷，牛津大学出版社 1936 年版，第 413 页。

④ 参见［比利时］希尔德·德·洛德 - 西蒙尼主编：《欧洲大学史》第 1 卷，剑桥大学出版社 1992 年版，第 220 页。

餐可获得半磅熟肉和根菜,每餐通常还有酒;在重大的节日、新成员的加入或学院创建者及其兄弟的周年纪念日,学生们还可吃到烤肉。[①] 在德国,该学院的经济条件相对好一些,所以其成员的生活水准也较高。

在14世纪前期,巴黎大学各学院每位学生每周的膳食费平均为3巴黎苏。[②] 如圣母学院的校规规定,每位学生饮食支出每周不超过4巴黎苏,一学年的饮食费用则是135~140巴黎苏。[③] 在早期的欧洲各大学、学院通常每天提供2次正餐,但圣母学院考虑到学生年龄较小,所以在午餐前和晚餐前通常还为学生提供一次餐点,午餐为一份上好的汤,晚餐则是两盘或三盘浓汁肉汤和奶酪。该学院的有关校规还规定,在肉类价格较低或较高时,学生的肉食也随之增加或减少,但即便在酒肉价格昂贵的时候,其创建者也要求学院的商务管理员"务必不应让学生们遭受食物短缺之苦"。[④] 在巴黎大学各学院,圣母学院每周公共食堂的费用仅为中游水平,而最低的为2巴黎苏,最高的可达6巴黎苏甚至8巴黎苏。[⑤]

相对而言,房租费比饮食费要低许多。在英国各大学,一位学生每年的房租费用自6先令8便士到20先令不等。根据流传至今的牛津大学生宿舍账单,在1245~1250年,每位学生年均住宿费为8先令。[⑥] 15世纪后期,大学学院的一大批自费生所交纳的房租也是从6先令8便士到20先令不等。剑桥大学彼得学院的租金通常为13先令4便士或20先令,国王学院的房租则在6先令8便士、10先令和13先令4便士之间变动。[⑦]

巴黎大学房屋租金管理委员会曾对1282~1283年巴黎拉丁区的出租房作过

① 参见[比利时]希尔德·德·洛德-西蒙尼主编:《欧洲大学史》第1卷,剑桥大学出版社1992年版,第228页。

② 各种档案资料表明,14世纪前期巴黎大学各学院每位学生每周的膳食补贴平均为3巴黎苏,按一学年为45周计算(不包括假期),每位学生每年的花费共135巴黎苏(合16.875弗罗林)。有关各学院每周津贴的具体数目,可以参见[匈牙利]阿斯特丽克·L.加布里埃尔:《圣母玛利亚学院的学生生活》(Astrik L. Gabriel, *Student Life in Ave Maria College, Mediaeval Paris: History and Chartulary of the College*),巴黎圣母大学出版社1955年版,第221页,注释3。

③ 参见[匈牙利]阿斯特丽克·L.加布里埃尔:《圣母玛利亚学院的学生生活》,巴黎圣母大学出版社1955年版,第221页。

④ [匈牙利]阿斯特丽克·L.加布里埃尔:《圣母玛利亚学院的学生生活》,巴黎圣母大学出版社1955年版,第222~224页。

⑤ 参见[匈牙利]阿斯特丽克·L.加布里埃尔:《圣母玛利亚学院的学生生活》,巴黎圣母大学出版社1955年版,第221页,注释3。纳瓦拉学院神学学科的学生每周补助达8索里达。[英]黑斯廷斯·拉什达尔:《中世纪欧洲大学》第1卷,牛津大学出版社1936年版,第511页。

⑥ 参见[丹麦]奥拉夫·彼得森:《最初的大学》,剑桥1997年版,第225页。

⑦ 参见[英]柯班:《中世纪英国大学生活》,伦敦1999年版,第102~103页。

评估,并规定了每所房子的租价,我们据此推算,每位学生年均交纳的租金约为22巴黎苏。① 至15世纪和16世纪早期,因物价上涨和人们购买力的增强,巴黎大学的住宿费也随之增长。② 有关意大利各大学的饮食与住宿费,我们没有相关的具体资料,但根据现代学者的研究,在13世纪和14世纪,一位博洛尼亚大学学生的膳宿费为20~50里拉。③

概言之,在中世纪的欧洲大学,大多数学生在饮食方面基本上能满足其需要。如在15世纪,即便是较低标准的普通自费大学生中的大多数人的生活水平也"超过了纯粹的需要"。④ 而在15世纪的巴黎大学,最低标准的饮食费用也达到了当时的中等生活标准。当然,大学生间的贫富差距仍然存在,极少数富裕大学生的生活比较奢侈,但也有极少数的学生生活于贫困之中,他们不得不靠乞讨或拣餐桌上别人的剩饭充饥。⑤ 在住宿方面,各个大学基本上都对学区房进行了评估限价,以便使大多数学生能够住得起。当然也有极少数贵族子弟住着宽敞明亮的大房子,而且还雇用仆人和伴读。

二、中世纪欧洲大学生学杂费之估算

中世纪欧洲大学生的学杂费主要包括:一次性支付的入学费,如大学入学注册费等;持续支出的学习费用,如购买书本、纸笔的费用和听课费;各种杂费,如学位费,各种教俗典礼费,获取各种证书和档案录入的费用,支付给学监的费用等。

在学杂费中,学位费占了相当高的比例。获取学位的花费通常包括学位考试费和获得学位的庆典费。据笔者估算,在英国各大学,一位学生获得学士学位所

---

① 该估算所依据的资料:《1282—1283年巴黎房屋之评估》(*Assessment of Houses in Paris,1282-1283*),[美]林恩·桑代克:《中世纪大学档案与生活》(Lynn Thorndike, University Records and Life in the Middle Ages),哥伦比亚大学出版社1944年版,第106~111页。

② 例如,在1550年的巴黎大学,最省钱的办法是几位同学共同租住学院的宿舍,但他们每年要支付50里弗尔的膳食费。[英]布洛克里斯:《1400—1800年间巴黎大学的就学模式》(L. W. B. Brockliss, *Patterns of Attendance at the University of Paris, 1400-1800*),《历史学刊》(*The Historical Journal*)1978年第3期(总21卷),第503~544页。

③ 参见[比利时]希尔德·德·洛德-西蒙尼主编:《欧洲大学史》第1卷,剑桥大学出版社1992年版,第239页。

④ [英]柯班:《中世纪英国大学生活》,伦敦1999年版,第42页。

⑤ 参见[丹麦]奥拉夫·彼得森:《最初的大学》,剑桥1997年版,第219页;[英]黑斯廷斯·拉什达尔:《中世纪欧洲大学》第3卷,牛津大学出版社1936年版,第405~412页。尽管我们没有收集到意大利各大学有关学生饮食的资料,但是他们通常要比其他地区学生的生活富裕,这是人所皆知的事实。

需的费用大约相当于其一年的膳食费,或其年度花费的75.2%,即2镑9先令4便士。[①] 至于欧洲大陆地区的大学,尽管我们没有找到直接的证据,但根据获得硕士或博士学位所需的费用来推算,一位学生获得学士学位的费用大约相当于其年度花费。[②] 正是由于学位费过高,所以"大多数人文学院学生没有完成他们的大学课程"。[③] 据估计,中世纪英国的大学生中可能有超过一半的人没有获得任何学位。[④] 在欧洲大陆北部各大学,人文学院的大学生中只有20%至30%的人获得了人文学士学位。[⑤] 针对这种情况,许多大学制定了相应的条例加以限制,[⑥]但仍然有众多的学生无法获得学士学位。可见,当时的实际情况是令行而禁不止。学位费已经成为大学生们一项望而生畏的沉重负担。

---

① 参见M.弗莱彻、C.A.厄普顿:《15世纪牛津大学入学与学位考试费用——新证据》(M. Fletcher and C. A. Upton, *Expenses at Admission and Determination in Fifteenth Century Oxford: New Evidence*),《英国历史评论》(*English Historical Review*)1985年第100卷,第331~337页;J.罗柏:《1450年之前圣安德鲁斯的学生生活》,载《苏格兰历史评论》1911~1912年第9卷,第347~360页。

② 根据一些西方学者的研究,获得硕士或博士学位的费用大约相当于他们一年的花费甚至更多。[比利时]希尔德·德·洛德-西蒙尼主编:《欧洲大学史》第1卷,剑桥大学出版社1992年版,第239页;[英]黑斯廷斯·拉什达尔:《中世纪欧洲大学》第1卷,牛津大学出版社1936年版,第488页;《1363年圣母玛利亚修士在巴黎大学学习》(*Servites Studying at Paris,1363*),[美]林恩·桑代克:《中世纪大学档案与生活》,哥伦比亚大学出版社1994年版,第243页;[美]哈斯金斯:《大学的兴起》,纽约1923年版,第82~83页;庞坦与米彻尔:《1448—1463年间牛津大学教职员花名册》(W. A. Pantin and W. T. Mitchell, eds., *The Register of Congregation*, 1448-1463),牛津大学出版社1972年版,第XXIII~XXIV页。

③ 马丁·肯特贞格:《一种职业而非一种谋生手段?中世纪晚期欧洲的教师与教育》(Martin Kintzinger, *A Profession but not a Career? Schoolmasters and the Artes in Late Medieval Europe*),科特奈与米特克编:《中世纪社会的大学与学费》(W. J. Courtenay and Jürgen Miethke, eds., *Universities and Schooling in Medieval Society*),莱顿2000年版,第168页。

④ 参见柯班:《中世纪英国大学生活》,伦敦1999年版,第24页。不可否认的是,很多学生放弃获取学位还有其他的原因。因为一些学生上大学的目的不是为获得学位,而是因为这一大学经历有助于其社会和职业地位获得提升;同时,即便没有学位,他们也能在当时的社会很好地谋生。

⑤ 参见A.L.加布里埃尔:《评中世纪欧洲大学注册薄》(Astrik L. Gabriel, *Review of Matriculation Books at Medieval Universities*),《天主教历史评论》(*The Catholic Historical Review*)1996年第82卷,第459~468页。

⑥ 除了维也纳地方议会制定了相关法令外,博洛尼亚大学、巴黎大学、德国各大学等也纷纷出台条例免除或部分免除穷学生的学位费。罗伯特·S.赖特:《中世纪大学的生活》,第32页;托马斯·苏力文:《功绩排名与职业模式:中世纪晚期的巴黎神学院》(Tomas Sullivan, *Merit Ranking and Career Patterns: The Parisian Faculty of Theology in the Late Middle Ages*),科特奈与米特克编:《中世纪社会的大学与学校教育》,第139页;J.M.弗莱彻:《中世纪德国大学的富裕与贫穷》(J. M. Fletcher, *Wealth and Poverty in the Medieval German Universities*),J.R.黑尔、J.R.L.海费尔德、B.斯莫利编:《中世纪晚期的欧洲》(J. R. Hale, J. R. L. Highfield & B. Smalley, eds., *Europe in the Later Middle Ages*),伦敦1965年版,第429~435页。

入学注册费通常较低。在中世纪大学的早期，比较通行的大学生注册主要在学院中进行，而且是学生直接向一位老师进行注册并交纳注册费，正式的大学注册和收费则从14世纪晚期才在中欧的新兴大学中兴起，并在16世纪成为欧洲各大学的流行做法。尽管欧洲各大学的注册费不尽相同，但其中的一个共同特点是：各大学对相关条例的执行比较灵活，入学费通常按照贫富差别而交纳不等的费用，穷学生通常免交注册费。如1490年法国瓦伦斯大学的条例规定，新生在入学后的一个月内必须交纳学费，每个贵族出身的富裕学生交3弗罗林，每个不太富裕的学生交2弗罗林，所有其他的学生交1弗罗林，穷学生则完全免费。① 博洛尼亚大学入学条例规定入学注册费通常为12索里达，但是也有变通，如1292年的法令规定，入学费应根据学生收入的差异交纳5～60索里达不等的费用。② 1448年德国海德堡大学规定，大学生入学注册费为5索尔，确实贫穷的学生免费；1447年的爱尔福特大学条例规定，每一位在大学注册的学生，只要负担得起，都要交纳1/3弗罗林或同等价值的20格罗申；假如他是一位贵族或拥有爵位者，则交纳1弗罗林；高级教士或期望被置于第一等级的教士，则至少交纳1/2弗罗林；穷学生则至少交纳6格罗申；假如注册者没有交纳费用，则在登记册上应注明为"贫民"。③

至于授课费，各个大学也不尽相同。一般而言，意大利各大学的授课费用比较高，其他地区大学的授课费用相对较低，对于极其贫穷的大学生，往往免收授课费。④ 如14世纪初，一位牛津大学文法学院的学生每学期所交纳的授课费为4便士或5便士。⑤ 国王胡安一世于1392年颁布法令规定，里斯本—可因布拉大学的富裕的法学院学生应付授课费40镑，中产阶级的学生付20镑，穷学生付10镑；

---

① 参见《有关新生付费的条例》(*Regulation of the Bejaunium or Freshman Payment*)，林恩·桑代克：《中世纪大学档案与生活》，哥伦比亚大学出版社1994年版，第365～366页。

② 参见[英]黑斯廷斯·拉什达尔：《中世纪欧洲大学》第1卷，牛津大学出版社1936年版，第160、216页。

③ 参见[美]罗伯特·弗朗西斯·西伯特译：《大学新生手册》(Robert Francis Seybolt, *The Manuale Scholarium: An Original Account of Life in the Medieval University*)，哈佛大学出版社1921年版，第17页，注释1。

④ 各大学都有相关的免除穷学生听课费和课业费的条例，有关神圣罗马帝国各大学的情况，可以参见J. M. 弗莱彻：《中世纪德国大学的富裕与贫穷》，载J. R. 黑尔、J. R. L. 海费尔德、B. 斯莫利编：《中世纪晚期的欧洲》，第427～429页。

⑤ 参见[美]林恩·桑代克：《中世纪大学档案与生活》，哥伦比亚大学出版社1994年版，第430页；奥拉夫·彼得森：《最初的大学》，剑桥1997年版，第215页。

其他大学该法令由地方当局组织实施。①

我们迄今所能搜集到的有关授课费最为详尽的资料来自意大利的博洛尼亚大学和德国的莱比锡大学。据1405年博洛尼亚人文与医学大学的课程设置条例,可以估算出,一位大学生修完全部课程所需费用共为1226博洛尼亚索里达(合61.3里拉,约40.87金弗罗林),约占其4年总费用的30.65%。② 因授课费太高,所以一些学生设法逃避交费。一位博洛尼亚大学著名法学家曾哀叹:"他们想学习,却不想交费。所有的人都想学习,但是没有一个人会交费。"③相对而言,德国莱比锡大学的授课费较低。据1499~1522年莱比锡大学条例,一位获取学士学位的学生要交的学位课程总费用约为1.96弗罗林,④仅占其年花费的9.8%。这只是学位课程费,而4年全部所学课程的费用可能还要高于这个数目。

对于大学生而言,书本和纸笔亦是必不可少的。对于关涉每位学生和教师切身利益的纸张、书籍的价格和质量,各大学纷纷制定了相关的条例,其中最为引人注目的是众多大学所形成的教科书的租借、复制体制。⑤ 大学往往规定文具商们应严格按照大学的相关条例出租样本书以供学生复制,从而满足了大学生对书籍

---

① 参见[比利时]希尔德·德·洛德-西蒙尼主编:《欧洲大学史》第1卷,剑桥大学出版社1992年版,第236页。

② 参见《1405年博洛尼亚大学的学生学费》(*Student Fees at Bologna, 1405*)、《博洛尼亚大学人文与医学教科书》(*Texts in Art and Medicine, Bologna*)、《博洛尼亚大学的解剖学》(*Dissection at Bologna*)、《1405年博洛尼亚大学的外科学》(*Surgery at Bologna, 1405*),载[美]林恩·桑代克:《中世纪大学档案与生活》,哥伦比亚大学出版社1994年版,第273~285页。

③ [英]黑斯廷斯·拉什达尔:《中世纪欧洲大学》第1卷,牛津大学出版社1936年版,第209页。

④ 参见《课程表及听课费》(*Timetable, and Fees for Courses*(*Leipzig, 1499-1522*)),[美]罗伯特·弗朗西斯·西伯特译:《大学新生手册》,哈佛大学出版社1921年版,第112页。

⑤ 英国学者波勒德则认为至少有11所大学存在这种体制,并认为它在法国的蒙彼利埃大学是不存在的。G.波拉德:《中世纪大学的图书租借制度》(G. Pollard, *The Pecia System in the Medieval Universities*),M. B. 帕克与A. G. 华生编:《中世纪的文书、手稿和图书馆》(M. B. Parkes & A. G. Waston, eds., *Medieval Scribes, Manuscripts and Libraries: Essays Presented to N. R. Ker*),伦敦1978年版,第148页。我们认为,波拉德的这一说法是不正确的,因为在1396年蒙彼利埃大学法学院曾经颁布过相关的条例,这一点可参见《1396年蒙彼利埃的图书租借》(*Renting of Peciae, Montpellier, 1396*),林恩·桑代克:《中世纪大学档案与生活》,哥伦比亚大学出版社1994年版,第259页。有关这一体制的具体运作情况,参见波拉德的上述引文。

的急需，保证了大学教学的正常运转，其作用是不可估量的。①

在中世纪的欧洲大学，学生获得自己所需书籍的途径是多种多样的。其中之一是直接购买现成的课本。据1286年和1304年巴黎大学颁布的条例可知，在这两个年份中，一本教科书平均每刀羊皮纸的价格分别为0.5829便士和0.75便士。② 假如我们按照一本教科书每刀羊皮纸的平均价格和平均每本书的刀数制成一本书，那么一本约37刀的书在1286年的价格约为21.56便士，在1304年约为27.75便士。这大致相当于巴黎大学各学院一位学生平均每周膳食费的60%至77%。由此可见，巴黎大学的书籍价格还是比较合理的，并非像一些西方学者所推测的那样极其昂贵。正如一位学者所言，在巴黎大学，"入学费和书籍费始终是大学生预算中最少的部分"。③ 买书仍然是比较贵的，要想省钱，大学生可从课本持有者那里租借课本，自己购买纸笔进行复制。而从校内文具商、大学管理者那里租借课本的租费也比较低，④这样就可以节省下从别人那里复制的钱。据笔者的估算，在13世纪的英格兰，复制、校正、装订、加彩饰的费用相当高，大约占到了完整复制一本课本所需费用总和的近63%。⑤ 当然，若从有课本的同学或朋友

---

① 帕多瓦大学曾在1264年宣称，"没有标准样本书，大学也就不可能生存下去。"B. L. 尤玛：《评古恩·迪斯特利兹著〈13与14世纪大学手抄本图书的租借〉》(B. L. Ullman, *The Review of La Pacia dans Manuscrits Universitaires du XIIIe et du XIVe Siécle by Jean Destrez*)，《古典哲学》(*Classical Philosophy*) 1938年第2期。

② 参见《1286年巴黎的图书价格：样本书及其租借》(*Price of Books at Paris: Exemplar and Pecia, 1286*)，[美]林恩·桑代克：《中世纪大学档案与生活》，哥伦比亚大学出版社1994年版，第112～117页；[丹麦]奥拉夫·彼得森：《最初的大学》，剑桥1997年版，第235页。

③ [英]布洛克里斯：《1400—1800年间巴黎大学的就学模式》，载《历史学刊》总21卷，1978年第3期，第503～544页。其他大学也都有类似的规定，所以书籍价格基本上控制在了一个相对合理的范围之内。

④ 在13世纪中期的法国，每刀课本的租借费为0.5～1便士。[美]约瑟夫与法朗西斯·吉斯：《一个中世纪城市的生活》(Joseph and Frances Gies, *Life in a Medieval City*)，纽约1969年版，第172页。至14世纪，租借费有所上涨。根据1318年意大利的特雷维索(Treviso)颁布的条例，每刀课本的租借费为6便士，校正费为2便士。G. 波拉德：《中世纪大学的图书租借制度》，[英]M. B. 帕克与A. G. 华生编：《中世纪的抄写员、手稿和图书馆》，第153页。另据1396年蒙彼利埃大学的租书条例，租借一刀(8页或以上页数)课本一周的租借费为1阿尔伯，租借一刀(少于8页)课本一周的租费为3帕塔克斯，而穷学生租借课本无须交纳租费，只要为死者的灵魂背诵七圣歌并给管理者1便士的劳务费即可。《1396年蒙彼利埃的样本书租借——法学院条例》(*Rentingof Peciae, Montpellier, 1396 – Statute of the Faculty of Law*)，[美]林恩·桑代克：《中世纪大学档案与生活》，哥伦比亚大学出版社1994年版，第259页。

⑤ 该数据系根据英国学者沃玛尔德和莱特对13世纪英格兰复制书籍的各项费用(包括购买羊皮纸和复制、校正、加彩饰和装订)而计算出来的。奥拉夫·彼得森：《最初的大学》，剑桥1997年版，第232页。

那里借的话,甚至可以节省下租借费。由于在15世纪中期书籍印刷和纸张广泛运用之前,复制书籍的材料和工艺仍然比较落后和昂贵,所以导致书籍价格无法下降。因此,对于大多数学生而言,拥有自己的书籍仍然是一种比较奢侈的事情。① 至于笔、纸等的费用,由于缺乏相关的记载,我们无法作出估算,但这些费用通常是较低的。

总之,除了学位费过高并且没有获得根治之外,对于其他的学杂费,如入学、授课、书籍、纸张等费用,大学或其相关机构都制定了相关的条例加以限制,从而将价格控制在合理的范围内。可见,当时的大学仍然遵循着贫富有别的原则收取高低不等的费用,甚至对确实贫穷的学生免除一些费用。所有这一切都体现出大学对于试图降低学习费用以使所有学生获得吸取知识之权利的努力。

三、中世纪欧洲大学生总费用之估算及其评价

在对中世纪欧洲大学生的生活与学习费用分别作出估算之后,我们将对一位大学生的总花费及其主要费用在其中所占的比例作出估算,并作一简要的评价。那么,一位中世纪欧洲大学生的生活与学习总费用的情况是怎样的呢?

在英国的牛津大学,自13世纪后期至15世纪末,一位大学生每年最低限度的花费在2镑至2镑14先令之间(合12~16.2弗罗林)。在13世纪的牛津大学,每位大学生每年花费的下限在2~2.5镑之间。② 至中世纪末期,大学生最低限度的花费额度有所增长,绝大部分大学生的年度最低花费通常在2镑10先令左右。③

在神圣罗马帝国,自1368年至1500年,每位大学生(人文学院和神学院)的最低限度的年度花费(首要的是膳宿费)为12弗罗林银币至20弗罗林银币。在14世纪后期,布拉格、维也纳、海德堡、科隆等大学的最低年度花费为12弗罗

---

① 据英国史家阿斯顿等人的研究,在中世纪牛津大学和剑桥大学学生中拥有至少一本书的人所占的比例平均分别为14.89%和9.125%。[英]阿斯顿:《"牛津大学"的中世纪校友》,载《过去与现在》1977年第74卷,第3~40页;[英]阿斯顿、邓肯、埃文斯:《剑桥大学的中世纪校友》,载《过去与现在》1980年第86卷,第9~86页。

② 参见[比利时]希尔德·德·洛德-西蒙尼主编:《欧洲大学史》第1卷,剑桥大学出版社1992年版,第238页。

③ 这是西方学者比较公认的年度最低花费。[英]R. N. 斯旺森:《中世纪后期英格兰的大学、毕业生与圣俸》(R. N. Swanson, *Universities, Graduates and Benefices in Later Medieval England*),载《过去与现在》1985年第106期。

林。[①] 但至15世纪后期,每位学生的年度花费增长至16~20弗罗林。[②]

法国巴黎大学的学生年度花费大致与之相当。在13世纪末和14世纪前期,巴黎大学每位学生的年度花费也在20弗罗林左右。[③] 在15世纪和16世纪早期,学生的年度平均花费增长到大约75里弗尔(约45弗罗林)。[④]

在中世纪欧洲大学中,意大利各大学的花费最高,并以博洛尼亚大学为最。据估算,一位大学生每年的最低费用为75里拉至100里拉。如据该大学西班牙学院1377年的条例规定,录取学生的一个重要条件就是他必须是贫穷的,即其收入总计不能超过50博洛尼亚金弗罗林(等于75里拉)。[⑤] 在13世纪中期,该大学一位著名的法学教师曾经告诫学生们说,每人每年应准备100里拉的费用,如若少于这个数,那他就是贫穷的。[⑥]

那么,一位大学生在整个大学期间的总花费是多少呢？一般而言,欧洲各大学修完全部课程一般需要4年时间,因此一位大学生在不同国家大学的总花费的具体情况如表1所示。

表1 13世纪后期至16世纪初欧洲各地大学生4年总花费统计

单位:弗罗林

欧洲各地大学	最低限度费用	较高限度费用
英国各大学	48~64.8	240

---

① 如布拉格大学的规章规定,任何一位学生,只要其年收入少于12弗罗林就被列入穷学生之列。[英]J.R.黑尔、J.R.L.海费尔德、B.斯莫利编:《中世纪晚期的欧洲》,第424页。

② 1478年的图宾根大学条例规定,一位大学生如果每年不能自行或从朋友那里筹集到16弗罗林就被认作穷学生。J.M.弗莱彻:《中世纪德国大学的富裕与贫穷》,[英]J.R.黑尔、J.R.L.海费尔德、B.斯莫利编:《中世纪晚期的欧洲》,伦敦1965年版,第424页。[比利时]希尔德·德·洛德-西蒙尼主编:《欧洲大学史》第1卷,剑桥大学出版社1992年版,第237~238页。

③ 如前所述,在14世纪前期,巴黎大学各学院每位学生每年的膳食补贴平均为135巴黎苏,合16.875弗罗林。由于这些学院的学生是受全额资助的学院成员,所以他们的住宿、床上用品、衣物、书籍等也是免费的,若将这些用品的费用计算在内,那么每人每年的费用可达20弗罗林。

④ 参见[英]布洛克里斯:《1400—1800年间巴黎大学的就学模式》,载《历史评论》总21卷,1978年第3期,第503~544页。

⑤ 参见[英]黑斯廷斯·拉什达尔:《中世纪欧洲大学》第1卷,牛津大学出版社1936年版,第199页。

⑥ 参见[德]赫尔穆特·G.沃尔瑟:《博学的法学家与他们对社会的益处——中世纪晚期意大利和德国大学在法学研究某些方面的进展》(Helmut G. Walther, *Learned Jurists and Their Profit for Society-Some Aspects of the Development of Legal Studies at Italian and German Universities in the late Middle Ages*),科特奈与米特克编:《中世纪社会的大学与学校教育》,第105页。

续表

欧洲各地大学	最低限度费用	较高限度费用
神圣罗马帝国各大学	48～80	200
法国巴黎大学	80～108	133.32
意大利博洛尼亚大学	200～250	—

注:表1中较高限度费用取其最高数额。我们没有找到博洛尼亚大学学生最高花费的例子,但表1中的数字表明:即便是博洛尼亚大学学生的最低花费也高于欧洲其他地区大学生的最高花费。有关"穷"学生的费用情况,我们没有具体的数量资料,只有相关的描述性资料。需要指出的是,人文学院的大学生一般学习期限是4年,但其他各高级学院,尤其是神学院的学生学习期限则更长,需要5年或6年的时间。因此,这些高级学院学生的总花费可能要更高一些。

上述估算并未将获得学士学位的费用包括在内,而如前文所述,该费用甚高。若将此项费用加上,那么一位学生的总花费就更高了。由于上述估算所涉及的仅仅是一位普通大学生每学年的最低生活和学习费用,所以一些来自富有家庭的大学生的花费则大大高于这一标准,而"穷"学生的花费要低于这一标准。① 不同阶层的学生的总花费有很大差别。

为了使人们对大学生费用有一个更为清楚的认识,我们将列举不同阶层的收入情况,以便有一个比较。1417年康斯坦斯会议规定,一位属于中下级教职人员的教廷税官的年薪为127镑15先令至182镑10先令。② 在1379年,伦敦的一位附属小礼拜堂牧师的年薪为4镑13先令4便士。③ 在1300年,英国勃克海姆斯德领主庄园总管的年薪为15镑6先令8便士,外加6先令8便士回复国王令状的工作津贴及若干实物;一位庄头的年薪只有5先令和秋收农忙季节的食物补助4先令。佐克斯福德的管家(比总管级别低)年薪为6英镑,犁把式为8先令,羊倌为4先令。④ 在13世纪,香槟市集的主管年薪为200镑,开支补贴为30镑;其主要助理和掌管印玺者每人每年为100镑,负责道路和市场安全的警官的年薪达

① 据笔者统计,富裕大学生的花费往往高于最低标准的2.5～5倍。[英]柯班:《中世纪英国大学生活》,伦敦1999年版,第40、102～103页;[比利时]希尔德·德·洛德－西蒙尼主编:《欧洲大学史》第1卷,剑桥大学出版社1992年版,第238页。

② 参见龙秀清:《西欧社会转型中的教廷财政》,济南出版社2001年版,第241、255页。

③ 参见[英]A. R. 迈尔斯:《乔叟时代的伦敦》(A. R. Myers, *London in the Age of Chaucer*),俄克拉何马大学出版社1972年版,第24页。

④ 参见[英]亨利·斯坦利·贝内特:《英国庄园生活》,龙秀清等译,上海人民出版社2005年版,第134、139页。

100 镑。[①] 亦在 13 世纪,英国一个骑士的年平均收入为 10 ~ 20 镑,而一个日工一年工资为 2 镑左右。[②] 在 15 世纪中叶的佛罗伦萨,著名律师和大学教授的平均年薪为 200 ~ 500 弗罗林,银行经理为 100 ~ 200 弗罗林,佛罗伦萨文书次长为 100 ~ 150 弗罗林,中产阶级裁缝为 60 弗罗林。[③] 可见,在中世纪的欧洲,对于绝大多数人来说,就读大学是昂贵的。尽管中世纪的欧洲大学并不排除贫穷的学生,不过从相关的记载中我们看到,"绝大部分大学生的社会地位处于最高和最低阶层之间——是骑士、约曼、商人、零售商或富有工匠的儿子,成功的教士侄子,或者引起一位附近的修道院院长或执事长关注的有前途的少年"。[④]

最后,笔者将对中世纪大学生的花费情况作一总结。

其一,从中世纪欧洲各大学学生的花费情况看,在意大利各大学,膳宿费、获取学位的各种费用和支付的讲课费占了很大的比例(膳宿费平均约占总费用的 35%,讲课费大约占 30.65%)。而在其他地区的欧洲大学,膳宿费和获取学位的费用相对较高,其他费用相对较低(膳宿费平均约占总费用的 58.35%)。在英国,学位费相当于一位学生年均膳食费或其年度花费的 75.2%。在欧洲大陆,学位费大约相当于一位学生的年度花费。可见,膳食费、学位费和授课费占了大学生花费的绝大部分。而现代大学中学生每学年开学交纳给学校的高额入学注册费在中世纪大学中所占比例微乎其微。而且对于各项费用,各大学往往都制定了严格的条例,以保证各种收费和大学城中的物价公平、合理。例如,各大学不仅对注册费、学位费、授课费等制定严格的条例加以限制,而且还对大学城中的房租价格、文具、纸张、日常生活用品等进行评估和限价,从而降低学生的学习与生活成本。而这一切与中世纪欧洲大学有着广泛的自治权密切相关。

其二,不同时期、不同地区、不同专业、不同阶层的花费亦有差别。自大学兴起直到"价格革命"前,欧洲各大学的学生费用尽管也有所增长,但是增幅不大。在不同国家和地区,大学生的最低花费数额有所不同,一般而言,意大利大学最贵,法国大学次之,神圣罗马帝国和英国大学最低。不同专业和不同学历的费用也有所不同,一般而言,人文学院学生的花费最低,神学院次之,最贵的是法学院和医学院。同时,就读的学位越高,花费也越高。不同阶层大学生的花费也有所不同,富有的教俗贵族子弟花费最高,他们在吃穿住行方面一如在其家中一样,还

---

① 参见[美]约瑟夫、法朗西斯 · 吉斯:《一个中世纪城市的生活》,第 212 页。

② 参见马克垚:《西欧封建经济形态研究》,人民出版社 2001 年版,第 174 页。

③ 参见王乃耀:《文艺复兴早期的佛罗伦萨经济之考察》,载《世界历史》2006 年第 1 期。

④ [英]黑斯廷斯 · 拉什达尔:《中世纪欧洲大学》第 3 卷,牛津大学出版社 1936 年版,第 408 页。

有仆人为其服务;贫穷的学生则为了完成学业而去打工,甚至乞讨。

其三,大学收费因贫富差别而有所不同,从而保证了贫富学生获得相对等同的教育机会。这主要表现在入学注册费、授课费、学位费等方面。一般而言,富有的学生所支付的上述费用为规定中的最高标准,而被确认为贫穷的学生的上述费用往往是减少或免除的。例如,各大学大都降低或免除了穷学生的入学费,同时由于入学费较低,①而不像今天的大学入学费昂贵得吓人,所以大学门槛大大地降低了,贫穷就不会成为人们上大学的障碍。可见,正是遵循着"贫富有别"的原则,大学在收费方面向穷学生进行了倾斜,使学校既能收取到尽可能多的费用,又不使穷学生失学。要知道在"在新旧欧洲(至少是阿尔卑斯山以北),15% ~20%的在校大学生是贫穷的"。② 因此,在中世纪的欧洲,富人亦被迫为大学教育的发展贡献了自己的力量。正如一位学者所言:"在15世纪的巴黎大学,最大部分的应付款项是由占学生总数10%的贵族学生所缴付的。"③让贫穷的学生进入大学可以不必通过降低规定的收费标准,而是可以通过减免或免除部分费用的方法让其进入大学并完成学业。而当时的教俗统治者和富人纷纷捐资助学已蔚然成为一股风气,面向教师和学生的大学贷款基金、为穷学生提供免费食宿的学院等的出现即是显例。

---

① 正如英国布洛克里斯教授所言,在巴黎大学,"入学费和书籍费始终是大学生预算中的最少部分"。布洛克里斯:《1400—1800年间巴黎大学的就学模式》,载《历史评论》1978年第3期。

② [比利时]希尔德·德·洛德-西蒙尼主编:《欧洲大学史》第1卷,剑桥大学出版社1992年版,第210页。雷内·克里斯托夫·施温格斯:《中世纪后期德国城市中的大学学者:就业、招聘与供养》(R. C. Schwinges, *University Scholars in German Cities during the Later Middle Ages: Employment, Recruitment, and Support*),[美]科特奈、[德]米特克编:《中世纪社会的大学与学校教育》,第45页。

③ [英]布洛克里斯:《1400—1800年间巴黎大学的就学模式》,载《历史评论》1978年第3期。

西方学者视野中的黑死病

赵立行

近年来,由于受到瘟疫流行的影响国内学界开始注重对历史上发生的瘟疫进行探讨,为历史研究寻找到了一个新的切入点。在探讨西欧发生的瘟疫时,学者都不约而同地集中到了1348年发生的黑死病以及继后的几次黑死病上。① 以黑死病作为瘟疫研究的对象是再自然不过的事情,因为历史上没有任何瘟疫像它那样对欧洲影响至深,引起人们那么多的猜测和争论。关于欧洲黑死病的探讨在国内学界刚刚起步,但是西方学界对黑死病一直在进行深入的研究。那场黑死病已经过去了600多年,关于它的论著至今仍不断出现,新的观点和争论也层出不穷。学者通过大量的研究和争论,在复原黑死病真实图景的同时,也让黑死病承载了丰富多彩的社会内涵,经济、宗教、文化、政治、医疗等领域都直接和间接地与黑死病联系起来,将黑死病提升为推动西欧社会转型的强大社会动力。而各种不同学科相继介入这一领域的研究,更为这一课题提供了新的观察视角和研究资料,把黑死病研究推向一个新的阶段。本文试图利用已知的研究成果,通过勾勒西方学者对黑死病的认识、推论和争论,

① 主要相关论文参见薛国中:《黑死病前后的欧洲》,载《武汉大学学报(哲学社会科学版)》1999年第4期;崔艳红:《查士丁尼大瘟疫述论》,载《史学集刊》2003年第3期;向荣:《集体行动与近代早期西欧鼠疫的消失》,载《光明日报》2003年7月9日;李荷:《灾难中的转变:黑死病对欧洲文化的影响》,载《中国人民大学学报》2004年第1期等。

归纳出西方学者研究黑死病的视角,以期对国内学术界的相关研究有所助益。

一

对西方学者而言,如果要对1348年发生的那场黑死病进行研究,首先要做的不是从这个事件中提炼出什么意义,而是要复原和再现黑死病发生发展的真实图景。这项工作是对黑死病进行深入研究的前提和基础,也是每个学者都必须面对的。这项工作之所以那样重要,主要是因为黑死病的亲历者并没有向我们提供一幅关于黑死病的清晰图景,他们的描述混乱不堪甚至是荒谬绝伦。当时人们虽然经历了黑死病的巨大冲击,但是并不知道黑死病为何物,更不知道它为何会突然降临,所以当时的各个阶层以已有的知识为基础,对黑死病进行了颇具想象力的猜测。教会描绘的是一幅人类因为罪恶而惹怒上帝、上帝通过瘟疫警示世人、人类只有通过祈祷和忏悔才能获得拯救的画面;医生告诉的是彗星出现、行星汇合、毒气产生、横扫地球的神话;反犹主义者讲述的是散布欧洲的犹太人接受总部命令在欧洲人饮用的井水里投毒结果导致欧洲人集体感染的故事。这些故事尽管在当时能够自圆其说,而且给后来人揣摩当时人的心理、了解当时的社会提供了很好的素材,但是它们也掩盖和混淆了黑死病的相关真相。

在复原黑死病的真实图景方面,首先应该推崇的是菲利普·齐格勒(Philip Ziegler)。齐格勒是英国著名的传记作家,写过不少名人传记,但是他却阴差阳错地涉足黑死病研究领域,写出一部《黑死病》。① 尽管在书中他非常谦虚地说自己是一个业余研究者,也否认自己从事一项原创性的研究,但是,他也同时表明,自己的这部著作是难得的关于这一主题的总体研究。在这部著作中齐格勒对黑死病的起源、黑死病到达欧洲的路线、黑死病在欧洲各地的流传情况,尤其是黑死病在英国各个地方的传播,黑死病对经济、社会、教育、农业和思想所产生的影响都进行了详尽的描述。他以一个业余研究者身份写出的这部著作,却为黑死病研究奠定了专业基础,因此,这部著作一经出版,立即得到学界的认可和赞扬。特姆肯(Owsei Temkin)在书评中写道:"他表现出对过去和现在出版物的熟悉,而且没有流于粗俗。他对推论非常谨慎,他的结论一点也不使人感到突兀。总体史家对黑死病了解甚少,而医学和科学史家对社会史家的著作关注甚少,这两者都会从这本著作中受益"。② 其实,在齐格勒之前,已经有人试图在做这样的工作,其中乔纳斯·诺霍尔(Johannes Nohl)就是其中的一位。他在1924年编辑出版了《黑死

---

① See Philip Ziegler, *The Black Death*, New York: John Day Company, 1969.

② The *American Historical Review*, Vol. 75, No. 3 (Feb., 1970), p. 835.

病：编年史》。[①] 这部著作试图全部用当时的原始材料构建一部完整的黑死病编年。他在这部著作中对黑死病的发生、传播、症状，死亡的人口数量，医疗状况，黑死病治疗，政府和教会层面的态度与措施，迫害犹太人，朝圣和鞭笞运动等都进行了分类描述，在当时是一部关于黑死病的非常全面的著作。但是，与齐格勒的著作相比，对人们最为关心的黑死病如何传到欧洲的问题，他并没有多少涉及。在齐格勒之后，罗斯玛丽·霍洛克斯（Rosemary Horrox）编辑了原始资料集《黑死病》。[②] 该书的编排方式和主题专论体现他对黑死病总体史的理解，也反映了前人研究成果对他的影响。在这部著作中，他把零散的资料分三个部分：第一部分是关于黑死病的描述，其中又分成黑死病在欧洲大陆以及在英吉利岛屿两章；第二部分是描述人们对黑死病的解释和反应，其中包括教会的反应、科学解释、人为因素等几个部分；第三部分则是关于黑死病后果的内容，其中包括黑死病的影响及人们的回应。尽管这部著作以资料编排为主，但是其编排顺序和每一部分的专论内容反映了和齐格勒相似的旨趣和见解。最近仍然有学者写作关于黑死病的总体历史，本尼迪克托（Ole J. Benedictow）的《黑死病全史：1346—1353 年》就是其中的一部。[③] 这部著作吸收了不少关于生态学和病理学方面的研究成果，在第一部分对瘟疫的解剖学以及传播瘟疫的载体老鼠和跳蚤都进行了比较详细的描绘。作者也提及了学界争论的许多问题，包括黑死病是鼠疫还是肺炎，人们是否能够准确地计算出因瘟疫而造成的人口死亡率以及黑死病是否为历史的转折点等。但是就他所描绘的黑死病的整体图景而言，仍然没有超越齐格勒的框架。

通过齐格勒等研究者的努力，一幅比较清晰的关于黑死病的画面摆在了我们面前：当时的人并没有黑死病这样的词汇，只是含糊地称为瘟疫，但人们已经能够准确地描绘这种疾病的症状。主要有两种形式：一种形式是在腹股沟和腋窝下形成肿瘤，另一种是脖子上有肿瘤，通常伴随着身体其他部位的小水泡以及突然发冷、发热和针刺痛的感觉，浑身倦怠。有时还会引起肺部感染，出现胸痛和呼吸困难的症状。一般认为这种病是由啮齿类动物携带的，通常不会传播，但是如果环境出现变化，这些啮齿类动物特别接近人类生活，那么就可以通过另一个媒介——跳蚤传染。尽管现在认为鼠疫传播的速度很慢，但是中世纪的细菌可能和

---

① See Johannes Nohl, *The Back Death*: *A Chronicle of the Plague*, London: George Allen & Unwin Ltd., 1924.

② See *The Black Death*, Translated and Edited by Rosemary Horrox, Manchester: Manchester University Press, 1994.

③ See Ole J. Benedictow, *The Black Death* 1346 – 1353: *The Complete History*, Wood Bridge: The Boydell Press, 2004.

现在不同,有着极强的传染力和传播速度。该种疾病在1331~1332年活跃于中亚地区,然后开始向南进入中国和印度,向西到达波斯,并在1345~1346年到达南部俄罗斯,包括阿斯特拉罕(Astrakhan)。此后,这种疾病沿着重要的商路迅速传播。就欧洲而言,主要的传播线路是沿着陆路到达克里米亚,然后通过热那亚在黑海的商业中心经海洋到达意大利。1343年意大利的商人在加法(caffa)受到鞑靼人围攻,为染上瘟疫的鞑靼人所感染。这些染病的热那亚人在1347年逃到君士坦丁堡,并于同年到达意大利。从地中海开始,黑死病向北传播,在1348年洗劫了阿维农,并于1348年6月到达了法国。与此同时向西传播,穿过图卢兹和波尔多,在加斯贡尼渡海于1348年夏天到达英国。瘟疫在英国迅速从港口传遍了内陆,并于秋天到达伦敦。这场瘟疫断断续续在1349年结束,但是很快接连发生了几次同样的瘟疫,只是没有这一次严重。这场瘟疫给欧洲带来了前所未有的恐慌和灾难,几近1/3甚至半数的人口死亡。

齐格勒等人复原了黑死病的历史进程,但是并没有消弭争论,其中在有关黑死病的起因方面,学界一直持有不同的看法,大致可以总结为"内因说"和"外因说"。长期以来,人们认为黑死病源自外部是天经地义的,因为它本身就是从外部传入的,而且对欧洲人来说它本来就是陌生的。但是,这种看法还是受到了挑战,深受马尔萨斯的人口观念和马克思主义影响的学者认为,黑死病绝不可能是一种纯粹的自然现象,它的爆发反映了西方社会的危机。一些马克思主义学者,如科斯敏斯基(E. A. Kosminsky)相信,瘟疫只是欧洲等级社会秩序下的乡村经济和社会总体危机的一部分。这种观点为一些非马克思主义的学者所接受,如波斯坦(M. M. Postan)就认为,危机开始于13世纪,原因是人口规模超出了食物供应。欧洲在1300年后变得贫困不堪。著名的中世纪史学家德拉托奇(Raymond Delatouche)则认为,后期中世纪的危机是道德的而不是经济的,它的根源在于13世纪的哲学和宗教紧张。法国的卡本提埃(Elisabeth Carpentier)、柏拉提埃(Eduoard Baratier)和博厄斯(Guy Bois),都承认中世纪后期有一场总体危机,源于13世纪的人口过剩。① 海伊斯(J. N. Hays)也认为,"当我们把黑死病看作社会变革的动力的时候,一定要牢记欧洲的虚弱。并不是14世纪所有的灾难都是瘟疫引起的,而瘟疫之前的社会状况能够解释瘟疫的进程"。② 在他看来,1315~

---

① See Robert S. Gottfried, *The Black Death, Natural and Human Disaster in Medieval Europe*, New York: Free Publishers, 1983.

② J. N. Hays, *The Burdens of Disease, Epidemics and Human Response in Western History*, New Jersey: Rutgers University Press, 1998, p. 40.

1317 年是欧洲中世纪历史上饥荒最严重的时期,营养的缺乏造成了大批人死亡,而且营养不良的人最容易受到瘟疫感染。瘟疫也许加大了变化,但并不是最初的动力。

然而,这种关于瘟疫源于内部社会危机的观点又重新受到挑战,强调"外因说"的声音不但没有减弱反而有所加强。我们从赫里希(David Herlihy)本身的观点变化中可以明显感受到这一点。赫里希在 1965 年发表的论文《皮斯托乡村的人口、瘟疫和社会变动:1201—1430 年》中,就是用马尔萨斯的理论来分析人口和瘟疫的关系,试图回答"人口因素如何在多大程度上支撑了黑死病前托斯卡纳城的增长和繁荣以及人口状况如何导致了 14 世纪中期的瘟疫、灾荒和社会困境"等问题。① 同样,在他的著作《中世纪和文艺复兴时期的皮斯托》中,他对波斯坦、乔治·杜比(George Duby)等人主张的危机来自人口过剩的理论表示接受,并在第五章集中探讨皮斯托自然灾害的影响、人口过剩的影响以及出生率的作用等,他指出,"我们越是了解瘟疫前的欧洲人口状况,越是惊讶中世纪社会要支撑的人口数量是多么巨大"。② 这里强调的是内因。但是,在他另外一部后期著作《黑死病与西方转折》中,他又完全推翻了自己以前的观点。在前面的论文中他强调黑死病是对人口增长和食品供应短缺的可怕的"回应"。但在这部著作中,他却对马尔萨斯的理论提出质疑。他认为,欧洲的人口曲线并不完全符合马尔萨斯的描述。人们并不知道中世纪人口何时达到高峰,不但统计资料存在很大缺陷,而且各个地区存在很大差异。可以确定的是,欧洲的人口在 13 世纪后期就已经高度增长,在 1348 年以前人口规模已经稳定了 50 ~ 100 年,因此,如果说黑死病是对人口数量过度的反应,那么它应当在几十年前到来。③ 另一位学者罗伯特·S. 哥特弗雷德(Robert S. Gottfried)甚至强调在研究这场瘟疫时要力求避免过度强调这场灾难的人文因素,他说:"疾病和文明是携手前进的,而且并不一定是由于人类的原因,在研究传染疾病的时候,以人类为中心以及过分强调人类因素是很危险的"。④ 哈彻尔(John Hatcher)在其著作中通过分析黑死病前后的人口变化、分

① See David Herlihy, Population, *Plague and Social Change in Rural Pistoia*, 1201 - 1430, The Economic History Review, New Series, Vol. 18, No. 2(1965), p. 225 - 226.

② David Hrerlihy, *The Medieval and Renaissance Pistoia: The Social History of an Italian Town*, 1200 - 1430, New Haven: Yale University Press, 1967, p. 112.

③ See David Herlihy, *The Black Death and the Transformation of the West*, Cambridge, Mass.: Harvard University Press, 1997, p. 32 - 33. 相关评论参见 Maristella Bollicini, *The Journal of Economic History*, Vol. 58, No. 4 (Dec., 1998); Cathcrine L. Cox, *Sixteenth Century Journal*, Vol. 29, No. 4 (Winter, 1998); Rosemary Horrox, *Speculum*, Vol. 74, No. 1(Jan., 1999)。

④ Robert S. Gottfried, *The Black Death, Natural and Human Disaster in Medieval Europe*, p. 4.

析人口变动的复杂原因而得出结论,认为人口的变化和生活条件的变化并不如马尔萨斯理论所标明的那样直接,瘟疫、疾病等同样对人口变化起着决定性的作用。尽管哈彻尔没有彻底否定马尔萨斯的理论,但是他认为,“如果我们不再坚持把马尔萨斯的动因或者把外因视为决定死亡率的因素,而是把这两者结合起来,那么我们就能更好地理解工业革命前英国人口的变化”,恶劣的生活条件确实有助于疾病传播,但是“瘟疫并不是恶劣生活条件的必然结果”。①

如果说齐格勒等人的研究给我们提供了比较真实的关于黑死病的历史画面,那么这些关于黑死病起源的争论则为我们提供了进一步深入思考的空间。

二

研究黑死病的学者没有人不承认黑死病给西欧社会带来深重的灾难。一个显而易见的事实是黑死病造成了大量的人口死亡,劳动力短缺,很多日常工作和服务没有人做。牲畜没有人放养,地主雇用不到牧羊人,土地没有人耕种,经济生活的连续性被破坏了;许多教士职位空缺,原来的教士不是死了就是逃跑了,社会不得不让那些没有能力或不适合的人担任这些职责。从思想层面上来讲,经历黑死病的冲击,社会的法律秩序和信仰约束都大大松弛了,社会进入了某种无秩序的状态。更重要的是,这场瘟疫给人们的心理蒙上了一层阴影。

但是所有这些不利因素在研究者眼里统统都是一种短期影响,他们更倾向于以乐观的态度来看待黑死病产生的长期影响,把黑死病看作西欧社会转型和发展的一个契机。经历了黑死病之后,西欧反而走上了另外一条不同的发展道路,更加光明的道路,原来看起来非常艰难的社会转型因为黑死病而突然变得顺畅了。这种乐观的态度似乎成了评价黑死病影响的最普遍和最为人们认同的观点。这一切的起点都是因为黑死病造成了人口的大规模减少。

这种把黑死病看成社会转变积极动力的看法首先在经济领域中达成共识。海伊斯认为,在14世纪早期,欧洲社会的标志是劳动力便宜而土地昂贵,但黑死病的发生却使得这种景象发生了倒转。黑死病后的状况是人口短缺,土地价格下滑,从而导致劳动力价格上升。尤其是在西欧,人口减少迫使地主降低租金,为农业劳动力提供高工资,用货币折算传统的劳役。同时,随着人口减少以及对粮食需求量的降低,人们可以生产需求更有弹性的物品,导致提供羊毛的畜牧业增加,更多的土地转向生产可以酿酒的作物,那些能够提供工业原料的作物种植比例上

① John Hatcher, *Plague, Population and the English Economy* 1348 – 1530, London: The Macmillan Press Ltd., 1977, p. 71, 72.

升。甚至人口减少也为欧洲提供了科技发明的动力,促使节约劳动力的工具和动力的发明。[①] 赫里希也同样认为,黑死病尽管给西方带来了浩劫,但是它打破了马尔萨斯僵局,为欧洲提供了一个机会,使其沿着完全不同的方向重建社会。黑死病释放了紧缺的资源,人口短缺时土地可以改作他用,而不是用来种植谷物,可以转向畜牧或植木。甚至随着人口缩减,发展其他经济类型的可能性大大提高了。下层人的消费水平明显提高,这直接可抹平明显的社会区别并削弱社会等级的基础。被雇佣者和工人的减少增加了他们与地主和工厂主之间进行讨价还价的资本。黑死病之后农业租税减少了,但城镇的工资提高了,比13世纪上涨了2~3倍。高额的劳动力花费保证了人们去奖赏那些节约劳动力而进行技术创新的发明家。因此中世纪后期是技术成就取得重大发展的时期。黑死病给欧洲带来了灾难,但是并没有断绝人们的复兴能力。[②] 哥特弗雷德认为,黑死病带来了明显的社会和经济效果。由于劳动力缺乏,每种服务都要求工资大幅度上扬;由于人口和动物数量大大减少,作物种植结构改变;同时人口减少造成对地主提供的无偿劳动极为匮乏,地主不得不以高昂的费用雇用日工来耕种土地;黑死病带来了贵族的危机,结束了欧洲的自给自足经济,人口开始广泛流动;黑死病也造成农产品的价值下降,而农业工人的价格上升;另外,地主的社会声望也因黑死病而降低,他们的管理能力下降了。[③] 关于黑死病与中世纪后期各种危机的关系,国内学界更多的是从经济史的角度切入的。

学者不但认为黑死病在经济转型方面产生了巨大作用,而且把这种作用推广到社会转型的各个层面,而这些作用无疑都是具有积极意义的,从而把黑死病当作了社会整体转型的分水岭。

首先,黑死病促进了医学的转向和发展。哥特弗雷德认为,黑死病的冲击导致了那些科班出身的、重理论而轻实践的内科医生地位的衰落,相反那些亲自施救病人的外科医生的地位开始上升。在很长时间里,内科医生都是追随希波克里特和盖伦的门徒,研修的科目注重抽象的原则和修辞学,几乎没有什么临床经历。那时的放血、拔火罐、烧灼和其他医疗措施,往往是由外科医生、兼外科医生的理发师以及小人物进行的,他们的地位都低于内科医生,然而,由于内科医生面对黑

---

① See J. N. Hays, *The Burdens of Disease*, *Epidemics and Human Response in Western History*, p. 48.

② See David Herlihy, *The Black Death and the Trans formation of the West*, Cambridge, Mass.: Harvard University Press, 1997, p. 38 – 48.

③ See Robert S. Gottfried, *The Black Death*, *Natural and Human Disaster in Medieval Europe*, p. 61 – 94.

死病束手无策,导致这些内科医生失去人们的信任,同时百年战争给了外科医生在许多伤者身上试验新技术的机会,这增加了解剖学的知识,提高了外科医生的地位。[①] 希拉伊斯(Nancy G. Siraisi)从医药学的角度出发,认为尽管黑死病期间医药学对防止和治愈黑死病没有起到多大作用,但是黑死病并没有使医药学名誉扫地,相反,在接下来的几个世纪里,医药从业者的数量和影响在各地都大大增加了。他考察了12世纪中期和14世纪末期的医药及其从业者的情况,认为医药从业者的数量会随着人口增加而增加。但是医药作为一个职业并不是对人口趋势的简单反映。在某些地区,在14世纪人口急剧下降后,从事医药的个人和机构在规模上仍然不断扩大。法国所知的从业者数量在黑死病之后的半个世纪比人口灾难出现之前要多;在佛罗伦萨,尽管同一时期人口几乎损失了一半,但是1499年的从业者数量与1338年相比并没有什么变化。[②] 穆莱特(Charles F. Mullete)则从另外一个角度评价了黑死病对医学的积极作用,他认为,中世纪黑死病的出现导致了隔离措施的运用,人们用这种团体行动的方式与瘟疫作战,促使政府开始发展公共医疗措施,标志着国家层面健康观念的产生。[③] 学者通过探讨黑死病前后医学的变化,认定黑死病破坏了已有的医疗体系而迎来了近代医疗体系,医药学变得越来越专业化,医院的作用开始更新,公共卫生和健康观念开始发展。

其次,有学者认为,黑死病严重冲击了教会,最终使教会失去了在经济和文化上原有的领导地位,为新的思想观念的发展留出了空间。1893年红衣主教F. A. 加斯科特(F. A. Gasquet)出版了一部全面论述黑死病的著作《大瘟疫》(*The Great Pestilence* 1348－1349)。[④] 尽管这部著作从教会的角度出发责骂这场瘟疫导致了教会的衰落,认为"整个教会体制都彻底瓦解了,所有的事情都要从头开始"。但是加斯科特同时指出黑死病结束了中世纪,把黑死病的影响提高到一个前所未有的高度。齐格勒在《黑死病》中也详细论述了黑死病对教会的冲击,认为黑死病

---

① See Robert S. Gottfried, *Doctors and Medicine in Medieval England*,1340－1530,Princeton,NJ: Princeton University Press,1986. Willam B. Robison 的相关评论参见 *Sixteenth Century Journal*, Vol. 19, No. 3 (Autumn,1988)。

② See Nancy G. Siraisi, *Medieval and Early Renaissance Medicine: A Introduction to Knowledge and Practice*, Chicago University of Chicago Press,1990, p. 24. F. M. Getz 的相关评论参见 *Isis*, Vol. 82, No. 4 (Dec. ,1991)。

③ See Charles F. Mullete, *The Bubonic Plague and England: An Essay in the History of Preventive Medicine*, Lexington: University of Kentucky Press, 1956. George Rosen 的相关评论参见 *The American Historical Review*, Vol. 62, No. 2 (Jan. , 1957)。

④ 参见这部著作现在一般都重命名为《1348—1349年的黑死病》。See Francis Aidan Gasquet, *The Black Death of* 1348 *and* 1349, London: George Bell and Sons, 1908.

造成大量的教士死亡，导致许多不够资格，甚至根本不适合当教士的人也被招纳进教士队伍，这种局面造成教会纪律松弛和信仰薄弱，这些仓促杂凑起来的队伍已经不可能成为精神的引路人。① 多哈尔（William J. Dohar）则以英国的一个小教区为考察对象，详细分析了黑死病对教区慈善事业和牧师生活的影响，认为黑死病的首次光顾便扫荡了将近40%的有俸教士，同时人口数量的持续下降也使教士的封地变得贫穷，因此到了14世纪末，教士的质量已经不能承担高标准的工作。②

最后，有的学者探讨了黑死病对政府管理与教育的影响。就前一方面而言，应该提到的是帕尔莫（Robert C. Palmer），他以1348～1381年英国的政府和法律为考察对象，认为黑死病推动了英国政府管理性质的改变。他论证的逻辑是，黑死病的发生并没有直接引发英国发生经济巨变，甚至没有出现劳动力供应短缺，但是却对英国的经济组织产生了间接的威胁：由于劳动阶级有了讨价还价的能力，这会影响传统社会的权力机构；面对这一危机，“黑死病之后，为了尽可能地保持原有的社会地位，英国社会的上层构成了更具凝聚力的政府，从而促使上层坚守自己的职责，同时也迫使下层完成自己的职责”；为了能够顺利达成这一目标，“黑死病之后的几十年里，在法律的各个层面都出现了新的发明，与1348年前相比，这些新的法律相对更加具有强迫性”；黑死病之后英国政府首要关注的是下层，指望通过一系列的机制“强迫人们工作，减少竞争，缓和人们对高工资的要求”；由此他总结说，“黑死病的影响造成了英国法律和政府的转变，法律方面的变化来自黑死病造成的社会创伤，而不是源自对法律原则和诉讼策略的内部考虑”。③ 就后者而言，应该提到的是坎贝尔（Anna Montgomery Campbell），他在1931年出版了《黑死病与知识分子》一书。这部著作并不是专门探讨教育的，而是对黑死病本身以及黑死病对医学、政治、法律和教会的影响都进行了探讨，其中最经常为人提及的是他最后一章专门探讨了黑死病对大学和教育的影响。在这一章里他以当时人们的叙述为素材，一是探讨黑死病给大学造成的直接影响，以

① Philip Ziegler, *The Black Death*, p. 262.

② See William J. Dohar, *The Black Death and Pastoral Leadership*, *The Diocese of Hereford in the Fourteenth Century*, Philadelphia: University of Pennsylvania Press, 1995. Andrew Brown 的相关评论参见 *The English Historical Review*, Vol. 112, No. 447 (Jun., 1997)。

③ Robert C. Palmer, *English Law in the Age of Black Death*, 1348 – 1381: *A Transformation of Governance and Law*, Chapel Hill: University of North Carolina Press, 1993, p. 1, 59, 139, Preface. 相关评论参见 Daniel B. Kosove, Michigan Law Review, Vol. 93, No. 6 (May, 1995); Alison Dunn, The Modern Law Review, Vol. 59, No. 1 (Jan., 1996)。

及黑死病如何导致大学和学问的衰落;二是他探讨了黑死病的间接影响以及对大学未来的影响;三是还探讨了黑死病对中等教育的影响,认为黑死病造成了教师的短缺,促成民族语言取代拉丁语而成为教学语言等。①

通过这些观点,可以明显地感受到,学者不仅把黑死病的爆发提升为西欧经济制度发生转变的巨大动力,而且将其提升为整个西欧社会转型的巨大推动力,似乎在黑死病的冲击和人口减少的情况下,蔓延长达数世纪的庄园制度、农奴制度、自给自足的经济制度都迅速瓦解和崩溃了,以土地为中心的贵族等级制度、封建秩序也无法维持了,医学从抽象的理论走向了实践,教会不可避免地衰落了,政府的管理方式被迫改变了,教育和学术也开始转向。似乎如果没有黑死病,西欧社会将完全是另外一副模样。这里人们不禁要问,一场瘟疫是否真的具有这么大的能量,或者说一场社会的巨大变革是否真的能够归之于一场瘟疫的爆发?事实上,在人们普遍乐观地看待黑死病的积极影响的同时,怀疑和否定的声音也时常伴随。

哈彻尔在自己的论文中提到,早在1900年,当有学者试图把黑死病描绘成劳役和隶农制历史的一个转折点时,温格拉道夫(P. Vingradoff)警告:"我们不能真正地把黑死病提高到具备固有经济力量的地位",黑死病"毫无疑问加强了这种发展趋向,但是它并不是这种趋向的源头,也没有从本质上影响这一进程"。② 乔治·胡泼特(George Huppert)的《黑死病之后》看似描绘黑死病所引发的社会变化,但是作者基本上不提黑死病,而直接叙述近代乡村社会、城市自由、私人生活等方面的内容,把黑死病之后的西欧社会向近代的过渡视为一个极其缓慢的进程。这种探讨本身就明显表明了作者的态度,他并不把黑死病看作影响西欧社会发展进程的要素,而且西欧社会从来没有发生剧烈的变动。③ 由于前面持乐观看法的基础就是黑死病造成了大量的人口死亡,所以持怀疑态度的学者也往往从人口问题入手进行分析。比恩(J. M. W. Bean)在他的论文中指出,人们认为瘟疫对人口数量的规模和成长具有毁灭性的影响,并假定经常的瘟疫必然会导致人口减少,但这种看法是轻率的。因为一系列的瘟疫爆发之后,相当数量的成年人口活了下来,并有了一定的免疫力。而且,瘟疫带来高死亡率之后,会出现出生率的增

① See Anna Montgomery Campbell, *The Black Death and Men of Learning*, New York: Columbia University Press, 1931, p. 180.

② John Hatcher, *England in the Aftermath of the Black Death*, Past and Present, No. 144 (Aug., 1994), p. 4.

③ See George Huppert, *After the Black Death: A Social History of Early Modern Europe*, Bloomington: Indiana University Press, 1998.

长,从长远看能够使人口恢复到瘟疫前的水平。另外,比恩认为,研究者通过研究坎特伯雷教堂的讣告名单,宣称在 1349 ~ 1517 年间有 1/3 的僧侣因为瘟疫而死亡,但这种主张其实是没有根据的,因为原始手稿中大部分时段都没有记载死亡的原因。① 普拉特(Colin Platt)的著作对人口减少同样提出了自己的疑问。他指出,普遍承认的现象是,黑死病之后,英国的人口从 1400 年开始几乎少了一半,并能够长久感受到瘟疫带来的痛苦。然而,很难说瘟疫是造成人口趋势的唯一力量,其实 14 世纪后期,在北部寒冷、潮湿的气候里灾荒是更加致命的因素,而英国南部出现的晚婚和少生的倾向,比瘟疫的周期性爆发更能减缓人口的恢复。② 普斯(L. R. Poos)则通过分析 14 世纪到 17 世纪的人口统计周期指出,中世纪的人口规模在 1300 年左右达到高峰,黑死病于 1349 年到达埃塞克斯之前,人口就已经开始减少。到 1349 年人口进一步缩小,一直到 15 世纪初期左右开始稳定。通过这些演变,普斯认为,“该地区死亡率和生育率非常迂回的曲线表明,中世纪后期的人口减少既源于高死亡率,同时也是因为低出生率”。③ 针对坎贝尔得出的有关黑死病严重影响教育的结论,考特内(William J. Courtenay)同样表示了质疑。他指出,由于在本世纪早期缺乏有用的和广泛的定量数据,导致出现了广泛不同的意见,人们的结论主要是基于当时人的主观或模糊论述。在缺乏其他类型证据的情况下,坎贝尔注重当时学者的陈述以及大学或者学院建立时的宪章,从而得出大学教育无论在数量还是质量上都衰落的结论。然而事实是,当时宪章所表现的通常是一些固定不变的套话,没有多少真实性,而且教育的衰落应当归因于战争、僧侣和其他原因,这些原因至少和瘟疫以及人口数量下降具有同等的地位。④

三

对黑死病的研究并不是历史学家的专利,生命科学、生态学和动物学领域学

---

① See J. M. W. Bean, *Plague, Population and Economic Decline in England in the later Middle Ages*, The Economic History Review, New Series, Vol. 15, No. 3(1963).

② See Colin Platt, *King Death: The Black Death and Its After math in Late-Medieval England*, Toronto: University of Toronto Press, 1996. Elaine Clark 的相关评论参见 *Speculum*, Vol. 72, No. 4 (Oct., 1997)。

③ L. R. Poos, *A Rural Society After the Black Death: Essex*, 1350 - 1525, Cambridge: Cambridge University Press, 1991, p. 290. A. Daniel Frankforter 的相关评论参见 Church History, Vol. 64, No. 4 (Dec., 1995)。

④ See William J. Courtenay, *The Effect of the Black Death on English Higher Education*, Speculum, Vol. 55, No. 4(Oct., 1980).

者的介入,不但为黑死病的研究增添了无限的活力,也为黑死病研究提供了许多新的视角和提出了许多新的问题。

在这方面,我们首先要了解的是舍瑞斯波里(J. F. D. Shrewsbury)。他本身是一名微生物学家,1971 年出版了《英国岛屿的鼠疫史》一书。在这部书的第一部分,他详细论述了老鼠和瘟疫史的关系,接着分析了英国发生大瘟疫的环境,英国发生的"大瘟疫"以及从 14 世纪中期一直到 17 世纪后半叶的英国瘟疫史。也许受到传统史学家观念的影响,舍瑞斯波里先入为主地把老鼠作为英国发生的一系列瘟疫的原因,并把自己的著作定名为"鼠疫",但是出于一个微生物学家的习惯,他无法无视史料所反映的事实与专业知识之间的不一致,因此尽管他非常小心翼翼,但还是在不同的场合提出了自己的疑问。比如,按照专业知识的常识,鼠疫一般不可能发生在寒冷的冬天,但是当看到材料中确实记载 12 月至次年 2 月间发生了瘟疫的时候,他感到了疑惑,于是他猜测那一定是一个暖冬;当他发现一场瘟疫发生的许多方面都不可能与鼠疫挂上钩时,他宣布流行的是伤寒。按照专业常识,鼠疫不可能导致大量的人口死亡,但是在所见的材料中确实记载了人口严重死亡的情形,他评价说,这些材料过高估计了死亡数字。尤其是,尽管他坚信老鼠引起了英国一系列的瘟疫爆发,但是在谈到英国的环境时,他还是表示了怀疑:"必须强调的是,在英国只是家鼠的存在并不足以引发鼠疫流行。鼠疫如果流行,这类啮齿类动物必须达到一定的密度,足以因老鼠的任意接触而导致鼠疫杆菌的迅速传播……但是没有任何证据表明 1348 年前在英格兰或者爱尔兰有鼠疫杆菌"。[①] 舍瑞斯波里尽管没有大胆地提出否定意见,一些疑惑也没有影响他仍然以鼠疫作为自己著作的中心,但是从中我们已经看出了专业知识与历史素材之间的冲突。

特维格(Graham Twigg)是一位专攻啮齿动物生理学的动物学家,他同样对黑死病问题产生了兴趣,在 1984 年他出版了一部著作《黑死病:生物学的再评价》。与舍瑞斯波里不同的是,他完全以一个科学家的眼光,对史学界普遍认同的观点提出了质疑和否定。他认为,14 世纪关于流行病是一场瘟疫的证据是很糟糕的,因为所报告的内容经常与所知瘟疫的特征不一致。他提出了一些重要的问题:第一,为什么携带瘟疫的船只航行了 4 ~ 12 周,航行距离 3200 海里,而船员并没有在航行中死于瘟疫?而当船只一靠岸,瘟疫立刻就在欧洲城市大规模快速传播,并在它有时间在当地的啮齿动物群中安顿自己之前,就同时造成了大量的人

① J. F. D. Shrewsbury, *A History of Bubonic Plague in the British Isles*, Cambridge: Cambridge University Press, 1971, p. 17.

口死亡？第二，依赖于黑色老鼠和跳蚤作为中介的瘟疫，为什么会在寒冷的天气里在欧洲传播呢？由于寒冷的天气会使老鼠懒得活动，因此不可能会快速和广泛地传播疾病，尤其是在稀少和分散的人口中。第三，14世纪的瘟疫怎么会在寒冷的季节和在温暖的夏天同样可以全面快速地传播呢？也许，一些历史学家会回答说，14世纪的瘟疫一定有不同的病源，一种适合在人之间快速传播和保持的病源。那么有什么证据表明那场瘟疫的病源是不同的呢？同时，对付流行病最重要的是要进行诊断以确定病因，但有些疾病如瘟疫和伤寒，如果没有仪器以及细菌学和病理学的帮助即使现在都很难确定，那么研究黑死病的学者何以能总结说黑死病是一种鼠疫流行病，是一种鼠疫杆菌感染呢？特维格通过科学分析而得出结论：当时在欧洲发生的那场瘟疫根本就不是鼠疫，因为当时根本就没有那么多老鼠或者跳蚤来支撑这样的流行病。鉴于当时的瘟疫比我们现代的鼠疫传播速度要快，造成的人口死亡率也更高，因此，把当时的瘟疫界定为炭疽热更能符合当时的临床描绘，也更能得到合理的解释。① 尽管正统历史学家对这种解释并不以为然，但是这部著作的新颖观点还是得到了学术界的广泛关注。诺里斯（John Norris）评论说："几乎没有受过科学训练的历史学家讨论瘟疫的历史，通常会在关于瘟疫的实质方面出错，有时是由于过分急于从有很多缺陷的材料中找出意义，他们成为亚里士多德'不可能的可能'的崇拜者。然而，流行病学是可能的科学，研究瘟疫的科学工作者很少会陷入不精确的泥沼。因此特维格这位专攻啮齿动物生理学的动物学家涉足这场争论，是令人振奋的。"②哥特弗雷德也评价说："尽管历史学家会评价说，历史学家可以思考和重新考察许多过去的陈词滥调，但是没有必要思考这本书"，但是"该书作者同样也反过来批评历史学家容易接受既定的前提而不提出问题"。③

无独有偶，一位动物学教授戴维斯（David E. Davis）则从学术界普遍公认的黑死病的罪魁祸首"黑色老鼠"入手，对传统的观点进行了否定。他认为，尽管人们普遍认为黑色老鼠引起了1347～1352年的黑死病，杀死了欧洲1/3的人口，但是假定的老鼠的作用并没有得到证明。相反，黑死病的一些特征使人们怀疑老鼠是否参与其中。例如，在关于这场瘟疫的描述中并没有提到啮齿类动物。而且，黑死病同时发生于冬天和夏天而且传播迅速，也不符合鼠疫的特点。尽管很多人

① See Graham Twigg, *The Black Death: A Biological Reappraisal*, London: Batsford Acdemicand Eductional, 1984.

② *The American Historical Review*, Vol. 91, No. 4 (Oct, 1986), p. 900.

③ *Specum*, Vol. 61, No. 1 (Jan., 1986), p. 219, 218.

描绘"没有老鼠,就没有瘟疫",但是,并没有任何证据来支持这种观点。首先作者探讨了啮齿类动物的生态学,其中包括分布、动态数量、啮齿类动物所携带的疾病;其次探讨了黑死病;最后探讨了证据来源,其中包括考古证据、书面证据、图片证据、流行病学证据等。通过这一系列的资料证明,黑死病期间那种老鼠是非常缺乏的,甚至根本没有这种老鼠,而且黑死病的传播和分布也根本不符合生态学的条件,因此,生态学和流行病学的方法并不支持传统的观点,黑色老鼠不可能是这场流行病的罪魁祸首。①

这样的认识为小科恩(Samuel K. Cohn)所接受,在其著作《转变了的黑死病》中,②科恩从现代鼠疫的特征切入,通过比较中世纪黑死病发生时的特征以及黑死病的流行病学研究,而得出结论:欧洲 1347 ~ 1352 年的黑死病以及继后直到 18 世纪的瘟疫浪潮,不可能是任何形式的鼠疫,因为当时没有任何证据可以把黑死病或之后的瘟疫同老鼠联系起来。首先,黑死病在 5 年的时间里袭击了大部分已知的世界,但现代与家鼠相关的瘟疫却传播缓慢。其次,中世纪的瘟疫闪电般地传染,相反,在现代的同类瘟疫却很少在人与人之间传染。再次,中世纪黑死病杀死了将近 3/4 的城市和乡村人口,而现代最严重的瘟疫也只不过杀死 3% 的人口。最后,在现代鼠疫中,人们并没有天然的免疫力而且也不可能得到这种免疫力,但中世纪后期欧洲很快在最初的 100 年里便适应了这种瘟疫。

正是基于上述的争论和冲突,新近出现了一些带有调和色彩的综合性著作。斯科特(Scott)等著的《瘟疫的生物学:历史人口统计的证据》试图超越学科的界限。这部书的两位作者虽然也是出身于生命科学系,但是他们并不完全站在科学的角度去指责历史学家,同样也不站在历史学家的立场去攻击那些出身科学领域的人,而是试图整合两者的成果和立场,既照顾到历史学家的历史观,同时又精确地描述和界定每一场瘟疫的不同特征,并运用跨学科方法和技术构建一部带有生物学观念的瘟疫发展总体史。正如作者所说的:"作为一名流行病学家,必须是一位历史学家,哪怕是短时期的历史学家。我们试图运用生物学、生态学和流行病学的观点,重新分析 14 ~ 17 世纪肆虐欧洲的瘟疫。我们使用理论流行病学、临床分子生物学、基于计算机的模型以及地理学者发明的流行病传播的空间模式等现

---

① See David E. Davis, The Scarcity of Rats and the Black Death: An Ecological History, *Journal of Interdisciplianry History*, XVI:3 (Winter 1986).

② See Samuel K. Cohn, Jr, *The Black Death Transformed? Disease and Culture in Early Renaissance Europe*, London: Arnold, 2002.

代技巧来对历史资料做出分析”。[①] 这种研究意向本身就启示了一种研究黑死病的新方向。也许,以客观的态度,对黑死病进行跨学科的深入研究,才能最终有所突破和最大限度地消除争论。2004 年比尔尼(Joseph P. Byrne)的著作《黑死病》表面看来非常平淡,其中探讨了黑死病的概念,黑死病与医药学,黑死病对欧洲的影响、人们对黑死病的心理反应以及黑死病与欧洲艺术等,这些内容无一例外都是以前的学者探讨过的;而且在这部著作中作者也没有为我们提供任何新的结论;但是比尔尼在该著作中提供了一种开放的眼光,那就是不急于作出任何结论,而是把所谓正统的观点和具有挑战性的观点同等地排列在一起,试图告诉人们对这场瘟疫的认识是不断发展的,而且这种发展没有终点。[②]

至此,本文通过三个视角分别描述了西方学者复原黑死病历史图景的努力,关于黑死病与社会转型关系的争论以及多学科和多角度介入该项研究提出的问题和所启示的研究方向,以期对关注该领域的学者的研究有所帮助。但是,由于该文完全是根据作者所能够收集到的研究成果为素材,而且由于语言限制,基本上以英文的学术成果为主体而写成的,缺憾是不言自明的。

---

① Susan Scott and Christopher J. Duncan, *Biology of Plagues*: Evidence from Historical Populations, Cambridge: Cambridge University Press, 2001, p. 18.

② See Joseph P. Byrne, *The Black Death*, Westport, Connecticut: Greenwood Press, 2004.

中世纪英格兰农民的土地产权

侯建新

中世纪英格兰的土地所有权是一个不断演进的概念,人与土地的关系既不存在现代形式的所有权,也不存在古代罗马那种所有权。在欧洲封建制度下,土地的归属没有唯一性和绝对性。土地上往往涵盖着多人的财产权利关系,没有严格意义的所有权,而是称为保有权(tenure),土地称为保有地。所谓保有权,指某人因承担封建义务而持有土地的权利。社会上层的公爵、伯爵到骑士持有的采邑,社会基层的各种佃农持有的保有地,均是如此。因保有土地的权利而衍生出土地的持有和占有(hold)权,随着经济的发展、权力和权利的博弈,生产者对土地的占有权逐渐凝固,从而产生了法定占有(seisin)这一概念,借以描述不断强化的土地占有权。

英国率先确立了现代产权制度,因此,关于英国农业、农民和土地产权的研究成果相当丰厚,大致可分为三个部分:其一,农民土地产权与社会过渡问题联系在一起,在国际学术界关于传统社会向资本主义过渡的三次大讨论中,许多著述都较深地涉及农民的土地问题,①如

① See R. H. Hilton, *Capitalism: What's in a Name?* Past and Present, No. 1 (Feb. 1952); M. Dobb, *From Feudalism to Capitalism*, Marxism Today, Sep. 1962; J. Merrington, *Town and Country in the Transition to Capitalism*, New Left Review, No. 93 (Sep. – Oct. 1975).

美国学者斯威齐、布伦纳,[①]英国学者波斯坦、哈彻、希尔顿,[②]法国学者布瓦、拉杜里等。[③] 他们的视角不同,观点各异,但对于农民的土地产权与近代社会转型的内在关系均给予高度重视。其二,从经济—社会史角度研究农民的土地产权问题,如托尼、科斯敏斯基、克里奇、戴尔、坎贝尔、琼·瑟斯克、霍斯金斯、乔伊斯·扬和斯科菲尔德等。[④] 他们密切关注日常经济生活、社会生活与农民土地产权的互动关系,对土地财产的继承和流动也给予了相当关注。其三,从法学和政治传统角度研究农民的土地问题,如伯尔曼、波洛克、霍兹沃斯、迪戈比、艾德金、辛普森、塔特等。[⑤] 他们认为,中世纪土地产权与欧洲封建制度联系在一起,既不同于古典罗马的所有权,也不同于现代所有权,而是特定意义上的土地依法占有,农民

---

① See P. Sweezy, *A Critique*, Science and Society, Spring 1950; R. Brenner, *Agrarian Class Structure and Economic Development in Pre-Industrial Europe*, Past and Present, No. 70 (Feb. 1976). 另参见 R. Brenner, *The Agrarian Roots of European Capitalism*, Past and Present, No. 97 (Nov. 1982)。

② See M. M. Postan and J. Hatcher, *Population and Class Relations in Feudal Society*, Past and Present, no. 78 (Feb. 1978); R. H. Hilton, *A Crisis of Feudalism*, Past and Present, No. 80 (Aug. 1978); R. H. Hilton, *The English Peasantry in the Later Middle Ages: The Four Lectures for* 1973 *and Related Studies*, Oxford: Clarendon Press, 1975; R. H. Hilton, *Bond Men Made Free: Medieval Peasant Movements and the English Rising of* 1381, London: Methuen, 1973.

③ See Emmanuel Le Roy Ladurie, *A Reply to Robert Brenner*, Past and Present, No. 79 (May 1978).

④ See R. H. Tawney, *The Agrarian Problem in the Sixteenth Century*, New York: Harper & Row, 1967; R. H. Hilton, *The English Peasantry in the Later Middle Ages*; E. A. Kosminsky, *Studies in the Agrarian History of England in the Thirteenth Century*, Oxford: Blackwell, 1956; E. Kerridge, *Agrarian Problems in the Sixteenth Century and After*, London: Allen and Unwin, 1969; C. Dyer, *Lords and Peasants in a Changing Society: The Estates of the Bishopric of Worcester, 680 – 1540*, Cambridge: Cambridge University Press, 1980; Jane Whittle, *The Development of Agrarian Capitalism: Land and Labourin Norfolk, 1440 – 1580*, Oxford: Oxford University Press, 2000; M. Campbell, *The English Yeoman under Elizabeth and the Early Stuarts*, New York: A. M. Kelley, 1968; J. Thirsk, ed., *Agrarian History of England and Wales*, vol. IV, Cambridge: Cambridge University Press, 1990; W. G. Hoskins, *The Midland Peasants: The Economic and Social History of a Leicestershire Village*, London: Macmillan, 1957; P. R. Schofield, *Peasant and Community in Medieval England, 1200 – 1500*, New York: Palgrave-Macmillan, 2003.

⑤ 参见[美]哈罗德·J. 伯尔曼:《法律与革命——西方法律传统的形成》,高鸿钧等译,中国大百科全书出版社 1996 年版; F. Pollock, *The Land Laws*, third edition, London: Macmillan, 1896; W. Holdsworth, *An Historical Introduction to the Land Law*, Oxford: The Clarendon Press, 1927; K. E. Digby, *An Introduction to the History of the Law of Real Property: With Original Authorities*, second edition, Oxford: Clarendon Press, 1876; B. W. Adkin, *Copyhold and Other Land Tenures of England*, London: Estates Gazette, 1911; A. W. B. Simpson, *A History of the Land Law*, Oxford: Clarendon Press, 1986; Joshua C. Tate, *Ownership and Possession in the Early Common Law*, The American Journal of Legal History, Vol. 48, No. 3 (Jul. 2006), p. 280 – 313。

土地产权的演变与其政治法律地位密切相关。近年来,国内学界也有一批研究成果。① 不过,就英格兰农民的土地产权而言,尚缺乏专门性、综合性和长时段的探讨,尤其从法律与经济社会的相互联系来看,更存在相当大的研究空间。

一、中世纪的"占有权"概念

中世纪英格兰农民的土地产权不是孤立的,不仅涉及经济领域、政治和法律关系,而且是整个封建经济和政治制度的有机组成部分。我们须从英格兰的封建制度及其财产权利体系谈起,有时则需要涉及欧洲大陆。

领主附庸关系是欧洲封建制的核心内容,与封建财产关系密切相连。何谓领主附庸关系的基本特征呢?由于公权涣散、软弱,社会秩序几乎荡然无存,为了获得安全,人们纷纷投靠在强者麾下,结成相互的权利和义务关系:附庸获得安全(往往同时获得封地),领主获得兵役或劳役,当然也获得人身的统治权和政治权力。一些学者认为,其中包含了一定的契约关系,因为这种关系排除了血缘关系,是相互的权利义务关系,而且约束也是双向的。"由于行了臣服礼而封臣对封君有多少忠诚,则同样封君对封臣也有多少忠诚",如果对方没有履行义务,封君可以宣布封臣不再是其封臣,封臣同样可以宣布封君不再是其封君。② 显然,这样的臣服关系是有一定条件的,领主不能为所欲为。布洛赫指出:"附庸的臣服是一种名副其实的契约,而且是双向契约。如果领主不履行诺言,他便丧失其享有的权利。"③ 9世纪,欧洲封建制一经确立,即有文献资料表明,人们普遍认为附庸拥有离弃恶劣领主的权利。④ 附庸背叛失信的领主是道德的、合法的,这就是欧洲"抵抗权"的起点。伯尔曼说:"附庸或领主基于足够严重的刺激因素而解除效忠或忠诚契约,这不仅从理论的观点看是至关重要的,而且在特殊情况下也具有实质性的实际重要性。如果一方违背其义务并由此给另一方造成严重损害,那么另一方就有权通过一种称之为 diffidatio('撤回忠诚')的庄严的蔑视性表示解除相

---

① 参见赵文洪:《私人财产权利体系的发展——西方市场经济和资本主义的起源问题研究》,中国社会科学出版社1998年版;沈汉:《英国土地制度史》,学林出版社2005年版。

② See R. W. Carlyle and A. J. Carlyle, *A History of Medieval Political Theory in the West*, Vol. 3, London: W. Blackwood, 1928, p. 21.

③ Marc Bloch, *Feudal Society: Social Classes and Political Organization*, Vol. 2, London: Routledge, 2005, p. 172.

④ See H. R. Loyn and John Percival, eds., *The Reign of Charlemagne: Documents on Carolingian Government and Administration*, London: Edward Arnold, 1975, p. 84.

互关系……撤回忠诚是从11世纪开始的西方封建关系的法律特性的一个关键。"①因此,不难发现国王与某贵族因地权、地界问题产生争议而对簿公堂的情况。比如,1233年,国王亨利三世指责伯爵理查德·马歇尔侵犯了王室领地,伯爵则宣称自己不是侵犯者,因为国王首先侵犯了他的土地。伯爵宣称,由于国王违约在先,根据相互的权利与义务原则,效忠关系自动解除,伯爵不再有效忠国王的义务,"为了国王的荣誉,如果我屈从于国王意志而违背了理性,那我将对国王和正义犯下更严重的错误。我也将为人们树立一个坏的榜样:为了国王的罪恶而抛弃法律和正义"。② 这个例证表明,国王不能支配王国的每一个庄园,在中世纪人的观念中,附庸的服从和义务不是无条件的,如果受到国王不公正的对待,附庸有抵抗和报复的权利。

领主和附庸是不平等的,是依附与被依附的关系,同时存在双向的制约性,任何一方违背约定,另一方可以"撤回忠诚"。附庸的权利有一定的独立性,不完全依赖领主的善恶喜怒而变动,因此是有一定保障的。有关抵抗权的观念与实践存在于统治者和被统治者、高贵者和低贱者的共识中,存在于原始的个人权利中,显然是欧洲封建制的重要特征。

在欧洲封君—封臣关系的语境下,附庸对采邑稳定的占有权就容易理解。起初,分封采邑与军事义务联系在一起,所授采邑及身而止,有效期以附庸在世为限。随着时间的推移,附加在土地上的占有权相对凝固起来,而且附庸的义务折算为货币支付,不再是从前那种人身服役的方式,采邑的管理也越来越远离领主的监督,这些都促进了附庸经济自主性的增大。早在加洛林时期就已显现出一种趋势,即封君对采邑的权力越来越小,土地一旦被封授,封君则很难支配或收回。布洛赫说:"在一个许多人既是委身之人又是领主的社会里,人们不愿意承认这样的事实,即,如果这些人中的一个人以附庸身份为自己争得某种利益,作为领主时他可以拒绝将这种利益给予那些以同样的依附形式依附于他的人。从旧的加洛林法规到英格兰自由的古典基石《大宪章》,这种权力平等观从社会上层顺利地传布到社会下层,它将始终是封建习俗的最肥沃的资源之一。"③

采邑的继承权经历了极不稳定的发展,大约11世纪中叶才逐渐确定下来,真正成为法律。1037年,《米兰敕令》确立的原则是:任何领地,无论主教、修道院院

① [美]哈罗德·J.伯尔曼:《法律与革命——西方法律传统的形成》,高鸿钧等译,中国大百科全书出版社1996年版,第374页。

② Fritz Kern, *Kingship and Law in the Middle Ages*, New York: Harper & Row, 1970, p. 88 – 89.

③ Marc Bloch, *Feudal Society: The Growth of Ties of Dependence*, Vol. 1, p. 195.

长、侯爵、伯爵还是其他任何人的领地，都不得被剥夺，除非他被法庭认定有罪，而且须经由同级领主集体作出裁决。倘若附庸受到不公正的对待而失去领地，可向王国最高法庭上诉。1066年采邑传入英格兰时，已经普遍认为可以传给继承人，“采邑”一词本身就意味着一种世袭地产。

一旦采邑可以世袭，地产转移也就不远了。最初的让渡是部分出让，义务仍由原附庸承担。当采邑全部转让之时，义务不得不由新的租佃人承担，这与附庸制原则产生了尖锐矛盾。附庸制本是两个人面对面的约定，相互忠诚，一旦附庸变成一个陌生人，附庸制何以为继？怎能期望从一个不认识的人那里得到这种忠诚呢？① 土地可以转让，“忠诚”如何转让？唯一的办法是领主先收回采邑，与新的租佃人确认效忠关系后，重新授地给新人。事实上，新的封地仪式往往沦为纯粹的过场。与其说领主重新封授土地，不如说只是采邑转让手续的一环。事实上，采邑既可以世袭，也可以出售。

纵观英格兰封建地产的发展，可以看到大地产日渐衰落，中、小地产不断加强，地产的转移主要通过市场进行。在1086年《末日审判书》里，最大的庄园之一是柯拉普哈姆，占地面积达30犁（约合3600英亩），到13世纪末已分裂为5个庄园。艾克莱顿庄园到1279年则已分裂为10个庄园。剑桥郡的60个地产中，王室领地本来占16%，但到1279年几乎全归一般封建主掌握。② 15世纪中期，王室仅拥有5%的土地，③已无土地封授，市场流通成为采邑转移的主渠道。

采邑本属于封君，但受封并占有采邑的封臣似乎成了真正主人，附庸对采邑的“占有”何以如此稳定？它在欧洲封建财产关系中意味着什么？如何理解中世纪的所有权和占有权？这些问题都需要明确的回答。

在古典罗马法中，possessio 表示占有权，proprietas 表示所有权，二者泾渭分明。一个人享有所有权，他就享受占有、使用和处分的全权，占有权不能脱离所有权而独立存在。在欧洲封建制度下，由于附庸的权利是相对独立的，于是附加在土地上的占有权也积淀并固化起来。在封建土地保有制中，每一块土地都包含着封建等级上级和下级的权利，甚至受到两种以上权利的限制，因此，保有地具有可

---

① See Marc Bloch, *Feudal Society: The Growth of Ties of Dependence*, Vol. 1, p. 209.

② See E. A. Kosminsky, *Studies in the Agrarian History of England in the Thirteenth Century*, p. 148.

③ See J. P. Cooper, *The Social Distribution of Land and Men in England, 1436 – 1700*, The Economic History Review, New Series, Vol. 20, No. 3 (Dec. 1967), p. 419 – 440. 17世纪中叶时，王室竟然仅拥有2.1%的庄园。Richard William Lachmann, *From Manor to Market: Structural Change in England, 1536 – 1640*, Thesis (Ph. D.), Harvard University, 1983, p. 139.

分的利益,而不存在绝对的、不可分割的所有权。随着时间的推移和臣民权利的稳定增长,财产重心出现向实际占有者转移的趋势。一个人实际占有的土地或享有的权利,不能由暴力剥夺,甚至不能由合法的所有者剥夺,只要这个人按照约定履行了义务。在这里,占有的概念扩展了。英格兰及西欧为此找到了一个新名词,即 seisin(法定占有)。梅特兰说,在中世纪,"再没有任何其他比占有(seisin)概念更为重要的了……它是如此重要,以至于几乎可以说,英格兰整个土地法就是关于土地的占有及其结果的法律"。①

乔舒亚·C. 塔特认为,中世纪法学家不会不懂得如何区分所有权和占有权。12 世纪晚期,学习罗马法的学生几乎肯定会被告知"所有权"(proprietas)和"占有权"(possessio)的区别。不过,在英王室法庭的早期记录中,更为常见的是另外两个词条,即权利(ius)和法定占有(seisina)。事实上,土地权利的拉丁语 seisina,不同于罗马法中的"占有权",也不同于"所有权"。12 世纪 80 年代,在教会法学家的《训导集》中,出现了所有权诉讼与占有权诉讼的明显区别。盎格鲁—诺曼教会学校的理查德乌斯(Ricardus)写作的《秩序》(*Ordo*)一书,也将所有权和占有权区分开来。不过它们都是将占有权诉讼置于显著位置。② 法庭案例和教皇教令也表明,当争议发生时,占有权诉讼应在所有权诉讼之前。教职之争亦如此。1161 年,一个名叫阿兰的人试图通过法庭恢复被夺走的教职。西奥博尔德大主教致信教皇说,阿兰最先提起占有权诉讼,遇阻后转向所有权请求,并在法庭提供了证据。该案例表明占有权诉讼在先。又如,西奥博尔德任坎特伯雷大主教期间(1139 ~ 1161 年),其辖区某庄园一个叫彼得的人要求恢复曾占有的土地,声称其父即占有这些土地,不过因不能提供相关证据而败诉。法庭告知彼得,他可以继续就所有权进行起诉。这两个案件都明显区分了所有权和占有权诉求,并显示诉讼须从占有权开始,恢复占有权是进行所有权之诉的前提条件。很明显,占有权诉讼被认为是独立的,与所有权似乎没有必然联系。③

在教会法中,占有权的概念首先独立出来,继而被置于优先地位。比如,主教或修道院长的位置时常发生纠纷,倘若一方用武力强行驱逐当下的占有者,教会法的原则是,在确定谁是最合法的权利主张者之前,先确保前占有者恢复原来的位置。12 世纪中期,格拉提安提出"归还原则"(cannon redintegranda),他宣布任

---

① F. Pollock and F. W. Maitland, *The History of English Law before the Time of Edward* Ⅰ, Vol. Ⅱ, Cambridge: Cambridge University Press, 1978, p. 29.

② See Joshua C. Tate, *Ownership and Possession in the Early Common Law.*

③ See Joshua C. Tate, *Ownership and Possession in the Early Common Law.*

何人都有权恢复他被掠夺的任何东西,无论是土地、财物还是权利,也无论这种掠夺是通过武力还是通过欺诈进行的。"是否对被掠夺者一律恢复占有?"他的回答是肯定的。后来的注释者把"归还原则"不仅认作确认性的保护,而且也适用于独立的诉讼程序,即"夺回诉讼"(actio spolii)。① 教会法的这套程序适用于教会人员,事实上也深刻影响了世俗法律。梅特兰认为教会法的"侵夺之讼"启发了英格兰的"新近侵占之诉",因为两个程序均保护占有者的财产,反对另一方掠夺,不论他是谁。也就是说,他们发展出完全不依赖所有权的侵夺之诉,在这种诉讼中,被告的所有权不能成为抗诉的理由。②

世俗普通法强调和保护"占有权"的第一个令状是权利令状(The writ of right)。这是亨利二世早期发出的法律令状之一,收录在1187～1189年的《格兰维尔》(*Glanvill*)一书中。令状的原则相当明确:甲持有领主的一块土地,如果该土地被乙夺走,令状要求领主"迅速作出正确裁决",将被夺走的土地归还甲。令状警告道,如果领主没有这么做,那么郡长将"不再接受进一步的有关权利违约的控诉"。同时原告还可以通过移卷令状(writ of pone)上交王室法院。该令状的含义是,倘若领主不公正地对待失去土地的佃户,国王有权进行干预。"权利令状"的冗繁,很可能促使了新近侵占诉讼令(the assize of novel disseisin)的出台,它是英王亨利二世最重要的司法改革。与权利令状不同,它将诉讼提交给郡长而不是原告的领主。有关该文书形式的最早证据也来自《格兰维尔》。在诉讼令中,国王告知郡长:某甲抱怨某乙"在我上次去诺曼底旅行期间,不公正地、未经法律程序剥夺了我在某村自由持有的地产"。国王命令郡长先将夺走的土地以及相关动产复归原位,然后查证:"12个自由守法的邻居",即陪审员将查验现场,并将查验结果当面禀告国王或国王的法官。最后进行审判,可缺席审判,即使被告不出庭,审判也照常进行。③ 有学者认为,新近侵占诉讼令是亨利二世"多次彻夜"思考的结果,更多学者则认为是关于土地占有法律的逻辑延伸。无论如何,这套解决纠纷机制的创立,对英格兰乃至欧洲的历史产生了重大影响。对土地财产关系的调整和向法律普遍性的发展都迈出了重要一步。

就土地财产关系问题,罗马法和教会法是否影响了欧洲早期的普通法?对此可以作出肯定回答,但要作出限定和说明。欧洲没有移植罗马的所有权法律体

① 参见[美]哈罗德·J.伯尔曼:《法律与革命——西方法律传统的形成》,高鸿钧等译,中国大百科全书出版社1996年版,第549页。

② See Joshua C. Tate, *Ownership and Possession in the Early Common Law*.

③ See Joshua C. Tate, *Ownership and Possession in the Early Common Law*.

系，虽然对“所有权”概念并不陌生，但长时期予以淡化和改造，在一个新的起点上形成了独特的土地产权体系。一些西方学者认为欧洲法律与罗马法没有联系，显然有失偏颇。如果认为欧洲法律是罗马法的移植或延伸，同样不符合实际。历史事实是，英格兰及西欧大陆根据新的历史条件和社会需要，建构起一个新的法律政治体系，其中不乏从古典罗马法中吸纳一些概念和方法。笔者更倾向于密尔松的意见，他认为，必须在封君—封臣关系的语境下来理解占有（seisin）和权利（right）等法律概念，而不能简单地与罗马法的一些概念进行对接和对译，或看作罗马法相关概念的同义词。[①] 也就是说，应该充分认识中世纪欧洲财产体系的独创性。

梅特兰也多次谈到欧洲土地所有权被领主和附庸分割甚至多次分割的情况：“土地的完全所有权在A和B之间分割；封臣可能再次封授自己持有的部分土地，于是土地所有权在A、B和C之间分割，C持有B的土地，B持有A的土地，如此循环往复。”[②]随着层层封授，在同一块土地上便产生了多个保有关系。例如，“爱德华一世时期，罗杰持有罗伯特在亨廷顿郡的土地，罗伯特持有理查德的土地，理查德持有阿兰的土地，阿兰持有威廉的土地，威廉持有吉尔伯特的土地，吉尔伯特持有戴沃吉尔的土地，戴沃吉尔持有苏格兰国王的土地，苏格兰国王持有英格兰国王的土地。”[③]一块土地涵盖的权益关系，竟达9人之多！梅因谈到类似情况时，把领主的土地权利称为高级所有权，附庸的土地权利是低级所有权。[④]然而，当附庸可以继承采邑、自由转移采邑之时，其土地权利还能被视为“低级所有权”吗？伯尔曼索性排拒了罗马法的所有权概念，或者说更重视、更倾向于一种独立于所有权的特定占有权。他认为，封建制下的土地权利在各个方面通常都是有限的、可分的、共同的，“事实上，土地不为任何人‘所有’；它只是在阶梯形的

---

① See S. F. C. Milsom, *The Legal Framework of English Feudalism: The Maitland Lectures Given in 1972*, Cambridge: Cambridge University Press, 1976, p. 39 – 40. 另参见 Joshua C. Tate, *Ownership and Possession in the Early Common Law*。

② F. W. Maitland, *The Constitutional History of England: A Course of Lectures*, Cambridge: Cambridge University Press, 1908, p. 153.

③ F. Pollock, F. W. Maitland, *The History of English Law before the Time of Edward* Ⅰ, Vol. Ⅰ, p. 233.

④ See Alan Macfarlane, *The Cradle of Capitalism: The Case of England*, in Jean Baechler, John A. Hall and Michael Mann, eds., Europe and the Rise of Capitalism, Oxford: Blackwell, 1988, p. 193；［英］梅因：《古代法》，沈景一译，商务印书馆1997年版，第167页。

‘占有权’结构中为由下至上直到国王或其他最高领主的上级所‘持有’”。①

不过,混合所有权并非欧洲独有的历史现象。封建等级中的契约性、附庸权利的独立性、抵抗的合法性,才是其土地关系最重要的特征。伯尔曼指出:“西方封建财产产权体系,在其有关各种对抗权利的相互关系的概念上,却是独一无二的。”一个人可以在某块土地上享有有效对抗领主的一定权利,以及对抗领主的领主乃至国王的权利。随着时间的推移,臣民权利稳定增长,财产重心出现向实际占有者转移,即经济自主的趋势。一个“实际占有”土地的封臣对任何“侵占”其土地的人甚至其领主,都享有一种诉权。随着附庸法律自主性的发展,“实际占有权”逐渐突出,seisin 即依法占有、实际占有,独立于所有权,优先于所有权,最后在新的社会条件下无限接近所有权,到近代最终与资本主义私人所有权接轨。11 世纪晚期和 12 世纪,“实际占有权”这一概念流传到整个欧洲,对西方法律理念和法律制度,以及财产权利体系的发展做出了贡献。如同 1166 年“新侵占之诉”一样,“在西欧每一个国家的法律中都有与此相类似的制度”。由此,封臣可以免受封君的强行侵夺。同样,佃户可以免受领主的强行侵夺。②

二、佃农地权的安全性

在欧洲封建制度下,附庸享有独立的采邑占有权,佃户对保有地同样具有稳定的占有权。封建法规定了封君与封臣的关系,庄园法则规定领主与佃农的关系。这两种法律体系紧密相连,具有同构性。梅特兰说:“封建主义在社会底层运行与在上层的运行一样。当武装的封臣围绕在国王身边的时候,底层人物也将自己分别置于各类领主的保护之下,他们耕种领主的土地,而领主则进行必要的战斗。”③有学者认为,直接生产者对土地的保有往往比贵族封臣对采邑的保有更为稳定,王权与贵族的政治斗争形成了对农民有利的态势。④ 佃户对所耕种的土地通常可以继承,并无限期占有,也有固定期限的土地占有,有的长达三代,有的只

① [美]哈罗德·J. 伯尔曼:《法律与革命——西方法律传统的形成》,高鸿钧译,中国大百科全书出版社 1996 年版,第 382 页。

② 参见[美]哈罗德·J. 伯尔曼:《法律与革命——西方法律传统的形成》,高鸿钧译,中国大百科全书出版社 1996 年版,第 381 ~ 383、549 页。

③ See F. W. Maitland, *The Constitutional History of England: A Course of Lectures*, p. 57.

④ See J. C. Holt, *Politics and Property in Early Medieval England*, *Past and Present*, No. 57 (Nov. 1972), p. 3 – 52.

限于一代，甚至以若干年为期。[①] 同时，存在身份性的差异，即人身依附性较强的维兰（Villaein）与相对自由的佃户之间的差异。无论哪一类佃户，都存在土地权利问题。哈德森指出，在佃户与领主的关系中，土地权的安全性、继承性、可转让性反映了土地保有人的顾虑：他希望确保土地持有的安全，在他死后，其家人能够继续享有土地权利，或者有权将土地赠送、出售给某个教堂和个人。三要素密切联系，是同一问题的不同侧面，[②]其中地权的安全性无疑居于核心地位。

曾有学者认为，维兰[③]的保有地来自领主，按照领主的意志而保有土地，领主可以随意处置。实际情况并非如此。事实上，维兰拥有家庭和财产，大部分维兰的土地权利是有保障的，既安全又稳定，即使在农奴制最残酷的时期也是如此。土地的稳定占有不仅是他个人经济独立发展的基础，也是个人权利发展的基础。到 11 世纪和 12 世纪，庄园制流行于欧洲大部分地区，庄园法形成了法律体系，农奴制的法律概念第一次得到系统阐述。农奴被称为"束缚于土地上的人"（glebae abscriptae），这意味着，除非根据某些条件，他不能离开土地，同时也意味着，除非根据某些条件，不能将他们驱逐出去。佩里·安德森指出，当时，"束缚于土地上的人"这一术语表明，此前几个世纪的经济和社会关系在法律上得到了确认，而且是一种非常"滞后"的确认。[④] 只要他们履行了相应义务，不过分对抗领主，其土地权利就是安全的。

如果佃户拒服劳役，领主可以扣押乃至剥夺佃户的土地，但必须依据法律，在法庭上履行一系列法律程序。正如《格兰维尔》所说："如果佃户对领主不忠诚，领主可审判佃户并扣押土地，但要按照法律，通过法庭判决进行。"[⑤]当然，佃户的劳役和负担都受到法律限定，很难随意认定。尤其是进入 13 世纪之后，成文法出现，企图任意改变惯例的领主们会发现自己陷入漫长的司法博弈，对手往往不是一个佃农，而是组织严密的乡村共同体。[⑥]

如果发生争议，包括发生土地纠纷，领主不能独断专行，而是起诉至法庭。法

---

① See John Hudson, *Land, Law and Lordship in Anglo-Norman England*, Oxford: Clarendon Press, 1994, p. 97 – 98.

② 参见［英］约翰·哈德森：《英国普通法的形成：从诺曼征服到大宪章时期英格兰的法律与社会》，刘四新译，商务印书馆 2006 年版，第 106 页。

③ 维兰本意是村民 villager，封建化后下降为农奴。See A. L. Poole, *From Domesday Book to Magna Carta*, 1087 – 1216, Oxford: Oxford University Press, 1951, p. 40.

④ See Perry Anderson, *Passages from Antiquity to Feudalism*, London: NLB, 1974, p. 147.

⑤ John Hudson, *Land, Law and Lordship in Anglo-Norman England*, p. 28.

⑥ See John Gillingham and Ralph A. Griffiths, *Medieval Britain: A Very Short Introduction*, Oxford: Oxford University Press, 1984, p. 76.

庭对领主指控的事实进行调查,并依法进行裁决。裁决者是庄园全体成员,上至领主和管家,下至农奴,他们都被称为"诉讼参加人"(suitors),对判决具有决定性影响。后来,裁决者演变为陪审团,由那些与被告地位相当的人组成。陪审团是事实上的法官,领主或管家仅是庄园法庭的主持人。或许有人认为,领主及其代理人的权力可能会对法庭判决产生影响。这种推论虽有一定道理,但实际情况不完全如此,许多判决并不保护领主的利益。例如,在一次诉讼中,庄园主试图剥夺一个农奴的某块地产,理由是该农奴的持有地超过了限额。该农奴却争辩说,其他佃户也有类似的情况,"此前一直持有几块地产,而无需特许状,也未受罚和受指控",他"准备通过佃户(即庄园的全体佃户)和其他必要的方法证明这一点"。这个案件记录的结果是:"将这个问题搁置起来,直到达成更充分的协商等。"①该案件和许多类似的案件都表明,如果发生争议,领主不能直接处置农奴的土地,换言之,不能随意驱逐佃户,必须经过法庭;而法庭不一定作出有利于领主的裁决,一些情况下是抵制领主而援助佃户。

领主剥夺土地多以佃户拒服劳役为口实,即使法庭查实并下达剥夺维兰土地的判决,与实际收回还有很远的路程。在越来越严格的法律程序中,要经过三个阶段:下传票提出警告;扣押动产;扣押、查封土地以至没收土地。没收之前必须举行法庭听证会,被告佃户可以当场辩解,而原告在达到基本目的后也往往乐于表明他是一位好领主。② 其实,不仅听证会,三个步骤中的每个环节,都为妥协提供了机会。领主起诉佃户,以扣押土地相威胁,目的在于使其就范,按约服役。领主深知没收土地是一件很例外的事情。佃户也不认为会轻易失去土地,土地已属他,是安全的,这种自信随占有时间的持续而益增。哈德森总结道:"我们极少看到采邑内部发生过这种佃户失去土地的实例,这不仅仅是由于史料证据有限,也可能反映出当时确实很少实际发生佃户失去土地的情况。"③哈姆斯也指出,"事实上,大部分维兰很大程度上享有土地安全,即使是在13世纪也是如此"。④

与农奴相比,自由佃户的土地更加安全,不仅受到庄园法庭的保护,还有王室

① [美]哈罗德·J.伯尔曼:《法律与革命——西方法律传统的形成》,高鸿钧等译,中国大百科全书出版社1996年版,第398~399页。

② See John Hudson, Land, *Law and Lordship in Anglo-Norman England*, p. 34.

③ 参见[英]约翰·哈德森:《英国普通法的形成:从诺曼征服到大宪章时期英格兰的法律与社会》,刘四新译,商务印书馆2006年版,第108页。另参见John Hudson, *Land, Law and Lordship in Anglo-Norman England*, p. 33 - 34。

④ Paul R. Hyams, King, *Lords, and Peasants in Medieval England: The Common Law of Villeinage in the Twelfth and Thirteenth Centuries*, Oxford: Clarendon Press, 1980, p. 49.

法院的干预。当自由佃户认为庄园法庭判决不公正,可以越过庄园法庭向王室法院申诉,后者正急于扩大自己的司法管辖权,因此总是设法援助佃户。自12世纪起,英格兰王权就介入自由佃户的案件审理。[①] 前面提及领主扣押佃户土地前,先要扣押大牲畜一类的动产以示警诫,此时,如果他是一个自由佃户,即可求助王室法院,以期中断领主对他可能造成的侵害。王室法院提出了一种称为"收回非法扣留动产之诉"的简单诉讼程序,根据这种程序,郡法庭可以核准佃户是否没有履行劳役,领主扣押其动产的理由是否成立。否则,郡长有权对领主采取强制措施。[②]

王室法院对自由佃户土地占有权的保护,在早期普通法中,最著名的当属新近侵占之诉等王室令状。该令状是国王发给某郡守,后者代表国王干预强占佃户土地的案件。格兰维尔曾经记述了该令状的一般形式和内容:"国王向郡守问候。命令N.毫无迟疑地归还R.在某村庄1海德的土地。R.向我控告N.侵占了他的土地;如果他没有归还,则由合适的传召者传唤他,在复活节后的第一个星期天在某地点到我或我的法官面前,解释为何没有做到。务必使他和传召者带着此令状一同前来。证明人:兰纳夫·格兰维尔。于克拉伦登。"[③]

关于"法定占有"(seisin)的概念,前已有介绍。亨利二世及其法学家根据教会法学家的"归还原则",发展出新侵占之讼,有利于保护封臣的权益,同样有利于农民的保有地免受领主及他人的强行侵夺。"如果自由持有土地佃户被不公正地侵占和剥夺财产,且未经审判,他便能够通过王室令状寻求救济:召集陪审团;在国王法官面前回答关于保有和侵占问题。继而为原告做出判决,他便能恢复其财产。"[④]诉讼中,原告只需证明先前的占有成立,这样的占有权就不会被改变。佃户对土地长期稳定的占有,强化了佃户的土地权利。而王权新的法律举措,特别是恢复土地权的法令,对人们的观念和争端的解决,也产生了显而易见的影响。12世纪末,一位名叫萨姆森的修道院院长承认:他不得不依法处理此事,如果没有法院的判决,他不能对任何自由人保有多年的任何土地和收益予以剥夺,不管

① See Frank E. Huggett, *The Land Question and European Society since 1650*, London: Thames and Hudson Ltd., 1975, p. 19.

② See F. Pollock and F. W. Maitland, *The History of English Law before the Time of Edward Ⅰ*, Vol. Ⅱ, p. 577–578.

③ See D. C. Douglas and G. W. Greenaway, eds., *English Historical Documents*, Vol. Ⅱ, London: Routledge, 1981, p. 496.

④ F. Pollock and F. W. Maitland, *The History of English Law before the Time of Edward Ⅰ*, Vol. Ⅰ, p. 146.

自由人的这种保有是合理的还是不合理的。如果他果真剥夺了自由人的财产,将会受到王国巡回法院的处罚。①

当然,不乏领主侵害佃户土地权益的事件发生,但结果并非都能如愿。1198年,林肯郡某庄园领主与亚历山大庄园领主发生土地产权纠纷,后者不得不把价值100马克的地产切割给了对方。但亚历山大庄园的两个佃户拒绝交出土地,也不给亚历山大交租。亚历山大领主诉诸王室法院,后者也无从置喙,因为佃户坚称土地让渡事先没有与他们协商,所以是无效的。案件前后拖了7年之久,土地仍在两个佃户之手。② 又如,15世纪中期拉姆齐修道院的希林顿庄园,领主侵占了佃户的土地。佃农将该情况告知了王室复归财产管理员(royal escheator),王室便扣押了该土地,理由是拉姆齐修道院没有申请王室许可并支付相应款项,从而破坏了《没收法》(Statute of Mortmain)。最后,拉姆齐修道院不得不放弃占有该土地。③ 这些案例均表明,农民依法保护自己的持有地免受领主侵占是可行的。

随着农奴制的解体,原来的维兰佃户纷纷进入了王权保护的行列。公簿持有农大多是维兰的后代,其土地是"凭法庭案卷副本而持有"。④ 大约从15世纪中叶起,王室普通法开始受理公簿持有农的诉讼,为他们的土地提供保护,从而确立了他们的法律地位。1467年,大法官法庭开始受理公簿持有地的诉讼。1482年,普通高等民事法庭也开始受理此类案件。⑤ 1467年,大法官丹比(C. J. Danby)说:"如果领主驱逐公簿持有农,他就错了,因为公簿持有农依据庄园惯例持有的土地与普通法意义上的自由持有地没有什么区别。"不久,大法官布里安(C. J. Brian)表达了同样观点:"如果公簿持有农按照习惯法履行了义务仍遭领主的驱逐,该佃户可以对领主提起侵权之诉。"⑥现代学者里丹(Mr. Leadam)认为,自那

① 参见[英]约翰·哈德森:《英国普通法的形成:从诺曼征服到大宪章时期英格兰的法律与社会》,刘四新译,商务印书馆2006年版,第205~206页。

② See Paul R. Hyams, *King, Lords, and Peasants in Medieval England: The Common Law of Villeinage in the Twelfth and Thirteenth Centuries*, p. 9.

③ See P. D. A. Harvy, ed., *The Peasant Land Market in Medieval England*, Oxford: Clarendon Press, 1984, p. 213 – 215.

④ A. W. B. Simpson, *A History of the Land Law*, p. 161.

⑤ See P. D. A. Harvey, ed., *The Peasant Land Market in Medieval England*, p. 328.

⑥ E. Lipson, *The Economic History of England*, Vol. 1, London: A. & C. Black, 1915, p. 136; Paul S. Clarkson and Clyde T. Warren, *Copyhold Tenure and Macbeth*, *Ⅲ*, *ii*, *38*, Modern Language Notes, Vol. 55, No. 7 (Nov. 1940), p. 483 – 493.

时起,公簿持有农与自由佃农一样,享有完全的法律保障。① 阿什利(Ashley)认为,这样的看法过于乐观,由于习惯法对佃农强有力的保护已然衰落,土地占有并非那么安全。② 塞维因(Savine)也指出,15 世纪大法官法庭对公簿持有农命运的影响不可夸大。大法官法庭受理的诉讼案总数可达好几千件,其中公簿持有农的申诉数量颇为有限。③ 托尼则持折中态度,他认为这两种观点都过于极端,公簿持有农的法律地位与每个庄园的具体情况相关。④ 各地公簿持有农受到普通法保护不是一次完成的,而且接受王室法院的审理和保护总要有一个过程,不过公簿持有农越来越受到普通法保护这一事实是没有疑义的。时间对公簿持有农有利,如同伯尔曼指出,封建持有地的自主发展方向总是有利于持有者。一个世纪以后,爱德华·柯克敏锐观察到公簿持有农的土地是安全的,他们可以通过大法官法庭或侵害令状(writoftrespass)保护自己。⑤ 只要履行义务,没有违反惯例,谁也奈何他不得。⑥

这里所说的"安全",一是人身安全,二是所占有土地的安全,至此,公簿持有农、自由农,都有了法律的保障。也就是说,到中世纪晚期,英格兰大多数农民的持有地是安全的,可以自由支配。亨利二世颁布恢复地产制度不久,西欧大部分地区也都先后援引和推行了同样的保护占有权的法律。虽然罗马法的"占有"不同于中世纪的"占有"或"保有",但欧洲法学家并未为此过于费神,他们只是将罗马法加以转化,为自己所有。这种转化为封臣、农民佃户的土地占有和占有权的安全提供了法律保障。伯尔曼总结说:"欧洲人发展了 sensin 概念,用以满足未从所有权中取得占有权利的合法占有人的需要。在英格兰、诺曼底、西西里、法兰西和德意志公爵领地以及其他地方,新侵占之诉以某种形式赋予合法占有人并也赋予具有占有权利的人以一种重新占有的权利,以防止对他的不公正侵害。"⑦一直到中世纪晚期和近代早期,佃户合法的土地权利不断得到重申。一份 1567 年的文件表明,温彻斯特大教堂与 158 名公簿持有农郑重地达成协议,一致同意固定地租、固定税费以及可继承的公簿持有权,"从今以后永远被承认并得到尊重"。

---

① See R. H. Tawney, *The Agrarian Problem in the Sixteenth Century*, p. 289.

② See R. H. Tawney, *The Agrarian Problem in the Sixteenth Century*, p. 290.

③ See Alexander Savine, *English Customary Tenure in the Tudor Period*, The Quarterly Journal of Economics, Vol. 19, No. 1 (Nov. 1904), p. 33 – 80.

④ See R. H. Tawney, *The Agrarian Problem in the Sixteenth Century*, p. 293.

⑤ See R. H. Tawney, *The Agrarian Problem in the Sixteenth Century*, p. 289.

⑥ See R. H. Tawney, *The Agrarian Problem in the Sixteenth Century*, p. 291.

⑦ [美]哈罗德·J. 伯尔曼:《法律与革命——西方法律传统的形成》,高鸿钧等译,中国大百科全书出版社 1996 年版,第 557、550 页,另见"第十三章"。

另外，埃尔斯韦克庄园的佃户就地产性质问题与领主对簿公堂，他们根据法庭记录逐项重申他们对土地的权利。法庭记录表明，法庭再一次给予了确认。①

欧洲中世纪的“占有”概念，不仅是对不动产、动产和职位的实际占有或支配；而且是对一种非实体的权利占有和支配。英格兰等西欧国家的法律像教会法一样，既保护对财产的占有，也保护附属于占有的权利。因此，当一个人在离开土地去参加十字军东征或朝圣时，仍然可以保持对土地的实际占有。也就是说，当认为某人对其不动产保持占有和管理权时，即使没有实际的占有相伴随，他的占有也是有效的，并且受到保护。由此，我们可以理解庄园佃户对公用地的使用：对那些荒地、林地和沼泽，他们既没有所有权也没有实际的占有，但是拥有使用的权利，所以佃户可以依规定利用它们，从中获取生活必需品，同样受到法律保护。研究中世纪英格兰及西欧佃户土地产权的观念和实践，有助于人们理解整个中世纪历史及其发展。这个时期并非没有法律和权利，而是法律成长的时代。② 中世纪晚期，在庄园的惯例土地之外，还出现了新型租佃关系，租佃双方不是根据封建依附关系和庄园惯例，而是基于双方订立的契约。③ 契约签订自由，租期、租金等依市场行情而定，④承租者被称为契约佃农或契约农场主，被认为是封建身份特征几乎完全荡尽的一种土地持有形式。庄园内的土地关系在变，以此为基础在庄园之外产生新的土地关系，从此，英格兰走上双轨制发展轨道。

三、佃农地权的继承与流通

法理上，一个典型的维兰是不能自行处置土地的，即无法自由离开土地、出售和出租土地，也不能订立遗嘱和继承土地。如果维兰离世，其土地应归还领主，领主再根据自己的意愿重新分配。然而实际情形是，只有在极少情况下，领主才会让另一家庭接手份地。维兰的财产不仅可以继承，而且在一定程度上可以自由支配。教会也认为维兰应该像自由人那样留下遗嘱，随个人意愿处置土地。⑤ 因此，领主通常让原来的佃户家庭继续占有这块土地及附属的权利，佃户则继续承

---

① See R. H. Tawney, *The Agrarian Problem in the Sixteenth Century*, p. 295 - 296.

② 参见[美]汤普逊：《中世纪经济社会史(300—1300年)(下册)》，耿淡如译，商务印书馆1997年版，第332页。

③ See B. W. Adkin, *Copyhold and Other Land Tenures of England*, p. 65.

④ See Bas J. P. van Bavel and Phillipp R. Schofield, eds., *The Development of Leasehold in Northwestern Europe, C. 1200 - 1600*, Turnhout: Brepols, 2008, p. 139.

⑤ See Cicely Howell, *Land, Family and Inheritance in Transition: Kibworth Harcourt* 1280 - 1700, Cambridge: Cambridge University Press, 1983, p. 238.

担相应的维兰义务。当然继承人要交纳继承捐和入地费(enterfine)以表效忠,领主则表示承认该继承人继续保有土地。整个过程都要记入庄园法庭案卷,以资查询。

在领主同意授予佃户土地的契约里,总要说明土地将被授予保有人"及其继承人"。"继承人"经常以复数出现,明显意味着不止一代的、没有时间限制的继承关系。[①] 当土地保有人去世,只要佃户没有违约行为,领主总是不得不接受其成年继承人的效忠关系,并立即将土地交给他。领主唯一所获就是取得土地继承捐和入地费,如同获得佃户的劳役一样。这再次说明领主的实际控制权如何缩小到有限的经济利益,后者并不与土地的实际价值等值,因为土地本身已在相当大程度上变成了保有人的财产。在佃户的土地继承问题上,领主几乎没有什么选择,除非土地保有人身后没有继承人,或者保有人被判重罪因而不能有继承人。可惜,这种情况极少发生。据《格兰维尔》记载,"成年继承人在其祖上去世后可以立即继承遗产;因为尽管领主可以将地产和继承人都控制在自己手里,领主仍需谨慎行事,以保证不致剥夺继承人对土地的占有。如果需要的话,继承人甚至可以抗拒领主的暴力行动,只要他们愿意向领主支付土地继承捐并履行其他合法的劳役"。[②] 很明显,佃农的土地继承权受到法律保护。

按照领主的愿望,继承人应当在佃户最近的血亲中产生。庄园制初期的保有地继承人多是死者的亲属,如子女、孙子女、兄弟或姊妹。最为理想的情况是土地完整地传给一个儿子。[③] 领主不情愿接受血缘关系较远或者没有血缘关系的继承人,最初的习惯法也总是支持血亲继承。1293 年,纽英顿庄园发生一例案件:一个名叫托马斯的人到庄园法庭诉称,其父母未经他的同意,将他们位于布鲁克汉普敦的半雅得(yard-land)土地永久转让给了外人约翰。原告提出,依照本村庄的继承习惯,作为佃户的儿子,他理应成为该土地的继承人。其父母出庭并坚持否认托马斯的继承权,但法庭仍然将该土地判归原告。[④] 该案件表明,家内血亲继承习惯占据上风。

---

① See S. E. Thorne, *English Feudalism and Estates in Land*, The Cambridge Law Journal, Vol. 17, No. 2(Nov. 1959), p. 193 – 209.

② 转引自[英]约翰·哈德森:《英国普通法的形成:从诺曼征服到大宪章时期英格兰的法律与社会》,刘四新译,商务印书馆 2006 年版,第 230 页。

③ See Jane Whittle, *Individualism and the Family-Land Bond: A Reassessment of land Transfer Patterns among the English Peasantry C. 1275 – 1580*, Past and Present, No. 160(Aug. 1998), p. 25 – 63.

④ See G. C. Homans, *English Villagers of the Thirteenth Century*, New York: Russell & Russell, 1960, p. 197 – 198.

然而情况不尽相同，尤其13世纪中叶以后，家庭土地继承的范围和性质发生了变化，突出表现在选择继承人的问题上，佃户的个人意志得到了越来越明确的彰显。麦克法兰指出，佃农的土地产权更多掌握在佃户而非领主的手里，而且由佃户个人而非其家庭掌握。[①] 由于佃户个人的意愿，不乏佃户子女被取消继承权而且得到法律确认的事情。1225年，一个被父母剥夺继承权的佃户后代上诉到王室法院，要求恢复其继承人的权利，但遭到拒绝，可见王室法院支持佃户的个人意志。[②] 在一份1444～1558年家内土地转移的统计表中，土地传给儿子仍然是主要走向，但夫妻之间的土地转移也占很大比例，尤其是转向夫妻联合占有的形式(jointtenure)。联合持有土地者享有同等权利，不少庄园惯例规定妻子无权继承丈夫的土地，为保证妻子的权利，丈夫生前常常把土地转为联合保有的形式，这样妻子在丈夫去世之后自动得到土地。[③] 菲斯指出，尽管土地在血亲内继承曾是农民社会的共同理念，但到13世纪晚期尤其14世纪、15世纪，这种理念动摇了，淡化了，甚至被抛弃。[④] 正如怀特(Jane Whittle)所说，这一时期庄园保有地的继承，大多是佃户根据自己的意志设计，从这个角度讲，的确是个人主义的行为。[⑤]

结果，持有土地者在世时的非家内土地转移，逐渐成为流行的方式。史密斯汇总了萨福克郡雷德格雷夫庄园1295～1319年发生的土地转让，非家内转移已占半数，有时接近2/3。[⑥] 瑞夫茨研究了亨廷顿郡沃博伊斯1288～1366年的土地转让，在31件土地转让中，父母转让给子女的只占11件，非亲属转让占14件，其余6件情况不明。菲斯研究了伯克郡布赖特沃尔顿1280～1300年的土地转移，家庭内部转移占56%。1267～1371年在温彻斯特的奇尔博尔顿庄园，因土地转移而交付入地费共70笔，其中29笔为家内继承，占41%。[⑦] 戴尔通过分析1375～

---

① See A. Macfarlane, *The Origins of English Individualism: The Family, Property and Social Transition*, Oxford: Blackwell, 1978, Chapters 2and 5.

② See Theodore F. T. Plucknett, *A Concise History of the Common Law*, Boston: Little, Brown and Company, 1956, p. 529.

③ See Jane Whittle, *Individualism and the Family-Land Bond: A Reassessment of Land Transfer Patterns among the English Peasantry* C. 1275－1580.

④ See R. J. Faith, *Peasant Families and Inheritance Customs in Medieval England*, The Agriculture History Review, Vol. 14, No. 2, 1966, p. 77－95.

⑤ See Jane Whittle, *Individualism and the Family-Land Bond: A Reassessment of Land Transfer Patterns among the English Peasantry* C. 1275－1580.

⑥ See R. M. Smith, ed., *Land, Kinship and Life-Cycle*, Cambridge: Cambridge University Press, 1984, p. 185; P. R. Schofield, *Peasant and Community in Medieval England*, 1200－1500, p. 66－67.

⑦ See A. Macfarlane, *The Origins of English Individualism: The Family, Property and Social Transition*, p. 125－126.

1540 年亨伯里等 4 个庄园的卷宗，认为佃户生前土地交易的比率逐步提高，以致超过家内继承。[①] 简·怀特通过对黑文汉姆教区 1274～1558 年农民家庭土地转移的统计，同样证明土地在非亲属之间转让的比例越来越高，持有者个人对土地的支配权在逐渐增强。[②]

即使子承父业，也与以往有所不同，契约因素更加明显。父母允许子女继承保有地是有条件的，最有代表性的证据是普遍流行的赡养协议。由于家长年迈不能继续劳作等原因，将土地让予子女，后者负责赡养，并签下协议。1321 年，埃塞克斯郡海伊斯特庄园的寡居妇女伊斯特拉达·内诺，将一处宅院和半码地交给了女儿阿格尼丝，双方签订了赡养协议。6 年后，母亲将女儿、女婿告上法庭，指控他们没有履行赡养义务。结果，寡母重新收回了土地，与另一个没有亲属关系的佃户签订了新协议。[③] 可见，虽然赡养协议是母女之间签订的，但同样受到法律的保障。戴尔认为，持有人"实际上是安排自己的儿子们购买他们的继承权"；当亲属购买时，可能享受一些优惠条件而已。[④] 赡养协议及实施情况说明，土地的归属权是明确的，而且得到家庭和社会的广泛承认。

土地产权的明晰化势必导致土地自由交易，实现土地要素的自由流动。在英格兰，诺曼征服之后领主竭力限制土地的转让。1215 年《大宪章》有专门条款限制土地的出售。[⑤] 13 世纪中期之后，随着货币地租流行，封建人身依附关系衰落，法律逐渐默认了自由佃农转让土地的权利。1290 年颁布的《土地完全保有法》（Quia Emptores，即《土地买卖法》），未能完全脱去地产封建政治的附加成分，但毕竟承认了自由地产的合法买卖。[⑥] 1259～1300 年，萨福克郡某庄园法庭领主的收益中，通过土地市场交易取得的各种罚金占到四分之三，[⑦]可见土地市场的活跃程度。

---

① See C. Dyer, *Lords and Peasants in a Changing Society: The Estates of the Bishopric of Worcester, 680 – 1540*, p. 302 – 303.

② See Jane Whittle, *The Development of Agrarian Capitalism: Land and Labourin Nor folk*, 1440 – 1580, p. 120.

③ See Christopher Dyer, *An Age of Transition? Economy and Society in England in the Later Middle Ages*, Oxford: Clarendon Press, 2005, p. 47.

④ See Christopher Dyer, *An Age of Transition? Economy and Society in England in the Later Middle Ages*, p. 121.

⑤ See Harry Rothwell, *English Historical Documents, 1189 – 1327*, Vol. Ⅲ, London: Routledge, 1981, p. 336.

⑥ See Ernest F. Henderson, *Select Historical Documents of the Middle Ages*, London: George Bell, 1912, p. 149 – 150.

⑦ See P. D. A. Harvy, ed., *The Peasant Land Market in Medieval England*, p. 344.

维兰保有地是不能公开买卖的,他们采用变相买卖的方式让渡土地,大多为小块土地转让。莱维特在描述圣奥尔本修道院的法庭案卷时,将有关土地转移的案件放在首要位置,这些交易多是半英亩的小块土地,从1240年起充斥了法庭登记人的账簿。又如,1260~1319年,伍斯特郡里德戈拉夫庄园记载了2756起非家庭继承而转移土地的案例,涉及1304英亩,在庄园的依附性土地中占有很大比例。[①] 实际生活中,维兰还经常私下交易,并不经过法庭。例如,圣阿尔本斯修道院长控告比塞,说他的土地属于修道院的土地,比塞辩护说,实际情况不是那么简单:他的土地买自瓦特莱特,他还知道,瓦特莱特买自韦特,韦特领自布尔敦,布尔敦领自詹姆士,而詹姆士领自修道院长。[②] 从这个案例可以看出,一块土地往往发生一系列的土地交易,都未取得领主同意,而是私下进行的。波斯坦指出:"他们能够购买任何土地而无任何障碍,还可以购买、出卖、抵押和租用家畜,可以取得动产并随意分割。"[③]科斯敏斯基也指出,"庄园法庭虽然谋求控制这些交易,然而相当大一部分土地逃脱了这种控制。"[④]随着货币地租流行和农奴制瓦解,土地更大规模地流入市场。[⑤] 13世纪80年代、90年代,沃顿庄园的18份契约文献保留了小块土地交易实录,土地购置费分别是10先令、20先令和40先令等,土地交易后不保留任何地租和封建义务。这种土地买卖随着农奴制的瓦解而逐渐发展,反过来讲,土地买卖也使封建义务逐渐融化在货币交易之中。史密斯的研究表明,不同类型土地的价格不一样,表明附属在土地上的产权的差异。如自由继承地产(feesimple)最接近实际的所有权,价格最高,实际是商业性地价。[⑥] 土地出租市场也相当活跃,一些地方还出现了土地转租交易的中介人,受雇于那些富裕的公簿持有农。[⑦]

15世纪、16世纪,土地流通更加普遍。15世纪,亨伯里法庭的案卷记载,每次开庭平均有4件土地转移记录,这意味着每年10%的庄园土地要转手。[⑧] 在阿

---

① See R. M. Smith, ed., *Land, Kinship and Life-Cycle*, p. 20.

② M. M. Postan, *Essays on Medieval Agriculture and General Problems of the Medieval Economy*, Cambridge: Cambridge University Press, 1973, p. 123.

③ M. M. Postan, *The Medieval Economy and Society: An Economic History of Britain in the Middle Ages*, Harmondsworth: Penguin, 1981, p. 162.

④ E. A. Kosminsky, *Studies in the Agrarian History of England in the Thirteenth Century*, p. 212.

⑤ R. H. Tawney, *The Agrarian Problem in the Sixteenth Century*, p. 90 - 91.

⑥ F. Pollock, *The Land Laws*, p. 81 - 82.

⑦ R. H. Tawney, *The Agrarian Problem in the Sixteenth Century*, p. 81.

⑧ Christopher Dyer, *Lords and Peasants in a Changing Society: The Estates of the Bishopric of Worcester*, 680 - 1540, p. 301.

尔希·伯里庄园,1377~1536年,共进行了747起习惯保有地和其他地产的转手。其中,在一代人的时间里,家庭内部土地转移71次;土地保有人离世后家庭内部继承161起;保有人生前转移土地转手481起;保有人离世后家庭向外部的土地转手34起。① 显然,中世纪晚期土地转移频率和数量明显增加。1540年《遗嘱法》颁布,公簿持有农——多是昔日的维兰,像自由持有农一样,可根据遗嘱处分其地产,并且得到法律的确认。② 此时,公簿持有者已占英国全部乡村人口的三分之二或更多。③

四、土地产权市场化对封建制的影响

农民直接参与土地市场对中世纪英国社会产生了深远影响。土地买卖和租赁发生在佃户与佃户之间,也发生在佃户与领主之间。买卖双方系纯粹的经济关系,它的发展破坏和排除了附着在土地上的封建义务,侵蚀着庄园制度。由于土地不断转移,打乱了先前的秩序。许多农民的土地不是取自领主,而是取自其他佃户,后者私自将土地卖给外来人。这些外来人拒绝向领主交租,领主既不能将他们从土地上赶走,也不知道该地产位于何处,有时连确切保有关系都说不清楚。土地丢失的现象屡见于记载。④ 同时,领主的直领地出现分割出租或整体出租的趋势。以麦切伯爵的地产为例:诺福克的伯彻姆庄园和萨福克的克来特庄园直领地14世纪60年代出租了,不到10年,诺福克又有两个庄园出租,其他3个庄园到1400年也先后出租。教会地产亦如此。坎特伯雷大主教在14世纪80~90年代,至少有18个庄园的直领地出租,余下的几块到1450年全部出租。至16世纪,领主直领地几乎完全出租,传统的领主经济不复存在。承租者有商人、骑士,更主要的是上层农民。例如,在威格斯顿,1200~1450年,伦道夫家庭通过市场积累了150英亩土地、两三个农场以及大量资金。1432年一份契约称他为"理查德·伦道夫绅士",此外,他还是一个杂货商。⑤ 又如,佃户乔治·理查德森成为佩尔姆斯教区的执事后,开始聚集小块土地。在24年中不断扩大地产,有时一次购进一

---

① P. D. A. Harvy, ed., *The Peasant Land Marketin Medieval England*, p. 216-217.

② See K. E. Digby, *An Introduction to the History of the Law of Real Property: With Original Authorities*, p. 356.

③ See C. Clay, *Economic Expansion and Social Change: England 1500-1700*, Cambridge: Cambridge University Press, 1984, p. 87.

④ See E. A. Kosminsky, *Studies in the Agrarian History of England in the Thirteenth Century*, p. 80.

⑤ 参见[英]M. M. 波斯坦主编:《剑桥欧洲经济史(第一卷)》,郎立华等译,经济科学出版社2002年版,第621页。

两英亩,有时购进50英亩以上的整块土地。1528年去世时,他已持有297.5英亩土地。同时,他还在其他领主那里领有小块土地。[①] 15世纪在贝德福德郡的希林顿庄园,一位名叫沃德的佃户在1406~1450年进行了13次土地交易,积聚起4维尔格特土地和12英亩零散的土地。[②] 显然,通过市场,逐渐涌现出具有一定规模的农场。

到15世纪晚期,许多佃户的效忠仅仅是象征性的,实际上的封建义务逐渐消失,自由程度进一步提高。[③] 他们比以往任何时候都更接近成为小块土地的主人。土地自由买卖的结果,不是使土地愈益集中到封建领主手中,也不是趋于越来越分散的小农经营,就大多数情况看,是一般农户,尤其是经营不善或获得了更适宜谋生出路的小农,将土地出租或出售给大农,后者一心想通过扩大土地经营面积获得利润。这些在分化中逐渐崭露头角的富裕农民,不仅集中小农土地,而且还是领主直领地的重要承租人。货币地租实行后,原来依靠农奴劳役的领主自营地被迫改为雇工经营,与早已由雇工经营的富裕农民经济成为竞争对手,却又不敌后者。在市场规则下,领主经济穷于应付,大多入不敷出,庄园自营地不断分割和出租,结果进一步加强了这些富裕佃农的实力。正是从他们之中产生了资本主义农场主或租地农场主。随着土地产权的发展,不仅传统的佃农在改变,领主也在改变,领主不断边缘化并退出生产管理领域。同时,一种新的生产方式正在孕育中,农业资本主义生产组织和产权制度呼之欲出。

欧洲封建制下的"保有权"是一个相当丰富的概念,包含着奴役和被奴役的关系,也包含着权利义务关系、原始契约关系。严格而论,在前资本主义社会里没有唯一的所有权,一块土地上往往涵盖着多种权利。这种混合所有权现象在世界各地并不少见,而各种权利博弈的相互关系才是英国乃至欧洲封建财产体系最重要的特征。佃农对领主甚至对国王的有效抵抗,推动了保有权下对土地的一般"占有"(hold)发展为"依法占有"(seisin)。土地的依法占有权如此行之有效,如此受到社会的广泛认同,以至中世纪的司法诉讼中,占有权独立于、优先于所有权,在新的社会条件下逐渐创造出新型产权关系。大约到15世纪晚期,生产者实际的土地权利不可避免地发展起来,尽管其所有权还隐藏在封建招牌后面。随着生产力发展,生产规模和资本的社会积聚不断扩大,小块土地所有制也就走到了尽头。

---

① See Mavis E. Mate, *The East Sussex Land Market and Agrarian Class Structure in the Late Middle Ages*, Past and Present, No. 139 (May 1993), p. 46 - 65.

② See P. D. A. Harvy, ed., *The Peasant Land Market in Medieval England*, p. 205, 210 - 211.

③ See J. Thirsk, ed., *Agrarian History of England and Wales*, Vol. Ⅳ, p. 684.

第三编　立法·司法

《撒利克法典》在法国中世纪后期的复兴和演化

陈文海

《撒利克法典》(Lex Salica),是撒利克法兰克人习惯法的汇编,是反映法兰克王国建国前后(5~6世纪)社会制度发展状况的重要历史文献。随着法兰克王国及其后的法兰西国家封建制度的日益发展,该法典的许多条文与现实社会生活之间的缺隙逐渐加大,法典的衰落已成为必然之事。然而,让人们感兴趣的是,在经过漫长的消沉之后,从14世纪中期开始,《撒利克法典》的名字逐渐再次为人所熟知,法典的某些内容被赋予神圣的色彩,法典的政治地位日见隆崇并进而演化为一种政治神话,其结果对法国中世纪后期政治史的发展产生了极为深刻的影响。那么,《撒利克法典》为什么会在此时发生如此重大的命运转折?重获生机的法典在其内涵上是否出现某些根本性的变化?该法典又是以何种方式影响法国中世纪后期的历史进程?对于上述这些问题,我国史学界目前尚无专门的论述。因此,本文试图利用国外学者提供的有关原始资料及近年来的研究成果,对《撒利克法典》在法国中世纪后期这段非凡的历史作一具体的阐释和分析,以期从一个侧面加深我们对法国封建社会史的认识。

一、中世纪前期《撒利克法典》的浮沉轨迹及其命运发生变化的历史契机

(一)《撒利克法典》在中世纪前期的历史浮沉

在讨论《撒利克法典》的后期历史之前,我们有必要概述它在中世纪前期的状况。实际上,自19世纪后期开始,西方史学界对《撒利克法典》的早期历史即已做了许多精细的研究,取得了一批较为重要的研究成果。一般认为,《撒利克法典》最初形成于法兰克王国的开国君主、法兰克人的第一位基督徒国王克洛维(481~511年)统治末年,亦即6世纪初。在此时期,选自法兰克各部落的4位具有较高文化素养的显贵人物伊索加斯(Hisogast)、阿罗加斯(Arogast)、撒利加斯(Salegast)和伊多加斯(Hidogast)对萨利克法兰克人口耳相传的习惯法进行了汇集和整理,并在莱茵河东岸的拉特海姆(Ratheim)、萨利海姆(Saleheim)和维多海姆(Widoheim)等地先后召开三次会议,讨论并最终确定了法兰克人在日常社会生活中所应遵循的基本法律准则,共65章,此即《撒利克法典》。在随后的两个世纪中,《撒利克法典》的构成出现了两次较大的变化:在克洛维去世后不久的某一时期,法典的正文前增加了一篇序文,其主要目的是强调并巩固正统基督教在法兰克王国中的地位;查理大帝统治后期,即9世纪初,法典的内容又扩充了35章,使法典的全文由初始的65章增至100章,所增补的内容主要是当时流行的一些教会法规和牧师会条例。① 从文献价值角度看,查理大帝时期的法典("加洛林朝版本")所增补的35章内容并无太多的实际意义,在反映现实社会生活诸关系方面,它远不能与法典原有的65章条文相比。因此,在当今的西方史学界,《撒利克法典》一般都是指克洛维时期的版本(墨洛温朝版本),而不包括以后增加的那些条文。

《撒利克法典》虽成书于6世纪初,但当时的编年史著作对这部法典的关注则显得相当滞后,只是在大约一个半世纪以后,即660年左右,以"佛莱德加"(Fredegar)之名义所编纂的《法兰克人史》(*Gesta Francorum*)才首次较为详细地记述了《撒利克法典》的有关情况。② 但此书可信度不高,不仅荒于考证,而且颇

① 关于《撒利克法典》在查理大帝时期所增条文的数目,在中世纪中后期时即有不同的说法,有人认为是33章,亦有人认为是39章,但这两种说法所依据的法典抄本目前均不存于世,故无从考证。参见[法]科莱特·波纳:《一种观念形态的诞生》,加利福尼亚大学出版社1991年版,第251、253页。

② "佛莱德加"是中世纪时期人们给《法兰克人史》的三位无名编者合起的一个名字。美国史学家汤普森对这部《法兰克人史》评价极低,认为它已"堕落为一部大杂烩",而且讹误百出,记载离奇。参见[美]J. W. 汤普森:《历史著作史》(上卷第一分册),谢德风译,商务印书馆1988年版,第219~220页。

多杜撰附会之事。在这部编年体史书中，作者编造出一位实际上并无其人的法兰克人“第一位国王”法拉蒙(Pharamond)，并煞有介事地将其统治时期定在3世纪初，同时将两个世纪以后克洛维时期的《撒利克法典》的编纂情节移植到所谓的“法拉蒙时代”，具体描述了“王国”的4位显贵人物在莱茵河东岸开会并以文字形式将《撒利克法典》编写成书的经过。就历史编纂学角度而言，佛莱德加的《法兰克人史》遗毒颇为深远，其荒诞不经的治史习气影响了一代又一代的中世纪编年史作家。但从另外一个方面看，《法兰克人史》对《撒利克法典》所做的那种虽是错误迭出但异常生动的描述确也具有长远的政治意义：它不仅把法兰克人王朝国家的兴起与法兰克人立法的开端联结在一起，而且在法兰克人的第一位国王与法兰克王国的第一部法律之间建立起一种密不可分的联系。这或许是《法兰克人史》的作者所未曾料及的。

8世纪时，一位佚名作者编写了一部《法兰克诸王本纪》(*Gesta regum Francorum*)。在记述《撒利克法典》的编纂经过时，作者基本上全盘承袭了佛莱德加的《法兰克人史》中的有关内容，其中唯一的差别就是，在这本书中，作者将汇编法典的4位显贵人物改称为王室“顾问”(conseillers)。这一看似漫不经心的变更在一定程度上反映出当时社会制度变革和王权日益成熟的客观状况，即政治权力集中化趋势渐渐动摇并抹去了人们对数百年前“民主社会”的某些残留的记忆。①

从9世纪开始直至11世纪末，《撒利克法典》的历史进入一个长达3个世纪之久的沉寂时期。在此时期所出现的一些著名的编年体史书均对《撒利克法典》保持沉默。在随后的约两个世纪的时间里(12世纪初至14世纪初)，《撒利克法典》的命运又重现一丝生机。12世纪初，多明我会修士西热柏·德·让布鲁(Sigebert de Gembloux，1030? ~1112年)在其《编年史》(*Chronographia*)中花费较大的篇幅转述或直录了佛莱德加《法兰克人史》中有关《撒利克法典》的全部内容；另外，在此书中，让布鲁对法典的编纂史也做了一些小小的修改，他认为，讨论并制定《撒利克法典》的那三次会议是由王室主持召开的。在让布鲁的笔下，王权与法典之间的关系又向前迈进了一步。14世纪初，另一名多明我会修士贝尔那·基(Bernard Gui，? ~1331年)在其编年史著作《流年之花》(*Flores Chronicorum*)中借用让布鲁的材料，对《撒利克法典》作了大同小异的描述。②

---

① 参见[法]科莱特·波纳：《一种观念形态的诞生》，加利福尼亚大学出版社1991年版，第247页。

② 法国国家图书馆，MS latin(拉丁文抄本)4985，第45号。

就总体而言,在中世纪前期的数百年中,《撒利克法典》虽然偶尔被某些历史著作提及,但它并未享有什么非常特殊的地位。当时的编年史家们对法典编纂史所做的种种附会和更改也具有很大的随意性和自主性,而并非有什么明确的政治目的。然而,从14世纪中期开始,这一切都发生了根本性的转变。

(二)《撒利克法典》命运发生变化的历史前提

《撒利克法典》的历史起伏与法兰西封建国家的历史演变是一脉相承的,法典自身地位的高低发展过程与法国封建王权演化的强弱曲线是基本一致的,因此,《撒利克法典》在一定程度上已经成为法国封建社会的政治"晴雨表"。那么,是什么样的政治形势促使《撒利克法典》在14世纪中期又重新走上了历史舞台?法典复兴的内在机制如何?

首先,政治斗争的需要是《撒利克法典》得以复兴的根本原因。在14世纪中叶以前,法国尚无一部明确的王位继承法,王位的最终归宿存在潜在的多样性趋势;与此同时,对英国王室采取婚姻外交又是法国王室政治生活的重要组成部分,这种婚姻外交虽然在一定时期内可以拉近两国间的感情距离,但它最终却为两国间的王位争端埋下了伏笔。1316年,法王路易十世(1314~1316年)去世,其弟腓力五世(1316~1322年)继承王位;1328年,卡佩王朝的查理四世(1322~1328年)死而无嗣,其旁支瓦洛亚家族的腓力六世(1328~1350年,查理四世的堂弟,他与查理四世同为卡佩王朝第十代国王腓力三世之孙)荣登王座。在继承原则混乱无序的情况下,他们之所以能够获取王位,在很大程度上是凭借自身的政治和军事实力,但是他们的夺权举动不久还是招致了来自法国国内和英国的双重进攻。在国内,当1316年路易十世去世以后,法国的一些上层权贵竭力推举路易十世的幼女约安娜(Joan de Navarre,1343~1349年为那瓦尔国王)继承王位,尽管在腓力五世的压力下,约安娜于1318年正式放弃自己的权利,但这一事件本身却表明,女子为王在当时法国人的心目中并不是一件不可接受之事;①腓力六世开创瓦洛亚王朝后不久,那瓦尔国王约安娜之子"恶人"查理(1349~1387年为那瓦尔国王)又以路易十世的外孙之资格要求继承法国王位。在英国方面:法王腓力四世在世时,将女儿伊萨贝拉(卡佩王朝末代国王查理四世的姐姐)嫁给英王爱德华二世,二人的儿子为爱德华三世(1327~1377年为英国国王);法王查理四世死后,爱德华三世以先王外甥的资格要求获得法国王位,英方认为,从血统关系上

① 在法国的一些大封建领地和某些独立王国中,女子继承爵位或王位者不乏其人,例如,腓力四世(1285~1314年)之妻约安娜是康边和那瓦尔王位继承人,腓力五世(1316~1322年)之妻约安娜是勃艮第王位继承人,路易十世(1314~1316年)之女约安娜是那瓦尔王位继承人,等等。

说,爱德华三世比瓦洛亚的腓力六世更接近于查理四世。由此我们可以清楚地看出,摆在法王面前的一个颇为棘手的问题就是如何名正言顺地排除女子或母系后裔对法国王位的继承权。对于来自国内外权势阶层的挑战,法王曾以所谓的“王国习惯法原则”相应答,即他们是依据王国长期以来所形成的习惯而为之。① 但这种解释并不得力,1340 年左右,英国王室向罗马教皇呈交了一份备忘录,其中明确指出,法国方面的所谓“王国习惯法”并不足以用来判断谁具有王位继承权利。② 在此种情况下,法国王室只能另谋他图,开始在文献档案中搜寻某些能够起到护身保佑作用的法律文本,于是,《撒利克法典》便应运而获新生。

其次,《撒利克法典》所包含的特殊内容是该法典得以复兴的内在前提。《撒利克法典》的内容较为庞杂,它涉及偷窃、抢劫、谋杀、婚姻、债务、人口迁移以及财产继承等多方面的问题。就总体而言,它的各种法律规定已经基本不能适应当时法国社会发展的需要。然而让法国王室如获至宝的是,法典中“关于自由份地”(De allodis)一章③为它的政治斗争提供了有力的法律武器。该章的第 5 条规定:“萨利克的土地遗产无论如何不得传给妇女,而应把全部土地传给男性,就是弟兄。”④可以看出,这一条的根本宗旨就是要确保家族土地财富的完整无缺,而达到这一目的最为重要的途径就是要绝对排除女子对土地的继承权。对于处在法律困境中的法国王室来说,《撒利克法典》中的这一条文显然具有极为重要的“理论”价值;借助它,法国王室既可以堂而皇之地回击英王及那瓦尔国王的非分要求,也可以在国人面前树立正统合法之形象。当然,法典的这一条文尚不能完全直接地为法国王室所用。因此,法国王室在获得《撒利克法典》这一法宝的同时,还必须对之作一些合乎时代需求的修整。

二、《撒利克法典》的复兴与考证

政治形势的需要为已有数百年历史的《撒利克法典》的新生培育了温良的土壤,但要想使该法典最终转变为王室利益的宣传工具却要经过一个复杂的历史过程,因为它并不只是对法典某些内容的简单重复和宣扬。而且,在《撒利克法典》逐步担负起自己特殊的政治使命之前和过程中,尚有一系列的基础工作要做,其

① 参见吉塞:《法国王位继承权的法律基础》,载《美国哲学协会学报》第 60 卷,1961 年。

② 法国国家图书馆,MS Moreau 699,第 98 ~ 99 号。

③ 在墨洛温朝版本中,“关于自由份地”一章排序是第 59 章;在加洛林朝版本中,该章的排序则是第 62 章。

④ 译文参见郭守田主编:《世界通史资料选辑 · 中古部分》,商务印书馆 1985 年版,第 28 页。

中主要包括对法典文本的发现以及对与法典相关问题的考证。

(一)《撒利克法典》的复兴历程

《撒利克法典》在14世纪、15世纪法国的复兴是一个渐进的过程,而且其中也出现了某些反复。根据其发展情况并结合此间的王位更替,我们可将法典的复兴历程分为以下几个时期。

第一,约翰二世(1350~1364年)时期:[①]1337~1350年,法国王太子约翰(未来的约翰二世)任诺曼底公爵,此时正是英法百年战争的初始阶段,王位继承问题理所当然地成为当时社会舆论的焦点之一。在此期间,约翰的宠臣让·德·维奈(Jean de Vignay)把雅克·德·塞索尔(Jacques de Cessoles)的《道德化的象棋》(*Lesé checs moralisés*)一书由拉丁文译为法语,在专论象棋王后的一章中,维奈加入了一段自己的评论文字,阐述了女子无权继承王位之原则。尽管维奈并没有直接论及《撒利克法典》,但他的有关论点却明显地与该法典有着密不可分的联系。可以说,他已经较为清楚地意识到可以用《撒利克法典》来解决王位继承问题。

第二,查理五世(1364~1380年)时期:在《撒利克法典》的复兴史上,查理五世时期是一个重要发展阶段。国王约翰二世在1356年的普瓦提埃战役中为英军所俘以后,查理即以王太子的身份监理国政。在查理出任监国期间,历史学家、圣丹尼修院的修士理查·莱科(Richard Lescot,1329~?年)在素有"王家档案馆"之誉的圣丹尼修院图书馆里做了大量且精细的查阅工作,[②]并于1358年左右首次发现了《撒利克法典》的一个原始抄本。该抄本的结构非常完整,其中尤为重要的是,王朝世系谱与法典正文同列一书,这就似乎明确展现了王权与法典之间的直接关联。法典抄本的这一特殊结构使莱科认识到,在从理论上解决法国王位继承问题的过程中,《撒利克法典》必将扮演重要的角色。在其所著的一系列著作中,莱科反复介绍了《撒利克法典》中"关于自由份地"一章中的有关内容;同时,在把"关于自由份地"中的关键语句由古拉丁文移译为中世纪拉丁文时,莱科显然作了一番苦思冥想,然后将"土地遗产无论如何不得传给妇女"一句作了一些与时代要求相呼应的修改,变成"任何一位女子都不享有对王国的继承权"(Mulier vero in regno nullam habeat portionem)。莱科的著作影响较为广泛,其有关《撒利克法典》的某些论述在后来甚至还被搬到了英法两国之间的谈判桌上,

---

① 需要说明的是,这里所说的"约翰二世时期"在时间范围上并不局限于约翰二世担任国王的14年,同时还包括在他出任国王前的一段时期,也就是说,这里是将约翰二世的一生作为一个时期来看待。以下的"查理五世时期"与此相同。

② 参见[法]盖内:《中世纪西欧的历史与历史文化》,巴黎1980年版,第137~138页。

由于法典抄本在当时已极为稀少,因此,在14世纪后期的几十年中,并无人知晓莱科篡改法典内容之事。

第三,查理六世(1380~1422年)时期:莱科对《撒利克法典》的重见天日贡献颇大,但他对法典有关内容的移译却具有强烈的时代色彩,因而,不久以后他还是招致了一些好古敏求之士的怀疑。15世纪初,人文主义者让·德·蒙特罗伊(Jean de Montreuil)在圣丹尼修院的修士、历史学家米歇尔·班图安(Michel Pintouin)的协助下,数次查阅了莱科当年使用的法典原始抄本。在经过精心研究之后,蒙特罗伊对"关于自由份地"一章中的第5条作了较为贴近原意的翻译,即"女子在财产继承权里没有任何份额,所有土地均须传与男性后裔"(Nulla portio hereditatis mulieri veniat sed ad virilem sexum tota terra perveniat)。蒙特罗伊在翻译完上述文字以后又对之作了引申,认为从法典的这一条文中可以推导出下述结论,即"任何一位女子都不能拥有王权的任何一个部分"。[①] 由此可以看出,在如何利用《撒利克法典》为法国王权服务方面,与莱科相比,蒙特罗伊的做法则更显成熟。

第四,查理七世(1422~1461年)时期:查理六世时期蒙特罗伊的诠释工作本来已经初步确立了圣丹尼修院图书馆所藏法典抄本的官方地位,但是,1422年,英王亨利六世入主巴黎,统治法国北部的半壁江山,圣丹尼修院及其图书馆也自然落入英方之手。法王查理七世则向南退却,在布尔日建立起对南部法国的统治。在布尔日王国初期,法国王室没有现成的档案资料可供援用,查理七世周围的政客文人也只是粗略地知道《撒利克法典》中的有关内容。显然,这种"口碑性史料"对于论证法国王室的正统性尚显得较为乏力;特别是当1430年前后法国准备与英国重新进行谈判并试图在谈判过程中运用《撒利克法典》作为理论武器之时,对法典抄本的需求则更显急切。于是,在1430年前后,查理七世委派一批精通法律和神学的高官要员负责法典抄本的搜寻工作,他们走访了普瓦提埃周围的许多修院图书馆,并最终在萨维尼修院(Savigny)图书馆发现了《撒利克法典》的一个抄本。热拉尔·马歇随即将法典的有关条文译成法语,并做了一个与该抄本完全一致的"权威且可信的"副本,以备与英国及北方的勃艮第党人谈判之用。[②] 1435年,三方签订《阿拉斯条约》,勃艮第党人放弃独立要求,并承认法国王室的正统地位。应当说,这一结果的取得与《撒利克法典》所起的理论威慑作用是有一定关联的。不过,当英法百年战争结束以后,萨维尼的法典抄本渐渐被人所遗

---

① 蒙特罗伊:《史学论著与论战性著作集》(第2卷),都灵1975年版,第132、168、226、274页。

② 法国国家图书馆,法文抄本4950,第11号。

忘;到路易十一(1461~1483年)统治时期,圣丹尼修院的法典抄本再次成为唯一的官方标准文本,从此直至法国大革命爆发之前,该法典抄本的地位一直未再受到动摇。

(二)对《撒利克法典》基本情况的考证

随着《撒利克法典》原始文本的发现与复兴,一些与法典密切相关的基本问题亦相继出现,14世纪、15世纪的法国编年史作家、法学家和政论家等对此做了一些具体的考证工作。尽管以今天的眼光来看,他们的所谓考证工作在科学性上存在一定的局限性,但是就当时来说,他们对《撒利克法典》所做的考释对该法典顺利地为法国王室所用却起到了巨大的促进作用。因此在这里,我们花费一定的篇幅来考察一下他们对法典所做的虽是良莠不齐却影响深远的考证情况还是很有必要的。

1.关于《撒利克法典》的作者

确定《撒利克法典》究竟成于何人之手,是对该法典作更深层次认识的一个最基本的前提,但由于法典形成过程本身所具有的渐进性和复杂性,14世纪、15世纪法国的知识界在相当长一段时期内并未能就这一问题得出一个为世人所普遍接受的结论,人们依据不同的文献资料并结合自己对该问题的理解而提出各种各样的观点。

第一种观点:强调法拉蒙的历史地位。14世纪后期,历史学家拉乌尔·德·普莱尔(Raoul de Presles)为查理五世将圣奥古斯丁的《上帝之城》由古拉丁文译为法文。在译本中,普莱尔加入两段评论《撒利克法典》的文字。他认为,该法典出现于异教徒国王法拉蒙统治时期,法拉蒙为法兰克王国制定了一个特殊的继承原则,而后来的克洛维和查理大帝则仅仅是法典的增补者。① 第二种观点:突出克洛维的首创作用。持此种观点的代表人物是15世纪著名学者罗伯·布隆代尔(Robert Blondel,1380或1400? ~1461? 年)。他认为,《撒利克法典》是上帝赐予克洛维的一份礼物,法兰西"王国将如天国王朝一样,将永恒地由男性后裔统治"。② 布隆代尔通过《撒利克法典》将上帝与克洛维及其男性后裔联结在一起,其政治意义是不能低估的。第三种观点:强调查理大帝的历史功绩。15世纪上半叶,蒙特罗伊和于珊(Ursins,1388~1473年)等人均认为,查理大帝不仅批准了《撒利克法典》,而且更为充分、更为明确地公布了它;同时他还下令,出自母系的任何一位王室男性后裔均不得继承王位。这种观点虽没有将查理大帝视为《撒利

① 法国国家图书馆,法文抄本171,第147号。

② 埃荣编:《布隆代尔全集》(第1卷),鲁昂1891~1892年版,第402页。

克法典》的创造者,却将他推为该法典得以传诸后世的首要功臣。第四种观点:综合论。这种观点认为,将《撒利克法典》的编纂归功于某一人是不妥的,确切地说,它是"由法拉蒙、克洛维和查理大帝三人所制定"的。①

可以看出,从14世纪中期到15世纪中期的大约一个世纪的时间里,在《撒利克法典》的作者问题上,法国知识界存在较大的分歧。但随着英法百年战争的结束和法国王室政治地位的渐趋稳固,围绕这一问题而出现的"百家争鸣"局面也逐步萎缩。在15世纪后半期,克洛维开始渐渐胜过其他人而成为操纵《撒利克法典》编纂过程的主角。对于法国王室来说,这一转变的重要意义是显而易见的,因为法典作者的一元化要比多元化更能体现出法典内容的确定性和权威性。

2. 关于"撒利克"一词的含义

在《撒利克法典》复兴过程中,对"撒利克"一词的解释也是一个关键性问题,因为它直接关系到能否运用该法典去指导和处理法兰西王国这片土地上的各种事务。较早对"撒利克"的词意进行解释的是生活于14世纪后期的摩瓦萨克修道院(Moissac)的修士埃梅利·德·拜拉克(Aimery de Peyrac)。他认为,"撒利克"(Salic)和"撒利安"(Salian)在古代语言中均是指"日耳曼"(Germanique),撒利克法兰克人是日耳曼人的一个分支,《撒利克法典》因此而得名。尽管说将撒利克法兰克人视为日耳曼人的一支具有历史的真实性,但是这种说法却不利于法兰西人向一个独立民族的方向发展,不利于法国摆脱"神圣罗马帝国"的阴暗樊篱。到15世纪,法典的日耳曼起源说不再有人提及。与拜拉克生活在同一时代的历史学家拉乌尔·德·普莱尔提出另外一种观点。他认为,"撒利克"与"法兰克"(Franc)在内涵上具有相通之处,有"高贵"或"自由"之意;因而,法典之所以命名为"撒利克",是"因为这个国家的人民是高贵的人民"。② 但后世研究表明,普莱尔的解释并无明确且充分的词源学根据,同时也未能引起法国统治阶层的兴趣。15世纪中后期的一些历史学家和法学家则认为,《撒利克法典》的名称与法典的诞生地直接相关。吉约姆·贝诺瓦(Guillaume Benoit)即认为,《撒利克法典》之所以如此称谓,是缘于德意志的萨利海姆(Saleheim),当时高卢人居住在那里。当时较著名的法学家让·费罗(Jean Ferrault)和吉约姆·克雷丹(Guillaume Crétin)等人也都赞同这种观点。③ 但是这种说法未得到普遍认可,因为它无法说

① 法国国家图书馆,法文抄本1417,第161、170号。

② 法国国家图书馆,法文抄本171,第147、262号。

③ 参见普戈尔:《让·费罗论国王的特权》,载《文艺复兴研究》(第5卷),1958年,第15~26页;法国国家图书馆,法文抄本17224,第12号。

明这样一个问题,即在《撒利克法典》编纂过程中,编纂人曾先后在拉特海姆、撒利海姆和维多海姆这三个地方召开过会议,那么为什么不取第一个或最后一个地点作为法典的名称,而偏偏要取第二个会址来为法典命名呢?

由此可知,以上各家均未能对"撒利克"的词意作出圆满的解释,他们的论证都不能完全满足以王室为代表的法国最高统治阶层的需要。在此情形下,15 世纪时,法国社会上对"撒利克"的词意开始流行一种奇特但近乎荒谬的解释,其基本观点是:"撒利克"一词源于拉丁文"盐"(*sal*),《撒利克法典》在拉丁文中也可写作"*Jus Salicum*"(*jus* 有两种基本含义,一是"法律",等同于 *Lex*;二是"液"或"汁"),因而"撒利克法典"的另一层引申含义就是"盐水"。这种观点认为,《撒利克法典》犹如一种由各种合适的配料按比例调制而成的盐性防腐剂,可以用来维护、指导和支配法兰西人,可以保证法兰西国家的长治久安。对"撒利克"词意的这种解释虽无多少科学性可言,但在 15 世纪、16 世纪时却引起众多学者的关注。应当说,对"撒利克"的这种抽象性解释更有利于《撒利克法典》在法国社会上的传播,更有利于法国社会运用该法典来论证法国王室的特权,因为它在相当程度上克服了其他各种解释所引发的种族和地域方面的障碍。

3. 关于《撒利克法典》的历史效用问题

就整个社会的心理反馈角度而言,要想使《撒利克法典》得以顺利地复兴,就必须对其历史效用问题作出圆满的解释。如果能够说明《撒利克法典》自其产生以后就一直在法兰克王国及其后的法兰西国家中发挥着纠导社会之功能,那么社会舆论就能比较容易地承认并接受它;反之则有可能引发世人的拒逆心理。对《撒利克法典》历史功用的考察开始于 14 世纪末到 15 世纪初的埃梅利·德·拜拉克。他认为,"在撒利克法兰克人仍住在科隆地区之时",即在他们皈依基督教之前,《撒利克法典》就已成为普遍接受的法律准则。① 就历史事实而言,拜拉克的观点并无多少夸张之处,不过,他对《撒利克法典》历史功用的认定只局限于上古末期到中世纪初期,而对其后数百年间法典的功用问题并未作出明确的解释。

15 世纪上半叶,跟随查理七世退居布尔日的政论家儒维那尔·德·于珊首次全面阐释了《撒利克法典》在中世纪前期(从法典产生之日到他本人所生活的时代)的历史效能。他认为,在时近千年的漫长历史进程中,《撒利克法典》一直处于活跃状态并时刻左右着国家政权的更替;正是由于《撒利克法典》的功劳,克洛维的祖父克劳迪欧(Clodio)才承袭了麦罗维希(Merovech)的"王"位,休·卡佩(987 ~996 年)才于 987 年在西法兰克王国取代了加洛林王朝的末代国王,腓

① 法国国家图书馆,拉丁文抄本 5944,第 24 号。

力五世才得以在1316年继承其兄之位,腓力六世才能在1328年“名正言顺”地继承其堂兄之位。[①] 在于珊的笔下,《撒利克法典》原先那种黯然无光的历史面貌焕然一新,腓力五世和腓力六世当年依靠实力而登上王位的历史亦被披上合法的外衣。

1450年前后出现的著名的佚名论著《大论文》,对《撒利克法典》在近世(13世纪、14世纪前后)的历史效能更是不惜笔墨地加以渲染和夸张,特别是在论述1328年腓力六世王位继承问题时尤为着力。作者认为,法国在1328年召开的三级会议主要是为了听取瓦洛亚的腓力(未来的腓力六世)与英王爱德华三世对法国王位继承问题的辩论,并据此作出抉择以确定王位的归属。据称,论战双方在初始时一致认为,习惯法和神圣罗马帝国的法律均不能左右法国的王位继承,只有《撒利克法典》能够起到这一特殊的仲裁作用。实际上,《大论文》的这段论述与历史事实相距甚远,但它对《撒利克法典》所作的夸大其词的宣传却产生了极为深远的影响。[②]

继《大论文》之后,自15世纪中叶开始,法国社会上流传的许多历史年鉴、编年史或历史百科全书等著作都已公开地“更正”了过去史书中有关腓力五世和腓力六世王位继承问题的历史记载。可以说,《撒利克法典》具有持续性效力的观念已经逐渐深入人心,对《撒利克法典》所做的这种基础工作已经结出了丰硕的果实。

三、《撒利克法典》内涵的转变

对《撒利克法典》原始文本的发掘以及对该法典基本问题的考释和修正为法典重返法国政治生活舞台开辟了道路,但要使《撒利克法典》真正能够为法国王室所用,还必须对其内涵进行深入改造。正是为了顺应时代的政治需求,《撒利克法典》在复兴过程中,其内涵和性质也相应发生了根本改变。对此我们可以作一具体的描述和分析。

---

① 参见克里朗:《中世纪末期法国君主的理想与王权》,巴黎1980年版,第285～293页。

② 即便在今天的史学界,仍有一些人未能摆脱《大论文》的影响,例如,有人认为,“1328年的法国三级会议,以撒利克法典中女子没有王位继承权为由,拒绝了英王的要求”。参见沈炼之主编:《法国通史简编》,人民出版社1990年版,第88～89页。关于《撒利克法典》在1316年和1328年王位继承事件中的作用,19世纪后期的法国历史学家埃米尔·维奥莱(Emile Viollet)作了详尽的考证,其结果证明《大论文》的说法纯系杜撰。在西方史学界,维奥莱的观点已基本为人所认同。参见[法]科莱特·波纳:《一种观念形态的诞生》,加利福尼亚大学出版社1991年版,第259页。

(一)由习惯法向成文法的转变

习惯法与成文法虽然都具有法律效力,但两者在形成过程上却存在重要差异。前者是在较长时期内逐渐形成的为世人所普遍认可的通行准则,它的法律化过程具有一个自下而上的特征;而后者则是由国家的最高统治者或最高权力机关所制定颁布的法律,其形成和实施过程具有一个自上而下的特征。两种法律不同的形成方式能够较为直接地反映出最高统治者(或集团)的法律权威,一般而言,成文法是最高统治者权力意志的体现;而习惯法则并不一定能够明确代表最高统治者的意愿,而且社会效应亦相对较弱。正因如此,全心致力于增强自身权威的法国王室就势必要淡化《撒利克法典》的习惯法特征,而使之逐步向成文法方向演变。

《撒利克法典》由习惯法向成文法的转变经历了一个较为漫长的发展时期。在英法百年战争期间,即从14世纪中叶到15世纪中叶,《撒利克法典》的习惯法特征一直颇为浓厚,而且几乎没有人对此提出任何异议。15世纪中叶是《撒利克法典》性质演变的一个转折点。1450年左右出现的《大论文》以与前世不同的方式描绘了法典的形成过程,该书认为"《撒利克法典》最初由伊索加斯、阿罗加斯、撒利加斯和伊多加斯口授而成……他们由贵族提名和选举并由国王委任"。① 作为一种过渡性著作,《大论文》的提法具有双重含义。一方面,它仍然承认《撒利克法典》是4位智慧的显贵根据古代习惯法编纂而成;另一方面,它又发展了12世纪初多明我会修士让布鲁的观点,对该法典与其他各种习惯法作了明确区分,即《撒利克法典》受国王及其中央政权支配,法典的诞生导源于权力上层的意志,而普通民众的作用已不复存在或至少说已相形见绌。随着《大论文》的广泛流传,从15世纪中期开始,法国社会各个阶层特别是上层社会和知识界人士逐渐抛弃了《撒利克法典》是习惯法的传统提法,而将该法典称之为"法令"、"敕令"、"宪法"和"条令"。② 术语称谓的变化与历史事实的淡化逐步在世人心目中培育出这样一种观念,即在古代社会中,立法权就已集中于一人(即国王)之手,由他创制、颁布并强令施行的法律在其统治区域内具有普遍且永恒的效力。③ 因此到15世纪末16世纪初,人们已将法兰西的国王与古罗马的皇帝相提并论,并将《撒利克法典》与古罗马的《关于权力的法律》(*Lex Regia*)置于同等的地位。至此,《撒利克法典》的习惯法特征消失殆尽,法典的成文法性质已经深入人心。

① 色塞尔:《伟大的法兰西王朝》,巴黎1961年版,第84~85页。

② 法国国家图书馆,法文抄本1728,第165号;法文抄本1192,第18号。

③ 法国国家图书馆,法文抄本17274,第12号。

《撒利克法典》性质改变的重要意义，并不仅仅局限于法典本身地位的提高，更为重要的是它为君主集权制的产生和发展提供了一个“历史”依据和理论前提。正是依靠《撒利克法典》这一旧瓶新酒的锐利武器，16 世纪以后的历代国王才得以毫无遮掩地宣扬“国王是国家最高权力的体现者，国家的法律以国王的意志为依据，任何法律和司法行为均起源于国王”等诸如此类的豪言壮语，路易十四（1643～1715 年）才得以名正言顺地发布“朕即国家”这一经年不衰的名言。[①] 可以说，如果没有《撒利克法典》的适时登台，法国专制王权的发展道路则会变得更为崎岖。

（二）由普通私法向王位继承法的转变

由习惯法向成文法的转变是《撒利克法典》在总体特征上的一个变化，与此相伴，法国王室在使用《撒利克法典》时，对该法典的具体内容也逐步作出明确的限定。根据古代罗马法的法律分类标准，《撒利克法典》在本质上应归属于私法范畴，因为它所涉及的内容均是与个人利益相关的方方面面的法律规范。而法国王室所感兴趣的只是法典当中的一个方面的内容，即与财产继承相关的法律条文，但是，王室的这种继承并不是一般的家庭遗产继承，而是事关全局的王位继承或者说是对国家的继承，它涉及整个国家的组织结构问题，因此在原则上它应属于公法范畴。对于法国王室来说，将《撒利克法典》由包罗万象的普通私法转化为具有单一公法内涵的王位继承法并无太大的困难，只要它将那些无关宏旨的或已过时的法律条文弃之不论，而专门宣扬“关于自由份地”一章中的有关内容，那么法典内容的简化工作即可宣告结束。正是在这种情况下，《撒利克法典》在 15 世纪以后顺利地转化为法国的王位继承法，在一般情况下，《撒利克法典》已经成为王位继承法的代名词。

《撒利克法典》以王位继承法的形象出现是与英法之间以及法王与那瓦尔国王之间的王位争端直接相连的，在这一斗争过程中，逐渐确立了法国王位继承的两项基本原则。第一，禁止女子及母系男性继承王位原则。这一原则的确立是以数百年来特别是 1316 年和 1328 年的王位继承史实为基础的。15 世纪初，人文主义者蒙特罗伊运用《撒利克法典》、罗马法和当时的一些封建法规，从各个方面论证了这一原则的合理性。他认为，《撒利克法典》不仅禁止父系女子而且也禁止母系女子继承王位，罗马法也倾向于支持父系男性为王，同时，根据封建法，女子一般也不能将她们自己并不享有的权利传给其他人。[②] 15 世纪中期出现的《大论

① 参见由嵘主编：《外国法制史》，北京大学出版社 1992 年版，第 145～146 页。

② 参见克里朗：《中世纪末期法国君主的理想与王权》，巴黎 1980 年版，第 284～287 页。

文》对这一原则作了更为详尽的论证。他认为,这一继承原则之所以正确,是因为女子的身上存在一系列无法克服的弱点。继《大论文》之后,几乎所有的相关著述都开始坚持"禁止女子及母系男性继承王位"是一条亘古不变的原则,而且几乎毫无例外地都将这一原则视为《撒利克法典》的组成部分。可以说,这一原则的确立对法国封建王朝的影响极为深远,并使之具备了一个与英国、西班牙、德意志及沙俄等封建国家迥然不同的政治特征。

第二,长子继承制原则。自公元10世纪卡佩王朝建立以后,长子为王位的首选继承人已成为一种习惯性做法,但是,在15世纪以前的数百年间,这种做法并无一种明确的理论根基,因而,王位继承的顺序仍然隐藏着巨大的不确定性。15世纪上半叶,一批法学家借《撒利克法典》的复兴之风,开始对长子继承制这一习惯做法给予理论上的说明并赋之以合法的外衣。1420年,法学家让・德・泰尔－维梅叶(Jean de Terre – Vermeille)撰文指出,根据从古代流传下来的法律可得出结论:法国的王权是一份公共财产,因而它不受普通的家庭财产继承原则所约束;长子的王位继承权无可辩驳,无论是其父王还是其庶弟抑或其他强权者,均不得剥夺他的这一权利,因为早在其父王驾崩之前,他就已经是王冠的共管者。① 与泰尔－维梅叶同时代的于珊在稍后一段时期对王位的长子继承制作了更为明确的论述,他认为,现任国王去世以后,即使太子是尚未成年的幼童,也拥有继承王位的全权。于珊声称,这是《撒利克法典》所确认的一个重要原则。正是在这种情况下,长子继承制和禁止对太子继承权的剥夺逐渐被视为《撒利克法典》中的一个不可分割的组成部分,法典的王位继承法地位已经不可动摇,法典对王室事务的约束力明显增强。

(三)《撒利克法典》的神圣化

由前文可知,在中世纪中后期,《撒利克法典》已经演变为左右法国王位继承的不可更替的纲领性文本,由这一古代法典派生出来的一系列法律条文已经成为法国封建政治结构的根本原则。随着民族国家的逐渐形成与封建王权的日益强大,最能体现法兰西民族起源和独立司法权的《撒利克法典》的地位也同步上升,并最终成为一种神圣不可侵犯的天神赐礼。

从15世纪后期开始,《撒利克法典》已经成为"王国特权"(privilegia regni)中的重要内容之一,一大批法学家、政论家、史学家及某些人为该法典写下了顶礼膜拜的颂扬之词。查理八世(1483～498年)时的一位作家认为:"《撒利克法典》是王国的指南,它使王国长存久治,并使王国的荣耀和权威永不消逝,其原因就在于

① 参见克里朗:《中世纪末期法国君主的理想与王权》,巴黎1980年版,第297～303页。

它阻止了冲突内讧和争权夺利。”[①]1512 年,法学家万桑·西戈尔(Vincent Cygault)指出,对于国王和王国来说,《撒利克法典》公正、神圣、不可侵犯而且益处无穷,它歌颂了高卢人的英名。另外,还有人认为,《撒利克法典》具有不可泯灭的历史功绩,它将法兰西人从野蛮和混乱的苦海中拯救出来,为法兰西国家的成长和繁盛开辟了光明大道;同时,该法典鼓励人们将自己的聪明才智以和平的方式投入文化艺术生活之中,从而使国人享有平稳安定的政治局势。[②] 1575 年,著名法学家让-庇鲁·昂格尔贝姆(Jean-Pyrrhus Angleberme)出版了专题论著《论撒利克法典》(*De lege salica*),全面总结了《撒利克法典》的整个发展过程,他的结论认为,《撒利克法典》具有永无止境的优点,它与《圣经》、教会法和自然法一样都是至高无上的;该法典的诞生使法兰西走上了一条光辉之路,它代表着法国人的特性,反映着法兰西王国的光荣。[③] 16 世纪以后,《撒利克法典》的神圣地位已经完全确立,正是在这种情况下,生活于 16 世纪、17 世纪之交的法学家罗朗·布歇尔(Laurent Bouchel)才写出了下面一段话:“事实上,有人已经指出,《撒利克法典》是法国的保护神。特洛伊人曾经认为,只要他们拥有智慧女神像,他们的国家就会坚固稳定;如果失去了它,就会导致国家的毁灭。与此一样,遵从《撒利克法典》就意味着国家可以得救;如果该法典被废除,则会带来国家的彻底覆亡。”[④]虽然布歇尔的话似乎有些危言耸听,但毕竟反映了《撒利克法典》在法国中世纪后期法制史上的至高无上地位以及该法典向政治神话转变这一历史事实。

通过《撒利克法典》的历史发展进程,可以明显地看到,在法国中世纪中后期的政治生活中,历史与现实之间存在一种比较“默契”的协调关系,当现实政治生活产生某种需求之时,历史会不惜隐去自身的某些真实内核来作出相应的回答。尽管这一现象历来为主张客观的历史学家所诟病,但从历史角度来看,它的确对法国封建社会后期政局的相对稳定起到了一定的保障作用。可以说,《撒利克法典》在从普通习惯法上升为成文法和王位继承法以后,一方面成为一种理论利器,协佐法国王室成功地挫败了境内外的王位竞争者,并为法国封建社会后期君权神授理论的产生创造了法律前提;另一方面又成为一种制约性力量,使得法国的封建王统按照既定的方式前后相承,并最终促成一种颇具法国自身特色的封建政治结构。

---

① 法国国家图书馆,法文抄本 1192,第 18 号。

② 法国国家图书馆,法文抄本 17274,第 12 号。

③ 参见[法]科莱特·波纳:《一种观念形态的诞生》,加利福尼亚大学出版社 1991 年版,第264~265 页。

④ 罗朗·布歇尔:《法国法律丛书》(第 3 卷),巴黎 1615 年版,第 399 页。

查理大帝"法令集"浅析

赵立行

查理大帝代表着法兰克加洛林王朝的鼎盛,同时代表着欧洲经历了蛮族、基督教和罗马等诸种文化要素的融合阶段而真正进入了中世纪。长期以来,学术界对查理大帝的考察主要集中在他的军事征服、他发起的"加洛林文艺复兴"和他所创设的政治制度上,因为正是他的军事征服使法兰克成为一个大帝国,正是他对文化的注重使古典文化、蛮族文化和基督教文化融为一体,正是他创设的政治制度维持了法兰克王国君主制度的天下一统。但是,学术界对查理大帝所颁布的法律及其在确立和维持统治方面的作用关注不多。本文尝试通过描述和分析查理大帝时期的"法令集"及其内容,从宗教、政治制度和经济等方面揭示查理大帝时期的社会面貌,并探讨加洛林王朝鼎盛时期法律的作用。

一

查理大帝时期是欧洲中世纪一个重要的转型时期,无论在政治制度、经济体制还是文化方面都进入了一个从冲突到融合的阶段。就法律的角度而言,面对作为社会意识形态的基督教文化、残存的罗马文化和以帝国体制为特征的政治架构,传统的日耳曼法必须经过调整和补充,才能适应已经变化了的社会现实,因此,修改旧法律和颁布新法律也是政府的当务之急。查理大帝充分意识到这一点,并作出了积极的努力。艾因哈德的《查理大帝传》是这样描述的:“在接受皇帝称号以后,他注意到他的臣民的法律体系存在着很多缺点,因为法兰克人有两套法律体系,在许多方面,二者差别甚多,因此他决定增补所缺少的部分,调和二者的歧异,并订正内容或文字方面的错误。他的全部计划远未完成,他只是增添了一些律令,并补足了一些不完备之处。但是他发布命令:凡属他领域之内的一切不足的法律和规章之尚未成文者,应当收集起来,并且写成文字。”①

正因为查理大帝对法律非常注重,所以他的时代留下了大量的法令。查理大帝时代所颁布的法令和书写的命令被称作“法令集”(Capitulary),之所以如此称呼,主要是因为这些法令和命令被分成了章节。这些法律命令是体现皇家权威的主要书面文件,大部分由国王亲自颁布,有时候也由国王和他的顾问们发布。这些法令集一旦编辑出来,便会送达法兰克王国的各地官员、大主教、主教、巡按使和郡守,并将其抄本保存在帝国的档案库里。这样的“法令集”并不是查理大帝时期才有的,也不是查理大帝时期所独有的,但查理大帝时期最为丰富。早在公元827年,一位主教安塞吉苏斯(Ansegisus)就已经将当时的“法令集”进行了编辑,把相似的规定和重复的文本进行合并。他的编辑共分为四部,其中两部是查理大帝的,两部是他的继承者虔诚者路易的,查理大帝时期的法令集被分成了教会法令和世俗法令。后来的博莱提乌斯(Boretius)也对加洛林时期的法令集进行了分类编辑,其中查理大帝法令的内容也占其中很大的部分。

从博莱提乌斯的分类中,我们大致可以看出当时“法令集”所包含的主要内容。第一种类型的法律是对前代墨洛温王朝和日耳曼人萨利克法典的法律补充。这些补充的法律与原有法律具有同等的地位,主要适用于服从这类法律的那些人。这些条例主要包含赔偿的数额、程序规则和民法的要点,是在民众大会上经民众同意而宣布的。查理大帝及其后继者颁布此类法律的目的,是努力使其他的法律与传统的萨利克法典达成和谐。第二种类型的法律主要是关于教会的。这些法令是在主教会议上所制定的,经国王批准后,王国内的所有基督徒都必须遵守。第三种类型的法律是王国内所有臣民都必须遵守的政令,并具有永久性的特征,通常是在春季或秋季所举行的会议上,由国王进行阐述。因此,这些政令并非最后的法律文本。第四种类型的法律是关于巡按使的法令,这是查理大帝及其后继者给派遣到帝国各地巡按使的指导性命令。这些命令有时候是针对所有巡按使的,有时候则针对某一特定的巡按使。在很多情况下,这些命令只对巡按使有效,而不是普遍适用,因而带有临时性的特点。

---

① [法兰克]艾因哈德等:《查理大帝传》,戚国淦译,商务印书馆1996年版,第30页。

从当时的人对法令的编辑中我们可以看出,在查理大帝时代,处理教会事务和世俗事务的法令已经区分开来。其中世俗事务的法令主要分为三个范畴:第一个范畴是试图补充或修改加洛林的国家法律,主要包括刑法、关于程序的规则和司法。第二个范畴是国王和显贵会议达成一致而形成的法律。第三个范畴是指导性文件,是国王的个人决定。但由于现在并没有留存最原始的法令集,同时,加洛林时代并没有按照一个固定法律体系进行立法的习惯,因此,很难对它们的性质进行明确界定,所述的区别也并不是很确切的。

关于这些"法令集"的出台过程及其性质,著名中世纪史学家冈绍夫进行过细致的研究。他指出,当皇帝与大臣们就某一法令的内容进行商议,以及将其口述给书记官时,所使用的是当地土语,然后书记官用拉丁语抄录;我们不可能根据法令的内容进行合理的分类,因为尽管许多法令是针对帝国全境的,但是有些法令仅仅适用于德国和高卢地区,有些则只适用于意大利;有时候,一则法令只处理一个主题,比如教会改革、军事义务、皇家领地的管理等,而且有时候法令集所处理的只是皇家所关注的问题;颁布法令的主动权完全掌握在皇帝手里,尽管在起草这些法令的时候,皇帝的近臣、法庭的法官及有影响的人物也会参与商议,商议后还要将草稿提交贵族会议,但是这仅仅是个形式,他们没有权力作出相反的决定。关于这些"法令集"的性质,冈绍夫指出,"法令集"和"法律"有着根本的不同。在加洛林时代,公法是君主口头的法令,是君主的决定。这些口头法令只有某些部分予以公布,当某些部分被写进"法令集"时,那些完全或者部分改变了现行法律的内容可被视为法律,但"法令集"中的大部分句子并不是法令,而是规定或行政性的命令。①

但是无论这些"法令集"是否形成系统,它的性质是否等同于我们所理解的法律,它都反映了查理大帝时代修改和重新编纂法令的活跃,从中我们也可以了解当时社会的基本状况。

二

查理大帝非常注重与基督教的关系,并将丕平以来的政教联盟发展到高峰。查理大帝把基督教接纳为国家的意识形态,并将其视为凝聚整个国家的中心力量。他长期的征战是以消灭异教徒和推广基督教为旗帜的;在罗马的教皇出现危机时,查理大帝会带病前往,使惨遭破坏的教会秩序得到恢复;他也接受了教皇利

① See Francois L. Ganshof, *Wat waren de Capitularia?*, Reviewed by Bryce lyon, Speculum, Vol. 33, No. 1 (Jan., 1958).

奥三世的加冕,从而成为皇帝。因此,如何归化异教徒、如何保证教会的秩序、如何确立皇帝对教皇的权力,都是查理大帝必须考虑的。

查理大帝与教会的关系,主要表现在他推广基督教和确立基督教的正统地位方面。推广基督教通常以军事征服的形式进行,而确立基督教的地位则是通过法令来完成的。查理独掌政权后,便开始了大规模拓展疆界的战争。他首先进攻阿奎丹,把阿奎丹和加斯贡尼纳入法兰克版图。接着,接受罗马城主教哈德良的恳求,进攻并彻底击败了伦巴第人,把他们赶出了意大利。此后查理大帝与北部的萨克森人进行了旷日持久的战争。这场战争持续了30年,其间萨克森人屡次被降服,又屡次叛乱。但查理最后还是制服了萨克森人,迫使他们接受基督教,并同法兰克人融为一族。正是为了保证征服萨克森的成果,查理大帝专门颁布了《萨克森法令》(Capitulary for Saxony)。[①] 这部法令非常明确地表现了查理大帝推广和确立基督教地位的决心。法令宣布要在萨克森地区建立许多"辉煌的教会",并认为如果在萨克森建立的奉献给上帝的基督教堂,能够比偶像崇拜的殿堂,获得更多和更大的尊重,对所有人来说都是愉快的事情。法令规定所有人都要加入教会成为基督徒。其中提到,"所有的婴儿在一年内都要受洗;根据法令,如果任何人不愿在一年内将自己的孩子带来受洗,而又没有得到教士的建议或允许,如果是一名贵族,就要向国库缴纳120个索,如果是一名自由人,则缴纳60索,如果是一名获得自由的人,则要缴纳30个索"。相反,如果萨克森族的任何人"不希望受洗、不愿意接受洗礼以及希望继续当一名异教徒,那么就要被判处死刑"。成为一名基督徒后,要严格履行作为一个基督徒的各种义务。其中规定,作为基督徒要向教会奉献财产:"教区居民要给每座教堂一座房屋和两曼斯(mansi)土地,贵族、自由人以及获得自由的人,每120个人要给教会提供一名男仆和女仆。"当然,作为一名基督徒,缴纳什一税的义务是必须履行的:"我们命令所有人都要向教会和教士缴纳十一税和提供劳动;贵族和自由人以及获得自由的人,都要像上帝给予每个基督徒的那样,返还其中的一部分给上帝。"成为一名基督徒,就要按照基督教的规则生活,否则就会面临处罚,法令在这方面作出了详细的规定,"在安息日,任何会议和公共司法会议都不能召开,除非出于特别需要或战争所迫,但是所有人都要进入教堂聆听上帝的话,自由祈祷或做善事。同样,在特定的节日,他们

---

① In Boretius, No. 26, p. 68, trans. by D. C. Munro in—University of Pennsylvania. Dept. of History: *Translations and Reprints from the original Sources of European history*, published for the Dept. of History of the University of the Pennsylvania, Philadephia, University of Pennsylvania Press, 1990, Vol. Ⅵ, No. 5, p. 2 – 4.

要将自己献给上帝和教会的仪式,禁止参加世俗的集会";"任何人如果缔结了被禁止的或非法的婚姻,贵族要被罚款60个索,自由人罚款30个索,获得自由的人则罚款15个索"。如果一个人很好地履行了作为基督徒的义务,也会获得相应的好处。例如,法令规定,任何人不忠于国王、强夺主人的女儿、杀死主人或女主人,都要被判处死刑,但是如果他"自愿跑到教士那里,经过忏悔后希望悔改,那么就在教士的证明下免于他的死罪";另外,"萨克森基督徒的尸体要放到教堂墓地,而不是异教徒的坟冢"。反过来,如果一名基督徒有违背基督教规定,甚至有攻击教会和教士的行为,则会受到严厉的惩罚。任何人用暴力进入教会,用抢夺或偷窃的方式拿走了任何东西,或者焚烧了教会,都要被判处死刑。法令规定:"任何人,由于蔑视基督教,鄙视四旬斋斋戒而吃肉,则被判处死刑。""如果任何人杀害主教、教士或助祭,同样被判处死罪。""如果有人与异教徒密谋反对基督徒,或与他们结合反对基督徒,就要被判处死刑。""如果谁同意反对国王和基督教子民的阴谋,那么就要被判处死刑。"法令还特别强调人们要抛弃异教信仰:"如果任何人因为受到魔鬼的欺骗,以异教徒的方式,相信一个人是巫师且吃人,并因此而烧死了该人,或者将此人的肉给其他人吃,或者自己吃了此人的肉,那么将要被判处死刑。""如何任何人按照异教的仪式,将一个死者的尸体焚烧,并将其骨头变成灰,那么要被判处死刑。""如果一个人将另一个人献祭给魔鬼,而且以异教的方式,将其作为牺牲献给魔鬼,那么就要被判处死刑。""如果任何人在泉水旁、树林或小树林发誓,或者按照异教徒的方式进行奉献,以及参与敬奉魔鬼的宴会,贵族要罚款60个索、自由人30个索,获得自由的人15个索。如果没有办法马上偿付,他们将进入教堂服役,直到偿付为止。"

查理大帝如此重视基督教,并颁布法令强制人们接纳它、保护它,从而抛弃异端,其目的是显而易见的,就是指望通过基督教,把帝国内不同的民族融为一体,通过基督教精神,确立一个帝国的意识形态。正如乌尔曼所说,"加洛林国王们在他们无数的法律和条例中所实行的教育和规训措施,是向法兰克人民传达他们是'上帝的人',目的是宣传他们作为'基督教的人'的再生。这种转变或再生要抛却他们过去所发展的传统和习俗:这些神的人要通过遵奉相关的法律、原则和禁令,通过抛弃过时的法律和习俗,来生活和安排公共和私人事务,来组织自己。换句话说,整个社会要从教会的角度来看,是建立在上帝的律法上,而不是法兰克、日耳曼和其它自然产生的习惯和惯例上。这就是查理大帝法令集的重要意义之一"。①

尽管查理对基督教非常虔诚和慷慨,但是,他还是力求树立起皇帝对教会的权威。他在世期间,大量的宗教会议都是由他亲自主持,法兰克的主教都是他来指定的。而且他注意圣曲的演唱规则,对于那些不安分守己、野心勃勃的主教则毫不留情地予以训斥。这说明查理大帝时期,国王作为教会的保护者有着很高的地位,教会还没有强大到凌驾于国王之上的地步。在其《巡按使法令》的第17篇,②查理大帝以基督教会主人的身份对教会人士进行约束,并对他们违反教规的行为进行惩罚。首先,法令指出:僧侣们"无论如何不能涉足世俗的事务。不能走出修道院半步,除非情不得已;教士们应该待在他们自己的教区里。如果有必要派某人外出,要得到教士们的同意,被派遣出去的人要没有任何值得怀疑的地方。没有罪恶,也没有罪恶的记录"。这样就把僧侣和教士的活动范围和职能进行了严格的限定,使其超脱世俗事务之外。其次,该法令严厉谴责宗教人士的违规行为,指出:"让他们完全避免大吃大喝,因为每个人都知道,这些人会因此而染上贪婪。最恶毒的谣言已经传到我们的耳朵,说修道院已经被察觉有了通奸、可恶的事情和不洁。尤其困扰我们和使我们感到悲哀的是,人们说一些僧侣被了解有鸡奸行为。结果,由于所有基督徒获得救赎的最大希望来自僧侣的生活和贞节,那么,相反行为的出现就会导致损害。如果这样的报告将来传到我们的耳朵里,我们不但会对罪恶进行惩罚,而且也将惩罚施于那些赞同这些罪恶的人,从而使那些听到此事的基督徒,将来不敢再有此类的行为。"

这样,查理大帝通过推广和培育基督教,提高了法兰克王国的凝聚力;同时通过约束基督教会,确立了法兰克王国皇权至上的原则。

三

查理大帝确立基督教作为国家意识形态的同时,也面临加强国王权力及调整社会关系的任务,如何强调忠诚,防止地方官员的分裂倾向,如何固定各个阶层的地位及如何由国家掌握发行货币的权利等,都是查理大帝必须关注的,也是构成他所颁布的法令的重要内容之一。

---

① See Walter Ullmann, *The Carolingian Renaissance and the Idea of Kingship*, London: Methuen & Co. Ltd., 1969, p. 22.

② 17 of the General Capitulary of the Missi in Boretius, No. 60, p. 147, trans. by D. C. Munro, in—University of Pennsylvania Dept. of History: *Translations and Reprints from the Original Sources of European History*, Vol. Ⅵ, No. 5, p. 20 - 21.

其中,最典型的法令是《巡按使法令》(General Capitulary of the Missi)。[①] 在这部法令中,查理大帝提出设立巡按使,让后者代表皇帝督导各地按照法律规则行事,实施正义。其中提到,所遴选的巡按使必须是从贵族中选出的最聪慧和最谨慎的人,其中既包括大主教和其他主教,也包括德高望重的修道院长和虔诚的俗人,这些人将被派遣到全国各地。这些巡按使的任务是督促地方官员和贵族根据正确的法律生活,如果发现有些地方出现了谬误,违背了已经制定的法律,那么,巡按使要谨慎调查并向皇帝汇报。任何时候任何人如果声称遭到别人不公正的对待,巡按使都要谨慎调查,在任何地方的所有案件中,要完全公正地执行法律。如果巡按使和地方伯爵不能对案件中的谬误进行纠正并实行正义,那么他们要毫不含糊地将此情况报告给皇帝进行裁决。法令强调,无论是奉承、贿赂、关系和对权势的畏惧,都不能阻碍径直通向正义的途径。其中法令的第9条就明确规定:"任何人不得以某种原因,在理由不充分的情况下,因为希望有所得而在法庭上不公正地袒护另一个人,或是在理由不充分的情况下,因为自己善于理论或是渴望压制别人而妨碍司法公正……在任何案件中,都要根据正义和法律这样做;任何人都没有权力用贿赂、酬金和任何罪恶的阿谀奉承,或者碍于关系而妨碍正义。任何人都不能在任何事情上不公正地赞同另一个人,而是要满怀热情和良好愿望准备实施正义。"同时,任何人不能凭借自己的聪明而反对或者蔑视成文法,或者反对和蔑视法律的判决,所有人都要完全按照上帝的指示生活,按照公正的规则行事,俗人和教士都必须正确地遵守法律,而不要进行欺骗,所有人都要相互帮助,保持和平。通过派出巡按使到各地,皇帝的权威延伸到全国各地,通过强调法律和规则至上,使各地都处于同一法律的支配之下,从而避免了地方势力的分离倾向。

除强调"法律至上"的思想之外,这部法令明确强调了各地各个阶层对皇帝的忠诚,而且有些细目规定得特别详细。其中最重要的是要宣誓效忠皇帝:王国内的任何人,无论是教士还是俗人,都要向皇帝发誓忠诚,还没有发过誓的,包括12岁以上的人,都要进行宣誓。宣誓的内容要公开通告,让每个人都知道具体的内容。这时候的宣誓并不只是空洞的口号,如对皇帝如同对自己的生命那样忠诚,不出于憎恨而将敌人引入王国,不赞成也不隐瞒其他人对国王的不忠等,而是有着非常具体的内容,其中包括:任何人不得出于奉承或某人的贿赂,通过做伪证或其他欺骗手段,拒绝归还或者偷盗和藏匿皇帝的农奴或者属于皇帝的地域、土

---

① In Boretius, No. 60, p. 147, trans. by D. C. Munro, in—University of Pennsylvania Dept. of History: *Translations and Reprints from the Original Sources of European History*, p. 16 – 18.

地或其他东西；任何人不能通过伪证或欺骗手段，藏匿或者偷盗谎称自己为自由人的皇帝的逃亡农奴；任何人不能劫掠或者不公正地伤害教士、寡妇、孤儿和朝圣者；因为皇帝本人继上帝和圣人之后，成为他们的保护人；任何人都不得抛荒皇帝的采邑，或将其据为己有；任何人都不能无视皇帝征召作战的命令，不得遣散应当服兵役的人，无论是出于关系、奉承或某人的贿赂；任何人都不能以任何方式妨碍皇帝颁布的禁令和命令，延误他的工作或妨碍或轻视或以任何方式反对皇帝的意志或命令，不能忽略缴纳费用或税收。

查理大帝强调所有臣民的宣誓，并规定了具体的内容，一方面，做到了使皇权至上的观念深入人心；另一方面，又把人们忠诚与否置于可以检验的层面，从而真实地了解人们忠诚的程度，并因此而制定必要的措施。

查理大帝加强王权统治的法令，也表现在其他的方面。查理大帝时期也正是社会等级地位相对固定化的时期，农奴被束缚在土地上不能随意移动。为了明确这种社会现实，查理大帝专门颁布了《关于农奴的法令》，其中明确规定：“那些居住在其他人领地内的农奴，如果以前的主人索要他，那么除了以前的地方外，他不能被送到其他地方。他原来住在什么地方，就应该回到哪里，并要对他们的地位和亲属关系进行细致调查。”①这一法令明显体现了封闭、缺乏联系的庄园形态。另外，在金融货币方面，从矮子丕平开始，加洛林王朝一直仿效罗马帝国的体制，把铸币控制权握在政府手里，力求使银币的价值和成色保持统一。丕平于公元755年进行币制改革，重申每镑银铸造银币不能超过22个索。查理大帝时期，出现了铸币粗制滥造的现象，这不但破坏了稳定的经济秩序，也妨碍了王权的一统。为此查理大帝颁布了《关于商品价值的法令》，力求使铸币在全帝国境内整齐划一：“由于在许多地方出现了假币，违背了正义和我们的法律，我们命令除了宫廷之外任何地方都不得造币，除非我们下令进行。但是那些现在流通的第纳尔，如果是用足够分量的优质金属制造则可以接受。”②

这样，通过关于巡按使、农奴和货币铸造的法令等，查理大帝努力去除了社会中的离心倾向，把整个社会置于以皇帝为绝对权威的统一秩序之中。

四

一般认为，查理大帝时期也是庄园制度相对成熟的时期，整个社会以土地为

---

① See Roy C. Cave & Herbert H. Coulson, *A Source Book for Medieval Economic History*, New York: Biblo & Tannen, 1965, p. 273.

② Roy C. Cave & Herbert H. Coulson, *A Source Book for Medieval Economic History*, p. 131.

纽带形成了依附的社会形态，社会财富主要来自农业生产，因而对农业及其产品的注重达到了难以想象的细致程度，同时对农业之外的商业经营等却又采取许多限制措施，这反映了庄园制自给自足的特点。查理大帝时期颁布的《关于皇家领地的法令》非常明显地体现了这种特点。①

这部法令看起来不像是政府颁布的法令，倒像是一则庄园工作安排和庄园出产物的名录。法令是针对庄园领地内的管家所颁布的，目的是让他细心经营庄园领地并定期向皇室详细报告。法令首先要求管家对领地上的收入进行年度汇报，其内容包括："汇报由我们自己的犁耕人驾驭牛所耕种的土地，以及农庄的佃农必须耕种的土地的数量；计算猪、租金、债务和罚款的数量；计算未经我们允许而在我们森林里拿走的猎物，汇报各种各样的赔偿费，汇报磨房、森林、牧场以及桥梁和船只；汇报自由人以及应当对我们的国库负责的人，汇报市场、葡萄园以及那些欠我们酒的人；汇报干草、柴火、火把、厚木板以及其他种类的木材；汇报抛荒地；汇报蔬菜、黍和稷等作物；汇报羊毛、亚麻和纤维的数量；汇报树林里的果实；汇报各种大小的坚果树；汇报所有嫁接过的树；汇报所有的花园；汇报所有的萝卜；汇报所有的鱼塘；汇报所有的兽皮和角；汇报蜂蜜和蜂蜡；汇报肉、牛脂和皂；汇报桑椹酒、煮过的酒、蜂蜜酒、醋、啤酒和葡萄酒，不管是新酒还是陈酒；汇报新的和陈的谷物；汇报母鸡和鸡蛋；汇报鹅的数量；汇报渔夫、金属匠、制剑的人和制鞋匠的数量；汇报柜子和箱子；汇报车床工和马鞍工；汇报铁、锡或其他金属的冶炼厂和矿山；汇报小马。要把所有这些报告给我们，在圣诞节逐条按次序报告，以便我们知道我们每一样东西拥有多少。"

对这些东西的汇报已经是不厌其烦了，但是法令所要求的还远不止于此。接下来还详细嘱咐管家如何特别细心地照看和管理用双手准备或制作的东西，其中包括"培根、熏肉、腊肠、咸肉、葡萄酒、醋、桑椹酒、煮制的酒、芥末、奶酪、黄油、麦芽、啤酒、蜂蜜酒、蜂蜜、蜂蜡、面粉"等，这些东西要保持得非常干净。不仅如此，为了给庄园增添一些景致，还要求庄园内一定要有一些"孔雀、野鸡、鸭子、鸽子、鹌鹑和斑鸠"等。庄园主的房间里一定要安排好"床单、垫子、枕头、铺盖、凳子和桌子的罩子"以及"黄铜、锡、铁和木制的容器"。至于一个庄园所需要的工具，如"熨斗、链子、挂钩、扁斧、斧子、螺丝钻、弯刀和所有其他工具"也都要安排妥当，而且要做到"没有必要到别处去找或者找别人去借"。

法令还专门嘱咐管家要安排好庄园内的各个工种好好工作，其中提到"铁匠、

① See James Harvey Robinson, ed., *Readings in European History*: Vol. Ⅰ, Boston: Ginn and Co., 1904, p. 137 - 139.

金匠、银匠、鞋匠、车床工、木匠、剑匠、渔夫、锡箔匠、制皂匠，懂得如何制造啤酒、苹果酒、梨酒以及其他饮料的人，给我们制做糕饼的师傅，会制造捕猎、打鱼、捕鸟之网的人等"。除男人的工作外，法令还嘱咐管家安排好妇女的工作，这些女工主要从事纺织业，所以要按时发给她们所需的材料，包括"亚麻、羊毛、靛蓝、朱砂、洋西、羊毛梳、起绒机、肥皂、油脂、容器以及其他需要的物品"。

这样一份看起来非常繁琐枯燥的法令，其实非常真实地反映了庄园制的特点。在一个典型的庄园里，有犁耕地、草地、林地、抛荒地等各种土地类型，它们都是维持庄园生活不可或缺的要素。一个庄园差不多是完全自给自足的，庄园生产各种各样的谷物、各种类型的经济作物、各种各样的果树、各种各样的牲畜。同时，庄园不但是一个农业生产基地，同时各种手工制品在庄园里也要齐全，几乎各个门类的工匠都是庄园不可或缺的人。庄园是相对封闭和不对外交往的，所以法令中才提到尽量不要到别人那里去借工具等。从管理体制上来讲，管家是庄园领地最主要的管理者，他的职责除了安排庄园的各种生产之外，更重要的是维护庄园主的利益，不要让后者受到任何损失，法令所规定的汇报制度就是其最好的体现。

与此相关，对庄园农业的注重相伴而生的是对商业和交往的限制，因为过多的交往和频繁的商业会对封闭的庄园体制造成冲击。这种考虑反映在查理大帝颁布的《关于犹太人的法令》①中。法令规定："任何犹太人不得擅自因为抵押或债务而从任何基督徒那里拿走教会的金制、银质或其他材料的物品。如果他胆敢做这种上帝禁止的事情，那么他的所有商品就要被没收，并砍掉他的右手；任何犹太人不能因为抵押而将基督徒交给犹太人或基督徒，也不能让他们做任何坏事情，如果他擅自这样做了，那么就要根据法律进行修正，同时他失去了自己的抵押品和债务；任何犹太人都不得在自己家里设有钱币兑换柜台，也不能擅自卖酒、谷物或其他商品，如果发现他做了这些事，那么他的全部商品就要被没收，本人也要被囚禁，带到我们面前。"我们知道，犹太人作为一个散居民族，其主要经营的业务是商业和钱币业，而且他们是中世纪早期最重要的商人，对犹太人进行限制，也就是对商业本身的限制，反映了庄园时代重农抑商的社会现实。取代商业自由交往的，是政府规定固定的商品价值和兑换的价格，其中在《法兰克福法令集》中有"关于重要商品价格"的法令，规定"任何人，不论是教士还是俗人，无论在丰收季节还是歉收季节，都不能高于现在法令所规定的法定缪德(muid)的价格出售自己的谷物。一缪德燕麦一第纳尔，一缪德大麦两第纳尔，一缪德裸麦三第纳尔，一

① Roy C. Cave & Herbert H. Coulson, *A Source Book for Medieval Economic History*, p. 172 – 173.

缪德小麦四第纳尔。但是如果他想出售面包,那么一第纳尔可以买12条小麦面包,每条重2磅;同时一第纳尔可换15条同样重量的裸麦面包、同样重量的20条大麦面包、25条同样重量的燕麦饼”。这样的法令中虽然也提到了交换,但基本上已经完全脱离了真正的市场。这些法令反映出,庄园的基本特征在查理大帝时代已经基本成熟,在城市大规模兴起之前,一直是西欧社会的经济和社会基础。

通过上述考察,我们可以得出这样的结论:法令集是查理大帝改造旧有法律、制定新法律规定,适应社会发展需要的重要成果,正如冈绍夫所说:“查理大帝法令集的目标是双重的:一方面,正确地执行已经被忽视的传统法规;另一方面,则是使这些规则适应新的形势,在这样的形势下,通常会创立新的规则。”①更为重要的是,法令是查理大帝维持皇权至上、确立基督教和庄园经济模式的重要一环,对稳定查理大帝帝国,甚至此后的西欧社会都有非常重要的作用。

---

① Francois L. Ganshof, *The Impact of Charlemagne on the Institutions of the Frankish Realm*, Speculum, Vol. 40, No. 1 (Jan, 1965).

格兰西之《教会法汇要》对奴隶和农奴法律地位的解释

彭小瑜

中古西欧教会法研究历来是中世纪学的重要组成部分，第二次世界大战以后成果尤其突出。中古西欧法制史、社会史和政治史都因此开拓了新课题，深化了对许多问题的认识。[①] 介绍中世纪的教会法是一项很困难的工作。首当其冲的问题是教会法文献本身是一专门的学科，不独涉及大量拉丁文的著作，而且使用繁多的术语。本文除简要介绍中古西欧教会法文献外，还试图通过格兰西的《教会法汇要》（在 1140 年前后编成）探讨当时奴隶和农奴的法律地位。教会法是中古西欧最系统的法律体系，但奴隶和农奴的法律地位即使在这里也没有得到清楚明了的解释。一方面，奴隶和农奴之间的界限难以划定；另一方面，在考虑特定的案例时，教会法学家对奴隶和农奴的地位不时进行修正。

一、《教会法大全》

在 1917 年和 1983 年，罗马天主教会两次颁布法典（Codex iuris canonici）之前，教会并不系统地制定法律以形成条理分明的法典。中古西欧的《教会法大全》（*Corpus iuris canonici*）严格地讲是历史上累积下来的教

---

① 参见库特那：《法学的复兴》，载本森等编：《12 纪的复兴和更新》，麻省剑桥 1982 年版，第 299 ~ 323 页。

会法文献之汇编，其内容不仅包括各次教会会议的决定和历代教皇的教令，也收入大量教父著作的片段。中世纪早期的数部教会法汇编未能科学地组织材料，各条法规之间缺乏有机的联系，甚至互相矛盾。[①] 在11世纪教会改革运动的推动下，又有多人编纂教会法，并且尝试用经院哲学的论理方法把成百上千条教律组织成有机的整体。[②] 1140年前后，意大利人格兰西（Gratianus，生卒年月和生平均不详），继承前人的成果，编成《教会法汇要》（*Decretum* 或 *Concordia discordantium canonum*）。1580年这一法学著作与后来的五部教皇教令集在教皇格里高利十三世的首肯下被合编成《教会法大全》。格兰西的《教会法汇要》有三大组成部分：第一部分由101节（Distinctio，引文中简写成"D"）组成，每节包括数条到数十条教律（capitulum，引文中简写成"c"）。第二部分由35个案例（Causa，引文中简写成"C"）组成，每个案例分成数个问题（questio，引文中简写成"q"），每个问题下有数条至一百多条教律。第三部分（Tractatus de consecratione，引文中简写成"de cons"）共四节（Distinctio，第一节在引文中简写成D. 1 de cons），每节有数十条至一百多条教律（capitulum）。格兰西在教律前后所添加的评注（dictum ante和dictum post，引文中简写成"d. a."和"d. p."）不仅是他对所引法规的诠释，而且常常是对整节或整个案例的总结。格兰西学在12世纪和13世纪为教会法之显学，有许多人倾注心血对《教会法汇要》加以评点，成为所谓"教会法汇要学家"（decretists）。约翰·条顿（生于1170年前后，卒于1245年）的评注后来被教会选为标准本（glossa ordinaria）。格兰西学是中世纪学里的一门专科，在此不可能详细介绍格兰西之生平及其著作的手稿和版本问题。[③] 对他的经院哲学方法，我们却可以在下文对奴隶和农奴法律地位的探讨中用具体的例子略作说明。

二、奴隶和农奴的定义

罗马法规定奴隶为不自由人；人或是奴隶或是自由人。罗马奴隶因其来源、教育水平和职业的不同，地位差别很大；从共和国到帝国时代，罗马奴隶法也经历

---

① 参见斯蒂格勒：《拉丁教会法律史》，罗马1950年版，第64～142页。在这些章节里作者详细讨论了中古西欧早期的教会法。

② 参见齐瓦罗：《牧民之谨慎与11世纪的教会法科学》，载《道德学研究》第15卷（1977年），第445～468页；布鲁门特尔：《11纪教会改革中的教皇与教会法》，载《天主教历史评论》第84卷（1998年），第201～208页。

③ 本文所用的《教会法汇要》为福里德伯格的版本（A. Friedberg, ed., Corpusiuris canonici, part Ⅰ: Decretum Magistri Gratiani），格拉兹1959年重印本。关于格兰西的生平和著作，请参见兰道：《格兰西》，载《里阿伦神学百科全书》第14卷，柏林1985年版，第124～130页。

了变化。把奴隶看成奴主所拥有的财产(res)只是奴隶法律地位的一个方面。奴隶在法律上也被作为人(persona)来对待,只不过是给予社会最低等级的待遇。奴隶在某些场合下可以拥有财产(peculium),可以组建家庭。虽然他们的财产和家庭不受罗马法的保护,却为社会习惯和道德所认可,奴主不得随意侵犯。①

马克思和马克思主义学派的历史学家们把奴隶制看成一种社会经济形态。②英国古史学者芬利不同意把奴隶制看成社会经济形态。他还进一步提出判定奴隶身份的7项标准:财产权和劳动力的支配、刑罚的性质和法律诉讼权、家庭权、社会地位提升的可能性、宗教权、政治权利,以及参与军事的权利。根据这7项标准,在不同时代和地区都可能发现奴隶制的存在。③ 美国社会学家派特森指出,奴隶的特性乃是处于任何一种社会的最底层,受到社会主流的全面排斥。派特森对奴隶制的研究贯通今古,涉及世界各个地区,可谓不拘一格。④

中古西欧农奴与罗马奴隶的社会经济地位显然不同。农奴一般被认为是西欧封建庄园的产物。农奴领有份地,自食其力,必须服劳役和交纳实物地租。布洛赫认为,奴隶和农奴在法律上都不是自由人。⑤ 农奴的不自由地位不仅来源于罗马法的影响,也是封建地主控制劳动力、强制农奴服役的一种政治手段。⑥ 中古教会法文献含有自罗马帝国晚期以来的法规,涉及不同类型的不自由人,⑦但格兰西并不强调奴隶和农奴社会经济地位的差别。教会法主要关注的是不自由身份所带来的与宗教事务有关的问题,一般不分辨奴隶和农奴法律地位的不同。

三、教会法论不自由人

近现代基督教人道主义在古代并不存在。伏格特认为,奴隶低下、卑贱的地位被早期神学家同基督教忍让服从的美德联系起来,教会当时没有把奴隶制看成一种

---

① 参见伯克兰:《罗马法教程》,剑桥1921年版,第62~67页。晚近的罗马法研究更进一步强调罗马奴隶社会的复杂多样性。参见尼古拉斯:《罗马法导论》,牛津1962年版,第69~72页;基尔希伯姆:《罗马商业活动中的自由人之子,奴隶和释奴》,耶路撒冷1987年版,第31~37页。

② 参见胡庆钧、廖学盛主编:《早期奴隶制社会比较研究》,中国社会科学出版社1996年版,第3~43页。

③ 参见[美]芬利:《在奴役和自由之间》,载《社会和历史比较研究》第6卷(1963/1964年),第247~248页。

④ 参见[美]派特森:《奴隶制和社会死亡》,麻省剑桥1982年版,第17~34页。

⑤ 参见[法]布洛赫:《中世纪的奴隶制和农奴制》,伯克利1975年版,第33~91页。

⑥ 参见马克:《西欧封建经济形态研究》,人民出版社1985年版,第198~205页。

⑦ 参见[德]兰道:《12和13世纪教会法学家和神学家论哈德良四世教令(Dignum est)以及不自由人的婚姻》,载《格兰西研究》第12卷(1967年),第517~521页。

绝对不能容忍的制度,更没有鼓吹社会革命以推翻奴隶制。布洛赫等人则坚信基督教促进了奴隶制的衰落。教会宣传"上帝面前人人平等",在一定程度上改变了社会心理。教会法视婚姻为圣礼,承认奴隶和农奴的家庭,修正了古典罗马法的某些极不人道的内容。[①] 霍夫曼指出,罗马帝国后期的法律已经给予奴隶许多权利,教会继承了这一传统并从道义上倡导释奴,将之看成一种诚信上帝的博爱行为。[②]

格兰西的《教会法汇要》对奴隶和农奴不作区别(统称为 servus),两者都被认为是不自由人(servilis conditionis)。在某些教律中,不自由人显然是可以买卖的奴隶。[③] 在另一些教律里,不自由人则是指依附农民。[④] 不自由人的身份意味着不能担任神职。未经主人同意,无论是奴隶还是农奴都不能出任神父或就任其他神职。在这类案例中,两者的身份却有相同的内涵,教会法学家不觉得有区分两者的必要。

教会法对不自由状态的认识来自他们对自然法(ius naturale)的理解。格兰西认为神法(ius divinum)与自然法一体。[⑤] 自然法适用于全人类。根据自然法,所有的人都享有自由。[⑥] 然而根据万民法(ius gentium),人却有自由与不自由之分。[⑦] 从原则上讲,万民法须服从自然法。[⑧] 但格兰西也指出,社会习惯和国家律法可以同自然法有分歧。按照自然法,万物应共有;按照成文法,在现实社会中私有财产应受到保护。[⑨] 由此推论,格兰西提及自然法和万民法对自由的不同观念并不意味着他否认奴隶制和农奴制的合法性。自然法和万民法的这种分歧恰恰解释了教会对不自由人政策的双重性:教会一方面认可,甚至维护奴隶制和农奴制;另一方面又保护不自由基督徒的宗教和婚姻权利,把释奴看成仁爱的行为。格兰西引用教皇格里高利一世的一则书信片段,谈到人皆为上帝所造,生来自由,

---

① 参见[德]伏格特:《古代奴隶制与人之理想》,麻省剑桥 1975 年版,第 129~170 页;布洛赫:《中世纪的奴隶制与农奴制》,第 12~15 页;波拿西:《欧洲西南部从奴隶制到封建制的转变》,剑桥 1991 年版,第 32 页。

② 参见霍夫曼:《中世纪早期教会和奴隶制》,载《德国中世纪研究档案》第 42 卷,第 1~42 页。芬利以为基督教在古代奴隶制的衰落中没有起推动作用。参见芬利:《古代奴隶制与现代意识形态》,纽约 1980 年版,第 127~128 页。

③ D. 54, cc. 13 – 18.

④ D. 54, cc. 9 – 12; d. p. c. 8.

⑤ D. 1, d. a. c. 1.

⑥ D. 1, c. 7.

⑦ D. 1, c. 9.

⑧ D. 9, d. p. c. 11.

⑨ D. 8, d. a. c. 1 et c. 1.

因万民法而沦为奴隶;出于仁慈的动机,教会所拥有的奴仆可以给予自由。[①]

被奴役的状态从人对上帝的关系上讲是罪人对上帝没有发自内心真爱的结果;罪人只是因为畏惧惩罚才收敛不良的行为。[②] 在《教会法汇要》里,为人之奴甚至被看成上帝对罪人的判决。古代以色列人先因冒犯上帝而受埃及法老的奴役,后因上帝的恩典而获取自由。[③] 以这样一种对奴隶制的诠释为背景,中古西欧教会及其法学家显然不会提倡激烈的社会革命来废除人对人的奴役。教会以保护孤老寡幼为宗旨,反对恃强凌弱,对不堪主人压迫而逃亡的奴隶和农奴给予一定的保护,但并不主张以宗教信仰为借口否定奴主的权利。以宗教信仰为理由教唆不自由人蔑视主人的言论应该受到谴责。[④] 当奴隶或农奴逃到教堂寻求庇护时,教会一般会禁止其主人进入教堂捕捉,也不允许他们掳走教会的奴隶替代藏在教堂里的逃奴。[⑤] 教会对逃奴的保护并不是为了同世俗地主争夺劳动力。教士所拥有的奴隶或农奴也享有同样的庇护权;教士擅自闯入教堂捉拿自己逃奴,将受到处分,将不得参与主持宗教仪式。[⑥]

格兰西无疑是维护教堂庇护权的,[⑦]但他也意识到这一权利不应被犯有重大罪行的人滥用。抢劫犯在寻求庇护时必须赔偿对他人所造成的伤害和损失。[⑧] 教堂庇护权起源于对宗教圣地的敬畏。[⑨] 教会对寻求庇护者的过错一般不予追究。[⑩] 教会要求奴主在教堂起誓不处罚逃奴所犯的过失,不因其逃亡对他进行报复。在这一仪式之后,即使逃奴本人不情愿,他也可被其主人领回;如果奴主本人违背誓言,杀伤他所领回的逃奴,或以其他方式惩罚他,该奴主就犯了发假誓之罪,将被教会开除教籍。[⑪]

从上述教会法的内容来看,中古西欧教会并无废除奴隶制和农奴制的意图,对奴主的利益反而有所维护。但教会对不自由人个人的福利和人身安全确有较

---

① C12,q. 2,d. a. c. 68 etc. 68.

② C. 23,q. 6,d. p. c. 4.

③ C. 23,q. 5,d. p. c. 49.

④ C. 17,q. 4,cc. 37 – 38.

⑤ D. 86,c. 6.

⑥ C. 17,q. 4,c. 19.

⑦ 参见林奇:《中世纪教会法论教堂庇护权》,载《雷沙热纪念文集》,渥太华 1991 年版,第 69 ~ 89 页。

⑧ C. 17,q. 4,c. 6.

⑨ C. 17,q. 4,d. a. c. 21.

⑩ C. 17. q. 4,c. 9.

⑪ C. 17,q. 4,d. a. c. 32;cc. 32 et 36.

有力的保护。教会法这种对不自由人既保护又限制的政策,还可以从以下三个方面(本文第四、第五和第六部分)来讨论。

四、不自由人不能担任神职

虽然中古西欧教会与世俗政权关系密切,但教会一直努力维护神职人员的独立性,反对国王和贵族干预宗教事务。① 格兰西对教会与国家关系的论述远不如后来的"教会法汇要学家"系统,但他明确指出,王公的主要职责是世俗事务,神职人员的主要职责是宗教。② 如果世俗王公的奴仆可以担任神职,教会自然就没有自治的地位可言。从经济上考虑,教会自己也有奴隶和农奴,主教又常常赐给他们自由身份,提拔他们为神职人员,因此教会法试图控制这种劳动力的流失。

(一)俗人所拥有的奴隶和农奴

世俗贵族控制下的不自由人要担任神职必须先得到其主人的同意,变成自由人。③ 这一自由地位必须是完全彻底的,不附带任何条件。释奴通常与前主人保持一种依附关系(obsequium),不能对前主人提起诉讼。④ 担任神职的释奴不能同前主人保持这种关系,必须完全摆脱前主人的控制。

格兰西所引用的某些教律不仅讨论奴隶,而且涉及各种依附关系。在神职人员的任命这一问题上,"不自由人"是一个很宽松的概念。任何低贱的依附关系都可以取消一个人出任神父的资格。⑤ 这样一种严格的律法在实际生活中很难实行。格兰西借助经院哲学的辩证方法调和不同的法律意见,根据具体情况处理问题。他注意到,另外一些律法比较变通,实际上允许不自由人担任神职。⑥ 主教可能因为不明真相或蒙受欺骗而任命逃奴为神父或其他更低级的神职人员。⑦

---

① C. 23, q. 8, d. a. c. 23.

② C. 2, q. 7, d. a. c. 42.

③ D. 54, cc. 1 – 2.

④ C. 12, q. 2, d. p. c. 58 et 59. Obsequium 原是罗马法的概念。参见伯克兰:《罗马法教程》,剑桥 1921 年版,第 88 页。这条教律及其前面格兰西的评注都引自罗马法。波兰学者费图拉尼在 20 世纪 40 年代已经确认,几乎所有直接引自罗马法的教律和评注都不出自格兰西自己的手笔。参见费图拉尼:《格兰西与罗马法》,载《法兰西和外国法制史评论》第 24/25 卷(1946/1947 年),第 11 ~ 48 页;费图拉尼:《再论格兰西著作中的罗马法条文》,载《阿波里那利斯》第 21 卷(1948 年),第 129 ~ 134 页。

⑤ D. 54, cc. 9 – 21.

⑥ D. 54, cc. 9 – 11.

⑦ D. 54, cc. 9 et 12. 根据某些学者的意见, D. 54, c. 6 以及《教会法汇要》里其他一些教律是后人所添加的。这些教律的拉丁文名称是 palea,其来源不明,可能是"谷皮"的意思。参见兰姆勃:《格兰西〈教会法汇要〉里的"谷皮"》,载《教会法文献》(Monumenta iuris canonici)号外第 1 卷,第 23 ~ 44 页。

格兰西的意见是，如果逃奴已经担任神父，他可以从自己的神职收入中取钱赎买自己的自由，保留已有的神职；担任比神父更低级神职的逃奴必须用自己个人的财产赎买自由，否则就得回到原先主人的控制之下。① 格兰西以神职人员的级别为标准，允许因种种机遇任神职的不自由人以不同的方式获取自由，继续在教会内服务，从而调和了严苛的教律（绝不允许不自由人当神父）和比较宽松的教律（承认不自由人担任神职的既成事实）之间的矛盾。

（二）教会和修院所控制的不自由人

教会和修院所控制的不自由人也可以在主教或修院院长同意后获得自由，担任神职。教会法一度禁止修院释放奴隶和农奴，因为这些不自由人虽然在修院的地产上劳作，却和这些地产一样受当地主教管辖，修士不得随意处置。② 格兰西在对这条教律的评注里提出了有利于这些不自由人的意见。③ 按照他的解释，他们可以在获取自由后担任神职，但必须维持对教会的依附关系（obsequium）。教会应保存记载这种依附关系的文书，并在每次新主教上任时宣读。④ 约翰·条顿指出，教会释奴对教会的依附关系意味着他必须为教会服役，但其形式与不自由人对教会的义务有所不同。⑤ 教会法学家对社会经济关系的细节不作讨论。中古教会法是整个西欧教会的公法。具体的经济关系当时主要由地方习惯法规范，且各地的差异甚大。

教会法对教会奴隶和俗人奴隶的这种不同处理，显然是出自维护教会政治经济利益的目的。教会财产在原则上是严格禁止出让的。⑥ 主教个人的财产和他所控制的教会财产在法律上有明确区分。主教释放教会奴隶和农奴时必须从自己个人财产中取出相应的份额赔偿给教会；如果这些释奴不维持对教会的依附关系，该主教必须加倍付给教会赔偿。⑦ 教会法允许主教在释放奴隶时给予他们一些财产。⑧ 有时主教给予释奴财产是为了换取后者的劳役。⑨

教会释奴的后代仍须维持对教会的依附关系。⑩ 教会法的这种规定也有它

① D. 54, d. p. c. 8.

② D. 54, c. 22.

③ D. 54, d. p. c. 22.

④ C. 12, q. 2, d. p. c. 63.

⑤ 《格兰西〈教会法汇要〉标准评注》，载《教会法汇要》罗马版 ad C. 12, q 2, c. 61。

⑥ C. 12, q. 2.

⑦ C. 12, q. 2, cc. 39, 58, et d. p. c. 57.

⑧ C. 12, q. 2, d. a. c. 57 et c. 57.

⑨ C. 12, q. 2, d. p. c. 65et c. 66.

⑩ C. 12, q. 2, c. 65.

的政治意义。教会不愿看到自己的释奴投靠世俗封建主,或者逞强坐大、策划阴谋。强调释奴对教会的依附关系、保留取消释奴自由地位的权力,巩固了教会在政治上对他们的控制。①

五、犹太人所拥有的基督徒奴隶

犹太人所拥有的基督教奴仆是罗马帝国奴隶法和中古西欧教会法重视的社会问题。格兰西在其教律汇编里也收入一些这方面的法令。简短回顾一下12世纪中叶以前的有关法律,有助于理解格兰西的意见。

罗马帝国基督教化后,罗马法开始限制或禁止犹太人拥有基督徒为奴。② 西欧北部在中世纪早期受罗马法影响较弱,查理曼大帝(768~814年在位)仍然容许犹太人占有基督徒奴隶。③ 教会在这方面的政策较世俗王公严厉。为鼓励犹太人所拥有的非基督徒奴隶受洗,教会提出这些奴隶在受洗后应获取自由身份。④ 教会接受教皇格里高利一世的主张,严禁犹太人保留基督徒奴隶。⑤ 11世纪教会法在教皇格里高利七世所推行改革运动的影响下,继续强调犹太人奴役基督徒的非法性。夏尔特尔大主教伊沃(1090~1115年在位)所编纂的教律集收入大量有关犹太人的法令。⑥

格兰西大幅度精简了有关犹太人的教律。《教会法汇要》共收入20条讨论教会与犹太人关系的法令,其中5条直接涉及犹太人拥有的基督徒奴隶(3条出自格里高利一世)。格里高利的意见很清楚也很严厉。犹太人必须无条件释放所拥有的基督徒奴隶;⑦教会不必为这些释奴付给犹太奴主经济赔偿。⑧ 此种对犹太人的限制和剥夺完全是出自宗教上的考虑,是为了防止犹太教影响受奴役的基督徒。中古西欧教会认可犹太人的经济权利。格兰西在教会法学家里是比较强调

① C. 12, q. 2, cc. 61 –62.

② 参见《提奥多西法典》,柏林1905年版,16.8.22,19.9.5;《查士丁尼法典》,柏林1928~1929年版,1.10.2,1.3.54。

③ 参见《德意志历史文献(律法篇)》(第2卷),第151~152页。

④ 参见[美]帕格特:《中世纪教会法与犹太人》,埃伯斯巴赫1988年版,第96~98页。

⑤ 参见格里高利一世的意见后被收入《教会法汇要》(D. 54, cc 13, 15 et 16)。

⑥ 参见《教父文献大全(拉丁篇)》(J. P. Migne., ed, Patrologia latina)(第161卷),第124、821、823栏。

⑦ D. 54, c. 13.

⑧ D. 54, c. 16.

保护犹太人财产的。[①] 格里高利一世并不禁止犹太人买卖和拥有非基督徒奴隶。如果这些奴隶有意成为基督徒，其犹太人可有 3 个月的时间将他们转卖给基督教奴主；3 个月之后如果该犹太奴主还保留这些皈依基督教的奴隶，他的意图显然是役使他们，这时教会可以强迫他无条件释放这些奴隶。[②]

教会对奴隶和农奴的政策常以宗教信仰的考虑为先为重。从社会经济的角度所作的法理讨论并不是不重要，但通常服从神学上的解释。这一原则最突出、最深远的影响体现在教会法对不自由人婚姻问题的阐述上。

六、不自由人婚姻的合法性

罗马奴隶实际上有一夫一妻的家庭生活，但罗马法不讨论这种关系，从而否定了奴隶婚姻的合法性。罗马帝国时期的法律在一定程度上承认这种实际上的婚姻和家庭，不允许随意拆散有血缘关系的奴隶。[③] 中古西欧教会法对不自由人婚姻的解释从根本上不同于罗马法，是基督教人道主义对当时社会生活振荡冲击的一个重要方面。格兰西对这一问题有比较系统的论述。

首先，基督教婚姻的基础是信仰而非种族或社会地位。格兰西引用哥林多前书第 7 章第 39 行来阐明自己的观点："要嫁这在主里面的人。"从这一前提出发，格兰西确认奴隶有婚姻权：我们都承认唯一的主。无论是富人还是穷人，无论是自由人还是奴隶，在造物主面前都是平等的具有相同理性的人。因为这一原因，无论人在生活里的地位如何，在主面前都应按照同一法律受到裁判。由于任何人都受相同法律的制约，奴隶不得离开自己的妻子或丈夫，正如自由人无权遗弃自己的配偶一样。[④] 在双方都自愿的情况下与女奴结婚的自由男子不可始乱终弃。[⑤] 奴主与女奴两情相好的结合是合法正当的婚姻。[⑥] 属于不同主人的奴隶或农奴可以在各自主人同意后建立合法的家庭。[⑦]

其次，如果自由人在不了解女奴身份的情况下娶了她，他们的婚姻仍然是有

---

① C. 14, q. 6, d. a. c. 1. 布鲁门克莱兹：《200—1200 年期间基督教与犹太教在西方的关系》，载布鲁门克莱兹：《教父时代和中世纪犹太人与基督徒的关系》，伦敦 1977 年版，第 126 页。

② D. 54, c. 15.

③ 参见伯克兰：《罗马法教程》，剑桥 1921 年版，第 64 ~ 65 页。

④ C. 29, q. 2, c, 1.

⑤ C. 29, q. 2, c, 2.

⑥ C. 29, q. 2, c, 3.

⑦ C. 29, q. 2, c, 8.

效的;该自由人可以保持这一关系,也可以以不明真相为理由离开她。① 这一意见也适用于自由妇女与男性奴隶在类似情况下建立的婚姻关系。② 被丈夫以女奴身份为理由休掉的妻子可以据理力争,证明自己的自由地位;她的丈夫必须服从教会的裁决,与之重续姻缘。③ 教会法并不认定向自己的配偶隐瞒不自由身份这一事实构成对婚姻合法性的否定,或成为刑事处罚的理由。这种行为唯一的后果是给予被欺骗的配偶做一选择的权利:要么以感情为重,接受对方低贱的社会地位;要么以其不自由身份为理由结束这场婚姻。

也有自由人在结婚后沦落为奴的。按照世俗法,一旦丈夫成为奴隶,妻子也失去自由地位。④ 格兰西则认为,该奴隶的妻子不应随丈夫沦落为奴,为奴的丈夫也不必因担心连累妻子而提出离婚。⑤ 古代世俗法往往过于严酷,教会法的仁慈与之形成鲜明对照。教会法学家也重视自由人与不自由人的婚姻所产生的子女身份问题。格兰西的意见是,子女的身份应以父母中地位较低下一方为准。⑥ 格兰西之后,在地方习惯法和教会法中,罗马法以母亲身份为子女身份的原则(partus sequitur ventrem)渐占上风。⑦ 教会也尊重某些地方习惯法以父亲身份为子女身份的规定。⑧

不自由人的婚姻在不同地区和时代有复杂多样的形态。从比较研究的角度来看,奴隶是否有婚姻,在很大程度上取决于一个特定社会对婚姻的理解。在古典罗马法中,合法的婚姻(conubium)是同家长权紧密联系在一起的。奴隶与奴隶的同居关系(contubernium)当然不给予男性奴隶这种家长权,法律也因此极力贬低和忽视奴隶的家庭生活,甚至否认奴隶有婚姻。⑨ 罗马帝国晚期的法学家逐渐意识到奴隶有婚姻,但这种婚姻仍不包含家长权,仍不是罗马法中正常的婚姻。⑩ 中古西欧教会法以基督教信仰为婚姻之基础,赋予不自由人婚姻以合法性,大大

---

① C. 29, q. 2, d. a. c. 4.

② C. 29, q. 2, cc. 4 – 5.

③ C. 29, q. 2, c, 6.

④ C. 29, q. 2, c, 7.

⑤ C. 29, q. 2, d. p. c. 6.

⑥ C. 32, q. 4, C. 15.

⑦ 《查士丁尼法典》, 6.3.11;巴卡帕利亚:《〈教会法汇要〉评注集》,根姆布洛 1890 年版, ad C. 34, q. 4, c. 15;戴维斯:《西方文化中的奴隶制问题》,伊萨卡 1966 年版,第 38 页。

⑧ X. 4. 9. 3. "X"是《格里高利九世教令集》(《教会法大全》的第二部分)通用的简写;"4" = Liber 4;"9" = Titulus 9;"3" = Capitulum 3。

⑨ 参见伯克兰:《罗马法教程》,剑桥 1921 年版,第 64 页;伯克兰:《罗马奴隶法》,剑桥 1908 年版,第 76 ~ 79 页。

⑩ 参见[英]巴罗:《罗马帝国的奴隶制》,伦敦 1928 年版,第 158 页。

提升了他们作为人的尊严。教会从原则上并不反对作为社会经济制度的奴隶制和农奴制,同时又承认不自由人的婚姻权。这一立场给教会对这种婚姻的解释带来了一定的困难。在教会的首肯下,不自由人可以违抗主人的意志结婚,但不能以这一婚姻为借口摆脱对主人的依附关系。① 这比起格兰西认为奴隶在主人同意后方可结婚的意见又进了一步,显然是加强了奴隶和农奴的婚姻权,但并不现实可行。

七、小结

18 世纪末以前的美洲种植园主不愿意自己的奴隶成为基督徒,担心基督教的人道主义会导致奴隶们对现状不满。19 世纪的一些基督教原教义主义派别鼓吹今生今世的苦难皆是上帝的旨意,信徒只需服从,不应反抗。种植园奴主利用这一观念控制奴隶,基督教化始在奴隶中有长足进步。② 中古西欧教会不像近代基督教人道主义那样致力于废除奴隶制,③但也不似上述基督教个别派别那样把宗教变成赤裸裸的社会控制手段。

9 世纪法兰克王国的修士斯马拉格德在其献给国王虔诚者路易的《王道》中写道:"出于对上帝的挚爱,人人都应释放奴隶,令他们成为自由人。大家都应知道自然法并未使人成为奴隶,人皆因罪过为奴。人生来平等,某些人只因罪过而屈从他人。人人都应该意识到:当你还别人以自由时,你自己的罪过也得到了赦免。"④格兰西在讨论不自由人法律地位时从未超越或违背斯马拉格德在此表述的原则。教会法以受奴役状态源自于人之罪论证了奴隶制和农奴制存在的合理性,甚至维护奴主的利益。与此同时,教会法又从自然法(神法)的角度阐述"上帝面前人人平等"这一命题,将基督教人道主义的精神贯彻于对不自由人法律地位的解释,承认他们的婚姻权这一基本的人权,鼓励释奴,反对虐待奴隶,接纳解放后的前奴隶和农奴为神职人员。虽然教会不能忽视社会现实,宗教信仰而非政治和经济上的考虑始终是教会法理论中决定性的因素。教会法的这一特点不独在教会对不自由人法律地位的讨论中得到了充分的表露,而且也体现在教会法制史的其他问题上。教会法固然是一种法律体制,更是基督教信仰的有机组成部分。

---

① X4.9.1.

② 参见[美]派特森:《奴隶制与社会死亡》,麻省剑桥 1982 年版,第 73 ~ 74 页。

③ 参见[美]戴维斯:《西方文化中的奴隶制问题》,第 3 部分(第 291 ~ 494 页)详细讨论了近代废奴运动的兴起及其思想背景。

④ 《教父文献大全(拉丁篇)》第 102 卷,第 968 栏。

中世纪古典教会法论析

苏彦新

一、引言

在中世纪西欧社会中，教会的支配地位对西欧社会文明发展以及基督教史至关重要，而这种支配地位的核心就是教会法制度。教会法像教会一样触及了中世纪社会的最深层。这种重要影响的发生端赖从公元12世纪到14世纪在西欧中世纪所形成的古典教会法。古典教会法的产生乃是西欧法律传统发展的标志性事件。其一，从12世纪中叶开始，古典教会法所涉极为广泛，并成为一种泛欧洲的法律体系。这种法律几乎在所有的欧洲大学设科教授，对所有拉丁的基督教教徒具有强制性的管辖权，在整个西欧的裁判所得到适用。教会法涉及崇拜、十一税以及神职人员的戒规。它更涉及多种多样的主题，例如盗窃、性行为、婚姻、家庭、遗嘱、遗产继承以及商业与货物买卖。由于教会法的所涉范围非常广泛，因此它同世俗法相互作用，并对世俗法的发展产生了影响。因此，要准确理解西欧近代世俗法律的生成与西欧法律文明都无法绕开至关重要的古典教会法。甚至时至今日，在表征西欧社会的一些基本的思想观念与制度的生成中，教会法构成了一种基本的力量。其二，第二次世界大战以来特别是近十数年欧洲一体化以及欧盟的诞生，为消除民族国家法律与欧盟法的紧张，法律史研究的过分民族国家疆界化，并为欧盟法寻找历史佐证与说辞，由此欧洲法律史研究发生了转向，开始注重所有欧洲的，主要是西欧国家法律的共同历史基础，而其核心要素就是中世纪西欧的共同法：罗马法与教会法。其三，在法律史与比较法研究领域，尤其是私法史领域，开始注重法律的演变细节，改变了以往对中世纪的法律，特别是中世纪两法（罗马法和教会法）向欧洲近代法律转变细节的忽视。此外，即便是在公法研究中，当触及公法之历史时，也开始注重近代西欧政治法律与中世纪两法的制度细节与观念的影响，如晚近以来的英国的剑桥新共和学派。在此学术背景下，本文尝试对欧洲中世纪的古典教会法的形成，两法之关系、适用、特征与影响做一初步探讨，希望西方学者的这些研究转向能够引起中国国内相关研究领域的重视。

二、格拉蒂安与古典教会法

基督教早期，对于律法在宗教生活中的确切作用褒贬不一，甚至基督对摩西律法作为精神指导与启示的一种来源表明了其保留的态度。圣保罗更是暗示将法律作为确定基督教信仰者的精神目的是不恰当的。由于基督教受敌视，加之罗马帝国的镇压，法律主要用于维护教会组织中的信徒，也基本上不涉及财产。随着历史的发展，罗马帝国承认了基督教的合法地位后，特别是君士坦丁一世及其继任者转变了基督教教会与罗马帝国政府之间的关系后，教会成为帝国政府的一个组织，教会也获得支持并可取得财产，至此导致了教会法、教会及其成员之间的关系的变化。而这一时期由大多数主教所构成的各宗教会议的决议及这些组织与机构颁发的教规与教令成为重要的法律渊源。渊源也包括一些地区性的牧师与重要的非宗教人士的会议决议。到5世纪时，随着教区的设立、教阶制度的产生，尤其是罗马主教支配地位的上升乃至于罗马教皇的确立，教皇为解决教务纷争及其他复杂问题，颁发了大量教令与书信，并且这些教令与书信成为教会法的重要渊源。而有关教规之汇编开始出现，如《使徒律令》《狄奥尼修斯会议法令集》《意大利教规》《西班牙教规》。这一时期的教会法涉及礼拜、仪式、圣餐、宗教节日、教会财产的管理以及对基督教共同体成员中的孤寡与不幸者的慈善捐助。早期教规也调整基督教徒的婚姻与家庭，包括奴隶问题以及经济行为，如禁止主教与教士放款取息。早期教规首先确立了主流基督教教义的核心要素，逐渐界分了基督徒与异端、叛教者与不信教者。除此之外，早期教规也列举了主教与其他教职的权力与资格，以及他们的义务。从君士坦丁一世在位开始，明确认可了主教与其他教会官员的司法管辖权。不过主教的司法功能主要是仲裁，而且也未形成自身的证据与程序规则。到了5世纪初，基督教教会与此前相比也极为不同，且相当法律化。教会法不仅开始作为基督教宗教信仰的一种重要因素出现，而且它也开始作为一种自治的法律体系对晚期罗马政府的法律体系予以补充。

西罗马帝国灭亡后,旧有的罗马政治与法律结构为日耳曼诸王国所取代,而这一政治巨变,型塑了后来教会自身的制度框架与法律体系,已基本上改变了西欧教会与政府的关系。教会必须调整教会法以便适应新的情况。由于日耳曼法的属人主义以及尔后日耳曼诸王国皈依基督教,加之教士充任王国的顾问、管理者、国王的助手,这使欧洲大陆的日耳曼法得以成文化,并常常包含保障牧师、教堂以及教会财产的条款。日耳曼人的迁徙与定居时期,也是僧侣共同体人数增长,并进一步发展隐修制度的时期。这一时期的教会法规在西欧各地差别很大,而公元7~9世纪,教会法体现为内省的、个人忏悔补赎之特征,并出现了大量补赎手册。中世纪早期教会法最为特别的新的渊源之一就是后人所称的《伪艾西多尔教令集》的教规汇编,绝大多数教会法学生及尔后教规汇编者使用并从中摘抄编成自己的汇编,最终使得《伪艾西多尔教令集》通过渗透性的影响进入教会法的主流。此外具有影响的汇编还有《教规五章》《维罗纳汇编》《阿邦汇编》《宗教会议决议与教会戒律手册》。而10世纪之后,布克哈德的《教令汇编》极为流行,它有教规与神学百科全书之称,尽管它在逻辑结构上显得复杂凌乱。该教令汇编卷帙庞大,其第一卷特别流行。它涉及教会结构、高级教长与决议以及管辖权。11世纪后半期,大量教会法汇编出现,并指向改革,而为改革辩护,教会法则起着至关重要的作用。改革的最终目的是摆脱世俗对教会财产与任命的控制。而在教会改革中,教皇格里高利七世改革尤为重要,他坚持教会权力,特别是教皇权力高于所有世俗权力。他甚至主张如果国王与世俗权力侵犯教会独立,那么教皇有权利与责任剥夺国王及其他世俗当局的权力。这一时期改革策略的另一因素,乃是有效的教会法院与实施机构要求制度创新,不过教会法院与实施机构的改革却极为缓慢甚至走进死胡同。尽管宗教会议承担着法院的功能,监督教会法的实施;但是缺乏有效、可靠的侦查、追究与裁决的机构,也是11世纪末西方教会的主要弱点,当然这与缺乏合理、全面地赋予教会当局追究与惩罚违反者的教会法有关。

到公元1100年,西方教会需要某种权威的指导,但是教会法之混乱,令法官与管理者困难重重,而且教权与王权逐渐强势起来。从克吕尼的教会改革、格里高利七世教皇之提升教皇权力,以及罗马教会主张彻底重新安排整个西方教会并通过立法来实现,出现了法律化的教会与教廷立法。教会不仅要求西方世界尊重教会还要求贯彻教廷立法。因此“教会法学的兴起与完善,便发生在中世纪教会实现其控制的两个世纪里。换句话说,从格拉蒂安到《教会法大全》的汇编完成,绝不是偶然的”。[①] 要实现对教会法之歧异与矛盾的协调、整理、汇编、诠释之任务，从一开始就落到了教会法学与时代催生的格拉蒂安身上。按照奥地利的刑法学者，后移居英国转向中世纪政治理论、法律与思想研究的乌尔曼教授的观点：“教会法学在制定与发展教会法自身上起着至关重要之作用。”[②]

格拉蒂安在教会法学研究与教规歧异矛盾协调方面贡献很大。大约到公元1140年，格拉蒂安的著作作为有组织的、官方许可的法律教学用书在波伦亚开始获得稳固的地位。但人们对格拉蒂安的生平所知甚少，只知他是一名僧侣，同波伦亚有联系。他的《教规歧异矛盾协调集》(通常人们称之为《教令集》)，就是要把不同教会教规协调成为一种知识上一致且统一的法律体系。对此，美国宗教学家库特纳指出，在经院哲学与罗马法影响下所产生的格拉蒂安的《教规歧异矛盾协调集》是法学概念和法令的系统汇编，是有史以来第一次用分析和综合方法撰写的教会法理论著作，是教会法历史上最重要的转折点。但《教规歧异矛盾协调集》的整体组织结构不仅多有矛盾与混乱，而且也很难一下就能明白论证的意思与要点。它并非立法性的法令，也不像法典一类在逻辑上有着结构的规范大全。相反，教会法学家格拉蒂安只是利用其资料指出其中的矛盾，然后通过辩证法解决矛盾与冲突。基于此理由，格拉蒂安收集整理了他归入不同单元的冲突的权威规范。在一个单元中的每一组教规，他概述出一个主题的一种观点，接着是概括出与前一组相矛盾的观点。格拉蒂安在这些使他要么拒绝接受一种和采纳另一种，要么依据具体的情况分别适用每一种矛盾的教规之间作出区分，进而解决矛盾与冲突。他所运用的辩证方法“也许反映出阿伯拉尔的影响”。因为阿拉伯尔第一次使用了“神学”一词，这意味着对神的启示系统分析。阿拉伯尔是经院哲学之逻辑的开拓者，其著作《是与否》就论到了格拉蒂安所运用之方法。格拉蒂安的著作的逻辑安排与辩证推理对教会法教师极具吸引力。确切地讲，正是因为该著作复杂、有时缜密的论证，而在它出版大约一二十年内成为教会法的基础教科书，并标志着“古典教会法时期”的开始。而且教会法教学与研究方法也如中世纪的罗马法之教学与研究方法。正是在这个古典教会法时期(公元1140～1375年)，教会法取得了固定的形态与最为持久的特征。《教令集》为在课堂讲授错综复杂的教会法提供了一种工具，它也为教会法的学生与教师提供了如何探讨

---

① [德]弗朗茨·维亚克尔：《近代私法史——以德意志的发展为观察重点》(上)，陈爱娥、黄建辉译，上海三联书店2006年版，第56～57页。

② See Walter Ullmann, *Law and Politics in the Middle Ages, An Introduction to the Sources of Medieval Political Ideas*, The Sources of History Limited, 1975, p. 163.

并解决争端的各种方法，也就是在不同情况下理解教规，以及如何适用并解决在现实世界中所产生的纷乱复杂的具体争端的方法。格拉蒂安为教会法的体系化与逻辑化，为教会法学的精致化作出了重大贡献。

格拉蒂安之后，教会法学与教会法有重大意义的发展，体现为教会法同复兴的罗马法迅速发展的相互依存之关系。公元12世纪之后，教会法学家习惯于从民法学家（罗马法学家）那里借用术语、观念、概念与制度。到13世纪初期，两种法律，即教会法与罗马法成为大学法学院正式学习的科目。教会法学家把罗马法作为教会法参引的补充性法律渊源。“13世纪后半期之后，我们逐渐发现频繁引用‘一般法’或‘共同法’（ius commune），共同法是指整个基督教世界共同适用的实体法与程序法之原则。当然，共同法的因素包括罗马法及其它法律因素。事实上，一般法通常是指因缺少合适的地方习惯与制定法，而由城市与王室法院诉诸于解决各种纷争的罗马教会法律之概念与惯行。”[①]共同法不仅包括罗马——教会法之内容，也对合法性法律之权威来源的评论法学家的观点与标准注释予以适用。

古典教会法时代的教会法之成熟，教会法律职业的发展对中世纪中晚期的西方基督教世界具有重要的知识与社会意义。受过罗马—教会法训练的人，是欧洲的一些具有高度智慧与知识之人。因为，到14世纪结束，要想获得在教会或世俗社会的高级职务的任何一个人都与此相联系，即要么是受过一种法律教育，要么是受过两种法律之教育的人士。法律家之社会地位日益凸显，甚至“14～15世纪的人文主义者也是受训过法律的人”。[②] 但是，到了16世纪，由于宗教改革，西方基督教内部之分裂，特别是民族国家崛起，西欧社会不断走向世俗化，教会法从此走向了衰落之路。“近代教会法是古典时代教会法的延续，而且从一般法律史考察可知，教会法后来之影响最为明显的标志是自然法理论之演化。”[③]当然，在教权与王权的斗争中而获得更大发展的古典教会法也与这一时期相对统一的、通行欧洲的教会法院如影相随，而担任教会法院“法官”的是由具有共同的教规且通常是在民法上训练有素的人来担任。

三、中世纪罗马法与教会法的关系

实际上，古典教会法的发展与中世纪罗马法的复兴密切相关，二者的冲突与

① See James A. Brundage, *Medieval Canon Law*, Longman Publishing Group, 1995, p.6, 61.

② See James A. Brundage, *Medieval Canon Law*, Longman Publishing Group, 1995, p.67.

③ See O. F. Robinson, T. D. Fergus & W. M. Gordon, *European Legal History*, Butterworths, 2000, p.72.

融合共同形成了对后世影响甚大的共同法,而近代西欧尤其是欧洲大陆所继受的法律也主要就是这种共同法。因此,探研古典教会法无法脱离与罗马法的联系,而某种意义上只有如此才可能全面正确地认识教会法。当然,罗马法对神学、教会法的影响从格拉蒂安之前就开始了,正如英国已故历史学家拉斯德尔(Rashdall)教授所论:"罗马法应视为教会法的真正渊源。基督教教会法在其形成的每个阶段都吸收了罗马法——就西方基督教而言,甚至罗马法影响了神学理论内容——至少西方的拉丁基督教的体系化神学理论的每次发展都受到了它的影响。"①不过,在格拉蒂安之后,罗马法的精神、制度与概念更是影响了教会法的诸多方面。就罗马法与教会法二者之关系而言,表现如下。

1. 普世性观念

沃格林教授对此论道"东方的秩序观念本身并不必然导致秩序以内在于尘世的方式固化在一个成文的、无须历史研究或注释研究的规则体系中;只有与罗马法传统相结合,它才能实现这种固化……通过基督教秩序融合在罗马传统中,《学说汇纂》获得神圣著作的地位,不可更改,也不可受到史学批评,而帝国的决策和宪章所获得的地位则是,它们可由卡里斯玛权威解读并发展"。② 就思想观念或曰意识形态言,罗马的世界帝国同基督教的普世教廷的观念是一脉相承的。正如《剑桥中世纪史》所论:"中世纪的世界,并不存在一个单一的法律体系与庞大政府的共同体;中世纪的世界是由许多不同的共同体所构成,不同的共同体因为种族、语言、社会与法律制度而有别……在中世纪时期每一个政治单位以其自身所掌握的罗马法内容以不同的方式承袭与适用。"③

2. 普世性组织

罗马法是罗马国家的"国法",基督教是罗马帝国的"国教"。西欧中世纪的大门关住了一个成为永久历史过往的罗马帝国,却迎来了一个新的替身:罗马的基督教。而且随着时间的推移,到了11世纪基督教之教会法同罗马法一起,如商人法一样构成了一种"超国家之法"。在漫长的中世纪,日耳曼王国皈依基督教,基督教取代了先前的罗马帝国之统治,成为罗马帝国政权机构的继承组织。

3. 两法(utrisque iuris)的相互影响

在某种程度上,除了基督教教会组织复制了罗马帝国之组织外,单就法律而

---

① *The University of Europe in Middle Ages*, Oxford University Press, New Edition 1936, Reprinted in 1942, p.132.

② [美]沃格林:《政治观念史稿》(卷二·中世纪至阿奎那),叶颖译,华东师范大学出版社2009年版,第179~180页。

③ *The Cambridge Medieval History*, Cambridge at The University Press,1926, Volume Ⅴ, p.703.

论,在罗马帝国时期,基督教成为罗马的国教之后,基督教就对罗马法产生了影响,"尤其是在公元3世纪和4世纪期间,罗马法律受到基督教思想的冲击就是一例。值得注意的是,总的说来,罗马法顶住了这些冲击。除了某些特殊的规定,如结婚、离婚、亲子关系等之外,基督教对罗马法的影响在其他方面是微乎其微的"。[①] 而进入"中世纪初期,教会依罗马法而存在——因此,教会靠罗马法而生存的格言,表明一个普世教会的状况与西欧各个民族的特殊的、习惯法的法律制度的对比"。[②] 对于这种历史绝不是简单地归因于罗马法本身的优点,而是归因于罗马法规范汇编进了教会法汇编。罗马法规范构成了古典教会法所承袭的部分。因此,在许多特别情况下,教会法学家无须违背罗马法,也无须制定一套新的法律规范,例如时效取得法就是民法影响了教会法。

4. 法律知识与法律文献的积存

应该说教会与教会法对罗马法也有较大影响。公元11世纪开始的罗马法复兴所依据罗马法之文献文本也大多同教会有关,"教会图书馆和修道院成为学习和研究罗马法文献的中心。事实上,每一个管区的主教都宣布有权——并由教会法庭强制推行——批准人文学科教师执业"。[③] 移居英国的已故俄裔历史学家维诺格拉多夫曾说"西欧存在一条虽细小但却涓流不息的法学知识溪流,一直在中世纪最黑暗的那数百年里流淌着,也就是说,从公元5到10世纪",[④]而这一细流一定意义上源自且流经教会学术中心。罗马帝国解体之后,面对着"蛮族"的入侵与定居而担负着对这些新定居者"蛮族人"进行先进文化启智的,正是基督教及其僧侣们。"中世纪是从粗野的原始状态发展而来的。它把古代文明、古代哲学、政治和法律一扫而光……它从古代世界承受下来的唯一事物就是基督和一些残破不全而且失掉文明的城市……僧侣们获得了知识教育的垄断地位。政治与法律都掌握在僧侣手中。教士充任国王的法律顾问或大臣,主教既是大封建主又是皇室的官吏。"[⑤]因此教会与教会法在保存古典完备的初级教育的学科体制过程中,继续使用写作、文献编集、档案管理,为政府机构提供所需的基础。教会在

① 转引自[法]亨利·莱维·布律尔:《法律社会学》,许钧译,上海人民出版社1987年版,第84页。

② See R. H. Helmholz, *The Spirit of Classical Canon Law*, The University of Georgia Press, 1996, p. 17.

③ 参见[美]泰格、利维:《法律与资本主义的兴起》,纪琨译,学林出版社1996年版,第29~30页。

④ Paul Vinogradoff, *Roman Law in Medieval Europe*, WM. W. GAUNT&SONSINC, 1994, p. 41.

⑤ 《马克思恩格斯全集》(第7卷),人民出版社1959年版,第400页。

西欧各君主王国的范围内形成了跨越封建的文化联系。

5. 共同构成的法学复兴

在中世纪中后期法学复兴上，罗马法之复兴与教会法学之形成，共同构成12世纪文艺复兴之中的“法学复兴”①的组成部分。法学教师一般兼任两种法律的教学，学生一般对两法并不陌生。而且罗马法与教会法也是中世纪大学法学院开设的共同科目，教学方法与解释方法、文献形式也大致相同。但是它们复兴与成长于共同的知识氛围中，都受到了经院主义方法之影响，正如已故的伯尔曼教授在其《法律与革命——西方法律传统的形成》中所阐述的：“辩证方法逐渐成为研究法律的科学方法”。“在11和12世纪复兴了对罗马法的研究的欧洲法学家们，却开始依据一般原则和一般概念对于庞大的罗马法律规则网络予以系统化和协调化，他们使用着与他们神学方面的同事在系统整理和协调《圣经》旧约与新约、教父著述以及其他神圣文本时所使用的同样的方法。这些法学家们将法律概念的概念和原则化了的法律原则作为出发点。”②

6. 两法的教学方式与研究方法相同

在中世纪的大学中，罗马法与教会法的教学方式基本相同，主要教学方式是：授课与论辩。③ 授课有常规课与非常规课，常规课是教学的核心，一般由教师在上午进行；非常规课在上午后半段或下午进行，一般情况下由学生承担。两种课在教学方法上同是教条式的或教义性的，教师对文本内容进行介绍，然后开始阅读与解释。有时常规课也会采取文本与注释分开的教学方法。学生追随教师照讲义内容进行阅读，然后做笔记记录。一部文本的授课内容由下列内容构成：文本概要；朗读文本内容解释难点；校勘不同文本的相同内容；通过区分方法引用相反观点；概括与解释问题；指出重点。论辩主要是在13世纪伴随经院哲学的发展而产生的教学方式。论辩与授课类似分为常规的与非常规的。常规论辩由教师定期举行，问题由教师设定并主持论辩，一般有学生与其他教师参加，并分成正反两方，最后由主持的教师作出结论。非常规论辩或叫自由论辩（自由辩论始于13

---

① 对于12世纪罗马法与教会法所共同构成的法学复兴，以及对二者的研究文献问题，美国学者Stephan Kuttner教授有详尽论述，参见The Revival of Jurisprudence, *In Renaissance and Renewal in the Twelfth Century*, Edited by Robert L. Bensor and Giles Constanble with Carl D. Lanham, Oxford: Clarendon Press, 1982。

② [美]哈罗德·J. 伯尔曼：《法律与革命——西方法律传统的形成》，高鸿钧等译，中国大百科全书出版社1993年版，第184~185页。

③ 对于授课与辩论的具体情况，可参见格兰特：《近代科学在中世纪的基础》，张卜天译，湖南科学技术出版社2010年版，第三章；吕埃格主编：《欧洲大学史》，张斌贤等译，河北大学出版社2008年版，第一卷。

世纪的神学院),由教师一年举行一到二次,一般在春秋季节举行,主题也较为多样,任何人都可提问,任何人都可以参加,辩论会至少持续两天。

就方法论而言,无论是罗马法还是教会法,在中世纪经院哲学方法影响下,是循着"在一种法律体系之内的法律教义学解释的方法"。[①] 此后,从一种法律的意义的解释转向了评论法学的一种分析框架的建构。可以说两种法律都具有以文本之神圣的一种"解经学"的方法特征。正如乌尔曼教授所论的:"罗马法为整个教会法提供了法学的工具与技术手段。"[②]但是公元11世纪晚期和12世纪的法学之出现,总体上讲,中心在于复兴的罗马法。"格拉蒂安的《教令歧异矛盾协调集》标志着一种教会法的系统分析的、决定性的进步,但是与其同时代之波伦亚的民法学家的著作相比,人们都会承认格拉蒂安的著作是可以忽略不计的。对此之解释是,民法学家引导着教会法学家,或者用婉转的说法,它们共同前进。所有的罗马法方法与大多数罗马法文本对教会法的形成与解释深具影响。"[③]当然,出现于11世纪晚期和12世纪的西方的新的法律方法——它的逻辑、它的命题、它的推理类型、它的一般层次化、它的联系个别与一般,以及案件与概念的技术——将法律作为一门自然科学并对其进行有意识的系统化。总之,这种新的法律方法服务于中世纪的所有共同体。最后,教会法作为由教会法院适用之法律,在它的法律渊源中,除教会法最重要的渊源《圣经》之外,还有宗教会议决议、法令、教皇谕令,以及作为补充性法源的罗马法。

在法律分类、概念、术语与原则上,罗马法与教会法也存在交互影响与借鉴。例如,格拉蒂安就把法律分为神法、自然法与人法。同时他认为君主的法律或敕令要服从教会的法律与谕令,习惯法不仅让位于自然法还低于制定法。他在沙特尔主教伊沃的《教令集》基础上建立自己的体系。"此外,他还有罗马法的注释法学家的成果,尤其是他的同城公民伊纳留斯的成果可资借鉴。"[④]公元12世纪、13世纪的法学家,无论是教会法学家还是罗马法学家,都对一般法律概念进行界定,如代理、公司、自然人与法人、管辖权等。

就私法领域之影响,教会对"社团、法人"之概念与制度进行了更为深刻与全面的论述。例如教会法发展出了"基金"或"社团"之概念。在婚姻法中,"同意"

---

① See Mauro Cappelletti, John Henry Menyman, Joseph M. Perillo, *The Italian Legal System, An Introduetion*, Stanford University Press, 1967, p. 22.

② Walter Ullmann, *Law and Politics in the Middle Ages.*

③ R. H. Helmholz, *The Spirit of Classical Cannon Law*, p. 18.

④ [美]哈罗德·J. 伯尔曼:《法律与革命——西方法律传统的形成》,高鸿钧等译,中国大百科全书出版社1993年版,第176~177页。

须有某种自由意志作出,而"同意"理论与观念对近代婚姻法乃至于契约法都深有影响。当然,在诚信概念上,教会法也予以丰富与发展。在遗嘱法方面,教会法学家确立了一种确定遗嘱有效性以及解释和执行遗嘱的规则体系。对于占有权,教会法贡献也很大,且对占有之方式以及恢复占有之方式进行了研究。契约法中教会法最大的贡献在于系统化了"原因"理论。同时,有关买卖之公平交易与意思表示经由西班牙新经院法学转化进入近代西欧的私法之中。

实际上,就教会法对世俗法之影响而言,教会法院的管辖权正如所论,主要在于涉及宗教性的事务与问题,如婚姻、遗嘱、教育、神职、什一税、教区管理之法、高利贷等。但是教会法院除宗教性事务管辖外,它对一些世俗事务也拥有管辖权:与告解义务有关的法律问题、依特权而由神职人员所涉事务、世俗之当事人依约定提交教会法院所辖之案件则排斥世俗法院、教会之公证文书。维亚克尔教授论道:"因此,教会裁判不仅深化、精微化社会伦理,毋宁更促使中世纪后期的法律逐渐向开放社会演进。"①

教会法与罗马法密切相关,因此,不理解罗马法就无法理解教会法,反之亦然。而且到了中世纪之中、晚期,二者形成了一种有别于英国普通法的共同法,并长期主导着欧洲的法律教育,且共同法经常提供法律规范用来解决地方法未予以关注的问题。"不但教会法成长的较早阶段属于从基督诞生到古代结束的时期,而且教会法本身在很大程度上也是罗马法发展主要阶段的产物,并且绝大多数的罗马法之规范与原则源于比较古老的制度。教会法起源及很大程度尔后它的发展正如民法本身一样,更多的是罗马文明之结果。"②

四、中世纪罗马法与教会法的区别

在漫长的中世纪历史演进中,特别在 11 世纪之后,政治上王权与教权之争,经济上工商贸易与城市文明之发展,致使两法也存在斗争。最明显的就是公元 12 世纪一度成为经院哲学与教会法之圣地的巴黎大学禁止罗马法传授。同时,在相当长的时间内,教授教会法与教授罗马法的学院是分立门户的。尤其是在 16 世纪宗教改革之后,在西欧教会法之适用受限,并由于文艺复兴与人文主义精神对人与人性的弘扬,加上世俗化社会的不断推进,尤其伴随后来科学与理性精神的冲洗,教会法就走向衰落。

---

① [德]弗朗茨·维亚克尔:《近代私法史——以德意志的发展为观察重点》(上册),陈爱娥、黄建辉译,上海三联书店 2006 年版,第 60~61 页。

② *The Cambridge Medieval History*, Cambridge at The University Press, 1926, p. 705.

1. 两法的历史发展有别

罗马法主要是罗马国家之世俗法;教会法主要是基督教教会之法律。而且由于罗马法与教会法之成长阶段不同也产生了中世纪之历史演进过程之不同。中世纪所承袭的罗马法是在古代罗马国家已被完善的一种法律体系,而教会法在中世纪之前的古代世界才刚刚开始萌芽、发展。因此,在中世纪,两种法律体系的文献史也有差别,教会法之历史学家,在《教会法大全》形成之前、之中、之后,在文献上,爬梳整理追踪文献资料。同时,由于基督教在罗马帝国分裂后形成了希腊天主教会与罗马天主教会,这种教会的一分为二也产生了两套教会法律体系。东部的或希腊的教会法与西方的或拉丁的教会法,尽管它们之间具有共同的因素,但是东部与西部的教会法仍然有许多差别。特别是在西方的或拉丁的教会法发展上,产生了以格拉蒂安作为界分的教会法之"旧法"与"新法"之不同阶段,特别是教会法之共同法的产生。

2. 两法分属宗教与世俗的两界

教会法乃宗教之法律,具有宗教性,教会法始终对其自身进行划分。准确地讲,教会法把其自身同罗马法区别开来。在某种意义上,我们也可以说《民法大全》是一位信奉基督教的皇帝的作品,并且在《查士丁尼法典》与《查士丁尼新律》中包含有具体涉及牧师与教会的法律。然而教会法之目的并不同罗马法学所确立之目的相符合。这种目的在格里高利的宗教改革之后更为明显。教会法学家也不否认《民法大全》维持上帝之于人类政权的尊崇地位,也强调了《民法大全》包含许多优秀法学部分。但是,教会法学家认为《民法大全》存在缺陷,它需要通过教会之法律对它进行补充与修改,因为《民法大全》之内容包含着罗马法与基督教信仰之冲突。这也导致了后来的《教会法大全》之编纂。实际上《教会法大全》是对抗罗马法的表现之一。特别是在教权与皇权或王权之对抗中,罗马法支持皇权,这也是教会与教皇以及教会法学家所不能容忍的。当然,也如有些学者所言:"即使如此,与其说教会法学家与罗马法学家存在差别,不如说他们之间更为趋同。许多教会法学家具有教会法与罗马法的双学位,而民法学家也被要求熟知教会法。"①

3. 两法分别为样板之法与适用之法

首先,从罗马法来讲,它对欧洲是一种完美之法律、已成熟之法律,是一种理想法;但是对教会法来说,它是中世纪的欧洲的教会法院适用之法律,是正在成长之法律。其次,在调整范围上,教会法的调整范围虽然广泛但主要限于"心灵之安

① See R. H. Helmholz, *The Spirit of Cassical Canon Law*, 1996, p. 19.

宁”，且事涉宗教之义务与问题，尽管在一些情况下也调整非宗教之世俗事务。最后，至少早期阶段，教会法由于财产权之观念包括敌视商业利益与逐利行为，高利贷显示了教会法阻碍商业社会之前进。特别到中世纪中、晚期，对于买卖之公平价格的讨论、金钱之讨论，从另一面展示了教会法之困局。“对于高利贷者而言，为了使自己获救，他必须放弃钱袋吗？这就是关于在财富与天堂、金钱与地狱之间的高利贷者的一场大战斗。”[①]就财产权而言，基督教与教会法早期都认为个人财产权乃是罪恶。这同罗马法在经济生活方面的差异显而易见，罗马法学家“创立了一套法理逻辑，可以应用于各种各样的社会形态——实际上适用于任何承认私有财产与‘资本主义’商业的社会形态”，[②]“教会曾经试图对现存的社会制度或任何较重要的习惯作正面攻击。它从未向人们许诺来生一个经济的天堂，或者是今生的经济乐园”。[③] 因此，以托马斯·阿奎那的经院主义哲学为代表，随着教会的封建化、地产化，以及教会财富的增加，他们开始关注经济、货币、商业生活。“教会清楚认识到，并非附庸的人，或者只在表面上充当附庸的人，他们所经营的自由贸易乃是影响社会稳定的强烈腐蚀剂。如果说，古代教义曾经教导经商就是罪恶，那么新的政治现实则教导人：贸易者正威胁封建制度。但是教会不能对由于贸易积累起来的巨大财富熟视无睹，因为只要染指其中，教会统治者就能盖教堂和大学，过他们已经过惯了的那种生活。虽然那些豪强市民有时候会使教会感到难以容忍，但在另一场合，教会却要支持他们，以对付君主与封建领主。于是，它便力图将商业纳入它那个神学、道德、法律无所不包的体系。而正是在这个体系之内，教会才能宣称它已恢复了罗马法。”[④]但总体上，基督教与教会法并非完全能够迎合商业社会。在某种意义上，正如德国的思想家马克斯·韦伯与英国的托尼教授所论的，这要到宗教改革之后的新教伦理才同资本主义发生了亲和性。[⑤] 因此，“中世纪的神学家与教规学者拒绝给予金钱、资本以任何可生产性；因此，在有偿借贷中，使借出的金钱生子是悖理的”。[⑥]

---

① [法]雅克·勒戈夫：《钱袋与永生》，周嫄译，上海人民出版社2007年版，第9页。

② [美]约瑟夫·熊彼特：《经济分析史》，朱泱等译，商务印书馆1991年版，第111页。

③ [美]约瑟夫·熊彼特：《经济分析史》，朱泱等译，商务印书馆1991年版，第115页。

④ [美]泰格、利维：《法律与资本主义的兴起》，纪琨译，译林出版社1996年版，第39页。

⑤ 参见中文版的《宗教与资本主义的兴起》(R. H. 托尼，上海译文出版社)与《新教伦理与资本主义精神》(马克斯·韦伯，中国社会科学文献出版社的中文最新版)。不过要说明的是，托尼与韦伯对宗教与资本主义之关系的观点并非完全相同，对新教论述有差别。

⑥ [法]雅克·勒戈夫：《钱袋与永生》，周嫄译，上海人民出版社2007年版，第26~27页。

五、古典教会法的适用与特征

(一)教会法的适用

就教会法重点内容看,正如美国芝加哥大学的著名宗教学家黑尔默霍兹(R. H. Helmholz)教授所论,教会法之最重要的领域,包括教会政府、圣礼或圣事、法律制裁、程序法。① 彭小瑜教授在其《教会法研究》中所研究教会法之内容,主要包括教阶制度、教会与国家之关系、教会法与非基督徒、异端与绝罚、刑罚与武力之使用、诫命等内容。② 教会法之内容,一般是从教会法的规范与规则所适用与调整之对象与范围来确定。因此,教会法之内容有:教皇国家之制度,如教阶制度与神职人员之权利与义务;教会法有关财产权与债法之规定;教会法之婚姻与继承制度;什一税、买卖之公平价格、高利贷问题;法人问题;刑法与程序法之有关规定,包括在公法领域代表与同意的问题,③而代表与同意影响了后来建立民族国家之宪政思想。

然而,就教会法的适用而言,教会法形成了合法性政府与正当抵抗的概念,前者涉及政府之各种义务,后者潜存于个人之各项权利。虽然主张教皇之管辖权大于世俗之管辖权,但是二者之管辖权在中世纪总体上还是较为明确的。实际上,英诺森教皇四世坚持维持世俗政府管辖权之正当范围与维持合法性政府的现存状态。在欧洲民族国家之建立中,教会法学家的政府权力范围之意义是一种有用的政治理论化论证的工具。教会法不论作为一种学科抑或在实践中,都一直对公法的发展影响至大。某些自然法学说源于教会法。教会法不仅为教皇与教会法学家所关注,教会法也涉及日常教区管理。绝大多数人在此层面上受其影响。整个基督教王国划分为教区,每个教区的主教通常为"法官",对其教区事务有普遍的管辖权。每个教区对一些其他法院有特别的保留。主教对属于宗教法庭的民事与刑法案件享有裁判权。但是教会法院之上级拥有上诉审理权。教会法院之民事管辖权包括教会财产、遗嘱与继承、身份、婚姻、嫁资、宣誓之债、用益等。此外,还包括所有的宗教理由或与教会法关联的问题。

在教会法之实体法方面。教会法学说就在很大程度上忽视了动产与不动产

---

① See R. H. Helmholz, *The Spirit of Classical Canon Law*, the University of Georgia Press, 1996, preface xiii.

② 参见彭小瑜:《教会法研究》,商务印书馆2003年版。

③ 有关代表与同意对公法与近代宪政之影响,参见 Gaines Post, *Studies in Medieval Legal Thought—Public Law and the State*, Pringeton University Press, 1964, p. 1100 - 1322。

之间的封建区分。同时,由于教会法学家大多采纳查士丁尼时代之法律,致使在对待妇女之利益方面,教会法学家对妇女在封建财产权方面享有较少之权利持赞成态度。教会法学家希望维护法制,对此,教会法学家强调了和平占有之重要性。大约公元1180年,第一次出现了恢复强行占有物之诉,这种诉讼,对任何占有之不当丧失的受害人,事实上也就是对一项权利之行使构成任何妨碍之当事人,都可以主张返还之救济。这有利于罗马法及其他封建之救济返还。救济之范围包括动产财产、官职或受益。另一影响世俗法之占有方面之发展的,是教会法学家通过禁令对权利取得的限制。罗马法对权利取得的要求是:要有内心之诚信与正当理由,即对权利之取得须有明确的理由。嗣后之知道就是如果无人提出异议,一种善意的主张并不禁止取得。然而,教会法学家主张缺失诚信就是不诚信,是本性之恶。从15世纪开始,自始之诚信的要求在许多方面成为世俗法与教会法之原则,并为法国法与德国法所吸收。此外,教会法学家就什一税、高利贷、公平价格、法人理论的论述也对后世影响甚大。12世纪后半期,对于自然人与法人之区别、法人与成员之关系,教会法学家进行了更为深入广泛的讨论与适用。“当然,教会法之程序的采用对共同法也尤为重要。”①

(二)古典教会法之特征

古典时期之教会法不同于以往之教会法,它的特征表现为以下方面。

首先,古典教会法之调整范围更为全面综合。古典教会法的目标是要调整整个教会之生活,其目的采用实用之方式确定权威内容,并围绕主题范畴编排教会法。就此两个目标,古典教会法都实现了。尽管没有编纂一部现代意义上的法典。

其次,古典教会法是用分析方法探研权威文本,且古典教会法确立了系统分析方法,我们常把这种方法与彼得·阿拉伯尔和经院主义哲学的产生与发展相联系。但是古典教会法确实并不完全依赖经院主义,而是经由领会、编排、仔细分析文本内容达成解释。同神学一样,古典教会法接受了作为组织与促进知识的基本方法的辩证法。在绝大多数的欧洲大学的分立之神学院里开始教授教会法。不过,单独设立的神学院通常服从于中世纪各种学派之分歧与协调之进程。古典教会法学家对以往教会法文本与内容以一种体系化的形式进行处理,并解决教会法之间的矛盾。

再次,从地理区域上讲,古典教会法适用之范围比以往的教会法汇编的适用

---

① See O. F. Robinson, T. D. Fergus and W. M. Gordon, *European Legal History*, Butterworths, 2000, p. 88 – 89.

范围要大得多。虽然宗教大公会议决议或教会要调整整个教会事务,但是这并不是说涉及了12世纪中期的格拉蒂安的《教规歧异矛盾协调集》出现之前所有的教会法汇编。格拉蒂安的《教规歧异矛盾协调集》的确是教会法的一个转折点,并且该书出版20年后,因其之通俗与可适用性使得整个天主教教会接受了它。同教皇权力崛起相联系,作为教会政府之主体,它与《教会法大全》的其他部分获得广泛承认,成为一个泛欧洲之法律体系。

最后,古典教会法在12世纪之发展,还使得教会法自成一个法律体系并成为单设的大学学科与科目。它独立存在并有别于神学与罗马法,即便同它们有交叉重叠之处。而在中世纪的大学里,分立的教会法学院的存在是这种教会法独立成科之标志。而且教会法并不像罗马法,在某种程度上也不像神学,它不是一个开放的法律体系。

欧洲中世纪共同法的形成

苏彦新

一、中世纪共同法的概念

共同法(ius commune)并非一个简单的概念,有时共同法也称为共同学术意见。它是因时间地点的变化而由地方习惯法同封建法、以修正与解释的形式所呈现的罗马法、教会法与商人法共同结合的复杂结果。共同法是始于12世纪文艺复兴的法律与法学新发展的高峰。在单一的法律制度作为民族国家之组成部分成为主导时,共同法也是在16世纪期间正在形成的地方法演化的起点或源头。地方法(ius proprium)即各领地与城市之地方法,从狭义上讲是两种学术法,即罗马法与教会法之混合而成的共同法的陪衬物。地方法主要由封建惯例所构成。骑士与自由市民把地方法作为自己的法律。但是,"教会法与民法的影响的一种成文法的优势与稳步发展,包括对政治及其知识基础的影响,修正了整个欧洲的地方法。"①

究竟何为共同法(ius commune),它同在英格兰所形成的普通法(common law)有何区别,以及如何界定共同法的时空范围,学者对此有着不同的观点。意大利热亚那大学的比较法学家莫里奥·卢布瓦(Maurizio Lupoi)教

---

① [英]O. F. 鲁宾逊、T. D. 弗格斯、W. M. 戈登:《欧洲法律史》(O. F Robinson, T. D. Fergus and W. M. Gordon, *European Legal History*, Butterworths, 2000, p. 107)。

授就论道："不可否认我所指的欧洲共同法于11世纪结束。许多历史学家认为结束于11世纪的欧洲共同法是由一种新的法律，即由另一种优秀的共同法（ius commune）所取代，这正是有些中世纪罗马法学者所指的共同法。我认为这种共同法完全有别于在中世纪早期存在的共同法。前者所指的共同法是同地方法相比较而言的，我所谈的共同法即中世纪早期的共同法的共同性是基于共享的原则与规范。"①而且他还认为11世纪之后的共同法从未越过英吉利海峡到达英国。

另一位意大利卡塔尼亚大学的法律史教授曼利奥·拜络茂（Manlio Bellomo）在其所撰写的《欧洲共同法的历史：1000～1800年》②一书中论道，共同法存在于公元1000～1800年，后因于民族国家法典的编纂导致了一个超越民族国家及其法律边界的共同法影响的减少，并认为共同法形成于公元12世纪，由罗马法、教会法及封建法混合而成，且影响达数个世纪，后来多种因素最终导致共同法影响的削弱。同时作者从历史入手描述了共同法在12世纪不同学派之中的起源，并解释了各种地方法如何从共同法之统一的规范与原则中产生，解释了数个世纪以来共同法渗透进了地方法的方方面面。同时也探讨了伟大的法学家所赋予共同法的知识活力，例如：格拉蒂安、阿库修斯、Odofredus、Cinus与巴托鲁斯。同时，该著作也就公元15世纪、16世纪与17世纪早期人文主义法学家进行了申说与论述。

德国法律史学家赫尔穆特·科殷（Helmut Coing）教授说："共同法并不是由欧洲大陆国家在其领土之内正式颁行的法律。它所取得的权威，不是因于立法而是因于其作为合理化法律材料之汇编的品质，事实上它是由中世纪罗马法作为重要的知识来源而得到认可。"③

二、中世纪的共同法：罗马法与教会法的相互作用

（一）罗马法与教会法的关系

公元11世纪后半期，随着波伦亚法学院的产生，罗马法研究开始复兴，紧随

① [意]莫里奥·卢布瓦：《欧洲法律秩序的起源》（Maurizio Lupoi, *The Origins of The European Legal Order*, translated by Adrian Belton, Cambridge University Press, p.4）。

② 该论著由Zydia G. Cochrane教授翻译成英文，由The Catholic University & America Press于1998年出版。英文版是根据1991年意大利文版翻译的。

③ [德]赫尔穆特·科殷：《德国历史法学与前共同法的关系》（Helmut Coing, *German "pandektistik" in Its Relationship to the Former "ius commune"*, The American Journal of Comparative Law, Vol. 37, 1989）。

其后，在罗马法复兴影响下，教会法学产生并在格拉蒂安影响下彻底改变了教会法之研究。两种法律之研究共同促成了12世纪之法学复兴。而共同法有两根支柱：罗马法与教会法，拉丁文把罗马法与教会法称之为两法，即utrisque iuris。学术的罗马法也包括某些封建法，例如《采邑书》构成中世纪查士丁尼法律汇编文本的组成部分。教会法既是学术法也是适用之法律。共同法是两种分别不同的法律之总括。格里高利宗教改革，教会在所有领域适用罗马法。公元1070年之后，相当多的罗马法之概念与规范继续融入教会法，并通过教会司法机构把罗马法之概念与规范播散到拉丁西方的各个角落，教会法学家与评论法学家在他们的教会法与罗马法之研究中使用彼此的法源与文献。有许多学者既研究罗马法又研究教会法，经由他们的努力，提炼了大量已植于罗马法与教会法文本传统之中的法律规范概念与制度，并超越了罗马法与教会法。中世纪法学最富有原创性与创造性的，正是共同法的两种法律分支的相互作用，而作用之结果就是共同法的出现。

从最宽泛的意义来思考，对于共同法的这一综合体，人们一般认为，罗马法贡献的是法律的技术与诡辩方法或曰辩证法，教会法提供一般的原则。从查士丁尼《民法大全》的丰富的决疑式法律问题中，中世纪的法学家提炼了成百上千的法律概念、法律学说、规范与程序。教会法之道德或神学的基础与根源为共同法较少提供法律的形式主义或法律技术，但教会法却是把正义之要求放在较为重要的地位。直至今天构成大陆法系的共同基础的重要的私法原则，绝大多数情况下首先是经由教会法阐释的。罗马法面对着教会法，中世纪的学者认识到了形式主义与罗马法的过分技术的局限。而教会法对所涉这一方面问题的解决启发了灵感，这就为最终吸收教会法一般原则进入罗马法，并克服某些罗马法的过分技术化寻找到出路。不过，在公元14世纪与15世纪并未完全实现转化吸收，而是直到公元17世纪、18世纪的自然法学家才完成了这一过程。当然，这一过程是经由为理性保有一定位置的经院主义哲学，再到最终以人的理性作为自然法之表现的大陆法系法典化运动的理论先声而完成的。当然，正如赫尔穆特·科殷教授所言："自然法学说广泛地采用了罗马法规范。"①

（二）罗马法与教会法的相互作用：侵权与契约

我们从侵权法与契约法两个实例可以清晰地看出在共同法之中的教会法与

① ［德］赫尔穆特·科殷：《德国历史法学与前共同法的关系》(Helmut Coing, *German "pandektistik" in Its Relationship to the Former "ius commune"*, The American Journal of Comparatice Law, Vol. 37, 1989)。

罗马法各自的功能与相互作用。

1. 侵权法

罗马法并未完全包含并提供有关侵权的一般原则,罗马法对侵权行为是列举性的。但是罗马法也对一些特殊的侵权行为进行了具体化的界定。一些神学内容指明一个人不当获取的财产要使罪被宽恕须恢复原状,这一原则经由格拉蒂安的《教令歧异矛盾协调集》融入了教会法。在 13 世纪,经院主义哲学大师托马斯·阿奎那认为"恢复原状须构成一种同等的赔偿",[①]公元 17 世纪荷兰伟大的国际法学家格劳秀斯确切地论述了近代法律的责任原则。

2. 契约

契约法之合意主义或曰意思表示一致的产生,也可窥见教会法与罗马法之相互合作。合意主义就是任何协议不论协议之内容——内心并不存在不法——也不论协议产生之方式都有拘束力且须实施,而罗马法从未将此视为一项原则。罗马之契约法区分了各种契约形式,而确定契约的方法要么通过契约内容(买卖、租赁、合伙与委托),要么经由契约产生方式。在所列举这些有限的契约之外,也存在"无形式简约"(pactu nuda),这些无形式简约不能实施而仅仅构成自然之债。诚实信用的概念使罗马法近于合意主义。但是,在罗马法上诚实信用只是程序法治基础,阻止采纳诚实信用的根由在于道德论据的不足。教会法学家格拉蒂安通过《圣经》与神学相关论述找到了融入教会法的办法。《圣经》与神学相关论述主张诺言须信守,食言失信是一种罪。就此方面,在教会法中,契约之违反就成了一种可惩罚的违法行为。契约必须信守履行作为教会法的一项原则渗透进入了世俗法。巴杜斯就此问题把罗马法与教会法结合起来了,他面对教会法之契约自由与较为技术化之罗马法的限制,根据巴杜斯的观点,契约之理由对契约而言足以成立,因为契约不是一项无形式简约而是"被衣简约"(pactum vestitum),因此契约须履行。经由这种方法,巴杜斯缩小了教会法与罗马法之间的区别。因此,他为罗马法中包含的契约自由原则铺平了道路,17 世纪的自然法学家包括格劳秀斯清除了最后的障碍。从此,契约自由之原则编纂进了大陆法系之民法典。

三、中世纪的共同法与地方法:继受与同化

实际上,在中世纪法中,法律学术之统一并未在中世纪之法律实务中得到反映。由于中世纪西欧存在成百上千的政治与法律体系,如帝国、王权王国、公国、

① [意]托马斯·阿奎那:《神学大全》(Summa Theologiae ssq. 62, art. Zre2.)。

教会、城镇、农村庄园等，而这些政治法律体都具有自己的法院与司法管辖权以及自己的法律制度：地方法（ius proprium）。因于阶层不同，司法裁判与管辖权也不同，并且多元法律体系共存。地区或基层的法院为牧师、贵族、市民、自由人与隶农而建立，也为特殊的群体如城市贸易与行会，或大学的教授与学生所设。公元11世纪之后王权之扩大并未对此局面加以大的改变。这些众多地方法的内容与形式远远不同于学术法之世界，直至中世纪晚期，西欧之绝大部分地区，法律在很大程度上由不成文法，即地方习惯法构成，制定法虽有但数量并不多。特别是有些拥有较大司法管辖权的法院，如重要的市镇，习惯法经由法院之解释逐渐演化成为一种较为精致的判例法体系。

虽然中世纪欧洲的多数法院并不适用罗马法，然而成千上万的年青人仍然热捧罗马法。真正的事实在于罗马法所具有的巨大声望，罗马法是一种理想法、模范法，为了提高与传播这种理想法，法学院在教授与研究学术法；加之经院主义哲学的影响，这成为罗马法作为学术性、理想之法的一个最充分的理由。尔后，随着在中世纪之法学与法律实务之间障碍的消除，学术法逐渐成为启发法律实务家的灵感源泉，并经由这些法律实务家改善着其自身的特殊法律制度与司法。在中世纪欧洲的多样性法律中，学术法成为众星拱月的对象，共同法成为中世纪欧洲的各种地方法在大海航行中的引航灯塔。地方法之任一改善都须将它同共同法拉近；逐渐充任中央或其他重要法院的教授、大学法律训练的法学家成为驶向共同法之灯塔的舵手。

从公元12世纪开始，学术法即罗马法学与教会法学之地位得以确立与奠定，而地方法之改善逐渐地验证了学术法之理想与模范，且成为现实。自此之后，学术法开始对地方法产生了重要影响。而影响的途径或方法有二：继受与同化。学术法之继受经由实体法的特定概念与规范采用而进入地方法，同化地方法是经由学术法之“文化”与形式的方式实施。继受与同化是一种双重过程：第一个过程，是经由教会法吸收罗马法因素。教会法传统上就受罗马法之影响并在教会法中植入了大量的罗马法，且由教会法院适用教会法。罗马法因素渗入教会法之法律实务当中，且由“世界性”的基督教教廷机构传播到整个欧洲，之后进入世俗化。最早的继受，就是教会法采用罗马法之概念如契约与简约。另一事例是新的诉讼程序乃是教会法受罗马法之启发。第二个过程，世俗法受教会法与罗马法之影响。不过，世俗法之继受与同化的速度与程度有着巨大差别，可以说世俗法之罗马化在欧洲的南部比北部要快且更为深远，原因在于这些习惯法更早地受到了“粗俗罗马法之影响”。

地方法得以被学术法同化的方面主要表现为：首先，书面语言在司法程序中起着越来越重要的作用。书面化的司法活动带来的结果是"陪审员"、"外行"参审司法变得不便并逐渐出局,从而由大量接受学术法训练的法学家不断地充任到法院中去,而这些职业法学家也把罗马法无形与有形地渗入地方法当中。其次,随着书面语言的使用,地方法及其法院的判例与文献逐渐积累并记录下来,这也为受罗马法与教会法训练的有心之人系统化并整理地方法提供了文献资料与档案整理的条件,成为对地方法研究的先决条件。最后,学术法对地方法之影响还有证据法的去巫术化与理性化。

按照德国学者H.科殷教授的观点,"共同法最具创造性的研究在于罗马法几个重要方面的变化:实现了契约之统一。放弃了对要式口约与合意契约的区分;克服了任何人不得为他人缔约;代理获得承认并且多数学者承认为第三人利益所定契约;尽可能地思考了债权让与;旧有的罗马法之技术,例如代理人之任命不予考虑;侵权之诉[①]适用于一般的侵权行为,即在任何损害赔偿中得以适用,甚至在人身伤害情况下也可适用。即使某些间接损害赔偿也可以侵权之诉提起。转化物之诉已被转变成追回不当得利的另一方所致损失的一般之诉。"[②]此外,共同法还创设了不为罗马法所知的几项制度,如遗嘱执行、商事契约的原因基础(如保险合同、票据),还有新的法律学科的建立如国际私法和时效法等。

① 阿奎利亚法之诉讼。参见《债 私犯之债 阿奎利亚法》,米健译,中国政法大学出版社1992年版。

② [德]赫尔穆特·科殷:《德国历史法学与前共同法的关系》(Helmut Coing, *German "pandektistik" in Its Relationship to the Former "ius commune"*, The American Journal of Comparative Law, Vol. 37, 1989)第11页。

西欧法律传统与资本主义的兴起

侯建新

资本主义启动的基本条件之一，是要有一定数量的社会资金与财富，而后者不可能一蹴而就，总是需要相当一段时期的有效积累以及有助于积累的生产环境和社会环境。历史表明，西欧中世纪晚期和近代早期出现的具有划时代意义的经济增长，与法律及法律制度之间存在深刻的内在联系。本文仅从有助于经济增长的外部环境的角度探讨西欧的法律传统，即将其当做生产过程中的或间接或直接的一个重要环节来探讨。顺便说明一下，这里所说的法律，不仅作为一个约束人行为的规则体，而且包括法律活动和使法律得以运行的制度、程序、规范以及思想价值观念。

一

我们首先看一看资本主义兴起以前西欧是否经历了社会财富的普遍积累。“资本主义”(capitalism)一词的词根是资本(capital)。虽然人们早已认识到资本不是单纯的货币，货币需要一定的社会条件才能转化为资本主义意义上的资本，但资金的积累与集中毕竟是资本形成也是资本主义生产启动的前提之一。

西欧资本主义兴起时，资金从何而来？曾经颇为流行的一种说法是，对外来自海外殖民与掠夺，对内来自对小生产者尤其对农民的剥夺。此说不无理由，但不是充足的理由。将有限理由认定为充足理由，势必造成历史知识乃至历史观的误区。关于海外殖民与掠夺问题可以西方为例。上古的希腊城邦、罗马帝国,中古早期的北欧海盗维京人,都有过著名的海外掠夺与殖民的历史,但所获财富似与资本主义无缘。近代以来,英国最先兴起资本主义,但进行海外殖民与掠夺的带头羊不是英国,而是葡萄牙和西班牙。后者并未因成功的、大规模的海外掠夺而产生资本主义,仍然步履蹒跚,久久地滞留于农业社会。英国的海外殖民与掠夺促进了国内的资本主义,首先是因为国内已具备了资本主义生长与生成的机制与环境。这些例证从正反两方面说明,海外掠夺仅是西欧资本主义发生的外部条件之一,根本依据则在于本国的内部环境。倘若不是把资本主义肤浅、简单地仅理解为一笔财富而是视作一个系统的社会机制的话,那么,逐渐形成的社会机制不可能在一个早晨靠暴力掠夺而出现。

对农民的剥夺也是如此。自有阶级社会以来,就有对臣民、对生产者的暴力剥夺。这种剥夺已有几千年的历史,在世界各地区都有发生,但剥夺本身并不产生资本主义。用巧取豪夺的手段剥夺农民并将土地大规模地集中起来,曾在中国封建时代的历史上多次出现,但它从不产生新的生产方式和生活方式。英国的"圈地运动"尤其是后期,不时伴有对农民的暴力驱逐,从而加快地集中,应当承认,对资本主义农场的形成有一定的促进作用。不过,不应夸大其作用。农业资本主义生产方式的出现,是英国农村上百年乃至几个世纪发展的结果,在"圈地运动"前业已基本形成,"圈地运动"中的暴力不过是促进剂;而且,最新研究成果表明,"圈地运动"中的暴力规模远不像人们以往渲染的那样大。"圈地运动"是农业生产方式的变革,主要是靠经济的、市场的手段完成的。此外如果说"圈地运动"使一部分农民与土地相分离并成为雇工的话,那么首先应当说明农民此前已经历了较为普遍与充分的发展,其中一部分人积累起可观的动产和不动产,并成为有一定经济实力的雇工经营的农业经营者。

原始积累是指资本主义正式确立前一种带有某些强制色彩的资金聚敛活动,西欧的海外殖民和"圈地运动",即属此类。西欧的原始积累之所以能够成功,是因为在所谓原始积累之前,西欧已经经历了长期的普遍积累,笔者认为可称之为"前原始积累之积累"。下面,我们将用包括一系列数据在内的史实表明,说到底,发展资本主义的资金,既不是来自海外掠夺,也不是"圈地运动"中对农民的掠夺,而是取决于国内整个农业生产力水平,取决于基本生产者个体的生产、消费、剩余与积累的状况,以及与之相应的生产、流通机制和相应的法律契约关系。

以英亩、公顷等为单位,将同等面积的产量进行不同年代的比较,不失为一种理想的方法。可是这种方法一走出英国就很难行得通,原因是缺乏系统的资料,也很难准确地把握当时西欧各地所使用的度量衡。所以,西方通常确定土地产出率差别的方法即将播种量与收获量进行比较，以估计单位面积产量的变化。

在12世纪中期以前，西欧根本没有任何资料可用，13世纪以后除个别地区（如英格兰）外也没有连续一贯的资料。区域的差别，再加土壤质量和气候条件的不同，收成数量的变动非常大。例如，在克吕尼阿两个非常接近的庄园，从12世纪中期的财产登记上判断，小麦收获量与种子量的比例各为6:1和2:1。勃艮第的同一村庄1380年的收获与种子比例为10:1，1381年则为3:3。在意大利佛罗伦萨的一块小地产上，收成比例从每年的平均4:1或5:1到1348年跌至1.6:1。考虑到所有这些数字，卡洛·奇波拉尝试作出一个公平的估计：在13～14世纪前后，大部分欧洲农民的粮食收成可以达到所播种子的3倍与4倍；而在9世纪时平均收成很少能超过种子的2倍。也就是说，中世纪中期的粮食单位产量比中世纪早期增加100%以上。① 关于中世纪晚期和近代早期的情况，斯利歇尔·巴特做了大量的研究并绘制了数十页的统计表，显示了欧洲各国各种农作物的播种与收获之比。该统计表明，土地产出率的增长是显而易见的，仅以16世纪荷兰与比利时的小麦收获率为例，产量已比中世纪中期翻一番有余。② 可惜，巴特的统计表过于冗长和零碎，而奇波拉引证时也未作出概括性的估计。幸好另一位经济史家克里德特也提供了这一时期西欧各地区主要农作物的种子产出率，并颇为简要，可使我们获得这一时期土地产出率增长的基本概念。克氏与巴特的研究结果十分接近：16世纪西欧农作物产出率比中世纪中期（13～14世纪）增加1倍以上，而比早期（9世纪）则增加2～3倍以上；最先兴起资本主义的英格兰和尼德兰在农作物增产方面明显地走在了前头。详见表1。

表1 1050～1800年欧洲各地区小麦、黑麦、大麦每粒种子的平均产出率

单位：%

年份	英格兰/尼德兰	法国/西班牙/意大利	德国/瑞士/斯堪的纳维亚	俄国/波兰/捷克/匈牙利
1500～1549	7.4	6.7	4.0	3.9
1550～1599	7.3	—	4.4	4.3
1600～1649	6.7	—	4.5	4.0
1650～1699	9.3	6.2	4.1	3.8

① 参见［意］奇波拉：《欧洲经济史》（第1卷），商务印书馆1988年版，第153～154页。

② 参见［意］奇波拉：《欧洲经济史》（第2卷），商务印书馆1988年版，第529页“附录表3”。

续表

年份	英格兰/尼德兰	法国/西班牙/意大利	德国/瑞士/斯堪的纳维亚	俄国/波兰/捷克/匈牙利
1700～1749	—	6.3	4.1	3.5
1750～1800	10.1	7.0	5.1	4.7

资料来源：Peter Kriedte, *Peseants*, *Landlords and Marchant Capitalists*, Cambridge, 1983, p. 22。

中世纪的西欧农民不仅逐渐提高了单位产量，还不断开拓垦殖面积。到11世纪末，西欧已经积蓄了足够的经济实力发动对中东的军事殖民，这就是1095～1099年第一次十字军东征。繁荣发展的另一个方面就是大规模的开垦荒地和移民运动。在11世纪和12世纪，欧洲人清除荒废的城堡，排干积水的沼泽，走向荒芜已久的田野、人迹罕至的森林和山地，进行了一场史无前例的拓荒与移民，不仅原有的村落、耕地、牧场的边界不断延伸，而且新垦区亦一片一片地涌现，因而被称为"拓边运动"或"边疆运动"。当时西欧大部分土地都是原始状态的森林、荒地和沼泽。在意大利和西班牙，只有很小一部分土地有人耕种。法兰西土地的一半以上、低地国家和德意志土地的2/3、英格兰土地的4/5，都没有开垦。据说，公元11世纪的传道士独自骑行时，常常在5天之内看不到一点人烟。西欧垦殖运动持续了三个半世纪，诚如法国史学家布瓦松纳指出，历史上没有一个时期的垦荒曾经以这样的规模和热忱进行过，"这是历史上的重大事件之一，虽然历史学家们对它通常都不注意"。① 在此期间，大量的森林、山地和沼泽被开辟为耕地和牧场，西欧大地古老的风貌，由于拓荒者的工作而改变了模样，大体确定了今后500年的耕地面积。

尽管土地单位产出率明显增长和垦殖面积大规模扩张，有人可能认为人口的增长会削弱甚至会完全抵消这些经济成果。从11世纪中期到14世纪初期这段时间，法国的人口从大约700万骤增至2000万；在同期，英格兰的人口从大约200万增至约350万。从宏观上看，西欧中世纪人口一直在缓慢发展。虽然14世纪的黑死病使前一时期过快膨胀的人口锐减，但人口不断增长的大趋势没有改变，到15世纪末叶西欧人口已超过黑死病前的水平。值得注意的是，人口在发展，但有助于生产增加的因素也在发展。后者不仅包括土地的开垦和有效使用，还包括社会分工规模的不断扩大和深化，如新兴城镇的出现和乡村市场的发展，劳动力

① 参见[法]布瓦松纳：《中世纪欧洲生活和劳动》，潘源来译，商务印书馆1985年版，第922页。

的自由流动和迁徙，货币地租和商品经济的流行等。更为重要的是，到16世纪末叶，荷兰和英国第一次出现了现代意义上的经济增长。这是人均产量的增长，诺斯等称之为“真正的增长”。英国、荷兰虽然人口持续增长，实际生活水平仍分别提高了35%和50%。[①] 这是史无前例的。无论在欧洲历史还是在人类历史上，两个国家第一次能够持续向不断增长的人口提供不断攀升的生活水准。

其实，现代意义上的经济增长，即人均产量的增长，就是劳动生产率的增长。笔者曾对英国中世纪中期和晚期两个阶段的农业劳动生产率进行考察与比较，以观其动态变化。这里所说的农业劳动生产率仅限于农耕范围，即指一个中等典型农户在一年内生产出多少农产品。根据推算，英国13～14世纪农户的劳动生产率为103蒲式耳即2369公斤；15～16世纪的劳动生产率为240蒲式耳即5520公斤，提高130%。又据推算，15～16世纪，一般英国农户产品的商品率达到80%，也就是说，大部分产品进入流通市场。[②] 我们推算的数据或许有误差，但不会与实际相差太远。这一时期农业劳动生产率的提高一向得到公认，俄国著名中世纪史专家科斯敏斯基十分肯定地指出，“有很多依据可以推论，当时农业劳动生产率有了提高，而耕地的产量也比以前多”。[③] 意大利史学家奇波拉对16世纪前后土地资产负债表的研究，也表明了这一时期西欧较高的生产效率及财产的有效积累。若将年收入定为100，则位于布楚姆（低地国家）的赫梅于1569～1573年，地产年均支出为72.4，盈余为27.6。位于哈韦尔（英格兰）的洛德于1612～1620年，地产年均支出36.6，盈余为63.4。位于意大利伦巴底平原上罗焦·达达的地产资料最为充分，1600～1647年平均盈利为29.5。显然，上述地产的储蓄率是相当可观的，平均可达到1/3至1/2。[④]

劳动生产率的提高，势必推动商品率和储蓄率的增长。实际上到中世纪晚期，无论在英伦三岛还是在西欧大陆，无论在普通个体农民的份地上还是有一定生产规模的地产上，农业劳动生产率、商品率和储蓄率都有了实质性增长。如《泰晤士世界历史地图集》的编者在概述1500年以后一个时期西欧农民的一般情况时提到：“绝大多数农民每年除养活自己一家、家畜和留作来年种子之外，大约还

---

① 参见[美]道格拉斯·诺斯等：《西方世界的兴起》，张炳九译，学苑出版社1987年版，第161～162页。

② 参见侯建新：《现代化第一基石——农民个人力量与中世纪晚期社会变迁》，天津社会科学出版社1991年版。

③ [苏联]科斯敏斯基：《11—15世纪英国封建地租形态演变》，张炳九译，载《史学译丛》1956年第1期。

④ 参见[意]奇波拉：《欧洲经济史》（第2卷），张炳九译，商务印书馆1988年版，第302～303页。

能多出20%的产品”。[①] 毋庸置疑，当时绝大多数农民都能拿出相当比例的剩余产品来提高自己的生活质量并投入再生产中去，农民个体财产普遍呈现出稳定、持续的正向积累，从而使农业成为资本主义生长的“温床”。这是考察西欧资本主义产生时绝对不能忽视的一个基本事实。

农民中的一部分人成为英国约曼那样的富裕农民，因而这一时期西欧小所有者的人数不断增加，其中的佼佼者大量租进、购进土地，不断扩大地产和经营规模，最后和一些商人、企业主一起汇入资本家的行列。可是农民中间的大部分人后来则逐渐被资本主义吞噬，沦为无产者。生产者个人财产和财富的有效积累和独立发展，本是埋葬封建社会的决定性力量，可是当资本主义的新纪元果真降临后，他们中的大多数却一下子从“黄金时代”坠落到“黑铁时代”，只有少数上层幸运者汇入城乡资产阶级之中，逐渐成了新的统治阶级成员。不过，社会总体上还是向前发展了。当人们完全自发地从事历史创造活动的时候，这样的历史悲剧是不足为奇的，然而，完整的历史过程不容割裂。

英国、荷兰等西欧国家的历史证明，资本主义的原始资本首先来自国内生产的需求，而资本本身也主要源于国内，海外殖民与掠夺只是外因条件。实际上，正因为国内有了最初的机制与需求，才有了近代意义上的海外殖民和海外贸易，以及后者对国内资本主义机制的进一步刺激和支援。由于当时西欧都是农业国家，国内资金无疑基本来自农业、农村和农民。痛苦、暴力与某种程度的无序确是西欧剧烈转变时期的社会表象之一，这是新生儿诞生前的阵痛与不安。但它们并不是原始积累的本质，因为人类社会曾经历过无数次的痛苦、暴力与无序，并没有因此而产生资本主义。什么是原始积累？原始积累不排除暴力积累，但主要还是市场积累，更重要的是它开辟并导向市场积累，还有，也是笔者特别指出的，即所谓的“前原始积累之积累”。当然，不仅是物质的积累，同时也是精神的积累。显然，这一积累是与整个西欧社会母体发育密切相联的，其中，尤其不能无视基本社会成员农民个体的普遍发展——包括生产者个人财富的积累和个人权利的发展，以及与这种积累和发展密切相联系的社会法律体系。

二

生产者个人财产和财富的有效积累，不仅源于劳动生产率的提高，还因其劳动成果受到一定程度的保护，从而减少或避免了来自封建主和封建政府的任意侵

① 《泰晤士世界历史地图集》（中文版），张炳九译，生活·读书·新知三联书店1982年版，第178页。

夺。西欧历史的研究成果告诉我们，在整个中世纪的大部分时间里，这种对任意侵夺的抵制基本是成功的。这集中表现在农民赋役量的限定上：假定每周为领主服役两天，一旦规定下来，就成为惯例，记录在案，几乎很难改变，往往固定为一个“不变量”。但是生产者自己支配的每周其余几天的生产效率，却是一个“可变量”：随着生产者劳动经验的增多，产品市场的扩大，以及对这一部分劳动力的支配越来越有保证，都会不断激励他的劳动效率。因此，马克思指出，即使在劳役地租的条件下，西欧农奴也有财产和财富的独立发展。①

为什么西欧生产者能够相对有力地保护自己的劳动成果，从而使个人和社会长期、稳定和有效地积累起财产和财富？为什么惯例一类的习惯法在人们的经济生活和社会生活中占有这样重要的地位？这里将不得不涉及西欧的法律传统。

西欧中世纪法律政治体系最突出的特征，在于同一社会内部各种司法管辖权和各种法律体系的共存与相互制衡。多元的法律体系，在政治和经济方面反映了多元的社会力量：教会与王权相对，王权与城市相对，城市与领主相对，领主与商人相对，等等。正是这种社会力量的多元性从而推动法律体系及司法管辖权的多元性，使法律的最高权威性成为必要和变得可能。恩格斯对西欧法律传统曾明确地概述为“个人自由、地方自治以及除法庭干涉以外不受任何干涉的独立性即古代日耳曼自由中的精华部分”。② 多元的法律体系包括教会法、封建法、商法、城市法、普通法和庄园法等，这些法律体系各有其不同的内容和不同的管辖范围，不过在法制的基本原则如法律关系的互惠性以及包括“参与裁判制”在内的审判程序等方面，也有相同、相似或相互交叉的一面。诸种法律体系中，显然庄园法与农民生产生活的关系最为密切。

庄园法与西欧的其他法律在这一点上大多相似：它们基本上都是一部习惯法。在中世纪西欧人的观念里，并不以统治者的意志或他们颁布的什么规定为当然合法，而是将过去存在了相当时期的事情和做法推认为合理、合法。最初时的统治者似乎也不完全反对这样的观念，他们在法律方面的工作，主要是收集、整理在社会与民众中业已实行的习惯做法，经修饰后置于某种“法令”或“条例”里，以期人人皆知，人人皆行。12世纪由私人编辑的忏悔者爱德华法律，记载着征服者威廉寻找盎格鲁—撒克逊习惯法的事迹，说他在征服后的第四年，召集地方通晓法律的贵族，了解他们已在实行的惯例和习惯；同时，由各郡遴选出12人，用宣誓

---

① “不变量”“可变量”概念是马克思提出来的，详见《马克思恩格斯全集》（第25卷），人民出版社1974年版，第894页。

② 参见《马克思恩格斯选集》（第3卷），人民出版社1972年版，第395页。

的方式忠实地说出他们实行的法律及习惯。英国王室颁布的普通法大约自13世纪开始通行,但普通法也是建立在村庄或庄园的习惯法基础上的。1263年路易斯战争爆发,以贵族西门·德·孟福尔为首的大宪章派获胜,直接导致第一次国会的召开。此时适值普通法形成时期,孟福尔的一名信徒写了一首诗庆祝胜利,其中表明了对法律的看法,也表露了普通法的来源:“让王国的各个社区提供惯例,并探询一般人的意见,因为他们最明白自己的法律。他们对于世代相传的习惯做法,不会糊涂到比外人更不清楚。”①布洛克指出:“习惯法已经成为唯一有生命力的法律渊源,君主们甚至在他们的立法中也不过要求对习惯法作出解释而已。”②所以,西方思想史专家赛班称中世纪日耳曼人的法律是“发现”(discover)的而不是“制定”(make),似颇有缘由。

庄园法是公众认同的、很久以来通行的规则和习惯做法。它们世代沿袭甚至被赋予某种神秘色彩。这些不成文的惯例,最初存在于人们的“集体记忆”中,也存在于相传下来的口诀乃至歌谣里。在一些地区,当发生疑惑或争议时,往往请教村里公认的“智者”或“长者”,由他们澄清惯例的细节,作出解释。他们关于惯例的解释会对裁决产生重大影响,所以又被称为“贤人法庭”。随着社会的发展,人们要求习惯法以更明确的形式表现出来,然而,成文法在西欧各个国家和地区似乎都姗姗来迟,在庄园档案资料最为齐备的英格兰,人们发现最早的庄园成文法出现于13世纪下半叶;而且成文法并非像人们想象的那样专门成册,而是散见在庄园的有关文献中。这些成文惯例(written customals),主要见于记载判例的庄园案卷(court rolls),其次还有记载每个佃户劳役量或货币租税量的庄头账簿(reeve account)、劳役惯例簿(custumal)和货币租税清册(rental)等处。这些文献是法庭审理和判决的基本依据。

在11世纪以前的数个世纪中,农奴和其他佃户的劳役及其他义务是比较繁重的,虽然有对此给予限制的习惯法,但总的看数量不多,一些限制的规定也不甚明确。到11世纪和12世纪,各种类型的劳役和义务开始规定得更加具体。而且,人们还开始赋予这种限定一种普遍性,即不仅适用于个别庄园或个别地方,也适用于一个地区甚至一个国家内的全部庄园,在某些情况下,适用于西欧整个基督教世界内的所有庄园。

除对每周劳役天数或折算后的货币租数量作出限定外,还对以往未作出限定的其他义务作出规定:例如,帮工(收割季节首先帮助领主收庄稼的义务)、搬运

---

① 赛班:《西方政治思想史》,台北,幼狮出版社1978年版,第232页。

② M. Bloch, *Feudal Society*, London, 1978, p. 11 - 111.

(为领主运送农产品或其他生活用品)、伐木、修路等。又如,所谓人头税(capitagium,法语为 chevage)、遗产税,以及偶然征收的塔利税(tallage,法语为 taille)。如果是挖沟,则规定一日应挖多长、多深、多宽;如果是打谷,则规定一日应打完多少捆庄稼。例如,打谷一日的任务量为2蒲式耳小麦或1夸脱燕麦,割草一日为6英亩,割谷则为半英亩等等,都已成为难以更改的惯例。

即使对可能偶然出现的情况,也作出相应的规定,以排除不确定性。比如,劳役日恰好中途遇雨,工作量如何计算?围绕这个小问题,我们在庄园《惯例簿》中可发现许多具体规定:"如中途遇雨,须在本周内另安排活计,如已耕完了二、三佛浪就不能他日再安排活计(表示在特殊情况下已完成工作量),除非当天天气放晴能重新耕犁。"在另一个庄园《惯例簿》里,我们发现了类似的规定:"关于秋季运谷问题协商后规定如次:假如下雨前已经运送了3担,那么他们就可以结束这一天的工作,假如运送还不足3担,那么他们必须还要去(屋内)脱粒或干其他活计。"①对这些细枝末节都作出如此严密的规定,可见在劳役量上委实务求"固定"和"不变";另外,还可以看出,在分配问题上,事无大小,佃户与领主似乎都要经过一番激烈的讨价还价!

收获季节的帮工中,对佃户、领主双方的义务都作出严格的规定,也反映了这种情况。收获期间,一般每户派一名劳力,但如果去了两人,干到中午就可收工。帮工后,领主常常提供较为丰盛的膳食,以后遂成惯例,而且对每顿饭的品种、数量和质量也作出规定,包括黑面包还是白面包,有无鱼肉,有啤酒(称为"湿餐")还是无啤酒(称为"干餐"),等等。如不兑现,佃户有权拒绝帮工。奇切斯特主教的庄园《租税清册》中就有这样的记载:"佃农自带犁具履行两天帮工,这两天中,一天吃肉,另一天吃鱼,还有足够的啤酒。犁队中凡使用自己耕牛的人,可在领主家中用餐。所有承担割麦的人其午餐有汤、小麦面包、牛肉和奶酪;晚餐包括面包、奶酪和啤酒。次日他们将有汤、小麦面包、鱼、奶酪和啤酒。午餐时,面包不限量;早、晚餐面包每人限用一条。"②记录在案的这张食谱清单,对领主所提供的饮食规定之具体和详细,实在令人瞠目。以上诸事实表明,领主和佃户双方都尽量不给对方的任意性留下余地,这对农奴的怠工是一种监督,但对领主的随意克扣与盘剥无疑也是有法律意义的限制。中世纪的西欧人认为,这些由习惯限定的权利和义务,包括农奴占有土地的权利,都具有法律效力,一旦发生争议,即使领主与佃户发生争议,也应依据法律在法庭范围内解决,如同领主制裁一个农奴也要

---

① H. Bennett, H. Bennett, *Life on the English manor*, Cambridge, 1938, p. 107, 114.

② G. C. Hohmans, *English Villagers of* 13th *Centery*, Harvard, 1942, p. 261.

在法庭范围内解决一样。而在法庭上,领主仅仅是主持人,法官则是全体出席人,被称作"诉讼参加人"(suitors)。一种流行的观念认为,任何过失都是对共同体的冒犯,因此共同体的成员既是公诉人,又是法官,享有出席法庭并依法裁决的权力。司法是领主的特权,他收取败诉人的罚款,他及庄官可以对侵犯领主特权的庄民进行指控,也可以对判决施加影响,但他不能代替法庭作出判决。法学家梅特兰说:"在理论上,被告不是接受领主,而是接受法庭出席人全体的审判。"①这就是西方法律体系中著名的"参与裁判制"。13 世纪以后,有些地区的庄园法庭由 12 人组成的陪审团进行裁决,结果也是以法庭即整个共同体的名义作出的。在某案件中,庄园主试图收回一个农奴的某块地产,故在法庭上起诉该农奴持有的土地超过了他有权持有的数量。但该农奴争辩说,他与其他情况类似的佃户"此前一直根据情况持有几块地产,而无需特许状,也未受罚和受指控",他"准备通过佃户(即庄园的全体佃户)和其他必要的合法方法证明这一点"。这个案件记录的结果是:"将这个问题搁置起来,直到达成更充分的协商……"②最后的结果不得而知,但我们至少可以得到两点信息:一是如发生争议,领主不能直接处置农奴的土地,必须经过法庭;二是庄园法庭在这里起码暂时抵制了领主的企图而支持了佃户。另一事例也说明了同样的问题:某庄头指控一个农奴装病不服劳役,在家干私活,而该农奴据理否认。法庭调查表明,庄头的告发与事实相左,这样做完全出于宿怨,结果庄官因诬告而被处以罚款。③ 此案表明,即使领主及其代理人对庄园的日常管理及对佃户的处罚,也要经过法庭。这并不是说,农奴不受压迫和不贫困,而仅仅是说,他已根据法律取得了权利,他有条件坚持某些个人权利,从而获得某种程度的保护。显然,西欧中世纪庄园法庭实际上具有两重性:既有保证封建主实行超经济强制的一面,也有对封建主政治和经济特权进行限制的一面。在庄园管理中表现出的除法庭以外不受任何干涉的司法独立性传统,使西欧农民即使在农奴制最严酷的时期也能够或多或少地保持一些个人权利,这或许是农奴竟有财产财富独立发展的最隐蔽的秘密之一。而包括农奴在内的农民个人财产的普遍、有效的积累,虽然是通过静悄悄的劳动和有序的法律交涉,却逐渐从根本上削弱着封建制度的统治基础。如同伯尔曼教授指出的那样:"在所谓封建制度下的法律,不仅维护当时通行的领主与农民的权力结构,而且还对这种

---

① F. Pollock & F. W. Maistland, *The History of English Law Before the time Edeward*, London, 1921, p. 593.

② 参见[美]哈罗德·J. 伯尔曼:《法律与革命——西方法律传统的形成》,高鸿钧译,中国大百科全书出版社 1993 年版,第 398 ~ 399 页。

③ Bennett, *Life on the English manor*, p. 174.

结构进行挑战;法律不仅是加强而且也是限制封建领主权力的一种工具。"①

当佃户的权利受到领主侵犯而又不能得到法庭保护时,自由身份的佃户可以越过庄园法庭向领主的上司或王室法庭申诉冤情。在英格兰的斯塔福德郡,有3个佃农与其领主进行了长达35年(1272~1307年)之久的争讼。由于佃户耕种的土地曾经属于王室,佃户根据一个世纪前亨利二世的惯例上诉到王室法庭。佃户宣称,按惯例他们每年应支付地租5先令,可领主要求的租金和劳役量大大超过了这个标准。② 如果佃户的身份是农奴,他们无权上诉,但他们可以集体对领主提出要求,有时还以集体拒服劳役的方式施加压力。作为最后一种手段,他们可以逃离到城市、新垦区或另一个庄园。这种集体施加压力的一个成功事例,是12世纪意大利某地农民的成功起义。起义后,意大利城市公社授予起义农奴权利特许状,该特许状保障农奴的赋役固定,而且确保未经法律程序不得监禁农奴。总之,习惯法、参与裁判制以及法庭内外的斗争,保证了小农生产的连续性与正向积累,给农民带来了缓慢的却是巨大的经济利益。

封建主并非不打算极力扩大地租额部分,然而,如上面我们所看到的,这种试图打破习惯法的努力十分艰难并且很少成功。即使地租等封建赋役有所浮动,也是有限度的,而且地租的浮动赶不上农民收益的增长。经济史学家陶内估计,"农民每交给领主1个便士,就往自己口袋放进6个便士"。显然,地租的增长远远不能吞掉农民增产的全部。何况,许多庄园的地租长期稳定。陶内研究了英格兰若干郡的27个庄园的档案资料,统计了自13世纪末实行货币地租以来至16世纪、17世纪之间的租金变化,其结果表明,在这300多年间,租金基本是稳定的,"一个佃户的地租往往长达200年或250年保持不变,并非罕见"。这样,随着土地产出率的增长,地租在土地产值中所占的比例由劳役地租时的1/3,缩减到1/5、1/6,甚至1/18,而留在农民手里不断增多的产品大部分送到了市场,其中一部分成为扩大再生产的资金,成为中世纪晚期西欧市场经济蓬勃发展的广泛基础。③我们看到,西欧法律传统为生产性经济活动提供了一定程度的保护机制,不论社会财富的积累,还是生产和市场的扩大,都与之密切相关。法律是观念,是意识形态,同时它也是生产过程中的一个极其重要、不可或缺的环节。同样的生产技术和生产条件,倘若没有它的调节与规范,可能就会产生完全不同的经济效益。正

---

① 参见[美]哈罗德·J.伯尔曼:《法律与革命——西方法律传统的形成》,高鸿钧等译,中国大百科全书出版社1993年版,第647页。

② 参见[美]哈德罗·J.伯尔曼:《法律与革命——西方法律传统的形成》,高鸿钧等译,中国大百科全书出版社1993年版,第394页。

③ See R. Torny, *The Agrarian Problem in the Sixteenth Century*, London,1912,p. 120.

是在这个意义上,哈罗德·J.伯尔曼将法律与资本等同,他说:“这样的法律调整本身就是资本的一种形式。”①

三

马克思有一个著名的观点:消费也是生产。其意是指包括统治者在内的人们的日常消费对生产有重大意义和影响。西欧的法律与法律体系,一方面,限定地租与劳役量,避免封建主的过分和任意侵夺,以保证小农经济连续、稳定的有效积累;另一方面,限制全国性的赋税,以抑制王权与封建政府的非生产性消费,从而有助于整个社会的生产性积累与开发。

“国王靠自己收入生活”是西欧封建时代的一个基本原则。按照这样的原则,像其他封建领主一样,国王及王室的一切花费均出自他个人的封建领地,即自己直接管辖和经营的王室领地。对于王室领地之外的土地和农民,国王无权谋取收益。这里没有全国性的封建地租,更没有常备的赋役制度。实际上,像其他封建主一样,在中世纪相当长一段时期内,西欧的国王和皇帝没有固定的住所。他终年在其所管辖的领地之间巡行,不仅为监督地产管理,也是为了维持自身和家庭的供给,因此被称为“就食巡行”。食物不得不在当地消费,因为把食物运到某个集中地的费用过于昂贵,由此可见王室的一般消费水平。法兰克国王、盎格鲁—撒克逊国王、诺曼诸王、金雀花诸王无不如此。旅行是困难的,如果一个国王或贵族携侍从巡视其封臣的地产,据说每天行20~25英里就是不慢的速度了。这说明了国王和封建主的许多庄园里都有一个临时住处,即使某个庄园让渡出去,仍保留一个落脚地。德皇康拉德二世1033年的行程是:从勃良第旅行到波兰边境,然后返回,穿过欧洲到香槟,最后回到他的本土萨克森。直线距离竟达1500英里左右!② 国王或皇帝巡行时,一般说整个宫廷也随之移动,而西欧国家的所谓宫廷在13世纪以前不过是国王家属及一行侍从而已。

一经定都,国王一般不再外出巡行,而由各地将应纳物品送至王宫。例如1252年英国10个郡的郡守受命将应纳物品送至国王驻地,这些物品是76头公猪、60只天鹅、72只孔雀、1700只鹧鸪、500只野兔、700只兔子、4200只家禽、200

① [美]哈罗德·J.伯尔曼:《法律与革命——西方法律传统的形成》,高鸿钧等译,中国大百科全书出版社1993年版,第664页。

② See M. Bloch, *Feudal Society*, London, 1962, p. 62-63.

只野鸡、1600只云雀、60只苍鹭、16,000个鸡蛋等。[①] 无论巡行消费,还是地方朝贡,消费物品一般都来自国王个人领地。领地之外,国王不享有这种权利,臣民也无这种义务。

西欧的王权机构比较简单,在中世纪相当一段时期内,实际上没有中央行政管理机关,没有中央支配的财政系统,没有中央司法机构,也没有任何派驻地方的机构。政府官员就是几名大臣和侍从。在地方,英国有郡守,法国有法官,他们负责征税,主持地方法庭,维护社会治安等。国王向他们除发放津贴、薪俸之外,还有少量实物补贴,如面包、饮料、蜡烛等。一直到伊丽莎白一世时期,英国政府官员的薪俸都出自王室领地的收入。捐助教会,偶尔为之,且数额不大,所出皆为个人收入。建造、修建宫室一般也支自国王个人收入。这些都与"国王靠自己收入生活"的原则相符合:"收入"指国王领地的收入,"生活"的范围应与"私人政府"的概念联系起来考虑,指除战争以外的一切生活事务。而战争一般涉及全国和国内多数人的利益,所以不属于国王私事,其花费也就必须从国王个人收入以外的国税税款中支付。[②]

按照西欧法律制度,只有在特殊情况下如爆发战争而国王收入又远不足用时,才设法从一般的国民那里得到补贴,所以称作补助金(subsidy)。为了达到这一目的,国王和他的代理人必须向征税对象说明理由,在取得对方理解的基础上,进而商议征收数量、方式等事宜,这就是西方征税协商制的由来。最初的协商对象是贵族会议等,议会成立后,批准权转到议会手里。关于征税协商制,几乎没有什么常规,一次一协商,再征再协商。即国王在王室领地之外拿走每一个铜板,都要经过批准,而在王室领地内又受习惯法制约。总的看来,西欧各国王权征税,主要是与本国的议会打交道。议会实际上是一种更高形式的征税协商组织,在这种制度下,以第三等级为主体的纳税人通过更规范的法律手续审查、批准和监督国王的税收,史称"议会授予制"。

关于征税项目,在法国主要是商税、户税和盐税;在英国,13世纪开始征收动产税,到14世纪随着进出口贸易的增加,王室越来越依靠关税和贸易税了。征收后,每次对税款的用途都作出严格的规定,如1348年英国下院批准国王收1/15动产税,指定其"只能用于苏格兰战争",即专款专用,严禁挪作他用,尤其不能用于王室的私人消费。每次议会都指定专门的工作班子,监督税款的支出,其主要

---

① 参见[美]B. 莱恩:《中世纪英格兰宪政与法制史》,纽约1980年版,第394~395页。转引自马克:《中西封建社会比较》,学林出版社1997年版,第393页。

② 参见马克垚主编:《中西封建社会比较》,学林出版社1997年版,第404~405页。

目的正是在于限制将国税移用于王室成员及政府官员的生活消费。即使用于战争的征税,议会也可以拒批,事实上英、法诸国都有过议会拒批国王请求的历史。如1512年和1523年,亨利八世以对法国进行战争为由要求征税,下院认为此战不明智,于是拒绝批准。

有时议会也讨论和批准王室要求的某些特殊款项,但是讨论过程中总是锱铢必较,国王难以如意。在1504年议会上,亨利七世要求补偿因王子受封骑士及长女出嫁所用至少9万英镑(实际用去不到12,500镑)。议会大哗。著名空想社会主义者,当时26岁的托马斯·莫尔曾慷慨陈辞以反对此举。最终亨利只获3万英镑。议会总是尽可能限制征税次数,压缩征课数额。即使在专制王权的都铎时代,王朝财政一直处于拮据状态。难怪传说亨利八世一天在伦敦街头遇到商人杰克的运泥车队时,曾满怀妒意地说,"这个纽伯雷的杰克,简直比我还富有!"[①]伊丽莎白时期,货币贬值,但征税数额仍大幅度下降,女王的多次抗争均以失败告终。女王深知,对于下院议员来说,要他们的命比打开他们的钱袋更容易些,所以她不得不时刻注视着政府的各项开支,并一再勒紧自己的钱袋,以至于周围大臣不断抱怨、嘲笑她的吝啬。女王迫于国库空虚,以至于大臣们经常不能按期如数领取薪俸,便赐给他们各种专卖权,让他们凭此与国民争利,转嫁财政危机。专卖范围从糖、盐等日用品直至经营对外贸易,严重干扰、侵犯了国民正常的生产与经营活动。因此,自16世纪70年代起,下院即开始批评一些专卖人的非法勒索,到16世纪80年代,攻击的矛头则直指女王本人,斗争非常激烈,议员们在议会指出专卖权"将全体人民的利益送给私人,最后将是人民沦为乞丐"。他们还指责专卖公司是"国家的吸血鬼",认为"如果我们让这些吸血鬼逍遥法外……我们辛勤劳动所得的一切,都会因为最高权力签发的一张特许状而被剥夺殆尽"。[②]

对王室特权的有力限制,经济方面乡绅受益最大,因为他们同一部分富裕农民与市民既是主要的生产经营者,也是最重要的纳税人。当然,作为生产者,他们也是限制领主特权的最大受益人。乡绅的兴起伴随雇工阶级的出现,并与贵族衰落形成鲜明对照。据斯通统计,1561年至1640年,英格兰7个郡的乡绅拥有的庄园数量增加了17.8%,而乡绅的人数则增加2倍;与此同时,他们的收入几乎增长4倍。[③] 出身于自由平民的乡绅,被称为农村的"脊梁"。克里德特指出,"乡绅显

① [法]P.芒图:《十八世纪的工业革命》,杨人楩、陈希秦、吴绪译,商务印书馆1983年版,第34页。

② 参见赵文洪:《中世纪英国议会与私有财产神圣不可侵犯原则的起源》,载《世界历史》1998年第1期。

③ See L. Stone, *The Causes of English Revolution*, London, 1979, p. 72.

然兴旺起来，他们和约曼一起成为现代农业的发起人”。[①] 在荷兰也是如此，乡绅农场主（gentlemen farmers）通过经营农牧业发迹，而“荷兰资本主义是从土地中成长起来的”。[②] 在政治领域，乡绅也成长为一支不可忽视的力量，尼尔称这个阶层为“中间等级”，并说“从这个阶级中都铎诸王选拔出他们最好的官吏”。[③] 在财政部、枢密院等政府机构中，乡绅正在分享贵族的权力。在议会中也是如此，16世纪议会已是具有权威的立法机构，在日益强劲的下院400多个席位中，乡绅占据绝对多数，造成乡绅“侵占”议会的局面。[④] 至于地方上的行政管理，几乎完全被乡绅把持。

约曼一类的富裕农民，是仅次于乡绅的一个迅速壮大的阶层。约曼最初指具有自由身份并有资格履行荣誉服役的年轻人。但后来“约曼”一词变成了一个经济概念，用以指任何殷实富裕的农民。在许多情况下，约曼和乡绅是不大区分的，16世纪的牧师兼历史学家富勒在一首诗中说得好：“一个杰出的约曼，就是一位款步而至的乡绅。”一名法国见证人把英国农场主描写为“享有人生一切舒适”，是“地道的体面人”。“虽然亲手扶犁，但他们的农庄与住宅不比城市的资产者逊色”；他的帮工“动身去犁地前先要喝茶”。又说“这个乡下人冬天穿礼服，他的妻女穿戴俏丽，简直可被当作我们传奇故事中的牧羊女”。在荷兰，称上层农民为“富翁”。他们对农作物尤其对蔬菜已实行农场式的精耕细作，收获后在阿姆斯特丹等城市出售。布罗代尔描述道，“乡村富翁在各地均可遇见，他们一身穿黑，不加大衣，但他们的妻子则佩戴银首饰和金戒指”。[⑤]

乡绅—农场主阶级很快就与本来就有着千丝万缕联系的城市市民的上层结为一体，事实上融为一个阶级即资产阶级的前身。这样，最先在英国和荷兰，继而在西欧大部分地区，传统的社会结构发生了深刻的变化。以往，人们进入社会上层，依凭的是政治身份与特权，而且必须从事政治和军事活动，但到16世纪前后情况就大不一样了。尽管传统的封建等级以及沿着等级擢升的方式依然存在，但包括贵族制度在内的身份等级制度已不那么显赫，另外，出现了非特权身份的普通人以实业求发展的道路。无论从事农业还是手工业的商品生产与交换，也就是

---

① P. Kriedte, *Peasants*, *Landlords and Marchant Capitalists*, Cambridge, 1983, p. 56.

② ［法］费尔南·布罗代尔：《15至18世纪的物质文明、经济和资本主义》，生活·读书·新知三联书店1996年版，第190页。

③ J. E. Eeale, *Queen Elizabeth*, London, 1934, p. 62.

④ See S. T. Bindoft, *The House of Commons* 1509 – 1588, London, 1982, p. 140.

⑤ ［法］费尔南·布罗代尔：《15至18世纪的物质文明、经济和资本主义》，顾良、施康强译，生活·读书·新知三联书店1996年版，第190、651～652页。

无论务农、从工还是经商,同样使人发达与荣耀,可以和贵族一样体面,一些人甚至比贵族还富有,他们同样可以送子弟进牛津、剑桥读书,从中同样可以产生像培根那样的著名国务活动家。

如果说,在主要以权力支配一切的传统社会中,社会分流只凭身份和政治这样的唯一途径,因而可称为"单轨社会"的话,①那么,这一时期至少出现了身份与实业、政治与经济这样双轨并存而且后者越来越强劲的趋向。这样,在中世纪晚期和近代早期,西欧不仅改变了传统的两极社会结构,出现了使整个社会重心下移的中产阶级;而且在政治与社会关系中也打破了主要依靠身份与特权进行统治的单一局面。西欧中世纪虽然有过王权、教权、诸侯权,以及村社共同体等多种社会力量共存,并有一定程度的相互制约,然而诸种权力在一点上是相同的,即无一不是以身份特权为特征;但这一时期在西欧,也是在人类历史上,第一次出现了以契约关系为依托、以新的生产方式为基础而争得政治发言权的社会集团。西欧的法律传统在漫长的中世纪无疑推动了这样的转变,而新兴社会集团的形成与壮大又反过来进一步发展了西欧的法治与法制,并成为现代西方民主政治的基础。历史正在掀开新的一页。经济支配力不断削弱并替代政治支配力,最终,契约关系、金钱货币关系完全替代了身份政治关系。不过,这已不是过渡时期的社会特征,而是资本主义正式确立后的事情了。

---

① 关于"单轨社会"概念的提出及其有关论述,参见侯建新:《现代化第一基石——农民个人力量与中世纪晚期社会变迁》,天津社会科学出版社1991年版,第377~384页。

论中世纪的“灰脚法庭”

赵立行

无论在有关中世纪的法律著作还是经济史著作中，都经常提到“灰脚法庭”（Court of Piepowder）。灰脚（Piepowder）有时候也直接写成Dusty-foot，翻译成中文就是“沾满灰尘的脚”，或者“泥腿子”。当时所说的泥腿子并不是指在田间劳作的农民，而是指长途奔波进行地区间贸易的商人们，因此，“灰脚法庭”也就是商人们的法庭，或者说专门处理商人间纠纷的法庭。此类法庭最早大致出现于9～10世纪，其中在12～13世纪最为兴盛。针对这一法庭，国内学术界似乎并没有多少论述，而西方学术界对它的具体情况也往往语焉不详，并在某些问题上争议颇大。有的学者如塔克曼（Leon E. Trakman）极力称赞这种法庭，认为它是现代商业法和仲裁法庭的前身。但有的学者却不以为然，萨克（Stephen E. Sachs）则认为“灰脚法庭”与同时期的王室法庭和庄园法庭没有什么区别。有的学者认为“灰脚法庭”所采用的法律是国际普遍认可的法律，有的学者则认为不同地区的法律带有强烈的地方性。笔者通过所接触的有关材料和论述，试图勾勒出比较清晰的“灰脚法庭”的轮廓。

一

要了解“灰脚法庭”，首先我们要了解有关“灰脚法庭”的概念以及“灰脚法庭”之所以兴起的社会环境。现在我们一般称“灰脚”的词为Piepowder，其实这个词是现代人基于所熟悉的词汇而重新拼写出来的,不同的时期有不同的拼法。16 世纪拼成 Pipoulder,15 世纪拼成 Pepowder,14 世纪则拼成 Pipoudre。最初,这一词用来指称旅行者和流民“充满灰尘的脚”,即使在现代法国,Pied-poudreux 还有时用来指称四处游走的乞丐。后来,这一词则专门用于那些四处游走进行长距离贸易的商人。由于“灰脚”是商人们的代称,因此,“灰脚法庭”并不是确切的法庭名称,而是对专门处理商人纠纷法庭的形象化称呼,泛指所有以处理商人间纠纷和商业事务为主的法庭。当时人们之所以喜欢选择用这样一个名称来称呼,一方面是因为“经常光顾此类法庭的是满脚灰尘的商人,他们从一个市场转向另一个市场”。① 另一方面是说其处理市集或市场中契约和伤害事宜速度之快,以至于灰尘还没有从脚上掉下来。②

这样的法庭主要集中在商业交易比较集中的地点,包括市集、城镇市场和一些商业中心,因此“灰脚法庭”主要是指市集法庭、城镇的市长法庭、市政官法庭、市场民事法庭、海事法庭等。不管这些法庭名字如何,但有一点是共同的,就是都围绕商人间的纠纷和商业事务。在英国,“灰脚法庭”是在市集或市场期间由市镇组织的特殊法庭。这些法庭具有无限的司法权,处理市场中所发生事件中的个人行为,包括商人之间的争端、盗贼和暴力行为。格罗斯描述说,“灰脚法庭”尤其审理作为团队前来的外来人和行商的案件,其司法主要包括有关债务、契约和非法侵入等。③ 在著名的香槟市集,借助它的司法系统,“商人们不仅受到保护免遭强盗和掠夺者的侵害,而且受到保护,防止相互之间的危害”。④ 在某些城镇,“市长法庭审判有关不动产和个人行为案件,刑事和民事案件,包括非法入侵、债务、袭击、偷盗、财产和继承纠纷”。⑤ 在“灰脚法庭”所处理的事务中,最为常见的是关于契约和债务的纠纷。

尽管这样的法庭存在了很长的时间,但是并没有很多详细的资料流传下来。关于行商法庭的最重要的资料是 14 世纪有关商人法(Lex Mercatoria)的论文及圣艾夫斯(St. Ives)和莱斯特(Leicester)的市集法庭卷宗。由于资料缺乏,关于法庭的基本形态和构成并不是非常清晰。一般来说,“灰脚法庭”是在市场和市集

---

① Charles Gross, *The Court of Piepowder*, The Quarterly Journal of Economics, 20.2 (1906), p.231.

② See Francis M. Burdick, *What is the Law Merchant*, Columbia Law Review, 2.7(1902), p.472.

③ See Charles Gross, *The Court of Piepowder*, p.241.

④ Joseph & Frances Gies, *Life in a Medieval City*, Harper Perennial, 1981, p.213.

⑤ Maryanne Kowaleski, *Local Markets and Regional Trade in Medieval Exeterk*, Cambridge University Press, 1995, p.337.

开办期间召开,但有时候为了处理旅行商人和外来人的事情,也会在市集和市场日之外开庭。“灰脚法庭”每天开庭的次数似乎并不是完全固定的,有些地方,每天要进行两次开庭,一次在早晨,一次在下午。在温彻斯特,“灰脚法庭”的召开是经常性的,但并不规则,可以根据需要在任何时候召开。① 在埃克塞特,市长法庭通常每个星期一在市政厅举行,是三个城镇法庭中最忙和最重要的。② 负责维持法庭运行的人员根据“灰脚法庭”的性质不同而不同,总体来说开办和管理“灰脚法庭”的人员包括自治市的市长、镇长、市集开办人或管理人、贵族的管家等。维持法庭的普通人员有干事和警卫等。其中一个市集法庭雇用警卫的数量多少往往反映一个市集的实力大小。在香巴尼(香槟)市集,“1311 年,其警卫数目不少于 140 人,尽管巴黎的沙特莱当时的警卫还不到 150 个。在沙特莱有 60 个文书,而在香巴尼集市上就有 40 个。”③所以,香槟市集在当时影响甚大。在“灰脚法庭”中,并不是完全由法官独立决定案件的结果,而是广泛实行陪审制度,所以一个法庭当中,陪审员是必不可少的。有的地方陪审员都是商人,但很多地方,比如在圣艾夫斯,陪审员则包括商人和邻居们,在布里斯托(Bristol)则包括所有在该城镇中拥有土地或居住在那里的人。法庭所处理的事情当然主要是有关商人的事情,但有的法庭除有关土地的诉讼外,也可以接受任何方面的申诉,只是不能接受特别严重的犯罪案件,因为这是王室法庭的特权。但在切斯特(Chester)市集,除死刑之外,可以进行其他重罪的审判。这说明,当时“灰脚法庭”的审理范围也不是完全固定的。在“灰脚法庭”的程序中,举证责任在原告一方。市集为了对犯罪行为进行惩罚,往往也备有枷锁和运囚车等。

“灰脚法庭”是在当时已经存在王室法庭、地方法庭等法律机构的基础上出现的,而且它们在地域、权限和处理问题的范围方面同后者均有一定程度的交叉。那么,为什么会出现这样的法庭?为什么这样一种实质上削弱已有法庭权力的法庭形式能够得到国王和上层的认可和赞同,同时也为下层所普遍接受呢?

从根本上讲,这与 10 世纪以来西欧社会的经济转型有关。在这之前,西欧中世纪是以庄园为主体的乡村经济,生产落后,商业极不发达。但是 10 世纪以后,西欧开始出现商业和城市的复兴,原来已经荒芜的城市现在恢复了其工商业的职能,在重要的商路上兴起了许多新兴城市。除城市之外,原来残存的市集形态也

---

① J. S. Furley, *Merchant's Court at Winchester*, The English Historical Review, 35. 137 (Jan., 1920), p. 100.

② Maryanne Kowaleski, *Local Markets and Regional Trade in Medieval Exeterk*, p. 337.

③ 波斯坦等主编:《剑桥欧洲经济史》(第 3 卷),王春法等译,经济科学出版社 2002 年版,第 108 页。

开始活跃起来,在欧洲各地纷纷出现了许多市集。11 世纪和 12 世纪是特许市集广泛建立的时期。例如,1030 年,神圣罗马皇帝康拉德颁布命令,授予马尼戈尔德在多瑙沃特(Donauworth)星期六举办市场的权利,同时授予他在同样的地方每年举办 3 天的市集权利。德国的皇帝弗里德里克为了照顾海路和陆路来的商人,通过文告批准设立了四个市集,杜伊斯堡的一个市集在圣巴塞洛缪节开始,将持续 14 天;另一个在四旬斋节举行并持续整个节日。亚琛的一个市集在四旬节开始举行,将持续 14 天,另一个在圣米切尔节开始,同样也持续 14 天。1110 年亨利一世国王授予拉姆齐修道院市集的权利。①

城市和市集逐步取代乡村庄园而成为财富的聚居地,代表着新型的经济力量,一个地区城市和市集活跃的程度反映该地区经济实力的大小,能够吸引更多的商人前来自己的市集就意味着财富的增加。因此,尽管外来商人前来会带来一定程度的秩序混乱,也会使本土商人面临竞争,但是,"他们受到国王的欢迎,后者可以从他们身上抽取较高的税收,他们也受到上层富人的欢迎,富人也愿意与外国商人直接交易,这样可以节省费用,否则这些费用会落入英国中间人的腰包。"②由于商人前来可以增加财政,可以通过税收、通行费和雇佣等增加收入,所以地方统治者所首先考虑的是如何鼓励和保护前来交易的商人,而不是对其进行限制。专门针对商人的"灰脚法庭"的建立,正是这一政策和思想的反映。正如塔克曼所说:"地方商业法庭的建立,不是为了阻止商业,而是为了鼓励外来商人们带着商品来到自己的王国。"③

当时,国王授权建立市集的时候,一般都明确规定了市集拥有司法权力,而这也正是"灰脚法庭"建立的权力基础。当时的国王们之所以主动下放审判的权力,主要是因为原有的法庭和法律体系是封建法的构成部分,在城市和商业迅速发展的新形势下,无论其法律内容还是法律程序都不能适应现实的需要。随着自由度的增加和商业的成长,城镇的事务变得越来越复杂,原来的传统法庭难以作出决定,迫切需要新型法庭的出现,否则就难以实现正义,从而挫伤商人的积极性。"英国普通法的条例中很少有有关商人或船只的条例,英国的普通法确实要将这些案件交给另外的法律,即商人法,后者是诸国法律的分支。"④同时,由于市

---

① 参见赵立行:《商人阶层的形成与西欧社会转型》,中国社会科学出版社 2004 年版,第 177 页。

② R. P. Akehurst & Stephanie CainVan D'elden, Editors, *The Stranger in Medieval Society*, University of Minnesota Press, 1997, p. 52.

③ Leon E. Trakman, *The Law Merchant: The Evolution of Commercial Law*, Fred B. Rothman& Co. Littleton, Colorado, 1983, p. 9.

④ Francis M. Burdick, *What Is the Law Merchant*, p. 478.

场和市集在当时都是在一定的时限内举办的,因此它要求在有限的时间内快速解决商人之间的纠纷,而原有法庭冗长的程序等也不能很好地适应商人们的需要。也正是在这样的基础上,某种专门针对商人的法律和审判制度渐渐明晰。英国爱德华一世在1303年颁布了《商人宪章》(*Carta Mercatoria*),在该宪章中国王给予外国商人很多特权,其中国王规定:所有市集、城市和市场城镇的行政官和管理者,都要对前来申诉的商人实行快速司法。爱德华三世在1353年颁布了《重要商品条例》(*Statute of the Staple*),其中也提到前来贸易中心城镇的商人都应该受到商人法的约束,而不是受普通法或者城镇习惯的约束。① 另外,商人们之所以愿意到"灰脚法庭"去申诉自己的问题,除快速之外,还在于这样的法庭有维护商人利益的强烈意愿。约瑟夫和吉斯在描绘特鲁瓦市集法庭时说:"法庭采取有力的措施保证债务可以清偿。债务人和诈骗者可以一直被追踪到远离特鲁瓦的地方,如果在其他的市集露面,几乎没有逃脱的机会。不仅如此,在法兰德斯和北法的任何城市他都会遭到逮捕,即使是意大利人,在自己的家乡也不得安宁,因为市集管理者威胁说,如果当地的市民不会帮助将他绳之以法,就会对该城的其他市民实施报复。"②因此,我们可以总结说,"灰脚法庭"的建立出于市场和市集开始兴盛的社会现实,出于地方国王和统治者吸引商人和增加财富的愿望,也是出于对传统封建法和法庭相对滞后的一种补充。

二

既然"灰脚法庭"是一种以商人和商业事务为中心的法庭,而且以保护和鼓励商人为宗旨,那么"灰脚法庭"审判时所依据的法律,一定与原来的封建法有所不同。那么这种法律是一种什么样的法律呢?另外,"灰脚法庭"的权力基础又是什么呢?

大多数学者都认可"灰脚法庭"所依据的法律是"商人法"(law merchant)。但是针对商人法的内容和形态,却有各种不同的说法。有的学者认为,随着商业发展需要以及海运的发展,在12世纪、13世纪发明了商业法并获得了支配地位;有的学者则认为商人法归根结底只是一些商人间的惯例,在"灰脚法庭"中人们只是将习惯和事实呈交给法官,而并没有什么具体的法律指导,案例也很少能够形成特定的规则,也没有建立起任何商人法体系;有的学者认为,当时的商业法是

---

① See Stephen E. Sachs, *From St. Ives to Cyberspace: The Modern Distortion of the Medieval "Law Merchant"*, American University International Law Review, Vol. 21, Issue 5 (2006), p. 781 – 782.

② Joseph & Frances Gies, *Life in a Medieval City*, p. 213.

一种全世界商人都一致认同的法律体系,但也有的学者否认这种看法,认为当时根本不存在一种各地统一的法律体系。这些争论表明,尽管广泛流传着"商人法"这样的称呼,也存在一些称为"商人法"的条例和法令,但是其实并没有明确清晰的"商人法"文本,"灰脚法庭"时期的商人法还处于萌芽时期,还没有形成完善的独立法律体系,其法律来源还有着多重的特征。但不可否认,法律方面的变化已经发生,不成熟的"商人法"背后标志着法律在新形势下的调整和适应。

首先,"灰脚法庭"在审理案件时,把商人间的交易习惯摆到相当重要的位置,同时商人也在法庭审理过程中成为重要的参与者和裁决者。商人们的交易习惯之所以能够成为重要的法律基础,是因为在当时普通法还非常缺乏有关商业条例的情况下,只有商人之间的惯例才具有某种共通性,才能够为来自不同地区的商人所理解,最终达成当事人双方都能够满意的解决方案。因此,商人法最主要反映的是商业惯例,而商业惯例的共通性和一致性也是学者特别推崇和津津乐道的。塞耶尔(Thayer)写道:"中世纪商业法的独特性是它的世界性特征,基于共同的起源,忠实地反映了商人们的习惯。"吉拉德·马立尼斯(Gerard Malynes)在他的著名的《商人法导引》中说:"我按照古代的名字 *Lex Mercatoria* 命名这本书而不使用 *Jus Mercatorum*,是因为它是为所有王国的权威都赞同的习惯法律,而不是某一君主所确立的法律。"①因此,商人法并不是某一权威所制定的法典,而是基于普通习惯而演化来的。它最初是一些商人自己制定管理交易的条例和原则,其中包括欧洲商人和贸易商所熟悉的习惯,每个地区有细微的差别。但它必须是从商业实践中演化而来,反映商人的需要,使诉诸它的商人们能够理解和接受。"灰脚法庭"对商人交易习惯的注重也表现在商人对法庭的实际参与中。在"灰脚法庭"的审理过程中,参与陪审的大多是商人,他们决定着案件的结果。这些商人有丰富的商业经验,能够更好地评价商业事务和商业习惯。能够察觉不断变动的商业动态和需要,作出符合商业现实的决定。商人们不仅参与陪审,甚至也出现了商人法官,商人甚至成为职业的司法官。正是由于商业交易惯例和商人本身在"灰脚法庭"中起着非常重要的作用,所以有的学者甚至归纳说"灰脚法庭"是商人们自发组成的,审判是由商人们自动进行的。

尽管商人和商人的习惯在商业法和"灰脚法庭"中占有重要地位,但是我们不能过分夸大商人的独立和自主性,以及商业习惯所倡导精神的新颖和独特。其实归根到底,商人法和"灰脚法庭"还没有摆脱原有的法律和政治框架,并没有达到自主和自发的地步,它所倡导的精神也并没有彻底摆脱中世纪以来人们的惯有

---

① Leon E. Trakman, *The Law Merchant: The Evolution of Commercial Law*, p. 8.

思维。

明显的是，既然“灰脚法庭”所依据的是商人们的交易习惯，那么这种习惯就不是最新发明的，而是在长期商业实践过程中约定俗成的。当商人阶层开始在不同的城市中心发展时，地方性商业惯例也开始发展。人们不是发明了新的交易习惯，而是在国际贸易中渐渐消除了相互冲突的地方性交易习惯，而保留了证明为最有效促进商业的惯例。不同地区的人都认可某种习惯，那么这种习惯所代表的精神一定是某种能够容纳各地区差异的笼统原则。实质上，商业法所体现的无非是大家都认同的平等、公平和正义原则，而这也是中世纪长期流传的观念，比如我们经常听到的“公平价格”“正义之战”。按照萨克的分析，“法庭运作所依赖的实质性发展在很大程度上是总体的公平原则，也就是诺言一定要遵守；债务必须偿还；非法占有一定要受到惩罚。这些都是习惯所确认的。”①

当强调“灰脚法庭”的自主和自发性时，我们不应忘记它实质上是在多重权威的笼罩之下的。商人阶层和商业习惯在“灰脚法庭”中发挥着重要作用，但并不能就此说法庭完全是商人独立自主的，商业法完全是由商人独创的。首先，市场和市集的管理者并不是商人，自治城镇中有市长、镇长、行政官等，他们才是市场的管理者和法庭权力的拥有者。市集的管理者成分更加复杂，有伯爵、贵族、主教、修道院长等各种身份，他们才是管理市集和开办市集法庭的人。萨克在论述圣埃夫斯市集时充分评价了市集拥有者修道院长的主导地位。他认为，正是修道院长得到了皇家授权，拥有了市集的权利，特许状的条例中包含了在市集中征收税收和举办法庭的权利。市集法庭中的主要人员，包括干事、法警和办事员等都是修道院长和他的代表所任命的，法庭也是在修道院长的办公地点举办的，市集法庭中的罚款也是进入修道院长的金库的。是修道院长的人负责收集法庭的费用，要求当事人出庭，扣押未出席被告的财物，并负责把犯法者投入监狱等。也正是基于此，萨克总结说，“市集法庭是一个已经存在的政治框架的一部分，而不是独立的商人领导的法律秩序。”②再往上推，整个市集开办的特许法令是来自国王的，如果没有国王的特许，市集不可能随意开办。国王之所以给市集相对的法律自由，让商人的交易习惯主导法庭，是因为这样能够保证交易的顺利进行，鼓励商人前来，从中获得利益。但是，如果市集法庭在执行过程中出现差错，国王也并不

① Stephen E. Sachs, *From St. Ives to Cyberspace: The Modern Distiortion of the Medieval "Law Merchant"*, p. 729.

② Stephen E. Sachs, *From St. Ives to Cyberspace: The Modern Distiortion of the Medieval "Law Merchant"*, p. 698.

会视而不见。“尽管存在着地方法庭来聆听商人的诉讼,但是国王保留着某些对市集和市场的审判权。修道院长通过王室的授权而拥有市集法庭,但是如果决定出错,皇家法庭有能力聆听上诉并做出适当的修正。”①因此,“灰脚法庭”并不是自动建立,摆脱了以国王为代表的政府的管辖,而是相反,是国王自上而下给予它一定的自由。在维持市集和保证“灰脚法庭”顺利运转方面,不能忽视上层管理者的影响。国王或者市集管理者所颁布的许多有关商人和商业的条例、居民的习惯,起诉人的公正意识其实都参与进了一个有机的、起作用的法律,构成了商业法内容的一部分。

其次,“灰脚法庭”和商业法尽管不同于传统法庭和封建法,但是,两者也并非格格不入。它们的不同更多地表现在所审判对象和案件性质方面的不同,而在审判程序和法律实践方面则既有区别又有联系,甚至有一定的交叉性。例如,“灰脚法庭”中商人经常参与法庭审判的事务,充当陪审员等,其实在当时的庄园法庭和传统的地方法庭中,普通人也会参与。在庄园法庭召开的时候,不但法庭的管理者参与法庭,甚至农奴也参与其中。莱奥纳德指出,参与庄园法庭的“有些是自由人,有些是农奴,但他们都在英国的法庭中充当‘起诉人’的角色”。② 再如,“灰脚法庭”中并不注重书面证据和严格的契约,而是注重口头证人,其实这也是当时所有其他类型法庭的共同特征,只不过在执行的程度上有所不同。因此,“灰脚法庭”和当时的其他法庭在某些程序上有类似性,说明“灰脚法庭”一定也借鉴了当时传统法庭的内容。更为重要的是,“灰脚法庭”同其他法庭之间也并不是界限分明的,甚至可以互通的。前来市集法庭的当然大部分是商人,但是法庭并不限于商人前来,前来的也有僧侣、骑士、市民、面包工人、马车夫、仆人等。就连商人阶层也并不是一个特别清楚的等级,在当时,所有在市集中进行交易的人都可以笼统地称为商人。同时,关于商人和商业的纠纷并不是“灰脚法庭”的专属权利,其他法庭也可以接受此类案件。通常的做法是,商人们可以选择他们要在哪个法庭接受审判。一则故事说,伦敦一位经营丝绸的妇女,向市长法庭控告卢卡的商人萨杜克,说后者囤积丝绸造成了价格上涨,而且还用自己的私秤称重,这违背了城市的法令。由于法庭对此案件进行了拖延,于是那位妇女向国王申诉。最终萨杜克因走私、囤积和出口金银等而被审判。这说明,大部分有关商人的案件都在

---

① Stephen E. Sachs, *From St. Ives to Cyberspace: The Modern Distiortion of the Medieval "Law Merchant"*, p. 727.

② Reynolds Robert Leonard, *Europe Emerges*, Modison, The University of Wilsconsin Press, 1961, p. 154.

"灰脚法庭"解决,但并不排除同类的案件也可以申诉到其他法庭。[①] 因此,"灰脚法庭"所依据的商人法以商人的习惯为基础,但是也吸收了当时社会通行的一些习惯;"灰脚法庭"具备了相当的自由度,但是也受到多重权利的制约;"灰脚法庭"不同于当时的其他法庭,但又与其他法庭有某种共通性。

三

在了解了"灰脚法庭"的基本程序以及其法律和权力基础后,我们可以尝试总结"灰脚法庭"所具备的特点,这些特点既是它之所以能够立足的根本,也包含着它最终走向衰落的原因。"灰脚法庭"最典型、最明显的特点是它的快速和便利,这是区别于其他法庭的主要方面,也是学者观点最为一致的内容。威廉·布莱克斯通(William blackstone)在他的《英国法律评论》中说:这些法庭是"已知英国法庭中最低级,同时也是最快速的"。[②] "灰脚法庭"之所以把快速和便利作为自己的目标,当然是出于商人和商业交易的现实需要,同时也是因为普通法的法庭和地方法院等不能满足商人的要求。商人法是商人们之间的习惯和惯例,也可以通过地方法院来执行,但是,商人们需要快速解决他们之间的争端,有时要在一小时之内,花费要少而且要用最有效的方法。但是公共法院并不能提供这些,因为在法院面前接受审判会耽误他们的生意,这意味着要损失钱财。而商人法则提供了快速和有效的司法审判。波迪克说:"商人是行动的人,英国普通法法官沉思默想的习惯不能很好地适应他们的需要。他们要求的不仅是正义,还有速度。"[③] "灰脚法庭"的运作正是基于这样的信念:那些带着满身灰尘的人以及那些必须在前往下一个市场之前获得债务的人,必须获得快速的审判,他的诉讼必须在一天内获得结果。为了能够达到快速审判的效果,必须大大简化审判的程序,通过某种制度实行不拘小节的条例,判决的程序也要直截了当而不拘泥于形式,甚至采用一些非正式的程序和相对自由宽松的条例。例如在陈述和提供证据方面,"灰脚法庭"更强调口头辩论而不是复杂的书面证据,强调商业方面的常识要强于审判的程序,以便当事人能迅速陈述、恰当评价事实并及时判决。按照普通法的通常做法,法庭允许被告通过宣誓方式,或者找 11 个邻居共同宣誓来否认债

---

① See R. P. Akehurst and Stephanie Cain Van D'elden, Editors, *The Stranger in Medieval Sciety*, p. 54.

② Blackstone, William, *Commentaries on Law of England*, Facsimile Edition With Introductions by Stanley N. katz, University of Chicago, 1979, p. 32.

③ Francis M. Burdick, *What is the Law Merchant*, p. 472.

务,但是按照商人法,只要原告有账目,或者找两三个证人证明,债务便成立。为了快速处理债务,商人们也发明了“记录债务”(writing obligatory),通过该方法,债权人可以自由转让别人欠自己的债务。另外,商人法也加强了当事人自治的概念。不管商人法的规则如何,当事人总能够选择是否将案件提交法庭,提交什么样的证据以及采用什么样的法律。同时,为避免不必要的诉讼、迟延,以及对商业的其他干扰,上诉不予准许。“灰脚法庭”的快速性适应了当时商人们游走的特征,也适应了市集和市场具有时限性的特点。通过“灰脚法庭”的快速性审判,保证了一个市集的顺利结束和其他地方市集的顺利开展。

“灰脚法庭”的第二个特点是它的暂时性。尽管“灰脚法庭”的出现依托于商业复兴和发展的事实,而且得到以国王为代表的上层的鼓励,但是“灰脚法庭”得以立足的一切都带有临时性的特征。这些特征一方面保证了它在一定程度上有非凡的自由度;另一方面也预示了它的非恒定性。首先,从政治层面讲,“灰脚法庭”建立和兴盛的时候,中世纪欧洲还没有真正建立民族国家,权力仍然处于分散状态,一个市集、一个城镇虽然名义上属于某个国王,但是实质上有相当的独立性,所以处于城镇和市集的法庭能够相对独立地行使权力。但是如果民族国家真正形成,地方权力完全归属国王,它的独立性就会大打折扣。其次,从法律层面讲,“灰脚法庭”形成的时候,正好是在完整意义上的商业法尚未建立,而封建法尚不足以管理商业事务的时候,所以它的存在正好弥补了这方面的不足。中世纪后期,西欧社会处于转型和过渡时期,出现了许多超出封建法管辖之外的新生事物,如城镇、市集、商业和商人等。这些新生事物对加强王权,增加地区的财富具有非常重要意义。因此,本着鼓励这些新生事物发展的宗旨,在封建法范围狭窄,无法管理甚至同新生事物矛盾的情况下,当时普遍建立了一种临时特许制度。自治城市是通过特许状来维持的,通过特许,城市获得了不受封建法约束的地域自由,获得了自我管理的权利。市集也是通过特许状来维持的,地方贵族、主教等通过国王的特许而获得了开办市集和管理市集的权利。因此,处于城镇和市集中的“灰脚法庭”也是在特许状态下运行的。这种特许权利保证了城镇、市集和“灰脚法庭”充分的自由,但是也限定了这种自由得以发挥的范围和空间。随着王权加强,国家层面法律的完善,特许权利的消失,“灰脚法庭”也便失去了独立的空间。同时,“灰脚法庭”所依托的市场和市集本身就具有临时性的特点,因为一个地方的市集和市场并不是常年开放的,而是一周或半月等规定的时间内进行的,所以“灰脚法庭”主要是在有限的市集开放期间开庭,无法成为恒定的常设机构。再次,从商业层面讲,“灰脚法庭”发展的时期还是维持着长距离贸易和垄断性贸易的格局,尚未形成以国家为主体的地区性贸易,每个国家和地区的本土商人尚未受到重视,反而携带物品前来交易的外来商人地位非常高,在英国一些地区甚至专门有外国商人的自治区,为此也经常会引起当地商人的抱怨。所以,"灰脚法庭"也是基于吸引外来商人的现实而建立的。但是,等到本土商人慢慢受到重视,外来商人被视为竞争者受到限制,"灰脚法庭"的功能也就会慢慢减弱。因此,我们看到,"灰脚法庭"的自由其实是建立在临时和脆弱的基础上的,这些条件一旦失去,它也就失去了存在的依据。事实也确实如此。塔克曼在谈到商人法和"灰脚法庭"衰落的时候说:"在后中世纪时代,商人法作为一种不断变动的法律体系并不足以应对社会经济方面对其基础的冲击。跨地域贸易越来越复杂导致规定商人的法律不断增加。随着民族国家的不断出现,文化差异也越来越明显,因此进一步削弱了商人法的一致性。地方国王的集权迫使商人法庭屈从于中央法律体系、屈从于国王和地方的法律体系。结果商人法作为一种法律体系,其一致性和连贯性出现了问题。"①

"灰脚法庭"的第三个特点是它的地域性。尽管学者一致强调"灰脚法庭"所实行法律的一致性和共通性,但是这只是就商人们在交易过程中公认的互惠、守信用、公平和公正等原则而言,并不必然代表每一个"灰脚法庭"的审判具有跨地域的效力。说到底,每一个"灰脚法庭"都是建立在特定的地域上的,它主要对该地域发生的纠纷有法律权力。尽管材料中也提到,一地的"灰脚法庭"也可以审判发生在别处的商业纠纷,但是一定是当事人恰好来到了该市集并向该地的"灰脚法庭"提出了诉讼。萨克通过考察圣埃夫斯的卷宗得出结论说,尽管圣埃夫斯法庭愿意对发生于外部城市和市集中的争端作出判决,但它不承认那些地区的法庭享有特定的跨国家的司法。相应地,圣埃夫斯的起诉者也不能指望他们的决定可以在英国其他的团体中承认为具有约束力的判例,更不应说在整个欧洲。② 因此,除非在自愿的情况下,一地"灰脚法庭"的审判并不能对其他市集的法庭产生效力。塔克曼尽管极力推崇商人法的国际性和一致性,但是他也不得不承认,甚至在商业法时代的最高潮时期,商人法庭也在程序、规则和态度方面出现了不同。商人们之间不一致的习惯以及他们之间价值的冲突,导致了商人法庭法律规则和态度的分化。同时,地方性的商人法庭在对待外国人方面并不总是不偏不倚的。作为在外国司法中受到歧视的报复,意大利城市中的商业条例规定外国人不能接

---

① Leon E. Trakman, *The Law Merchant: The Evolution of Commercial Law*, p. 21.

② See Stephen E. Sachs, *From St. Ives to Cyberspace: The Modern Distortion of the Medieval "Law Merchant"*, p. 768.

受好于意大利人在外国所享有的法律。[①] 也正因如此,"灰脚法庭"在执行力方面并不如想象的那样大。我们注意到当时有这样的做法,如果一个商人犯了法而不履行法律义务,则会造成市集商人对此人的联合抵制;或者,"如果违约者所在城镇的司法权力部门不迫使他们履行债务时,会将驱逐惩罚延及违约者的同胞"。[②] 这种惩罚表面上看非常严厉,但也从另一个角度说明一个法庭对当事人的法律约束不够,只能通过驱逐或株连的方式来威胁,恰好反映了"灰脚法庭"的地域性特点。

"灰脚法庭"的这些特点决定了它在一定时间和范围内的兴盛,但也预示着它最终的衰落。随着西欧民族国家的建立,国家法律体系吸纳了商人法而逐步完善,民族国家本土商人的兴起,以及市场和市集逐步失去其独立和自治地位,"灰脚法庭"不可避免地走向衰落。到了17世纪,这些法庭的权力大部分都移交给正规的法庭体系,尽管个别"灰脚法庭"在名义上存在到了19世纪,但早已失去了其原有的功能。中世纪"灰脚法庭"作为一个整体已经完成了它的历史使命,但是它所崇尚的某些原则和某些具体的实践,还是深刻地影响了如今的国际商法和仲裁制度。

---

① See Leon E. Trakman, *The Law Merchant*: *The Evolution of Commercial Law*, p. 19.

② 波斯坦等主编:《剑桥欧洲经济史》(第3卷),王春法等译,经济科学出版社2002年版,第111页。

中世纪西欧法律视野下的抵抗权和暴君学说

陈太宝

与中国传统社会相比，中世纪西欧并没有发展出东方式皇权专制主义的统治模式。在中世纪西欧的观念中，国王应该在法律下统治。依照这一标准，国王的强权因为缺乏理论支持而被认为非法。虽然在历史现实中，强权国王常常越出法律界限，其行为或多或少带有专断意味，不过“中世纪早期，实际中的专断统治并没有发展成为理论上的专制主义”。[①] 相反，在中世纪西欧法律政治背景下，发展出“抵抗权”和“暴君”理论，这些理论有效地限制了统治者的强权行为。

一、法律观念下的王权统治

法律在中世纪居于举足轻重的地位。萨拜因曾作过这样的描述：“在中世纪人们的心目中，法律却绝不只存在于天上。它更像是一种无边缭绕的大气，从天上一直笼罩到大地，深深嵌入在人际关系的各个方面……”[②]

法律的权威既源于自身的古老性，同时也源于人们的共同认可。在中世纪观念中，古老永恒之物，即公正之

---

① Frits Kern, *Kingship and Law in the Middle Ages*, New York and Evanston: Harper & Row Publishers, 1970, p. 82.

② [美]萨拜因：《政治学说史》（上册），邓正来译，上海人民出版社 2008 年版，第 251 页。

物,而"公正首先是指法律,是与统治者的专横和变化无常的意志截然不同的法律"。① 正是由于习惯法的古法原则,决定了日耳曼法不是由国王制定然后自上而下推行的法律,即它并非纯粹统治者意志的体现,而是源于人们共同的习俗和观念。布拉克顿强调:"法律的威力在于显贵们的商讨和同意,在于整个共同体的认可和国王的权威;当法律得到相关的习惯及国王的誓言的支持时,没有经过在颁布法律时参与商讨和表示赞同的各方的一致同意,是不能改变也不能取消的。"②可见,中世纪的法律从来没有被当作人们的主观意志的表达,它被看作一种只能被发现,而不能被制定的客观规定。③

根据日耳曼政治观念,国家的目的在于维护已存的法律秩序。所以在某种意义上,日耳曼共同体就是一个维持法律和秩序的组织。这是日耳曼文明带给中世纪的古老而且强大的传统。不仅如此,"日耳曼和教会观念一致认为,国家的存在就是为了实现法律;国家权力是手段,法律是目的;国王依靠法律,法律优于国王并以此作为国王存在的基础"。④ 总之,在中世纪,法律第一位,国家第二位。国家仅是将法律付诸实践的工具;它的本性源自法律,法律位居其上。法律先于国家;国家为了通过法律而存在,而不是法律通过国家而存在。⑤

在上述法律政治观念下,国王如果脱离法律将无法有效统治。这是中世纪西欧国王的统治模式。这一模式在中世纪英国尤为突出,国王的加冕宣誓传统鲜明地表达了国王依照法律统治的观念。国王加冕宣誓的重要内容,就是要宣誓维护正义、尊重法律。公平、正义也成为好国王的必备品质。11 世纪的约克大主教伍尔夫斯坦曾概括了基督教国王应具备的七项品质:"敬畏上帝、热爱真理、谦以待人、严惩恶徒、善待滋养穷人、保护教会、在亲疏之间根据公正的法律做出公正的判决。"⑥不难看出,公正对待法律已成为当时社会对国王的期许。亨利一世的宣誓也充分说明了这一点。亨利一世不仅作出了依照法律进行统治的宣誓,而且以

① R. W. Carlyle & A. J. Carlyle, *A History of Medieval Political Theory in the West*, Vol. Ⅵ, Edinburgh and London: William Blackwood & Sons LTD, 1928, p. 506.

② R. W. Carlyle & A. J. Carlyle, *A History of Medieval Political Theory in the West*, Vol. Ⅵ, Edinburgh and London: William Blackwood & Sons LTD, 1928, p. 509.

③ 参见丛日云主编:《西方政治思想史:中世纪卷》,天津人民出版社 2005 年版。

④ Frits Kern, *Kingship & Law in the Middle Ages*, New York and Evanston: Harper & Row Publishers, 1970, p. 70.

⑤ See Frits Kern, *Kingship & Law in the Middle Ages*, New York and Evanston: Harper & Row Publishers, 1970, p. 154 – 155.

⑥ H. R. Loyn, *The Governance of Anglo-Saxon England*, 500 – 1087, London: Edward Arnold, 1985, p. 87.

书面特许状的形式予以公布："我会给教会自由；我不会出卖或出租其财产；在大主教、主教或修道院长死后，在继位者上任之前的空位期不侵占教会或其封臣领地的财产；我禁绝曾使英格兰遭受不公正待遇的罪恶习惯。"①后世学者对此宣誓行为评价不一，但其长期历史价值不可忽视。莱昂认为："不管国王有无执行这些誓言，这是第一次以书面的形式承认国王在法律之下并依照法律统治。"②后世，亨利一世誓词的条款常被作为重要的先例来引用，成为贵族限制王权保护自身权利的重要历史依据。誓词中明确了大量的封建习惯，并为诺曼国王与其直属封臣的关系树立了标准。这些承诺后来成为自由大宪章的重要内容。

当时的学者也在不断宣扬国王依照法律统治的思想。12 世纪的格兰维尔在其著作《论英格兰王国的法律与习惯》的开篇写道："王权不仅当事武备，以镇压反对国王和王国的叛逆和民族，而且宜修法律，以治理臣民及和平之民族……"③与格兰维尔类似，13 世纪的布拉克顿同样认为："为行善治，国王需要两样东西，即武器和法律。"他进而指出，国王的政权恰来源于法律——是法律（lex）使他成为国王（rex），一旦他只用武力统治，他就不再称为国王了。④ 可见，在他们看来，国王权威的基础除了军队和武力，还应该有法律。法律成为王权合法性权威的重要基础。

总之，国王服从法律并根据法律进行统治的观念已成为重要的法律政治理论，并深入中世纪的思想观念之中。1264 年，一名佚名诗人在其诗歌中表达了此种法律观念："法律高于国王的尊严，我们认为法律是光亮，没有光亮人就会误入歧途。如果国王不要法律，他就会误入迷途……依法者存，违法者亡。"⑤从某种意义上讲，中世纪最重要的法律遗产就是形成了这样的法律信仰：法律的真正目的是阻止或至少限制世俗权威或宗教权威任意行使权力。⑥

---

① D. C. Douglas & G. W., Greenaway, ed., *English Historical Documents*, Vol. Ⅱ, New York: Oxford University Press, 1981, p. 433.

② Bryce Lyon, *A Constitutional and Legal History of Medieval England*, New York: WW Norton & Co., 1980, p. 141.

③ [美]哈罗德·J. 伯尔曼：《法律与革命——西方法律传统的形成》，高鸿钧等译，中国大百科全书出版社 1996 年版，第 552 页。

④ 参见[美]哈罗德·J. 伯尔曼：《法律与革命——西方法律传统的形成》，高鸿钧等译，中国大百科全书出版社 1996 年版，第 554 页。

⑤ 沈汉、刘新成：《英国议政治史》，南京大学出版社 1991 年版，第 16 页。

⑥ See Hunt Janin, *Medieval Justice*: *Cases and Laws in France*, *England and Germany*, Jefferson: McFarland & Company, 2004, p. 171.

二、中世纪的“抵抗权”

沿着国王应依照法律进行统治这一逻辑,中世纪西欧催生出“抵抗权”和“暴君”学说就不足为奇了。这是中世纪西欧特有的法律观念和政治模式的产物。从一般意义上讲,对统治者的限制意味着对民众权利的保护。这是中世纪法律的重要内在价值。中世纪西欧的法律至上传统,同样也体现着权利至上的内涵。

对此,侯建新教授引入了“主体权利”(subjective rights)概念。一方面,从“主体权利”的基本内涵来看,“主体权利既包括中世纪的个人权利,又包括某个等级或团体的集体权利,比如村社的权利、行会的权利、市民的权利、封建诸侯的权利等……”主体权利是一种身份权利或等级权利,也是近代个人权利的前身。另一方面,“从 subjective rights 产生的背景上看,中世纪的权利有自下而上的特点,它赋予人们抵制权和反抗权,因此在实际中总是与限制统治者或有产者的权力联系在一起”。[①] 主体权利观念是西方文明之魂,这一观念自 12 世纪起逐渐浸润了西欧社会的整个肌体。[②] 尽管在中世纪前期主体权利观念发展并不充分,却不能忽视它的存在。观念上的要求,随时可因条件的变化转化为实际的权利和权力,原始的权利可以不断向近代权利转化。

抵抗权也属于“主体权利”范畴,是中世纪西欧法律政治传统的构成因素,是制约王权的重要方面。下面便简要考察一下中世纪抵抗权的起源。

首先,中世纪抵抗权根植于日耳曼人的“效忠”观念中。日耳曼因素是中世纪英国法律政治传统的组成要素之一,而抵抗权就包含在日耳曼传统之中。这在塔西佗描述的日耳曼习俗中即有所体现。塔西佗描述了酋帅与侍从之间的效忠关系:“在战场上,酋帅的勇敢不如他人,是他的耻辱;侍从们的勇敢不如酋帅,也是他们的耻辱……酋帅们为胜利而战斗;侍从们则为酋帅而战斗。”但是亲兵对酋帅的效忠关系是有条件的,酋帅需要向亲兵提供战利品作为报酬。对此,塔西佗曾记载:“侍从从慷慨的酋帅那儿可以得到战马和无比锋利的长矛。筵席饮宴是他们唯一的报酬,饮食虽然粗陋,但供设却甚为丰富。这些恩典的财源都是从战争和劫掠中得来的。”[③]亲兵要效忠首领,而首领或国王则回报以丰厚的战利品,比如做工精良的刀剑和铠甲、金银碗杯以及其他各式财宝。亲兵对首领的效忠,体现了一种密切的私人关系式的个人效忠。但这种效忠不是一方对另一方的绝

---

① 侯建新:《社会转型时期的西欧与中国》,高等教育出版社 2005 年版,第 128 ~ 130 页。

② 侯建新:《社会转型时期的西欧与中国》,高等教育出版社 2005 年版,第 299 页。

③ [古罗马]塔西佗:《日尔曼尼亚志》,马雍译,商务印书馆 1997 年版,第 62 页。

对服从,其中首领有供养亲兵的义务。

在塔西佗所描述的这种首领与亲兵的关系中,体现着一种原始的相互的权利与义务关系,具有一定的"原始契约"观念。孟德斯鸠则将这种关系视为中世纪封臣制的起源。[①] 日耳曼蛮族将契约意识注入中世纪社会肌体。虽然"契约"双方的地位和义务是不平等的,但"这些义务却是相互依存的:附庸服从的条件是,领主认真履行契约规定的义务。这种不平等义务的相互依存关系,确实是欧洲附庸制的显著特征"。[②] 虽然领主与附庸的身份和权利不同,二者之间相互忠诚的义务却是平等的,一方违约即可导致整个忠诚契约的解除。可见,日耳曼人的"效忠"(fealty)是有条件的,并不等同于"服从"(obedience)。"在日耳曼观念中,服从的义务不是没有条件的,毋庸置疑,如果受到国王不公正的对待,每位成员都有权反抗和报复。"[③]

这种日耳曼式效忠观念存在于整个中世纪。在盎格鲁—撒克逊时期的英格兰,当时的英雄史诗《贝奥武甫》充满了对效忠关系的描述。《盎格鲁—撒克逊编年史》和比德的《英吉利教会史》中也充满了对亲兵忠诚的赞誉。例如,比德记载,当626年有人刺杀爱德文国王时,"国王最忠实的亲兵利拉见状立即扑向前去(因为身边没有防御器械可以保护国王),用自己的身体挡住了锋利的剑刺"。[④] 这一史例体现了典型的塔西佗时期的亲兵制观念。虽然此时距塔西佗时代已相隔7个世纪,但观念极其类似,所不同的只是酋帅换成了国王,亲兵变成了塞恩。再如1233年,国王亨利三世指责伯爵理查德·马歇尔侵犯了王室领地。但伯爵宣称自己不是侵犯者,因为国王首先侵犯了自己的土地,从而免除了他的权利。可见,伯爵根据效忠观念,认为国王犯错在先,而这可以免除自己的效忠宣誓。[⑤]

其次,中世纪西欧的抵抗权蕴涵在基督教"消极服从"的思想中。相比日耳曼抵抗权观念而言,教会抵抗权理论更为成熟,水平更高。而日耳曼抵抗权同教会抵抗权的相互融合,促进了整个西欧抵抗权观念的发展与成熟。《圣经》中"恺撒的物当归给恺撒,上帝的物当归给上帝",以及"应当服从神,不服从人"的教义成为"消极服从"理论的基础。根据"消极服从"理论,基督徒负有服从的义务,但

① [法]孟德斯鸠:《论法的精神》(下册),许明龙译,商务印书馆2004年版,第349页。

② [法]布洛赫:《封建社会:上卷》,张绪山等译,商务印书馆2004年版,第366~367页。

③ Frits Kern, *Kingship and Law in the Middle Ages*, New York and Evanston: Harper & Row Publishers, 1970, p.87.

④ [英]比德:《英吉利教会史》,陈维振、周法民译,商务印书馆1997年版,第121页。

⑤ See Frits Kern, *Kingship and Law in the Middle Ages*, New York and Evanston: Harper & Row Publishers, 1970, p.88-89.

是该服从的义务并不意味着"绝对服从",而是一种"消极服从"。因为基督徒担负着双重服从的义务,如果两者发生冲突,基督徒服从的当属上帝,而不是俗世统治者。11世纪中期列日的主教瓦佐曾对国王说:"我们对教皇是服从,对你是效忠。"①

中世纪基督教会还为抵抗权的实施提供了保证。尤其是教皇革命之后,西欧社会同时存在两种秩序,即世俗秩序和宗教秩序。基督教会俨然成为"国中之国",在税收和司法上束缚着王权。此时的教会拥有自己的法律和法官,拥有一个有组织的官僚机构,并强迫人们遵守它的法律。"整个中世纪教会作为独立的力量和国家的竞争对手而存在,统治者对待它就像对待其它独立国家一样。"②这种二元政治格局,为实施抵抗权提供了有利条件,国王也不可忽略教会的力量。这是基督教对西欧法律政治传统所做的重要贡献。正是在这个意义上,费纳教授指出:"教会与政府之间的关系——教会可以支持贵族或其他不同政见者反对宫廷——与君主高于教会的拜占廷相比,在西方产生了'民主化'效应。"③虽然费纳所指的"民主化"效应并不等同于现代民主制度,但教会支持反叛贵族抵抗国王,并以此限制政府的作用在此可见一斑。

通过上述分析可知,教会的消极服从观念与日耳曼有条件的效忠观念具有一定的相似性,都体现了抵抗权思想。而教会观念和日耳曼观念的融合,促进了抵抗权的发展。值得注意的是,抵抗权观念不仅仅停留在抽象的论述中,还体现在现实社会中。现实中贵族和民众依据抵抗权维护自身权利的例子比比皆是。统治者自身也往往承认抵抗权的合法性,甚至还会亲自颁授抵抗权。最为典型也最为人熟知的史例当属1215年的英格兰贵族反叛,最终使约翰王签署《大宪章》。根据抵抗权观念,此次贵族暴动具有合法性。

实际上,1215年签署《大宪章》的事件并非孤立的历史现象,早在近一个世纪前的1128年,弗兰德斯地区就爆发了类似的反抗运动,其中同样体现了抵抗权观念。根据佛兰德斯地区的编年史,伯爵威廉于1127年就职,他起初表示尊重土地特权,尤其是城市的地权。但在一年之内他便破坏了多项约定,以至于引发了大规模的反抗运动。而反叛者曾提出这样的权利性宣言:"你要保护我们免受敌人

---

① Frits Kern, *Kingship and Law in the Middle Ages*, New York and Evanston: Harper & Row Publishers, 1970, p. 89.

② Bryce Lyon, *A Constitutional and Legal History of Medieval England*, New York: WW Norton & Co., 1980, p. 422.

③ S. E. Finer, *The History of Government from the Earliest Times*, Vol. Ⅰ, Oxford University Press, 1997, p. 53.

的伤害,并对我们有所尊敬。但现在,你已经违反了法律,自己破坏了誓言。我们曾以你的名义宣誓,要减免通行税,维护和平和其他权利……但是你却不守信用,伤害我们。"接着,反叛者提出要召开双方代表都参加的会议,并由该会议决定伯爵是否有资格继续统治。从上述宣言中我们得知,该宣言与《大宪章》相似,但更为早熟,并非常清晰地表达了代议制政府原则。这一原则源于封建契约观念:当附庸受到不公正对待时,他拥有抵抗权。①

在《大宪章》之后,运用抵抗权的例子仍然俯拾皆是。比如在1275年至1282年间,卡斯蒂利亚—莱昂王国发生了有关长子继承权的冲突,议会借机削弱了国王阿方索十世对其子桑乔的支持,并且阐明了种种限制条件和面临侵犯时的抵抗权利。② 再如,1290年至1293年间,布拉班特公爵约翰一世曾向贵族和城市颁授了一项著名的特许权,即当特权遭受侵犯时的抵抗权利。③

中世纪贵族的反叛,在暴乱的现象之下还隐含着抵抗权这样的法律观念:"如果认为国王践踏了自己的权利,他便有权根据法律争回被否认的权利。"④在中世纪法律观念中,统治者和被统治者都受制于法律,而双方的忠诚关系实际体现为对法律的忠诚,法律成为双方关系的交汇点。所以,当法律受到国王侵犯时,民众有正当的权利进行反抗。因此,抵抗权的存在不可忽视,如果缺少抵抗权,则无法准确理解贵族反叛行为。

但是总体而言,中世纪欧洲的抵抗权尚缺乏明确的途径来限制君主。这一权利要么过于模糊和宽泛,要么过于死板和狭隘。不过,我们不能以现代政治理论的成熟来过分贬低中世纪抵抗权的幼稚,毕竟它的存在本身就已说明问题。抵抗权观念已经成为中世纪西欧文明不可或缺的组成部分,而观念转化为有效的政治实践,需要的只是时间。

三、"暴君"学说

中世纪西欧抵制强权统治的思想不仅包括抵抗权,还有"暴君"学说。中世

---

① See Christopher Allmand, ed., *The New Cambridge of Medieval History*, Vol. Ⅶ, Cambridge University Press, 1998, p.41 - 42.

② See Christopher Allmand, ed., *The New Cambridge of Medieval History*, Vol. Ⅶ, Cambridge University Press, 1998, p.40.

③ See Christopher Allmand, ed., *The New Cambridge of Medieval History*, Vol. Ⅶ, Cambridge University Press, 1998, p.52.

④ Frits Kern, *Kingship and Law in the Middle Ages*, New York and Evanston: Harper & Row Publishiers, 1970, p.89.

纪暴君思想汲取自教父时代,在中世纪法律政治环境中逐渐成熟。从一定意义上讲,暴君学说是在中世纪法律环境和权利语境下形成的,它既是抵抗权观念发展的结果,又反过来加强了抵抗权观念。

在教父时代,塞维利亚的伊西多尔清晰地区分了国王与暴君。圣伊西多尔以正义为标准,提出了暴君思想,他对国王的定义为:"国王的称号来自其统治职能和正确的统治方式;如果国王行为正当,他将保留其称号;如果国王做出邪恶之事,他将失去其称号。"与国王的定义相反,他把暴君定义为"残暴压迫人民的邪恶统治者"。圣伊西多尔还强调说:"国王遵守自己的法律乃正义之事。"①

圣伊西多尔的思想深深影响了中世纪的政治理论。9 世纪的一批作家不断引用圣伊西多尔有关国王与暴君的定义,其中比较著名的学者有拉巴努斯·莫鲁斯和兰斯的辛克马尔。他们继承了圣伊西多尔的暴君思想,同样认为国王的主要美德为公正和责任。②

至中世纪中期,"暴君"学说最终发展成为正统政治理论。该学说的典型代表是分别生活于 12 世纪和 13 世纪的两大学者索尔兹伯里的约翰与布拉克顿。他们在此期间完善暴君学说绝非偶然,这一方面得益于对教父思想的传承,另一方面也受到了当时法律政治环境的推动。12 世纪是西欧法律传统形成的关键时期。梅特兰认为:"12 世纪是一个法律的世纪。"③伯尔曼也认为,正是在 12 世纪,西方法律传统得以形成。④ 与法律同时发展的是权利观念,西方学者逐渐达成共识,认为权利观念和实践起源于中世纪。而美国学者蒂尔尼把权利观念的启动时间追溯至 12 世纪:"个人权利是具有创造性的法学的典型产物,而法学在 12 世纪和 13 世纪奠定了西方法律传统的基础。"⑤可见,在 12 世纪和 13 世纪,法学的发展以及权利语境的出现成为那个时代的重要特征之一。这些都构成了中世纪国王统治的社会环境,同时也是推动"暴君"学说发展的重要历史背景。因此,暴君学说并非学者纯粹的思想运动,还反映了那个时代的实际历史状况。

---

① R. W. Carlyle and A. J. Carlyle, *A History of Medieval Political Theory in the West*, Vol. Ⅰ, Edinburgh and London: William Blackwood & Sons LTD,1928,p. 172 – 173.

② See R. W. Carlyle and A. J. Carlyle, *A History of Medieval Political Theory in the West*, Vol. Ⅰ, Edinburgh and London: William Blackwood & Sons LTD,1928,p. 221 – 222.

③ F. Pollock and F. W. Maitland, *The history of England Law*, Vol. Ⅰ, Cambridge: University Press,1898,p. 111.

④ 参见[美]哈罗德·J. 伯尔曼:《法律与革命——西方法律传统的形成》,高鸿钧等译,中国大百科全书出版社 1996 年版,第 143 页。

⑤ Brain Tierney, *The Idea of Natural Rights*: *Studies on Natural Rights*, *Natural Law and Church Law*, 1150 – 1625, Atlanta and Georgia: Scholars Press, 1997,p. 42.

索尔兹伯里的约翰是中世纪杰出的政治思想家，被伯尔曼誉为“西方政治科学的创立者”。[①] 约翰明确指出：“在世俗统治权领域内，国王和暴君之间的区别在于国王服从法律，而暴君通过武力统治反对人民。”[②]在此，约翰以法律为标准，对国王和暴君作出区分。这与教父以正义为标准区分暴君虽有表述的差异，但并无实质的区别。因为在中世纪观念中，“国王公正的秩序根植于法律之中，公正的统治就是根据法律统治”。[③] 因此，是否服从法律就成为约翰划分国王和暴君的分水岭。

约翰不仅区分了暴君，还进一步提出了诛杀暴君的观念。约翰认为：“诛杀暴君不仅是合法的，而且是正确和正义的。因为动用武力的人都注定要毁之于武力……对于践踏法律的人，法律要拿起武器反对他……有谁试图使暴君免受惩罚，谁就是对自己和整个人类共同体的犯罪。”[④]约翰是第一位明确提出诛杀暴君的思想家，其明确了诛杀暴君的权利和必然性。不过我们也应正确认识到，约翰囿于时代限制，其观点也较为暧昧：“诛杀暴君最有效的最安全的办法是那些受压迫的人谦卑地处于上帝仁慈地庇护之下，伸出洁净的手向上帝求援，虔诚地祈祷将附加在他们身上的苦难挪开。”[⑤]

约一个世纪后的布拉克顿继续阐述了暴君思想。类似于索尔兹伯里的约翰，布拉克顿指出，国王高于其他人，但低于上帝和法律；法律造就了国王，国王要遵守法律，“如果国王不遵守法律，他就不再是国王而成为暴君”。[⑥] 布拉克顿进一步指出，如果国王不能履行其维护正义的职责，就不再是国王。布拉克顿还劝民众相信，上帝最终会惩罚暴君并消灭其统治。[⑦] 可见，布拉克顿与索尔兹伯里的约翰的暴君思想具有一致性，甚至在如何对待暴君的态度上，布拉克顿同约翰也并无二致。布拉克顿同样把最终惩罚权归于上帝，认为国王是上帝的代理并服从

---

① [美]哈罗德·J. 伯尔曼：《法律与革命——西方法律传统的形成》，高鸿钧等译，中国大百科全书出版社1996年版，第335页。

② John Dickinson, *The Mediaeval Conception of Kinship and Some of Its Limitation as Developed in the Policraticus of John of Salisbury*, Speculum, Vol. 1, No, 3, 1926, p. 325.

③ R. W. Carlyle and A. J. Carlyle, *A History of Medieval Political Theory in the West*, Vol. Ⅲ, Edinburgh and London: William Blackwood & Sons LTD, 1928, p. 125.

④ John Dickinson, *The Mediaeval Conception of Kinship and Some of Its Limitations as Developed in the Policraticus of John of Salisbury*, Speculum, Vol. 1, No. 3, 1926, p. 330 – 331.

⑤ 丛日云主编：《西方政治思想史：中世纪卷》，天津人民出版社2005年版，第268页。

⑥ Ernst H. Kantorowicz, *The King's Two Bodies*, Princeton and New Jersey: Princeton University Press, 1997, p. 158.

⑦ See F, Schulz, *Bracton on Kinship*, The English Historical Review, Vol. 60, No. 237, 1945, p. 153.

上帝,如果国王滥用其权力,只能靠祈求予以弥补,如果国王仍不改正,就只能依靠上帝的惩罚了。[①]

不过,布拉克顿比约翰有所进步,他不只局限于祈祷和上帝的惩罚,还设想出限制暴政的具体措施,提出要靠贵族和委员会来限制暴政的思路。在布拉克顿看来,国王的职责在于维护正义,纠正不公正的行为。所以,如果人们受到国王不公正的对待,可以允许申诉。如果国王无视法律,委员会和贵族可予以干涉。如果委员会和贵族也不合法,那么民众就只能祈祷了:上帝会严厉惩罚违法者。[②] 可见,布拉克顿并不仅仅依靠上帝解决问题,他也在世俗社会试图寻找解决之道。显然,这一思想既是13世纪中期英格兰实际政治状况的反映,同时也构成了英国早期议会形成的历史背景。

综上所述,在中世纪西欧法律传统和权利语境下,国王根据法律统治的思想成为正统政治理论。在该历史背景下,抵抗权和暴君学说得以继承与发展,并使国王的强权行为失去合法性理论基础。

---

① See John Dickinson, *The Mediaeval Conception of Kinship and Some of Its Limitation as Developed in the Policrtaticus of John of Salisbury*, Speculun, Vol. 1, No, 3, 1926, p. 333.

② See F. Schulz, *Bracton on Kinship*, The English Historical Review, Vol. 60, No. 237, p. 1945.

中世纪英国巡回审判制度对国王司法权威的影响

陈太宝

“国王”与“专制”之间有必然的历史联系吗？答案是否定的。一般人们提到国王或君主统治，自然会将其与专制主义相联系。虽然许多专制政权都由国王行使，但从历史事实来看，国王与专制之间并无必然联系。笔者从个案研究出发，对中世纪英国的巡回审判制度进行分析，发现国王司法权威虽有所扩张，但终究受到多方限制，以证明当时的英国王权并非专制统治。

一、巡回审判制度的起源

诺曼征服之后，新统治者没有抛弃盎格鲁—撒克逊时期的法律和司法制度，并在此基础上发展出盎格鲁—诺曼法律制度。1066 年的诺曼征服，基本消灭了原有的盎格鲁—撒克逊贵族，新的诺曼贵族取而代之。但盎格鲁—撒克逊法律并未因此而被消灭。事实上，诺曼人保留了大量盎格鲁—撒克逊法律制度，这为新王朝的法律发展奠定了基础。征服者威廉标榜自己是盎格鲁—撒克逊王室的合法继承人，因此他保留盎格鲁—撒克逊法律制度并不奇怪。他曾明确规定要遵守前朝国王的法律：“我命令且希望保留国王爱德华关于他们的土地和财产的法律,我规定的这些法令是为了英国人民的福祉。”[①]该命令意味着爱德华时期有关土地和财产的法律在新王朝继续有效。这体现了历史发展的连续性。历史法学派代表人物萨维尼指出:“对于法律来说,一如语言,并无绝然断裂的时刻。”[②]不过,诺曼人也带来了新制度,比如森林法,阻止别人侵犯国王林地;用决斗裁判结合撒克逊神明裁判;重视宣誓裁判;教会案件专门由教会法审理等。[③]最重要的是,巡回审判等一系列新的司法制度发展起来。

诺曼征服之前,英国的司法主要是地方性的,国王司法管辖权范围有限。虽然也有全国性的贤人会议的审判,[④]但日常的司法行为主要集中于郡和百户区法庭。[⑤] 但这种全国性的判决仍占少数。在具有较高自治性和独立性的地方司法权面前,王权管辖范围受到限制。

诺曼征服之后,国王为了向地方扩展权力,采取了各种措施,其中包括设立巡回审判制度。盎格鲁—撒克逊时期的国王也曾派代表到地方解决争端,但留存的历史证据很少。[⑥] 在欧洲大陆,诺曼底公爵也曾有类似制度。不过当时尚未正式形成巡回审判制度。到征服者威廉时期,国王向地方派遣代表的活动其管辖范围开始延伸至全国。比如威廉国王曾派出专员进行过全国范围的大调查,调查结果被后人称为《末日审判书》(*Domsday Book*)。[⑦] 虽然调查目的是清查王国内各郡土地情况,并非单纯的司法行为,但这些早期活动确是以后巡回审判制度的起源。

二、亨利一世时期巡回审判制度的形成

从11世纪末开始,出于保护国王利益的需要,也为了扩大的司法管辖权,国

---

① D. C. Douglas, G. W. Greenaway, *English Historical Documents*, Vol. Ⅱ. Oxford University Press, 1981, p. 432.

② [德]弗里德里希·卡尔·冯·萨维尼:《论立法与法学的当代使命》,中国法制出版社2001年版,第9页。

③ Hunt Janin, *Medieval Justice: Cases and Laws in France, England and Germany*, McFarland & Company, 2004, p. 86.

④ 比如《盎格鲁—撒克逊编年史》曾经记载,1020年,克努特国王召开贤人会议,宣布放逐埃塞尔沃德郡长和农民之王埃德威格。1049年,忏悔者爱德华召开贤人会议,与全体部众一起宣布伯爵戈德温的儿子斯韦恩是坏蛋。1051年,爱德华召开贤人会议,宣布放逐戈德温和他所有的儿子。参见《盎格鲁—撒克逊编年史》,寿纪瑜译,商务印书馆2004年版,第157、179、187页。

⑤ H. G. Richardson, G. O. Sayles, *The Governance of Medieval England from the Conquest to Magna Carta*, Edinburgh University Press, 1963, p. 173.

⑥ H. G. Richardson, G. O. Sayles, *The Governance of Medieval England from the Conquest to Magna Carta*, Edinburgh University Press, 1963, p. 173.

⑦ 《盎格鲁—撒克逊编年史》,寿纪瑜译,商务印书馆2004年版,第240页。

王向地方委派法官。这些法官作为国王的地方代表和助手,试图控制郡守,为国王争取利益。但这些法官尚不具备巡回法官的职能,他们只是由国王派出并固定任职于某个地方的官员。

到12世纪早期,即亨利一世统治时期,才正式形成巡回审判制度。当时开始出现一种新的法官团体,被称为“全英格兰的法官”(justitiarii totius Anglie)。他们之所以被如此称呼,是因为这些法官不局限于某一两个郡,而是面向整个王国审理案件。这些法官便是巡回法官的雏形,而其主持的法庭相应成为巡回法庭。在亨利一世统治时期,这些“全英格兰的法官”一共大约有12名,而同一时间内最多有6人同时工作。① 在同时任命的几个法官中,还要任命一个首席政法官。这些法官的任期都有一定期限,并非终身制。这是当时巡回审判制度的组织结构情况。

国王派出的法官主要审理有关国王特定利益的案件。比如1130年的财政署卷宗(Pipe rolls)就记载了巡回法官跨数年的审理活动,而巡回法庭都遵循着一定的行为模式,即它们审理的是“国王之讼”(pleas of the crown),范围包括谋杀、破坏和平、无主宝藏以及船舶失事等涉及国王利益的诉讼。② 通过监督这些地方法庭案件,巡回法官大大扩展了国王司法管辖范围。至1130年,巡回审判已经成为地方司法的一个重要组成部分,也是将王室权威尽可能广泛地延伸至公众的一个主要途径。③ 当巡回法官主持法庭时,该法庭暂时性地转化成为国王法庭,从而使下层百姓也可直接面对国王的司法权威。总体而言,“在亨利一世时期,所有的司法要素都已具备”。④

不过,亨利一世时期的巡回审判制度尚处于形成期,还不成熟。当时尚未划分出多个巡回区,而且巡回法官的数量也不多。巡回法官可能会因工作量大而不能有效完成工作。比如在1130年,奥布里·德·维尔(Aubrey de Vere)和理查德·巴赛特(Richard Basset)作为巡回法官共同负责巡查11个郡。短期内完成这样的任务,在中世纪交通不便的状况下变得更加困难。而且随后理查德被派往他

---

① H. G. Richardson, G. O. Sayles, *The Governance of Medieval England from the Conquest to Magna Carta*, Edinburgh University Press, 1963, p. 175.

② H. G. Richardson, G. O. Sayles, *The Governance of Medieval England from the Conquest to Magna Carta*, Edinburgh University Press, 1963, p. 180.

③ 参见[英]约翰·哈德森:《英国普通法的形成》,刘四新译,商务印书馆2006年版,第45页。

④ H. G. Richardson, G. O. Sayles, *The Governance of Medieval England from the Conquest to Magna Carta*, Edinburgh University Press, 1963, p. 176.

地,奥布里的负担变得更重。[①] 更糟糕的是,国王斯蒂芬时期,由于内战导致巡回审判制度一度中止,到亨利二世时期才重新恢复并完善了该项制度。

三、亨利二世时期巡回审判制度的恢复与发展

亨利二世司法改革的目的之一,便是重建其祖父亨利一世的巡回审判制度。当时的作家菲茨尼尔(Richard Fitz Nigel,1130 ~ 1198 年)在其著作《财政署对话录》(*Course of the Exchequer*)中告诉我们:"国王亨利二世试图重建他祖父的'黄金时代';他选出了一些行事谨慎之人,将王国划分为六块,选出的法官被称为'巡回法官',他们要在各区域巡查并恢复废弃的权利。他们在各郡听讼,向受到不公正待遇之人授以司法公正,并拯救穷人。"[②]正是在这一时期,巡回审判制度的结构有所改变,亨利二世将英国分成六块司法区域,每个区域都派出巡回法官监督视察。人们一般将 1166 年《克拉伦登条例》(The Assize of Clarendon)的颁布作为恢复巡回审判制度的标志。从此,巡回法官视察制度遂成定制,[③]并成为当时司法行政制度的重要特征。1176 年的《北安普敦条例》(The Assize of Northampton)进一步概括和强化了《克拉伦登条例》,对各种罪行的惩罚措施更加严厉,赋予巡回法官更大的权力,更加限制了郡守的力量。[④]

上述司法改革措施大大加强了巡回审判制度。巡回法官数量增加,平均达到 20 人左右,1189 年则是 35 人。[⑤] 而且 12 世纪后期巡回审判次数明显增多。据统计,巡回审判在 1176 年、1177 年、1178 年、1179 年、1182 年、1185 年、1186 年、1188 年、1189 年、1190 年、1192 年、1194 年、1198 年和 1202 年在威尔特郡都有举行。[⑥] 到理查一世和约翰王时期,普通巡回法庭的设立虽不像亨利二世时期那么频繁,但其活动仍然相当稳定,在 1194 ~ 1195 年、1198 ~ 1199 年、1201 ~ 1203 年以及

① H. G. Richardson, G. O. Sayles, *The Governance of Medieval England from the Conquest to Magna Carta*, Edinburgh University Press, 1963, p. 175 – 176.

② T. A. Sandquist, Justices, Itinerant (in eyre), Joseph R. Strayer. *Dictionary of the Middle Ages*, Vol. 7, Charles Scribner's Sons, 1986, p. 184.

③ D. C. Douglas, G. W. Greenaway, *English Historical Documents*, Vol. Ⅱ, Oxford University Press, 1981, p. 440.

④ D. C. Douglas, G. W. Greenaway, *English Historical Documents*, Vol. Ⅱ, Oxford University Press, 1981, p. 444.

⑤ [比利时]R. C. 范·卡内冈:《英国普通法的诞生》,李红海译,中国政法大学出版社 2003 年版,第 28 页。

⑥ 参见[英]约翰·哈德森:《英国普通法的形成》,刘四新译,商务印书馆 2006 年版,第 134 页。

1208～1209年都进行了巡访。①

巡回审判经常给地方权威带来麻烦，因此并不总受欢迎。每次巡回审判时，郡内其他法庭要暂停，所有的郡内显要都要参加巡回审判，并接受巡回法官的监督。巡回法官在听讼中收取大量罚金，民众还会被频繁地要求出席法庭，而且整个郡或者个人，都有因错误行为被惩罚的危险。所以人们很多时候害怕巡回审判，甚至予以逃避。在很多情况下，巡回审判对民众来说是一个负担。所以，当时的编年史作家告诉我们，“1233 年当巡回法官到来时，康沃尔(Cornwall)的人们逃进了森林。”②

四、国王司法权的明确和扩张

随着巡回审判制度的发展，巡回法官遍及王国各地，王室司法权随之不断扩展，地方法庭有纳入王室司法系统的趋势。至亨利二世统治时期，郡守和郡法庭办理国王之讼的案件已相当正常。比如 1166 年《克拉伦登条例》第 11 条规定：“无论在任何城市、自治镇或城堡内外，任何人不得阻止郡守进入他们的土地或辖区逮捕受到指控的抢劫犯、谋杀犯、盗贼或窝藏犯，以及放逐法律之外者或被指控破坏王室猎场法的犯罪者；国王命令他们应该协助郡守抓获这些罪犯。”③国王这一扩大司法权的法令无疑侵害了地方权威。在王室司法的进攻面前，那些贵族领地、郡和自治市的古老的地方法庭的权力受到影响。

在国王扩展司法权的过程中，其司法管辖范围也不断得以明确。当时熟知英国法律和古老习惯的格兰维尔，在其著作《论英格兰王国的法律与习惯》(*Tractatus de Ldgibus et Consuetudinibus Refni Angliae*)中总结了亨利二世的法律改革。通过格兰维尔的论述我们得知，亨利二世司法改革大大扩展了国王司法权，一些原本归领主法庭审理的诉讼案提交到国王法庭或郡法庭审理。亨利二世列出了详细的权利清单，规定了哪些诉讼归国王法庭审理，哪些诉讼归郡法庭或

① 参见[英]约翰·哈德森：《英国普通法的形成》，刘四新译，商务印书馆2006年版，第147页。

② T. A. Sandquist, Justices, Itinerant(in eyre), Joseph R. Strayer. *Dictionary of the Middle Ages*, Vol. 7, Charles Scribner's Sons, 1986, p. 184.

③ D. C. Douglas, G. W. Greenaway, *English Historical Documents*, Vol. Ⅱ, Oxford University Press, 1981, p. 442.

领主法庭审理。格兰维尔将当时的诉讼案分为民事诉讼和刑事诉讼。[①] 归国王管辖的刑事案件包括：威胁国王生命的欺君罪，或煽动国王的人、王国、军队叛变；藏匿无主财宝；破坏国王和平，比如杀人、纵火、抢劫、绑架、伪造或其他类似罪行。但是偷盗罪归郡法庭管辖。如果领主法庭没能公正审理喧哗罪、殴打罪，且原告认为侵犯了国王和平，即可提请郡法庭审理。民事诉讼案也作了类似划分。国王法庭审理的诉讼包括贵族领地、教会圣职授职权、身份及亡夫遗产问题等。郡法庭审理的诉讼有：当领主法庭不能公正审判时，郡法庭可以审理土地保有权问题；维兰出身问题等。[②]

亨利二世将大量的新案件划归自己的法庭审理，以此扩大自己的司法管辖范围。比如，在处理像侵占土地的案件时便采用了新方法。被侵占者可以向文秘署(Chancery)申请一份令状，便可将案件移交国王法庭审理。“指令令状”(praecipe)的此项功能尤其明显，这是早期普通法中的一种起始令状(oringinal writ)。国王法庭可通过这一令状指令被告将土地返还原告。一般是将令状颁发给当地郡守，命令地方领主归还土地。显然，这是对领主法庭管辖权的侵犯。在早期普通法的发展中，指令令状曾因事实上剥夺了领主法庭对不动产权益诉讼的管辖权而遭到贵族的抵制。[③]

可见，国王通过列出自己法庭所能管辖的案件，削减了其他法庭的司法权，这无疑体现了王室权力的扩张。但司法管辖权的扩张并非国王无条件的任意行为，其中还隐含着对王权的限制。正因为上述十分明确的权利清单，对王室司法权也构成一种限制。明确国王法庭或郡法庭审理权限的同时，意味着国王承认了其他法庭的审理权限。比如亨利一世就曾明确表示：“有关土地分配或土地扣押的纠纷，如果发生在我的直属封臣之间，就在我自己的法庭审理。如果纠纷发生在我的贵族的附庸之间，则应由他们共同的领主的法庭审理。如果纠纷发生在不同领主的附庸之间，应由郡法庭审理；如果在那里问题得不到解决，即可诉诸决斗审判。”[④]可见，国王本人也认可和接受这种司法权的分割状况。而且并非所有的案

---

① 需要注意的是，中世纪的民事诉讼和刑事诉讼还不同于今天现代意义上的法律区分。从历史发展角度来看，盎格鲁－诺曼时期尚未出现此种划分，到12世纪后期，在罗马法、教会法的影响下英格兰法律才逐渐接受了这种区分方式。亨利二世时期的格兰维尔借鉴了这种方法，开始将诉讼案件分为民事案件和刑事案件。

② D. C. Douglas, G. W. Greenaway, *English Historical Documents*, Vol. Ⅱ, Oxford University Press, 1981, p. 495.

③ 参见薛波：《元照英美法词典》，法律出版社2003年版，第1073页。

④ D. C. Douglas, G. W. Greenaway, *English Historical Documents*, Vol. Ⅱ, Oxford University Press, 1981, p. 465.

件都归国王法庭审理，国王司法管辖权也要受到其他管辖权的法律约束。国王法庭所拥有的司法特权，对教会法庭或领主法庭来讲是一种限制；教会法庭或领主法庭所拥有的司法特权，对国王法庭来讲也是一种限制。总之，国王不能任意扩张司法权。所以伯尔曼才说："在亨利二世的立法和格兰维尔的著作中都找不到像在西西里国王罗杰二世的立法中可以发现的那种绝对王室权力或王权无所不能的主张。相反，格兰维尔在以令状界定王室司法管辖权的同时也限制了这种司法管辖权。"①

五、巡回审判制度的局限性

国王试图通过巡回审判制度扩充权威，虽收到一定成效，但远未达到制度设计的预期效果。国王所渴求的那种对整个社会的高度控制的局面并没出现，在面对其他法庭时，王室法庭也没有获得绝对优势的地位。究其原因，一方面巡回审判制度受到自身效率低下、实际控制范围有限的影响；另一方面在多元司法结构的背景下，国王司法权受到来自领主司法权和教会司法权的有效挑战。

首先，巡回审判本身效率低下，王室对付犯罪的能力有限。

在当时，由于地方与中央的利益竞争，许多地方官员并不热衷于完全执行王室命令。地方官员欺上瞒下营私舞弊的情况比较普遍。不仅国王的司法收益被侵吞，而且常常导致无辜者受罚有罪者逃脱的情况。这种情况亦可归结为腐败问题。根据1166年财政署卷宗，我们得知多个郡存在类似情况。伦敦和密德萨斯的郡守只上报了3名罪犯的财产。这倒不是因为拘捕罪犯数量少，更不是因为这些地区犯罪率低。在记载中我们得知，郡守曾判决34人接受神明裁判，14人被断肢惩罚，并且郡守从中获得相应的司法收益。郡守同时还审批了19项案件，其中5人被判参与决斗裁决，14名重罪者被处以绞刑。从中可知，地方官员实际审理的案件数量与上报数量差别巨大，这就不难解释为何国王所获收益大为减少了。类似情况不仅存在于伦敦和密德萨斯，在他郡同样如此。出于相同的原因，威尔特郡郡守同样只报告了3名罪犯的财产；汉普郡上报了至多4人，其中一个逃逸；伍斯特郡只拘捕了1个无名流浪汉，他只有16先令财产；更甚者，什罗普郡根本没有施行巡回审判。② 可见，王室中央政府试图推行司法改革扩张权力，但并不

---

① ［美］哈罗德·J. 伯尔曼：《法律与革命——西方法律传统的形成》，高鸿钧等译，中国大百科全书出版社1996年版，第554页。

② H. G. Richardson, G. O. Sayles, *The Governance of Medieval England from the Conquest to Magna Carta*, Edinburgh University Press, 1963, p. 201.

能保证自身法令得以顺利及时地执行。

其次,国王司法权距离下层太远,王权往往不能有效控制地方社会。

这种距离,既包括社会层面的距离,也包括地理层面的距离。就社会层面而言,当时的封建社会网状结构将王权与下层民众隔离。君主的权力只有通过巡回法庭或固定代表构织的完善的组织系统,把自己的控制力扩展到整个国家,才能成为司法制度中的决定性因素。而这一过程到 11 世纪之后才开始出现。即使是国王司法权通过巡回审判扩大之后,"人们必须求助的封建法庭,证明它远比国王法庭更易接近,国王法庭距离其臣民过于遥远了;如果一个案件最终提交到国王法庭,它也是通过一系列步骤才能达到。"①可见,王权缺乏与其下层民众的有效联系,即在中世纪英格兰的"封建"结构下,王权不能直接延伸至社会底层。就地理层面来讲,在当时交通不发达的情况下,远距离出席法庭并非易事。对某些财力较低的人员来讲,出席法庭反而成为一项负担。梅特兰为我们描述了德文郡一个小地主的境况:"他必须每月出席郡法庭一次;他必须辛苦地到达埃克塞特,②而他不总能有马可骑。即便法庭在一天内将案件审理完毕,他也得离家至少一周,并且他得自付差旅费用。当他返回后,他还要记得三周一次的百户区法庭和庄园法庭,这两个法庭他也要出席。"③

再次,国王司法权受到领主司法权的制约。

在地方,领主司法权的出现是对国王司法权的分割与竞争。在中世纪的实际日常事务中,普通民众很难将案件成功诉诸国王。依赖于勇敢的家族或强势领主,比诉诸遥远的王室法庭更为有效。④ 换言之,地方司法权在管理地方事务中更为直接更加有效。这意味着,在地方,贵族比国王更受重视。

领主司法权在盎格鲁—撒克逊早期既已开始萌生。7 世纪末的《伊尼法典》规定:"如果贵族与国王及其郡长(alderman)一致认为,贵族的依附者——包括自由人和奴隶——犯有罪行,贵族则因其未能阻止犯罪的过失行为而不得分享罚金。" ⑤可见,领主要对其依附者的行为负责。这是领主司法权最早的反映。

---

① [美]哈罗德·J.伯尔曼:《法律与革命——西方法律传统的形成》,高鸿钧等译,中国大百科全书出版社 1996 年版,第 603 ~604 页。

② 埃克赛特为德文郡首府。

③ F. Pollock, F. W. Maitland. *The History of English Law before the Time of Edward*, Vol. Ⅰ, Cambridge University Press, 1898, p. 538.

④ H. R. Loyn, *The Governance of Anglo-Saxon England*:500 – 1087, Edward Arnold, 1985, p. 126.

⑤ C. Stephenson, F. G. Marcham, *Sources of English Constitutional History*: *A Selection of Documents from A. D. 600 to The Present*, Harper & Brothers Publishers, 1937, p. 9.

10世纪的《埃塞尔斯坦法典》规定,如果有人没有领主,其亲族有义务为其寻找领主。[①] 这些都是领主司法权出现的早期证据。10世纪中期开始,教俗领主开始从国王那里大量地接收司法权,至11世纪,在赐地文书上注明司法权的习惯更加普遍。1036年克努特国王给伦敦的圣保罗教堂颁布赐地文书,通告教堂管辖地区享有司法权。当时使用的术语是 *enjoy their sac and soc*, *toll and team*。[②] "*sake* 的意思是争端,而 *soke*[③] 的意思是寻求一个领主或一个集会以解决此项争端,所以这一名词的含意即给予此地的受地者以司法权。"[④]

实际上,领主司法权是许多具体司法权利的总称,国王一般会逐一申明授予地方领主哪些权利。比如,1056年忏悔者爱德华给威斯敏斯特修道院的赐地文书中,国王授予该地区 *sac and soc*, *toll and team*, *infangenebeof*, *blodwite*, *and weardwite*, *hamsocn*, *forsteall*, *gryðbryce and mundbryce* 等司法权利。[⑤] *toll* 指有权在该地产上征收牲畜等交易税,*team* 指可以在那里设立法庭审判盗窃牲畜等物之权,*infrangenebeof* 指有权审判被抓获的持有盗窃之财物的盗贼。[⑥] *blodwite* 指有权在人员伤亡时征收罚金,*weardwite* 指在疏漏警卫任务时征收罚金。[⑦] *hamsocn* 指有权惩罚非法侵入某人的住宅或土地的行为,*forsteal* 指有权惩罚偷袭行为,*gryðbryce and mundbryce* 指有权惩罚违反国王和平的行为。[⑧] 以上司法特权原属国王所有,国王通过特许状将其授予教俗领主。由此,领主司法权不断增加,至诺曼征服前夕,英格兰出现了许多不受国王控制的封建法庭,以至于亚当斯评价道:"整个英格兰的司法系统被撕成碎片……司法成了私人的财产。"[⑨]结果,一方面领主可以通过司法收费增加自身收入,另一方面领主逐渐获得对其领地的

---

① C. Stephenson, F. G. Marcham, *Sources of English Constitutional History: A Selection of Documents from A. D. 600 to The Present*, Harper & Brothers Publishers, 1937, p. 13 – 14.

② C. Stephenson, F. G. Marcham. *Sources of English Constitutional History: A Selection of Documents from A. D. 600 to The Present*, Harper & Brothers Publishers, 1937, p. 30.

③ *sake* 和 *soke* 的古英语拼写为 *sac* 和 *soc*。

④ 马克垚:《英国封建社会研究》,北京大学出版社2005年版,第25页。

⑤ C. Stephenson, F. G. Marcham, *Sources of English Constitutional History: A Selection of Documents from A. D. 600 to The Present*, Harper & Brothers Publishers, 1937, p. 31.

⑥ 参见马克垚:《英国封建社会研究》,北京大学出版社2005年版,第26页。

⑦ C. Stephenson, F. G. Marcham, *Sources of English Constitutional History: A Selection of Documents from A. D. 600 to The Present*, Harper & Brothers Publishers, 1937, p. 31.

⑧ C. Stephenson, F. G. Marcham. *Sources of English Constitutional History: A Selection of Documents from A. D. 600 to The Present*, Harper & Brothers Publishers, 1937, p. 22.

⑨ 咸鸿昌:《盎格鲁萨克森时代英国法制初探》,载《山东师大学报(社会科学版)》1997年第5期。

司法审判权。这无疑会对国王司法权构成制约,从而使国王在地方不能任意行使特权。难怪 J. R. 格林称盎格鲁—撒克逊时期的自由土地所有者是"除了上帝和法律之外不知有上司的自由所有者"。[①] 此番评价的准确度也许值得商榷,不过我们至少可以体会到国王权力未能达到社会底层的现实。

需要注意的是,领主司法权的出现不仅仅是篡夺王权的结果,如果没有日耳曼风俗和习惯,仅靠篡夺是建立不了领主司法权的。孟德斯鸠认为:"历史充分地说明,还有其他民族曾经侵犯他们的元首;但是我们却看不见由此而产生了所谓领主们的司法权。因此,应当从日耳曼人的习惯和风俗的深处去寻找这种司法权的渊源。"[②]

诺曼征服之后,盎格鲁—撒克逊时期的法律得以延续,领主司法权也保留下来。地方领主往往极力维护自己既有的司法管辖权,抵制国王的司法扩张。甚至有些地方权贵不遵守国王的命令。即使是亨利二世颁布的《克拉伦登条例》和《北安普敦条例》,也并非完全通行于整个王国。当时"没有迹象表明亨利或其顾问大臣们曾经期望将克拉伦登和北安普敦两个巡回法院条例适用于柴郡。亨利向达若姆的主教承诺说在其教区之内适用新的诉讼程序只是出于某种需要,不会成为惯例"。[③]

最后,国王的司法管辖权还受到来自教会的制约。

世俗法庭之外还有教会法庭。"封建时代教会法庭司法权的发展,不仅说明世俗权力的衰微,也证明了一种趋势,即教会世界日益拓宽横亘在上帝仆人这个小团体和世俗众生之间的鸿沟。"[④]教会司法权的发展也将带来与世俗司法管辖权尤其是国王司法权的冲突。

诺曼征服之后,教会与国王冲突的一个重要方面就是对司法审判权的争夺,这在亨利二世时期尤其明显。1164 年,亨利颁布《克拉伦登宪章》(Constitutions of Clarendon),以有利于王权的形式调整政教关系,并申明对教士的司法审判权:"无论教士因何种原因受到传讯或控诉,在受到国王的法官传唤时,都应当来到国王法庭,并回答国王法庭认为应当回答的问题,也应当来到教会法庭回答教会法庭认为应当回答的问题,国王的法官也应该被派到神圣的教会法庭以监督案件在

---

① J. R. Green, *A Short History of the English People*, Vol. Ⅰ, Harper & Brothers, 1892, p. 112.

② [法]孟德斯鸠:《论法的精神》(下册),张雁深译,商务印书馆 2004 年版,第 390 页。

③ [英]约翰·哈德森:《英国普通法的形成》,刘四新译,商务印书馆 2006 年版,第 194 页。

④ [法]马克·布洛赫:《封建社会》(下卷),张绪山译,商务印书馆 2004 年版,第 586 页。

那里是如何审理的。如果教士被判处有罪或者自己认罪,教会就不应该继续保护他。"①《克拉伦登宪章》限制了教会法庭的司法权。但《克拉伦登宪章》一经颁布,便引起了激烈的争论,并导致亨利二世与大主教贝克特长期的斗争。贝克特的反抗行为实际是教会向王权争取独立地位的斗争。最终,英国教会赢得了直接向罗马教廷申诉的权利和免受世俗法庭审判的"教士豁免权"。

可见,当国王面对教会力量时,并不能任意剥夺教会权利,像类似《克拉伦登宪章》这样的激进政策并不总能成功推行。虽然我们看到亨利二世功高盖世,拥有横跨英吉利海峡的广大的安茹帝国,但其权力仍受到教会的有效限制,致使国王不能随意统治。总体来看,国王法庭限制了教会司法范围,教会利益因为国王的需要不断作出牺牲。但教会仍然是"国中之国",在税收和司法上束缚着王权。正是从这个意义上,埃迪(C. M. Ady)总结道:"无论何时,教会都没获得真正的自由,王权也没得到遍及整个王国的至高权威。"②

综上所述,诺曼征服之后,尤其是在安茹王朝时期,英国国王通过推行巡回审判制度扩张了自己的权力,对王国的控制有所加强。但在当时多元司法体系的大环境下,即使是巡回审判也不能将王权完全延伸至地方。在王室法庭之外,还合法存在郡法庭、百户区法庭、领主法庭以及教会法庭。对于王室法庭之外的这些法庭,国王也完全承认它们各自相应的司法权。中世纪英国王权就是在这种法律政治环境中发展起来的。与中国传统社会的"皇权主义"相比,中世纪权力分割下的王权尚不足以构成专制统治。

① D. C. Douglas, G. W. Greenaway, *English Historical Documents*, Vol. Ⅱ, Oxford University Press, 1981, p. 767.

② Cecilia M. Ady, *The English Church and How It Works*, Faber and Faber Ltd., 1940, p. 133.

论中世纪高利贷禁令及其社会基础

赵立行

虽然西欧中世纪是一个经济非常落后和衰退的时代,但是它并不是一个缺乏经济理论的时代,只是按照我们现代的眼光,它的经济理论并非那样纯粹,而是始终和宗教信仰、道德、伦理混融在一起,我们称之为“道德经济学”是一点也不过分的。其中最能代表这种经济学特色的便是“高利贷禁令”。在中世纪历史的漫长发展过程中,高利贷禁令始终如影随形,一刻也没有放松过。高利贷禁令并不仅是教会出于信仰而固守的信条,同时它也是俗界的统治者一直所主张的。同时,这项禁令并不是一纸武断的命令,而是有着非常复杂玄妙的理论阐释。在中世纪,为什么人们对高利贷问题那样“情有独钟”呢?他们是怎样认识高利贷问题的?支撑高利贷禁令实施的社会基础又是什么呢?厘清这些问题也许能够为我们理解中世纪西欧的社会经济特点、理解中世纪人的思维方式提供一些有益的启示。

一、高利贷禁令的演变

在现代人看来,高利贷是指以大大高于法定的或正常的利息回报为条件而向他人借出一笔款项,它同正常的有息借贷或有偿借贷是有所区别的。但是,在中世纪,高利贷和正常的有偿借贷是没有区别的。在他们眼里,不管量的大小如何,所有要求得到报偿的借贷都统统被归入高利贷之列,不管报偿是一定比例的利息,是某种实物,还是某种礼物,只有当借贷人自愿在归还本金之外另外送给债权人一些礼物表示感谢的情况除外。乌尔班二世曾对高利贷有一个非常全面而又经典的解释:(1)高利贷是指通过借贷而要求高于借贷价值的任何情况。(2)通过高利贷赚钱是一种罪孽,这是被《旧约》和《新约》都禁止的。(3)在所有物之外希望接受另外的所有物,是一种罪孽。(4)通过高利贷所获得的东西必须完全归还给真正的主人。(5)要求赊账购买者以更高的价格购买是清清楚楚的高利贷行为。① 简单地说,在中世纪,只要是"获得高于付出"就被视为高利贷,均在被禁止之列,而且,实行高利贷的人不只是违法而犯罪,而且是犯有神学意义上的"罪孽"。

虽然关于高利贷的禁令贯穿中世纪之始终,但是它也有一个逐步的演变过程,而且每一个发展阶段均有着不同的特点。它大致分为三个阶段。第一个阶段是早期教父阶段,是高利贷禁令的初始阶段。该阶段的高利贷禁令以"尼西亚信经"为标志,并由早期教父奥古斯丁、耶罗姆等具体进行了阐述。公元325年,在尼西亚召开了宗教会议,该会议制定了"尼西亚信经",其中在第17条明确规定严禁僧侣们放高利贷,违者将被贬黜神职。与此同时,教皇和教父们都开始对高利贷概念进行理论的设定。圣耶罗姆这样阐述道:"一些出借者想获得价值不等的小礼物,而没有意识到,不管接受了超过所出借的任何东西,都被称作高利贷。他们不应该获取多于最初给予的东西,不管其价值大小如何。"②在耶罗姆看来,如果一个敛聚的东西多于付出,就是高利贷。此时的高利贷禁令是以僧侣为对象的并不对俗界具有约束力。究其原因,一方面是因为此时颁布高利贷禁令主要是依据《圣经》的解释,禁令更多地带有信条的意味;另一方面,此时基督教还处于罗马帝国后期,对世俗界的支配力还是非常小的,它不可能把自己的信条加诸整个社会,而罗马法中是允许借贷取利的。但尽管如此,此阶段的高利贷禁令也已经隐隐透出对世俗界的"关心",这明显地表现在教皇利奥的敕令中:"如果某些渴望获得不义之财的人,通过借出高利贷而发财,我们不能轻易放过。我们不仅反对那些担任教士职务的人,我们认为这对那些希望被称作基督徒的俗人也是正确的。"③这对那些希望把高利贷禁令扩大到僧俗两界的主张埋下了伏笔。

高利贷禁令的第二个阶段是在加罗林王朝,尤其是查理曼时期。在该时期,教会制定了一系列法规,把高利贷禁令正式扩展到俗界,成为针对全社会的禁令,

---

① See Jaques Le Goff, *Your Money or Your Life*, New York, Zone Books, 1998, p. 28.

② Roy C. Cave & Herbert H. Coulson, *A Source Book for Medieval Economic History*, New York : Biblo & Tannen, 1965, p. 170.

③ Roy C. Cave & Herbert H. Coulson, *A Source Book for Medieval Economic History*, New York: Biblo & Tannen, 1965, p. 171.

"在加罗林王朝统治时期,高利贷行为不仅受到教会的指责,而且还受到世俗统治者的指责"。[①] 公元789年牧师会教规规定:"禁止任何人由于高利贷支付任何东西。"公元813年牧师会教规规定:"不仅基督徒教职人员不得放高利贷,俗人也不得放高利贷。"公元825年规定,伯爵们应协助主教抑制高利贷;公元850年蒂西纳宗教会议要求高利贷者必须归还其所得。[②] 这一系列法令明确地把俗人纳入高利贷禁令的规制之下。加罗林王朝时期,是西欧历史上中世纪文化正式形成的时期,是封建制度确立时期,也是僧俗两界结合完成的时期。此时,僧俗两界的结合不只是形式上的,而是教会实际上涉足世俗的生活,并获得了相当大的权利。查理曼亲自颁布的教士会法规就明确指出,"此后惟有教会可以具有介入人类及其暴君们之间成为斡旋者的权力"。[③] 教会因其在文化上的优势,使教会的法规、教会的道德条例成为全社会共同遵守的律令,高利贷禁令也不例外。从表面上看,与早期教父相比,此时高利贷禁令执行的范围更加扩大,也更加严厉。其实这一时期是最相安无事的时期,因为此时的西欧比较贫穷,社会基本上都处于自给自足的状态,商业极不发达,社会上有钱人非常缺乏,因而能从事高利贷的人是非常少的。

高利贷禁令的第三个阶段是12世纪以后。该时期是高利贷禁令的高涨期,这主要表现在:一方面,关于高利贷禁令的条例、文告、法令频频出现,几乎每一次宗教会议都会把探讨高利贷禁令作为重要议题,其中在1139年的第一次拉特兰会议、1179年的第三次拉特兰会议、1215年的第四次拉特兰会议、1274年的里昂会议,以及1311年的维也纳会议,都为阻止高利贷行为的蔓延做出了努力;另一方面,此时更加注重从理论上进行阐述,不再只是简单地颁布禁令,而是试图把该法令作为一种研究对象进行理论阐述,出现了托马斯·阿奎那等著名的神学集大成者,从而使高利贷禁令从一种法令变成了一种系统学说,使其更加具有说服力。12世纪以后之所以教会重新重视高利贷问题,并使得高利贷禁令出现了一个高潮,原因也是非常明显的。一方面,是因为此时西欧社会的经济基础发生了变化,城市开始复兴,商业活动更加频繁,钱币所起的作用越来越大。出于世俗商业的需要,高利贷有了迅速发展的趋势,教皇亚历山大三世主持的拉特兰宗教会议所制定的教规中,便突出地表现出了高利贷行为的普遍:"由于高利贷罪恶几已遍及各地,很多人流为高利贷者,使百业为之荒废,一若此种行为属于许可之列,而无

① [俄]A.古列维奇:《中世纪文化范畴》,庞玉洁、李学智译,浙江人民出版社1992年版,第324页。
② 参见巫宝三主编:《欧洲中世纪经济思想资料选集》,商务印书馆1998年版,第397页。
③ 巫宝三主编:《欧洲中世纪经济思想资料选集》,商务印书馆1998年版,第106页。

视新旧的禁令。"[①]对此，教会很难控制，因为"商人们在经营高利贷而进地狱，和因为遵守教会的禁令而沦为乞丐之间别无选择"。[②] 另一方面，此时教会和国王的联盟阵营开始发生变化，世俗的国王开始看到了商业发展对他们的好处，而且正是国王和上层频繁地与商人发生借贷关系，因此，有些国王或者上层鼓励，甚至公开支持高利贷活动，这使教会固守的信条发生了动摇。

从基督教禁令的演变历程我们可以看出，尽管它有着明显的阶段性，并随着社会的变动而起伏，但是这项禁令始终没有松动过，那么，支撑这些禁令的理论依据是什么呢？

二、高利贷禁令的理论依据

高利贷禁令并非只是一道命令，而是背后有着一套和当时社会现实紧密结合的理论的支撑。尤其是12世纪以后，随着托马斯·阿奎那等神学家从神学、伦理和经济学等多方面进行阐释，高利贷禁令成为非常系统的理论。

高利贷禁令最初始的，或者说最本原性的理论来源当然是教会所崇奉的《圣经》，这是日后一系列理论阐发的基础。依据《圣经》的神学传统，基督教是把上帝置于钱的对立面的，这种观念体现在《旧约》和《新约》中。"传道书"中说，"爱金子的人不能免于罪恶，因为追逐财富将误入歧途"；"马太福音"中说，"一个人不能侍奉两个主，不是恶这个爱那个，就是重这个轻那个，你们不能又侍奉神，又侍奉玛们(财神)"。除讲到上帝与钱财的不相容性外，《圣经》中更是直接提到有关借贷的律令。《出埃及记》中说，"我民中有贫穷的人与你同住，你若借钱给他，不可如放债的向他取利"。"利未记"中说，"神使你的兄弟与你同住，你借钱给他，不可向他取利，借粮给他也不可向他多要"。"申命记"中说，"你借给你兄弟的，或是钱财，或是粮食，无论什么可生利的物，都不可取利。借给外邦人可以取利，只是借给你兄弟不可取利"。

《圣经》中的话语作为信徒信仰的信条，当然对教会人士具有约束力，但是如果使它适用于整个社会，仅仅这些信条就远远不够了。因此，随着高利贷禁令适用于整个社会，对它的理论的阐述也逐步结合社会的具体情况，从经济、伦理道德、宗教信仰等多角度进行阐释。具体而言，高利贷禁令的理论主要表现在以下几个方面。

首先，教会从公平和正义的角度来探讨高利贷行为的非道德性和非正义性。

---

① 巫宝三主编：《欧洲中世纪经济思想资料选集》，商务印书馆1998年版，第199页。

② G. G. Coulton, *The Medieval Village*, Dover Publications, Inc., 1989, p, 327.

在中世纪,人们把正义看作政治的准则,它主要体现为国王的美德;而公平则是处理人与人各种关系的准则。表现在经济方面,基督教会特别主张"公平价格",也就是说,价格本身并不是由商品的价值和市场的波动所决定的,而是由社会团体的需要所决定的,因此无论是贵卖还是贱买都是不公平的。因而当时会有这样的事情:一位虔诚的修道院长,他从罗马朝拜归来,路上遇到一些威尼斯商人,他们要他购买东洋的织物与衣料,他示以在罗马买来的法衣,且告知其所付的代价。商人们"祝福"他买得便宜,谓此法衣若在君士坦丁堡买价值若干。他听了以后,自以为欺骗了卖主,深感不安,居然到罗马,补付价款。[①] 以公平和正义的尺度来衡量高利贷行为,发现它既无正义又不公平。按照托马斯·阿奎那的观点,"用金钱来放高利贷本身就是不公正的,因为这其中出卖了本来就不存在的东西,而这显然会导致与正义相悖的不公平"[②]在这其中。"本来不存在的东西"主要包括两个方面:一方面,高利贷者借出钱以后,他并没有实际从事任何实质性的劳动,其中当然不可能有什么效益产生。即使钱币能够产生效益,那么它每时每刻都在产生效益,就连人们睡觉的时候也不停息,这显然有悖常理。很显然,高利贷者在借出和收回之间所出卖的只能是"时间"。但"时间"并不是可以出售的东西,它是上帝所独有的,是所有人都平等使用的东西。所以,高利贷出售的是上帝的财产,高利货是偷窃,高利货者是贼,"作为时间的盗贼,高利货偷走了上帝的财产"。[③] 另一方面,当某件物品被出借或被出售后,那么该件物品的使用权也随之无条件转移。如果把钱币看作物品的话,高利贷者在把钱借出的同时,也就把对该钱币的使用权给予对方了。但高利贷者却反其道而行之,指望通过对方对该物品的使用而获利,这等于把一件物品出售了两次,这同样是出卖了不存在的东西,当然也是不公正的。

其次,教会从界定劳动的性质出发来探讨高利贷者的不合理性。在教会的眼里,劳动具有双重的含义:一方面,劳动同效益具有直接的因果关系,只有实际付出劳动,才能得到果实,这最明显地表现在农业劳动中。劳动是维持人们日常尘世生活所必不可少的。另一方面,劳动又是上帝所设定的用来约束人们,让人们克制自己的手段,"土地是由上帝赐予人们的,以使他们在尘世间带着永远救赎的

---

① 参见周宪文:《西洋经济史论文集》(第二辑),台北,中华书局1974年版,第904页。

② St. Thomas Aquinas, Summa Theologica, Trans., *Fathers of The English Dominican Province*, London: R. T. Washburne, Ltd., 1918, p. 330.

③ Jaques Le Goff, *Your Money or Your Life*, New York: Zone Books, 1998, p. 39.

观点而生活”。[①] 因此,劳动具有生活和精神的双重价值。劳动是为了维持人们在现世的生存,同时劳动又是教育人、锻炼人的一种手段,以期进入来世的一种手段。在劳动的神圣性面前,懒惰则是违背人类正常生活状态和上帝的意志的,“懒散是灵魂的敌人,它会产生邪恶而且能使永生的灵魂受到威胁,劳动则能够克制人的欲望,有利于自我约束和精力集中”。[②] 同时,通过劳动积聚财富也是不适当的,因为这与上帝所设定的劳动的目的相违背。因此,高利贷者至少从两个方面是与上帝的计划相对的。一方面,高利贷者指望不通过劳动就获得报酬,让本身不能劳动的钱币为他获得利益,这明显地犯了懒惰罪;另一方面,高利贷者一门心思以赚钱和占有财富为目的,甚至指望从困苦不堪的人身上赚钱,因为他不管把钱借贷给谁,都指望从他们那里得到高额的回报。由于高利贷经营高利贷的行为和目的都与上帝相对,因而他只能是魔鬼的化身,“高利贷者是他(魔鬼)的尘世的朋友,它的下界的被保护人”。[③]

另外,教会从财富的正当性方面来论证高利贷的非正当性。按照基督教会的观念,财富本身具有正当和非正当的区别。虽然财富从本质上是与精神和拯救相对的,但是财富本身又是必要的,这是中世纪基督教会不同于早期社会的理解。在此的关键是你如何利用和认识财富。财富的占有只有在一定限度内才有其合理性,这个限度就是财富以能够满足自己的需要为限度,超过这个限度而占有财富就是犯了贪婪罪,正如奥古斯丁所说:“凡是所拥有的财产超过自己需要的人,他就占有了不属于他的东西。”[④]当然在中世纪社会,这种限度对每个人并不是均等的份额,它是因不同的阶层而有所不同的,因为当时的社会是一个阶层分界特别明显的社会,每一个阶层都有着相应的地位和生活方式。在这里限度就是指能够维持某一个人所处地位的财富所需。另外,如果一个人暂时占有了超过自己所需的财产,那么仍然有着途径来证明自己财富的正当性,那就是如何把这部分取之于社会的钱财再用之于社会,在当时的主要方式就是看他能不能拿自己多余的钱用来救助穷人或用于公益事业。按照教会的解释,“造就富人是为了解救穷人,造就穷人是为了拯救富人”。[⑤] 所以,一个人在物质上付出了,则精神上被提升了。高利贷者的行为正好与正当的财富占有是相对的。他们不是追求满足自己

---

① Henri Pirenne, *Economic and Social History of Medieval Europe*, Harcourt, Brace and Company 1937, p. 13.

② [俄]A. 古列维奇:《中世纪文化范畴》,庞玉洁、李学智译,浙江人民出版社 1992 年版,第 301 页。

③ Jaques Le Goff, *Your Money or Your Life*, New York: Zone Books, 1998, p. 57.

④ [俄]A. 古列维奇:《中世纪文化范畴》,庞玉洁、李学智译,浙江人民出版社 1992 年版,第 278 页。

⑤ [俄]A. 古列维奇:《中世纪文化范畴》,庞玉洁、李学智译,浙江人民出版社 1992 年版,第 280 页。

阶层需要的财富,而是一直在积聚财富,把积攒财富看作自己的唯一目的;同时,高利贷者从来不会无偿地把自己的钱财拿来救助穷人,而是指望用钱财来生钱,不管借贷者是穷人还是其他什么人,因而高利贷者依靠高利贷而获得的财富是非正当的。

综上所述,无论从任何角度来看,高利贷都没有存在的合理性,因而对他们进行禁止不但符合基督教的教义,也同样符合社会的需要。

三、高利贷禁令的社会基础

前面所述的高利贷禁令的理论依据有着某种合理的成分,如对救助穷人、主张公正等内容,但是许多内容在我们现代人看来,则具有荒唐的特点。如他们对时间的解释,认为时间在经济行为中并不能起任何作用,认为时间和效益是完全脱节的关系;还如他们对钱币不能生钱的解释在现代社会中更是没有道理的,因为在我们看来,把钱币借贷给别人就使自己失去了用这笔钱投资赚取利润的机会。但是中世纪时代的人并不这样看,而是作出了自己的解释。以我们现代的眼光看似荒唐的东西,在当时人们的眼里却非常具有说服力。究其原因,我们不能认为这是由于基督教会利用自己的势力强迫人们执行的结果,因为这项法令是僧俗共同承认和执行的,而且在中世纪这样漫长的历史中始终被执行着的。我们只能说,这项禁令及其理论阐释之所以能够为当时的人们所普遍接受,是因为这些解释是符合当时人们的认识水平的,而且,这项禁令是有着其存在的社会基础的。无论何种信条,只有与时代的要求相吻合,才会具有约束力。

首先,中世纪在商业复兴以前,其基本的经济形态是消费性经济而非利润型的经济,也就是说,整个社会的生产均以满足最基本的消费为主,而不是进行投资和扩大再生产。这典型地体现在庄园经济体特点当中。我们一般把庄园看作封闭性的经济实体,原因就在于庄园的经济是满足整个集合体成员基本的物质需要,维持固定不变的生产和生活,正如萨姆罕特·厄内斯特所描述的:"这些人们并不舒适地生活着,像一个大家庭,或扩大的领地。所有需要的东西他们都自己生产;他们自己种植谷物,剪羊毛;在漫长的冬日里,妇女和孩子们便梳理羊毛,缝制成衣。牛不但提供肉类,而且还提供毛皮,这些毛皮经鞣制后制成鞋、裤子和皮上衣。"①在这样的经济形态下,人们注重的是实物而不是货币,注重的是从土地上生产直接可以使用的东西,而不是注重交易。在当时所谓的交易也纯粹是购买

① Samhaber Ernst, *Merchants Make History*, N. Y. Day, 1964, p. 84.

一些必需品来补充庄园的不足,上层也只是用钱币购买一些维持本阶层体面的奢侈品,并没有通过买卖来赚取钱财的认识,更没有投资赚取利润的概念。因此,"无论如何,中世纪某些时期中,生产性投资的机会极为缺乏,因为人们反对收取利息的强烈偏见,带有相对的合理性"。[①] 这种合理性在于,一方面,按照他们注重实物而不是钱币的观点,商品的移动也好,货币的流动也好,并没有实际地为社会增加财富,因而从事商业和高利贷的人就不能从中获利。另一方面,在消费经济为主的时代,所发生的借贷关系主要是消费性借贷而不是生产性借贷。人们往往是在发生天灾无法维持最基本的生活的情况下才举债,他使用这笔钱并不是去投资获取利润,而纯粹是个人消费,消费并不会增加财富,那么出借的人有何道理从中获利呢?况且,救助穷人是基督教的主张,也是当时社会的职能,那么高利贷者更不能指望从这种救助中获利。

其次,在中世纪的很长时期,经营高利贷的主体主要是由犹太人所组成的,这为实行高利贷禁令提供了另外的更充足的理由。基督徒经营高利贷面临财力和信仰双重的限制,在西欧处于自然经济状态、自给自足的情况下,很少人有多余的钱财用来借贷;另外,高利贷禁令是针对僧俗所有的基督徒的,因而很少人能够顶着恶名,冒着下地狱的危险去从事高利贷业务。而犹太人则不同,他们自失去祖国到处散居以来,一直处于所生活的社会的夹缝之中,无法真正融入当地的社会,只能依靠商业交易和经营钱币为生。在西欧,犹太人经营高利贷有着天然的优势,由于犹太人并非基督教阵营的人,因而他也就有不遵守这一项规定的权利,同时,高利贷禁令对基督徒的限制又使犹太人缺少了竞争对手。但是,到底犹太人实实在在地生活在西欧社会中,他们的行为确实对西欧社会产生着影响,因而也就同基督教社会普遍认同的观念发生了冲突,对高利贷的谴责变成了基督徒同犹太人的矛盾,反对高利贷也就变成了反对犹太人,这在第四次拉特兰宗教会议的法令中明显出这种对立,"为了防止基督教徒受到犹太人非人道的对待,我们决定,犹太人已经从基督徒那里榨取了过多的利息,除非他们赔偿,无论任何借口,所有基督徒与他们的商业都被禁止"。[②] 更为重要的是,在基督教社会的观念里,犹太教徒还犯有不可饶恕的罪行,因为他们是杀害耶稣的人,是弑婴者和圣体的亵渎者,是基督徒不共戴天的仇敌。既然犹太人是高利贷者的代名词,那么谴责高利贷便是天经地义的。

最后,禁止高利贷也是维持当时社会秩序的需求。中世纪的社会秩序体现为

---

① 巫宝三主编:《欧洲中世纪经济思想资料选集》,商务印书馆 1998 年版,第 205 页。

② Jaques Le Goff, *Your Money or Your Life*, New York: Zone Books, 1998, p. 37.

严格的等级制,贵族、教士、农民各归其位并各守其位,人与人之间的关系是通过依附而建立起来的,相互间的流动是非常困难的。归根到底,这种分层式的社会结构决定于当时的经济基础,也就是以土地为基础的经济模式,每个阶层的高低取决于每一个阶层所占有的土地以及土地出产物的多寡。这种社会结构看似比较稳定,但同时也比较脆弱,它经不起其他经济力量的冲击,尤其是大规模的商业力量。因为商业的特征是自由交往,自由流动,以钱财获取为目的。如果过多的商业涉入其中,则会把“自由”的概念带入其中,这与社会结构组成的“依附”准则是相对的。从本质上说,高利贷是一种商业行为,它代表的是另外一种经济模式,如果允许高利贷随意增长,就会使得社会以钱财为中心进行社会重组,从而破坏现有的秩序,因为人们“一旦获得金属货币,村民们便会积攒它,这对庄园制经济是一种坏事情。当钱财积攒起来以后,一些人便会赎取自由而离去”。[①] 这就是当时不但对高利贷进行谴责,甚至对普通的商业也进行压制的原因所在。因此,教会坚持高利贷禁令其实是从另一个角度维持当时的社会秩序,同时维持自己的地位。教会作为自然经济状态的最大获利者,它自然不希望把瓦解当时经济基础的因素引入并使其发展,削弱自己存在的基础,“在这种情况下,还有什么比谴责更有好处的呢?”

因此,尽管随着商业复兴的不断发展,高利贷禁令越来越成为商业发展的障碍,但是应该说,在中世纪的大部分时间里,该项禁令是符合当时的经济基础和人们的认知水平的。它顺应了当时的经济模式和社会秩序,在一定程度上,是当时社会经济特点在理论上的体现。

---

① Reyold Robert Leonard, *Europe Emerges: Transition Toward An Industrial Word-wide Society 600 – 700*, Madison, The Univ. of Wilsconsin Pr, 1961, p. 126.

中世纪前期罗马法在西欧的延续与复兴

李　栋

一、罗马法在中世纪前期并未断裂

具有务实精神的罗马人使罗马法成为西方法律文明的坐标和近现代法学的历史基础，正如德国著名法学家耶林在《罗马法精神》中所说："罗马帝国曾三次征服世界，第一次以武力，第二次以宗教，第三次以法律。武力因罗马帝国的灭亡而消失，宗教随着人民思想觉悟的提高、科学的发展而缩小了影响，唯有法律征服世界是最为持久的征服。"①然而，公元476年曾经显赫一时的罗马法随着西罗马帝国覆灭，其权威也逐渐失落。② 整个中世纪前期③的法学被称为"法学受挫时期"。西欧处于较为落后的蛮族国家统治之下，在大部分地区，人们已经淡忘了罗马法。法学在中世纪前期经历了近500多年的"黑暗时代"。直到11世纪中叶，在意大利比萨城发现了查士

---

① 周枏：《罗马法原论》(上册)，商务印书馆2005年版，第12~13页。

② 尽管早期东罗马帝国的立法活动非常频繁，立法成果颇多，产生了诸如《引证法》《狄奥多西法典》《国法大全》等一系列传世的罗马法典，但是这些法典都不足以挽救帝国的衰亡。换句话讲，东罗马帝国时期的诸多立法活动是挽救罗马政治和当时社会秩序的唯一选择。

③ 中世纪(Middle Ages)是从15世纪后期的人文主义者开始使用的一个词语，旨在描述欧洲历史上的一个时代，即由西罗马帝国灭亡(公元476年)数百年后，封建制度占统治地位的时期，直到文艺复兴时期(公元1453年)之后，资本主义抬头的时期为止。本文所说的中世纪前期是指公元5世纪到12世纪。

丁尼《学说汇纂》的手稿原本,罗马法才重新进入人们的视线,被重新研究,罗马法得以复兴。①

正因如此,国内外相关著作在论及此一时期罗马法时普遍存在一种误解,即他们习惯性地认为在中世纪前期罗马法的发展是停滞的,罗马法在这一时期已经远离人们的视线,它重新受到关注与研究,发端于11世纪中叶以后意大利波伦那(Bologna)大学的"罗马法复兴运动"。相应地,国内外相关著作和教科书在论及此问题时,或是忽略"罗马法复兴前"罗马法在西欧各蛮族国家的发展,或是对此问题一笔带过,直接将笔墨落在了11世纪中叶以后,其经典表述为:"11世纪末在意大利发现了《国法大全》的真本,尤其是其中保存得相当完整的《学说汇纂》。这一发现,使法学家有了在大学讲授法学所依据的范本,有了注释的对象,从而开始了学习、讲授、传播罗马法的运动。"②

然而,历史果真如此吗?曾经头戴璀璨光环的罗马法随着蛮族的入侵果真在中世纪前期就销声匿迹了吗?11世纪末期仅凭一部《学说汇纂》的发现就能够推动整个古典罗马法的复兴吗?

据笔者考察,国内外学者之所以对中世纪前期罗马法发展产生这种简单化的论断,很大程度上是因为人们始终对古典罗马法复兴缘起于11世纪末《学说汇纂》发现的观点深信不疑。他们相信正是这部最能体现古典罗马法学术水准的法典,激起了人们对于古典罗马法的再次狂热。

然而,令人唏嘘不已的是,古典罗马法复兴源于11世纪末发现《学说汇纂》的观点在西方早已为多数学者所否认。③ 伟大的历史学家穆拉托里(Muratori),以

---

① 这里之所以强调查士丁尼《学说汇纂》对于罗马法复兴运动的重要性,是因为它较之于查士丁尼《国法大全》另外三部法典更能代表古代罗马法的成就。See F. Pollock and F. W. Maitland, *the History of English Law Before the time of Edward* Ⅰ, Cambridge: Cambridge University Press, 1968, Vol. 1, p. 9 – 10.

② 参见何勤华:《西方法学史》,中国政法大学出版社2003年版,第59页;戴东雄:《中世纪意大利法学与德国的继受罗马法》,中国政法大学出版社2003年版,第76~79页;[爱]J. M. 凯利:《西方法律思想简史》,王笑红译,法律出版社2005年版,第76~79页;[美]约翰·H. 威格摩尔:《世界法系概览》(下册),何勤华、李秀清、郭光东等译,上海人民出版社2004年版,第837~838页;[德]弗朗茨·维亚克尔:《近代私法史——以德意志的发展为观察重点》(上册),陈爱娥、黄建辉译,上海三联书店2006年版,第33页;[美]莫里斯:《法律发达史》,王文学译,中国政法大学出版社2003年版,第180页;[葡]叶士朋:《欧洲法学史导论》,吕平义、苏健译,中国政法大学出版社1998年版,第71~71页;[美]哈罗德·J. 伯尔曼:《法律与革命——西方法律传统的形成》,高鸿钧等译,中国大百科全书出版社1996年版,第148页。

③ 如意大利学者格罗索就否认11世纪法学复兴的起因是《学说汇纂》原本的被发现。参见[意]朱塞佩·格罗索:《罗马法史》,黄风译,中国政法大学出版社1998年版,第453~454页。

及18世纪初期多纳托·达斯蒂(Donato D'Asti)等人都曾指出此观点是站不住脚的谬误;法学家吉多·格兰迪(Guido Grandi)和塔努齐(Tanucci)对这一观点也有过长期的争论。传统观点认为,罗马法研究的复兴肇始于1135年至1136年《学说汇纂》的文本在意大利南部阿马尔菲城(Amalfi)的发现;该文本是公元6世纪或7世纪希腊人的手抄本,在阿尔马菲城被发现后被转至比萨,最后保存在佛罗伦萨,因此也被称为"比萨本"(Pisan manuscript)或"佛罗伦萨本"(Florence manuscript)。虽然"阿尔马菲起源说"曾因布莱克斯通的《英国法释义》在英美国家广为流传,但意大利学者多拉托达斯提(Donato d'Aatl)早在1700年就对"阿尔马菲起源说"表示了最初的怀疑。① 德国法学巨擘萨维尼在《中世纪罗马法史》中对此问题作出了正本清源性的说明。萨维尼明确指出,"阿尔马菲起源说"是一个缺乏可信度的传说,《学说汇纂》的文本在中世纪前期的学校和教会一直存在。"整个'罗马法的复兴源自一部叫作比萨手稿'的传说,现在已经没有什么值得我们去相信的了……因此整个事件无非只是意大利爱国主义者们为了提升他们国家城市的名声而杜撰的众多传说中的一个。"②

与萨维尼的观点相一致,在西方关于中世纪前期罗马法发展的实际状况始终存在另外的一种声音,即罗马法在中世纪前期是发展的,而且以特定的方式存留到今天。诚如维诺格拉道夫所言:"人们始终关注罗马法在罗马国家衰退后的命运,然而,罗马法在特定历史条件下不仅存留了下来,而且将其特质保留到了今天。"③大量的史料证明,西罗马帝国衰亡后,罗马法不仅在蛮族统治下存活了下来,而且得到了丰富和发展。维诺格拉道夫甚至将这一时期罗马法成长的特征概括为:"罗马化的地区和蛮族化的罗马"。④

那么,中世纪前期罗马法如何在"黑暗时代"成长?其成长背后的动力与原因是什么?"罗马法复兴运动"的历史基础又在哪里?这些都是笔者重点要讨论的问题。

二、公元5世纪至6世纪蛮族国家对罗马法的继受

"罗马法继受"(the Reception of Roman Law)是德国学者创造出的一个旨在

---

① 参见[美]孟罗·斯密:《欧陆法律发达史》,姚梅镇译,中国政法大学出版社2003年版,第400页。

② Car Von Savigny, *The History of the Roman Law During the Middle Age*, Translated by E. Cathcart, Hyperion Press, 1834, Vol. Ⅲ, p. 92.

③ Paul Vinogradoff, *Roman Law in Medieval Europe*, Speculum: Speculum Historiale, 1994, p. 11.

④ Paul Vinogradoff, *Roman Law in Medieval Europe*, Speculum: Speculum Historiale, 1994, p. 13.

描述中世纪西欧各个国家和地区学习、吸收罗马法活动的概念。尽管罗马法在西罗马帝国衰亡后,其影响力在西欧有所减弱,但实际上罗马法并未就此消亡,在蛮族统治的大部分国家和地区,罗马法仍在传播、发展,处于一种隐而不彰、持续发展的状态。

公元5世纪至6世纪的西欧又被称为"拜占庭时代",它指的是从公元476年西罗马帝国灭亡,一直到伦巴第人于公元568年(Lombards)对意大利入侵这段时间。这一时期,西欧的蛮族国家主要有东哥特、西哥特和勃艮第。他们在各自的立法活动中不约而同地继受了罗马法。正如卡利斯教授所言:"这一时期的法律渊源中,罗马法占主导地位。甚至可以说,除去同一时期的日耳曼人在意大利制定的第一批立法法令外,罗马法是唯一存在的法律渊源。不过,即使在那些日耳曼人的法令中,罗马法也几乎是最为重要的或者唯一的构成要素。"①尽管这种说法未免有些绝对,但公元5世纪末6世纪初最为重要的三部法律,即东哥特人的《狄奥多里克告谕》(*Edictum Theodorici*)、西哥特国王阿拉利克召集当时罗马法学家编辑的《阿拉利克法律要略》(*Breviarium Alaricianum*)以及勃艮第国王耿多巴德(Gundobad)在位期间(公元476年至516年)制定的《勃艮第罗马法》(*Lex Romana Burgundionum*),都是继受罗马法的典型代表。

(一)东哥特对罗马法的继受

《狄奥多里克告谕》是东哥特国王狄奥多里克于公元500年颁布的。该部法律的颁布是狄奥多里克仿照古代罗马皇帝的惯例,在罗马庆祝他的"10周年"统治而颁布的。因为在此之前古代罗马皇帝哈德良(Hadrian)在他的15周年纪念日时颁布了《常续告谕》(*Edictum Perpetuum*),狄奥多西(Theodosius)大帝在30周年纪念日时颁布了《狄奥多西法典》(*Codex Theodosianus*)。据说,该告谕出自一名叫卡西奥多鲁斯的罗马法学者之手,他曾经担任过元老院的事务官(questor)和教士。因为在当时"任何一位日耳曼人(不提其他原因),均不具备法令中所展现出的关于罗马法的全面知识"。②

《常续告谕》除"序言"和"结束语"外,由154条组成,内容主要与刑法和程序法有关。《常续告谕》主要目的自然是镇压在其统治过程中频频发生的无秩序的申诉,同时也旨在为法律的公正实行提供保证。《常续告谕》的渊源只有一个,那

---

① [英]梅特兰等:《欧陆法律史概览——事件、渊源、人物及运动》,屈文生等译,上海人民出版社2008年版,第9页。

② [英]梅特兰等:《欧陆法律史概览——事件、渊源、人物及运动》,屈文生等译,上海人民出版社2008年版,第12页。

就是古代罗马法,具体包括古罗马五大法学家之一保罗(Paulus)的《保氏案例》(*Sententice*)和西罗马帝国末期(公元3世纪至5世纪)编纂的三部法典《格里哥安法典》(*Codex Gregorianus*)、《赫尔莫杰尼安法典》(*Codex Hermogenianus*)、《狄奥多西法典》(*Codex Theodosianus*)以及一些当时在学校和法庭上使用的手册便览。据卡利斯考察,《常续告谕》中的有些特定条款甚至与罗马法渊源中的相应条款没有区别,《常续告谕》在多处明确地引用"法"(leges),也就是罗马皇帝敕令(imperial constitutions),狄奥多里克希望这些"法"能被得到遵守。在《常续告谕》的结束语中,立法者进一步声称《常续告谕》是对古代罗马敕令和法学家意见的汇编结果。①

由此可见,东哥特人所适用的法律《狄奥多里克告谕》与其说是一部"蛮族的罗马法律",毋宁说它就是古代罗马法在中世纪前期的一种延续。之所以如此,一方面,是因为国王狄奥多里克对古代罗马国家及法律十分崇敬。对于前者,他始终坚持把自己的法律汇编称之为"告谕"(edictum),而不是"法律"(lex),因为"法律"在罗马世界中只能用于由皇帝颁布的规范,他仅将自己看作帝国内部的地方行政长官。对于后者,狄奥多里克说他并不奢求制定面面俱到的法典,只想就某些主要议题确定并收集比较重要的规范,"同时继续遵循罗马法和其他应得到遵守的法律"。② 另一方面,狄奥多里克则是出于统治的需要继受罗马法。他希望日耳曼人军事上的英勇能够与罗马人的法律文明相结合,以巩固他的王国。因为罗马法律文明早已植根于帝国边界之内,它是帝国特权建立的基础。狄奥多里克希望他的法令能成为调和两民族的手段,"他宁愿将所有东哥特人同化为罗马人,而不是相反"。用他自己的话来说,他的意图在于通过《常续告谕》来消除日耳曼人和罗马人的冲突的可能。例如,《常续告谕》涤除掉蛮族习惯法中的等级身份制度,汲取罗马法内容,不承认任何以官衔或身份地位为依据的特权,那些不严格执行法律的地方行政长官都将受到惩罚而被流放。

特别需要说明的是,古典罗马法除在私法领域影响东哥特外,在公法领域,罗马法也是东哥特人效仿的主要来源。正如卡利斯教授指出的那样:"这一时期的法律渊源同样包括卡西奥多鲁斯保存的档案记录(Chancery formulas);这些记录有较为重要的价值,主要是由于其列举了公职人员的权利和职责;虽然风格夸饰浮华,并频用隐喻和冗词赘句,但对于公法史来说却有价值,而且它们更加清楚地

---

① 参见[美]孟罗·斯密:《欧陆法律发达史》,姚梅镇译,中国政法大学出版社2003年版,第137~139页。

② 参见[意]朱塞佩·格罗索:《罗马法史》,黄风译,中国政法大学出版社1998年版,第409页。

反映出东哥特公法基本上就是罗马法。”①

继受古典罗马法的《狄奥多里克告谕》虽然随着东罗马帝国查士丁尼大帝军队的入侵而废止，但有资料显示，在东罗马帝国重新获得今意大利地区的统治后，东哥特人仍然与罗马法保持密切联系。对此，卡利斯教授印证道：“首先，在有关决定不撤离意大利的投降书中，含有保证服从帝国法律的条文；其次，在某些文献中，我们可以发现东哥特人承认他们遵守查士丁尼的罗马法；最后，上面提到的《国事诏书》②明确声明，查士丁尼打算使它适用于西罗马的所有臣民。”③

（二）西哥特对罗马法的继受

在中世纪早期的“蛮族法典”中，对罗马法继受最为明显的就是西哥特人的《阿拉利克法律要略》。《阿拉利克法律要略》是西哥特第二任国王阿拉利克（公元485年至507年）命令罗马法专家组成的法学家委员会编纂的。公元506年在托洛萨（Tolosa）的一次主教和罗马显贵人物的会议上《阿拉利克法律要略》得以通过并由国王颁布。④ 阿拉利克下令编纂《阿拉利克法律要略》的目的在于改善西哥特内部罗马法适用过程中的不确定性和混乱局面。因为在此之前，西哥特存在多种罗马法的文本。⑤

《阿拉利克法律要略》具有完全罗马化的特征，是对西罗马帝国法律（Leges）和法学学说（jura）汇编的结果。至于法律，《阿拉利克法律要略》参考了《狄奥多西法典》以及众多“新律”（Novels），包括《狄奥多西新律》（*Theodsius*）、《瓦伦提尼安三世新律》、《马里西安新律》（*Marcianus*）、《马吉奥里安新律》（*Magiorianus*）、《西弗勒斯新律》（*Severus*）等。关于法学学说，《阿拉利克法律要略》使用了盖尤斯的《法学阶梯》（*Institutes of Gaius*）。需要说明的是，《阿拉利克法律要略》所引用的这部盖尤斯的著作并非原版，它被收录在一部称为《盖氏法》

---

① ［英］梅特兰等：《欧陆法律史概览——事件、渊源、人物及运动》，屈文生等译，上海人民出版社2008年版，第14页。

② 这里的《国事诏书》是指东罗马帝国皇帝查士丁尼大帝于公元554年在击败东哥特之后，颁布的一部旨在恢复昔日罗马帝国及其法律的诏书，其全称为《查士丁尼国事诏书》（*Pragmatic Sanction of Justinian*）。

③ ［英］梅特兰等：《欧陆法律史概览——事件、渊源、人物及运动》，屈文生等译，上海人民出版社2008年版，第14～15页。

④ Paul Vinogradoff, *Roman Law in Medieval Europe*, Speculum: Speculum Historiale, 1994, p. 18.

⑤ 对于《阿拉利克法律要略》产生的目的，学者但恩（Dahn）有着不同的看法，他认为西哥特人编纂罗马法的动机在于对内调和国内罗马人人心，减少内部摩擦，团结国内各方力量，共同抵抗法兰克人随即而来的入侵。参见［美］孟罗·斯密：《欧陆法律发达史》，姚梅镇译，中国政法大学出版社2003年版，第151～152页。

(*Liber Gai*)的概要之中,后者专为法庭事务而设计使用,并经常在公元3世纪至4世纪间罗马大学的教学活动中所使用。此外,《阿拉利克法律要略》还收集了保罗的《保氏案例》《格里哥安法典》《赫尔莫杰尼安法典》中的一些敕令以及出自帕比尼安(Papinian)《解答集》(*Responsa*)中的一节。《阿拉利克法律要略》中除去从《盖氏法》中摘取的那一节没有被处理过外,其他被编纂内容均被附上"解释"(interpretatio),即一种对文本兼有"概括和解释"的释义(commentary),旨在解释那些意思模糊的条文规则。可以肯定的是,这种"解释"并非由编纂《阿拉利克法律要略》的那些西哥特人所为,这项工作实际系由教授罗马法的教师完成的,因为他们在帝国后期的主要任务就是将先前的法律文本适用到新情况之中。①

由此可见,《阿拉利克法律要略》从法律渊源上看,由于没有受到同时期拜占庭的影响,基本上以公元5世纪末6世纪初西欧罗马法学者对西罗马帝国法学知识的储备为基础,因而可以大体反映出罗马法复兴前,西欧人所了解的最为完整的罗马法。对此,维诺格拉道夫指出:"毋庸置疑的是,《阿拉利克法律要略》在当时西欧国家获得了显赫的地位,犹如《国法大全》(*Corpus Juris*)在欧洲东部拜占庭世界一样。"②中世纪学者斯特恩(Stein)甚至认为:"在公元11世纪开始的对查士丁尼法典编纂的研究之前,《西哥特罗马法》是西方研究罗马法的标准来源。"③

就《阿拉利克法律要略》的基本结构与内容而言,《阿拉利克法律要略》与后来的《查士丁尼法典》同样包含三个最为基本的部分:法学阶梯(the Institute)、普通法(Common Law,指学说法)和制定法(the Statutes)。第一部分是献给初学者的导读性作,第二部分记录了罗马法学家的一些法学理论,第三部分则记录了罗马帝国皇帝颁布的诸多制定法。首先,相对于《国法大全》中的《法学阶梯》,《阿拉利克法律要略》的相似部分虽然对盖尤斯的作品有所删减,但是合适的剪取方式和实用的剪取风格,使盖尤斯的作品以更加简洁(simplicity)、清晰(clearness)的面貌得以再现。例如,《阿拉利克法律要略》删减了罗马法中将自由人身份划分为罗马人(Quirites)、拉丁人(Latini)和降服人(dediticii)三类这一过时的规定。其次,与查士丁尼《学说汇纂》相对应,《阿拉利克法律要略》收录了三个世纪来最著名法学家的相关著作及理论,用维诺格拉道夫的话讲就是:"蛮族人此时几乎无法承受这么多的法学智慧(wisdom)。"最后,《阿拉利克法律要略》从实用的角度

---

① Paul Vinogradoff, *Roman Law in Medieval Europe*, Speculum: Speculum Historiale, 1994, p. 17-24.

② Paul Vinogradoff, *Roman Law in Medieval Europe*, Speculum: Speculum Historiale, 1994, p. 17.

③ [英]J. H. 伯恩斯主编:《剑桥中世纪政治思想史:350年至1450年》(上册),程志敏、陈敬贤等译,生活·读书·新知三联书店2009年版,第55页。

出发,从西罗马帝国皇帝颁布的法律中进行节取。例如,《阿拉利克法律要略》收录了《格里哥安法典》中的13编、《赫尔莫杰尼安法典》中的2编,并对《狄奥多西法典》进行了大幅度的缩减,主要删去了有关行政设置和政府组织的内容。①

阿拉利克去世后,虽然西哥特国王们在国策上发生诸多变化,但《阿拉利克法律要略》一直适用到公元7世纪中叶被李塞斯文(Recesvind)废止。与此同时,西哥特国王李塞斯文在吸收众多罗马法规则、《阿拉利克法律要略》以及6世纪中叶后传入的查士丁尼《国法大全》的基础上,颁布另一部更具浓厚罗马法色彩的法典,《西哥特法典》(*Visigothic Code*)。对此特点,斯密这样评价道:"在实际上已非哥特法,而有罗马法之实。"②

(三)勃艮第对罗马法的继受

为了给生活在勃艮第的罗马人提供明确的罗马法规范,勃艮第国王耿多巴德下令编纂《勃艮第罗马法》。这部勃艮第人的罗马立法,后来也被称为《法律问答汇编》(*Liber Responsorum*)或《帕比尼安法律问答汇编》(*Responsum Papiani*),或仅称为《帕氏法》(*Papianus*)。之所以出现这种名称上的混乱,是因为1566年法国人文主义法学派代表人物居亚斯(Jacques Cujas)在一部手稿里发现了一部法律著作,便将其命名为《帕比尼安法律问答汇编》或《法律问答汇编》并出版,其后一直沿用此书名。至于居亚斯为何如此命名此著作,德国法学家萨维尼认为这缘于居亚斯的误解。萨维尼认为,居亚斯在《阿拉利克法律要略》的一部手稿末尾发现了题写的"帕比安"(Papian)的名字(应为古典罗马法学家帕比尼安,Panpinian)。事实上,帕比尼安的法律问答只是该要略的最后一节,但居亚斯却将这段文字误认为是勃艮第法的开头,因为巧合的是勃艮第法也书写在同一张羊皮纸上,故而,居亚斯并未注意到两部著作本应是分开的,而无意间将这段文字连同这篇著作都归属于《勃艮第罗马法》,帕氏的名字也就用来给这部法律命名了。至于《勃艮第罗马法》的具体颁布时间,学界未有定论,但可以肯定的是,这部法典颁布的最早时间应是公元517年。因为在后来发现的一篇序言中提到了勃艮第国王耿多巴德儿子西赛门(Sigsmund)的名字,他似乎应是该序言的作者。如果他不只是《勃艮第罗马法》的修订者,那他一定主持颁布了该法典,因为耿多巴德确卒于公元516年。③

---

① Paul Vinogradoff, *Roman Law in Medieval Europe*, Speculum: Speculum Historiale, 1994, p. 18 – 21.

② [美]孟罗 · 斯密:《欧陆法律发达史》,姚梅镇译,中国政法大学出版社2003年版,第157页。

③ 参见[法]基佐:《法国文明史》(第1卷),沅芷、伊信译,商务印书馆1999年版,第275~277页。

《勃艮第罗马法》内容涵盖民法、刑法及程序法,虽然其中的一部分贯穿了勃艮第人特有的日耳曼法条文,但是《勃艮第罗马法》同样包含了大量西罗马帝国时期的法律及理论。这些罗马法渊源包括《格里哥安法典》《赫尔莫杰尼安法典》《狄奥多西法典》、某些"新律"、保罗的《论判决》以及盖尤斯的一部被称作《规则》(*Regula*)或《概念》(*Species*)的著作(它肯定是《法学阶梯》的摘要)。① 当公元534年勃艮第王国被法兰克征服者推翻后,《勃艮第罗马法》与《阿拉利克法律要略》一起,继续被法兰克人使用。②

勃艮第王国除《勃艮第罗马法》继受罗马法外,勃艮第国王耿多巴德于公元501年颁布的《勃艮第法典》(*Lex Gundobada*)同样受到罗马法的直接影响。例如,《勃艮第法典》关于再婚妇女对于婚姻赠予财产的权益问题基本上就是罗马法中《狄奥多西法典》的翻版。之所以如此,据说是因为耿多巴德在公元474年继位前,曾任职于西罗马帝国的法院。③

历史的大量事实证明,蛮族入侵后的公元5世纪至6世纪并非罗马法的"黑暗时代",蛮族国家在各自法典制定、编纂过程中都将目光投向了过去那个蕴含无数智慧结晶的古典罗马法时代。古典罗马法正是在蛮族国家满怀崇敬的心态中得以继续发展。东哥特人的《狄奥多里克告谕》的传播不仅局限于意大利,它超出了边界,影响遍及普罗旺斯(Provence)和其他与征服相毗连的地区。西哥特人的《阿拉利克法律要略》更是在中世纪前期的西欧成为权威。它不仅深刻影响了当时西哥特统治的西班牙北部和法国南部的高卢地区,④而且影响了勃艮第、伦巴第以及法兰克等国家法律的发展,甚至作为法律渊源直接影响了11世纪以后的"罗马法复兴运动"。⑤ 对此,卡利斯教授这样评价道:"实际上,在意大利,人们已经发现了它的若干个抄本;这些法律文献给人们展示了《狄奥多西法典》某些段落的痕迹。《阿拉利克法律要略》的释义和纲要都源自意大利。从所有这些情况中可以得出以下结论,《阿拉利克法律要略》在其发祥地加斯科涅和西班牙失去法律效力后,在意大利却依然被广泛了解,并作为主要法律渊源加以使用,它保

---

① 参见[意]朱塞佩·格罗索:《罗马法史》,黄风译,中国政法大学出版社1998年版,第411页。

② 参见[英]J. H. 伯恩斯主编:《剑桥中世纪政治思想史:350年至1450年》(上册),程志敏、陈敬贤等译,生活·读书·新知三联书店2009年版,第56页。

③ Katherine Fischer Drew, *The Law of the Salian Franks*, Pennsylvania: University of Pennsylvania Press, 1991, p.28–29.

④ Paul Vinogradoff, *Roman Law in Medieval Europe*, Speculum: Speculum Historiale, 1994, p.20.

⑤ 因为12世纪中叶以前,英、法、德等国的法律及其著述教本,无不取材于《阿拉利克法律要略》。参见冯卓慧:《罗马私法进化论》,陕西人民出版社1992年版,第15页。

留着罗马的古代法元素,而且还在传统习惯及诉讼实践中得以保留下来。”①

三、6 世纪至 10 世纪伦巴第、法兰克对罗马法的继受

如果说公元 5 世纪至 6 世纪蛮族国家对于罗马法的继受是迫于自身实力不济,文化相对落后等原因,那么,随着时间的推移,在日耳曼人占据绝对统治的公元 6 世纪至 10 世纪,日耳曼人是否仍愿意像他们的前人那样主动继受罗马法就成为一个重新需要思考的问题。然而,历史的事实告诉我们,尽管这一时期入侵者的法律变得重要起来,但即便是最为强大的蛮族国家,如伦巴第(Lombard)、法兰克(Frankish)也不能仅把自己的法律作为统治的唯一因素,他们必须借助古典罗马法的规则帮助自己完成统治。② 相应地,古典罗马法在新的历史时期,在多种法律因素交融中,继续向前发展。

(一)伦巴第对罗马法的继受

在众多意大利入侵者中,伦巴第人与罗马人相差最远,他们不仅对罗马帝国怀有敌意,并自始至终对这个国家保持高度警惕的态度。伦巴第人的这种敌意直接导致的结果就是,在公元 6 世纪至 7 世纪伦巴第的立法中,很少继受罗马法。③尽管有资料证明,伦巴第人在公元 643 年颁布的《罗泰里法令》(*Rothair's Edict*)中,存在继受罗马法的痕迹,如《罗泰里法令》的“序言”中确有一句原原本本出自《查士丁尼新律》的话,但是纵观《罗泰里法令》的内容和体例,它应该是一部纯正的日耳曼法典。

然而,上述伦巴第人对罗马法的警惕态度在国王刘兰伯(Liutprand,公元 713 ~735 年)统治时期发生了转变。刘兰伯不仅赞赏王国中罗马化的趋向,④而且在法律制定过程中大量吸收罗马法的内容。⑤ 就立法而言,我们在刘兰伯在位期间颁布的 153 条法律中,能够找到大量的罗马法内容。刘兰伯始终以一种开放的态度对待古典罗马法,这些在刘兰伯法律的用语和思想,在妇女继承权、未成年人的监护、权利时效、遗嘱、抵押的法律规定中都能看出。此外,学者斯特恩指出,在刘兰伯颁布的有关商业事务的法律中,规定在转让财产和成立债务时必须依据

---

① [英]梅特兰等:《欧陆法律史概览——事件、渊源、人物及运动》,屈文生等译,上海人民出版社 2008 年版,第 17 页。

② Paul Vinogradoff, *Roman Law in Medieval Europe*, Speculum: Speculum Historiale, 1994, p.24.

③ Paul Vinogradoff, *Roman Law in Medieval Europe*, Speculum: Speculum Historiale, 1994, p.32.

④ 在罗泰里之后,伦巴第信仰基督教的人日渐增多,到刘兰伯统治时,几乎所有的居民均改信基督教。

⑤ Paul Vinogradoff, *Roman Law in Medieval Europe*, Speculum: Speculum Historiale, 1994, p.32.

正式的书面文件。这一规定显然是一般日耳曼法所不要求的,是罗马法上的规定。① 维诺格拉道夫也指出,古典罗马法主要从以下两个方面深刻地影响了刘兰伯立法。其一,意大利地区快速发展的经济使得各种经济关系、社会关系逐渐复杂化,这就迫切需要更加文明的法律与之适应,尤其是出生在意大利的人所组成的商业社团(parties)在交易中对成熟法律的需要。于是,在契约领域,古典罗马法的模式逐渐渗透(permeation)到伦巴第的诉讼程式(Lombardic formulae)中来。其二,在8世纪初期伦巴第的立法当中,发现了诸多罗马法的思想,出现了许多法学理论的分析。例如,在刘兰伯颁布的第133条法律即如何惩治邻里之间非法侵占土地的问题规定时,刘兰伯或者是他的法律专家不仅明确了处罚的依据,而且还给出了处罚所依据的法学理论分析。②

特别需要强调的是,伦巴第继受古典罗马法的对象更多地是西罗马帝国时期的法律汇编,尤其是《狄奥多西法典》,而不是查士丁尼的法典内容。因为在日耳曼各部到达西欧之前,这些罗马法典已经十分流行。例如,在公元750年和755年颁布的补充法令《阿斯托尔夫法律》中寡妇再婚便会失去她的终身地产(life-estate)的规定,就是遵循瓦伦丁尼安(Valentinian)、狄奥多西以及阿卡狄乌斯(Arcadius)的法令,而不是后来查士丁尼的规则。因为根据查士丁尼的规则,寡妇只有当她的第一任丈夫在其遗嘱中明确表明时,才会使她失去终身地产。另外,查士丁尼的法律中已经允许表亲之间可以缔结婚姻关系,但伦巴第的法令中却明确禁止这样的婚姻,这是因为它遵循了早期狄奥多西罗马法的规则。③

伦巴第人继受罗马法的过程之所以出现如此转变,无外乎古典罗马法的文明、伦巴第人开放的学习态度以及经济社会发展的客观需要。对此问题法国的孟德斯鸠也曾做过如下分析:"在伦巴德王国中,罗马人不能从舍弃自己的法律转而选择伦巴德人的法律中得到任何好处,这样在伦巴德就不存在使法兰克人统治下的罗马人选择适用《撒利克法典》的那样的动因,所以在意大利,罗马法和伦巴德法同时并存。在后期,伦巴德法甚至向罗马法让步,而不再是统治民族的法律。虽然它曾经继续作为主要贵族的法律而存在,但是由于大多数城市本身成立了共和国,而这些贵族不是自己衰亡就是被摧毁了。新共和国的公民都不愿意遵守伦

---

① Peter Stein, *Roman Law in European History*, Cambridge: Cambridge University Press, 1999, p. 40.

② Paul Vinogradoff, *Roman Law in Medieval Europe*, Speculum: Speculum Historiale, 1994, p. 33 – 34.

③ 参见[英]梅特兰等:《欧陆法律史概览——事件、渊源、人物及运动》,屈文生等译,上海人民出版社2008年版,第75页。

巴德的法律,因为它确立'决斗裁判'的习惯,而且它的制度保留着许多骑士的风俗和习惯。而僧侣集团势力强大,他们几乎都是生活在罗马法之下,这些都导致遵守伦巴德法的人数的减少。此外,伦巴德法律不像罗马法那样庄严雄伟,无法使意大利人回忆起其曾经统治过强大帝国的辉煌。伦巴德法也没有罗马法那种宏大宽广的幅度,它仅仅是对某一些案件有规定,而后者则包罗万象,故能更好地补充适应城市生活的需要。"①

(二)法兰克对罗马法的继受

法兰克是蛮族国家中最为强大的一个。与东哥特人、西哥特人以及汪达尔人的王国均是建立在纯粹罗马人的领土之上,完全被罗马人所同化,最终丧失自身法律特性。不同的是,法兰克并非纯粹建立在罗马人的领域,其所属领土与罗马人、日耳曼人犬牙相错。在法兰克王国中,罗马人与日耳曼人之间或日耳曼各部落之间,在居住地域上没有明确地界线划分,这直接导致法兰克保留了大量的日耳曼习惯法。法兰克著名的《撒里克法典》(*Salic Codes*)和《利普里安法典》(*Ripuarian Codes*)基本上来源于日耳曼习惯(Teutonic)的汇编。尽管如此,罗马法仍然通过教会的作用和私人经济交往,成为法兰克法律中的重要渊源。②

一方面,法兰克法典的制定离不开具有罗马法知识教士的帮助。由于克洛维于公元496年皈依罗马基督教,因而在他所主持的法兰克习惯法典化过程中,许多受过法律训练的罗马教士参与了法典的制定。③ 另一方面,许多法兰克法典的内容直接援引古典罗马法。据学者维诺格拉道夫考察,法兰克大量的经济交往过程中所形成的各式法律行为都以法兰克诉讼程式汇编(the Frankish collections of formulae)的形式被集中记载,而这些诉讼程式汇编的模式都源自罗马法的先例。其中的一份名为马尔库夫的诉讼程式汇编(a formula of Marculf)显示出法兰克人此时已经接受了罗马法在继承权方面男女平等的原则。④《利普里安法典》中的若干条款甚至直接说明引用罗马法。《利普里安法典》第61(58)条第1款规定:"为了安抚自己的灵魂或为了依照罗马法得到其价格而希望解放自己奴隶的任何利普里安自由民或教会的解放奴都应来到教堂,站在牧师、助祭之前,根据特许状

① [法]孟德斯鸠:《论法的精神》(下册),张雁深译,商务印书馆1997年版,第221页。

② Paul Vinogradoff, *Roman Law in Medieval Europe*, Speculum: Speculum Historiale, 1994, p. 34 -35.

③ 参见[美]孟罗·斯密:《欧陆法律发达史》,姚梅镇译,中国政法大学出版社2003年版,第200页。

④ Paul Vinogradoff, *Roman Law in Medieval Europe*, Speculum: Speculum Historiale, 1994, p. 35.

将他交出去,或者在所有神职人员或俗人之前把他交给主教……"①

更为重要的是,在公法领域,法兰克加洛林王朝(Carolingians,公元751～888年)不仅使罗马法继续保留下来,反而使其获得更大的影响力,帝国和教会为了共同的利益均在维护罗马法。公元800年圣诞节,查理曼(Charlemagne,公元768～814年)在罗马接受教皇利奥三世加冕称帝,成为全体征服者的领袖以及除东罗马帝国外一切基督教世界的领袖。他加冕的依据,便源于"一切权力概渊源于古罗马帝国之理论,换言之,即所谓'永续帝国'之理论(theory of continuous empire)"。② 这一理论不仅改变了古代法兰克王国权力不可分与王权可分两种观念的冲突,加强王权的集中,提出了实现继承罗马法和推动法律统一的任务,使法兰克帝国权力达到顶峰,而且直接推动了中世纪后期各国继受罗马法的实现以及民族统一国家(national state)的建立。对此,卡利斯教授指出:"罗马法的影响(指公法),犹如一股穿透力十足的社会力量,远远地超过了日耳曼征服者所希望或者期望的程度。"③

四、意大利地区的罗马法教育与罗马法复兴运动

尽管中世纪前期古典罗马法在蛮族国家得以保留,但它较之于古典罗马法时期那种百家争鸣的鼎盛时代似乎有很大距离。甚至这一时期的罗马法被称为"粗俗罗马法"(Vulgar Law)或"降格罗马法"(Debased Rules)。④ 之所以如此是因为蛮族国家"厌恶严格概念、无法也不愿意达到古典法学关于阐述详尽精细、结构合乎逻辑标准的一种法律"。⑤ 此时,罗马法若想重塑古典时期的辉煌,进而复兴于欧洲大陆,必须依赖于新的动因,即中世纪前期发端于意大利地区帕维亚(Pavia)、罗马、拉韦纳(Ravenna)和波伦那(Bologna)的法学教育。

(一)法律教育的兴起

罗马帝国的教育机制虽然经历了文化的衰退、民族迁徙的外部危机,但仍然保留了基础设置。正如维亚克尔描述的那样:"它起初还在世俗的教育机构中流传,稍后则只能在修道院中的学校传播;后者自6、7世纪在西欧,8世纪以后则深

---

① *Law of the Salian and Ripuarian Franks*, Translated and with an Introduction by Theodore John Rivers, AMS Press, 1986, p.195. 转引自李秀清:《日耳曼法研究》,商务印书馆2005年版,第67页。

② [美]孟罗·斯密:《欧陆法律发达史》,姚梅镇译,中国政法大学出版社2003年版,第170页。

③ [英]梅特兰等:《欧陆法律史概览——事件、渊源、人物及运动》,屈文生等译,上海人民出版社2008年版,第75页。

④ 参见[爱]J. M. 凯利:《西方法律思想简史》,王笑红译,法律出版社2005年版,第113页。

⑤ Fritz Schulz, *History of Roman Legal Science*, Oxford: Oxford University Press, 1948, p.273.

入欧洲内陆广为设置,这些修道院学校保存并重新传播古代晚期的课程。”①

然而,中世纪早期在蛮族习惯法也大行其道的时代,法律学习主要是年长者向年少者的指示,采取的主要是口耳相传的方式。在蛮族国家将部族习惯编纂为成文法典之后,法律学习的形式发生了改变。这是因为法典的编纂在当时被称为“聪明博学者”(wise and learned)的工作,他们不仅要整理、编排纷繁复杂的习惯,而且还要使用拉丁文对习惯进行注释,并吸收罗马法及基督教文明的新元素。这绝对不是一项轻松的工作。在这样高强度、高难度的要求下,当时蛮族国家内智识阶层中的最出色人物都被聘请参加此项工作。另外,由于当时的公证人、法官以及非职业法官、陪审员都需要对法律进行学习,甚至连国王本人也要学习法律以备适应担任王国最高法官的要求,因而,学习法律的人数逐渐增多。此外,蛮族国家大量新规则的产生使社会需要大量法律知识阶层去协调新旧原则之间的冲突与矛盾。于是,一个新的学习领域出现了。“的确,真正的法律科学可以上溯到这一时期,即法兰克时期。这一时期,教授法律的学校开始出现,实用的法学著作开始出现,解释法律推理以及法律史的作品也开始问世。”②

在伦巴第统治时期,法学院虽未彻底消失,但大都依附于各地的修道院和大教堂,法律学习也仅限于神职人员。由于当时的世俗政权并未对法学院予以重视,法律教育基本上被私人掌握。法律执业群体,如法官和公证人成了法律教师,他们培养后继者并保留了这一职业传统。情况在法兰克查理曼统治时期发生了改变。查理曼视教育为大众获得进步的途径之一,并想尽办法极力提高教育水平。查理曼创办了宫殿学院(Palace School),并为学校事务亲力亲为。所有的修道院和大教堂都被要求开办一所学科设置完整的学校——并将这种习惯上升为法律;每一个教区的教会必须拥有一所初级学校。全部课程被合称为“三艺”(Trivium)和“四艺”(Quadrivium)。前者包括语法、修辞和辩证法,代表了人文科学或伦理学;后者包括算术、几何、音乐和天文,代表了自然科学或物理学。法律属于“三艺”的最后一科辩证法的内容,法律也因此在广泛的教育过程中逐渐得到复兴。

不幸的是,查理曼所创立的那些法律学校与教育在他死后,被其后继者们频繁的交战所打乱,法律教育再次需要依靠私立机构的努力才能维系。然而,幸运

---

① [德]弗朗茨·维亚克尔:《近代私法史——以德意志的发展为观察重点》(上册),陈爱娥、黄建辉译,上海三联书店2006年版,第19页。

② [英]梅特兰等:《欧陆法律史概览——事件、渊源、人物及运动》,屈文生等译,上海人民出版社2008年版,第79页。

的是,查理曼前期的努力得到了回报,查理曼的法律教育造就了一些闻名遐迩的法律学校与教师。许多学生怀着对法学知识的追求与热忱,从各地汇集到这些学校、老师身边,继续他们的梦想。直到大约公元1000年,法学教育开始了缓慢的复兴,罗马法首先在伦巴第地区的帕维亚开启了向整个欧洲传播之路。①

(二)帕维亚的罗马法教育

虽然在维罗纳(Verona)和诺安图拉(Nonantula)也有法学教育的痕迹,但是这一时期法律教育的真正发源地是帕维亚。② 帕维亚在很早的时候就有了真正意义上讲授"三艺"的学校,法学也因此被包含在全部的课程之中。由于帕维亚是当时伦巴第王国法院所在地,法官又是从执业的法律教学主体中产生,因而法律教育在此地有了产生的理由。用学者维诺格拉道夫的话讲:"在伦巴第,法官和司法顾问从从事司法实务并讲授辩证法的人中产生,是延续了罗马法的方向。"③学者维亚克尔也指出:"借有体系地运用初级三艺中的逻辑论证手段来理解伦巴第法制,特殊的法学目标终于在11世纪的帕维亚学校中出现。"④

帕维亚的法学家主要分为两类:"守旧派"(antique 或 veteres)和"现代派"(moderni)。"守旧派"形成于11世纪早期,这一时期的司法由维切利(Vercelli)的主教利奥(Leo)负责。"现代派"是《伦巴第法注释》(*Exposition of Lombard Laws*)作者的同代人,形成于11世纪后半叶。两个阶层的区别主要表现在"守旧派"将主要精力投入在民族法和伦巴第法的研究及阐释之上,而"现代派"则对罗马法更有兴趣、更为精通,并将此研究作为民族法律获得实际进步的方法。⑤ 因此,帕维亚的罗马法教育主要是通过"现代派"完成的。

"现代派"法律教师的主要工作就在于注释和教授伦巴第法和法兰克伦巴第法,他们在提问和注视过程中不仅进行推理和文本比较,而且还频繁地援引罗马法。正如卡利斯教授所说:"'现代派'早已对罗马法佩服得五体投地,他们试图用罗马法来发展提高伦巴第法。《伦巴第法注释》一书的作者若干次指出罗马法为他们的'普遍法'(lex generalis)。他们直接援引读点罗马法的著作,广泛传播

---

① 美国历史学者查尔斯·拉丁甚至提出了以帕维亚而非波伦那作为中世纪法学发源地的主张。See Charles M. Radding, *The Origins of Medieval Jurisprudence—Pavia and Bologna* 850 - 1150, Yale University Press, 1988.

② Paul Vinogradoff, *Roman Law in Medieval Europe*, Speculum: Speculum Historiale, 1994, p.53.

③ Paul Vinogradoff, *Roman Law in Medieval Europe*, Speculum: Speculum Historiale, 1994, p.53.

④ [德]弗朗茨·维亚克尔:《近代私法史——以德意志的发展为观察重点》(上册),陈爱娥、黄建辉译,上海三联书店2006年版,第27页。

⑤ 参见[英]梅特兰等:《欧陆法律史概览——事件、渊源、人物及运动》,屈文生等译,上海人民出版社2008年版,第80页。

罗马法。他们认识的罗马法也并非仅通过某些事务性书籍这一渠道或是道听途说;那些精确的引用,无不表明他们有直接的知识来源。此外,在更多规模较小的由主教或僧侣管理的学校中,罗马法也得到了广泛的传播。”①被帕维亚“现代派”学者所引用和研究的罗马法渊源主要是查士丁尼的《法学阶梯》和《法典》,《学说汇纂》则较少地被涉及。“现代派”学者之所以热衷于罗马法,是因为他们相信:由于法律无法涵盖所有问题,因此这些问题应依据作为普适法(que omnium est generalis)的罗马法来裁断。②

作为一种研究罗马法的方法,帕维亚的法学家们已经开始运用对原文考证、批注的方式对罗马法进行研究。这与日后注释法学派的研究方法已经有些类似。对此,学者维亚克尔甚至认为帕维亚的罗马法教育已经构成了后来波伦那法学教育的前身,他指出:“它们(帕维亚)运用了当时三艺课程中逻辑与文法学的方法,在内容上则显示,它们对调和非罗马法与罗马法、优帝(包括学说汇编的部分),确实已有认识和兴趣;对于在中世纪早期已被认知的法学阶梯与法典的部分,前述认识还相当有限。无论如何,将优帝法律视为普通法(ius generale)、普世法制(ius universale),取向于法律问题之司法性的批注,乃至开始依一定方法作原文考证,这种种都预示了 Bologna 法学复兴即将到来。……即使把它们当作 Bologna 的前阶段的话,这时期最后的一些著作与注释学派的作品仅有一步之隔,质言之,把依照一定方法作考证、批注的方式,完全转用到优帝法典的学说汇编上,后者包含的无穷法律问题创造了独立的法学与法律职业,它们为欧洲诸国、社会带来深远影响的新精神。”③由此,罗马法尤其是查士丁尼的法律在伦巴第地区得到了广泛地传播,其研究方法直接影响了波伦那法学。

(三)罗马、拉韦纳的罗马法教育

与伦巴第地区罗马法及日耳曼法混合性特征相比,拉韦纳的法律学校是一个纯粹的罗马法研究基地。④ 据 13 世纪波伦那学者奥雷弗利都斯(Odofredus)的观点,罗马法学的中心最初在罗马,后由于战争的影响,罗马法研究中心从罗马移至拉韦那,最后才从拉韦纳转至波伦那。⑤ 中世纪前期,意大利中的罗马与拉韦纳

---

① [英]梅特兰等:《欧陆法律史概览——事件、渊源、人物及运动》,屈文生等译,上海人民出版社 2008 年版,第 81~82 页。

② Paul Vinogradoff, *Roman Law in Medieval Europe*, Speculum: Speculum Historiale, 1994, p.53.

③ [德]弗朗茨·维亚克尔:《近代私法史——以德意志的发展为观察重点》(上册),陈爱娥、黄建辉译,上海三联书店 2006 年版,第 27~28 页。

④ Paul Vinogradoff, *Roman Law in Medieval Europe*, Speculum: Speculum Historiale, 1994, p.54.

⑤ Paul Vinogradoff, *Roman Law in Medieval Europe*, Speculum: Speculum Historiale, 1994, p.55.

一直延续着罗马晚期的法学教育方式。

罗马城的罗马法教育主要体现在学者对罗马法著作的阐述上。由于受查士丁尼立法的影响，罗马城的法学家能做的似乎只是对法典进行注释和总结。与拜占庭时期出现的《盖氏法》、附在《阿拉利克法律要略》之后的解释，或者《都灵注疏》(*Turin Gloss*)一样，在蛮族统治下，我们依然可以发现罗马法学家撰写的关于阐述罗马法著作的"概要"。据学者卡利斯考察，这一时期有三四部"概要"非常重要。"第一部著作是《罗马法中的例外》(*Exceptions Legum Romanarum*)，它是为开业律师准备的一部著作，包括从查士丁尼法学著作中浓缩提炼出的一系列内容。很多法学家曾经在不同的时候对它进行过整理，尽管我们对该书的作者及出现时期进行过很多研究，但至今尚无定论；许多人把它归功于一个叫彼得(Peter)的法学家，因此这一著作也常被称为《佩特吕抗告录》(*Exceptiones Petri*)，但是也有人认为是一个叫达米安(Damian)的人完成的。第二部著作是一部被称为《大纲》(*Brachylogus*)的法律纲要，这部著作最初的名字叫作《新律注释大全》(*Summa Novellarum*)或者《法律大全》(*Corpus Legum*)，它是这一时期最为引人入胜的法学著作；因为它不仅巧妙地使用了古典罗马法渊源，而且还给出了当时的罗马法及经过修改的罗马法；另外，还有两部著作也值得一提。它们分别是《法律概要》(*Summa Codicis*)和《有关法之精确问题》(*Questiones de Juris Subtilitatibus*)。"①

可以肯定的是，在 11 世纪晚期，拉韦那已经具有了一所设施完备的法学院。在罗马法学研究中心转至拉韦那以后，罗马法获得了极高的地位。借用奥雷弗利都斯的一个比喻："拉韦纳法学院因把罗马查士丁尼的法学著作搬了过来而达到了成功，就如后来的博洛尼亚大学从拉韦那法学院那里搬来它们而获得辉煌一样。"②

据记载，许多拉韦纳的法学家参加了教皇格列高利七世与世俗皇帝亨利四世(Henry Ⅳ)之间有关授予职权的斗争。拉韦纳的法学家们站在了亨利五世的一边，其代表人物皮特乌斯·格拉乌斯(Petrus Crassus)发表了著名的反对教皇的小册子，而小册子中大量的引证内容均来自罗马法。然而，也正是由于拉韦纳法学家们对教皇的极力反对，红衣大主教达米安尼在教区大会上公开谴责了拉韦纳法

---

① [英]梅特兰等：《欧陆法律史概览——事件、渊源、人物及运动》，屈文生等译，上海人民出版社 2008 年版，第 85 页。

② [英]梅特兰等：《欧陆法律史概览——事件、渊源、人物及运动》，屈文生等译，上海人民出版社 2008 年版，第 82～83 页。

学家们的罗马法著作,并直接导致罗马法研究中心从拉韦那转移至波伦那。①

(四)波伦那的罗马法教育

正是由于教会的推动,波伦那迅速成为整个欧洲罗马法研究的中心。波伦那法学院则是后来引发罗马法复兴运动的摇篮。

波伦那法学院的法律教育在一种开放、包容的氛围里,广泛吸收、融合意大利各种法律教育的精髓。由于波伦那离拉韦纳不远,许多查士丁尼法律著作的稿本从拉韦那传到了波伦那。拉韦那法学家的思辨观点也经常被波伦那法学院中的法学家注释所采纳。此外,波伦那法学院的授课方式基本上承袭了帕维亚所使用的伦巴第教学方法,即通过注释(glosses)、典籍重现(parallel passages)、概要(compends)的方法。最后,拜占庭的法律教育也对波伦那法学院产生了影响。波伦那法学院集各家之所长,整合罗马法教育,为罗马法的兴起奠定了基础。

真正促使波伦那法学院成为后来罗马法复兴标志的,是被后人誉为“法律明灯”的伊纳留斯(Irnerius or Guarnerius)。伊纳留斯起初是一位教授语法和逻辑的人文教师,在罗马由于受到教皇之友玛蒂尔达(Matilda)的影响,约在公元1088年在波伦那创办法学院。伊纳留斯对于罗马法教育的贡献在于,他不仅开创了新的注释古典罗马法的方法,即“它的基础不再是摘句或概要,而是《民法大全》的文本,它的整体可以对其每个部分加以解释”,②而且对“比萨手稿”版的《学说汇纂》(*Didest*)进行了考证和说明,使人们全面了解了《学说汇纂》的本来面目与价值。③ 伊纳留斯的热情与雄辩鼓舞了一批又一批的青年,据说在以后的一个世纪中,有成千上万来自欧洲各地的学生蜂拥至波伦那学习罗马法,其中不乏后来注释法学派的代表人物阿佐(Azo)和阿库修斯(Accursius)。

波伦那法学院罗马法教育对于罗马法复兴运动最大的贡献在于,法学从传统的教育“三艺”中脱离出来,成为一门独立的科学。对此,学者哈斯金斯精辟地总结道,伊纳留斯创建的波伦那法学院“最终将法律从修辞学中分离出来,赋予它作为独立研究对象的完整地位。”④从现存波伦那法学院教授讲课《学说汇纂》的前

---

① Paul Vinogradoff, *Roman Law in Medieval Europe*, Speculum: Speculum Historiale, 1994, p. 54 – 55.

② [美]哈罗德·J.伯尔曼:《法律与革命——西方法律传统的形成》,高鸿钧等译,中国大百科全书出版社1996年版,第717页。

③ Paul Vinogradoff, *Roman Law in Medieval Europe*, Speculum: Speculum Historiale, 1994, p. 55 – 57.

④ [美]哈罗德·J.伯尔曼:《法律与革命——西方法律传统的形成》,高鸿钧等译,中国大百科全书出版社1996年版,第717页。

言记载中,我们发现其基本的方法是:首先,找出文本中不太明确的法律规范和原则;其次,在文本或篇章的空白处进行注释,并从散落在罗马原典中的不同规定,按照一定次序恢复文本的完整性,并给出最佳说法;最后,对整个处理后的文本进行汇总、概括和提升,大致步骤就是上面提到帕维亚所使用的伦巴第教学方法,即注释、典籍重现和概要。① 这样一种大致上"分析—综合"方法,尽管仍属于辩证法的内容,但是,这种对于文本注释的方法能够使法学家运用逻辑方法对相互冲突的规则进行分析,并依据最后的整体归纳,产生一般化的规则。这一过程加速了法学知识的甄别与提炼,由此,法学逐渐能够产生独立的方法和研究范围,从传统"三艺"中分离出来。对此,伯尔曼指出,西方法律传统之所以得以形成,其根本起因就在于,"一个是用于古代法律文献研究的分析与综合的方法——一种在近代(有时带有贬义)称为'经院主义'的方法。第二个因素是将这种经院主义方法应用于罗马法作品研究的环境——大学。"②意大利波伦那法学院正是将两者完美地结合在一起,从而开启了罗马法复兴运动的篇章。

五、结语

中世纪前期蛮族国家继受罗马法的原因,可以概括为以下几点:(1)罗马法自身的优良性——"以致一切后来的法律都不能对它做任何实质性的修改",③成为蛮族国家继受罗马法的前提;(2)属人主义原则是蛮族国家继受罗马法的关键;④(3)基督教会是罗马法在中世纪前期成长的桥梁。⑤

罗马法在中世纪前期的延续及其成因进一步说明:11 世纪中叶以后,发端于意大利波伦那大学的"罗马法复兴运动"绝非一部《学说汇纂》真本的发现所能承载。所谓"罗马法的复兴源自一部叫作比萨手稿"的说法,只是一个令人生疑的传说。古典罗马法并未因罗马帝国的轰然倒塌而销声匿迹,相反,作为人类古典文明的遗产,古典罗马法在中世纪前期在日耳曼人那里顽强地延续下来,并经过滥觞于意大利地区的法律教育,最终促成了罗马法在近代的再次勃兴。

---

① Paul Vinogradoff, *Roman Law in Medieval Europe*, Speculum: Speculum Historiale, 1994, p. 57 – 58.

② [美]哈罗德·J. 伯尔曼:《法律与革命——西方法律传统的形成》,高鸿钧等译,中国大百科全书出版社 1996 年版,第 150 页。

③ 《马克思恩格斯全集》(第 21 卷),人民出版社 1965 年版,第 454 页。

④ 参见[英]梅特兰等:《欧陆法律史概览——事件、渊源、人物及运动》,屈文生等译,上海人民出版社 2008 年版,第 51 ~ 52 页。

⑤ 参见[比]亨利·皮朗:《中世纪欧洲经济社会史》,乐文译,上海人民出版社 1964 年版,第 16 页。

从中世纪罗马法到近代民法的思想转型

——以16世纪人文主义法学为中心

朱晓喆

一、引言

在大陆法系民法演变的历史进程中，最具深远意义的事件莫过于11世纪以来的罗马法复兴运动。由此开始，东罗马帝国皇帝查士丁尼的《民法大全》(*Corpus Iuris Civilis of Justinian*)以及罗马法学重新占据主导地位，并使得中世纪末以来的西欧法律文明渐呈一种世俗化、理性化的发展趋势。也许正如梅特兰所说，历史是一张无缝之网，尽管欧陆法律传统历经“古代”(ancient)、“中世纪”(middle ages)和“近代”(modern)的漫长发展过程，但事实证明西欧两千多年来的法律文化从未真正间断过。19世纪萨维尼(Savigny)已经指出中世纪罗马法与古代罗马法之间存在有机的历史联系，[①]而当今的法律史学和比较法学也公认中世纪罗马法是大陆法系近代民法最重要的知识基础。但是，这么说并不意味着从中世纪罗马法到近代民法是一蹴而就。

美国学者唐纳德·凯利(Donald Kelly)指出，欧陆的罗马法复兴运动经历了三个阶段：第一阶段是12世纪上半叶，由伊尔内留斯(Irnerius，1055～1130年)开创的注释

---

① Carl von Savigny, *The History of the Roman Law During the Middle Ages*, translated by E. Cathcart, Hyperion Press Inc., 1979.

法学派(glossators),直至阿库修斯(Accursius,约1182～1260年)对罗马法的权威注释《罗马法典研究讲义》为止;第二阶段是13世纪末开始到中世纪末,以巴尔多鲁(Bartolus,1314～1375年)和巴杜斯(Baldus,1327～1400年)为代表的评论法学派(commentators);第三阶段是16世纪的人文主义法学派(legal humanism)。[①] 这三个学派一脉相承,共同形成罗马法复兴运动,并且决定了欧陆法律传统从中世纪到近代发展的基本走势。然而在人文主义法学那里,罗马法学发生了一次明显的理论断裂,即在文艺复兴运动影响下,意大利、法国和德国的一些罗马法学家开始将文艺复兴的人文主义精神引入法学领域,以批判的目光检视他们前辈(注释法学和评论法学)的罗马法成就,在新的社会历史条件下改造中世纪罗马法,并由此揭开大陆法系近代民法的序幕。

本文的主题是近代民法的思想转型。那么,究竟什么是"近代民法"呢?历史学上有关于"近代"和"现代"的历史分期,即把15世纪文艺复兴时期到19世纪末的历史称为"近代",而把20世纪的历史称为"现代"。[②] 大致与这种历史分期对应,民法理论上将资本主义制度的兴起至19世纪之前的西方民法称为"近代民法",而将20世纪以来的民法称为"现代民法"。根据梁慧星教授的观点,近代民法的主要特征是:(1)抽象的人格,即民事主体不论其实际的地位和实力,在民法上统统被视为平等主体,都赋予同样的权利能力;(2)财产权保护的绝对化,即维护私有制经济,赋予所有权和他物权以绝对的排他效力;(3)私法自治,即民事法律关系完全由当事人的自由意思决定;(4)自己责任,即民事主体只有对自己行为造成的损害承担责任,不是基于自己故意或过失而导致的损害不负责任。此外,梁慧星教授还总结近代民法的外部形式特征是概念法学(conceptual jurisprudence)和对形式正义的追求。[③] 在此基础上,运用哲学术语的概括可知:一方面,近代民法在内容上体现了自由意志、权利本位、私法自治等"以(个)人为本"

① Donald R. Kelley, *The Human Measure, Social Thought in the Western Legal Tradition*, Harvard University Press, 1990, p. 113.

② [英]C. L. 莫瓦特编:《新编剑桥世界近代史》(第12卷),中国社会科学院历史研究所组译,中国社会科学出版社1999年版,第6～7页。

③ 参见梁慧星:《从近代民法到现代民法》,载《民商法论丛》(第7卷),法律出版社1997年版,第235～240页。相对而言,现代民法的模式则被概括为:(1)具体的人格;(2)财产所有权的限制;(3)对私法自治或契约自由的限制;(4)社会责任,现代民法追求的是实质正义和社会妥当性。参见梁慧星:《从近代民法到现代民法》,载《民商法论丛》(第7卷),法律出版社1997年版,第242～245页。

的特点,反映了笛卡尔以来的主体性哲学思潮,或者说"人本主义"(humanism)① 哲学;另一方面,由于近代民法在形式上被设想为一个自足的、逻辑完美的概念体系,这种体系化的方法论反映了"理性主义"(rationalism)②的世界观和认识论。简言之,近代民法在最抽象的意义上表达了"人本主义"和"理性主义"的哲学思想。

有关近代民法思想的研究业已成为一个比较成熟的课题,并形成一些经典的论著,③但令人遗憾的是,综观以往的研究成果,都比较集中关注近代民法内容和形式的本身,而对于近代民法的历史起源问题却模糊不清。很多学者往往采取大而化之的态度,将近代民法的开端追溯至民法法典化时期。从 18 世纪开始,为了实现"一个民族、一个国家、一部法典"的目标,欧陆各国纷纷掀起法典化运动,并且 1804 年的《拿破仑民法典》和 1900 年的《德国民法典》确实代表了近代民法的最高成就。因此,艾伦·沃森(Alan Watson)说:"在整个大陆法系的历史中,民法典诞生的深远意义,是无与伦比的。民法典的问世,开辟了一个新纪元,整个大陆法系都因而产生了深刻的变化。"④近代民法典的划时代意义不容置疑,但笔者将论证:16 世纪欧陆人文主义法学开创的民法世俗化和体系化思想,早已预示了近代民法的人本主义和理性主义发展方向,因而标志着从中世纪到近代的民法思想转型。

---

① humanism 在哲学上一般用来描述西方近代自笛卡尔以来的主体性哲学,即以人类自身的理性、心灵、精神、意志等作为思维的出发点或者知识的来源的哲学思想,用"人本主义"翻译 humanism 更具有哲学抽象性。参见[法]保罗·利科主编:《哲学主要趋向》,李幼蒸、徐奕春译,商务印书馆 2004 年版,第 558 ~ 584 页;[德]海德格尔:《关于人道主义的书信》,载海德格尔:《路标》,孙周兴译,商务印书馆 2000 年版,第 366 ~ 429 页。humanism 还可以翻译为"人文主义"。在汉语语境中,"人文主义"和人文主义者(humanist)常常用来描述文艺复兴时期的文化和学者,具有特定的所指。综上,本文在哲学意义上采用"人本主义",在具体的文艺复兴语境中采用"人文主义"。此外,humanism 有时也可翻译为"人道主义""人文主义""人类中心主义"。参见朱晓喆:《人本主义、海德格尔与反人本主义》,载徐国栋主编:《罗马法与现代民法》第 4 卷,中国人民大学出版社 2004 年版,第 162 ~ 183 页。

② 理性主义哲学使人相信客观世界充满着必然的因果联系,一个有序的体系和结构隐藏在纷乱的表面现象之下。参见[英]约翰·科廷汉:《理性主义者》,江怡译,辽宁教育出版社 1998 年版,第 10 页。本文在这一意义上使用"理性主义""理性化"等概念。

③ 参见谢怀栻:《外国民商法精要》,法律出版社 2002 年版,第一章"民法的意义与近代民法的形成",第二章"从近代民法到现代民法",第 3 ~ 42 页;梁慧星:《从近代民法到现代民法》,载《民商法论丛》(第 7 卷),法律出版社 1997 年版,第 228 ~ 254 页;[日]星野英一:《私法中的人》,王闯译,载梁慧星主编:《为权利而斗争》,中国法制出版社 2000 年版,第二部分"近代民法中的人",第 331 ~ 354 页。

④ [美]艾伦·沃森:《民法法系的演变及形成》,李静冰、姚新华译,中国政法大学出版社 1997 年版,第 187 页。

就方法论来说,笔者采用了历史叙述与哲学思辨相结合的研究进路。"历史方法"强调知识来源于对客观事实的经验描述,尽量避免掺入主观的价值判断。而"哲学方法"则强调通过人类的先验演绎能力来获取知识,并以抽象的逻辑概念和体系来概括现实。德国学者威廉·罗雪尔(Wilheim Roscher, 1817～1894年)曾经对比二者区别时说道:"哲学家尽量抽象地、脱离一切时间和地点的偶然性去寻求概念或判断的体系;历史家则尽量忠实地描述现实生活,寻求人类的发展及其关系的记述。"[①]事实上,历史方法与哲学方法并非决然对立,二者可以互相补充。即使历史法学派的代表萨维尼也承认法学研究应将"哲学方法"与"历史方法"结合起来。[②] 笔者自觉地运用这一方法论,目的在于:一方面说明中世纪罗马法向近代民法转型的历史基础,另一方面试图在形而上层面破解近代民法蕴含的法哲学思想。

二、人文主义法学兴起的历史基础

要理解人文主义法学的重要意义,先从中世纪注释法学和评论法学的研究方法说起。由意大利波伦那(Bologna)大学兴起的注释法学一贯把《民法大全》看作一个完美的法律文本,即"成文的理性"(ratio scripta, written reason)。所以从一开始,注释法学家就把其工作目标定位在"对《民法大全》中含义不明的段落或使人费解的法律给予一种简明的解说"。[③] 为此,他们运用中世纪流行的经院主义哲学方法,这种哲学方法主要归功于12世纪著名的神学家阿贝拉尔(Peter Abelard,1079～1142年)。阿贝拉尔认为,神学研究就是从权威的《圣经》文本出发,对特定的文本和段落进行解释和分析,并最终消除各种文本之间的矛盾和冲突。注释法学家也采用这种方法对《民法大全》的文本和段落进行解释、分析和综合,努力使罗马法在表面上看来和谐一致。[④]

注释法学家对罗马法的复兴功不可没,但由于过分依赖文本,严重脱离法律实践,完全不顾实际问题。后继的评论法学对这一点进行纠偏。与注释法学相比,评论法学不再局限于对《民法大全》作全面的评注,而"宁可对个别法律问题

---

① [德]威廉·罗雪尔:《历史方法的国民经济学讲义大纲》,朱绍文译,商务印书馆1997年版,第11页。

② See Franz Wieacker, *A History of Private Law in Europe, With Particular Reference to Germany*, translated by Tony Weir, Clarendon Press, 1995, p. 305.

③ [葡]叶士朋:《欧洲法学史导论》,吕平义译,中国政法大学出版社1998年版,第91页。

④ See Henry Mather, *The Medieval Revival of Roman Law: Implications for Contemporary Education*, Catholic Law, Vol. 41, 2002, p. 346.

深入研讨,尤其解决社会实际面临的个案为主”。[①] 评论法学家采取一种面向实务的态度,把罗马法研究与具体的法律案件裁判相结合。许多评论法学家既是学者,又兼任法官、律师或公证人,足见他们的旨趣。但是,评论法学家为了达到灵活运用的目的而任意地扩充解释和类推适用罗马法,用他们自己曲解的意义覆盖了罗马法原典,从而导致原初的罗马法原理不易明了。

总之,注释法学派逐字逐句地训诂《民法大全》,把本身生机活泼的罗马法束缚在一些词句之争上,评论法学派则为了实用而不惜牺牲罗马法的纯粹性。当然,仅仅存在这些问题还不足以招致严厉的批评,问题在于:中世纪罗马法学在文艺复兴背景下已经显得与时代的氛围格格不入。

文艺复兴是作为一场古典文化复兴运动而登上历史舞台的。公元1453年拜占庭帝国的首都君士坦丁堡陷落,标志着西方历史从文艺复兴开始进入所谓的“近代”(modern)。而西方的科学、文艺、政治、法律等各项文明也以此为界点,开始从中世纪向近代发生转型。这一转型起因于古典文化的复兴。由于君士坦丁堡被土耳其人攻陷,大批操希腊语的基督教徒纷纷涌向西欧,带来大量的希腊语经典著作。原先西欧的神学家和哲学家使用的《圣经》以及柏拉图和亚里士多德的作品都是中世纪粗陋的拉丁文译本,有些甚至是从阿拉伯语翻译过来,因而那些流传于中世纪的古希腊和古罗马经典中讹谬比比皆是。而今有了希腊语的工具,人们可以看到更为真实的原典,由此意大利的人文主义者(humanist)[②]提出“从作者所处的真实环境出发,历史地和批判地理解作者的思想”,[③]因为他们相信古典时期是一个至今仍未发掘的黄金时代,黑暗的中世纪遮蔽了古希腊罗马的文明成就,于是人文主义者掀起一股研究古典文化的热潮。

这种复归古典的思潮波及了法学。此时,罗马法学者发现长期以来被他们奉为圣经一般的《民法大全》只不过是古代后期(公元6世纪)一个法律汇编的大杂烩,它与罗马法最为繁荣活跃的古典时代相去甚远。在文艺复兴时期的法学家看

---

① 戴东雄:《中世纪意大利法学与德国的继受罗马法》,台北,元照出版有限公司1999年版,第83页。

② 阿伦·布洛克指出,在15世纪的意大利,语法、修辞、历史、文学、道德哲学被称为“人文学”(studia humanitatis),教授这些学问的教师就是“人文主义者”(umanista, humanist)。参见[英]阿伦·布洛克:《西方人文主义传统》,董乐山译,生活·读书·新知三联书店1997年版,第6页。笔者同意这种见解,但需要补充指出,人文主义者相对于中世纪知识分子而言,他们的世界观、人生观、价值观,都具有世俗化的取向。参见何兆武、陈启能主编:《西方近代社会思潮史》,山东教育出版社2001年版,第35~36页。

③ [意]加林:《意大利人文主义》,李玉成译,生活·读书·新知三联书店1998年版,第6页。

来,《民法大全》并不值得被看作完美的"成文理性",①而中世纪注释法学和评论法学却把它作为罗马法研究的起点。更为严重的是,《民法大全》的文本在中世纪学者的不断注释中,已经失去其古典的原貌,这样怎么能够了解罗马法呢?彼得·斯坦(Peter Stein)如此描述人文主义者对中世纪罗马法学的不满:

> 一个以新的人文主义的批判态度对待《民法大全》文本的学者,如果他要寻求对注释法学家和评论法学家著作的理解,那他一定很失望。一个人文主义者脑子里充满了他们回答不了的问题。他想要知道文本的权威性、它的真确度如何、古典时期罗马法学家作出裁断时制约他们的事实情态怎样,而这些统统被先前的解释者忽略了。人文主义学者发现他们跋涉在[中世纪罗马法学家]用粗陋的中世纪拉丁语写成的华而不实的论述中,而他们想知道的问题则从未见阐释。②

人文主义者首先从澄清罗马法的语言问题入手,展开对中世纪罗马法学的批判。因此,最先对中世纪罗马法学提出质疑的并不是法学家,而是意大利的历史语言学家,其中最为著名就是洛伦佐·瓦拉(Lorenzo Valla,1407~1457年)和波利齐亚诺(Politian,1454~1494年)。

1433年,瓦拉被任命为帕维亚大学的修辞学讲座教授。适时,法学院的同僚依然固守中世纪的评论法学,他们赞誉巴尔多鲁而贬抑西塞罗。然而在人文主义者看来西塞罗是一座不可动摇的古典文化丰碑,因此瓦拉与他们发生激烈的辩论。在一封致友人的信件中,瓦拉以极其尖酸的语调指责巴尔多鲁,嘲笑他的文章布满拉丁语法错误,挖苦巴尔多鲁派"用一种根本不是罗马人的语言"的"野蛮语言"写作。针对评论法学派提出"对古代法律的分析应该使之尽量直接证明当代的法律和政治经验"这种颠倒时代的做法,瓦拉指出巴尔多鲁"破坏法律的本来面目,以便他加以弯曲的解释"。③ 1435年,瓦拉以扎实的考据,在《论伪造的"君士坦丁赐赠"》一文中用语言、历史和法学各学科的知识证明了罗马教皇据以对西欧国家享有世俗管辖权的"君士坦丁圣职授权书"绝不可能是君士坦丁大帝

---

① Thomas Glyn Watkin, *An Historical Introduction to Modern Civil Law*, Ashgate Publishing Ltd., 1999, p. 113-114.

② See Peter Stein, *Roman Law in European History*, Cambridge University Press, 1999, p. 75.

③ [英]昆廷·斯金纳:《近代政治思想的基础(上):文艺复兴》,奚瑞森、亚方译,商务印书馆2002年版,第171~172页;[美]哈多克:《历史思想导论》,王加丰译,华夏出版社1989年版,第43~44页。

时代的文献,而是伪造于公元9世纪。由于此文动摇了教皇统治的合法性基础而激怒了罗马教廷,瓦拉险些遭致异端罪的审判。① 在1444年出版的《拉丁文的优美》一书中,瓦拉又煞费苦心地考证《民法大全》,揭示古罗马帝国后期的法学家和中世纪罗马法学家由于语言的错误而导致误解古典罗马法的现象。②

波利齐亚诺的主要贡献是对11世纪在意大利发现的《学说汇纂》(*Digest*)手稿的研究。虽然中世纪罗马法学家都知道在佛罗伦萨存放着一部原始的《学说汇纂》手稿(该手稿原先存放在比萨城,后被佛罗伦萨人作为战利品掠夺而去),但是为了不至于打乱传统罗马法学,他们安于维持现状,不愿意去接触那部手稿,而宁愿接受前人注释甚至是"曲解"的罗马法。再者,由于佛罗伦萨人对手稿的看管比较严,很少允许人们翻阅,因此这部原始的手稿一直没有得到利用。③ 波利齐亚诺意识到这部手稿的重要性,认为它是查士丁尼大帝在公元550年送到意大利的真实原典。1490年,他得到佛罗伦萨当政者洛伦佐(Lorenzo the Magnificent)的许可,得以仔细研读这部手稿。波利齐亚诺以此为基础编辑出版一部《学说汇纂》的校勘本,并且拿它与中世纪流行的版本对照,结果发现巴尔多鲁学派对《学说汇纂》讹传了大量抄写和翻译的错误。④

意大利的人文主义者以极大的勇气和深厚的学识对中世纪罗马法学提出强烈质疑,对其权威性形成冲击。受此鼓舞,从15世纪末到16世纪初,一批法律家继续沿着人文主义者指明的方向前进,由此诞生了第一代人文主义法学,其中最为著名的人物是法国人纪尧姆·布德(Guillaume Budé,1467~1540年)、德国人乌尔里希·查休斯(Ulrich Zasius,1461~1535年)以及意大利人安德里亚·阿尔恰托(Andrea Alciato,1492~1550年)。

布德首先响应人文主义的方法论,于1508年出版了《学说汇纂评注》一书,发展波利齐亚诺对《学说汇纂》的历史语言学研究。但是布德的兴趣并不在于法律本身,而是延续早先的人文主义者对罗马法疑难词句进行解释以及校勘错误文本

① 参见张椿年:《从信仰到理性——意大利人文主义研究》,浙江人民出版社1993年版,第188页。

② 参见[英]昆廷·斯金纳:《近代政治思想的基础(上):文艺复兴》,奚瑞森、亚方译,商务印书馆2002年版,第171~172页;[美]哈多克:《历史思想导论》,王加丰译,华夏出版社1989年版,第311页。

③ See Peter Stein, *Legal Humanism and Legal Science*, in The Character and Influence of the Roman Civil Law, The Hambledon Press, 1988, p. 92.

④ See Peter Stein, *Legal Humanism and Legal Science*, in The Character and Influence of the Roman Civil Law, The Hambledon Press, 1988, p. 92. 另参见[美]哈多克:《历史思想导论》,王加丰译,华夏出版社1989年版,第47页。

的学术传统，仍然以巴尔多鲁主义为批判目标。[①] 从查休斯开始，人文主义开始真正与法学发生结合。查休斯是一位阅历丰富的法律职业家，他曾经做过公证员、弗莱堡（Freiburg）法院的书记员和弗莱堡大学的法律顾问、法学教授以及皇帝马克西米利安一世（Maxililian Ⅰ）的皇家法律顾问，1520 年他为弗莱堡起草的城市法是那个时代最为出色的城市法。[②] 与此前的人文主义者不同，查休斯站在法律职业家的角度批判中世纪罗马法学。他其实并不太关心《民法大全》文本的真确性问题，只是中世纪罗马法学关于法律文本的考证和评注对于法律职业来说没有太大的实用价值，因此他说：

> 我对巴尔多鲁和巴杜斯的法学所知甚少……如果不是法学家盲目地坚持注释法学和巴尔多鲁的权威，那么现在人们将会更清晰地、更纯粹地看到法律的真正要义，而那些充满错误令人讨厌的法律评注将一扫而光。只有那些努力对原始资料进行解释的人才是［法律的］真正阐释者。[③]

阿尔恰托是人文主义法学至关重要的创始人。他早年曾在意大利的帕维亚（Pavia）、波伦那以及费拉那（Ferrara）学习法律，1514 年毕业后在米兰任律师。虽然接受了传统的“意大利模式”（mos italicus）法学教育，但是阿尔恰托谙熟拉丁语和希腊语，具有深厚的古典文化功底，他发挥这一特长，采用人文主义方法校勘修订罗马法，对罗马法的原貌进行恢复。阿尔恰托的声誉也许更多得之于在法国的教学活动。1518 年至 1522 年，阿尔恰托离开意大利，到法国的阿维尼翁（Avignon）大学执教。1529 年至 1535 年，他接受法国国王法兰西斯一世的邀请，日后成为人文主义法学运动中心的布尔日（Bourges）大学（路易十一于 1464 年设立）任教。[④] 阿尔恰托的到来，使法国的人文主义法学才得以迅速崛起。

在阿尔恰托的影响下，以布尔日大学为中心，法国涌现出一批优秀的人文主

---

① See Peter Stein, *Legal Humanism and Legal Science*, in The Character and Influence of the Roman Civil Law, The Hambledon Press, 1988, p.93.

② 参见［德］格尔德·克莱因海尔、扬·施罗德：《九百年来德意志及欧洲法学家》，许兰译，中国政法大学出版社 2005 年版，第 465 页。

③ See Peter Stein, *Legal Humanism and Legal Science*, in *The Character and Influence of the Roman Civil Law*, The Hambledon Press, 1988, p.93.

④ 参见［德］格尔德·克莱因海尔、扬·施罗德：《九百年来德意志及欧洲法学家》，许兰译，中国政法大学出版社 2005 年版，第 18～20 页。

义法学家,代表性的人物包括迪穆林(C. Dumoulin,1500~1566年)、弗兰西斯·康纳(Francois Connan,1508~1551年)、德埃伦(Francois Douaren,1509~1559年)、鲍道恩(F. Baudouin,1520~1573年)、雅克·居亚斯(Jacques Cujas,1522~1590年)、奥特芒(F. Hotman,1524~1590年)和胡果·多诺(H. Doneau,拉丁名Donellus多尼鲁斯,1527~1590年)等。① 而布尔日大学也因此成为16世纪人文主义法学的研究重镇,以布尔日学派为代表的人文主义法学被冠以"高卢模式"(mos gallicus,或"法国模式)(区别于mos italicus)的称号。人文主义法学由此步入第二个阶段。

与前辈相比,第二代人文主义法学家的进步非常明显。总结第一代人文主义者和人文主义法学家的贡献,可知其主要成就在于通过扎实的历史语言学考证,努力恢复《民法大全》的原貌,②借此清除中世纪的罗马法评注。但是他们并不质疑《民法大全》本身的权威性,换言之,《民法大全》依然被认为是"神圣的"。然而,第二代人文主义法学家却开始指责《民法大全》并不是古典罗马法的真正代表,如奥特芒说:"把学习优士丁尼的著作谓之学习罗马法,肯定是弄错了,因为它留给我们的只不过是罗马法全部的1/20。"③所谓"古典罗马法"是指大致在公元前2世纪到公元3世纪末(共和国末期到帝国前期)时期的罗马法,这一阶段古罗马诞生了众多伟大的法学家,而且法学流派、法学著作和法律实务也都呈现欣欣向荣的局面,这也正是许多人文主义者纷纷向往的古典时期。但是,公元3世纪以后,古典罗马法就随着君主制的崛起而衰落下去。编纂于6世纪的《民法大全》只不过是从古典法学家的作品中筛选一些片段拼凑的成果,尤其是《学说汇纂》是其编纂者特里布尼安(Triboniano)从古典时期拥有"解答权"的大法学家的著作中摘取所需的资料,进行删节、增补和修正而成。④ 人文主义法学家认为《民法大全》是罗马文明衰落时期的产物,不能作为罗马法研究的起点,奥特芒甚至指责

---

① 关于法国人文主义法学家的生平介绍,参见何勤华:《西方法学史》,中国政法大学出版社2000年版,第100~104页。

② 因而判断人文主义法学的主要特征之一就是"复古"。"人文主义法学"另一个中文译名就是"复古法学派"。参见戴东雄:《中世纪意大利法学与德国的继受罗马法》,台北,元照出版有限公司1999年版,第113页。

③ 艾伦·沃森:《民法法系的演变及形成》,李静冰、姚新华译,中国政法大学出版社1997年版,第107页。

④ 参见[意]朱塞佩·格罗索:《罗马法史》,黄风译,中国政法大学出版社1996年版,第442页。

《民法大全》是对那个"堕落时期"的一篇颂词。[①] 事实上,当今的罗马法研究成果确实表明:

> [优士丁尼]为了确保他的汇编具有无可置疑的权威性,他禁止在其汇编完成后再以其他的方式使用原始文献。后来这些原始文献几乎全部消失。除此之外,优士丁尼还指示他的汇编者对他们所使用的文献加以修改,以使之能够反映当时的立法。因此我们现在看到的不仅是些片断,而且并不必然是作者原本撰写的文字。[②]

因此,要想恢复罗马法的原貌,不能停留于《民法大全》,而必须越过查士丁尼,返回古典时期。在第二代人文主义法学家看来,"关键的问题不是优士丁尼颁布了什么文本,而是伟大的乌尔比安在300年前是怎么说的。"[③]于是,他们拂去覆盖在罗马法之上厚重的中世纪灰尘,回溯到《民法大全》之前的罗马法,这项工作最有代表性的成果就是居亚斯长达28卷的作品《校对修正评注全书》(*Observationum et Emendationum libri*, XXVIII, 1556~1585年)。居亚斯这部巨制的主旨就是反对巴尔多鲁派对《民法大全》的任意解释,重现古典时期的大法学家帕比尼安、保罗、乌尔比安、尤利安和莫德斯丁等人的作品,[④]其最终目的就是帮助人们历史地从上下文理解原有的法律和理论。[⑤] 由于《民法大全》的编纂者是特里布尼安,所以第二代人文主义法学被冠以"反特里布尼安主义"。

在法国,文艺复兴和人文主义从一开始就与宗教改革相交织。法国的人文主义法学家有一个显著的身份特征,即他们大多是新教徒。在当时的法国,天主教信徒只能阅读罗马教廷指定的拉丁文《圣经》,而希伯来文、希腊文以及非罗马教

---

① 参见[美]哈多克:《历史思想导论》,王加丰译,华夏出版社1989年版,第42、50页。19世纪历史法学家卡尔·萨维尼也说:"只有在罗马法极度衰败之时,才会出现编纂这些法典的念头。"参见[德]萨维尼:《论立法与法学的当代使命》,许章润译,中国法制出版社2001年版,第27页。

② 参见[英]巴里·尼古拉斯:《罗马法概论》,黄风译,法律出版社2000年版,第23页。意大利学者格罗索指出:"皇帝规定:任何法学家今后不得对《学说汇纂》加以评论或者对它加以摘编;但是,可以通过只援引书名或索引的方式使其效力得以体现。"参见[意]朱塞佩·格罗索:《罗马法史》,黄风译,中国政法大学出版社1996年版,第442页。

③ Peter Stein, *Legal Humanism and Legal Science*, in The Character and Influence of the Roman Civil Law, The Hambledon Press, 1988, p.97.

④ 参见何勤华:《西方法学史》,中国政法大学出版社2000年版,第106页。

⑤ 参见[德]格尔德·克莱因海尔、扬·施罗德:《九百年来德意志及欧洲法学家》,许兰译,中国政法大学出版社2005年版,第109页。

廷指定的拉丁文本《圣经》均在禁读之列。16 世纪初,法国宗教改革家勒费弗尔·埃塔普尔却认为罗马教廷指定的拉丁文译本已使《圣经》的原本面目全非,因此必须通过宗教改革还《圣经》以本来的面目,于是他提出"返回《圣经》"的口号,并翻译出版了《圣经》拉丁文的新译本。① 可见,宗教改革家这种通过希腊文和希伯来文接近《圣经》原典的方法,与人文主义者"返回罗马法"有异曲同工之处。

勒费弗尔之后,约翰·加尔文(John Calvin,1509～1564 年)在法国宣扬新教教义,主张上帝已经预定人们是"选民"还是"弃民",是否获得上帝的救赎并不依靠祷告、虔诚和善行。人们要想确信自己就是上帝的选民,就必须在世俗生活中响应上帝授予的天职(calling),通过辛勤的劳作和事业的成功来证明自己的选民资格。受加尔文"预定论"影响而产生的新教被称为"胡格诺教"(Huguenots,意为"同盟者"),许多人文主义法学家都是胡格诺教徒。在 16 世纪上半叶,胡格诺教与天主教的对抗渐渐发展成政治斗争。从 1562 年开始,爆发了持续 30 多年的"胡格诺宗教战争",导致大批的胡格诺教徒遭到迫害并四散流亡。而法国人文主义法学家也被迫离开故土逃往北方的荷兰和德国,于是第二代人文主义法学在法国独领风骚大半个世纪之后就一蹶不振。

但是,法国人文主义法学家的外流却给德国的法学界增添了繁荣的因素,因为德国是除了荷兰之外法国人文主义法学家的主要流亡地。如奥特芒于 1559 年到 1563 年在斯特拉斯堡(Strasburg)执教,后来又去了图宾根(Tübingen),最后客死在瑞士的巴塞尔(Basle)。而多尼鲁斯从 1573 年开始就辗转到过斯特拉斯堡、海德堡(Heidelberg)和阿多尔福(Altdorf)。② 法国法学家继续在德国传播着人文主义法学,并促成那里新一代人文主义学派的兴起。③

当然,德国人文主义法学并不仅仅是受法国的影响,其实在人文主义法学早期,意大利人阿尔恰托的思想已经通过查休斯在德国开始传播。这时德国人从意大利进口的人文主义观点包括:反对中世纪法学权威们使用粗蛮的拉丁语、反对

① 参见吕一民:《法国通史》,上海社会科学院出版社 2002 年版,第 60 页;Franz Wieacker, *A History of Private Law in Europe, With Particular Reference to Germany*, translated by Tony Weir, Claredon Press, 1995, p. 63。

② Franz Wieacker, *A History of Private Law in Europe, With Particular Reference to Germany*, translated by Tony Weir, Claredon Press, 1995, p. 125.

③ 参见[葡]叶士朋:《欧洲法学史导论》,吕平义译,中国政法大学出版社 1998 年版,第 142 页。

他们无视历史以及他们经院主义的教育方法。① 16 世纪初叶,人文主义法学在德意志宗教改革时期取得重大进展。新教神学家马丁·路德(Martin Luther,1483 ~ 1546 年)和菲利普·梅兰希顿(Philip Melanchthon,1497 ~ 1560 年)反对教会手中掌握通往天国的钥匙并自封为上帝与人之间的中保,主张人们能够得到上帝的救赎并成为"义人"并不是律法的作用,也不是宗教仪式和"善功"的结果,而仅仅是因为人们信仰上帝(即"因信称义")。② 根据新教的认识论,不仅信仰的问题是建立在人们的内心信念之上,而且科学知识也源于人类自身的能力。梅兰希顿认为上帝在每个人身上都植入了"先天的知识元素"(inborn elements of knowledge),并具体表现为某种"topic"(论题),③如属(genus)与种(species)、原因(causes)与结果(effects)、相似性(similarities)与对立性(contraries)等。运用这些 topic 研究哲学、神学和法学,可以使各门学科的知识得以简明而有序地呈现出来。④

梅兰希顿的思想在维腾堡(Wittenberg)大学大受欢迎。追随梅兰希顿的法学家发明了一些法学上成对的 topic,例如规则(rule)与衡平(equity),实体(substance)与程序(procedure),所有权(ownership)与债(obligation)。更重要的是,根据这些 topic,可以把各种法律素材进行系统地安排,形成一个有序的体系。⑤ 因此,受梅兰希顿方法论影响的德国人文主义法学,最大的特点就是"体系化"(systematism)。对于这种方法论的运用,具有代表性的是梅兰希顿在维腾堡大学的同仁约翰·阿佩尔(Johann Apel,1486 ~ 1536 年)的著作《系统化的辩证理性在法律知识中的运用》(*Methodical Dialectical Reason Applied to Legal Knowledge*,1520 年)以及康拉德·拉格斯(Conrad Lagus,1499 ~ 1546 年)的著作《两种法律的系统化阐述》(*A Methodical Presentation of Both Laws*,1543 年)。总之,随着与新教思想的结合,16 世纪德国人文主义法学已经不再像早期的人文主

---

① Franz Wieacker, *A History of Private Law in Europe, With Particular Reference to Germany*, translated by Tony Weir, Claredon Press, 1995, p. 120 – 121.

② 参见[美]G. F. 穆尔:《基督教简史》,郭舜平等译,商务印书馆 2000 年版,第 233 页。

③ 我国学者徐国栋教授详细研究了"Topic"在古希腊哲学和古罗马法学中的具体含义。徐国栋将"Topic"译为"论题术"或者"切题术",并将其理解为把握问题的"理路""关节点"或者"经络"。根据他的研究,"Topic"其实相当于各种基本的形式逻辑范畴,是一种组织法律素材的逻辑方法。参见徐国栋:《共和国晚期希腊哲学对罗马法之技术和内容的影响》,载《中国社会科学》2003 年第 5 期。

④ See Harold J. Berman and Charles J. Reid, *Roman Law in Europe and the Jus Commune: An Historical Overview with Emphasis on the New Legal Science of the Sixteenth Century*, Syracuse Journal of International Law and Commerce, Vol. 20, 1994, p. 17.

⑤ See Harold J. Berman and Charles J. Reid, *Roman Law in Europe and the Jus Commune: An Historical Overview with Emphasis on the New Legal Science of the Sixteenth Century*, Syracuse Journal of International Law and Commerce, Vol. 20, 1994, p. 19.

义者那样注重“复古”,而更多地体现出一种体系创新精神。弗朗兹·维亚克(Franz Wieacker)就此评论道:“在这一刻,我们捕捉到了理性时代伟大的体系建构和近代私法科学的前兆。”①

但是,我们又万不可对德国的人文主义法学过于乐观。不要忘记,15 世纪到 16 世纪是德国继受罗马法的关键时期。换言之,在德意志人刚刚开始用中世纪罗马法的成果来建设本土法制的时候就遭遇人文主义。相比而言,在法律实践中,评论法学对法律职业技术的训练和培养,比人文主义法学多少有点不切实际的“复古”理论显得更为“实用”,更易为人们接受,于是就出现这样一个悖谬的现象:德国的人文主义者不亦乐乎地忙于学习意大利的评论法学。② 可见,处于罗马法继受时期的德意志,法律实践的需要比任何法理的说教都更有力,人文主义法学注定不可能在德意志扎下根来。事实上,人文主义法学在德国并没有繁荣多久即告终结。

三、人本主义哲学思潮下的民法世俗化

文艺复兴和人文主义被认为是中世纪以来的第一次人性大解放,但是就人文主义的本意来说,它最初只不过是想恢复古典的希腊罗马文化,因此有人可能会提出这样的疑问:人文主义者发掘的是古典文化,可为什么说他们解放了现代人的人性?其间有何关联?为此我们必须细细揣摩人文主义者对古典文化的理解。

当代意大利学者加林(E. Garin)指出,人文主义者研究古典文化的一个基本出发点是:“从(古代)作者所处的真实环境出发,历史地和批判地理解作者的思想。”因为古典文化是古人智识活动的记载,人文主义者“按照历史的本来面貌来研究所有的文献、资料和书籍,他们认为这些都是人类留下的业绩,是人类生活的遗迹和反响,因此应当对它们进行考察和展开批判性的讨论。”③可见,人文主义者对古典文化情有独钟,正是因为古典文化是人类独立于上帝创造的文明,而中

---

① Franz Wieacker, *A History of Private Law in Europe, With Particular Reference to Germany*, translated by Tony Weir, Claredon Press, 1995, p. 122.

② See Franz Wieacker, *A History of Private Law in Europe, With Particular Reference to Germany*, translated by Tony Weir, Claredon Press, 1995, p. 121.

③ [意]加林:《意大利人文主义》,李玉成译,生活·读书·新知三联书店 1998 年版,第 6 ~ 7 页。根据“一切古典文化都是人类创造的文明”,人文主义法学家也把《民法大全》看作一项人类的业绩,是一个特定的社会历史现象,从而改变了中世纪法学家把它看作“天赐的礼物”的观念,这无疑对中世纪罗马法学的权威性形成巨大的冲击。See R. C. van Caenegem, *An Historical Introduction to Private Law*, translated by D. E. L. Johnston, Cambridge University Press, 1992, p. 56.

世纪的欧洲社会却一直被基督教神圣的光环笼罩。这样,人文主义者就惊奇地发现了"人"的存在。① 美国学者穆尔(G. F. Moore)在总结文艺复兴对教会的冲击时说道:

> 人们从古代发现一个世俗的文明世界,那里没有教会,没有手握神权与政权这两把剑的教士统治阶级;它的宗教没有武断的信条,要所有的人照此思考一切天上的、人间的事……那是对事物的普遍结构,对那物质实体,对人的本性和命运的一种崇高的思索……对人类及其一切的兴趣,已代替了对神的兴趣。②

既然古典文明是古人的业绩,那么,今天的文明也要靠人在世俗生活中努力创造,于是被基督教积压千年的人性得以释放。这时,人文主义者呼喊:"人的全部光荣在于活动","人的欢乐不在于过闲散和无所事事的生活,而在于进行工作和活动。"③在这种精神鼓舞下,人文主义者提倡积极地介入世俗生活,实现个人价值。例如,著名的学者科卢乔·萨卢塔蒂(Coluccio Salutati,1331 ~ 1406 年)既是一位人文主义者,也是一个社会活动家,他反对离群索居、回避美好事物而过修道生活,他认为人应当在工作中关心家庭、朋友和城市,积极参与社会政治活动。在治学方面,他反对烦琐无用的经院哲学,认为真理是与现实和人类本身相关的知识。此外,萨卢塔蒂还投资生意,成为佛罗伦萨的富人之一,并且担任佛罗伦萨的秘书官。他不仅凭借个人的能力为佛罗伦萨共和国的政治作出极大的贡献,而且还运用权势为人文主义者提供便利的学术研究条件,使佛罗伦萨一时成为意大利人文主义者的活动中心。④ 萨卢塔蒂突出体现了人文主义者的入世心态。

英国学者阿伦·布洛克(Alan Bullock)认为西方思想分三种模式看待人和宇宙:⑤第一种模式是超越自然、超越宇宙的模式,即以上帝为中心,把人看成神的

---

① 历史学家雅各布·布克哈特(Jacob Burckardt,1818 ~ 1897)指出文艺复兴是一场"人的发现"的运动。参见[瑞士]布克哈特:《意大利文艺复兴时期的文化》,何新译,商务印书馆 1997 年版,第 125 页。

② 参见[美]G. F. 穆尔:《基督教简史》,郭舜平等译,商务印书馆 2000 年版,第 209 ~ 210 页。

③ [英]丹尼斯·哈伊:《意大利文艺复兴的历史背景》,李玉成译,生活·读书·新知三联书店 1992 年版,第 129 页。

④ 参见张椿年:《从信仰到理性——意大利人文主义研究》,浙江人民出版社 1993 年版,第 171 ~ 172 页。

⑤ 参见[英]阿伦·布洛克:《西方人文主义传统》,董乐山译,生活·读书·新知三联书店 1997 年版,第 12 ~ 13 页。

造物,这种模式在中世纪占支配地位;第二种模式是自然的,即科学的模式,它以自然为中心,把人看成自然秩序的一部分,这种模式属于17世纪自然科学发达以后的时代;第三种模式是“人文主义”(humanism,或“人本主义”)的模式,即以人自身为世界的中心,把人作为认识世界的出发点,这种模式在古希腊思想中有所体现,但直到文艺复兴时期才又重现。笔者认为,科学的模式是基于一种对人类理性可以认识和改造自然的自信而产生的思维模式,其本身就表现了人本主义。① 因此,在西方社会思想史上,“人本主义”与“神本主义”构成根本对立的两种思维模式。我国学者研究指出:

> 人文主义就是人本主义,是以人为本位的主义,是相对于中世纪的神本主义,即以神为本位的主义而言的。历史由中世纪走入近代,就世界观而言也就是从以神为本走向以人为本。在神本主义时代,一切都是从超人的神性出发,并且以复归于神性为鹄的。及至近代的人本主义,则一切都是由现实的人性出发,并且以复归于人性为归宿。②

对于文艺复兴时期的人文主义者来说,他们通过提倡古典文化的非宗教性来强调人类的中心地位。换言之,人文主义者反对中世纪神学对人类精神和肉体的禁锢,要求重新把人置于宇宙的中心地位,从而弘扬人性,声张人作为人的权利和资格。③ 或者,用一句话概括就是“把人摆在中心的地位”。④

纵观近代思想史,文艺复兴的人文主义精神一脉相承。由笛卡尔开创的主体性哲学,由休谟、亚当·斯密发端的自由主义政治经济思想,由格劳秀斯、霍布斯、洛克肇始的个人主义自然权利理论等,从根本上说都贯穿着人本主义思想。⑤ 这种思维模式当然也支配着近代西方法律思想的发展。意大利学者维科(Vico,1668~1744年)曾经研究人类各民族的历史与法律的发展时指出:迄今为止,诸民族在历史上都经历了神的时代,英雄时代和人的时代三个阶段,与此相应,人类社会的法律也经历了三个阶段:“第一种法是神的,因为人们都相信他们自己和他

---

① 参见杨大春:《文本的世界》,中国社会科学出版社1998年版,第291页。

② 参见何兆武、陈启能主编:《西方近代社会思潮史》,山东教育出版社2001年版,第102页。

③ 参见[意]桑德拉·苏阿托妮:《从神性走向人性:文艺复兴》,夏方林译,四川人民出版社2001年版,第3页。

④ 参见[俄]别尔嘉耶夫:《历史的意义》,张雅平译,学林出版社2002年版,第105页。

⑤ 参见朱晓喆:《人本主义、海德格尔与反人本主义》,载徐国栋主编:《罗马法与现代民法》第4卷,中国人民大学出版社2004年版,第162~183页。

们的一切规章制度都依存于神……第二种法是英雄的,即凭强力的法……第三种法就是人道的法,是受充分发达的人类理智来下判决的。"①维科的论述给我们以重要的启示:"人道的法"与神意和强权相对立,以人的意志和人的理性为基础,是脱离上帝、适用于人类世俗社会的法律。古罗马法曾经是西欧古典时期"人道的法",②但是中世纪一统天下的基督教神学却遮蔽了罗马法的人性光芒。直至文艺复兴,在人文主义者"以人为世界中心"的思想引导下,法学家开始对中世纪末以来人类精神的自由化以及社会生活的世俗化作出回应,由此西欧法律传统日益呈现人本主义的发展趋势。

首先,人文主义法学伸张了法律须以人类自由意志(free will)为中心的思想。事实上,此前的中世纪罗马法学家早已认识到法学是一门关于人性的学问。注释法学家阿佐(Azo,约1150~1230年)明确指出法律中的"人性胜于神性";还有注释法学家说:"人是法律的缔造者,是正义的上帝。"评论法学家巴杜斯更加深刻地总结道:"自然界由上天宰制,而(人的)意志则是自由的。"他还指出:"没有人类的行动,法律科学不可能存在……我们的科学关注的是事件和人类的行迹,它们如同人类的心灵一样变化多端。"③至文艺复兴时期,人文主义法学延续了上述思想,并最终结出理论的硕果。例如,萨卢塔蒂为了回应早期人文主义者彼得拉克(Petrarch,1304~1374年)挑起的反对医学的争论而撰写了《论法学和医学的高贵性》一文,热情颂扬法学具有指导人们的行动达到"善"的目的的作用。他说:"人类社会生气勃勃的肌体不是依靠医药,而是依靠精神上的一致……法学在人与人的关系中是非常有用的,它不仅是非常实在的,而且也是易于掌握的。"④医学是一门自然科学,具有机械性和被决定性,与人的自由意志没有关系,相比之

---

① [意]维科:《新科学》,朱光潜译,商务印书馆1997年版,第494页。

② 德国当代罗马法学者奥托·贝伦茨教授指出,罗马法很早开始就摆脱了宗教的根据,而将"人"作为法律的中心。

③ Donald R. Kelley, *The Human Measure*, *Social Thought in the Western Legal Tradition*, Harvard University Press, 1990, p.143. 自布克哈特以来,把文艺复兴看作人类个体从中世纪的束缚中解脱的开端成为主流观点。但最近也有历史学家又强调中世纪的文化和教育与文艺复兴有很大的连续性,同理,中世纪注释法学其实与人文主义法学一脉相承,共同构成整个近代西方法律复兴运动。(See Franz Wieacker, *A History of Private Law in Europe*, *With Particular Reference to Germany*, translated by Tony Weir, Claredon Press, 1995, p.124.)因此,阿佐、巴杜斯等人居然提出如此"人文主义"的观点就不足为奇了。

④ 参见[意]加林:《意大利人文主义》,李玉成译,生活·读书·新知三联书店1998年版,第31页。

下,法学作为一门关于人类意志和行动的学问,具有更崇高的道德尊严。①

在近代西方哲学史上,直至18世纪德国哲学家康德才全面总结出自然科学与道德科学的本质区别是“必然”与“自由”。康德认为,自然科学知识源于人类先验的理性能力与经验材料的结合,但是人类的理性认识能力在自然领域还受制于必然的客观规律;然而在道德领域,理性则是自由的,自由意志是道德领域的公设,是道德实践必须接受的前提,是无条件的、绝对的。② 简言之,道德科学以人的自由意志为中心。德国当代法学家卡尔·拉伦茨(Karl Larenz)教授指出,近代民法的伦理哲学基础正是康德关于人是具有自我决断能力的、自由意志主体的设定。③ 这恰好印证了阿尔恰托关于民法是一门“自由的技艺”(liberal art)④的论断。站在历史的高度,可以说人文主义法学在几个世纪以前就已显示近代民法将主体的自由意志作为制度设计的出发点。

民法以人的自由意志为中心,也就是说,民法是关于“人”的法律,不是“自然法”,更不是“神法”。进一步说,民法的调整对象是社会上平等主体之间的世俗生活关系,神圣与世俗的分立是近代民法不言而喻的前提。近代的“民法”(civil law)一词渊源于古罗马的“市民法”(ius civile)。在罗马法上,“市民法”与“万民法”相对而言,意指一个城邦所有法律的总和。在中世纪,诞生了与罗马法并行的另一法律体系——教会法(canon law)。精通罗马法的“civilian”(民法学家、罗马法学家)就在与教会法相对的意义上使用“市民法”。⑤ 至文艺复兴时期,人文主义法学就“市民法是指不是来自教廷的世俗法的全体”⑥达成了明确的共识。虽然此时“ius civile” 一词与近代私法意义上“civil law ”的含义还不尽相同,但人文主义法学已经确立了民法的世俗法性质。在此基础上,经过近代自然法学的熏陶,“民法”最终在资产阶级市民社会的世俗生活中成为界定私人权利的基本

① 参见[意]加林:《意大利人文主义》,李玉成译,生活·读书·新知三联书店1998年版,第31页。

② 参见[德]康德:《实践理性批判》,韩水法译,商务印书馆1999年版,第1页;康德:《法的形而上学原理》,沈叔平译,商务印书馆1997年版,第50页。

③ 参见[德]卡尔·拉伦茨:《德国民法通论》,谢怀栻等译,法律出版社2003年版,第45~46页。

④ See Donald R. Kelley, *The Human Measure, Social Thought in the Western Legal Tradition*, Harvard University Press, 1990, p. 145.

⑤ 《牛津法律大词典》的作者认为civil law和civilian这两个词语,都具有与宗教相对立的意味。参见[英]戴维·沃克:《牛津法律大词典》,北京社会与科技发展研究所组织翻译,光明日报出版社1988年版,第162、166页。

⑥ [意]阿尔多·贝特鲁奇:《从市民法(ius civile)到民法(diritto civile)》,薛军译,载吴汉东主编:《私法研究》(第2卷),中国政法大学出版社2002年版,第92页。

法律。[1] 总之,人文主义法学赋予 Ius Civile 以世俗法的意义,把近代民法引向世俗化的道路。

其次,人文主义法学的世俗化精神还促进了法国习惯法学的繁荣。近代早期法国的北部,习惯法作为法律渊源占据着比罗马法还优越的地位。16 世纪开始,法国人文主义法学家对习惯法发生浓厚的研究兴趣。罗马法在欧洲中世纪普通法时代曾经被认为具有普世的权威,然而人文主义法学家却提出应该历史地看待罗马法。他们认为法律总是与具体的社会相联系,一个国家的法律必须与这个国家各方面的基本制度相适应,罗马法是罗马社会和罗马人的法律,对它们不加甄别地接受并企图直接用它们来调整现今的法国社会,填平不了古罗马与 16 世纪的法国之间的历史鸿沟。[2] 彼得·斯坦如此阐明人文主义法学家的理论旨趣:

> 人文主义法学家认识到罗马法与罗马社会的状态是密切联系的,社会发展变化了,法律也就要随之改变。他们特别注意到特定时期的法律深受当时政治条件的影响。在谈论着罗马法发展的同时,他们对比了现时法国正在发生的政治变化,有些人相信古代法的研究能够为他们自己的制度构建问题提供答案。但是他们越是把罗马法与他们所发现的罗马社会条件联系起来,他们越是认识到 16 世纪的社会与古代社会相距何其远。这个现实导致他们转向了这个问题:寻求利用罗马法作为现今法国法律的样板是否真的合适?[3]

正是基于上述的疑虑,奥特芒指出今天的法学家与其把研究的精力花费在古代著作上,还不如放在本地的习惯法上。[4] 弗兰西斯·康纳则通过追溯罗马法从习惯到法典的发展历程,指出法律最早来源于"民众的习俗",即使在成文法出现以后,习惯法仍然在司法实践中得到补充和承认。[5] 伟大的人文主义法学家居亚斯站在同样的立场推崇习惯法,他说:

---

① 关于"市民法"一词的演变及其与市民社会的关系问题,参见徐国栋:《市民社会与市民法》,载《法学研究》1994 年第 4 期。

② 参见[美]哈多克:《历史思想导论》,王加丰译,华夏出版社 1989 年版,第 51 页。

③ See Peter Stein, *Roman Law in European History*, Cambridge University Press, 1999, p. 78.

④ See Thomas Glyn Watkin, *An Historical Introduction to Modern Civil Law*, Ashgate Publishing Ltd., 1999, p. 116.

⑤ See Donald R. Kelley, *The Human Measure, Social Thought in the Western Legal Tradition*, Harvard University Press, 1990, p. 193.

> 基于更好理性的习惯和共同利益，以及共同体之间在漫长岁月中形成的默示的、不成文的同意与司法判决的权威具有废止制定法的效力……对制定法的弃置导致只有习惯具有效力，因此习惯获得了与制定法同样的效力……而且，除非制定法得到了习惯的认可，否则它对我们不具约束力。①

16世纪法国习惯法学的集大成者当数迪穆林。迪穆林极力倡导法国法的本土性，他认为法国的普通法"是由不同习惯法所表达的法律观念的整体组成的"。② 在各种习惯法中，巴黎地区的习惯是法国习惯法的代表，为此他撰写《巴黎习惯法评论》(*Commentary on the Custom of Paris*, 1538年)一书，为法国习惯法的发展打下坚实的基础，并且其影响直至《拿破仑民法典》时代。③

如果我们放宽历史的视界，可以发现人文主义法学开始的法国习惯法运动，一直持续至18世纪。例如，1607年两位著名的习惯法学家的著作同时问世，孔奎尔(Guy Conquille, 1523～1604年)的《法国法学阶梯》(*Institutes of French Law*)和洛塞尔(Antoine Loysel, 1536～1615年)的著作《习惯法制度》(*Customary Institutes*)，前者企图用传统罗马法的主题来统率法国本土法律制度，后者则努力从文学作品、谚语、民谣中寻求法国法的精神。④ 此后，让·多马(Jean Domat, 1625～1696年)的《法国习惯中的民事法》(1694年)，路易十四时代巴黎最高法院的首席法官拉莫伊能(Lamoignon, 1617～1677年)的《法令集》(*Arretes*)以及弗朗索瓦·布尔琼(Francois Bourjon, ? ～1751年)的传世之作《法国普通法与巴黎习惯法》(1743年)⑤都体现了法国习惯法学的高度成就，并最终成为1804年《拿破仑民法典》重要的智识资源。可见，人文主义法学强调法律与世俗社会联系导致法学家关注法国本土的法律制度，正如艾伦·沃森所说：人文主义法学一个意料之外的副产品是法国"属地法学"的繁荣。⑥

应该指出的是，法国人文主义法学家在近代较早地表现出对本土习惯法的关

---

① 参见[爱尔兰]J. M. 凯利：《西方法律思想简史》，王笑红译，法律出版社2002年版，第177页。

② [德]K. 茨威格特、H. 克茨：《比较法总论》，潘汉典等译，贵州人民出版社1992年版，第149页。

③ 参见何勤华：《西方法学史》，中国政法大学出版社2000年版，第109页。

④ See Donald R. Kelley, *The Human Measure, Social Thought in the Western Legal Tradition*, Harvard University Press, 1990, p. 200.

⑤ 参见何勤华：《西方法学史》，中国政法大学出版社2000年版，第109～110页。

⑥ 参见[美]艾伦·沃森：《民法法系的演变及形成》，李静冰、姚新华译，中国政法大学出版社1997年版，第108～109页。

注,可以根据当时的社会政治背景来理解。从15世纪到16世纪,法国一直陷入与德意志哈布斯堡王朝的霸权之争中。在这场政治斗争中,一边是正在迈向“民族国家”(nation-state)的法兰西,另一边则是为了“神圣罗马帝国”的虚幻名号而垂死挣扎的德意志。从法制建设上来说,德意志人自奉为神圣罗马帝国的继承人,罗马法很容易侵入他们的法律思维和实践,因此不难想象何以16世纪德国发生了大规模的罗马法继受现象。对于法国而言,在与德意志人的斗争中,恰恰要反对神圣罗马帝国的权威,突出法兰西民族的独立性。此时,人文主义法学家也极力否定罗马法的权威性,认为罗马法并不是什么“帝国的理性”,而只是由于其“理性的帝国”才被其他国家接受。例如,鲍道恩的弟子莱·卡伦(Le Caron)曾经向法王查理九世(Charles IX)谏言:“除非希腊法或者罗马法与理性(reason)保持一致,您大可不必服从它们,您的文职官员也不必受其宰制。”①迪穆林也指出法国封建习惯法应该追溯至查理马特(Charlemange),而与罗马的制度毫无关系。②可见,其间隐藏的政治逻辑就是:“如果罗马法不是完美无缺的,不具有表达普遍理性的内在优越性,那么有什么必要牺牲法国的法律传统呢?”③换言之,既然罗马法是“帝国的”法律,那么法国就不应全盘继受罗马法。因此,人文主义法学家研究和整理法国习惯法,体现了一种民族意识的诉求。特别是15世纪以后法国国王介入,④编辑和整理习惯法承载了更多的政治使命。⑤

四、迈向一门体系化科学的近代民法

在中世纪西欧的大学里,法学一直与医学、哲学和神学并列为四大科学,但法

---

① Donald R. Kelley, The Human Measure, *Social Thought in the Western Legal Tradition*, Harvard University Press, 1990, p. 200.

② See Donald R. Kelley, *The Human Measure*, *Social Thought in the Western Legal Tradition*, Harvard University Press, 1990, p. 204.

③ R. C. Van Caenegem, *An Historical Introduction to Private Law*, translated by D. E. L. Johnston, Cambridge University Press, 1992, p. 41.

④ “在法国,习惯法的编纂在卡洛斯七世(1454)、路易十一世(1480)和亨利三世(1587)的命令下持续进行。”参见[荷]叶士朋:《欧洲法学史导论》,吕平义译,中国政法大学出版社1998年版,第133页。1679年,路易十四在法国的十一所大学正式设立“法国法”的教授席位。See Donald R. Kelley, *The Human Measure*, *Social Thought in the Western Legal Tradition*, Harvard University Press, 1990, p. 205.

⑤ 应该指出,在近代欧陆法律传统中,“罗马派”与“本土派”的诘抗是意大利以外各国继受罗马法过程中时常出现的现象。在16世纪的法国人文主义法学那里已经出现这种苗头。19世纪中叶,德国历史法学分裂为“罗马派”和“日尔曼派”也反映了同样的问题。

律史上却认为作为一门真正科学的民法学是在人文主义法学时期才开始产生。[①] 那么,为什么直到16世纪民法才开始被称为"科学的"(scientific)呢?要解释这个问题,我们首先要明确大陆法系民法的"科学"标准是什么。

亨利·梅里曼(Henry Merryman)指出,大陆法系关于法律科学(legal science)的基本假设是:法学家可以把所有的法律素材(成文法、法令和习惯法)像自然科学分析物理数据一样,把它们内在的原理和联系都揭示出来,并达到类似自然科学的高度体系化程度。[②] 换言之,大陆法系法律科学的任务不是直接分析个别的法律规则,而是认识在个别规则背后的法律原理,进行所谓的体系"建构"。[③] 笔者认为,法律体系的建构必须经过两个步骤:其一,各种法律概念得到精确的定义和分类;其二,在概念精确界分的基础上,根据概念内涵的抽象程度,把下位的概念归属到上位的概念,这样一级一级地累积,最终形成一个庞大的概念体系——这个体系逻辑清晰、结构合理、内容连贯一致,法学由此成为一门科学。诚如卡尔·拉伦茨教授所言:

> 此种体系不仅可以保障最大可能的概观性,同时亦可保障法安定性,因为设使这种体系是"完整的",则于体系范畴内,法律问题仅借逻辑的思考操作即可解决。它可以保障,由之推演出来的所有结论,其彼此不相矛盾,因此可以使法学具有——纯粹科学之学术概念意义下的——"学术性"。[④]

定义了大陆法系民法科学性的标准之后,再来探讨人文主义法学对近代民法科学化的贡献。首先,我们从中世纪罗马法学到人文主义法学研究对象的转变入手。中世纪的注释法学家对罗马法的研究仅仅限于对《民法大全》文本中个别条文的注释,评论法学家虽然比他们稍有改进但仍然只注重个别问题的纵深研究或者谋求个别法律实践问题的解决。《学说汇纂》是将古典时期法学家的论著根据不同的主题内容进行汇编而成,在立法技术上,它尽可能全面地收集针对某一主题的观点和论述,这导致其结构的无序和内容的庞杂,并决定了其"汇编"的特

---

① See Guy Carleton Lee, *Historical Jurisprudence*, The Macmillan company, 1900, p. 396.

② See John Henry Merryman, *The Civil Law Tradition*, Stanford University Press, 1985, p. 62 – 63.

③ 参见[德]赫尔穆特·科英:《法哲学》,林荣远译,华夏出版社2002年版,第202页。

④ 参见[德]拉伦茨:《法学方法论》,陈爱娥译,台北,五南图书出版股份有限公司1996年版,第356页。

征。换言之,《学说汇纂》为了追求“完整性”而宁愿舍弃“有序性”。① 但是,对热衷于注释罗马法条文或者运用罗马法规则解决实践问题的中世纪罗马法学家来说,这种杂乱的汇编并无不便之处,而且《学说汇纂》包罗万象,能够找到各种具体问题的结论,因此《学说汇纂》成为中世纪罗马法学家的主要研究对象。

但是到了16世纪,人文主义法学家却纷纷冷落《学说汇纂》,而将目光转向《法学阶梯》。众所周知,查士丁尼的《法学阶梯》既是一项立法,同时也是给法律的初学者提供的一部初级教科书。为了服务教学,它的编排体例比《学说汇纂》更加讲究结构的合理性,其全部内容按照“人—物—诉讼”的三分法进行安排,②借此表明“人法”“物法”和“诉讼”之间内在的逻辑关系。而且《法学阶梯》中每一主题之下各题的安排,都遵循由一般到具体、由总到分的逻辑顺序。例如以“人”为例,人分为自由人和奴隶,自由人又分为生来自由人和解放自由人;以“物”为例,物可以分为有体物和无体物、无体物又分为遗产继承权、用益权、使用权、债权;而“债”又继续分为契约之债、准契约之债、不法行为之债和准不法行为之债。③可见,《法学阶梯》从宏观到微观,都体现了逻辑层次分明、以体系为重的特点。

人文主义法学时期,布尔日大学的弗兰西斯·德埃伦首先提出,法学应该具备从普遍、一般推演到具体、特殊的方法论,为了达到这个目的,他建议采用《法学阶梯》简明、系统的方法。④ 弗兰西斯·康纳随后也主张用《法学阶梯》的三分法组织各种法律素材。他认为《法学阶梯》比较合理地处理了具有不同资格的“人”和各种类型的“物”,但是“诉讼”部分却不尽如人意。因为“诉讼”是指一个人从事的所有可能引致法律程序发生的行动,所以“诉讼”的内容不仅包括由债之关系带来的诉讼,而且包含在“人法”中的婚姻、“物法”中的遗嘱和无遗嘱继承都可能引发诉讼,因此应该把这些内容也安排在“诉讼”的部分。⑤

人文主义法学家为何如此青睐《法学阶梯》呢?艾伦·沃森提出这样一种

---

① 参见薛军:《优士丁尼法典编纂中法典的概念》,载徐国栋主编:《罗马法与现代民法》(第2卷),中国法制出版社2001年版,第44、54页。

② 参见[意]朱塞佩·格罗索:《罗马法史》,黄风译,中国政法大学出版社1996年版,第450页。查士丁尼的《法学阶梯》的“三分法”来源于盖尤斯的《法学阶梯》。“我们所使用的一切法,或者涉及人,或者涉及物,或者涉及诉讼。”参见盖尤斯:《法学阶梯》,黄风译,中国政法大学出版社1996年版,第4页。

③ 参见薛军:《优士丁尼法典编纂中法典的概念》,载徐国栋主编:《罗马法与现代民法》(第2卷),中国法制出版社2001年版,第46页;[古罗马]查士丁尼:《法学阶梯》,张企泰译,商务印书馆1996年版,有关“人”“物”“债”的各章节。

④ See Peter Stein, *Roman Law in European History*, Cambridge University Press, 1999, p. 80.

⑤ See Peter Stein, *Roman Law in European History*, Cambridge University Press, 1999, p. 80.

解说：

> 不可避免，迟早——也许较早而不是较迟——任何社会，一旦把《民法大全》的基本组成部分当作本地的法律，或者承认它在找法过程中的直接重要性，就会把优士丁尼的《法学阶梯》奉到一个特殊的荣耀地位。之所以这样，倒不是因为《法学阶梯》里的法律比《民法大全》其他部分所包含的法律，对于实践者来说更顺手或对学者来说更称心；真正的理由纯粹在教育方面……随着罗马法研究的复苏，《法学阶梯》重新扮演着它昔日作为学生初级法律教科书的角色，为众目所期待。①

沃森虽然指出《法学阶梯》的重要地位，但笔者以为，仅仅从方便法学教育的角度来说明它为何获得后世的广泛认可，尚显意犹未尽。《法学阶梯》取代《学说汇纂》更深层的原因是它们在法学思维模式方面的差异。

德国法学家鲁道夫·耶林（Rudolph von Jhering，1818～1892年）曾经指出，法学可以分为"较低层次的法学"和"较高层次的法学"，前者的任务就是从个别的法律规定出发，解释法律条文的含义，消除法律的模糊性和字面上的矛盾。而较高阶段的法学则把法律看成一个概念、规则和制度的逻辑有机体，从而在体系中把握法律。② 简言之，这两种不同的法学代表两种不同的法律思维模式，前者是"决疑论"（以解决个别的法律问题为导向），而后者是"系统论"（以法律制度的整体关系为导向）。③

运用耶林的理论解释《法学阶梯》与《学说汇纂》的差异，可知《学说汇纂》"百科全书式汇编"只是"个案性"地解决个别问题，④而《法学阶梯》则是将众多

① 参见[美]艾伦·沃森：《民法法系的演变及形成》，李静冰、姚新华译，中国政法大学出版社1997年版，第89～90页。

② 参见[德]Helmut Coing（赫尔穆特·科英）：《鲁道夫·耶林的法律体系概念》，吴从周译，载《法学丛刊》2000年总第180期。

③ 德国学者赫尔穆特·科英教授区分了疑难论（决疑论）与系统论两种法律思维。前者经常运用在具体的案件裁判以及法律注释活动中，而后者就是以《法学阶梯》这类教学体系为代表。参见赫尔穆特·科英：《法哲学》，林荣远译，华夏出版社2002年版，第228～230页。

④ 参见[葡]叶士朋：《欧洲法学史导论》，吕平义译，中国政法大学出版社1998年版，第133页。此处需要澄清一个问题：19世纪德国民法体系（总则—物权—债权—亲属—继承五编制）虽名为"学说汇纂体系"（或称"潘德克顿体系"），但其实与查士丁尼的《学说汇纂》的结构没有类似之处，而是出自德国法学家的独立创造。参见徐国栋：《民法典草案的基本结构——以民法的调整对象理论为中心》，载《法学研究》2000年第1期。

的法律规则和法律原理纳入一个有机的逻辑系统，形成一个有序的体系。换言之，前者是低级的、决疑论的法学思维，而后者是高级的、系统论的法学思维。显然，对于建立一门"科学的"民法学来说，《法学阶梯》无疑具有更大的逻辑吸引力，《学说汇纂》必须让位于它。人文主义法学的体系化思维将近代民法的科学性推进了一大步。

在16世纪的法国人文主义法学家中，对近代民法的体系化和科学化最有贡献的当数胡果·多尼鲁斯。罗斯科·庞德(Roscoe Pound)曾经评论多尼鲁斯"是把法律作为一个整体进行系统阐释的先驱者，因此分析意义上的罗马法体系——正如论者们在19世纪所研究的那种体系——可以说渊源于他"。[①] 那么多尼鲁斯究竟对近代民法产生怎样的深远影响，以至于庞德给予其如此重要的评价呢？

首先，多尼鲁斯指出民法是私法、是调整私人权利的法律。多尼鲁斯在研究罗马法时发现，查士丁尼把法律分为公法和私法，而私法内容占据《民法大全》的绝大部分，因而古罗马法学家谈论的"民法"(civil law)其实指的就是"私法"(private law)。不仅如此，他还强调私法是一个调整私人权利的法律体系，从而又揭示了民法的权利法性质。[②] 我们可以通过"他物权"的问题来说明之。

在西欧封建社会，土地所有权名义上归封建领主，但是领主要将土地实际交给附庸(或农奴，vassal)使用，附庸向领主表示效忠和服役，并且在缴纳地租之后，即可成为土地的使用权利人。中世纪罗马法学家为了解释这一经济现实，发明了"直接所有权"(dominium directum)和"使用所有权"(dominium utile)区分的理论，即领主享有前者，而实际的使用人享有后者。但这样一来，原本完整的所有权(domonium)就被人为地分割了。[③] 多尼鲁斯为了清理中世纪法学对罗马法的败坏，极力主张恢复罗马法上完整的、绝对的物权观念。他反对中世纪双重所有权理论，认为使用他人的土地本身就可以成立一项独立的物权，即永佃权(emphyteuta)。其实罗马法上有许多在所有权之上为他人利益而设立的受限制的物权，如人役权、地役权、抵押权等，它们都是从所有权分化出来的独立物权。多尼鲁斯在近代第一次运用"他物权"(ius in re aliena)这一概念来指称这些权利

---

① [美]罗斯科·庞德:《法理学》(第一卷)，邓正来译，中国政法大学出版社2004年版，第44页。

② See Peter Stein, *Roman Law in European History*, Cambridge University Press, 1999, p.80–81.

③ See Robert Feenstra, *Dominium and ius in re aliena: The Origins of a Civil Law Distinction*, in New Perspectives in the Roman Law of Property, Peter Birks ed., Oxford Clarendon Press, 1989, p.112.

类型,并最终获得后世的承认。[①]

在近代的社会经济背景下来看,中世纪的"双重所有权"与资本主义经济制度的前提条件之一"财产的私人占有"[②]是相互抵牾的,近代民法要迎合资本主义经济对产权清晰的要求,必须废弃这一理论,并代之以"一物一权"原则。[③] 而多尼鲁斯创造的"他物权"概念,既赋予物的实际利用人在一定期限内拥有使用和收益的权利,又不违背所有权的完整性、绝对性,从而在根本上解决了财产的"所有"与"利用"之冲突。更重要的是,与模糊的"双重所有权"比较起来,他物权与所有权有各自的权能范围,其内涵和外延都能得到合理的界定,从而为近代民法设计民事权利体系扫除了一个重大的逻辑障碍。

其次,多尼鲁斯将私法上的权利划分为两类:一是无须他人介入、可直接归属于权利人的权利;二是他人对权利人负担(owed to)某种义务的权利。第一种权利包括作为一个人享有的生命权、自由权和对于外在物体的权利;第二种权利是权利人可以要求某人为他做某种事情的权利,例如债权。[④] 按照今天的民法学术语,多尼鲁斯的权利分类其实就是"绝对权"与"相对权"的区分。前者是指权利主体对于特定的权利客体可以排除他人干涉、直接享有客体利益的权利;后者是指权利主体可以请求特定的相对人为一定行为的权利。"绝对权—相对权"的区分在近代民法中是经典的分类方法,由此可以衍生"对人权—对物权""支配权—请求权""物权—债权"的种种区别,并且这些结对的概念成为近代民法体系的结构性基础。对这些概念区分的理论总结在19世纪德国民法学中才渐渐成熟,[⑤]而在多尼鲁斯那里它们已经呼之欲出。

最后,多尼鲁斯在研究查士丁尼《法学阶梯》的第三部分"诉讼"(action)时指出,民法由两部分组成:一是"法律上应该归属于每个人的东西"(权利),二是保障权利的"程序性手段"(诉讼)。而且从逻辑上说,"权利"应该在"诉讼"之前,所以《法学阶梯》"人—物—诉讼"的结构,既体现了实体与程序的分离,又照顾二者的前后顺序,是一种合乎逻辑的安排。反之,《学说汇纂》则按照从诉讼或裁判

---

① See Robert Feenstra, *Dominium and ius in re aliena: The Origins of a Civil Law Distinction*, in New Perspectives in the Roman Law of Property, Peter Birks ed., Oxford Clarendon Press, 1989, p. 117, p. 122; Peter Stein, *Roman Law in European History*, Cambridge University Press, 1999, p. 82.

② [英]彼得·桑得斯:《资本主义——一项社会审视》,张浩译,吉林人民出版社2005年版,第4页。

③ 德国学者闵策尔(Muenzel)说:《德国民法典》中"只有一个完全的所有权,没有分层的所有权;因为每个单位和个人的财产界限很清楚。"

④ See Peter Stein, *Roman Law in European History*, Cambridge University Press, 1999, p. 81.

⑤ 参见金可可:《债权物权区分说的构成要素》,载《法学研究》2005年第1期。

开始的做法就不太合理。[①] 近代大陆法系的民法法典化都将程序法排除在外，而多尼鲁斯在几个世纪前已经认识到民事实体法与民事程序法的实质区别。

几乎在同一时期的德意志，人文主义法学家对民法体系化和科学化的努力也在同步进行。受梅兰希顿影响的约翰·阿佩尔和康拉德·拉格斯在各自的著作中都体现了这一点。阿佩尔在《系统化的辩证理性在法律知识中的运用》中将"民法"(civil law)定义为关于财产、契约、侵权的法律以及其他调整私人之间关系法律的总和，并且在与公法相对的意义上使用"民法"一词。此外，他还根据逻辑上的种属关系，对民法内部的概念和原则进行定义和分类，并认为基于其完美的逻辑特性，可以按照从一般原则到特殊规则的方法来演绎民法。[②]

拉格斯的著作《两种法律的系统化阐述》进一步强化法律种属概念的划分以及法律体系的建构。拉格斯的著作分为"哲学"(philosophical)和"历史"(historical)两个部分。在前一部分，他利用亚里士多德和梅兰希顿关于事物本质的"四因说"来区分形形色色的法律。第一，从法律的"动力因"来看，根据法律的来源和制定者的不同，法律分为自然法(源出于自然理性或者理性的判断)和市民法(源出于民众的共同意志，分为成文法和习惯法)；而成文法和习惯法根据其产生的政治实体不同又分为"帝国的""教会的""公国的""城市的"法律。第二，从法律的"质料因"来看，根据法律的构成内容，分为神法和人法；而人法又分为军事法、封建法和市民法。第三，从法律的"形式因"来看，根据法律采用的形式，分为严格法(strict law)和衡平法(equity)，而衡平法又分为成文的和不成文的(即自然的衡平)。第四，从法律的"目的因"来看，根据法律的最终的目，分为关于公共事务的公法和仅涉及私人事务的私法(如契约法和损害赔偿法)。在这部著作的"历史"部分，所有实在的法律又被分为六类：(1)人法；(2)财产权的取得、转让和消灭的方式；(3)合意和债；(4)诉讼和答辩；(5)审判；(6)豁免和特许。并且

---

① See Peter Stein, *Roman Law in European History*, Cambridge University Press, 1999, p. 81. 笔者查阅徐国栋教授翻译的《学说汇纂》总目录，发现《学说汇纂》全部 50 卷的整体安排上，前面的第 2、3 卷集中规定了诉讼程序问题；就个别卷次来说，凡是涉及诉讼问题的，大多是将"某某之诉"安排在卷首，例如第 13 卷第一个主题是"关于被盗物的要求返还之诉"，第 14 卷第一个主题是"关于船东之诉"，第 19 卷第一个主题是"关于买卖之诉"，此类现象不便一一列举。这说明《学说汇纂》遵循"诉讼先于实体"的顺序。参见《优士丁尼：〈学说汇纂〉总目录》，载桑德罗·斯奇巴尼编：《法律行为》，徐国栋译，中国政法大学出版社 1998 年版，第 128～155 页。

② See Harold J. Berman and Charles J. Reid, *Roman Law in Europe and the Jus Commune: An Historical Overview with Emphasis on the New Legal Science of the Sixteenth Century*, Syracuse Journal of International Law and Commerce, Vol. 20, 1994, p. 20.

在具体的论述中,拉格斯进一步对这六类法律加以区分,直至概念的细微末端。① 拉格斯在此描绘了一幅宏大的法律体系蓝图,反映了一种体系化的法学思想。

卡尔・拉伦茨教授指出,大陆法系法学家为了使法律体系达到"无漏洞"和"完满"的理想,常常按照"非此即彼"的标准划分两个对偶的抽象法律概念,例如法律上有意义者,若非"权利主体"即为"权利客体";若非"权利"即为"义务";主观权利若非"绝对权"即为"相对权";而物权若非"完全物权(所有权)"即为"限制物权(他物权)";等等。② 我们看到,16 世纪的人文主义法学家不厌其烦地运用定义、分类以及组合、排列等逻辑方法对民法概念进行精确的划分,创造了诸如公法与私法、实体法与程序法、人法与物法、所有权与他物权、绝对权与相对权等重要对偶概念区分的思想,并且在此基础上,对民法原理进行系统的阐述。也许正如维亚克所说,人文主义法学对私法进行体系化的尝试是近代民法科学开端的标志。③

五、结语

16 世纪对于欧陆法学传统来说是一个充满危机的世纪,④但同时也是一个充满希望的世纪。在这个转折点上,中世纪罗马法学面临被淘汰的结局,而代表新生力量的人文主义法学正焕发着勃勃生机,它引领着整个 16 世纪的欧陆法学思潮。⑤ 虽然人文主义法学繁荣了不过一个世纪,但一个世纪也就足够了,在这一个世纪之中,人文主义法学完成了从中世纪罗马法向近代民法思想转型的关键步骤。由此开始,近代民法的世俗化(secularism)、体系化(systematism)和理性化(rationalization)的发展趋势逐步呈现。可以说人文主义法学吹响了近代民法的前奏,而此后 400 年以来的大陆法系民法传统正是沿着人文主义法学开辟的道路前进的。

---

① See Harold J. Berman and Charles J. Reid, *Roman Law in Europe and the Jus Commune: An Historical Overview with Emphasis on the New Legal Science of the Sixteenth Century*, Syracuse Journal of International Law and Commerce, Vol. 20, 1994, p. 21 - 23.

② 参见[德]拉伦茨:《法学方法论》,陈爱娥译,台北,五南图书出版股份有限公司 1996 年版,第 371 页。

③ Franz Wieacker, *A History of Private Law in Europe, With Particular Reference to Germany*, translated by Tony Weir, Claredon Press, 1995, p. 117,122.

④ 参见[葡]叶士朋:《欧洲法学史导论》,吕平义译,中国政法大学出版社 1998 年版,第 132 页。

⑤ Franz Wieacker, *A History of Private Law in Europe, With Particular Reference to Germany*, translated by Tony Weir, Claredon Press, 1995, p. 124.

第四编　观念·论说

“封建主义”概念辨析

侯建新

“封建”“封建主义”等词汇在当今中国可谓俯拾即是：将秦代至清代两千多年的传统社会称为封建社会，将帝王称为封建帝王，制度当然也是封建制度。“封建”话语不仅流行于学界，而且深入坊间，迷信是封建迷信，包办婚姻是封建婚姻，个人崇拜是封建遗毒等。在欧洲，“封建社会”是前资本主义社会，西欧“封建社会”只经过几百年就长出近代文明，故西方学者至今仍在回顾和反思他们中世纪的价值，反思中世纪与近代文明千丝万缕的联系。①

问题是，封建主义概念的本质是什么，有没有一个可以涵括中西的封建主义？无论要深入认识西欧与中国的过去，还是要进行中西历史比较，该问题都是不可回避的。此外，从基础教育和对外交流角度讲，也需要将“封建”概念明晰化和规范化。先从中国方面说起。

一、“封建主义”概念在中国之由来

中国古代的“封建”实为“封土建制”“封邦建国”的简称。大规模“封建”的事实发生在西周建国初年。灭掉

---

① 年鉴学派第三代学者勒高夫所写的《中古文明》是一部关于西欧中世纪的全面、系统的综合之作，作者在英文版序言中指出，该书的主旨在于说明：中世纪是一个充满暴力，生活条件严酷的世界，同时也是特别具有创造力，奠定西方文明发展基础的时代。See J. Le Goff, *Medieval Civilization* 400—1500, Oxford, 1988.

“大邑商”后,地处西陲的周族如何统治这幅员辽阔的土地,于是分封制度应运而生。分封的用意,是让王族的亲戚子弟率领族人到各地建立武装据点,以此为依托控制各个地区,从而形成拱卫宗周的态势。被封诸侯在封国内有世袭统治权。周天子是各封国诸侯的“大宗”,作为“小宗”的诸侯国必须服从命令,定期朝贡,提供兵役。显然,先秦的“封建”有两重要义:其一,在形式上建立武装据点,解决幅员辽阔的国土(即家族)安全问题,防卫目标主要是异姓种族;其二,封国的原则是血缘关系,目的在于维护王族一姓的统治。司马迁称其为“褒亲亲,序骨肉,尊先祖”,①所谓“亲亲建国”。

封建制度在春秋战国之际逐步瓦解,秦统一后,全面推行郡县制。实际上,终先秦之世,“封建”一词很少使用;倒是秦汉以后,有郡县制作为对立物,“封建”的特点才凸显,该词出现的频率也增加了。二者孰优孰劣的争论,从秦汉以来迄未停止,分封制也迟迟未绝迹,只是渐行渐远,不再占据主流。“封建”概念也发生了一些变化,魏晋以降,封爵而不治民的制度也沿用“封建”之名。宋元时代,李昉等辑《太平御览》设“封建部”五卷。继之,马端临写《文献通考》设“封建考”十八卷,一方面把“封建”从西周追溯到黄帝时代,另一方面又把秦汉至唐宋封爵而不治民(或曰“封”而不“建”)的制度也囊括其中。后者可称为“转义的封建”。总之,无论西周封建还是后来转义的封建,一直到清末,人们对“封建”一词的理解没有多少变化,如果说有所变化,那就是后来的主要着眼点在于中央与地方的权力分配。甚至清末民初关于联邦制还是联省自治的辩论,仍然在体制的含义上使用“封建”一词。② 但无论如何,此时中国的“封建”与“封建主义”无关,国人多数还不知西欧庄园或“庄园制”为何物,知者也不认为二者是一回事因而将之相互联系。

所以,最初的汉学家从不将中文“封建”译为 feudalism。例如,19 世纪英国汉学家李雅各(James Legge,1815~1897 年)翻译了不少中国古典经书,遇有“封建”字眼,从不译为 feudalism,如《左传》中“故封建亲戚,以藩屏周”译为:raised the relatives of the royal house to the rule of states, that they might act as fences and screens to Zhou(大意是:让王族的亲戚去统治诸侯国,以此作为周的屏障)。又如,《诗经·商颂·殷武》中“命于下国,封建厥福”;《左传》中“莫如兄弟,故封建

---

① 《史记·三王世家》。

② 例如,李大钊 1916 年在论及省制问题时,就上溯至封建与郡县论,“古无集权、分权之语也。有之,则内重外轻云者,足当集权之义;外重内轻云者,足当分权之义焉。于是右集权者,则讴歌郡县;右分权者,则想望封建。求之往籍,封建与郡县之论战,盖至今而犹未有以决也。”参见李大钊:《省制与宪法》(1916 年)、《李大钊文集(1)》,人民出版社 1999 年版,第 214~230 页。

之";以及"封建亲戚""封建兄弟"等都作了类似的译文处理。① 李雅各等都是从本义上译介中文"封建"一词,即抓住王族血缘亲属建立诸侯国的本质。显然,依西人的眼光,中国西周的"封邦建国"与西欧中世纪普遍推行庄园制基础上的 feudalism 不是一回事。

中国学者最初也没有将二者简单对译。严复首次将 feudalism 译为中文。1901 年,严复的重要译著《原富》(亚当·斯密著,现名《国民财富的性质和原因的研究》)问世,在这部译著中,feudalism 译为"拂特之制"。大概因严复发现西欧的 feudalism 对中国历史而言是陌生的,没有一个适当的中国词汇与之相应,于是取音译。严复在按语中明确说明自己对"拂特之制"的理解:"顾分土因而分民,于是乎有拂特之俗……一国之地,分几拂特,分各有主,齐民受理其中而耕其地,则于主人有应尽之职役,而莫大于出甲兵,应调发之一事。用拂特之制,民往往知有主而不必知有王。故地大民众者,王力不足以御临之也"。可见严复对西欧庄园制有一定观察深度,认为西欧拂特制(feudalism)与中国古典"封建"不同,所以说出"其建国本始之事如此,非必有锡土胙茅之事如中国也"。② 1903 年 6 月,严复译穆勒的《群己权界论》(*On Liberty*),对书中的 feudalism 仍取"拂特"之音译。

问题出在严复不久后发表的另一部译著《社会通诠》上。严复是带着急迫的心情来翻译这本书的,爱德华·詹克斯的《社会通诠》(E. Jenks, *A History of Politics*)原书出版于 1900 年,而严复翻译并将其出版是 1904 年。③ 在这部书里,他第一次将 feudalism 为"拂特封建制"或"封建制",④从而将西欧的 feudalism 与中国的传统社会完全对应起来,后者不仅包括先秦时代,也包括秦代至清代。不仅是译文的改变,受西方思潮和话语的冲击,严复的思想也在激烈的震荡中。从该译著的序言中可知,严复深受詹克斯社会演进图式的影响。詹克斯提出人类社会进化三阶段:图腾社会、宗法社会和国家社会。在詹克斯看来,这是人类社会由低级到高级发展的普遍过程,也是每一个民族都必须经历的进化序列,如同天有四季,人有童年、少年、壮年一样。"封建于社会天演为何阶级"(即"阶段"——引

---

① "莫如兄弟,故封建之"译为 it still said none were equal to brothers, and advanced them to the rule of States;"封建亲戚"译为 to raise the relatives of the royal House to the rule of States;"封建兄弟"译为 to advance brothers to the rule of States。参见林志纯:《封建主义问题》,载《世界历史》1991 年第 6 期。

② 参见[英]斯密:《原富》(上册),严复译,商务印书馆 1981 年版,第 335~336 页。

③ 1904 年由商务印书馆出版。

④ 另据周振鹤考证,以封建对译 feudal 是从日本接受来的。外国人所编的汉英辞典直到 1916 年才把 feudal 译作封建,feudalism 译作封建制度。参见周振鹤:《19、20 世纪之际中日欧语言接触研究:以"历史","经济","封建"三译语的形成为说》,载《传统文化与现代化》1996 年第 6 期。

者注)？严复自问自答道："拂特封建制"乃为宗法社会与近代社会的过渡阶段。① 显然，甄克斯将 feudalism 看作西欧的，也是世界的，其他民族都要经历的。这本是说西欧 feudalism 有普遍性，可是一旦严复将其译为"封建"，中文"封建"一词也有了普遍性，语义学上的奇妙力量由此可见一斑。

严复全盘接受了甄克斯关于社会发展有机体的观念，他在译文中加入大段的按语赞赏有加，并依此联系和划分中国历史，他说，"由唐虞以讫于周，中间二千余年，皆封建之时代"，是典型的宗法社会，其后，"乃由秦以至于今，又二千余岁矣"，如何看待这一段历史令严复踌躇不已，由于陷入甄克斯的进化图式中不能自拔，只得认定"秦以至于今"也为"封建时代"。这样一来，中西封建社会长短差异之巨即使按甄克斯的观点也令人费解。中国的"封建社会"，"盖四千数百载而有余也"，而起于中国唐宋间英法诸国的封建时代不过千年，"何进之锐耶"？严复百思不得其解，虽以"乃事变之迁流，在彼则始迟而终骤，在此则始骤而终迟，固知天演之事，以万期为须臾"自慰，可仍然难以掩饰其深深的迷惑："然二者相差之致，又不能为无因之果"，"而又不能不为吾群今日之利害，亦已明矣"（中西今日不同的利弊后果太明显了）！译述之际，不知多少次"掷管太息"，"绕室疾走"！② 严复渴求新知，却又不能自圆其说的痛苦状态，跃然纸上！

严复的痛苦，乃似是而非的痛苦；更确切地说，是削足适履的痛苦！遗憾的是，严复的痛苦很少被后人知晓，而他利用舶来的社会演进图式分解中国历史，并以"封建"对译 feudalism 的做法却被其后的中国学者普遍接受。20 世纪初叶前后，严复的这种思想倾向并非孤立。例如，早在 1899 年，梁启超就提出中国与欧洲的国体都依次经历了家族时代、酋长时代和封建时代，从中明显透出了甄克斯式的社会演进图式。这样的观念对于打破中国传统的历史循环论有进步意义，但倘若变成一个统一的模式去套各国历史包括中国历史，则势必破绽百出。梁启超推断说，中国西周和希腊的国体相同点最多，都是封建时代与贵族政治、列国分立；云云。③ 今天看来这样的判断颇为牵强，可见一旦陷入流行而又僵化的社会演进图式，即使梁启超那样的智慧都要大打折扣。又如，20 世纪初夏曾佑撰写《最新中学中国历史教科书》认为，人类总是由渔猎社会进入游牧社会，再由游牧社会进入耕稼社会。进入耕稼社会以后，又普遍实行宗法制、封建之制："天下万国，其进化之级，莫不由此"。夏曾佑的这一表述，与甄克斯"图腾—宗法—封

---

① 参见[英]甄克斯：《社会通诠》，严复译，商务印书馆 1981 年版，第 75 页。

② 参见[英]甄克斯：《社会通诠》，严复译，商务印书馆 1981 年版。

③ 参见梁启超：《论中国与欧洲国体异同》，载《清议报》第 17 册(6 月 8 日)和第 26 册(9 月 5 日)。

建—近代国家”的社会进化图式如出一辙，可见那时中国学界受其影响之深。

为了进一步说明当时社会思潮及历史背景，我们有必要暂时离开主题，简要回顾一下西方社会进化论的内涵与影响。

当达尔文穿行于太平洋的岛屿观察自然界的物种变化时，大概根本没有想到几十年后的社会学家运用他的自然界理论来认识人类社会的发展进程，这就是赫胥黎和斯宾塞所提倡的社会达尔文主义理论。就历史观而言，社会达尔文主义强调历史发展的必然性及历史发展的单线性。几乎与此同时，出现人类学进化论。人类学进化论有两种：一种是古典进化论，另一种是新进化论。古典进化论或称“单线进化论”(lineal evolutionism)、“直线进化论”等，兴起于19世纪中后期。德国人类学家巴斯蒂安(Adolf Bastian)的《历史上的人》，最早提出进化论基本理论和基本概念，随后，泰勒、摩尔根、弗雷泽等人的著作相继问世，并形成了进化学派。虽然他们所论述的范围和内容各不相同，但都认为文化是由低而高、由简而繁的进化过程，并认为世界上各民族都沿着同一条路线直线发展，每一个民族都经历过相同的阶段。例如，泰勒在《原始文化》一书中把欧洲各民族文化放在最顶端，把澳大利亚土著民族的文化放在最下端，再把世界各民族文化依其高低和繁简安排在两个极端之间。摩尔根的《古代社会》把人类社会和文化发展分为蒙昧、野蛮、文明三个阶段，每一个阶段又分为低、中、高三个子阶段。19世纪60年代至90年代末古典进化理论在西方学界占主导地位，其后受到越来越多的质疑和批评。当20世纪初叶前后传入中国时，在西方已是强弩之末，以后古典进化论逐渐被新进化论代替，后者的重要主张之一是多线进化论(multilineal evolution)。这是后话了。

如果对当时占统治地位的社会思潮有所了解和体悟的话，我们对严复等人就多了几分理解与宽容。国人初次接触西方思潮，不善识别或食洋不化总是难免的。在社会进化图式不可颠覆的大背景下，严复将feudalism与“封建”对译，相当于将西欧中世纪与中国传统社会等同划一，对后者的认识与描述，仅是借用中文“封建”一词的外壳，实际上将中国的历史纳入西方的模式，按照西欧的逻辑进行演绎，并且标榜为人类社会的普遍性。显然，20世纪初叶以来，“封建”一词在中国文字和口语上空前高频率的出现，不是中国传统话语的简单延续，而是另有一番缘由与内容，确切说，“封建”已经不是先秦“封邦建国”的简称，也不是后来“封爵而不治民”转义的封建制，而是随西语feudalism而来的、带有普遍意义的、人类进入近代国家前必须经历的一个社会形态或社会发展阶段。

如果严复当时还有几分踌躇和迟疑的话，严复的后人们在这个问题上几乎不假思索，认为每个民族，当然包括中国在内，经历西欧那样的“封建社会”天经地义,毋庸置疑。从20世纪30年代中国社会史论战,到20世纪50～70年代中国历史社会形态划分的讨论,关于"封建社会",不是有无问题,而是存在于中国历史上的哪个时代,什么时候形成,什么时候崩溃?但也有不同的声音,如胡适的《中国哲学史大纲》、[①]郑振铎的《插图本中国文学史》、[②]蒋伯潜和蒋祖怡的《经与经学》、[③]张荫麟的《中国史纲》、侯外庐的《中国思想通史》,仍然坚持"封建"是中国西周时代的特定概念,不能混同于西欧的 feudalism,也不足以概括秦汉以后的中国社会。陈寅恪的文集,未发现他在任何地方把秦始皇"废封建、立郡县"以后的中国社会称作"封建社会"。张荫麟的《中国史纲》是20世纪40年代初刊印的高中历史教材,其中"西周的封建社会"一章,把西周"封建社会的要素"[④]说得一清二楚,旋即作结道:"照这界说,周代的社会无疑是封建社会。而且在中国史里只有周代的社会可以说是封建的社会……从这散漫的封建的帝国到汉以后统一的郡县的帝国……是我国社会史的中心问题之一。"[⑤]钱穆在1940年出版的《国史大纲》中也不同意中国自周秦以来的社会是"封建社会",他说:"以政制言,中国自秦以下,即为中央统一之局,其下郡、县相递辖,更无世袭之封君,此不足以言'封建'。既无特殊之贵族阶级,是亦不足以言'封建'……土地既非采邑,即难以'封建'相拟……中国以往社会,亦尽可非封建,非工商,而自成一格。何以必削

① 胡适于1918年作《中国哲学史大纲》,认为中国哲学的"怀胎时代"是公元前8世纪到公元前6世纪,论及这一时代的时势,则屡屡出现"封建"一词:"那时诸侯互相侵略,灭国破家不计其数。古代封建制度的种种社会阶级都渐渐的消灭了。""古代封建制度的社会,最重阶级。"言及孔子哲学之大旨"正名"时如是说:"孔子眼见那纷争无主的现象,回想那封建制度最盛时代,井井有条的阶级社会,真有去古日远的感慨。"参见胡适:《中国哲学史大纲》,东方出版社1996年版。

② 20世纪30年代初郑振铎所著《插图本中国文学史》,论秦统一天下前的统一,"不过分封藩王,羁縻各地的少数民族而已。他们仍然保持其封建的制度,不甚受命于中央。到了秦统一之后,方才将根深蒂固的分散的地方王国的制度打得粉碎,改天下为郡县"。参见郑振铎:《插图本中国文学史》,北京出版社1999年版,第83页。

③ 蒋伯潜、蒋祖怡父子于1942年合著"国文自学辅导丛书",意在向国人介绍传统文化中经典之作的源流嬗变。丛书的《经与经学》一册中有言:"秦始皇统一中国,废封建,改郡县,这是我国政治制度上一次极重大、极剧烈的改革,周朝以前行之数千年的封建制度被根本铲除了……确是我国划时代的政治变动,虽然古代的封建制度至战国时已呈崩溃之象,可是政治上、社会上重大的改革,往往不为安于旧习的人们所赞成。"又说,"封建制度的崩溃,开始于春秋中叶而完成于秦,西汉初年和郡县夹杂存在的诸国,不过是封建制度的回光返照,故如昙花一现而即灭。这原是大势所趋,无可避免的。"参见蒋伯潜、蒋祖怡:《经与经学》,上海书店1997年版,第17页。

④ 张荫麟云:"严格地说封建的社会的要素是这样:在一个王室的属下,有宝塔式的几级封君,每一个封君,虽然对于上级称臣,事实上是一个区域的世袭的统治者而兼地主;在这社会里,凡统治者皆是地主,凡地主皆是统治者,同时各级统治者属下的一切农民非农奴即佃客,他们不能私有或转卖所耕的土地。"张荫麟:《中国史纲》,上海古籍出版社1999年版,第24～25页。

⑤ 张荫麟:《中国史纲》,上海古籍出版社1999年版,第24～25页。

足适履,谓人类历史演变,万逃不出西方学者此等分类之外?"①侯外庐写于20世纪40年代的《中国思想通史》说得更尖锐,他说两者相混(指先秦封建制与秦汉以后的制度相混。——引者注),是"语乱天下"。② 不过,他们的意见不占据主流,而且声音越来越微弱。

至此,问题可归结为:在前近代人类社会是否存在一个统一的发展图式,是否可以用一个概念表述所有民族和国家的社会性质与特征?进一步而言,以往译为"封建制度"的西欧的Feudal System是否可以涵盖中国?笔者拟采用历史方法来解决和回答问题,因此首先要接受历史事实的检验。

二、西欧中世纪的历史分析

布洛赫作为年鉴学派的奠基人享有世界性的盛名,是广受人们信赖的历史学家。其名著《封建社会》(*Feudal Society*)③,是研究西欧封建制的一部综合性巨著,于1939~1940年最初以法文版形式问世,20年后英文版问世,著名经济史学家波斯坦在"序"中称赞它是论述西欧feudalism的"国际水准的著作"。20年后,该书英文版第9次重印,另一位著名史学家布朗在序言中,仍然热情洋溢地肯定这部书的历史功绩,称之为西欧中世纪社会研究的奠基之作。眼下中文版也问世了,④距离原著发表已有60余年,可见该著不可磨灭的学术价值。研究西欧"封建制"⑤的著作汗牛充栋,匆匆浏览各家,不如认真分析一部权威著作,而布洛赫的Feudal Society本身是集各家之大成的公认权威。他在该著的最后一章即第32章"作为一种社会类型的封建帝制"中,专门一节分析"欧洲封建制的基本特征",虽然篇幅不长,却是全书的精华,可作为探讨西欧封建制的主要参考点,如若适当参照和比较中国的情况一并讨论,可更加明了西欧封建制的本质及其与中国之差别。

欧洲feudalism的基本特征归纳起来有以下几个方面。

非血缘的、非强有力的国家权力支配的社会。布洛赫在描述封建制基本特征时,第一句话就是,要知道西欧封建制是什么,"最简易的方法是从什么不是封建制社会说起"。其一,它不同于建立在血族关系基础之上的社会。虽然它留有血

---

① 钱穆:《国史大纲》,商务印书馆1994年版,"引论",第21~22页。

② 参见侯外庐:《中国思想通史》(第2卷上册),上海三联书店1950年版,第374页。

③ M. Bloch, *Feudal Society*, London, 1961.

④ 参见[法]马克·布洛赫:《封建社会》(上、下卷),张绪山等译,商务印书馆2004年版。

⑤ 在本文没有得出最后结论之前,仍按通常的对译即西文feudalism为中文"封建主义"。

缘关系的印记,例如其个人从属关系仍保留着原始亲兵制中准家族(quasi-family)成分,但该社会并不只是依赖血缘关系,布洛赫颇为肯定地指出,"更确切地说,严格意义上的封建关系纽带正是在血族关系不能发挥有效作用的时候才发展起来的"。[①] 西欧的封君封臣制度是弱者对强者的投靠,从形式上看,这种关系的结成是志愿的。一个自由人有选择主人的权利,这是诸多日耳曼法典都有明确规定的。封臣义务的核心是服军役,军役不能无限期延长,一般规定是一年零四十天。军役期间,封臣要自备马匹、武器、盔甲和粮饷。较大的封臣还要带上他下面的封臣,所带骑士数量视随封土地大小而定。平时则要提供帮助,例如,封君被人俘虏了,封臣要帮助缴纳赎金;封君巡游封臣的辖地,封臣有义务款待。当然,这些负担在协议中早有规定,包括一年款待封君的次数,一次停留的时间长度。有的甚至规定封君随从人员和马匹的数量,以至于伙食的标准。封君对封臣也有义务,一是提供保护,二是提供生计即封土。这里有互惠关系,有人身依附关系,却几乎没有血缘关系。其二,推行封建制的国家不是统一的、强有力的国家。布洛赫说:"尽管凌驾于众多小权力之上的公共权力的观念仍持续存在,但封建主义是与国家的极度衰弱,特别是与国家保护能力的衰弱同时发生的。"随着蛮族入侵和蛮族国家的建立,公元1000年前后西欧社会兴起以地方权力为中心的历史现象,具体表现为公共权力的崩溃和领主专权的形成,被称为"封建革命",从而带来了所谓"封建无政府状态"。实际上,无数大小领主们在行使政治权力,他们在各自的领地是公法和私法的统一执行者。它产生于混乱无序的年代,是无序中的有序,欧洲变得更稳定了,并逐渐产生了一种新的文明。布洛赫认为,如果没有日耳曼入侵的大变动,欧洲的封建制将是不可思议的。"日耳曼人的入侵将两个处于不同发展阶段的社会强行结合在一起,打断了它们原有的进程,使许多极为原始的思想模式和社会习惯显现出来。封建制在最后的蛮族入侵的氛围中最终发展起来。"[②]封建主义就其政治组织形式和内容而言,权力显然是分散的,如严复所言,"用拂特之制,民往往知有主而不必知有王"。[③]

庄园制。正因为没有一个高度整合的行政、司法体系,也没有一支常备军,所以国王不是高高在上的专制君主,他与诸侯是封君与封臣的关系,以互惠的忠诚纽带联结在一起。国王的经济来源实际上全部来自他作为领主的个人庄园,他也只生活在他的庄园里,所谓"国王靠自己生活"。他只要求封臣们在发生战事时

① [法]马克·布洛赫:《封建社会》(下卷),张绪山等译,商务印书馆2004年版,第700页。
② [法]马克·布洛赫:《封建社会》(下卷),张绪山等译,商务印书馆2004年版,第700页。
③ [英]詹克斯:《社会通诠》,严复译,商务印书馆1981年版,第336页。

及时地全副武装地赶到自己的身边就行了。真正严整的社会秩序只存在于领地内部,而对于一个个领地或庄园的主人——尚武的贵族及骑士来说,既没有一个外在的强大力量来控制和管理他们,他们之间也没有多少经济上的相互往来。采邑制度既是经济制度,也是政治制度,从这个意义上布洛赫相当肯定地说,"封建主义即庄园制度,这种认识可追溯到很久以前"。[①] 他和其他史学家都共同认为:feudalism 一词是由通俗拉丁语 feodum(采邑)演化而来的,feudalism 这个新词从本意上讲仅仅适用于采邑制及其相关的事物,而与其他东西无关。因此,"当法国大革命时期的人们宣布目的是消灭封建主义时,他们首先想要攻击的便是庄园制度"。[②] 以采邑为中介,形成领主与附庸的军事关系,领主向附庸提供采邑,附庸为领主出征;在庄园内部,领主向他的佃户提供份地,同时享用后者的劳役或货币报酬。庄园制是封建制的基础。

中国西周的封建制,是地处西陲的周族为了统治幅员辽阔的土地而采取的政治举措。王族的亲戚子弟率领族人到各地建立武装的据点,其首要目标是解决周氏家族的安全问题。中央与地方的关系完全按照血缘关系的原则确定,享有"大宗"权威的周天子在上,各诸侯国即"小宗"掌控的"封地"显然达不到西欧庄园那样的独立性。西欧庄园制,按照领主附庸关系而建立,解决他们因罗马帝国灭亡后共同面临的安全问题,而不是某一血族的安全问题,所以不以血缘关系为唯一的维系,或者基本不依靠血缘关系。西欧庄园在自己的领地中享有独立的行政、司法与经济特权,王室官吏不得干预领地,甚至国王本人未经允许都不得随意进入。西周的"封邦建国"与西欧庄园制貌似而神离,似是而实非,二者难以简单地认同。

如果西周封建制表面还有几分相似的话,秦代以后的社会制度连这一点也不存在了。秦始皇"废封建置郡县"后,凸显以皇权为核心的专制制度,其后两千年基本不变,一直是中国政治制度的主导模式。虽然西汉有七国之反,晋有八王之乱,唐有藩镇割据,明有燕王之变,但都为时不长,不构成列国之形。而且,它面对的既不是先秦时代的"封国",更不是西欧那样的庄园,因此,皇权没有与其抗衡的教会、贵族,更没有"第三等级"。皇权俯视下的苍生,除辅佐他的王公大臣士大夫外,几乎全部都是国家编户制度下的小农,即"编户齐民"。齐民,无差别之意,这里主要指政治等级上的无差别。小农对土地拥有低度的或有限的所有权,而中央王朝拥有最高和最后的所有权,明显的标志就是朝廷向每一个编户民征收

① [法]马克·布洛赫:《封建社会》(下卷),张绪山等译,商务印书馆2004年版,第699页。
② [法]马克·布洛赫:《封建社会》(下卷),张绪山等译,商务印书馆2004年版,第699页。

田租和赋役,“有田则有租,有身则有庸”。在中国漫长的中古时代,皇权对土地的最高所有权和对民众的广泛支配权,是西欧封建制从未拥有过的。秦始皇在琅琊刻石挥笔写道:“六合之内,皇帝之土”“人迹所至,无不臣者”[①]显然是“普天之下,莫非王土;率土之滨,莫非王臣”这一古老原则在新制度下的进一步彰显。

尚武的武士等级是统治阶级。布洛赫说,“即使极为粗略的比较研究也将表明,封建社会最显著的特点之一,是首领等级与职业武士等级事实上的一致性”,或者说体面风光的武装职业等级是领主阶级,也是统治阶级。布洛赫列举了两个反证,来说明不具备这样的特征就不是封建制度。一是斯堪的纳维亚或西班牙西北部诸王国,二是拜占庭帝国。由于没有武士等级,所以只有形式极不完善的附庸制和庄园,或者既没有附庸制也没有庄园。在拜占庭帝国,8世纪的反贵族运动之后,继续保留了罗马时期统一的行政管理传统,为获得一支中央政府直接支配的强大军队,又创造出了为国家提供军事义务的佃领地。但与西欧采邑不同的是,它们只是农民采邑,确切说是规模不等的农民份地。此后,帝国政府最关注的事情是保护这些“士兵的财产”及一般的小土地持有者不受豪强的侵蚀。然而,11世纪晚期经常出现的情况是,陷于债务的农民难以保持其独立性,同时帝国受到内部纷争的干扰,不再能够对自由农民提供有效的保护。这样,没有武士等级的拜占庭帝国最终丧失了采邑制及与之相联系的军事和财政资源。[②]

中国始终不存在职业武士,也没有首领等级与武士等级的一致性。春秋及其以前的社会确有尚武精神,上至各国国王,下至一般氏族子弟,都以从军为荣,当兵是社会上层阶级的荣誉职务。春秋时代虽已有平民当兵,但兵源的主体仍是贵族。所以一直到春秋时代,军队还是贵族的军队,仍为传统贵族的侠义精神所支配。战国初期文化起了相当大的变化,我们由《史记》中可得知,经过100年(公元前470~前370年)的剧烈震荡,“革命的结果是,国君都成了专制统一的绝对君主,旧的贵族失去春秋时代仍然残留的一些封建权利”。[③] 文武两兼的教育制度无形破裂,文武分离开始出现。到秦代,兵源的素质与从军的热情都大大下降。又因为边疆防戍规模空前增大,于是征发“亡人”(流民)戍边。汉武帝时,维护京师的兵力选自关西六郡的良家子弟,其余或是招募的胡越降人,或是强制屯田的徙民,[④]尚有招募的匈奴兵。很容易遭到一般清白自守的良民的轻视。雷海宗推

---

① 《史记·秦始皇本纪》。

② 参见[法]马克·布洛赫:《封建社会》(下卷),张绪山等译,商务印书馆2004年版,第701页。

③ 雷海宗:《中国文化与中国的兵》,商务印书馆2001年版,第7页。

④ 参见《汉书》卷49《晁错传》。

断说,"'好铁不打钉,好汉不当兵'的成语不知起于何时,但这种鄙视军人的心理一定是由汉时开始发生的"。[①] 秦汉以后的兵制没有很大变化,只有隋唐承袭北朝外族的制度,百余年间曾实行半征兵的府兵制,不过,从未实行过与领主附庸制度相联系的骑士等级制度,也没有以从军为荣的贵族等级。在西欧,享有佩剑权是贵族的象征。法国大革命以前,有着古老血统的贵族为了与公职贵族相区别,仍称自己为"佩剑贵族"。在洋洋百万字的两卷本中,布洛赫几乎没有提及中国,然而此处却联系了中国社会,大概他发现这种差异太明显了,他说:从军"对于职业武士的作用是一种精神上的优越性——这种态度对其他的社会如中国社会,是非常陌生的"。[②]

领主附庸关系中的原始契约因素。在西欧封建制社会,独特的人际关系纽带是从属者与附近首领的联系。这种关系纽带从一个阶层到另一个阶层,像许多无限扩展开来的链条,将势力最小者与势力最大者联系起来。领主得到人,委身者得到土地,所以土地受到重视。诺曼领主拒绝诺曼公爵提供的珠宝、武器和马匹等礼物,他说:我们需要土地。因为有了土地,才能供养更多的骑士。在体面风光的武士等级中,依附关系最初曾经表现为一种契约形式,这种契约是两个面对面的活生生的人之间自由签订的。"由于行了臣服礼而封臣对封君有多少忠诚,则同样封君对封臣也有多少忠诚",布洛赫指出,"附庸的臣服是一种名副其实的契约,而且是双向契约。如果领主不履行诺言,他便丧失其享有的权利。因为国王的主要臣民同时也是他的附庸,这种观念不可避免地移植到政治领域时,它将产生深远的影响"。人们普遍承认,附庸拥有离弃恶劣领主的权利。在这种情况下,许多表面看来似乎只是偶然性的起义,其实基于一条传统深厚的原则:"一个人在他的国王逆法律而行时,可以抗拒国王和法官,甚至可以参与发动对他的战争……他并不由此而违背其效忠义务。"这就是《萨克森法鉴》中的话。[③] 这一著名的"反抗权"的萌芽,在公元843年《斯特拉斯堡誓言》及秃头查理与其附庸签订的协定中已经出现,13世纪和14世纪又重现于整个西欧世界的大量文件中。这些文件包括:1215年《英国大宪章》,1222年《匈牙利黄金诏书》《耶路撒冷王国条令》《勃兰登堡贵族特权法》,1287年《阿拉冈统一法案》《布拉邦特的科登勃格宪章》,1341年《多菲内法规》,1356年《朗格多克公社宣言》。布洛赫继而强调,

① 参见雷海宗:《中国文化与中国的兵》,商务印书馆2001年版,第24~28页。
② [法]马克·布洛赫:《封建社会》(下卷),张绪山等译,商务印书馆2004年版,第712页。
③ 参见[法]马克·布洛赫:《封建社会》(下卷),张绪山等译,商务印书馆2004年版,第713页。

在这里,“西欧封建主义获得了它的最原始的特征之一。”①

领主与附庸关系中的契约观念,同样不可避免地进入教权与王权的关系。伯尔曼所著《法律与革命——西方法律传统的形成》一书,是一部着重研究西方法律传统形成因素的力作,书中所谓“教皇革命”,即11世纪末至13世纪末这二百年间教皇与王权争夺主教授职权的斗争,以及所引发的教会与世俗两方面的一系列重大变革,伯尔曼认为这是西方法律传统与政治制度的基础。教皇革命后,教权与俗权谁也没有吃掉谁,而是达成一种妥协,出现教权与俗权的并立、教权法律体系与俗权法律体系之间的合作与竞争等,他认为这是非西方社会所不具备的或不能同时具备的。而这也正是西欧封建制的基本特征之一。除王权与贵族、王权与教会外,王权与“第三等级”之间,领主与佃户之间,包括与农奴佃户之间也存在着相互的权利与义务关系,即所谓原始契约关系的因素。中国传统社会不存在西欧那样的原始契约关系因素。中国的皇权与官僚士大夫之间,不存在西欧王权与贵族那种契约性的等级关系。官僚的权力出自君主,权力可以给予,也可以收回。因此官僚只对君主负责,按君主的旨意办事。官吏有权力,但在帝王面前却缺乏最基本的个人权利,既没有独立的权利,也谈不到维护自己的权利并与皇权抗衡。说到底,中国君主与官僚之间的关系是主与奴的关系,官僚是专制君主的统治工具,一个附属物,归结为中国一条传统的伦理原则,就是“君为臣纲”。“纳谏”好像含有限制君权的因素,而在实际中离开君主的主导就无法运转,因为劝谏最终依赖于君主的德行,否则徒唤奈何,或者自己去死,所谓“死谏”。纳谏属君道,实质是皇帝专制权力的延伸,而不是官僚自己独立的并受到保护的某种权利与选择。另外,中国也缺乏具有一定的独立性并与王权抗衡的宗教及教会组织。在中国民众精神生活中影响最大的是儒学,而儒家学说并非官僚皇帝制的对立物,恰恰相反,儒学与皇权是相伴相生的。儒家的信徒被称为儒生,后者是科举选官的基本对象,即官僚队伍的后备军。二者不仅一致,还可说是一体。此外,中国“编户齐民”与中央王朝之间也没有西欧领主附庸关系中的契约因素,当农民个人利益受到来自上面侵害的时候,几乎没有多少抵抗和自卫的手段。显然,这与西欧的feudalism相距甚远。

关于西欧封建制度这些基本特征,西方大部分作者都表明了相似的见解。比利时学者甘肖弗(F. L. Ganshof)认为,feudalism主要有两种意义:一是指社会形态,其明显的特征是以个人的依附关系为中心组成社会,国家政治权力分散;占据社会高位的军事等级;不动产即土地不断被分割等。二是它的特定的领主附庸关

① [法]马克·布洛赫:《封建社会》(下卷),张绪山等译,商务印书馆2004年版,第702页。

系，即封臣对领主的服从与服役，同时领主对封臣提供保护和土地，而土地采取封地(fief)的形式。①

美国学者海斯(C. Hayes)等认为，feudalism是在一个重大危险时期为相互保障而产生的一种社会。它的最基本的方式是一个强有力的人与许多弱者结成一种关系，共同持有和耕作一大片土地，共同保护他们的生命和财产。feudalism具有保护和服役两种主要特点，弱者为强者服役，强者保护弱者。② 显然，海斯等也是强调feudalism中相互的权利与义务关系，即契约因素。西方权威词典《简明不列颠百科全书》和《韦伯斯特国际大辞典》对feudalism词条均有较为详细的释义。《简明不列颠百科全书》强调领主与附庸之间“私人的”和“自愿的”联系，从而接受可以世袭的领地；另外是庄园制，在庄园内领主对农奴享有警察、司法、财政等权利。与此同时，国王权力衰落，诸侯林立。臣民与领主的关系是社会的主要关系等。③《韦伯斯特国际大辞典》(第三版)也以不同的表述指出feudalism类似的基本特征：领主与封臣的关系，采邑制，领主在领地内独立行使政府职能等。④

1950年，普林斯顿大学召开了一次有关feudalism的专题学术讨论会，编者在

① F. L. Ganshof, *Feudalism*, London: Longman Group Ltd., 1964, “introduction”.

② 参见[美]海斯、穆恩、韦兰：《世界史》(上册)，上海三联书店1975年版。

③ 原文是这样的：“一种以土地占有权和人身关系为基础的关于权利和义务的社会制度。在这种制度中，封臣以领地的形式从领主手中获得土地。封臣要为领主尽一定的义务，并且必须向领主效忠。在更广泛的意义上，feudalism一词指‘封建社会’，这是特别盛行于闭锁的农业经济中的一种文明形式。在这样的社会里，那些完成官方任务的人，由于同他们的领主有私人的和自愿的联系，接受以领地形式给予的报酬，这些领地可以世袭。feudalism的另外一个方面是采邑制或庄园制，在这种制度中，领主对农奴享有广泛的警察、司法、财政和其他权利……feudalism本身在9世纪期间有很大发展。国王的权力衰落了，各地的政权实际上成为独立的了，并开始建立起他们自己的地区性的小国家；他们彼此征战不休。从12世纪起，feudalism受到各种敌对势力的攻击。拥有拿薪俸的官员和雇佣军队的中央集权国家建立了起来。臣民与君主的关系代替了封臣与领主的关系。城镇由于经济发展甚至建立了自己的民兵，能够在很大程度上形成它自己关于社会的概念。这与贵族的概念是不同的。作为贵族阶层物质生存的采邑制度在12世纪、13世纪经历了一场深刻的经济危机。尽管feudalism到14世纪末已经不再是一种政治的和社会的力量，但它仍然在欧洲社会中留下了自己的烙印。它对现代形式的立宪政府的形成产生了极大影响。”《简明不列颠百科全书》(第三册)，本书编辑部译编，中国大百科全书出版社1985年版，第132页，参照该书1984年英文版。

④ 原文是这样的：“1. A：Feudalism从9世纪到大约15世纪，在欧洲繁荣过的一种政治制度。它建立在领主与封臣的关系之上，所有的土地都是以采邑的形式持有的(如国王的采邑)，作为主要的附属情况，有效忠、佃农在军事和法庭方面的服役、监护权和没收权。B：Feudalism赖以建立的原则、关系和习惯。可比较commendation, feud, liege, lord, precarium, vassal。2. 大领主或世袭的拂特领主从土地征入岁收，同时在他们的领地内行使政府的任何一种社会权力。3. 少数人为了自身利益实行的控制：社会的、政治的或经济的寡头统治”。John Critchley, *Feudalism*, London: George Allen & Unwin Ltd., 1978, p. 11.

会后出版的论文集中指出，feudalism 主要是一种政治统治方式（a method of government），这种统治方式的特点在于：它的基本关系不是统治者与臣民，也不是国家与公民，而是领主与封臣的关系。它是封建制中的核心因素。虽然 feudalism 一词源于 feudum（封地、采邑），因此与土地所有权有着重要联系，但不应因此将土地关系误解为 feudalism。①

历史以及历史研究表明，西欧 feudalism 的基本特征——国家统治权力的分散，庄园制度和武士等级制，领主附庸制及其包含的原始契约因素等几个方面——是西欧社会历史的产物，不具有普遍性，对中国传统社会尤其秦代至清代社会而言，恰好是陌生的，难以用同一个概念涵盖之。

下面我们再看看马克思、恩格斯等相关作家是如何认识这一问题的。

三、马克思、布洛赫等作家的理论分析

本来是两种不同的物品，为什么贴上同一标签并且装进同一箩筐？这是中西历史的双重误读，也是某种历史认识的误区使然。关于西欧 feudalism，前面以布洛赫的提示为主要线索对其做了历史的分析，下面我们追寻马克思等相关作家的论述，尝试做一点理论方面的澄清。

前已提及，当20世纪初“封建”一词在中国空前高频率地出现时，已经不是中国传统话语的简单延续，既不是西周“封土建制”的简称，也不是秦汉以来“分封”与“郡县”孰优孰劣论辩中的封建，随着西语 feudalism 与“封建”对译，“封建”已成为统一的、中西概莫能外的社会发展阶段。它是“五种生产方式说”的重要组成部分。

“五种生产方式说”曾在中国的历史教学和研究领域占有绝对的统治地位，近20年来虽然受到越来越多的诘问，不过在许多情况下仍然莫衷一是。焦点似乎还是在马克思等作家关于该问题论述的解释上。坚持者认为，五种生产方式说是马克思关于人类社会发展史的经典解释，不容改变；反对者则认为这不是马克思的本意。笔者认为，实事求是的解释是，马克思关于前近代社会发展认识存在两种思想倾向。

长期以来，中国教科书一直把马克思的历史发展观解释为五种生产方式或五种社会形态的发展图式，其直接来源是苏联理论界。五种生产方式的单线发展图式，被苏联和东欧国家等解释为关于世界历史演进的规律。例如，苏联人编写的

① See Rushton Coulborn (ed.), *Feudalism in History*, *Princeton*, New Jersey: Princeton University Press.

教科书写道:“所有的民族都经历基本相同的道路……社会的发展是按各种既定的规律,由一种社会经济形态向另一种社会经济形态依次更替的。”①在这样的思维框架下,既然所有国家或地区都要经历这样几种社会形态,中国当然也不例外,其中包括势必经历一个封建社会,在这里,feudalism 已经不是对西欧的历史性描述,而是一个抽象的、普遍的概念。

关于西欧的“封建制度”是否有世界性的普遍意义,早在启蒙运动时代就有过争议。在孟德斯鸠看来,西欧“封建法律”建立是一种独特的现象,是“世界上曾经发生过一次,大概永远不会再发生的事件”。但伏尔泰却把西欧封建主义认作普遍存在的古老的社会形态。伏尔泰的观点已包含人类社会单线发展那样的概念,对后世的影响更大些。圣西门深受维科、孔多塞影响,是一位典型的阶段进化论者。他认为,人类社会是一个有规律地从低级向高级发展的过程,发展过程分为五个阶段:开化初期、古希腊罗马的奴隶制社会、中世纪神学和封建制度、封建制度解体的过渡时期、未来的“实业制度”。傅立叶也把人类历史划分为若干阶段,只是更加复杂:(1)原始时期;(2)蒙昧制度;(3)宗法制度;(4)野蛮制度(中国、日本、印度都属于野蛮时期,没有进入文明时期);(5)文明制度(文明制度又分为四个阶段,即童年时期如希腊罗马的奴隶制,社会成长时期如奴隶解放和“封建主义”,衰落时期,文明制度凋谢时期);(6)保障制度;(7)协作制度;(8)和谐制度。② 黑格尔也有类似的历史阶段划分。到 19 世纪中叶,达尔文发表《物种起源》,更是直接影响和推进了 18 世纪以来关于不同民族都在同一轨道上演进的观点,形成古典进化论。胚胎学、地质学、生物学、考古学、文化人类学、历史哲学等各个不同领域都提出了相应的概念。

生长于 19 世纪上半叶的马克思、恩格斯早年共同发表《德意志意识形态》一书,在谈到分工发展的各个不同阶段时,依次提到了原始的、古代的、封建的和现代资产阶级几种社会形式。③ 后来,马克思在《〈政治经济学批判〉序言》中,在论及生产力生产关系、上层建筑经济基础的矛盾运动推动社会发展,又提到“大体说来”社会经济形态演进的几个时代:亚细亚的、古代的、封建的(feudal)和现代资产阶级的。④ 恩格斯在《家庭、私有制和国家的起源》一书中阐述的东西方两半球的技术发展过程,也具有相似的思想倾向。当然,他们从未把几种社会形式视为

---

① 参见罗荣渠:《现代化新论》,北京大学出版社 1993 年版,第 53 页。

② 参见《傅立叶选集》(第一卷),商务印书馆 1982 年版,第 72～73、77 页;第三卷,第 138～172、284 页。

③ 参见《马克思恩格斯选集》(第 1 卷),人民出版社 1972 年版,第 83 页。

④ 参见《马克思恩格斯选集》(第 2 卷),人民出版社 1972 年版,第 26～32 页。

历史研究的公式,更没有奉为每个民族一般发展道路的哲学图式。就是在《德意志意识形态》同一书中,恩格斯写道:“这些抽象本身离开了现实的历史就没有任何价值……这些抽象与哲学不同,它们绝不提供可以适用于各个历史时代的药方或公式。”①

人们同样难以否认马克思、恩格斯的多线历史发展观,这在他们大部分作品尤其晚年成熟的作品中有相当明确的表述。如果说马克思在《〈政治经济学批判〉序言》中采用的是政治经济学的方法,注重宏观逻辑演绎,那么进入历史研究领域或采用历史分析方法时,马克思关于社会形态的种种概念,包括 feudalism 在内,都给予了严格的空间和时间的限定。

实际上,在马克思笔下,feudalism 一词几乎未见用于西欧之外。马克思在《马·柯瓦列夫斯基〈公社土地占有制〉一书摘要》中,批评了俄国学者柯瓦列夫斯基将西欧意义上的封建主义套用于印度,马克思指出,印度存在君主集权制,阻碍了印度社会演化为西欧式的封建制,所以印度不存在 feudalism。② 对英国学者约翰·菲尔的批评就更严厉了,“菲尔这头蠢驴把村社结构叫作封建结构”!马克思显然不同意菲尔将孟加拉和锡兰社会与西欧社会混为一谈。③ 同样地,马克思也反对用 feudalism 概括奥斯曼土耳其和波斯的社会形态。④ 马克思、恩格斯在1853 年的通信第一次讨论了东方问题,马克思指出,“东方(指土耳其、波斯、印度斯坦)一切现象的基础是不存在土地私有制。这甚至是了解东方天国(指中国——引者注)的一把真正的钥匙”。他庆幸自己所在的西方与东方不同,“欧洲的君主国不是土地的唯一所有者,对此我们应该多么高兴和感到多么幸运!……亚洲的国王们被盲目的情欲所驱使,亟欲获得比神法和自然法所保障的权力更大的绝对权力。他们攫取一切,最终却丧失一切……如果在我们这里也存在同样的政体,那么哪里还有王公、主教、贵族、富裕的市民、兴旺的商人和机灵的手工业者?到哪里找巴黎、里昂、图卢兹、鲁昂、伦敦等这样的城市?哪里还看得见星罗棋布的小城镇和小村庄……无论臣民还是君主从哪里获得丰富的收入?”⑤显然,他把包括中国在内的东方传统社会与西欧传统社会看作有相当大差异的两类社会形式。

---

① 《马克思恩格斯选集》(第 1 卷),人民出版社 1972 年版,第 31 页。

② 参见《马克思恩格斯全集》(第 45 卷),人民出版社 1985 年版,第 284 页。

③ 参见《马克思古代社会史笔记》,人民出版社 1996 年版,第 385 页。

④ 参见[英]佩里·安德森:《绝对主义国家的系谱》,刘北成、龚晓庄译,上海人民出版社 2001 年版,第 494 页。

⑤ [英]佩里·安德森:《绝对主义国家的系谱》,刘北成、龚晓庄译,上海人民出版社 2001 年版,第 474 页注 28。

几年后,当马克思撰写《经济学手稿》时,东方社会被明确地概括为“亚细亚生产方式”,并与西方等其他的社会形式相对应。在《经济学手稿》“资本主义生产以前的各种形式”一节中,马克思将前资本主义生产主要分为三种形式,除“亚细亚的”所有制形式外,还有“古代时”“日耳曼的”所有制形式。① 众所周知,“亚细亚的”指东方,“古代的”(classical)指希腊罗马,而“日耳曼的”主要指中世纪的西欧。当然,还有许多未能涵盖在内,如斯拉夫式的(东欧及俄罗斯)、日本式的。很明显,在马克思的历史视野中,这些前资本主义的各种生产方式是并列的,是人类不同民族和地区曾经存在的不同的社会形式,它们之间根本不存在依次演进的“逻辑公式”,也不存在一个产生一个的历史必然性。

马克思关于“亚细亚的”“古代的”“日耳曼的”诸种说法,明确表达了各种所有制形式的差异,否定了那种抹杀差异、人为地归并于单线图式的做法。他发现这几种生产方式是不一样的,不过还未来得及对其本质特征作出更确切的概括,所以姑且以地区的、时代的、民族的徽志命名。按照马克思的这一基本思路,feudalism 仅是前资本主义诸种形式中的一种,而且只属于西欧。同理,按此思路,也不存在西欧是封建社会,其他是亚封建社会、准封建社会,或者说唯有西欧才是正常的,其他是不正常、发育不良的那种西欧中心主义的观念。为什么会产生不同的所有制形式呢?马克思、恩格斯的回答是,原始社会晚期“农业公社的历史道路”的不同使然。由于原始村社残余相当惊人的坚韧性和持久性,所以它们对各自不同的文明社会有着深刻而长远的影响。事实也正是这样,在世界资本主义市场形成之前,不同社会模式的发生和发展基本是封闭的、分散的,它们之间的交往和影响是偶然的、有限的,所以社会形式的独特性就格外突出,所以,日耳曼人的 feudalism 不能说明中国的皇权专制制度,正如后者不能涵盖前者一样。

纵观马克思、恩格斯平生著述,马克思晚年成熟作品中表达的辩证的、多线历史发展观,长期以来被人们忽视了,这是不应该的,也是不公平的。《联共(布)党史》称每个民族都必然经历五种生产方式的图式说,显然不能涵盖马克思、恩格斯的全部思想,实际上仅仅是抓住了他们某一方面的思想倾向,并且一味地将其教条化,简单化。马克思的《经济学手稿》(包含明确表述马克思多线发展观的“资本主义生产以前的各种形式”一节),1939 年在莫斯科首次出版,可是却被《联共(布)党史》“忽视”了,正如英国马克思主义学者霍布斯保姆所言,这样的“忽视是特别令人吃惊的”。② 霍布斯保姆指出,按照马克思的观点,“明确地说,原始公社

① 参见《马克思恩格斯全集》(第 46 卷),人民出版社 1979 年版,第 470 ~ 497 页。

② 郝镇华:《外国学者论亚细亚生产方式》(上册),中国社会科学出版社 1981 年版,第 2 页。

制度的发展,有三条或四条线路,各自代表一种在它内部已经存在或隐含于其中的社会劳动分工形式,他们是:东方形式、古代形式、日耳曼形式和斯拉夫形式,后者的提法有些晦涩,以后就没有进一步讨论,不过它与东方形式有密切关系……在1857~1858年之际,这种讨论是相当先进的。"①霍布斯保姆所说的"相当先进"正是指对古典进化论的突破,一种辩证的、非单线的社会发展观。

资本主义生产以前的几种主要社会形式之间存在巨大差异。其实,即使大体相同类型的内部也存在差别:古典类型的希腊与罗马不同,亚细亚社会也不是一模一样,例如中国与印度就大不相同,更遑论东西方明显不同的社会发展形式。所以,马克思从来没有把东西方社会的发展模式与道路混为一谈。在《资本论》中,马克思分析了西欧从中世纪走向资本主义的历史进程,随后他郑重声明:"我明确地把这一运动的'历史必然性'限于西欧各国",并且反对把西欧的历史发展进程"变成一般发展道路的历史哲学理论",否则,"这样做,会给我过多的荣誉,同时也会给我过多的侮辱"。② 马克思的这一郑重声明应当也适用于前资本主义各种社会形式的分析,包括对西欧与东方的分析。

关于西欧的"封建制度"是否也在世界其他地区发生的讨论从未停止过。进入20世纪,不少人将西欧封建主义具有普遍性的观点归于布洛赫,并产生较大影响,其实这样的认识也是不确切的。

布洛赫在他两卷本的巨著《封建社会》中,几乎完全都在谈论西欧的feudalism,仅用10页篇幅探讨了西欧feudalism的普遍性问题。在总结了西欧封建主义的基本特征后其指出,"具有这些特点的社会结构,必定带有一个时代和一种环境的印记",是否可能像母系氏族或父系氏族社会那样,封建社会也是人类社会历史发展的一个阶段呢?不错,布洛赫提出了这样的假设,不过他并没有沿着这样的假设简单地给出结论,而是求诸实证。布洛赫不愧为伟大的历史学家,他认为可以提出任何假设,而结论则要在一个一个具体的案例分析之后才可得出。可是,"这里所涉及的比较研究工作显然超出了一个人所具有的能力范围",所以西欧之外他只涉足日本案例分析。11世纪以后日本政治权力的分割、职业武士等级的兴起、庄园的出现等,似与西欧feudalism有一定相似性,其实也不尽然,其中"模拟血缘关系"和"誓约体系"的因素明显不同于西欧。布洛赫随之指出,"日本的附庸制是比欧洲附庸制程度高得多的从属行为,其契约性质则少得多",而且不容许附庸建立"符合自己利益的、对庄园上的人有着广泛权力的真正的庄园"。

---

① 郝镇华:《外国学者论亚细亚生产方式》(上册),中国社会科学出版社1981年版,第9~10页。

② 《马克思恩格斯全集》(第19卷),人民出版社1963年版,第130页。

"建立起来的庄园极少,且极其分散……不是西欧真正庄园化地区的庄园。"很明显,布洛赫关于西欧封建制具有普遍性的观点仍然是一个假设而已,最多及于日本;即使对于日本也颇有保留,他进一步总结道:"日本的附庸从属关系在更大程度上是单方面的,且天皇的神圣权力处于各附庸誓约体系之外;就这方面来说,从一个在许多方面都颇类似于西欧封建主义的体制中,并没有出现类似情况,这也绝非偶然。"①

值得注意的是,布洛赫的最后一章"欧洲封建主义的延存"对西欧 feudalism 作了相当精彩的点评,将其不仅看作一个历史过程,也视为一份对近代社会的宝贵遗产,其中特别强调了武士观念与契约观念。他说,在西欧,附庸的臣服是一种真正的契约,而且是双向契约。而这种"契约"观念一旦移植到更大范围的政治领域,就不可避免地限制了王权。按照这种观念,当国王违背约定时,附庸有权利反抗,甚至可以兵戎相向。9 世纪即已萌动的这一著名的"反抗权",13 世纪和 14 世纪又重现于整个西欧世界的大量文件中。布洛赫的全书封笔之语意味深长,虽与前面的观点不无相违之处,但还是忍不住说了出来,一语破的。他说:"西欧封建主义的独创性在于,它强调一种可以约束统治者的契约观念,因此,欧洲封建主义虽然压迫穷人,但它确实给我们的西欧文明留下了我们现在依然渴望拥有的某种东西。"此语一出,布洛赫其实也就明确地否定了西欧 feudalism 的普遍性。

布洛赫认为西欧的 feudalism 不能涵盖日本,更不能涵盖中国,他实际上认为西欧 feudalism 只属于西欧。前述马克思按照生产方式将前资本主义社会分为三四种形式,其中西欧日耳曼人的社会仅是一种,与亚细亚、斯拉夫等并列,讲的是同样的道理。应该说,人类社会历史是非线性发展与线性发展的统一,个性与共性的统一。至此,不可避免地涉及人类历史发展的普遍性问题,此须专文另论,这里不予展开。

四、循名责实,规范学术概念

那么,回到本文主题,对历史学上的"封建"文本该如何处理呢?笔者认为,如果接受以上认识,关于"封建"一词可以考虑如下两种方案,一是一步到位的方案,二是逐渐解决的方案。

其一,循名责实,各归其位。西周的"封邦建国"制和秦汉以后的"郡县制",同属于中国传统社会,是传统社会中两个不同的发展阶段。众所周知,一如我们

---

① [法]马克·布洛赫:《封建社会》(下卷),张绪山等译,商务印书馆 2004 年版,第三十二章和第三十三章。

前面一系列分析所表明的那样，先秦“封建制”与其后的“郡县制”不同，而且，它们与西欧中世纪的feudalism更不相同。按其自身历史面目而言，一个简单而彻底避免混乱的办法，是各归其位，名副其实。(1)先秦方面：真正实行过“封邦建国”的先秦时代应恢复“封建社会”的称谓，而无须称“奴隶社会”和其他什么称谓。先秦的“封建”仅发生于先秦，这种以血缘关系为纽带建立起来的“封建亲戚”制度，在西欧从未发生过，与西欧的中世纪制度基本无关，所以遇有“封建”或“封建制”字眼，不应译为英文的feudal或feudalism，而应像早期汉学家李雅各那样将其本义表述出来。倘若必须直译西文时也可以音译，“封建制”即fengjian(汉语拼音)。(2)秦代至清代：秦汉以后“废封建置郡县”，不应再称封建社会，至于哪一种称谓更确切，学界须深入探讨逐渐达成共识。王亚南早在20世纪40年代就把该时期称为“专制官僚社会”或“官僚社会”。[①] 冯天瑜则用“宗法—专制社会”“东方专制社会”代之。[②] 韦伯称之为“家产官僚制”。[③] 费正清和巴林顿，摩尔都对中国社会使用自西语feudal而来的“封建”称谓提出质疑，费正清说“这个西方术语(指feudal——引者注)用于中国，价值很少”。[④] 摩尔则说：“无论如何，使用‘封建主义’(指feudalism——引者注)并没有使用‘官僚主义’来得更贴切”。[⑤] 刘泽华提出“王权主义”概念。[⑥] 笔者曾称之为“宗法性官僚君主制”，现在认为“皇权专制主义”更为贴切。[⑦] (3)西欧方面：西欧的feudal原本来自通俗拉丁语“采邑”(feodum)，直译似为“采邑制度”或“采邑社会”，译为“封建”，容易与先秦“封建制”混淆，不妥。应当寻求一个更合适的对译词，也可退回一百年前严复曾经使用的音译(“拂特制”)。这样不仅从内容上，而且从称谓上把三个概念区分开，各居其位，自然就防止了混乱。否则的话，不知道究竟说的是哪一个封建，就像一锅粥。试想，依照澄清后的概念研究和讲解中国历史和西方历史，是何等清爽！

---

① 参见王亚南：《中国官僚政治研究》，中国社会科学出版社1981年版。

② 冯天瑜说，这些概念不一定准确，但较之滥用“封建”，心里踏实几分。参见张艳国主编：《史学家自述——我的史学观》，武汉出版社1994年版，第45~47页。

③ 家产官僚制由patrimonial bureaucracy直译而来，参见何怀宏：《世系社会及其解体》，生活·读书·新知三联书店1995年版，第67页；金耀基：《从传统到现代》，中国人民大学出版社1999年版。

④ 费正清：《美国与中国》，商务印书馆1987年版，第26~27页。

⑤ [美]巴林顿·摩尔：《民主和专制的社会起源》，拓夫、张东东等译，华夏出版社1987年版，第129~130页。

⑥ “王权主义”概念参见刘泽华：《中国的王权主义》，上海人民出版社2000年版。

⑦ “宗法性官僚君主制”，概念参见侯建新：《社会转型时期的西欧与中国》，济南出版社2001年版，第七章。

其二,逐渐解决的方案,即淡化"封建"概念,暂且放弃以它来定性社会形式的努力,以时段称谓代替之,尤其在中国历史学。这主要考虑到近百年尤其近半个世纪以来"封建"一词频繁出现,无论是各类著述、官方文件,还是外来语的译文,满目皆是,误读甚广。如"封建专制",事实上,封建的就不是专制的,封建是对专制权力的一种分散和控制;又如"封建迷信",迷信从来就有,永远会有,与封建没有必然关系,怎能将今天的迷信称封建迷信呢?如费正清所言,在中国,"'封建'成了骂人的字眼,可是它缺乏明确的意义"。① 法国学者谢和奈也批评说:"人们如此滥用了'封建'一词,以至于它失掉了任何意义"。② 所以,不如远离庸俗化的误读:从严肃的历史学家、专业历史学教师和学者做起,严守学术标准,暂且避免使用"封建"一词,而用"古代社会""中古社会"等时段称谓来代替。其实不少学者已经付诸实践,例如,白寿彝先生主编的《中国通史》,把从秦代到清代的这一长时段称为"中古时代"。目前称谓极不统一,相比而言,似乎用"中古时期"或"中古社会"较为合适些,既可衔接先秦时期的上古社会,也可与西欧"中世纪"或"中古社会"相对应。不仅中国和欧洲,世界其他地区大多也可以采用这样的世界历史分期:上古、中古、近现代、当代等。当然,无论该方案还是第一个方案,都是不成熟的,姑且抛砖引玉,供大家讨论,无论如何,问题总要解决。

其实,以 feudalism 一词来概括西欧中世纪也未必准确,许多西方学者对此早存异议,并且有意将该称谓弃而不用。布罗代尔强调指出,"对于 feudalism 这个经常使用的词,我与马克·布洛赫和吕西安·费弗尔一样感到本能的厌恶。他们和我都认为,由通俗拉丁语 feodum(采邑)演化而来的这个新词仅仅适用于采邑制及其附属物,而与其他东西无关。把 11 世纪至 15 世纪的整个欧洲社会置于 Feudalism 之下,正如把 16 世纪到 20 世纪之间的整个欧洲社会置于'资本主义'之下一样不合逻辑。"他认为西欧中世纪多元社会至少由教会、城邦等五种不同的小社会组成,相互并存,相互搀和,带有一定的整体性,而 feudalism 只是其中的一种成分,难以概括社会整体。③ 因此西方早有一些作者关于西欧历史的描述避免使用该词,如广为学界称道的萨瑟恩《中世纪的形成》④一书,就完全没有出现 feudalism 字眼。可见,避免使用定性分析概念而用时段称谓替代,在西方早有先例。

---

① 费正清:《伟大的中国革命》,世界知识出版社 2000 年版,第 264 页。

② 谢和奈:《中国社会史》,江苏人民出版社 1995 年版,第 50 页。

③ 参见[法]费尔南·布罗代尔:《15 至 18 世纪的物质文明、经济和资本主义》(第 2 卷),施康强、顾良译,生活·读书·新知三联书店 1993 年版,第 506~507 页。

④ R. W. Southern, *The Making of the Middle Ages*, first published in 1953, Pimlico editon 1993.

本文的结论希望有助于说明两点:一是西欧的 feudalism 不能涵盖中国的传统社会;二是中文"封建"与西文 feudal 等对应属误译。历史的真相是:中国先秦"封诸侯,建同姓"制度是中文"封建制"的本义;秦汉以后是"皇权专制制度";西欧则是 feudalism。它们本是三个不同的概念,谁也不能替代谁,谁也不能涵盖谁。就西欧和中国而言,它们属于前近代时期不同的社会形式,不应该贴上同一个标签。循名责实清源,势必免去中西历史的双重误读,既有利于学术概念的规范,也有利于基础教学和学术交流,更有利于对中西历史及其发展前途的认识。

记忆与历史的博弈：法国记忆史的建构

沈　坚

20 世纪 70 年代中叶，以雅克·勒高夫（Jacques Le Goff）等人为代表的法国史学专家提出了“新史学”的概念，他们陆续推出了《制作历史》《新史学》等大型百科全书式的史论著作。在新史学的推动下，“记忆”成为历史研究的对象，记忆史研究逐渐形成一股强劲的学术思潮。到 20 世纪 90 年代甚至进入 21 世纪以后，随着法国表征史的逐渐升温，记忆史研究继续保持不减的势头，“历史记忆”问题常常成为学术研讨会的主题。法国记忆史在选题和研究方法上均给人以许多启发，为此笔者不揣简陋，对法国记忆史研究作一学术史的考察，以期引起中国史学界的关注。

一、“记忆”的觉醒与记忆史的建构

“记忆”最早属于心理学的范畴，它在法国之所以成为历史研究的热点，既有历史原因，也是出于学科发展的需要。

法国人文社会科学界关注记忆问题的起因是第一次世界大战，残酷的战争给人们造成极大的心灵创伤，痛苦的经历长期留在人们的记忆里。法国知识分子由此开始关注记忆问题。首先是文学家、哲学家和社会学家对此有所涉猎，如普鲁斯特（Marcel Proust）和柏格森（Henri Bergson）等。曾师从柏格森、后又受杜尔凯姆（Émile Durkheim）影响的社会学家莫里斯·哈尔布瓦克（Maurice

Halbwachs)于1925年出版了他的代表作《记忆的社会框架》,[①]该书引入“集体记忆”概念,随即引起敏锐的历史学家的关注,马克·布洛克(Marc Bloch)曾为此书撰写评论。[②] 哈尔布瓦克在1950年又出版《集体记忆》一书,对“集体记忆”概念作了进一步的阐发。[③]

然而,直到20世纪70年代中叶,“记忆”尚未引起历史学家的足够重视,历史著作的标题中也很少出现“记忆”一词。雅克·勒高夫和皮埃尔·诺拉(Pierre Nora)于1974年主编的《制作历史》[④]一书聚焦历史学的“新问题”“新方法”“新对象”,却没有任何篇章专门涉及“记忆”问题。

从20世纪70年代晚期开始,“记忆”逐渐成为历史研究的新宠。皮埃尔·若拉在勒高夫主编的百科全书式的著作《新史学》中,专门撰写了“集体记忆”词条,他认为,利用集体记忆概念研究历史“会使历史学的进步更富有生命力”,[⑤]并且表示“集体记忆的分析能够而且应该成为致力于与时代同行的历史学的先锋”。[⑥]在随后20多年的时间里,“记忆”一词频繁出现在历史著作和大众媒体上。作为法国记忆史学先驱人物之一的菲力浦·茹塔尔(Philippe Joutard)在1998年写道,今天“记忆不仅是历史学最得宠的主题,而且其在公共领域和政治界的影响力甚至有取代历史学的趋势”。[⑦]

记忆在历史研究和公共领域引起关注是与法国20世纪70年代的历史背景密切相关的。对此,许多法国记忆史专家均有分析。皮埃尔·若拉认为,70年代中叶有三大时代因素激发了法国人自身记忆的觉醒,由此促进了“记忆”论题的研究,这三大因素分别是“经济快速增长的终结,戴高乐主义、共产主义和革命观念的消退,国外压力的强烈感受”。[⑧] 其实这三大因素可以归纳为三个方面,即社会经济因素、意识形态因素和国际关系因素。

---

① See Maurice Halbwachs, *Les cadres sociaux de la mémoire*, Paris, Félix Alcan, 1925.

② See Marc Bloch, Mémoire collective, tradition et coutume: A propos d'un livre récent, *Revue de synth èse historique*, t. XL, 1925.

③ See Maurice Halbwachs, *La mémoire collective*, Paris, PUF, 1950.

④ See Jacques Le Goff et Pierre Nora, *Faire de l' histoire*, Paris, Gallimard, 1974, *I. Nouveaux problème*; *II. Nouvelles approches*; *III. Nouveaux objets*.

⑤ Pierre Nora, La mémoire collective, dans J. Le Goff (dir.), *La nouvelle histoire*, Paris, Retz-CEPL, 1978, p. 398.

⑥ Pierre Nora, La mémoire collective, p. 401.

⑦ Philippe Joutard, La tyrannie de la mémoire, *L' histoire*, n° 221, Mai 1998, p. 98.

⑧ Pierre Nora, Les lieux de mémoire, dans Jean-Claude Ruano-Borbalan (cordonn é), *L' histoire aujourd ' hui*, Paris, Science Humaines Editions, 1999, p. 346.

第二次世界大战以后法国经历了经济快速增长的 30 年,但从 1973 年起,由国际原油价格上涨触发的世界经济衰退也影响了法国,大约在 1975 年,法国已经感受到一系列经济事件所带来的不利影响,法国人开始感觉他们已经渐渐远离了自己所熟悉的生活环境。与经济发展相对应,在"二战"后 30 多年的经济快速增长过程中,法国传统社会的面貌发生了深刻变化,基督教和乡村的法国已经变成世俗化和工业化的国家。法国历史学家芒德拉斯(Henri Mendras)甚至用《农民的终结》作为其著作的名称。[①] 克尔泽斯多夫·波米扬(Krzysztof Pomian)在他动态考察记忆与历史关系的一篇论文中还提到,经历过第二次世界大战的成年人,甚至最年轻者也进入退休年龄,"这经常让他们有暇去收集他们的回忆"。[②] 同时,法国以革命为轴心的意识形态也由于 20 世纪 70 年代戴高乐主义与共产主义对立的逐渐淡化而失去往日的魅力,1970 年戴高乐去世,法国失去了一位标志性人物,而且法国共产主义运动由于受到索尔仁尼琴效应等的牵连,其革命的思维定式受到质疑,弗朗索瓦·孚雷在《反思法国大革命》一书中明确提出"大革命结束了"。[③] 在国际关系方面,法国追求世界大国和强国的幻想也逐渐破灭。以重建法兰西的光荣伟大为己任的戴高乐主义逐渐褪色,吉斯卡尔·惠斯坦(Giscard d'Estaing)总统领导下的法国国际地位下降。皮埃尔·诺拉作为亲历者回忆说:"这样广泛的震荡,我们难以摆脱,我们不得不适应这样的痛苦,这种状况推动了此后 20 多年史学界对记忆的研究。"[④]

除上述历史背景之外,法国传统历史学面临的挑战也使"记忆"的概念与"历史"相分离,记忆逐渐成为一个新兴的研究领域。

历史学在法国占有十分重要和特殊的地位。在一部专门论述法国历史学发展的著作中,作者断言:"要成为法国人,首先就得认识法国历史。"[⑤]"对于法国人来说,求助于历史……那是一种激情"。[⑥] 根据 1983 年 8 月《快报》杂志的调查,15% 的法国人自称对历史着迷,52% 的法国人宣称对历史感兴趣,他们占据了被

---

① Henri Mendras, *La fin des paysans*, Paris, Armand Colin, 1967.

② Krzysztof Pomian, De l' histoire, partie de la mémoire, à la mémoire, objet d' histoire, *Revue de Métaphysique et de Morale*, n° 1, janvier-mars, 1998, p. 65.

③ François Furet, *Penser la Révolution fran çaise*, Paris, Gallimard, 1978, p. 11.

④ Pierre Nora, Les lieux de mémoire, dans Jean-Claude Ruano-Borbalan (cordonn é), *L ' histoire aujourd ' hui*, p. 346.

⑤ André Burguière (dir.), *Histoire de la France: Choix culturel et mémoire*, Paris, Seuil, 2000, p. 295.

⑥ André Burguière (dir.), *Histoire de la France: Choix culturel et mémoire*, p. 296.

调查者的2/3。[①] 在法国,历史学长期以来与政治密切相关,并且在国家建设和民族意识的培育中发挥了重要作用。从中世纪的编年史到国王授意编写的历史无不体现法国希望以此掌握民族记忆的决心,近代的梯叶里(Augustin Therry)和基佐(François Guizot)等人通过追溯历史来为资产阶级的近代国家正名,米什莱(Jules Michelet)则希望通过"唤醒过去"和沉睡的世界使民族历史更为完善,以恢复"人民"的历史。19世纪70年代以后,在法兰西第三共和国的天空下,历史学高举"科学"和"实证"的旗帜,成为统一民族思想的重要工具,历史学的发展也达到了真正的顶峰。历史学实现了专业化,成为历史学家的专属领地,业余作家几乎不再有发言权。历史学的主线是法国历史上的英雄人物及重要时刻和事件。历史学家厄内斯特·拉维斯(Ernest Lavisse)及其著作成为这个时代的象征。正如皮埃尔·若拉在一次访谈中所说的那样:"19世纪晚期的实证主义史学是侵略性的、世俗的和共和的综合体的表现,它与第三共和国的缔造者的意识形态综合体相吻合。只要看一下拉维斯的小册子就可以了,这本小册子独霸天下几乎一直延续到1914年,其中看到的是最大范围的国家层面的记忆,好的和坏的国王、正直的科尔贝、邪恶的罗伯斯比尔、凶恶的德国人,简言之,这是一种强烈索要的记忆,甚至可以称得上是一种侵略性的索要,甚至不惜弄虚作假,歪曲现实,比如对整个殖民历史的掩饰,比如最新版的拉维斯教科书在论述德国占领时期的法国历史时,用很大篇幅来讲述戴高乐及其领导的抵抗运动,却对维希政权只字不提,对与德国的合作只字不提,甚至对贝当只字不提!"[②]从20世纪30年代起,法国年鉴学派对实证主义史学发出挑战,打破了历史学自我封闭的藩篱,吸收了相近学科的研究方法,开辟了经济史与社会史相结合的研究道路。年鉴学派很快从边缘走向主流,在史学界取得了领导地位,成为新的研究范式。历史学的专业化、历史学对科学性的强调、历史学家为国家服务和人类整体服务的诉求依然如故。

从20世纪70年代开始,在后现代主义思潮的冲击及1968年"五月风暴"后遗症的影响下,法国历史再一次面临变革,吉拉尔·诺瓦里耶尔(Gérard Noiriel)在《论历史"危机"》一书中列举出十多种新历史观,其中即有法国在20世纪70年代末提出的"新史学"概念,此外还有"语言转向""关键转折""新知识史""新文化史""新历史主义""观念的哲学史""另类社会史""新政治史""日常生活史"

---

① André Burguière (dir.), *Histoire de la France: Choix culturel et mémoire*, p. 301.

② Pierre Nora, Mémoire de l' historien, mémoire de l' histoire: Entretien avcec J. - B. Pontalis, *Nouvelle revue de psychanal yse*, Vol. 15, 1977, p. 224.

“自我史”“另类历史”等。[①] 此时,人们正寻找着新的历史范式和研究进路。与此同时,年轻一代史学工作者再次对学院派正统史学提出挑战。于是,法国出现了与学院式史学相对抗的民间社团史学(histoire associative),而在国际上,美国出现了“公共史学”(public history),英国涌现了“历史工作室”(history workshop),德国则有“日常史”(Alltagsgeschichte)等。这些史学的共同点就是主张一种“自下而上”(vue d’en bas)的历史观,重视被传统历史学忽视和排斥的底层群体和普通大众。与此相适应的是出现了新的研究方法,以前的历史以书写材料为主要依据,而这些另类史学则大量以口述材料作为重要的学术资源,由此出现了“口述史”。大量的口述材料是口述者的亲身经历,由此与个人记忆和集体记忆产生了直接的联系,成为记忆史产生的重要动力。

在历史学界外部,随着大众媒体全方位的扩展及记录材料和技术的进步(录音和录像等),以前被历史压制的声音通过媒体并以“记忆”的形式表现出来,许多被历史有意和无意消声的群体,如妇女、儿童、少数族裔、战争受害者,以“记忆”的名义发出他们的呼声。人们希望让“被遗忘者”复活,“人们谈论记忆,那是因为不再有记忆”。[②] 政治家们也为集体记忆推波助澜,共和国总统宣布 1980 年为“国家遗产年”,遂掀起遗产保护的热潮。1981 年,国家遗产办公室设立专门机构负责“民族文化遗产”保护,将遗产的概念推广到所有文化领域,涉及各种形式的文化。

因此,从 20 世纪 70 年代末开始,“记忆”以历史叛逆者的面貌出现了,这种记忆的觉醒,意味着“历史—记忆”这对“连体婴儿”的解体。“记忆”不再愿意寄人篱下,成为历史的附属品,它要与历史分离。由此,记忆成了被历史忽视的群体、事件、地点的代言人。在这种形势下,历史一度感受到来自记忆的压力,正如皮埃尔·若拉在《新史学》条目中所声称的那样:“自此历史的书写处在集体记忆的压力之下:对于‘当前’历史来说,媒体建构的事件随即构成集体记忆,当前的历史是事件的继承者;对于本身称之为‘科学的’历史来说,集体记忆决定了历史的旨趣和好奇心。”[③]

然而不久,历史又将主动权抓在自己手里,它的做法就是将记忆转化为历史研究的新对象,构建了被称为“记忆史”(histoire de la mémoire)的新领域。当记

① Gérard Noiriel, *Sur la crise de l’ histoire*, Paris, Edition Belin, 1996, p. 152.

② Pierre Nora, *Les lieux de mémoire*, Paris, Gallimard, en trois volumes, Vol. 1, 1997, p. 25.

③ Pierre Nora, La mémoire collective, dans J. Le Goff (dir.), *La nouvelle histoire*, p. 400.

忆史得到基本正名以后,人们追认了一批记忆史的先驱,如乔治·迪比(Georges Duby)、[1]菲力浦·茹塔尔、[2]昂图瓦纳·普洛斯特(Antoine Prost)[3]等。从20世纪80年代起,有关记忆史的著作和论文大量涌现,比较有影响的著述有:弗朗索瓦丝·左那邦的《漫长的记忆:村庄里的时间和历史》、[4]伊夫·勒甘和让·梅特拉尔的《寻找一种集体记忆:吉伏尔的退休冶金工人》、[5]菲力浦·茹塔尔的《过去传来的声音》[6]等。进入21世纪后,带有"记忆"名称的著作越来越多,大量著作中也充满着"记忆"一词,这方面的学术论文层出不穷,不胜枚举。2008年,法国高等社会科学院人文科学之家基金会、巴黎第一大学与中国法国史研究会在上海联合举办研讨会,根据法方建议,研讨会的主题即为"时间和记忆"。可以说,记忆史仍然是法国史学研究的热点,唯一重要的变化是记忆史已经被纳入涵盖面更广的"表征史"之中,成为法国"表征史"的重要组成部分。

二、作为历史研究对象的记忆:记忆史的概念和方法

法国记忆史中的"记忆"(mémoire)是一个抽象的概念,它指的是人们保留某些信息的能力和属性,它首先是属于人的精神和心理层面,人们借助于它可以将过去的印象和信息如实地在现实中还原。[7] 尽管如此,法国记忆史研究的内容却是具体的,它涉及的是记忆的实际内容,即法语中另一个关于记忆的单词"souvenir"(英语对应的单词是remembering或remembrance,最确切的汉语译法应该是"回忆",意指人们记忆的内容)。法国记忆史关注的重点不是个人的记忆,而是集体的记忆。

如前所述,"集体记忆"概念来自法国社会学家哈尔布瓦克,与传统心理学意义上的"记忆"概念不同,哈尔布瓦克更强调记忆的社会性。他认为,我们大部分的记忆具有社会意义。"通常正是在社会中,人们获得他们的记忆,回想起这些记忆,辨认出这些记忆,给这些记忆以正确的定位……最常见的情况是,我们唤醒记

---

① Georges Duby, *Le dimenche de Bouvines*, Paris, Gallimard, 1973.

② Philippe Joutard, *La légende des camisards, une sensibilit é au passé*, Paris, Gallimard, 1977.

③ Antoine Prost, *Les anciens combatants et la société fran çaise*, 1914 – 1939, 3 Vol., Paris, Presses de la FNSP, 1977.

④ Françoise Zonabend, *La mémoire longue. Temps et histoires au village*, Paris, PUF, 1980.

⑤ Yves Lequin et Jean Metral, " A la recherché d'une mémoire collective: les métallur gistes retrait és de Givors," *Annales ESC*, n° 1, 1980, p. 149 – 166.

⑥ Philippe Joutard, *Ces voix qui nous viennent du passé*, Paris, Hachette, 1983.

⑦ Jacques Le Goff, *Histoire et mémoire*, Paris, Gallimard, 1988, p. 105.

忆是为了回答别人的问题或我们假设要回答别人的问题,此外在回答这些问题时,我们把自己置于他们的视角中,我们看问题就如我们是这一群体的一部分或与他们处于同一群体之中……最常见的是,当我回忆时,是别人刺激了我的回忆,他们的回忆唤醒了我的回忆,我的回忆有别人回忆的支撑。”“正是从这种意义上说,存在着记忆和集体记忆的社会框架。”①他还认为,即使是完全属于个人的记忆,也不可能是完全孤立和封闭的。“一个人为了回想起他的过去,经常需要借助别人的回忆。他通过身外存在的、社会为他确定的参照点才能回忆起来。更有甚者,没有言词、思想这些工具,没有这些个人无法发明、只能借用他人的工具,个人的记忆便不能运行。”②

法国历史学家重新解读了哈尔布瓦克的观点。皮埃尔·若拉在为《新史学》撰写“集体记忆”词条时,提出了自己的定义。他认为,“如果从最为相近的意思来说,集体记忆就是具有身份认同的鲜活群体对过去的、被赋予神奇化的经历的回忆,或是这些回忆的总和,不论这种回忆是有意识的还是无意识的。这一群体的认同是通过对过去的感情整合而形成的。”③接着他列举了集体记忆的诸多方面:对事件的回忆,这些事件或直接被人们亲身经历,或间接通过书写的、实践的和口述的传统得以传承下来;活跃的记忆,由机构和制度、各种仪式、历史著作加以维持的记忆;隐藏的和重新获得的记忆,如少数族裔的记忆;官方记忆,由民族、家庭、宗教、政党营造的所有想象物的集合;没有记忆的记忆,地下的和亚历史的记忆(如犹太记忆);等等。

吉拉尔·若瓦里耶尔在其著作《什么是当代史》中将哈尔布瓦克所指的记忆分为三个层次。④ 第一层次为“个人回忆”(les souvenirs individuels),个体回忆的是自己亲身经历的事情,这种个人记忆与群体记忆有着辩证关系,哈尔布瓦克在《记忆的社会框架》中就曾写道:“个人是用群体的眼光来回忆的,而群体的记忆通过个人的记忆得以实现并表现出来。”⑤第二层次为“集体记忆”(les mémoire collective),它包括曾经历过相同事件的一群人的共同记忆,以及这些事件所遗留

---

① Maurice Halbwachs, *Les cadres sociaux de la mémoire*, Nouvelle édition, Paris, PUF, 1952, p. Ⅵ.

② Maurice Halbwachs, *La mémoire collective*, Z^{e} édition, Paris, PUF, 1968, Chapitre Ⅱ: mémoire collective et mémoire histori que, p. 36.

③ Pierre Nora, La mémoire collective, p. 398.

④ Gérard Noiriel, *Qu' est-ce que l' histoire contem poraine* ? Paris, Hachette, 1998, p. 198.

⑤ Maurice Halbwachs, *On Collective Memory*, Chicago: The University of Chicago Press, 1992, p. 40.

下来的客观印痕,这一层次包括共同经历的空间环境、与经历的事件相关的机构设置,以及与此相关的文字和口头档案材料等。第三层次为“传统”,它是在相关事件的当事人消失以后才出现的,各种仪式、神话、集体的叙述、朝圣等取代了记忆的位置。通过这种解读,记忆概念所涵盖的内容进一步扩大。

雅克·勒高夫则另辟路径,他不是对哈尔布瓦克的记忆概念作进一步的阐释,而是通过对记忆的历史考察来揭示承载记忆的媒介及其对记忆功能所产生的影响。勒高夫在《历史和记忆》一书中按人们的记忆形式划分出记忆发展的不同阶段:(1)原始民族记忆期,即“无文字记忆”“野性记忆”,其中最主要的形式就是神话,尤其是关于民族起源的神话,此外还有口传谱记,手艺经验等;(2)记忆飞跃期,从口传记忆到书写记忆,即从史前到古典,其中出现了纪念性的碑文;(3)中世纪记忆期,口传记忆与书写记忆平分秋色,编年史作为记忆开始出现;(4)文本记忆发展期,16世纪以后,历史担当起记忆的角色;(5)当代记忆的膨胀期,更多的记忆媒介。①

必须指出的是,记忆史对记忆概念的借用是以强调记忆与历史的不同为出发点的。皮埃尔·诺拉曾明确表示:“历史与记忆远非同义词,现在看来,它们是相互对立的。”②根据多位法国历史学家的论述,③我们可以从中概括出记忆与历史各自具有的特征。

第一,记忆是鲜活的和生动的,它总是与活着的人联系在一起,随着人们回忆与失忆的不断变换而处在永久的变动之中,经常在不知不觉中遭到扭曲,并且极易受到利用和操纵,历史则是对一切不复存在的事物或以往“死亡”的事物进行问题式的和不完全的重建;记忆是现在的过去,而历史则是过去的复现。第二,记忆总是主观的,以自我为中心的,总是可以用第一人称来指代——“我的”记忆和“我们的”记忆,它处在自我意识之中,寻求的是对自己感官的忠实,它受制于人的信仰;历史则一直以客观为诉求,总是以非主体的面貌出现,历史学家不会将自己的作品说成“我的历史”,他希望他的研究放之四海而皆准,能够揭示出历史的普遍性,历史追求的是真实,它受制于理性。第三,记忆总是具体的,带有感情色彩的,并且是复数的,有多少个个体和群体就有多少种记忆,记忆与记忆之间充满

---

① Jacques Le Goff, *Histoire et mémoire*, p. 409.

② Pierre Nora, *Les Lieux de Mémoire*, t. 1, p. 24.

③ Pierre Nora, Entre mémoire et l' histoire, dans *Les Lieux de Mémoire*, t. 1, p. 23 – 43 ; Pierre Nora, La mémoire collective, p. 398 – 401 ; Krzysztof Pomian, De l' histoire, partie de la mémoire, à la mémoire, objet d' histoire, p. 63 – 110 ; Francois Dosse, Entre histoire et mémoire: une histoire sociale de la mémoire, *Raison présente*, September 1998, p. 5 – 24.

着错位和冲突;历史则带有抽象的批判意味,需要对问题进行分析和解释,需要冷静的思考,追求的是终极真理。第四,记忆与遗忘相辅相成,有记忆必有遗忘,记忆允许有缺口和断裂,历史则追求连续和完整,遗漏不是历史的美德;记忆对时间并不敏感,它可以是跳跃式的,不在乎因果联系,历史则完全关注因果链,强调时间的连续和顺序。

法国的历史学家们还历史地和动态地考察了记忆与历史的关系。人类的记忆要早于历史而存在,当人们发明了书写方法,历史便开始出现,但它最初仅仅是记忆的一部分,但当书写在人类社会完全占据统治地位后,历史几乎成了记忆的代名词,成为记忆的代言人,“历史的记忆”(mémoire historique)①等同于记忆,成了“历史—记忆”(histoire-mémoire)的联合体,到了现代,记忆又想从历史的掌控中摆脱出来,人们甚至用“记忆的责任”(devoir de mémoire)来对抗历史的歪曲、隐瞒和遗忘。然而在将记忆作为历史研究的对象之后,记忆再次被历史俘获。

与“记忆”概念相对应的是“遗忘”。法国一些从事记忆史研究的专家一直将“记忆、历史和遗忘”看作是与过去发生联系的“三驾马车”。② 人们认为,遗忘是记忆的另一面,不可分离。集体记忆收集着坚实的材料,而那些生活的碎片和没有多大意义的事件就自然地进入遗忘的角落。“记忆的空洞”就如同漏斗,不值得或不便记忆的“垃圾”就从此滑走。“集体记忆选择、勾画、建设着:记忆是工地,遗忘收集着建筑废料。”③因此遗忘是记忆选择的结果,它可以反映出记忆的另一侧面,沉默、无意识的压抑、抵制、失忆,甚至谎言在心理学领域是与记忆结合在一起的,记忆与遗忘就是一种对立统一。

法国的记忆史正是在这样的概念框架下建构的。从方法论上说,法国记忆史对记忆的研究不同于心理学对记忆的研究,心理学家、精神病学家和精神分析学家更多地关心个人记忆,而历史学家们更多地关注集体记忆;心理学家主要关注记忆功能,研究的时段往往短暂,方法上是实验和经验式的,记忆史对记忆的研究则注重长时段的记忆。同时,记忆史的研究受到20世纪70年代“语言转向”的影响,借鉴了许多认识论方面的理论,如现象学和解释学等。

---

① 人们常常译作“历史记忆”,由于汉语的“历史记忆”,既可理解为“带有历史意义的记忆”,也可理解为“历史即记忆”,因此本文采用“历史的记忆”的译法,根据皮埃尔·诺拉的定义,“历史的记忆”等同于历史,即历史学的集体记忆。

② Jean-Clément Martin, Histoire, Mémoire et Oubli. Pour un autre régime d' historicit é, *Revue d' histoire moderne et contem poraine*, t. 47e, n° 4, Oct. – Dec., 2000, p. 783 – 804.

③ Lucette Valensi, Silence, dénégation, affabulation: le souvenir d' une grande défaite dans la culture portu gaise, *Annales ESC*, n° 1, janvier-février, 1991, p. 3.

记忆史研究的对象和领域非常宽泛。记忆史研究的“记忆”涉及刚刚发生但受到抑制的历史事件和被遗忘的社会和群体,如法国维希政权、阿尔及利亚战争、德国关于纳粹主义的历史大争论,苏联解体后的东欧国家,20 世纪一连串不幸的悲剧和挫折、消失或正在消失的农民群体和工人群体,各地区的物质遗产和非物质遗产,国家和地区的身份认同,因为这一切均是“过去呈现于现在”。记忆史也研究人们对过去的建构、传承和“保存”,因此,对生活经历的记忆、对历史事件和历史人物的纪念活动、历史的记忆、历史的遗忘(有意和无意)、历史对过去事件的对立解释、历史的政治操纵等也都归入记忆史研究的行列。记忆史还研究“记忆的载体”,如档案和博物馆、历史性建筑、书籍、影像材料等。这种记忆的广谱化,大大拓展了历史研究的领域和视野,但它的不确定性也使“记忆史”的身份变得模糊起来,因此从 20 世纪 90 年代末起,记忆的泛化遭到许多专家的诟病,他们批判“记忆的滥用”、①“纠缠”②和“误用”③。

法国记忆史的研究路径可以总结为以下几个方面:

1. 反思性。记忆研究基本集中在两个问题上:一是“人们记住了什么?”二是“这是谁的记忆?”依照记忆的特征,记忆是有个性的,可以反映个体的身份。记忆的内容与个体的感觉、价值判断和语言表达相联系。同时,失去了记忆也就失去了个体身份的坐标。因此,完全可以说,“没有记忆,人就不能辨认自己,人也就不再存在了”。④ 因此从“记住什么”(记忆内容)入手,就可最终认识“记忆属于谁”(认识主体的身份和本质)。但是,要通过“什么”达到认识“谁”的目的,还必须了解记忆的内容是如何表达出来的,即回忆的方式问题。有些回忆是自然涌现的,如触景生情,有些回忆是人们刻意去追寻的,有些记忆内容自然遗忘,而有些记忆内容,人们有意将它埋在记忆深处,甚至努力将之遗忘,这种表达方式也是记忆主体身份的体现。因此,记忆史研究从记忆的具体内容出发,通过观察它们的呈现方式,最后去认识记忆主体的本质和属性,即认识主体的身份(identité)。这就是法国哲学家李科所称的反思性(réflexif)。⑤

这方面较为典型的范例就是法国史学家吕赛特·瓦朗西(Lucette Valensi)对

---

① Stefan Todorov, *Les abus de la mémoire*, Paris, Arléa, 1998.

② Henry Rousso, *La hantise du passé*, Paris, Textuel, 1998.

③ Marie-Claire Lavabre, Usages et mésusages de la notion de mémoire, *Criti que internationale*, n° 7, avril 2000, p. 48 – 57.

④ Krzysztof Pomian, De l' histoire, partie de la mémoire, ὰ la mémoire, objet d' histoire, p. 68.

⑤ Paul Ricoeur, *La mémoire, l' histoire, l' oubli*, Paris, Seuil, 2000, p. 4.

发生在16世纪的一次葡萄牙与摩洛哥战争的记忆研究。① 1578年8月4日,葡萄牙国王塞巴斯蒂安与摩洛哥被废黜的国王联手发动对摩洛哥在位国王的进攻,史称“三王之战”。战争只持续了一天,结果葡萄牙惨败,三王或死亡或下落不明。战争的失败使葡萄牙失去了国王,也失去了贵族精英(几乎所有的贵族均参加了战争,伤亡惨重),还丧失了军队,它向北非和大西洋以外世界的扩张受挫,甚至数年后,葡萄牙被腓力二世统治的西班牙吞并。而摩洛哥却因此强大到前所未有的程度。通过研究这一事件如何逐渐融入两国的民族记忆中,吕赛特·瓦朗西揭示出该历史事件在战胜国和战败国所产生的不同记忆。该事件在摩洛哥的记忆中埋藏得很深,相关资料也较为少见。一直到1956年摩洛哥重新独立后,为了弘扬民族精神,此事件才被重新忆起,对该事件的纪念也逐渐制度化。在葡萄牙,巨大的战争创伤首先给全民族带来极大的悲伤,然后人们开始有意抑制和隐瞒这段痛苦的记忆,起初关于这一事件的记载几乎仅见于周边国家,由于法文、西班牙文、意大利文文献均未译成葡萄牙文,这种沉默一直维持了近30年。此后人们才愿意通过重拾回忆来舔平伤口。由于葡萄牙人从来没有亲眼见到塞巴斯蒂安的尸体,因此围绕着这位国王的生死产生了许多传说,人们期待这位国王的回归并希望这位国王最终成为葡萄牙民族意识的重要组成部分,这种记忆成为葡萄牙人的一种身份认同。可见,记忆史研究抛弃机械的因果分析方式,采用人类学、民族志学的研究方法,关注的重点放在能够使个人迅速融入社会和集体层面的一些因素,如语言、意识、情感、感官和文化等。

2. 追寻痕迹。记忆史研究从凝聚着记忆的事件、地点、人物、仪式、群体入手,重点考察这些对象在历史上留下的痕迹,着眼点不是这些对象本身的真伪和意义,而是这些真伪和意义形成的历史轨迹,尤其是研究历史事件被集体记忆操纵、调整和修改的进程。我们可以以乔治·迪比的《布维纳的星期天》②为例略加展开。该书出版于1973年,远早于法国记忆史成型时期,但它之所以被视为记忆史的开山之作③是由于该书的第三篇章“传奇演变”(Légendaire)。该书关注的是法国历史上一场著名的战役“布维纳之战”,在1214年7月27日星期天这个不该打仗的日子里(星期天为主日,基督徒应该休息),法国国王腓力二世(奥古斯都)被迫与被革除教籍的德意志皇帝奥托四世及其联军在弗兰德尔地区的布维纳桥边

---

① Lucette Valensi, *Fables de la mémoire . La glorieuse bataille des trois rois*, Paris, Seuil, 1992 ; Lucette Valensi, Silence, dénégation, affabulation: Le souvenir d' une grande défaite dans la culture portu gaise, *Annales ESC*, n°1, janvier-février 1991, p. 3 – 24.

② Georges Duby, *Le dimenche de Bouvines*.

③ Jacques Le Goff, *Histoire et mémoire*, p. 173.

(马克河畔)进行了一场战役,结果奥托四世落荒而逃,联军中有多名大贵族被俘,与奥托四世结盟的英王失地者约翰放弃了对法国的领土要求,腓力二世由此巩固了已获得的领土,提升了王权的地位。

迪比在该书的第三部分重点分析了这场战役对民族记忆演变的影响。首先,迪比分析了"布维纳之战"神话的形成,这场战役通过13世纪僧侣和编年史作家的描绘,成为"善"战胜"恶""上帝战胜魔鬼"的象征,并且逐渐夸大为法国军队以一当十,甚至以一当百的胜利。其次,迪比指出,14世纪,此战役逐渐被人遗忘,而从17世纪开始,此战役再次浮出水面。在19世纪和20世纪,从基佐到魏刚,战役得到不同的解读。最后,该战役被赋予民族胜利的意义,成为法国人第一次战胜德国人的战役。在民族情感上,它变得比贞德更重要。1945年以后,这次战争的记忆又一次消失,因为欧洲需要和谐,并在走向一体化,德国不再成为敌人。

勒高夫在分析迪比的研究方法时指出,迪比"首先将此事件看作冰山一角,然后,他用社会学的方法审视这场战役及其留下的记忆,通过考察对事件的一系列纪念活动,他追踪了该记忆在整体精神重现运动中的命运"。[①] 乔治·迪比在1984年该书的再版前言中也总结了他这部分的分析:"我的任务是观察一个事件如何被建构和解构的,因为归根结底,该事件仅仅以人们叙述的方式而存在,因为确切地说该事件是被那些将事件更名后进行散布的人制造出来的;因此,我研究的是关于布维纳回忆的历史,是该事件被人们想方设法逐渐扭曲的历史(很少是无辜的),是记忆和遗忘的历史。"[②]这样的方法决定了记忆史研究主要集中在事件和人物史的研究方面,这是自法国年鉴学派之后法国史学的重要转向。

3. 回溯法(méthode rétrospective)。记忆史研究以现实关怀为立足点,公开地以现代问题为出发点,追溯以往,以满足现代人的现代要求。亨利·卢索(Henri Rousso)在1987年对有关维希政权的集体记忆所作的研究就是很好的例子。[③] 有人认为该著作的问世是"法国记忆史确立"的"决定性阶段"。[④] 20世纪70年代,法国出现了对抵抗运动神话的反思。根据这一神话,维希政权是法国一小撮投降派建立的,他们是纳粹德国的应声虫和合作者,法国大部分人站在以戴高乐为代表的抵抗运动一边,戴高乐的自由法国才是法国的正统政权,抵抗运动是正统法国的延续,维希政权是不值一提的插曲。然而,20世纪70年代,这种神话被修正

① Jacques Le Goff, *Histoire et mémoire*, p. 173.

② Georges Duby, *Féodalit é*, Paris, Gallimard, 1996, p. 831.

③ Henry Rousso, *Le Syndrome de Vich y*, 1944 – 1987 . . . , Paris, Seuil, 1987.

④ Christian Delacroix, François Dosseet Patrick Garcia, *Les courants histori ques en France*, 19*e* – 20*e siècle*, Paris, Armand Colin, 2002, p. 268.

派戳穿，新的观点认为，最初大部分法国人支持维希政权，维希政权的一些措施也不完全是出于德国方面的压力，甚至在反犹方面也是如此，维希政权其实是法兰西第三共和国内部保守势力和新法西斯派力量的延续。因此，这种观点在法国社会引起了激烈的辩论。

卢索的著作并不介入这种非黑即白、孰是孰非的讨论，而是用非常冷静的态度，从现实问题出发，回溯法国人对这段历史的记忆。作者依据1945年以来大量与维希政权相关的"再现"材料（如报刊、文学和史学作品、电影和电视），分析了法国1945年以来有关维希政权的集体记忆：第一阶段为"哀伤"期（1944～1954年），主要表现为起诉"合作者"和戴高乐倡导民族和解；第二阶段为"记忆抑制"期（1954～1971年），法国人希望告别痛苦的过去，他们接受了戴高乐所营造的抵抗运动的神话；第三阶段为"明镜破碎"期（1971～1974年），1971年纪录片《悲伤与怜悯》上映和蓬皮杜总统对"合作分子"图维埃特赦所引起的争论打破了平静，使维希记忆再次涌现；第四阶段为"记忆困扰"期（1974年以后），犹太人的记忆被唤醒，教会和法国国家公务员在维希时期的作用也受到责难。通过回溯，作者发现法国人关于维希时期的集体记忆始终是受现时需要支配的。类似的研究还有关于共产党的集体记忆，[①]阿尔及利亚战争的集体记忆，[②]第二次世界大战期间被流放者的记忆，[③]被赶出大学校门的犹太人的记忆，[④]等等。从这方面来看，记忆史研究始终以近现代史为主，也就理所当然了。

三、《记忆场所》：在历史和记忆之间

提到法国记忆史，不能不提到法国著名史学家皮埃尔·若拉主编的鸿篇巨作《记忆场所》（*Les Lieux de Mémoire*），法国近年来论述法国史学研究流派的著作，在提及法国记忆史时，均以此书为例进行剖析。[⑤] 该书可以说是近20年来法国史

---

① Marie-Claire Lavabre, *Le fil rouge, sociolo gie de la mémoire communiste*, Paris, PFNSP, 1994.

② Benjamin Stora, *La gan grène et l' oubli. La mémoire des année al gériennes*, Paris, La Découverte, 1991.

③ Annette Wieviorka, *Déportation et génocide: entre la mémoire et l' oubli*, Paris, Plon, 1992.

④ Claude Singer, *Vich y, l' universit é et les jui fs. Les silences et la mémoire*, Paris, Les Belles Lettres, 1992.

⑤ Gérard Noiriel, *Qu' est-ce que l' histoire contem poraine ?* p. 201 - 202 ; Christian Delacroix, François Dosseet Patrick Garcia, *Les courants histori ques en France, 19e - 20e siècle*, p. 263 - 267.

学界最有影响的历史著作之一,引起众多史学家的关注和评论。① 它与记忆史共同成长的学术历程、它的理论特色、它所代表的研究范式都值得我们近距离观察。

该书主编皮埃尔·若拉与出版界有着密切的联系,他本人是法国伽利玛(Gallimard)出版社的编辑,同时也是法国较有影响的学术刊物《争鸣》(*Le Débat*)的主编。他在学术圈也颇有影响,是法国高等社会科学院的顶梁柱之一。从20世纪70年代起,皮埃尔·诺拉开始对年鉴学派历史学的研究范式进行反思,他本人是年鉴学派史学家的朋友,但在史学思想上却始终与年鉴学派保持着距离。他在1971年初与伽利玛出版社合作编辑了"历史丛库"(*Les bibliothèdes histoires*,法语的"历史"一词采用复数形式),在这里他显然不同意年鉴学派"总体史"的观点,在他看来,"历史"应该是复数的和小写的。1980年,他和马赛尔·高赛(Marcel Gauchet)共同创办了《争鸣》杂志,杂志经常发表与年鉴学派观点相左的文章,其中引人注目的是20世纪80年代初,登载了普林斯顿大学教授劳伦斯·斯通(Lawrence Stone)的《叙事的复兴》(*Retour aurécit*)和意大利史学家卡洛·金斯伯格(Carlo Ginzburgr)的《符号、轨迹和线索:表征范式之根》(*Signes, traces, pistes. Racines d' un paradigme de l' indice*),为叙述史和微观史学正名,开启了质疑年鉴派史学的先河。

1976年,皮埃尔·诺拉被任命为法国高等社会科学院当代史研究所负责人,因此开始关注记忆问题,他将"记忆场所"这一概念②引入历史研究之中,构思和酝酿新的研究方向。1977年,他与法国心理学家让-贝尔特朗·蓬塔利斯(Jean-Bertrand Pontalis)进行了一次交谈,这次交谈以《历史学家的记忆,历史学的记忆》为题发表,在回答让-贝尔特朗·蓬塔利斯"当今历史学家的设想应该是什么"这一问题时,诺拉认为历史学家要"将记忆从昏睡中驱赶出来,将维护和保持社会

① 笔者阅历所及,重要的评论有:Paul Ricoeur, *La mémoire, l' hitoire, l' oubli*, p. 522 – 535 ; Patrick Garcia, *Les lieux de mémoire*, une poètique de la mémoire?, *Espaces Tem ps*, n° 74/ 75, 2000, p. 122 – 142 ; Lucette Valensi, Histoire nationale, histoire monumentale. *Les lieux de mémoire*, *Annales HSS*, n° 6, novembre-décembre, 1995, p. 1271 – 1277 ; Steven Englund, De l' usage de la Nation par les historiens, et réciproquement et L' histoire des ages récents. Les France de Pierre Nora, *Politix*, n° 26, 1994, p. 141 – 168 ; Marie-Claire Lavabre, Usages du passé, usages de la mémoire, *Revue fran çaise de science politi que*, n° 3, juin 1994, p. 480 – 493 ; Henry Rousso, Un jeu de l' oie de l' identit é fran çais, *Vinti ème Siècle, revue d' histoire*, n° 15, juillet-septembre 1987, p. 151 – 154. 此外,还有两本杂志进行过专题讨论:La nouvelle histoire de France. Les lieux de mémoire, *Magazine litt érraire*, n° 307, février 1993; Mmémoire comparées, *Le Débat*, n° 78, janvier-février 1994。

② 早在1975年,法国就有人在杂志上引用英国历史学家弗朗西丝·艾梅莉亚·雅特斯(Frances Amelia Yates)《记忆的艺术》(*The Art of Memory*)一书中材料,提到了"记忆地点"。Gérard Blanchard, Textes, images et lieux de mémoire, *Communication et langages*, n° 28, 1975, p. 45 – 69。

永恒所需要的想象力激发出来"。[①] 如前所述,1978 年,皮埃尔·诺拉为《新史学》撰写"集体记忆"词条,除公开提出"集体记忆的分析能够而且应该成为致力于与时代同行的历史学的先锋"以外,[②]还提到了记忆的"场所",第一次表述了"记忆场所"的概念。据其所述,在 1978 年至 1979 年,他萌发了请一些著名的史学家共同出版一套有关民族记忆"场所"(les lieux)丛书的计划。[③] 从 1978 年至 1981 年,他在法国高等社会科学院主持定期研讨会,参与研讨的专家成为这部著作的中坚力量。他原计划主编四卷。1984 年,《记忆场所》第一卷《共和国》(*La République*)出版,立即受到史学界和公众的欢迎。该书的第二部分取名为《民族》(*La Nation*),计划出两卷,但由于选题和内容太多,1986 年出版时增加为三卷。1992 年完成了最后一部分《统一多元的法兰西》(*Les France*),又是三卷,而且比起第二部分的三卷来,篇幅更大,内容更丰富。《记忆场所》全书最终出齐时为七卷本,共 6000 多页,该书成为集体记忆史研究成果的汇总。

参与编写的历史学家所擅长的领域涵盖了政治史、经济史、社会史、文化史和宗教史等。其中既有现当代史专家,也有古代中世纪史专家。他们的治史方法、史学观点和政治立场也不尽相同:既有年鉴学派和新史学的领军人物,也有代表法国史学新趋向的"记忆史"和"表征史"研究的新锐,还有坚持以经济社会为主轴研究历史的资深学者,除此之外,还有一些跨学科的专家。全书采用条目式的写作方法,每人负责撰写自己的条目,因此难免各行其是,良莠不齐。然而,皮埃尔·若拉和他的核心团队在其中起到了中坚作用,他们的组织协调工作保证了著作在方法论、设计目标和行文风格上的总体一致性。皮埃尔·若拉除承担组织调度工作、确定总体问题、选择关键条日外,还直接撰写了 6 个条目及全书各章节的序跋和过渡段落,在核心概念的定义上及全书的思考、目标和关联的定位上起了重要作用。[④] 皮埃尔·诺拉有非常重要的合作伙伴辅佐,高赛、莫娜·奥佐夫、孚雷、波米扬等人,他们大多来自法国高等社会科学院、全国科研中心(CNRS)和政治研究机构,而非出自大学。

---

① Pierre Nora, Mémoire de l' historien, mémoire de l' histoire: Entretien avcec J. – B. Pontalis, p. 231.

② Pierre Nora, Mémoire de l' historien, mémoire de l' histoire: Entretien avcec J. – B. Pontalis, p. 401.

③ Jean-Claude Ruano-Borbalan (cordonn é), *L' histoire aujourd ' hui*, p. 343.

④ 有人认为皮埃尔·诺拉的个人直接贡献占到全书的 7%(Patrick Garcia, Les lieux de mémoire, une poètique de la mémoire, p. 122 – 142);在著作前二部分(前四册)出版之时,有人甚至认为他的直接贡献达到 10%(Steven Englund, De l' usage de la Nation par les historiens, et réciproquement, p. 143)。

我们注意到,大部分的评论者都提到皮埃尔·若拉在该书第一卷所表达的初衷在最后一卷出版时发生了"变调":本来想通过碎化的和独立的"记忆场所"研究来破除民族神话,颠覆神圣化的法国史,对抗纪念式的历史,但到头来,仍然没有逃脱"民族"的魔咒,"记忆场所"成了民族遗产,受到全民族的追捧,皮埃尔·诺拉的"记忆场所"演变为真正的整体法国史。试图破除纪念式神话的《记忆场所》反倒使得自己成了纪念式的神话,成了史学丰碑。总之,是从反拉维斯走向新拉维斯。不过,仔细阅读全书,我们可以发现这种悖论有其内在的逻辑,作者最初的动机、他的设计、他所运用的研究方法无不为这样的结局预先做了铺垫。

皮埃尔·诺拉在第一卷序言中明确指出:"记忆场所的研究位于两大运动的交叉点上,这两大运动赋予了这一研究以地位和意义。一方面是纯粹历史学的运动:历史学对自身进行反思的时刻;另一方面是历史进程:记忆传统的终结。"①他宣告"历史—记忆"联合体的终结,即记忆与历史决裂,以及传统史学(几乎和"历史—记忆"联合体是同义词)走向没落。由此他还提出了"记忆被历史绑架"的观点。他承认,"记忆场所"的概念完全出于"一种失落感,由此带有对已逝事物的怀旧的印记"。② 在大量使用"终结"(fin)、"变化"(mutation, changement)和"不再"(ne plus)这些字眼的背后,隐藏着作者对民族情感失落的担忧:

> 民族不再是框定集体意识的统一框架。它的定义也不再引起争论,遗留的问题已由和平、繁荣和国土削减而得以解决。它所受到的威胁就是没有了任何威胁。随着"社会"替代了"民族",由"过去"和"历史"决定的正统性让位于由"未来"决定的正统性。"过去",人们只能认识它、尊敬它;"民族",人们为它服务;而"未来",需要人们去准备。三大名称各司其职。民族不再需要为之奋斗,它已经是既成事实;历史变成了社会科学;而记忆纯粹是个人现象。民族记忆由此成了"历史—记忆"联合体的最后体现。③

因此,主编者在新的历史背景下仍然不忘拯救"民族记忆",通过"记忆场所"研究,留住"残存"的民族记忆,找回正在失去的记忆,找回群体、民族和国家的认同感和归属感。主编者将全书结构划分为三大部分:共和国、民族、法兰西。其核

---

① Pierre Nora, Entre mémoire et l' histoire, p. 28.

② Pierre Nora, Comment écrire l' histoire de France, dans *Les Lieux de Mémoire*, t. 2, p. 2222.

③ Pierre Nora, Entre mémoire et l' histoire, p. 28.

心仍然是民族,共和国是民族的现代形式,法兰西则是民族的缔造者。

该书的核心概念"记忆场所"也随着主编者日益明显地强化民族身份认同而发生了变化。当然,"记忆场所"的最初酝酿已经表现出它试图揭示主体"身份"的发展趋势。皮埃尔·若拉对"记忆场所"的第一次清晰表达是在1978年他为《新史学》撰写的"集体记忆"词条中。他写道:

> 集体记忆的研究应该从"场所"(lieux)出发,这些场所是社会(不论是何种社会)、民族、家庭、种族、政党自愿寄放它们记忆内容的地方,是作为它们人格必要组成部分而可以找寻到它们记忆的地方,这些场所可以具有地名意义,如档案馆、图书馆和博物馆;也可以具有纪念性建筑的属性,如墓地或建筑物;也可以带有象征意义,如纪念性活动、朝圣活动、周年庆典或各种标志物;也具有功能属性,如教材、自传作品、协会等。这些场所都有它们的历史。①

而且,他马上意识到:"进行这样的历史研究很快会改变词语的方向,从召唤场所的记忆转向召唤真正的记忆场所:国家、社会和政治集团、具有共同历史经历的共同体……"②作者已经直接把国家和民族认定为"记忆的场所",并认为这才是集体记忆研究最终指向的目标。如此,我们在《记忆场所》第三部分的序言中读到这样的句子,就不会觉得惊讶了:"用众多记忆场所来分解法国,就是将整个法国打造成为单一的记忆场所"。③

皮埃尔·诺拉在1984年出版的《记忆场所》第一卷序言中对核心概念"记忆场所"又作了进一步的说明。他对可以确定为"记忆场所"的事物重新划分为三类:物质的、象征性的和功能性的。④ 它们成为"记忆的场所"是"记忆"和"历史"双重影响的结果,它不是记忆本身,也不属于历史,它处在记忆和历史之间。它要成为"记忆场所",首先要有"记忆的意愿",⑤这些"场所"由记忆"凝聚"而成,记忆"寓身"其中,⑥但记忆不是自发的,记忆的凝聚不是自然的行动,"人们必须创

---

① Pierre Nora, La mémoire collective, p. 401.

② Pierre Nora, La mémoire collective, p. 401.

③ Pierre Nora, Comment écrire l' histoire de France, p. 2224.

④ Pierre Nora, Entre mémoire et l' histoire, p. 37.

⑤ Pierre Nora, Entre mémoire et l' histoire, p. 37.

⑥ Pierre Nora, Entre mémoire et l' histoire, p. 23.

设档案、维持周年庆、组织庆祝活动、致悼词、公证契约等”。[1] 同时“记忆场所”的形成也必须有历史、时间和变化的介入。[2] 历史通过对记忆的“歪曲、转变、塑造和固化”,造就了寓有记忆的“场所”。[3] 因此,“记忆场所”不是消失得无影无踪或被完全遗忘的事物,它们是记忆的“残余”,“是没有仪式的社会中的仪式,是去神圣化社会中的神圣之物”,它们就如“记忆之海退潮时海滩上的贝壳,不完全是活的,也不完全是死的”。[4] “由于不再有记忆的环境(milieux de Mémoire),所以才有了记忆场所。”[5]皮埃尔·诺拉举例说,“共和历”之所以成为“记忆场所”是由于“共和历”最终被终止了,如果它像“格里高利历”那样能延续到今天,它就不可能成为“记忆场所”,然而,它又没有完全消亡,法国历史上的一些关键时刻和关键事件仍然与它紧密相联,如葡月、热月和雾月。在第一卷《共和国》中,我们看到了精彩纷呈的“记忆场所”,其中既有象征物,如三色旗、共和历等,也有功能性的事物,如儿童读物《两个小孩周游法国》《教育词典》,还有名副其实的地点或场所,如先贤祠,以及不少纪念活动,如7月14日法国国庆日。

时隔两年,该书的《民族》卷出版。“民族”是比“共和国”时间更长、内涵更丰富、底蕴更深的概念。“记忆场所”的范围和入选标准由此也进一步扩大了,它们需要一定的“系统性和层次性”。[6] 因此,它又被细分为三大部分:非物质的、物质的和理念的。“记忆的场所”扩展到与民族相联系的所有参照物,如领土和疆域,法典,帝王居住和加冕之地,在民族形成中起巨大作用的历史学、物质遗产、风景等。不过,在方法论上,该书一如既往地通过揭示这些“记忆场所”的记忆痕迹,来透视法兰西民族的特性,即通过分析群体意识和群体无意识现象,彰显意识主体的本质。在概念扩展的过程中,也出现了一些让读者感到意外和惊喜的条目。

其中,一个条目为“士兵沙文”。众所周知,“沙文主义”一词来源于拿破仑军队中的一位士兵沙文。然而作者经过抽丝剥茧地考证以后,发现这位“士兵沙文”是虚无之人。那么这位虚无之人又如何成为一种流行很广的意识形态的来源呢?其中存在一些看似偶然的因素,如词典作者的学生搞恶作剧、沙文成为戏剧人物、沙文得到官方认可等,但作者从中看到,“士兵沙文”最后被塑造成“士兵加农夫”的形象是他得以流行的关键。源自古罗马理想公民观的“士兵加农夫”,同

① Pierre Nora, Entre mémoire et l' histoire, p. 29.
② Pierre Nora, Entre mémoire et l' histoire, p. 38.
③ Pierre Nora, Entre mémoire et l' histoire, p. 29.
④ Pierre Nora, Entre mémoire et l' histoire, p. 28 – 29.
⑤ Pierre Nora, Entre mémoire et l' histoire, p. 23.
⑥ Pierre Nora, Présentation(1993), dans *Les Lieux de Mémoire*, t. 1, p. 571.

样被法兰西民族所接受,被弘扬爱国主义精神的政府接受,但随着时代的发展而最终被唾弃。另一个条目为"街名",作者通过考察法国街名命名体系的变化,指出法国街名命名随王权和中央集权统治的加强而得以纯净化和统一化,采用了人名、历史事件名为主的命名体系,也称之为"百科全书式"的体系,而这种以全国名人为主的命名体系,反映了法国对个人成就和荣耀的重视。同时根据对人名命名街道的统计和分析,发现以政治人物命名的街道不仅所占比例多,而且占据了城市的主干道,由此揭示出法国作为政治民族的特性。

还值得一提的条目是"拜访大文豪",作者发现近代法国作家中存在一种有趣的现象,年轻作家往往会去拜访一些功成名就的大作家,而且这种拜访随后形成拜访者的回忆录和访谈录。这种拜访甚至形成了完整的链接,例如巴雷斯(Maurice Barrès)拜访勒南(《勒南家八日》,1888 年)、科克托(Jean Cocteau)拜访巴雷斯(《造访巴雷斯》或《被糟蹋的婚礼》,1921 年)、莫利斯·萨克斯(Maurice Sachs)拜访科克托(《幻想十日》)。作者对这种社会实践进行了"考古",指出这种实践源于作家作为自由独立个体的存在,并为社会所尊重。同时作者还分析了"访问空间",即文学空间与生活空间的转换,人们先从对文豪作品的想象和思考转到与文豪的真实会面,而后又回归到文学空间,文豪成为拜访者文学创作的依托。等到新媒体(如电视采访)出现以后,这种拜访就成了"记忆场所"了。作者认为,对"拜访大文豪"的研究就是要探究法兰西民族与它的知识祖辈之间的关系,他把"拜访"称之为"大文豪镜子中的法兰西"。①

最后,《统一多元的法兰西》出版,全书大功告成。而此时"记忆场所"概念需要进一步扩展。作者不怕概念的不确定性和模糊性,他认为,"它们的不确定性不会阻碍它们结出丰硕成果,其判断标准是它们的实际运用,它们的模糊性可以成为它们的力量之源"。② 作者承认,"不可能处理所有法国的记忆场所,因为此书不是百科全书,也不是词典。"但他坚持,"在既定的框架内,必须讲究系统性和连贯性"。他提到,大部分明显的"记忆场所"已经提供出来,而"现在需要构建"记忆场所了。③ 它们是不是"记忆场所"取决于历史学家是否能够赋予记忆场所以意义,它们能够成为记忆场所,是因为这些"场所"能"说出比它们本身更多的东西"。④ 于是,"记忆场所"涵盖了法兰西国家的所有象征物和一切能表现法兰西

---

① Oliver Nora, La visite au grand écrivain, dans *Les Lieux de Mémoire*, t. 2, p. 2133.

② Pierre Nora, Comment écrire l' histoire de France, p. 2223.

③ Pierre Nora, Comment écrire l' histoire de France, p. 2221.

④ Pierre Nora, Comment écrire l' histoire de France, p. 2222.

特性的对立统一:民歌、民间故事、谚语、卢瓦尔河畔的城堡、巴黎和外省的关系、共产主义与戴高乐主义的关系等,记忆场所几乎涉及法兰西的方方面面。于是,《记忆场所》就成了一部新的法国通史,只不过是完全另类的法国通史,作者称之为"第二层次"的法国史。何谓第二层次的历史?作者指出,这种历史着眼的"不是决定性的因素,而是这些因素的效应;不是记忆的行为,也不是纪念活动本身,而是这些行动的痕迹以及这些纪念活动的手法;不是事件本身,而是它们在时间上的构建、其意义的淡化和浮现;不是真实的过去,而是它们不断地被利用、使用和滥用,是它们不断施加在现实上的倾向;不是传统,而是传统形成和传承的方式。简言之,不是再生,不是重建,甚至不是重现,而是回忆。"①从这层意义上说,这就是法国在20世纪90年代兴起的表征史和象征史。

作者本想在神圣化的历史和强迫性的记忆之间走出一条新路,即将记忆当成历史研究的对象,以解构神圣化的历史。但最终的结局仍然是回到了原点,历史以新的形式继续为民族神话服务。历史学家仍然无法摆脱"民族"的权杖。因此,该书也被许多评论家批评为"新拉维斯主义"。除此之外,作者也表现出操弄记忆的迹象,如最有理由成为"记忆场所"的拿破仑及波拿巴主义却不见踪影了(唯一条目为"骨灰回归"),宗教所占的地位与它的重要性完全不成比例等。然而,尽管如此,我们仍然不能否认它所展现的新的研究方法和新的学术视野,不能否认它对法国20世纪90年代史学进步的推动作用,不能否认它所取得的巨大成就。

此书出版后引起很大反响,第一卷刚出版就得到法国学术界的好评,然后才有后面两部分的扩容。该书还得到国际学术界的追捧,被译成多国文字出版。"记忆场所"概念迅速流行,1993年被收入《大罗贝尔词典》(*Le Grand Robert de la langue française*)。人们甚至开始谈论"统一欧洲的记忆场所",②谈论"德国的记忆场所"。③ 笔者忽然想到,中国呢?中国是否也能梳理出自己的"记忆场所",并通过对这些场所的解读来更透彻地了解我们自己?或许那时我们也可以如皮埃尔·若拉那样豪情满怀地说,我们"将这些'记忆场所'变成了我的法兰西,变成了每个人的法兰西,变成了所有人的法兰西"。④ (将法兰西改成中国便是了)。

---

① Pierre Nora, Comment écrire l' histoire de France, p. 2229.

② Gérard Bossuat, Des lieux de mémoire pour l' Europe unie, *Vin gtième Siècle. Revue d' histoire*, 1999, Vol. 61, No. 1, p. 56 – 69.

③ Etienne François, Ecrire une histoire des lieux de mémoire allemands, *Mat ériaux pour l' histoire de notre tem ps*, n° 55 – 56, juillet-décembre 1999, p. 83 – 87.

④ Pierre Nora, Comment écrire l' histoire de France, p. 2235.

从“蛮族”首领到“圣徒”国王

——论克洛维在中世纪法国的形象及其演绎

陈文海

就某一特定的历史人物或历史现象而言，其存在或发生时的状态是既定的，是任何力量也无从改变的。对这种“原生态历史”的精确“复原”当然是历史学所追求的重要目标之一。但是，从另外一个层面来说，“原生态历史”在汇入人类历史长河之日起便有可能失去其独立性，具有无穷想象力的人类会依据自己的好恶或时代的需要而对之展开无所不能的改造、嫁接和演绎，而且这种再生产行为往往是在历史学的旗号下进行的。对于历史学研究者来说，这种“次生态历史”同样具有不可忽视的史学价值，它不仅可从独特的角度揭示出文明进程的时代脉络，而且有助于人们从多重视角加深对历史学本质和功能的审视。

与世界上许多其他国家和地区一样，在法国历史上，“次生态”历史资源也是浩如烟海，克洛维（Clovis，亦写作Chlodovech，约465~511年）在中世纪的形象演绎可谓是其中的经典之一。克洛维是墨洛温王朝（481~751年）的第一位国王（481~511年在位）也是西欧世界各“蛮族”王国中第一位皈依正统基督教的君主。作为刚从“野蛮”状态脱离而来的基督徒君主，克洛维的原始形象应当说存在诸多“粗鄙”之处，但是，到了中世纪后期（13~15世纪）克洛维却变成了一位光彩照人的“圣徒”（Saint）。那么，究竟应当如何认识克洛维的原始形象？其原始形象又是如何逐步更新的？这种形象转变具有怎样的社会政治蕴含？如何看待中世纪历史学在这一转变过程中所扮演的角色？对于上述这些问题，西方学术界已有不少精深的研究，当然也存在许许多多悬而未决的争论。① 在法国本土，克洛维问题则显得更加色彩斑斓，因为它已不仅是一个单纯的学术问题，而且还是一个极易触动法国人政治神经的意识形态问题。② 至于我们国内学术界，学者们对克洛维的初始形象及业绩相对比较清楚，但对其后的演绎问题则鲜有论及。③ 笔者试图利用一些原始材料并结合相关的研究成果对克洛维在中世纪的形象及其演化问题作一阐述和分析，以期为加深对中世纪法国政治史及中世纪历史学的认识提供些许帮助。

一、克洛维的原始形象(中世纪中前期)

与文化高度兴盛、著述之风浓郁的古代希腊罗马不同，公元5、6世纪之交(克洛维时期)的法兰克社会在文化建设上几乎还处于无意识的自然状态，在这里，时

---

① 在较早时期的论著中，比较有代表性的有 C. Beaune, *Saint Clovis: histoire, religion, et sentiment national à la fin du Moyen Age*, 参见 B. Guenée, ed., Le Métier d' histoiren au Moyen Age (Paris, 1977), p. 139 - 156；另外，J. Kryen, Idéal du prince et pouvoir royal en France ɑ la fin du Moyen Age (Paris, 1981) 一书中也有专门论述(p. 228 - 241)。在最近几年面世的相关论著中，最具参考价值的当数 Michel Rouche, ed., Clovis: histoire et mémoire (Paris, 1997)，此书共分两卷，分别由46篇和57篇论文组成，前者主要探讨克洛维及其时代的各种题，后者则主要论述克洛维在后世史学及政治生活中的影响问题。

② 在法国，右翼势力通常将克洛维视为法兰西国家的奠基人，而且他们时常会引用戴高乐的观点来为自己助威："在我看来，法兰西的历史是从克洛维开始的。我的国家是一个基督教国家，我是从拥有法兰克人称谓的基督徒国王的到来之时起计算法兰西历史的。"左翼势力则反对将信仰基督教视为法兰西民族的特征，因而厌恶把基督徒国王克洛维视作法兰西国家的缔造者，他们更倾向于尊崇公元前1世纪率领高卢人反击罗马帝国入侵的高卢贵族青年韦辛杰托里克斯(Vercing torix，约公元前72～前46年)。1996年，右翼全面当政的法国政府举行大规模的"克洛维受洗1500周年"纪念活动并邀请教皇约翰—保罗二世参加相关仪式，结果引发一场长达几个月的政治风波。参见 Diana Geddes, *Papal Trip to Mark "Baptism" of France*, The National Catholic Register, 1996年9月8日；另参见 SusanTerrio, *Crucible of the millennium: The Clovis Affair in Contemporary France*, Comparative Studies in Society & History, 1999年第3期。

③ 在我国学术界，有关克洛维方面的材料主要来自[法兰克]格雷戈里著，寿纪瑜、戚国淦译的《法兰克人史》(商务印书馆1981年版)一书，各种常见的历史教科书以及法国通史著作基本都是如此。另外，有一些学术论文涉及克洛维这个人物，如许序雅:《论基督教在法兰克封建化过程中的作用》，载《贵州大学学报》1986年第2期；魏蕴华:《早期法兰克王国的历史画卷〈法兰克人史〉》，载《辽宁师范大学学报》1986年第5期；李隆国:《释"异乡的旅人"——晚年克洛维对王国的处置》，载《北大史学》第11辑，北京大学出版社2005年版，第8～26页；等等。不过，这些论文都没有论及克洛维的形象在中世纪演绎问题。

代的风云变幻几乎与时光一道流逝得无影无踪。对克洛维而言,以历史学名义对其生平业绩进行“记载”和评述的做法是在其去世约半个世纪以后才出现的。因此,从一开始,克洛维的形象就具有浓厚的“传奇”色彩。在随后数百年中(13世纪以前),亦即在法兰西王权总体上处于衰微不振的几个世纪当中,时代在冷落王权,王权也无力为自身的发展大造舆论。也正因如此,克洛维的经典形象在这一时期一直没有本质上的变化,中世纪历史学的“御用功能”也就尚未得到充分的展示。关于这一问题,我们可以从以下几个方面进行考察。

(一)关于克洛维的原始素材

从历史学的最基本要求来说,要想准确勾画一个历史人物在世期间的生活状态,就必须充分占有与当事人相关的真正意义上的“第一手材料”。然而,对于克洛维这样一位对法国历史影响久远的关键性历史人物,①与之直接相关的原始信息资源却匮乏到了十分可怜的程度。克洛维在继任萨利安法兰克人首领(481年)之前究竟是一种什么样的生存状况,人们几乎一无所知。甚至连克洛维的出生年和出生地,人们也无法给出准确的回答,而只能大致地说他约于公元465年出生于图尔奈斤(Tournai,今属比利时)或其附近地区。② 至于克洛维在其当政期间(481~511年)的各种活动,留存至今的直接材料也极为有限,其中为后世学者所反复引用并论证的主要就是兰斯(Reims)主教雷米(Rémi,或 Remigius,? ~533年)和维埃纳(Vienne)主教阿维图斯(Avitus,? ~518年?)写给克洛维的两封信以及克洛维写给阿奎丹(Aquitaine)主教的一封信;③另外,与克洛维有比较直接关联的还有《撒利克法典》的最初文本以及511年(亦有人认为是510年)奥尔良宗教会议的教规教令等。④ 不过,这些仅有的材料其面貌也大都残缺不全,比如,上述所言的那些信件的出现年代,至今仍是争论不休的问题;而年代问题不解决,克洛维的皈依基督教问题也就成了充满疑问的悬案。可以说,仅凭这些零零散散的少量文献,后世历史学是无法构建出一个真实而全面的克洛维原始形象的。

---

① 法国史家勒维兰(L. Levillain)曾言,克洛维接受正统基督教的洗礼是“开创世界历史新纪元的一件事”(un événement qui fait époque dans l' histoire du monde),参见 L. Levillain, *La conversion et le baptéme de Clovis*, Revue d' histoire et de l' église de France, 21(1935), p.161 – 192。

② John Currier. With his conversion to Christianity and a string of victories, Clovis laid the foundations of France, Military History, October,2005, p.10 – 14.

③ Patrick J. Geary, ed., *Readings in Medieval History*, Ontario: Broadview Press, 2003, p.137 – 138.

④ William. M. Daly, *Clovis*: *How Barbaric*, *How Pagan*?, Speculum 69, 1994, p.619 – 664.

然而,如果查阅一下中世纪及近现代法国历史文献,人们就不难发现,许多历史著作在描述克洛维当政时期的各种活动时都显得滔滔不绝,与克洛维相关的材料似乎已经到了相当丰富的程度。实际上,从严格的历史学意义上来说,这些历史著作大都是依据"二手材料"来为克洛维树雕立像的,其中影响最大、流传最广的"二手材料"就是有"法兰西历史学之父"之称的法兰克历史学家格雷戈里(Grégoire de Tours,538？~594年)的《法兰克人史》(*Histoire des Francs*)。格雷戈里是在克洛维去世半个世纪以后开始撰写此书的,两者之间的时间距离并不算过分久远,因此,撇除那些迷信内容不论,《法兰克人史》中的与克洛维相关的那些记载本应具有相对较高的可信度,中世纪及近代前期的西方人也的确大多将之视为权威文献。但是,自19世纪以来,西方史学界有许多学者都对《法兰克人史》的史学价值提出严峻的质疑,有人干脆将格雷戈里称为"谎言之父"。① 且不论格雷戈里在多大程度上扭曲了克洛维的本来面目,他所塑造的克洛维形象终究成为一个经典样板。在这里,我们对"克洛维原始形象"的追溯也只能从格雷戈里开始,好在我们所要探讨的是克洛维的"形象演绎"问题,而不是要精确考证克洛维的家底。

(二)格雷戈里笔下的克洛维形象

从总体上看,格雷戈里是从教会史的角度对克洛维展开描绘的,其主要着眼点就是讲述克洛维如何由一个信仰异教的"蛮族"首领转化成正统基督教会的忠诚合作伙伴的;同时,格雷戈里还以基督教神学家的"神笔"为人们展示出克洛维在皈依正统基督教之前和之后的不同境遇:在皈依基督教之前,克洛维信奉的是原始多神教,但在克洛维大敌当前之时,他信奉的那些神灵却"缩手不管",结果就是"克洛维的军队遭到横扫,濒临全面溃灭";而在皈依基督教之后,由于克洛维是"秉着一颗正直的心在上帝面前行事",因此"他的所作所为在上帝的眼里颇为可喜,因而上帝每天都让他的敌人挫败在他的手下,让他的国土扩大。"②

从《法兰克人史》的行文中可以明显看出,格雷戈里的确是将克洛维当作一面值得称颂的旗帜而高高举起的。首先,克洛维是一位有勇有谋的政治家:不论在对西罗马帝国残余势力的征伐战争中,还是在随后对周边其他各"蛮族"的征讨行动中,作为法兰克军事首领的克洛维总会一身戎装,亲临敌阵,挥舞利器,斩杀敌人。正是在他的部署和指挥下,法兰克人"进行了许多次战争,获得了许多次

① Danuta Shanzen, *Dating the Baptism of Clovis: The Bishop of Vienne vs the Bishop of Tours*, Early Medieval Europe, 1998, 7(1), p.29-57.

② [法兰克]格雷戈里:《法兰克人史》,寿纪瑜、戚国淦译,商务印书馆1981年版,第85、99页。

胜利”。[①] 在短短的20余年内,法兰克人的领土便从滨海一隅扩展到了整个高卢地区。而且,克洛维并不是那种只知冲锋陷阵的一介武夫,而是一位能够做到“喜怒不形于色”的沉稳的政治家,面对部属的不恭和侮辱,他能够“抑制住”自己的“愤怒”并“摆出一副温和忍耐的样子”;在发兵攻打邻国之前,他可以若无其事地和这个国家的国王“会面”“交谈、进餐、饮酒、誓相友好,并且和好的分别”。[②] 其次,克洛维是一位知错能改的“新兵”基督徒:克洛维虽然出身“蛮族”且长期信奉异教,但他和其他那些长期信仰异端且死不改悔的“蛮族”国王相比显然存在天壤之别。他不仅能够决然地放弃传统信仰而归在耶稣基督的麾下,而且能够对上帝抱有发自内心的敬畏之情并能作出一些体现基督色彩的慈善之举。他曾下令全军“不得掳掠居民,抢劫财物”。在与敌军开战之前,他向教堂送去了祭品;战事结束后,他也给教堂“献上许多礼物”。在图尔城,克洛维更是大显善心,“一路上慷慨大方地把金银钱币亲手赠送给沿途的人。”[③]

虽然说格雷戈里在总体上是以欣赏的笔触来描绘克洛维的正面形象的,但是也应当看到,格雷戈里并没有将克洛维渲染得神乎其神。在他的笔下,克洛维仍然是一个“凡人”,一个在人性上仍然存在诸多欠缺的“凡人”。关于这一点,我们可以从两个侧面来窥知其貌。

首先,在“修炼”的境界方面,克洛维显然尚处在上不着天的初级阶段。在基督教的理论中,基督教徒基本上可分为两大层次:一类是修行一般的普通基督徒,这类基督徒因其信仰而可以得到上帝的眷顾,也可得到圣徒们的帮助,但他们只是神恩的领受者。另一类是“羽化而登仙”的杰出基督徒,这类基督徒因其高尚纯洁而得到上帝的特别认可,从而作为“圣徒”(Saint)而成为后人的道德楷模,他们不仅可以作为中介人而奔走于神人两界,而且自身也有行“神迹”的特殊功能。从格雷戈里的描述中不难看出,克洛维完完全全就是一个普普通通的基督徒,是上帝给了他战胜敌人的力量,是兰斯主教圣雷米命他“谦恭地低下”他那“骄傲的头”,是图尔主教圣马丁(Saint Martin,公元316~397年)显圣而让他找到了合适的渡口而且还让昂古莱姆(Angoulême)城墙“自行倒塌下来”,是普瓦提埃主教圣希拉里(Saint Hilary,? ~368年)显圣并以“一团炽烈的烽火”之形式指引他进行随后的战斗,等等。[④] 在格雷戈里这里,克洛维不论与多少位圣徒有过多少次灵

① [法兰克]格雷戈里:《法兰克人史》,寿纪瑜、戚国淦译,商务印书馆1981年版,第83页。

② [法兰克]格雷戈里:《法兰克人史》,寿纪瑜、戚国淦译,商务印书馆1981年版,第82、93页。

③ [法兰克]格雷戈里:《法兰克人史》,寿纪瑜、戚国淦译,商务印书馆1981年版,第95、97页。

④ 参见[法兰克]格雷戈里:《法兰克人史》,寿纪瑜、戚国淦译,商务印书馆1981年版,第87、95、97页。

性上的交流,其本人都还只是沾了圣徒之光的受恩者,而不是什么神通广大的“奇迹”创造者,因而也就不可能成为人们膜拜的“圣徒”。

其次,在个性特征方面,克洛维离完美的基督徒形象还有相当大的距离,从因果关联上来说,这是克洛维不能成为“圣徒”的直接原因。对于克洛维的道德品质,人们当然可以公元496年为界将之分成前后两个时期来考察。① 在皈依基督教之前,无论克洛维的行为多么乖张、性情多么残忍,也无论他在抵制基督教信仰方面是多么顽固,人们似乎都可以对之抱以宽容之心,因为此时的克洛维毕竟还是没有“觉悟”的异教徒。然而,在成了基督教徒之后,克洛维似乎并没有变得“圣洁”起来,用英国史家科林·琼斯的话说,克洛维仍然拥有“几乎病态的个人权利欲望”。② 在格雷戈里的笔下,克洛维的这种“病态”特征可以说是一以贯之的。

例如,克洛维依旧残忍暴烈:在皈依基督教之前的“苏瓦松花瓶”事件中,克洛维对冒犯自己的那名士兵所采取的惩罚措施就是“高高地抡起自己那把斧头,劈进他的头颅”。皈依基督教之后,克洛维的心肠并未变软,嗜血杀人仍是他不改的天性。在进攻西哥特人途中,克洛维手下一名士兵抢了穷人的干草,克洛维“立刻用自己的剑把这个人杀死”。在把与自己同属一族的另一部落首领拉格纳卡尔(Ragnachar)及其兄弟里卡尔(Ricchar)抓起来之后,先是“举起他的战斧”,“劈进”前者的“头颅”,随后又“同样地将斧头一挥”把后者“杀死”。③ 可以说,斧头和剑一直伴随克洛维,直至其走进坟墓时为止。

又如,克洛维依旧善于欺骗:对于政治家而言,工于心计似乎是应有的“素质”,但对于一个已经皈依了基督教的政治家来说,那种两面三刀的手法应当有所

① 格雷戈里将克洛维的受洗定在496年,但后世有许多学者特别是英、德、美等国的学者认为此说不可信,有人认为克洛维皈依基督教的时间应是498年或506年,还有人认为应是508年。如果克洛维皈依基督教的时间真的是在506年或508年的话,我们的传统教科书中有关克洛维问题的描述和分析就将大有问题了。不过,法国学者却大多维护格雷戈里的说法,在他们那里,格雷戈里的著作似乎已经成了他们的“圣经”。西方其他国家的学者对此多有抨击。参见 Danuta Shanzer, *Dating the baptism of Clovis: the bishop of Vienne vs the bishop of Tours*, Early Medieval Europe, 1998, 7 (1), p.29-57。有意思的是,格雷戈里似乎真的希望后人将他的著作当成不可改动的“圣经”,他在《法兰克人史》的结尾处有言:“请求你们大家千万不要从这几卷书里挑选某些部分,略去其他部分,因而使它们遭到损坏或被改写”“请求你一点也别去掉我所写的东西”“要使我的作品保持完整。”参见[法兰克]格雷戈里:《法兰克人史》,寿纪瑜、戚国淦译,商务印书馆1981年版,第558~559页。

② [英]科林·琼斯:《剑桥插图法国史》,杨保筠、刘雪红译,世界知识出版社2004年版,第46页。

③ [法兰克]格雷戈里:《法兰克人史》,寿纪瑜、戚国淦译,商务印书馆1981年版,第83、94、100~101页。

收敛才是。然而,克洛维并不介意什么基督教准则。在铲除“本家兄弟”西吉贝尔特(Sigibert,里普阿尔法兰克人首领)过程中,克洛维先是暗中唆使此人的儿子克洛德里克(Chloderic)将其父害死,然后又派使臣出其不意地“举起双刃战斧”,“劈进”克洛德里克的“头颅”。对于这一桩由自己一手策划的谋财害命之举,克洛维却可以面不改色地宣称:“至于为谁所害,我可不得而知。所有这些事情,我完全没有参预,因为我不忍叫自己的亲族去流血,我认为这样做是一件罪恶勾当。”到了晚年,[①]在把所有公开的和潜在的对手(其中很多是自己的亲族)杀戮近尽之后,克洛维曾可怜兮兮地对族人说:“我真可怜啊!我好像是一个留在外乡人之间的旅客似的,一旦有了灾难,也没有一个亲人来帮助我了!”对于克洛维的这番“忏悔”,格雷戈里看得非常透彻:“他这样地谈起他们的死亡并非出于悲伤,而是在谲诈地察看是否还能另外发现什么新的亲属供他杀戮。”[②]

再如,克洛维依旧势利实用:不论是信奉异教偶像,还是转信基督教,克洛维的根本宗旨都是典型的实用主义,在他的身上,信仰只具表象意义。对于自己原先信奉的异教,克洛维曾言:“既然他们不来援救那些侍奉他们的人,于是我就认为他们没有力量。”对于基督教,克洛维也是以单纯的“功用”原则来对待的,在濒临溃败之时,他向耶稣基督高呼:“如果你赐准我战胜这些敌人,使我以亲身的体验证实那些献身于你的人所宣称业已证明的那种力量,那么我一定也信奉你,并且以你的名义去领洗。”“我现在真心祈求你,我愿意信奉你,只要我能够从我的敌人手里解脱出来。”在向邻国发起征讨过程中,克洛维更是将基督教当成一种工具,在他的心目中,所谓的上帝充其量也就相当于他从前供奉的战神马尔斯。在讨伐西哥特人之前,克洛维有言:“让我们向那里前进,凭着上帝的帮助,把这块地方拿过来置于我们的管辖之下。”在进军途中,克洛维又以明确的实用主义心态向圣马丁表达敬意并向部众训话:“假如我们触犯了神圣的马丁,我们哪里有胜利的希望呢?”[③]由此不难看出,与那些为信仰而舍弃一切乃至献出生命的“真基督徒”相比,克洛维对基督教的理解可谓是庸俗透顶了。

---

① 克洛维其实寿命不长,其去世时正值壮年(约45岁)。

② [法兰克]格雷戈里:《法兰克人史》,寿纪瑜、戚国淦译,第98~99页,第101页。关于克洛维在晚年发出的这“一声叹息”,李隆国先生曾运用“新政治史”的研究方法对之作了许多想象性的分析,从而将克洛维变成了一位具有先知先觉功能的杰出政治家。参见李隆国:《释“异乡的旅人”——晚年克洛维对王国的处置》,载《北大史学》第11辑,北京大学出版社2005年版,第8~26页。不过,笔者觉得,此文对克洛维这“一声叹息”所作的诠释并没有多少实际材料作为支撑,读起来多少给人以牵强的感觉。

③ [法兰克]格雷戈里:《法兰克人史》,寿纪瑜、戚国淦译,商务印书馆1981年版,第85、94页。

(三)格雷戈里之后几个世纪中克洛维形象的有限变化

虽然说格雷戈里为后人留下的第一幅比较完整的克洛维画像与"原始状态"的克洛维相比可能存在相当大的差异,但从创作学的角度说,它却是一个无可替代的"原型"。在随后的六七百年中,即从墨洛温王朝中后期经加洛林王朝(751～987年)一直到卡佩王朝(987～1328年)中后期,在名目繁多的各种编年史著作中,有关克洛维的记载大多承袭了格雷戈里的衣钵。当然,在这漫长的岁月中,善于想象、勤于加工的中世纪历史学家们也为克洛维的图谱增补了一些新的元素。

首先,创造了一些新的"历史人物":在这一方面,公元660年左右出现的以"佛莱德加"(Fredegar)[①]名义流传下来的《法兰克人史》(*Gesta francorum*)表现得极为突出。例如,在有关克洛维迎娶勃艮第落难公主克洛提尔德(Clotild)为王后的故事中,格雷戈里在自己的著作中只是说"派遣使臣"前往勃艮第王国商谈婚娶事宜,至于这个使臣是谁,格雷戈里并未明言(或许他根本就不知道是谁)。而"佛莱德加"的《法兰克人史》似乎对一切都了如指掌,它煞有介事地声称这个使臣的名字是"奥雷里安"(Aurelian),而且还栩栩如生地描绘了"奥雷里安"将克洛维的订婚戒指送给勃艮第公主的过程。

其次,将克洛维与更多的圣徒联系在一起:在格雷戈里的著作中,克洛维已与不少圣徒产生过灵性上的交往并与不少在世的教会人士有过信仰上的合作,而且克洛维因此而受益匪浅。格雷戈里之后的历史学家们并不以此为满足,他们认为克洛维应当得到更多的圣徒和教会人士的惠助。"佛莱德加"为之增添了圣帕特努斯(Saint Paternus),加洛林王朝时期的历史学家为之增添了圣马克西米努斯(Saint Maximinus)、圣塞维里努斯(Saint Severinus)、圣迪奥达图斯(Saint Deodatus)等人,卡佩王朝的历史学家们又为之增添了圣莱加鲁斯(Saint Regalus)、圣萨塞尔多斯(Saint Saserdos)及圣尼奥那尔(Saint Leonard)等人。[②]

最后,为克洛维故事点缀上极度奇特的神话:在宗教神学作为主导意识形态的中世纪西欧社会,灵异观念是人们的思维常态,如果没有了"神奇",人们的社会文化生活也就失去了依托。在这一方面,格雷戈里已经为人们提供了许多在今

---

① "佛莱德加"是中世纪人们给《法兰克人史》的三位佚名作者合起的名字。"佛莱德加"的这部"史书"是以编造附会而闻名于世的"大杂烩","法兰克人起源于特洛伊人","法兰克人的第一位国王是生活于公元3世纪的法拉蒙(Pharamond)"等诸如此类的无稽之谈都是"佛莱德加"的首创。参见[美]J. W. 汤普森:《历史著作史》(上卷第一分册),谢德风译,商务印书馆1988年版,第219～220页。

② See Colette Beaune, *The Birth of an Ideology*, Berkeley: University of California Press, 1991, p. 72.

人看来纯属荒诞不经的离奇故事,其后的教会历史学家们则在此基础上继续前进。在诸多新编神话中,影响最大的一个或许当数“圣油瓶”(la sainte ampoule)的故事,其基本内容是:在兰斯大教堂,主教圣雷米为克洛维举行入教洗礼仪式,然后又为其举行加冕仪式,就在此时,一只鸽子口衔内装“圣油”①的水晶小瓶从天而至;克洛维因此而受敷上帝之油,这也意味着克洛维的入教与加冕得到了上帝的特别认可。这一神话故事最初只是偶尔流传于民间,到公元 9 世纪,兰斯大主教安克马尔(Hincmar,806? ~882 年)终于将之作为“真理”而进行了详细论证。② 到了 13 世纪后期,圣德尼修道院修士普里玛(Primat)又将这一神话当作“信史”,而纳入了《法兰西大编年史》(*Grandes Chroniques de France*),从而使“圣油瓶”的故事以前所未有的速度在法兰西全境传播开来。③ 自此以后,“圣油瓶”变成了法兰西王权的重要标志之一。

从以上所述的各种现象可以看出,在克洛维原始形象基本定型以后一直到 13 世纪中后期之前,中世纪史家们在克洛维传奇上有了一些添枝加叶的扩展,在对克洛维个性特征的描述上也呈逐渐软化之势,而不再像格雷戈里当年那样对克洛维的“恶性”作过多的展示。值得注意的是,在这一历史时期中,克洛维的形象虽然已经开始变得不再那么令人恐惧,但是其总体形象并未产生根本的改变。首

① 在基督教传统中,“圣油”(圣膏油,the sacred anointing oil)一般是以橄榄油为原料经特殊加工而成的,《旧约全书 · 出埃及记》中对此有详细描述。另外,在“出埃及记”中,涂油礼被置于相当重要的位置,只有经受此礼,一个人才有可能变得神圣,也才有资格出任耶和华手下的祭司。见《圣经》(中国基督教协会,南京,1996 年)中的“出埃及记”,p. 29:21;30:22 - 33;37:29;40:13 - 15。另外,据后世学者研究;在法国历史上,国王登基时举行加冕礼以及在加冕礼上涂圣油的做法均始自加洛林王朝的首位君主矮子丕平(751 ~768 年在位),将克洛维与加冕礼以及涂油礼联系在一起完全是不着边际的编造。

② 安克马尔对“圣油瓶”故事的渲染虽然为法兰克(法兰西)王权蒙上一层神圣的色彩,但其根本目的却是为教会服务的。安克马尔是一个狂热的教权至上主义者,他认为,教会既然有权通过加冕来“制造”国王,当然也就有权通过去冕来废黜国王。他宣称,国王之所以成为国王,既不是由于其王家世系,也不是由于贵族的拥护,而是由于主教们的允许;国王们一个接一个地死去,但教会及其主教们却永远不会离开人世。正是由于这一理论的存在,在中世纪中后期,“圣油瓶”给法国王权的发展也带来了不少的问题。参见[美]J. W. 汤普森:《历史著作史》(上卷),谢德风译,商务印书馆 1988 年版,第 257 ~258 页。

③ 《法兰西大编年史》是用法语写成的,关于其社会影响,柳勃林斯卡娅有这样的描述:此书编成后,“立刻获得了无与伦比的声望,而且被复抄成大卷的抄本。用祖国语言叙述的祖国历史,在所有城市和城堡中,都成了喜爱的读物,甚至在修道院中也是如此”“所有的识字居民阶层都由这部编年史而受到了历史教育,知晓了法兰西历史。然而,这部祖国历史的某些内容,也传到了文盲居民,也就是法兰西民族的大多数人民之中,因为江湖艺人广泛引用了该书的内容来编成自己的历史题材的押韵歌谣,唱遍了法兰西的城市、村庄和道路”。参见[苏联]柳勃林斯卡娅:《中世纪史料学》(第二册),天津师范大学历史系、东北师范大学历史系 1983 年 9 月内部印刷品,第 77 页。

先,克洛维仍然是一位受恩于圣徒的凡夫俗子,他本人并不能像圣徒那样创造“奇迹”、施惠于人;虽然有一些修道院已经开始声称克洛维是他们的“恩人”,但其颂辞往往也就是限于“克洛维是某某修院的创建者”“克洛维给予某某修院以厚礼和特权”云云,而没有赋予克洛维以任何的特异功能。[①] 其次,克洛维仍然是一位以武功而闻名的征服者乃至侵略者,其“合法的”领地原本仅仅就是高卢西北端的那一块狭小的地盘,高卢地区的其他各个政权与“克洛维王国”并无任何的从属关系。但是,克洛维对领土的欲望是巨大的,通过各种军事的和非军事的手段,他将周边的各王国一一消灭从而成为整个高卢地区的霸主。12 世纪初,教会史家于格·德·弗勒里(Hugues de Fleury,1114 年去世)仍有这样的评述:“法兰西国王克洛维侵入了阿奎丹(Aquitaine),因为他想扩展他的王国。”13 世纪后期的《法兰西大编年史》对克洛维的军事征服行动亦无讳言:“他因战斗而高贵,他因胜利而光荣”。[②] 然而,随着法兰西民族国家的趋于成型,从 13 世纪中后期开始,本为“凡人”“武士”的克洛维却经历了一场脱胎换骨式的变化历程,一个丰满、完美的克洛维形象逐渐呈现在人们面前。

二、克洛维的形象更新(中世纪晚期)

从价值取向上说,“次生态历史学”对历史人物、历史事件或其他各种历史现象的阐释或演绎大都具有相应的感情色彩,要么倾向于褒,要么倾向于贬,对原生态历史的绝对意义上的“中性”复制在很大程度上只能算是某些史家们的美好设想。对克洛维这样的历史人物而言,不论中世纪初期的格雷戈里将他描绘得多么的欺骗成癖、暴烈成性,也不论近现代法国左翼人士(特别是反教权人士)对他是多么的不屑一顾,一个基本的历史现象就是:在中世纪晚期,即当初步发展起来的法兰西王权有必要也有能力为王权的“伟大形象”进一步涂脂抹粉的时候,克洛维的一切劣行几乎全被隐去,同时,他的各种德行又被无限放大,其中有些内容更属无中生有。其结果就是,克洛维不仅成为一位百无一瑕的明君贤王,而且还成为一位“得道成仙”的伟大圣徒,同时还被视为法兰西国家的缔造者和总设计师;相应地,克洛维治下的法兰克(法兰西)已经处于一种理想的状态,法兰克在当时就已成为受人仰慕的“和平与正义之岛”。关于克洛维历史形象在中世纪晚期的这一转化历程,我们可从以下几个方面予以具体分析。

---

① G. Tessier, *Le Baptéme de Clovis*, Paris: Gallimard, 1964, p. 157 – 161.

② Colette Beaune, *The Birth of an Ideology*, Berkeley: University of California Press, 1991, p. 74, 71.

(一)个人特征的具象化

从心理学角度来说,当一个历史人物被当作偶像来崇拜之时,人们便会有意无意地从外在形象上对之进行美化,而不管其原始面貌究竟如何。可以说,即便克洛维的长相原本有如凶神恶煞,历史的长河与时代的需要也会将之冲磨得冰清玉洁。不过,关于克洛维的个人形象,中世纪早期的历史并未给后人留下任何的原始信息,即便是格雷戈里那本以文学想象著称的《法兰克人史》也未在这一方面展开演绎。对于“次生态历史”而言,原始信息的缺失并不一定是件坏事,因为它可以给后来的创造者省去“破”的麻烦,而只需“立”便可大功告成。

中世纪中后期的法国史学家们正是在这样一片历史的旷野上对克洛维展开形象塑造工程的。比如,有些史书注重其体貌特征:13 世纪晚期成书的《法兰西大编年史》称,克洛维具有“高贵的面部表情”,其目光更是显得“自信而自得”;15 世纪的人文主义历史学家罗贝尔·加甘(Robert Gaguin,1425/1433 年 ~ 1501/1502 年)称,克洛维体格匀称,摄人心魄;后来还有人描绘说,克洛维的长相完美无缺,而且有着一头让人过目难忘的飘逸的长发。① 又如,有些史家注意其禀赋特征:13 世纪中前期的历史学家博韦人万桑(Vincent de Beauvais,1190 ~ 1264 年)称,克洛维具有高尚的道德水准,他不仅勇气十足,而且慷慨大方;16 世纪初,法国诗人历史学家吉约姆·克雷丹(Guillaumc Crétin)则称,克洛维通体荣光,多才多艺,而且具有了不起的演说天赋。② 另外,有些史家则注重其信仰特征:15 世纪时,奥尔良城圣梅斯曼(Saint-Mesmin)修道院的僧侣们声称,克洛维具有神圣的品德,他正直诚实、笃信上帝,而且他对基督教的虔信程度是与日俱增;③在 15 世纪中叶出现的《史鉴》(*Speculum Historiale*)中,克洛维则成了一位温文尔雅的感情细腻的国王,他信仰虔诚、心地善良,他不仅尊敬教会人士,而且为贫民提供衣食,因为他“坚定地认为必须颂扬并热爱他的臣民”。④ 不难看出,在中世纪后期的历史著作中,原先那位蛮性难改的克洛维已经变成了一位美德横溢、典雅庄重的历史明星;作为一位出色的国王,克洛维进行了出色的统治,结果当然也就造就了一个出色的国家。

(二)军事行动的崇高化

在格雷戈里为后人展示的克洛维“原始形象”中,军事活动占据着中心位置。

---

① BN MS francais, No. 10142, fol. 5.

② BN MS francais, No. 17274, fol. 26.

③ BN MS nouv. acq. francais, No. 6853, fol. 82.

④ BN MS latin, No. 5366, fol. 1.

如前所述,在格雷戈里的眼中,克洛维的此类行为显然具有巧取豪夺、狂砍滥杀、机关算尽的强盗色彩。那么,到了中世纪后期,当法国的社会政治形势需要将克洛维改造成既像骑士又如僧侣的侠骨柔肠之士的时候,格雷戈里的这个版本显然就不合要求了。对于中世纪后期的历史学家们来说,对克洛维的形象进行改造似乎并没有多少困难,他们既可不动声色地对那些有损克洛维"美好形象"的历史材料保持缄默、绝口不提,同时又可以毫无顾忌地将各种各样的子虚乌有的事情揉进克洛维的画像之中。正如法国史家克莱特·波纳所言,围绕克洛维征战活动所作的"这类描述与真实的历史事件之间几乎没有什么联系""有些史家已开始沉迷于纯粹的胡思乱想之中"。[①] 关于中世纪后期法国史家在克洛维问题上的"胡思乱想",情况较为复杂,在这里,我们只能勾勒一下其大致线索。

首先,对克洛维的军事活动进行删繁就简,将描述的重心集中于公元496年对阿勒曼尼人的战役上。此役是克洛维宗教信仰的转折点,它既是导致克洛维改变信仰的直接动因,同时又是克洛维改信基督之后开始变得无往而不胜的完美展示。采用这种处理方式的史书自13世纪中后期以后逐渐增多,其中比较有名的如多明我会修士贝尔纳·居伊(Bernard Gui,1261～1331年)的《流年之花》(*Flores cronicorum*)、15世纪中叶勃良第编年史家让·芒塞尔(Jehan Mansel)的《历史之花》(*La fleur des histoires*)、法王路易十一(1461～1483年在位)命人编写的《战争蔷薇》(*La rosier des guerres*)以及16世纪早期史家菲力普·德·维尼厄尔(Philippe de Vigneulles)的《编年史》(*La Chronique*)等。这些史书的总体套路是,对于此役之前的那些杀戮行为,在必要的时候仍可提及,因为它们毕竟发生在克洛维受洗之前,在此期间,无论克洛维是如何的暴烈残酷,似乎都属"情有可原";相比之下,在其受洗之后的那些"劈头"之事特别是其当政末年那些充满残暴血腥色彩的场面则从史书中一一隐退。史家们将这些有问题的插曲"忘掉",当然是合乎时宜的,因为如果继续将之写进史书,克洛维的道德修行就大有问题了。

其次,将克洛维描绘成毫无个人野心的上帝"代办",其一切活动都是在神旨的感召下进行的,都是为了实现上帝为法兰西安排的宏伟规划。例如,14世纪晚期,法国西南部的莫瓦萨克(Moissac)修道院院长艾默里·德·佩拉克(Aimery de Peyrac,1377～1407年在任)宣称,克洛维皈依基督教之后所进行的那些军事征战已不是从前意义上的那种争霸拓土行为,而是为了履行上帝的意志而与基督教

① Colette Beaune, *The Birth of an Ideology*, Berkeley: University of California Press, 1991, p. 73, 74.

异端展开的护教斗争；这位修道院院长还有着更为丰富的想象，他曾写道，在武耶战役（Vouillé，507 年，克洛维与西哥特国王阿拉里克之战）之后，醉心于上帝的克洛维还前往圣地耶路撒冷，以进一步完成其神圣使命。[①] 既然上帝如此青睐克洛维而克洛维又如此忠心于上帝，那么，克洛维的辉煌业绩也就是神意的体现了。关于这种观念，从当时的许多历史著作中都可以找到例证。例如，在让·芒塞尔《历史之花》中，作者每讲完一个克洛维得胜的故事之后，都以同样的语句作为结尾："在神意的指引下，这场战役就这么过去了。"[②]16 世纪初，吉约姆·克雷丹在讲述克洛维的业绩时同样将神意置于头等地位："这是一个奇迹，它标志着克洛维乃上帝之友。"[③]正是在这种"神意"观念的支配下，中世纪后期的有关克洛维的史书几乎无一例外地将格雷戈里当年杜撰的那些"奇迹"当作绝对真理而大加渲染，无论是指点迷津的雌鹿，还是普瓦提埃的烽火，抑或昂古莱姆的城墙，[④]所有这一切都成为克洛维受益于上帝的明证，正因如此，克洛维的一切行为也就成了无可指责的正义之举。

最后，将克洛维描绘成法兰西领土疆界的设计师。换言之，中世纪后期的法兰西疆界自克洛维时期就已形成，它曾经是永恒的，而且将来也是永恒的。从地理概念的沿革来说，"高卢"出现在先，其地域范围稍大于后来的法兰西；"法兰克"出现在后，其地域范围有一个自北向南的扩张过程。自 13 世纪中叶起，法国历史学家开始强调，高卢和法兰克在地理范围上是重合的，克洛维是法兰克王国的首脑，当然也就是整个高卢地区的最高领袖。博韦人万桑曾言，克洛维"在整个高卢的土地上扩展了自己的王国"。15 世纪中后期出现的《战争蔷薇》一书更是将克洛维描绘成高卢地区的天经地义的主人，其中有这样的语句："在上帝和马丁老爷的帮助下，克洛维将阿拉里克国王（Alaric，西哥特王国国王）赶出了高卢。"[⑤]16 世纪早期，《高卢古代史》则以不可置疑的语气论证说，"现今的"法兰西王国在克洛维时代即已定型，因为"他的王国范围从里昂一直到布列塔尼，从康布雷（Cambrai）一直至比利牛斯"。[⑥]

值得一提的是，在中世纪后期，克洛维不仅被视为法兰西王国既有领土的缔

① BN MS latin，No. 4991 A，fol. 104.

② BN MS francais，No. 56，fols. 257 – 260.

③ BN MS francais，No. 17274，fol. 47.

④ 参见[法兰克]格雷戈里：《法兰克人史》，寿纪瑜、戚国淦译，商务印书馆 1981 年版，第 87、95、97 页。

⑤ BN MS francais，No. 1965，fol. 44.

⑥ BN MS francais，No. 5692，fols. 61 – 62.

造者,而且,当法国对其他土地产生觊觎之心时,克洛维亦可发挥特殊的作用。例如,在15世纪末,法国对其东部边境的洛林和巴尔(Bar)地区存有吞并之意,于是,在这一时期,有人就写了一份《谏书》(*Remonstrance*),其中声称:“伟大的国王克洛维一世从未被称作什么巴尔公爵,他只拥有‘法兰西国王’这个惟一的称号”,“依据这一称号,(他)当然享有对以上所述领土的权利。”[①]在这里,克洛维的地盘是可以随着后来的法兰西国家的疆界变化而变化的。中世纪后期的法兰西君主有多大胃口,中世纪早期的克洛维就有多大能量。既然克洛维如此神通,其地位焉能不高?

(三)王权标志的“卡佩化”

既然克洛维已经被塑造成道德文章方面的旷世英杰,同时又被视为后来法兰西王朝国家的肇始鼻祖,那么,注重万世一统、王朝永续的法国王室就不可能让他完全游离于王朝世系之外。从王朝更迭来看,大革命之前的“旧制度”法国共经历了五个王朝,即墨洛温王朝(481~751年)、加洛林王朝(751~987年)、卡佩王朝(987~1328年)、瓦洛亚王朝(1328~1589年)和波旁王朝(1589~1792年)。从血缘关系来说,瓦洛亚家族和波旁家族均为卡佩家族的支系,因此,法国人经常将这三个王朝统称为“卡佩王朝”。而墨洛温王朝、加洛林王朝和卡佩王朝三者之间并无什么血缘关系,其前后更迭完全是政治斗争的结果。但是,在法国王室及其御用文人的苦心经营下,加洛林王朝终于成了墨洛温王朝的“亲属”,卡佩王朝也终于成了加洛林王朝的“亲戚”。[②] 因此,在中世纪后期,卡佩王朝(包括随后的支系瓦洛亚王朝)的君主们在提及克洛维的时候都可以心安理得地将之视为自己的“家里人”。既然卡佩王朝与克洛维“本是同根生”,那么,卡佩王朝的王权象征物从源头上看也就“应该”追溯到法兰西第一位国王克洛维身上。

首先,作为法兰西王权神圣性的核心标志,圣油瓶成为连接克洛维与卡佩王朝的不可动摇的纽带。如果说在中世纪中前期人们还有可能对圣油瓶的故事进行品头论足的话,那么,到了中世纪后期,对圣油瓶的信仰就已变成了一种义务,如果有人胆敢怀疑,则属大逆不道之罪。正因如此,在这一时期,各种著述在描述克洛维与圣油瓶的关系上基本上都是大同小异,即在遵循传统套路的前提下只是对某些细节做一些渲染,如关于圣油瓶在克洛维加冕典礼上迟到的原因问题,有人说是由于参加典礼的人数太多,教堂内拥挤不堪,结果导致圣油瓶未能及时送到圣雷米手中;有人则说,其原因在于圣油瓶在传送过程中曾不慎落地并被撞坏,

---

① BN MS francais, No. 20793, fol. 317.

② 参见陈文海:《试论中世纪中后期的法兰西王统理论》,载《世界历史》1999年第1期。

这本是一个不祥的征兆,但“圣灵”及时赶来相救,使圣油瓶立刻复原如初,不过,圣油瓶到达圣雷米手中的时间还是有所耽搁。① 至于克洛维与圣油瓶的故事在法兰西国家形成过程中的意义,中世纪后期的法国文人曾有许多阐述,其中有人这样认为:在那一天,“以克洛维为代表,法兰西国王的权力被上帝构建、确立和认可。”②

其次,作为法国王室军事力量的象征,王室方形军旗(oriflamme)的历史源头也和克洛维联系在了一起。据后世学者研究,法国王室军旗的历史始于10世纪末的于格·卡佩(Hugues Capet,卡佩王朝的开国君主,987~996年在位)。当时,出于振兴王室威望之目的,于格·卡佩将一面“祖传”的王室军旗珍藏于素有法兰西“王家档案馆”之称的圣德尼修道院,遇有战事,则将此旗请出来。据称,只要高举这面旗帜,法国士兵在战场上就将无往而不胜,法兰西国家及其全体民众就可共享平安。不过,在于格·卡佩时代,这面旗帜的“原始主人”却是查理曼(768~814年在位,其中800~814年为皇帝),据称是教皇利奥三世(795~816年在位)送给查理曼的礼物,以此象征罗马教廷对查里曼作为“罗马人皇帝”的认可。但是,到了中世纪后期,作为意、德、法三家的“共主”,查理曼对于独立的法兰西的意义显然有些暧昧。正是在这一背景下,1350年,有人开始宣称,法兰西王国的创始者克洛维是拥有王室军旗的第一人。随着克洛维历史地位的日益显赫及与克洛维相关之著述的不断增多,到15世纪时,克洛维与王室军旗的关系已经演变为无可置疑的“历史事实”,甚至像罗贝尔—加甘这样的著名历史学家在自己的著作中也绘声绘色地描绘起克洛维高举王室军旗时的场景。③

最后,作为法兰西王权的身份标志,百合花徽章(纹章,héraldique)也成为克洛维留给其后继者们的神圣礼物。关于百合花徽章的最初源头问题,近现代的西方学者已有不少研究而且得出了明确的结论,即只是从12世纪早期开始,即从路易六世(1108~1137年在位)统治时期开始,百合花才作为法国王室特有的象征图案出现在一些器物和钱币上。④ 当然,和王室军旗的情形相似,虽然说百合花徽章的真正创造者是卡佩王朝的君主,但这并不能阻止中世纪后期的法国史学家对其历史渊源作“合情合理”的延伸。既然法国王室在血统上是一脉相承的,那

---

① BN MS nouv. acq. francais, No. 1410, fol. 65.

② BN MS francais, No. 20793, fol. 317.

③ Philippe Contamine, *L' Oriflamme de Saint-Denis aux XIVe et XVe siècles*, Annales de l' Est 25, 1973, p. 179 - 245.

④ Braun von Stumm, *L'origine de la feur de lys des rois de France du point de vue numismatique*, Revue Numismatique, Vol. 3, 1951, p. 43 - 58.

么,百合花徽章的历史当然也就是这一高贵血统的共同财富了。最早将百合花徽章与克洛维联系在一起的做法大约始自 14 世纪初,当时的一些以历史为题材的文学作品曾宣称,百合花来自天堂,是上帝送给克洛维的礼物。① 随后不久,即 1330 年前后,与王室关系相当密切的伊瓦扬瓦尔修道院(Joyenval)的僧侣们便开始围绕克洛维与百合花的关系而精心编造出一系列具体的细节,其主要内容是:克洛维率军奔赴战场,与一位撒拉逊国王的军队展开决战;②就在大动干戈之前不久,一位隐士将饰有百合花图案的纹章送给了克洛维,而这位隐士又是从上帝的一位天使那里收到这一礼物的;在战胜了撒拉逊人之后,为了感恩,克洛维终于皈依了基督教,并在奇迹发生地(领受百合花纹章的地方)建起了伊瓦扬瓦尔修道院。③ 伊瓦扬瓦尔修道院之所以如此倾心于编造这类不着边际的神话,其基本目的当然就是要借助于这类神话来提高自身的声望,同时也可以拉近修道院与新生的瓦洛亚王朝之间的距离。虽然说这个故事成型很晚,但是,在伊瓦扬瓦尔修道院的大力宣传和一些文人的反复渲染下,到了法王查理五世(1364 ~ 1380 年在位)时期,克洛维与百合花的关系已经成为天造地设的亘古真理。自 15 世纪后期开始,罗贝尔·加甘、吉约姆·克雷丹及其他诸多的法国历史学家均几乎原封不动地将伊瓦扬瓦尔修道院炮制的百合花神话搬进自己的史学著作之中。

对于中世纪后期的法兰西王室来说,将克洛维与圣油瓶、王室军旗及百合花徽章联系在一起,其"必要性"当然自不待言,但仅有这类联系还是远远不够的,因为这种联系只是器具层面的。要想使克洛维真正成为万世一统的法兰西王朝的"直系"缔造者,还必须从本质上构建克洛维与后世王朝的传承关系。在这一方面,中世纪后期的法国王权也不乏可用的资源。例如,将法国国王能够治愈淋巴结核病这一"特异功能"与克洛维联系起来;有关法王能够治愈淋巴结核病的传说从起源上看与克洛维毫无关联,其最初出现的时间大约是在卡佩王朝第二位国王"虔诚者"罗贝尔二世(996 ~ 1031 年在位)统治时期,其编造者是圣德尼修道

---

① E. Roy. Philippe le Bel et la légende des fleurs de lys, *Mélanges de philology et d' histoire offerts à Antoine Thomas*, Paris, 1927, p. 383 - 388.

② "撒拉逊"(Sarrasin)是中世纪西欧人对阿拉伯人或西班牙等地穆斯林的称呼。需要注意的是,在克洛维时代(公元 5 世纪后期至 6 世纪初),伊斯兰教尚未产生,阿拉伯人尚未登陆西欧,因此,所谓的克洛维攻打撒拉逊的说法纯属"关公战秦琼"式的时空错乱。不过,中世纪西欧的主流史学家们对此似乎并不介意。

③ R. Bossuat, *Un poème latin sur l' origine des fleurs de lys*, Biblioth que de l' Ecole des Chartres, 101, 1940.

院里的王朝编年史家。① 然而，到了中世纪末期，克洛维也开始妙手回春起来，这位原本以抡板斧劈头颅见长的蛮族国王已开始拥有治病救人的神奇力量。② 又如，将中世纪后期法国国王的专有别号“笃信王”（Sa Majesté Très Chrétienne）戴到了克洛维头上：据考证，“笃信王”这一称谓最早出现于公元8世纪中叶，是当时的罗马教廷用以恭维各地基督徒君主的一种称谓；但是，到了13世纪末，即法国王室与罗马教廷交恶之时，“笃信王”称谓却成为法国王权借以向罗马教廷发动进攻的武器；及至15世纪中叶，罗马教廷正式认定“笃信王”为法国国王的专用称号，其他任何人不得盗用。与此相伴，在中世纪晚期，法国的许多史书开始将“笃信王”的称号用在了克洛维身上，而且一些官方文书也郑重其事地将克洛维称为“笃信王陛下”。③ 可以看出，通过一系列外在的联结和内在的沟通，克洛维与中世纪后期的法兰西君主们已是水乳交融、难解难分了。

（四）宗教德行的圣徒化

中世纪晚期，世俗精神虽然已在西欧社会潜滋暗长，但其势力终究尚未超越由基督教设定的道德价值樊篱，宗教德行依旧是评判一个人优劣的最高指标。就当时的西欧社会来说，对一个人的最高评价莫过于赋之以“圣徒”身份。由此人们也就不难想象，中世纪后期的法国王室及其御用文人既然已经将克洛维改造成温文尔雅、慈眉善目的“笃信王”，那么，他们也就不太可能在最后一个环节（也是最为重要的一个环节）上停滞不前。如前文所述，在中世纪中前期，人们并没有将克洛维视为能够创造任何“奇迹”的圣徒；即便后来的加洛林王朝和卡佩王朝的编年史家们为克洛维在天堂中安排了比较优越的位置，克洛维也还只是一位“升了天”的凡人。不过，所有这一切并不能阻止人们对克洛维的“高尚品行”进行新的“发现”。时代看重圣徒，法兰西王室当然也就可以生产圣徒。

较早对克洛维“圣徒”地位进行详细描述的是法国西南部城市图卢兹附近的莫瓦萨克修道院。14世纪晚期，该修道院院长艾默里·德·佩拉克坚定地认为，克洛维是莫瓦萨克修道院的创建者和守护神，而且这位统治者“的的确确”就是一位圣徒。佩拉克曾以充满激情的笔触对克洛维颂扬道：“您乃不可战胜的国王，您乃光荣的基督之剑的挥舞者，在基督大军中，您的位置优先于法兰西其他所有

① 参见［英］科林·琼斯：《剑桥插图法国史》，杨保筠、刘雪红译，世界知识出版社2004年版，第84页。

② See P. S. Lewis, *Two Pieces of Fifteenth-century Political Iconography*, Journal of the Warburg and Courtauld Institute 27, 1964.

③ J. Krynen, *Idéal du prince et pouvoir royal en France à la fin du Moyen Age*, Paris: Gallimard, 1981, p. 228－241.

国王……您将获得天国之酬报。"他还写道："正是圣克洛维召集了奥尔良宗教会议，在此会议上制定了许多有用的法律""在领洗之后，他成了笃信王""如今他被当作众圣徒之中的一位而被尊崇""我们相信，国王克洛维进入了天堂"；他是"一位得胜的、睿智的圣徒国王"。① 在此之后，将克洛维视为圣徒的做法逐渐流行开来，在许多文人的笔下，克洛维已不再是一位单纯被动接受上帝帮助的普通国王，而是成为一位能够通过自己的祈祷和个人美德来创造奇迹的圣徒国王。与此相应，在法兰西王国内，无论是在王国的中心区域巴黎，还是在较晚归并入王室领地的西南部地区，抑或中世纪结束之时才开始成为法王领地的南疆地区，将克洛维作为圣徒来崇拜已成为一种普遍现象。

正是在民众信仰的基础上，法国王室开始为克洛维的圣徒身份进行了官方定位。1481 年，路易十一(1461～1483 年在位)颁布敕令，其中明确声称："克洛维，朕之先辈，在世时，他是上帝的真正且完美的一位朋友，上帝给予他大量的恩典，给予他以众多的胜利……在其去世以后，(他)获得了圣洁与荣耀，与天堂中的那些光荣的圣徒们位列一处，他的名字以及对他的回忆中充满了上帝每天创造的伟大的奇迹，这是这位光荣的圣徒国王通过祈祷得来的。"1483 年，路易十一在另一份敕令中再次申明克洛维是圣徒，而且是历朝历代法国国王的保护者。② 虽然说自中世纪后期开始(约自 12 世纪 70 年代起)，罗马教廷对于未经教皇封授的"民间圣徒"一概不予承认，③但是，在具有政教合一倾向且王权日益"绝对主义化"的法国，王室的意旨终究有着强大的号召力，因此，罗马教皇虽然没有"追授"克洛维为圣徒，但这并不妨碍法国民众将克洛维当作圣徒进行顶礼膜拜。可以说，当克洛维"成为"圣徒之日起，其形象改造工程便告圆满完成。至此，克洛维已不仅是一位完美的人，而且也是一位完美的国王，同时还是一位完美的基督徒。

三、克洛维形象演绎的历史学批判

从人数上说，克洛维只是区区一个"个体"之人，但是，按照法国历史的通常分期原则，这个人却是中世纪史的开启者，同时又是绵延一千余年的法兰西王朝君主制的首创者；而且，在漫长的中世纪，克洛维这个历史人物也几乎从来没有被

---

① BN MS latin, No. 4991A, fols, 102－170.

② See Colette Beaune, *The Birth of an Ideology*, Berkeley: University of California Press, 1991, p. 80－81.

③ S. Kuttner, *La Réserve Papale du Droit de Canonisation*, Revue Historique de Droit Francais et Etranger, 4th, ser, No. 18, 1938, p. 172－228.

人忘却,法兰西王权的每一步强化几乎都离不开克洛维的点缀。因此,从这个意义上说,克洛维已不是一个单纯的个体,他的原始形象及其在中世纪的演绎已经成为中世纪法兰西王权发展史的一个缩影。另外,通过克洛维形象演绎的历史过程,人们也可以从某些侧面了解中世纪法兰西人的审美情趣、信仰取向、政治感悟及社会心态等诸多内容。也正因如此,我们可以毫不迟疑地说,不论是格雷戈里描绘的原始的克洛维形象,还是后世法兰西众多文人史家附会出来的更新了的克洛维形象,都有其特定的史学价值,它们虽然使克洛维的原始形象变得面目全非,却真实地展现了自身的特质及其所处时代的特征。对克洛维形象演绎所具备的政治功用价值和历史学价值作出上述判断并不困难,而且这类评判似乎也不会引起什么异议,因为它们仅仅是“就事论事”,而并不涉及当事者中任何一方的价值伦理。

但是,如果我们站在价值评判的角度,对中世纪后期法国王室在克洛维形象上的“曲意加工”及中世纪历史学在这一过程中所扮演的角色进行讨论的话,问题就会变得复杂起来。概括地来说,在这个问题上,大约存在这么两种相互对立的论点。一是批判论:法国王室的做法是一种欺骗行为,同样,在王室御用下的中世纪历史学在总体上也徒具“历史学”之名,在那里,歪曲已经成为常规,“撒谎竟然成为美德”。[①] 因此,从基本的社会道德规范来说,对法国王室的编造行为必须予以揭露。同样,从维护历史学基本道德底线出发,对于中世纪历史学在克洛维形象演绎中的所作所为也必须予以批判。二是理解论:法国王室在克洛维形象演绎方面的做法是一种“善意”的加工,其政治意义是积极的而且是成功的。与此相呼应,人们不应用今天的标准去衡量中世纪历史学,更不能用今天的标准去“苛责”中世纪历史学家;对中世纪的历史和历史学应少一些批判和指责,而应多一些“温情和敬意”;对于中世纪的历史和历史学,应从当时的社会历史环境中给予分析和理解,否则“格调”就太低了。[②] 当然,除以上两种论点之外,还有一种以“纯学术”面目出现的中立论。拿克洛维形象演绎问题来说,中立论的原则就是客观地描述克洛维的形象是如何变化的、中世纪的历史学是如何对之进行改造的,至于这种改造与社会价值伦理及历史学基本准则之间是否存在错乱,则不列入研究范畴。

在研究克洛维的形象演绎及这种演绎与中世纪历史学的关系问题时,我们究

---

① [美]J. W. 汤普森:《历史著作史》(上卷),谢德风译,商务印书馆1988年版,第183页。

② 关于“史学温情论”问题,刘泽华先生有精辟的论述,参见刘泽华、范思:《治史观念与方法经验琐谈》,载《历史教学问题》2006年第2期。

竟应当持一种什么样的态度才更为合适？首先应当表明的是，笔者不赞同所谓的中立论。历史学不是单纯的史料学，也不是单纯的考据学。作为一个完整的人文学科，历史学离不开基本的价值判断。那么，在克洛维形象演绎问题上，应当使用什么样的价值判断标准？是一味地理解还是一味地批判？笔者认为，对于克洛维在中世纪的形象演绎及其与中世纪历史学的关系，我们首先要做到的就是应该充分“理解”，其次在“理解”的前提下提出我们的价值判断。

“理解”包含两个方面的内容。一方面，要充分理解中世纪后期法国王权之所以要为先人克洛维涂脂抹粉的现实动因。具体而言就是，当时的王朝国家需要“万世一系”的王统理论，当时的政治版图需要“古已有之”的历史支撑，当时的时代精神需要“得自上天”的宗教护佑。正是在现实政治的驱动下，克洛维被树立为尽善尽美的法兰西楷模。另一方面，要充分理解中世纪法国（乃至整个西欧世界）历史学的精神风貌。具体来说就是，中世纪历史学与宗教神学是紧密联系在一起的，而且在相当程度上说，历史学只是宗教神学的一个附庸，当时的历史学不可避免地要带有宗教神学那种幻听幻觉的天国观念。同时，在中世纪法国，无论是生活在修道院里的编年史家，还是游走在世俗社会的历史学家，他们大多与王权存在较为密切的关系，特立独行的民间历史学家虽有，但终究不占主流。因此说，中世纪的历史学和历史学家大都带有明显的御用色彩，王室的政治需要是他们从事“历史”写作的重要指针。正是在这种由现实政治主导一切的社会状态下，克洛维才有可能堂而皇之地由“一介野夫”转变为“至善圣徒”。假如克洛维真的天上有知，假如克洛维真的能看到他在中世纪后期那副雍容华贵的形象，他一定会惊异得目瞪口呆！当然，从法兰西王权在中世纪后期的发展历程及结果来看，克洛维这面独特的旗帜的确发挥了独特的功用，他不仅成为引领法兰西人精神生活的道德楷模，而且成为法兰西国家独立与统一的历史见证。可以说，在中世纪中后期法兰西民族国家形成过程中，克洛维扮演了一位“功臣”角色，克洛维背后的历史学家们则因“创造”这一“功臣”而同样功莫大焉。

关于克洛维的形象演绎问题，我们的“理解”当然还可以再进一步深入、进一步开拓。但必须明确的是，“理解”并不等同于“认可”，不能因为一个历史现象的发生具有所谓的“客观必然性”而就顺水推舟地认定它具有“合理性”，也不能因为某种手段客观上有助于完成某件惊天伟业而就不加分析地认定这种手段具有“正当性”。历史学不是简单的时空演化记录仪，价值导向功能是其得以长存的关键因素之一。历史学研究的对象虽然是过去的人和事，但它毕竟不是研究给古人看的，它的受众是今人与后人。从这个意义上说，无论克洛维的形象被演绎得多么“成功”，也不论这一“完美”的形象对法国王权的发展有多么大贡献，法国王室的做法也不应当被视为正当的举动。另外,中世纪历史学在其中扮演的角色终究也是不光彩的,其用以达到目的的手法终究应当为后世历史学工作者所不齿。在评判克洛维形象演绎及其与中世纪历史学的关系问题时,如果我们连这一最基本的价值伦理都不能坚持,其结果就只能是纵容人们对历史学进行滥用。如果是这样,历史学就终将在堕落的泥潭中爬行,堕落的历史学也将被稍有良知的人们唾弃。

共同先祖的虚拟与民族国家的初造

——中世纪中、后期法兰西人的“同宗意识”刍论

陈文海

民族观念是一个历史范畴，在不同的历史时期，民族观念一般都具有不同的内涵和不同的表现特征。就近代意义上的民族国家来说，其民族观念最终得以形成，是多种要素相互融合的结果，其中同宗意识应当说居于一种核心地位。何谓同宗意识？简言之，就是共同的血缘意识或共同的先祖意识，它是在特定的历史、地理条件下形成的自然而有力的人类群体的聚合剂。① 同宗意识的表现形式具有较大的不确定性，有的是真实的历史事实；有

① 关于同宗意识可否作为民族观念的构成要素，学术界有不同意见。否定论者通常以“美利坚民族”作为自己的立论依据，即美国人并无共同的血统，更无共同的血缘意识，但美国人还是形成了颇具自身特色的“美利坚民族”（参见熊锡元：《民族心理与民族意识》，云南大学出版社 1994 年版，第 62～76、142～143 页）。“美利坚民族”这一概念虽颇为流行，似成定论，但我总觉得有些牵强。依我个人的理解，“美利坚”只能算是一个地缘政治共同体。作为地缘政治共同体，通过一定的政治、文化操作，生活于其中的人们也完全可以形成共同的语言、共同的文化、共同的价值观念以及共同的群体意识。这些人可以建立一个“国家”（state, country），但这些人本身并不能构成一个“民族”（nation），由他们建立的国家也不能称为“民族国家”（nation-state）。作为民族或民族国家，共同的血缘意识应当是必不可少的，这一点应该得到承认[参见纳日碧力戈：《种族与民族观念的互渗与演进——兼及民族主义的探讨》，载《中国社会科学季刊》（香港）1996 年秋季卷，第 116 页]。

的是虚无缥缈的神话;有的则是历史与神话的混杂。① 有关法兰西人起源的神话、传说最初萌芽于中世纪早期,但在中世纪中前期的数个世纪里,由于基督教普世主义和地方世俗主义的强劲泛滥,有关法兰克人(法兰西人的先祖之一)起源的神话、传说只能沦为汪洋大海中不为人们所注意的一朵小小的浪花。到了中世纪中后期,随着王权的不断加强,法兰西人的"同宗意识"开始浮出水面,有关这一共同体起源的神话、传说也开始迸发为一股颇为引人注目的潮流,从而为法兰西民族国家的形成提供了一个不可忽视的动力源。那么,法兰西民族起源神话、传说的具体表现形式如何?它在法兰西民族国家形成过程中是如何发展、变化的?这种神话、传说对法兰西民族国家形成过程中的政治、文化产生了何种影响?关于这些问题,目前在我国学界尚未见具体论述。笔者拟对之做一探讨,以期对全面、深入理解法兰西民族国家的形成有所帮助。②

一、"同宗意识"在法兰西的发端与流变

中世纪法兰西人的"同宗意识",是以上古时期小亚名城特洛伊(特别是"特洛伊战争")为中心而敷陈、衍化的。由于这一故事本身所具有的真假难辨、虚幻模糊之特征,加之有善于穿凿附会、添枝加叶的中世纪编纂学传统,"法兰西人起源于特洛伊人"这一神话、传说也就显得芜杂零散、横枝蔓节;在具体细节方面,不同"版本"多有抵牾之处。另外,法兰西民众心理的变化及社会、政治现实的发展,也要求法兰西人的"特洛伊起源传说"(以下简称"特洛伊传说"或"特洛伊神话")不断"改版"。在中世纪中前期,法兰克人一直是这一起源传说中的主角,其主要内容就是讲述一部分特洛伊人(即后来的法兰克人)由东向西迁徙、入居高卢、繁衍生息并进而发展壮大的漫长历程。这一传说虽然有利于中世纪法兰西人证明自身的独立地位,但也存在明显的不足,"其外来者"形象及"异教徒"色彩显然无法满足法兰西人在宗教氛围依然浓厚的西欧大环境中建立民族国家的要求。

---

① 世界上几乎各个民族都有自己的民族起源神话或传说,中国人也不例外,如称中华民族是"龙的传人"或"炎黄子孙"。

② 法兰西民族观念及民族国家的形成问题涉及诸多方面的内容,本文探讨的"同宗意识"只是其中的一个方面。关于其他方面的内容,可参见陈文海:《民族语言·民族文化·民族国家:法国中世纪后期语言文化的民族化进程探析》,载《世界历史》1997年第6期;《民族形象·民族空间·民族情感:中世纪中后期法兰西民族观念形成轨迹探析》,载《世界民族》1998年第4期;《〈撒利克法典〉在法国中世纪后期的复兴和演化》,载《历史研究》1998年第6期;《试论中世纪中后期的法兰西王统理论》,载《世界历史》1999年第1期;《法国中世纪王室徽章研究:百合花的象征主义及神学渊源》,载《历史研究》2000年第4期。

正因如此,到了中世纪晚期,比法兰克人的历史更为悠久、在远古时期即已生活在法兰西这片土地上的高卢人开始被纳入"特洛伊神话"之中,并且这一"新版"神话还将高卢人、特洛伊人以及法兰克人与基督教圣经中所言的洪水过后之人类新始祖诺亚(Noah)联系起来,从而为法兰西人树立起一种既是土生土长,又是出类拔萃、更具纯正宗教情怀的民族新形象。这一演化过程相当复杂,在此只能撮其主要,略作如下梳理。

(一)法兰克人之"特洛伊传说"的发端

一般认为,"法兰克人起源于特洛伊人"这一论点最初出现于公元660年左右以"佛莱德加"(Fredegar)之名义所编纂的《法兰克人史》(*Gesta Francorum*)一书中。其基本内容大致如下:在一个极为久远的年代,在小亚名城特洛伊的特洛伊人与希腊人之间展开了长达十年的战争(特洛伊战争)。特洛伊城被攻破之后,一部分特洛伊人在一位名曰法兰西奥(Francio)的首领率领下,从大火熊熊的特洛伊城废墟中逃出并一直西徙,继而在多瑙河畔创建了西卡姆布里亚城(Sycambria)。在法兰西奥的苦心经营下,这批死里逃生的特洛伊人(后因其首领之名而被称为法兰克人)在多瑙河与莱茵河之间广袤的土地上又建立起一个强大的国家。公元4世纪,罗马皇帝瓦伦提尼安(Valentinian,公元364~375年在位)吁请法兰克人出兵征讨阿兰人(Alans),并给予法兰克人10年免纳贡赋之特权。10年期满后,法兰克人拒纳贡赋并随即西渡莱茵河进入高卢地区,法兰克人的历史由此掀开新的篇章。在佛莱德加的笔下,法兰西奥是"特洛伊战争"英雄埃涅阿斯(Aeneas)[①]的兄弟,是特洛伊末代国王普里阿摩斯(Priamus)的亲戚,这就自然为法兰克人的起源史涂上了一层高贵色彩。我们知道,佛莱德加的《法兰克人史》是一部受后世历史学家诟病颇多的"杂烩式"史著,其内容荒诞不经,杜撰、附会之事充斥其间。[②] 然而,在文化凋敝的中世纪中前期,并没有人去认真探究《法兰克人史》所述内容的真伪问题,相反,该书的治史风格却被编年史家们一代一代地沿袭下来,"法兰克人源于特洛伊人"这一天方夜谭式的神话也就因此而被当成"正史"流传开来。

公元8世纪前期(约公元727年),在法兰克王国又出现了一本佚名作者的

---

① 根据希腊神话,埃涅阿斯是达尔达尼亚人的统治者,曾在"特洛伊战争"中英勇抗击希腊人。后有神话认为,埃涅阿斯在特洛伊城陷落后带领余众迁居海外并辗转落居意大利半岛,由此成为罗马人的先祖(参见[苏联]M. H. 鲍特文尼克等编著:《神话辞典》,黄鸿森等译,商务印书馆1997年版,第40~41页)。

② 参见[美]J. W. 汤普森:《历史著作史》(上卷),谢德风译,商务印书馆1988年版,第219~220页;陈文海:《〈撒利克法典〉在法国中世纪后期的复兴和演化》,载《历史研究》1998年第6期。

《法兰克诸王本纪》(*Gesta regum Francorum*)。该书在叙述法兰克人的起源问题时,作者基本上承袭了佛莱德加的《法兰克人史》中的说法,却将这一神话的主人公由法兰西奥变为安特诺耳(Antenor)。[①] 也就是说,是安特诺耳完成了率领残众西迁、创建西卡姆布里亚城、挺进高卢等一系列壮举。从法兰克王国晚期开始,历经加洛林帝国时期,一直到法兰西国家出现后的最初三个多世纪,其间历时约四五个世纪之久(即公元8世纪中期至12世纪)。在此期间,有关法兰克人起源的神话、传说基本上没有再出现其他新的说法。在这一时期出现的数量众多的编年史著作中,有的继承了佛莱德加的《法兰克人史》中的论调,如利兹厄(Lisieux)主教佛雷古尔夫(Freculf)于公元830年前后完成的《编年史》及丢多(Dudo)于公元1015年左右完成的《早期诺曼底公爵的事业与死亡》;有的则是因袭了《法兰克诸王本纪》一书中的观点,如西热贝尔·德·让布鲁(Sigebert de Gembloux,公元1030?~1112年)于12世纪初完成的《编年史》;更多的编年史作家则是采取兼收并蓄的方法,即把上述两种说法不加评判地同时列入自己的著作中。[②]

有关法兰克人起源的神话、传说虽然出现较早,而且各种编年体史书也多有传承,但是,在12世纪以前,这一传说并未在社会上引起太大的反响。出现这种相对平静的状态并非偶然,它与此间加洛林帝国的一统天下及随后法兰西早期王权的极贫、极弱是相应的,建立统一且独立的法兰西国家尚未提上议事日程。

(二)法兰克人之"特洛伊传说"的发展

从12世纪末、13世纪初开始,法国王权进入逐步强化的阶段,统一国家的斗争也开始渐次展开。在此背景下,反映法兰西"同宗情结"的"特洛伊传说"也趋于活跃。在此后的两个多世纪里(公元12世纪末、13世纪初至15世纪中期),法国人在已有传说的基础上展开了丰富的想象和演绎,从而使得法兰西人与特洛伊人之间的联系变得更加"具体",也使得法兰克人的源流变得更加"辉煌灿烂"。具体来说,这一时期对"特洛伊传说"的加工基本上是分"法兰西奥"和"安特诺耳"两个系统进行的,其中前者的影响更大。

13世纪初,法国圣丹尼修道院修士里高尔(Rigord)和布列塔尼人吉约姆(Guillaume le Breton)共同完成了歌功颂德式的巨著《法王腓力·奥古斯都传》(*De gestis Philippe Augusti Francorum regis*)。在这部书中,作者引入了佛莱德加

---

① 根据希腊神话,安特诺耳是特洛伊人的领袖之一,主张同希腊人媾和。希腊人攻占特洛伊后,对他宽大相待,准其离开(参见[苏联]M. H. 鲍特文尼克等编著:《神话辞典》,黄鸿森等译,商务印书馆1997年版,第47页)。

② 参见 Collete Beaune, *The Birth of an Ideology*, California University Press, 1991, p. 334。

有关法兰西奥的传说,并对其做了大量的增补和修改。例如,将法兰西奥置于一个更为高贵的谱系之中,即法兰西奥并不是特洛伊末代国王普里阿摩斯的普通亲戚,而是普里阿摩斯的嫡亲孙子,其父亲是特洛伊英雄赫克托耳(Hector)。[①] 这样,法兰西奥就由原来的一名普通贵族变成了特洛伊王室成员。又如,该书增加了有关巴黎建城的传说,即在公元前9世纪,法兰西奥的后裔伊波尔(Ybor)率领一部分人马离开多瑙河畔的西卡姆布里亚城,在高卢地区的心脏地带创建了一个城市,并且,为了纪念其先祖普里阿摩斯,伊波尔便将此城命名为巴黎(Paris)。[②] 里高尔等人的"特洛伊神话"演绎本迅即为随后的众多史学著作所吸收,在这类著作中,对当时及后世影响最大的当数公元1274年圣丹尼修道院修士普里玛特(Primat)用法语汇编而成的《法兰西大编年史》(*Grandes Chroniques de France*),该书的广泛流传使得"特洛伊神话"以前所未有的速度在法兰西全境传播开来。[③] 不过,里高尔等人编造出来的赫克托耳与法兰西奥之间的父子关系也存在明显的缺陷。按照希腊神话的说法,赫克托耳只有一个儿子,即阿斯提阿那克斯(Astyanax),而此人在特洛伊城陷落时即为希腊人所杀。[④] 关于这个问题,15世纪中叶有人开始提出疑问,也就在这个时候,在法国又出现了一种新的神话、传说以补上述缺陷,即赫克托耳在和安德罗玛刻(Andromache)结婚前,曾与另一女子发生私情并生有一子,此即法兰西奥。[⑤] 可以看出,为了使"特洛伊神话"真实、可信,法兰西人可谓煞费心机。事实也证明,其招数相当丰富,其成效也是颇为明显的。中世纪中、后期的法国历史著作几乎都是从特洛伊难民的迁徙写起,法兰西

---

① 根据希腊神话,赫克托耳是特洛伊末代国王普里阿摩斯的长子。在"特洛伊战争"期间,他是特洛伊人的统帅,后死于敌方的阿喀琉斯之手(参见[苏联]M. H. 鲍特文尼克等编著:《神话辞典》,黄鸿森等译,商务印书馆1997年版,第139页)。

② 参见 Rigord and Guillaume le Breton, *Oeuvres*, ed., H. F. Delaborde, Paris, 1882, 1, p. 55–59;[美]J. W. 汤普森:《历史著作史》(上卷第一分册),谢德风译,商务印书馆1988年版,第345页。

③ 关于《法兰西大编年史》在法兰西民族观念及民族国家形成中的作用,柳勃林斯卡娅在《中世纪史料学》一书中有这样的描述:《法兰西大编年史》编成后,"立刻获得了无与伦比的声望,而且被复抄成大卷的抄本。用祖国语言叙述的祖国历史,在所有城市和城堡中,都成了喜爱的读物,甚至在修道院中也是如此";《法兰西大编年史》"在法兰西民族文化共同性的形成和中央法兰西方言在全国的推广方面,都起了巨大的作用。所有的识字居民阶层都由这部编年史而受到了历史教育,知晓了法兰西历史。然而,这部祖国历史的某些内容,也传到了文盲居民,也就是法兰西民族的大多数人民之中,因为江湖艺人广泛引用了"该书的"内容来编成自己的历史题材的押韵歌谣,唱遍了法兰西的城市、村庄和道路"。(参见[苏]柳勃林斯卡娅:《中世纪史料学》(第二册),天津师范大学历史系、东北师范大学历史系1983年9月内部印刷品,第77页)。

④ 参见《神话辞典》,商务印书馆1997年版,第30页。

⑤ 参见 BN MS nouv. acq. francaise 11330, fol. 37。

王室及大、小家族的族谱也都以“特洛伊传说”作为其开篇。这些可以说是“特洛伊传说”在法兰西境内深入人心的最好证明。①

(三)法兰克人之“特洛伊传说”受到的挑战

在意大利文艺复兴的影响下,从15世纪后期开始,人文主义思潮在法国知识界逐渐兴起。受此影响,有些学者已开始用批判的眼光来看待前几个世纪中一直为人们所津津乐道的那些传说。同时,古典作家的作品及意大利人文主义学者的批判性历史著作也通过各种渠道传入法国,这也促使法国学者们去重新审视本民族的远古历史。在此背景下,有关“法兰克人起源于特洛伊人”这一传说的真伪问题就成为学者们争论的焦点,许多学者开始怀疑本民族的这个起源故事。

法国人首先对“特洛伊传说”的“版本”问题提出了质疑。他们认为,在此前数百年中,法兰西人编造的起源故事太多、太滥,各不相同,混乱不堪,并且没有任何一种说法能够成功地占据主导地位。② 随后,法国学者们又从其他方面对“特洛伊传说”的虚幻性进行了剖析。例如,雅克·米叶(Jacques Millet)在《特洛伊城陷落史》一书的后记中写道,根据他所接触的材料,法兰西奥这个“先祖”人物的存在并未得到任何一种古典著作的证实。③ 又如,著名人文主义学者罗伯·盖冈(Robert Gaguin,公元1433~1501年)认为,没有任何一位古典作家在自己的著作中提及法兰克人的“特洛伊起源”问题,并且就连法兰克人自己的历史学家图尔教区主教格列高利(Gregoire,公元538? ~594年)也从未提到这一传说。再如,15世纪80年代初,方济各会修士皮埃尔·德格罗(Pierre Desgros)亦明确指出,特洛伊传说是不真实的。他认为,特洛伊人是大搞偶像崇拜的异教徒,这些人并无高贵可言。因此,声称自己与特洛伊人有血统关系这一现象本身就是丢人现眼的。并且,即便说法兰西王室世系最初是传自特洛伊人,那么,其后的王室世系也曾出现过多次中断。④ 除此之外,意大利的许多学者也对“特洛伊传说”进行了较为彻底的否定。例如,在15世纪末,方济各会修士让·德·莱戈尼萨(Jean de Legonissa)指出,“特洛伊传说”是一个“极富诗意的寓言”。他认为,无论是谁,那种自认为是特洛伊传人的说法都是虚妄的;从特洛伊城陷落到法兰克人出现,其

---

① 参见C. Beaune, “*L'utilisation politique du mythe troyen à la fin du Moyen Age*”, in *Images médiévales de Virgile*, Rome, 1982, p. 331 – 355; B. Guenée, “*Les genéalogies entre l'histoire et la politique: la fierté d'être capétien en France au Moyen Age*”, *Annales: E. S. C.* 33(1978), p. 450 – 477。

② 参见BN MS francaise 20124, fols. 157 – 160。

③ 参见Jacques Millet, *L' Istoire de la destruction de Troie la Grant*, ed., E. Stengel, Marburg, 1883。

④ 参见BN MS francaise 193 (*Pierre Desgros*, *Le Jardin des nobles*), fol. 240。

间经历了多个世纪,一个孤立无援的种族根本无法存在这么长的时间;并且,古典时代及古典时代以前的作家们已明确交代,特洛伊末代国王普里阿摩斯的儿子们都是死后无嗣。①

当然,并不是所有的人都对"特洛伊传说"持怀疑态度。面对怀疑论者的挑战,法国的一些坚信论者进行了反驳。他们认为,大多数古典作家对法兰克人及其起源史之所以保持沉默,其原因在于古典作家(罗马人)只对自己的历史感兴趣,并且他们与法兰克人是相互仇视的,他们在自己的著作中故意不提及法兰克人的辉煌历史。而与此同时,法兰克人又几乎没有自己的历史学家,结果就造成法兰克人的初期历史处于一个"黑暗时代"。坚信论者还认为,有朝一日或许能够发现新的文献或实物资料,到那时,法兰克人与特洛伊人之间的关系将不再被人怀疑。② 不过,我们可以认为,这种靠等待新文献、新材料来论证传统观点的方法显然无助于问题的尽快解决,"特洛伊传说"已面临无米下炊之境地。

(四)高卢人的融入与民族起源神话的更新

15 世纪中叶以后,法兰西民族国家已初步形成,法兰西人的民族心理也已逐渐走向成熟。与此同时,法国的文化事业也获得了较大发展,有关法兰西古代居民高卢人的文献材料和实物资料越来越多地被发现或发掘。事实证明,高卢人的历史远比法兰克人的历史悠久。因此,要想使法兰西民族起源的神话获得一个相对稳定的基础,就必须将法兰西社会、政治、文化现实中的相关内容糅合进来。同时还要充分考虑到包括法国在内的整个西欧的基督教文化氛围,否则,以"异教"民族起源神话作为立国之基,只能使法兰西人陷入孤立之境。正因如此,在 15 世纪末、16 世纪初,一种既充满辉煌色彩、又充分扎根于现实的法兰西民族起源神话应运而生,其首创者是著名学者雷迈尔·德·贝尔伊(Lemaire de Belges)。这一神话的基本内容是:在后来被称为"高卢"的这片土地上,首先在此繁衍生息的是萨摩特(Samothes)。萨摩特是雅弗(Japheth)的第四子,而雅弗又是人类新始祖诺亚的第三子。萨摩特的后人们在此逐渐形成一个人称"高卢人"的民族,他们有法、有度,生活井然,并且有着纯洁的宗教信仰。他们在这里建立城市、创办大学。后来,高卢人内部发生争斗,一部分人迁居亚洲,并在那里建立了特洛伊城,于是将高卢文化也带到了小亚及广大希腊地区。当特洛伊城为连年不断的战

① 参见 BN MS latin 5951, fol. 27; A. Linder, "*L' Expédition italienne de Charles VIII et les espérances messianiques des Juifs*", *Revue des études juives*, 137(1978), p. 179 – 186。

② 参见 BN MS latin 10909 (Jean Candida, *Abrégé de l' histoir de France*), fol. 4; Nicole Gilles, *Les trés élégantes, trés véridiques et copieuses Annales*, Paris, 1525, fol. 1r – v。

争所困扰之时,高卢地区的王朝世系却一代一代地传承下来,并且在与罗马人的军事斗争中取得了辉煌的胜利。特洛伊城陷落后,“根”在高卢的特洛伊人便在法兰西奥的率领下,踏上了重返故国家园之路。可见,传自特洛伊人的法兰克人并不是什么“外来者”,他们的源头仍在高卢。无论是特洛伊人还是法兰克人,其先祖都是高卢人。① 贝尔伊的这一“新版”神话出笼后,便在法国社会中得到了较为广泛的传播。它不仅迎合了法兰西人追求“同宗同源”“土生土长”的民族心理,而且还将宗教与世俗两个原本互不统属的系统成功地联系起来。一方面,它使得高卢成为欧洲文明的发源地;另一方面,它又革除了笼罩在法兰克人身上的“异教徒”阴影,从而使得法兰西人的先祖以“上帝的选民”之形象呈现在世人面前。

二、“同宗意识”与法兰西国家的政治取向

作为一个政治实体,法兰西民族国家的形成在很大程度上是中世纪中、后期法兰西王权日益增强的结果。如果没有强大的政治、军事力量作后盾,形成独立民族国家所要走的道路恐怕要崎岖和曲折许多。另外我们必须看到,法兰西王权要想在长时期内保持相对稳定的强大局面,就必须以王权为中心,营造一种“天然的”或“接近天然的”凝聚力,就必须为王权的独立与强盛提供一个较为稳固的理论基础。在这方面,以“特洛伊传说”为表现形式的“同宗意识”可以说起到了重要的支撑作用。它颇为出色地顺应了中世纪中、后期法兰西王权建立民族国家的政治走向,为法兰西在西欧政治棋盘上的周旋活动创造了一个坦然的心理空间。具体地说,以“特洛伊传说”为表现形式的“同宗意识”,伴随并支持着法兰西走过了政治独立、国家统一及对外扩张等一系列历史过程。

(一)“特洛伊传说”与法兰西的独立地位

西罗马帝国灭亡后,在中世纪的西欧先后有两大势力均声称自己是罗马帝国的继承者(意即有权在原属西罗马帝国的所有土地上行使统治权):一是以罗马教皇为首的基督教会,其依据是罗马皇帝君士坦丁(公元306～337年在位)在《君士坦丁的赠礼》这份文件中对教皇的许诺;②二是公元962年初步形成、公元1155年最后定型的“神圣罗马帝国”(以下简称“帝国”),其依据是作为上帝在尘

① 参见 Jean Lemaire de Belges, *Oeuvres*, ed., J. A. Stecher, Louvain, 1882, vols. 1 and 2。

② 15世纪中叶,意大利人文主义学者罗伦佐·瓦拉(Lorenzo Valla,公元1407～1457年)从语言学角度证明,《君士坦丁的赠礼》是罗马教廷于公元8世纪时伪造出来的,教权的霸权扩张欲望由此暴露无遗。

世之代表的教皇曾为"帝国"皇帝加冕,使之成为古罗马帝国的"合法"继承人。[①] 从政治地理沿革的角度来说,在公元后的最初几个世纪里,法兰西这片土地曾是罗马帝国的一个组成部分(即高卢行省)。这也就意味着教皇和"帝国"的皇帝均有权行使对法兰西的统治权,法兰西的独立地位在理论上存在严峻的潜在威胁。在法兰西国家形成后的最初几个世纪中(公元9世纪中叶至12世纪),王权相对软弱,因而作为法兰西国家代表的法兰西王权,对教皇和"帝国"皇帝的霸权理论只能采取不置可否的态度。但是,从13世纪初期开始,法国王权逐步强化,这就引起了教皇和"帝国"皇帝的格外关注,有关法兰西国家独立地位的政治性争论也就随之展开。

在13世纪,即论战的初期阶段,法国方面似乎显得有些手足无措,为维护己方观点而提出的一些理论也显得有些过于平实、幼稚。例如,在13世纪前期,法国的法学家们只是发表了一些缺乏理论阐释的"宣言",即在世俗领域,法兰西国王绝不承认还有高于自己的权势,法兰西国王就是"自己国家中的皇帝";在宗教领域,教皇曾经承认法兰西王国的独立,虽然他并不想保护这种独立。[②] 又如,在13世纪晚期,法国出现一本名曰《爱好和平的国王》(*Rex pacificus*) 的小册子,其中宣称:神圣的法兰西王国享有独立地位已逾千年,并且没有任何人对此提出过疑问。[③] 这种"宣言"式的论战或依据"传统权利"而进行的论证,显然没有足够的说服力。

进入14世纪以后,已经趋于成熟并日益为广大民众所接受的"特洛伊传说"开始作为依据而被引入有关法兰西国家独立地位的论战之中。公元1303年出现的政论性小册子《双方的问题》(*Quaestio in utramque partem*),即开始援引各种编年史书上的"特洛伊传说",用以证明法兰西国家享有独立地位的古老性。[④] 其后不久,约翰·德·巴黎(John de Paris)在《论王权与教权》(*On Royal and Papal Power*)一文中,更加巧妙、娴熟地运用了"特洛伊传说"。他在文中写道:在伟大的特洛伊城被希腊人攻陷以后,法兰克人(Franci)便西移至西卡姆布里亚城,在

---

① "神圣罗马帝国"之所以成为古罗马帝国的"合法"继承人,在相当程度上是教权处于弱势状态下向德意志帝王献媚讨好的产物。当教权强大起来以后,罗马教廷与"帝国"皇帝之间的斗争便开始日益激化。

② 参见 R. Bossuat, *La formule Rex Franciae est imperator in regno suo et son emploi devant le Parlement de Paris au XVe siècle*, *Revue historique de droit francais et étranger*, 4th series,39(1961),p. 371 – 381。

③ 参见 Collete Beaune, *The Birth of an Ideology*, p. 231。

④ 参见 J. Fournier, *Le Problème de l'Eglise et l' Etat sous Philippe le Bel*, Louvain,1926,p. 268 – 279。

那里,他们享受了长达好几个世纪的、毫无争议的独立地位。当罗马帝国的皇帝君士坦丁向罗马教皇“赠送”土地之时,法兰克人与罗马帝国之间并无任何隶属关系。因此,《君士坦丁的赠礼》这一文件并不适用于这些法兰克人。约翰·德·巴黎也承认,高卢地区在一个时期里的确曾落入罗马人的控制之下。但是,强权并不能够制造出公理,生活在这片土地上的法兰克人从来没有屈从过罗马的淫威,他们反抗罗马帝国的斗争从来没有间断过。因此,法兰克人从来没有放弃过自己的独立性,这种与生俱来的独立性代代相传,也就为现时法兰西的独立地位提供了历史保证。① 可以看出,与前述以“传统权利”为基础的论点相比,约翰的这种“从来就不存在隶属关系”或“从来就未曾屈从过”的观点应当说更具感召力。在14世纪中、后期,法国学者们在论证法兰西的独立性时,大都是沿袭约翰·德·巴黎的这条思路。例如,在《乐园之梦》(*Dream in the Pleasure Garden*)一书中,作者写道:法兰克人从未屈从过罗马人的统治;罗马帝国是建立在武力征服基础之上的,并且因谋杀、暗杀之类的恶行而被弄得四分五裂。② 又如,奥诺雷·博内(Honor Bonet)在《战争之树》一书中写道:希腊人对特洛伊的征战及法兰克人从特洛伊的出走,其时间远远早于罗马帝国的建立,并且其地点与罗马相隔千山万水,因此,法兰西的国王们根本不可能从属于这样一个帝国。③

15世纪时,法国学者依然运用“特洛伊传说”进行与上一世纪基本类似的政治争论,以便从理论上和历史上证明并维护法兰西的独立地位。例如,著名法学家居伊·巴普(Guy Pape,公元1402~1476年)曾撰文专门论述法国与“帝国”及法国与罗马教廷之间的关系,而其最为重要的立论依据便是“特洛伊传说”。在不厌其详地重温了前辈作家们创造的“特洛伊神话”之后,巴普又写道:“罗马人用武力征服了法兰克人,但这一成功仅仅维持了很短一段时间”,即从公元4世纪前期的君士坦丁时代到公元4世纪后期的瓦伦提尼安时代,其间仅有几十年的时间,远远不足一个世纪,而对于有着光荣传统的法兰克人(法兰西人)来说,“与教皇、皇帝作斗争,有一百年就足够了”。他认为,从瓦伦提尼安时代以后,神圣的法兰西国王们就已和平地统治着他们的国家并牢固地掌握着他们的权力,并且这种权力绝非来自他人的恩赐。关于法兰西与“帝国”的关系,巴普还特别强调:“至于说到(‘帝国’)皇帝,法国人在事实上就不是他的臣属,而且从法律上来说也从来不是他的臣属,关于这一点,各种编年史著作在叙述法兰西人起源问题时已有

---

① 参见 M. Goldast, *De Monarchia*, Frankfurt, 1668, p. 140 – 141。

② 参见 M. Schnerb-Lièvre, ed. *Le Songe du verger*, Paris, 1982, 1: p. 53 – 57。

③ 参见 G. W. Coopland, ed., *The Tree of Battles of Honoré Bonet*, Liverpool, 1949, p. 175 – 179。

明确记载。"①从其论证过程我们可以看出,巴普在材料的运用上还是较为谨慎的,除"特洛伊传说"这一玄想之外(实际上,当时许多人仍然认为"特洛伊传说"是真实、可信的),所引材料基本上还是客观、真实的。

但是,到了16世纪早期,法国学者在论证法兰西国家的独立地位时,就显得有些不择材料、信手拈来了。在他们的笔下,无论是法兰克人还是高卢人,都拥有相对于罗马帝国的独立性。例如,在回答并论证"法兰西国王是否承认(帝国)皇帝是他的上级"(An rex franciae recog-noscat imperatorem?)这一问题时,法学家让·费厄(Jean Feu)和吉约姆·布诺瓦(Guillaume Benoit)等人就声称:正是由于起源于特洛伊人,法兰克人才得以避免被罗马人征服,他们用自己的剑戟以武力征服了属于他们自己的领土。至于高卢人,尽管他们为罗马人的威力所慑服,但他们抗争不息,并且他们打败罗马人的次数远远多于罗马人打败他们的次数。②

从长达数百年的有关法兰西国家独立地位的政治论战中可以看出,"特洛伊传说"一直是法国学者手中的一种常规且有力的武器,它为法国方面提供了一个先决性基础。如果没有这一传说,我们则很难想象法国方面将如何应对来自教皇和"帝国"皇帝的挑战。当然,这种论战是在法国与教权、"帝国"之间的势力处于动态平衡状态下发生的,随着后两者实力的衰落,这种论战也就自然平息了。

(二)"特洛伊传说"与法兰西的统一和扩张

如果说,有关法兰西独立地位的论战是以纸上谈兵的方式间接促进了法兰西民族国家的形成,那么,与英国的领土争夺则是以兵戎相见的方式直接推动了法兰西民族国家的统一。在这一过程中,"特洛伊传说"再次登堂入室,成为激励法兰西人内部团结、消除内讧、一致对敌的思想武器。

在中世纪,英国也曾流传着自己的"特洛伊神话",即岛上居民也是特洛伊人的后裔(与法国人分属不同的支系)。在英、法两国处于和睦状态时,法国方面并没有人对此提出异议。但是,从公元14世纪初开始,英、法关系急剧紧张,法国人的反英情绪不断增强,与英国人"共享""特洛伊神话"也就成为不可容忍之事。正因如此,14世纪初,在法国就出现了为英国人"除根"的舆论宣传:不列颠岛上最早的居民的确是特洛伊人的后代,其领袖是来自特洛伊的布鲁图斯(Brutus),而布鲁图斯本人既是杀害父母的恶子,又是谋杀国君的凶手,正是此人养成了英国人擅长于弑君的恶习;布鲁图斯的后代并未能在英国建立长久的统治,因为他们被入侵的撒克逊人"以非常残酷的方式"杀死。因此,英国人并无一个纯正的

---

① Guy Pape, *Decisiones*, Lyon, 1554, quaestiones 114 and 239, p. 152, 334.

② 参见 Collete Beaune, *The Birth of an Ideology*, p. 222 – 223。

血统，他们是杂种，因而他们能够作出任何一种坏事，甚至能够作出一切坏事。[①]对于法国方面来说，否定英国人的特洛伊起源具有特殊的意义，它为法国在未来的日子里独自运用这一神话进行反英宣传创造了条件。

15 世纪早期，法国内部出现以勃艮第公爵和奥尔良公爵为首的两大封建贵族集团之间的权力斗争，英国乘机联合勃艮第党人共同进攻法国王室政权，并于公元 1418 年攻占法国首都巴黎，法国北部落入英国人之手。这一灾难性事件使得相信历史循环论的许多法国学者联想起特洛伊城被希腊人攻陷的故事，他们纷纷利用这一传说来分析法国遇此劫难的原因，同时还提出各种能够使法国化险为夷的设想。

关于特洛伊城的陷落，中世纪中前期的史书及相关著作一般都将之归因于阿伽门农（Agamemnon）所率希腊军队的强大。而 15 世纪前期的法国学者则大多认为，它是特洛伊人内讧的结果，是一部分特洛伊人叛变的结果。法国学者之所以持这种解释，显然是与法国当时的状况紧密相联的。亲眼目睹这一现实的著名学者阿兰·夏蒂埃（Alain Chartier）曾写道："不论是帝国还是王国，都不会因为与外敌发生战争而招致灭亡，只有内战才会导致一个伟大的王朝国家垮台。"[②]关于特洛伊人叛变的具体细节，当时的法国学者有两种描述：第一种，有些人将特洛伊城陷落与公元 1418 年的巴黎失守相比。他们认为，与特洛伊人一样，是巴黎人出卖了自己的国王和贵族，巴黎人对国王及贵族的被迫出逃负有责任；英国人也如同当年的希腊人一样，即英国人之所以能攻克巴黎，完全是因为巴黎人的种种罪愆而给自己招致的一种惩罚。[③] 第二种，另有一些法国人则将特洛伊比同整个法兰西（而不仅仅是巴黎一城）。他们认为，与特洛伊一样，法兰西之所以遭受如此巨大的灾难，原因在于法国贵族内部的"党派"之争及一部分贵族对国王的叛卖。这些贵族狂傲不羁、嫉妒成性、奸诈恶毒、自私自利，他们不仅断绝了与法兰西君王的关系，也断绝了与祖国的关系，而且还与外敌合谋，杀害自己的同胞。这些贵族犹如叛卖耶稣的犹大（Judas），他们虽然知晓自己所犯的罪行，却仍然拒不忏悔，因此，正是这些人应该被处死。[④]

15 世纪中前期法国学者所做的上述类比，其用意并不是要让法兰西人宿命地坐以待毙，而是要通过"特洛伊神话"来激发并整合法兰西人同仇敌忾的民族

---

① 参见 H. Vaganay, ed., *La chanson de Perceforest*, Paris, 1907, p. 14 - 17。

② Alain Chartier, *Oeuvres latines*, ed., P. Bourgain-Heymerick, Paris, 1977, p. 216, 228.

③ 参见 Robert Blondel, *Oeuvres complètes*, ed., A. Héron, Rouen, 1892, 1: p. 12 - 13。

④ 参见 Jacques Millet, *L' Istoire de la destruction de Troie la Grant*; Christine de Pisan, *The Epistle of Othea to Hector of Troy*, ed., G. Warner, London, 1904。

情绪,因为在他们的笔下,古代的特洛伊并没有因为希腊人的进攻而真正消亡,现今的法兰西就是古代特洛伊的再造化身。他们认为,只要法兰西人能够充分利用从先辈特洛伊人那里继承下来的美德和勇气,法兰西就完全可以成功地保全自己。15 世纪 20 年代初,著名学者马丁·勒佛朗(Martin Lefranc)曾经严厉敦促法国王太子查理(即后来的国王查理七世,公元 1422 ~ 1461 年在位)应当像其先祖特洛伊人那样勇猛顽强,以实现收复失地这一国人万般渴望之目标:"请记住您的先辈,他们的优点无可比拟,是他们使我们的统治权威力无比,是他们使我们在各地取得了成功。"①在勒佛朗之后,雅克·米叶在自己的著作中描绘了一幅更具感召力的场景:在神灵的安排下,特洛伊末代国王普里阿摩斯在临终之前看到了遥远的未来,在这个未来的时空中,他的后继者查理七世终于战胜了不幸,恢复了荣光,并且重建了特洛伊城。② 由以上所述我们不难看出,在中世纪中后期的抗英斗争及国家统一过程中,以"特洛伊神话"为表现形式的法兰西人的"同宗意识"起到了其他任何一种思想意识都无法取代的特殊作用。虽然它并不能够独立地最终决定中世纪中后期法兰西的命运,但它为这一时期的法兰西人创造了一个充满战争色彩的精神归宿,为法兰西民族国家的形成提供了一种坚固的情感黏合剂。

领土统一与对外扩张往往只有一步之遥。赢得百年战争胜利后不久,法国便走上了试图征服意大利的扩张之路。令人遗憾的是,"特洛伊传说"在这一过程中也频频显现,从而扮演了一种不光彩的角色。掠夺意大利的战争始于查理八世(公元 1483 ~ 1498 年在位)时期。当时的宫廷御用文人曾利用"特洛伊传说"为国王的"正义"之举大造舆论,并且还仿效传说中特洛伊人进占意大利的行踪,为查理八世及其军队制定了进军的线路。路易十二(公元 1498 ~ 1515 年在位)时期,法国继续南征意大利。并且路易十二本人的雄心、抱负并不限于征服意大利,他要建立的是一个更广、更大的世界性帝国。据说他最喜欢的一句格言就是"为我们的特洛伊先祖报仇雪恨"(ultus avos Trojae)。对于国王路易十二的霸业图谋,法国文人当然也是极力迎合的。例如,法学家吉约姆·布诺瓦曾不惜笔墨,将法兰西王室血统一代一代地追溯至特洛伊末代国王普里阿摩斯,然后得出如下结论:"普里阿摩斯的种族已被赋予王权之尊位,因此有资格获得皇帝头衔。"③雷迈尔·德·贝尔伊的想象更是恢弘无度。他曾为路易十二做了这样一个"梦":法兰西国王征服了土耳其人并使之皈依了基督教;接着,他又获得了对整个欧洲和

① Martin Lefranc, *Le Champion des dames*, ed., A. Piaget, Lausanne, 1968, p. 108.

② 参见 Jacques Millet, *L'Istoire de la destruction de Troie la Grant*, p. 385。

③ Collete Beaune, *The Birth of an Ideology*, p. 239 – 240.

中东的统治权，一个包括古代特洛伊旧址在内的庞大帝国开始出现于欧亚大陆之上。[①] 在路易十二之后，国王佛朗索瓦一世（公元1515～1547年在位）及亨利二世（公元1547～1559年在位）同样推行南侵意大利的政策，"特洛伊神话"仍然是他们常常高举的旗帜。但是，无论是查理八世、路易十二也好，还是佛朗索瓦一世、亨利二世也罢，他们均未能够从侵略意大利的战争中捞取到半点建立帝国的资本，"特洛伊神话"也并未给他们带来任何"奇迹"。这或许正是"特洛伊神话"为法国人送来的"辩证法"。

三、"同宗意识"与法兰西国家的文化品位

政治上的独立自主是法兰西民族国家存在和发展的基本条件。围绕"特洛伊神话"而演绎出来的"同宗意识"，在中世纪中后期就曾出色地激励着法国人为此进行不懈的斗争，并最终完成了这一历史使命。但是，作为一个民族国家，法兰西若要真正提高自身在西欧世界中的地位，还必须进行全方位的形象塑造和建设活动，创造一种独具特色的文化传统即是其中的一个重要方面。在这一过程中，"特洛伊神话"同样起到了举足轻重的作用。

需要明确的是，在中世纪中前期，无论是法兰克王国，还是稍后出现的法兰西王国，人们一般都还没有将远道而来的特洛伊人视为传播文明的使者。在这一时期出现的各种编年史书及其他著作中，特洛伊人的总体形象就是士兵，就是能征善战、充满英雄气概的斗士。这一形象与这一时期包括法兰西在内的整个西欧的社会现实是相呼应的，它是骑士制度下骑士心目中的理想化楷模。但是，从12世纪中叶开始，随着法国王权的渐趋苏醒，法兰西人的族群意识也开始萌动，为本族群的文明开化史寻找悠久而辉煌的源流，也就成了一些对世事感触敏锐者的一种偏好。正因如此，"特洛伊神话"开始进入法兰西文化传统之中；也正因为有"特洛伊神话"，中世纪中、后期的法兰西人才拥有了一种不同凡响的文化品位。

首先将"特洛伊神话"与法兰西文明开化史联系在一起的并不是那些以正统面目出现的编年体史书，而是那些带有历史演义性质的传奇文学作品。12世纪中叶，一些传奇文学的作者开始对特洛伊人的传统面貌进行大刀阔斧的整葺，特洛伊人因此由原来的"纯勇士"形象演变成文明、智慧的东土菁华。例如，一位佚名作者在自己的作品中塑造了一位名曰巴托诺波·德·布洛瓦（Partonopeus de Blois）的法兰克墨洛温王朝的王公。这位王公在谈及自己的先祖特洛伊人时，发

① 参见 Jean Lemaire de Belges, *Oeuvres*, 3 : p. 84。

表了如下一段前所未闻的“道白”:“特洛伊城高贵典雅,地位隆崇,民殷国富,而且拥有众多的骑士……而当时的法兰西(时称高卢)既无堡寨,亦无塔楼,也无名城,更无丽镇,因此,人们只是散落地居于各地。法兰西的乡村四野当时尚未拓荒,尽为林木覆盖。这里既无国王,也无公爵,更无伯爵。(是来自东方的特洛伊人)帮助他们建起了精巧的城堡和坚固的城池,而且教会他们过上了群居生活。”①从这一描述中我们很容易联想到中世纪中前期西欧封建主们掀起的垦荒拓殖运动,作者显然是在古代与现代之间进行着远距离的荒唐嫁接。但是,对特洛伊人传统形象的这种改造,对中世纪中后期法兰西的文化精神却有着重要的影响。

进入13世纪以后,特洛伊人的“新形象”开始出现于正规的编年史著作之中。13世纪初,法王腓力二世(公元1180～1223年在位)的宫廷史学家里戈尔等人曾写道:特洛伊人的后裔仿照特洛伊城的模式修建了巴黎城并铺设了巴黎城内的街道。② 著名史学家、博韦人万桑(Vincent de Beauvais,公元1190～1264年)在其名著《史鉴》(*Speculum historiale*)中继承了里高尔等人的说法,并使之进一步发扬光大。13世纪70年代出现的《法兰西大编年史》更是在普通法兰西人的心目中树立起了特洛伊人的新形象。该书认为,特洛伊人在高卢受到了当地居民的热烈欢迎,其原因不仅在于特洛伊人精于武器制造和擅长防御工事建筑,更为重要的是因为他们的文明程度极高。是他们使高卢人走出混沌状态并带领高卢人走向统一的君主制国家。而按照亚里士多德的观点,君主制是世界上最好的政体。可以说,经过《法兰西大编年史》的宣传,法兰西文明与特洛伊文明之间的渊源关系已经成为人所共知的“事实”。在此之后的相当长一段时间里,法兰西文明中的诸多优越之处都被归因于特洛伊人文明开化的结果。例如,法兰西语言与特洛伊人的关系:在中世纪中后期即13～15世纪的法国,为了证明法语的“古老”与“高雅”,有相当一部分学者将法语的源头追溯至上古时期的希腊语,其依据就在于有特洛伊人这一中介。他们认为,特洛伊人来到高卢的同时也就带来了高贵的希腊语,而法语正是在此基础上发展、演化而来的;法语既是一种与希腊语密不可分的语言,又是一种土生土长的语言。③ 经过学者、文人们的努力,法语的形象已焕然一新,法兰西人的民族自豪感也由此而大为增强。④ 而这一局面的出现,与“特洛

---

① A. Crapelet, ed., *Partonopeus de Blois*, Paris, 1835, p. 13－14.

② 参见 Rigord and Guillaume le *Breton*, Oeuvres, 1: p. 54－59。

③ 参见 M. Jones, *The Creation of Brittany: The Late-Medieval State*, London, 1988, p. 284。

④ 关于法兰西民族语言与民族观念的关系,笔者已有较为详细的文字论述,其具体内容请参见陈文海:《民族语言·民族文化·民族国家:法国中世纪后期语言文化的民族化进程探析》,载《世界历史》1997年第6期。

伊神话”在其中所起的桥梁作用是分不开的。又如,法兰西立法与特洛伊人的关系:从中世纪法兰西的总体历史进程来看,各代君王所颁布的法律及其他各种类型的法律多半具有区域性和临时性特征,真正能够长期有效并施及全境的法律并不多见。在这一混乱无序的总体格局中,有一部法律可以称得上是个例外,这就是《撒利克法典》。该法典原为上古末期到中世纪初期法兰克人的习惯法汇编,到了中世纪中、后期,随着政治形势的需要,该法典逐步演变为法兰西王位继承法。① 可以说,《撒利克法典》与中世纪中、后期法国的封建政治结构有着不可分割的联系。对于这样一部具有全国影响的法律,中世纪的一些法国学者也毫无保留地将其草创之功归于特洛伊人。15 世纪上半叶,《撒利克法典》的“特洛伊起源”说更是得到了法国王室的支持。16 世纪、17 世纪时,《撒利克法典》更是被披上了一层神圣的外衣。人们已将它与特洛伊城的镇国之宝“智慧女神像”相提并论,认为它是“智慧女神像”在法国的变体,法国人只要拥有它,国家就会长治久安,否则国家就会覆亡。通过这一联系,法国人便可以理直气壮地向西欧世界证明:法兰西的法律既不同于罗马法和“帝国”法,也不同于教会法,更不同于普通的封建习惯法;法兰西拥有一套只属于自己的法律体系,而且其历史极为久远,非他国所能比拟;法兰西民族具有超凡脱俗的独创性和无可辩驳的独立性。由“特洛伊神话”引发的法兰西人的文化品位由此可见一斑。

从“特洛伊神话”在中世纪法兰西的演变和发展历程中我们可以看出,“同宗意识”在法兰西民族国家形成过程中所起的作用是不可低估的,更是不容抹杀的。一方面,它有力地将全体法兰西人稳固地植根于一片深厚、肥沃的血缘纽带土壤之中。尽管这一神话的具体内容在中世纪的不同时期有所变化,但是有关法兰西人血统的同一和连续这一主线却从未改变。另一方面,这一神话还成功地辅佐法兰西提升自身在西欧世界中的地位,破灭了天主教会和“帝国”的霸权理论,扫除了外国侵略势力对法兰西人的王位要求,并且还使得法兰西的文化传统显示出与众不同的个性特征。总之,对于被内忧外患所困扰,王室世系合法性受到挑战的中世纪中、后期的法兰西来说,“同宗意识”是克服上述困难所必不可少的心理前提。“特洛伊神话”的价值也正体现于此,不是因为它真实,而是因为它有用。这或许正是各个民族起源神话的共同之处。

---

① 关于这一问题,参见陈文海:《〈撒利克法典〉在法国中世纪后期的复兴和演化》,载《历史研究》1998 年第 6 期。

宗教与世俗的平衡与相互制约

——意大利人文主义者的宗教观

赵立行

文艺复兴作为一个时代，人文主义为主旨的新精神的形成始自布克哈特的《意大利文艺复兴时期的文化》一书的出版。布克哈特认为，这种新精神与以宗教信仰为特征的中世纪精神相对立，这种精神的主要特征就是把理智解放了出来。这种观念立即吸引了众多的追随者。英国学者西蒙兹便是其中的重要人物，西蒙兹在其《意大利文艺复兴史》①中认为文艺复兴标志着人们与中世纪的决裂和现代社会的开始。应该说，布克哈特对文艺复兴的认识的倾向性很明显，但是他并没有否认，也无法否认人文主义精神与宗教信仰纠结在一起的特征，遗憾的是，他并没有对此进行详尽的阐述和剖析，只是"把它们看作更加自由的社会出现的附带物，形同青春期成长的痛苦"。② 这种缺憾本身恰好成为反布克哈特学派争论的焦点。几乎在布克哈特的观点得到广泛欢迎的同时，反对布克哈特的观点也同时产生。反布克哈特的学者们正是认识到了人文主义精神与宗教的纠缠不清，而强调人文主义精神中所渗透的中世纪精神，从而否定文艺复兴的

① Symonds, *Renaissance in Italy*, Smith, Elder and Co., 1880.

② Philip Lee Ralph, *The Renaissance in Perspective*, St. Martin's Press, Inc., 1973, p. 4.

创新性。无论是哈斯金斯①强调“加洛林文艺复兴”的重要性，还是林·桑代克②从科学的角度否定文艺复兴的创新性，都反映了同样一种态度。围绕布克哈特观点的争论，虽然在第二次世界大战前后告一段落，但是双方并没有就人文主义与代表中世纪精神的宗教信仰的关系问题达成一致意见，而且事实上双方都没有对这样一个复杂的问题进行深入的哲学探讨。这呼唤着人们更深入、更客观地探析人文主义者具体的思想。在这方面，克里斯特勒和加林作出了不小的贡献，前者先后出版了《费奇诺的哲学》(1942 年)、《文艺复兴时期人的哲学》(1948 年)、《人文主义和文艺复兴》(1974 年)等著作，后者则以其《意大利人文主义》而著名。他们不是单纯从宏观的角度判定人文主义者是创新世俗生活还是具有中世纪精神，而是从哲学的角度具体地分析人文主义者个人的思想，揭示了人文主义者思想的复杂性和矛盾性。此后，学者转入更加细微的研究，在文艺复兴时期的经济史、社会史等方面取得了不少的成果，但对评价文艺复兴地位至关重要的人文主义与宗教的关系问题研究不多。因此丹尼斯·哈伊在《近 25 年来对文艺复兴的研究》(1977 年)③一文中认为，尽管学者取得了瞩目的成绩，但是还需要在某些方面做进一步深入的探讨，其中教会的精神和人文主义者与宗教的关系就是课题之一。为此，1985 年西方学者专门以“基督教与文艺复兴”为题进行了专题学术研讨会，可见国外学者对该问题的重视。就国内而言，在很长时间里，大多数学者都普遍认为，人文主义者与教会是相对立的，人文主义者攻击的矛头直接指向天主教会。尽管上述观点的合理性不容怀疑，但其不足也非常明显：它的结论过于简单，过于注重价值判断，注重变化而忽视了连续性。而事实上，“新的出发点总是由对过去的关注所塑造的，而且只能慢慢地取代过去”。④ 随着近年来学者对人文主义者，对当时的宗教状况，对人们日常生活研究的深入，发现人文主义者和宗教的关系并非那么简单和清晰。例如，与人文主义者尖锐批评教会同样明显的事实是，人文主义者在实际生活中并没有同教会划清界限，反过来，教会也并没有视人文主义者为自己的敌人，反而出现了不少人文主义教皇。由于这些明显的矛盾现象的存在，我们不能笼统地、简单地强调人文主义的反宗教性，而应该充

---

① C.H.哈斯金斯(C. H. Haskins)，美国中世纪史家，以其《十二世纪的文艺复兴》(*The Renaissance of the Twelfth Centuty*, Cambridge Mass., 1927)强调文艺复兴与中世纪的继承性而著名。

② 参见[英]林·桑代克(Lynn Thorndike)，著有《实验科学与幻术史》(*A History of Magic and Experimental Science*, New York and London: Columbia University Press, 1923)。

③ 参见[英]丹尼斯·哈伊:《意大利文艺复兴的历史背景》，李玉成译，生活·读书·新知三联书店 1992 年版，附录。

④ John F. H. New, *The Renaissance and Reformation*, John Wiley & Sons, Inc., 1969, p. 53.

分认识到人文主义宗教观念的复杂性。[①] 人文主义者虽然反对中世纪的神学统治,却以宗教信仰为前提,而且并未从根本上否定教会组织。因而,文艺复兴时期的教皇并非铁板一块,都是站在文艺复兴运动的对立面的。[②] 这些新的研究一方面丰富了对人文主义思想认识的层次,同时也提出了新的研究问题:人文主义者宗教批评的目的和限度何在?人文主义者本身的理想宗教模式是什么?人文主义者到底是如何看待世俗化和宗教信仰之间的关系的?只有弄清这些问题,我们才能了解人文主义者对待宗教的真实态度,才能更客观地确立人文主义者在西欧思想过渡时期的社会地位。因此对人文主义宗教观进行再认识是非常必要的。

限于资料和篇幅,笔者以文艺复兴时期意大利人文主义者的宗教观为中心进行论述。

一、宗教批评的前提和限度

人文主义者提出自己的主张是以批评教会为突破口的。彼特拉克曾在阿维尼翁住过不少时间,他亲眼目睹了当地教皇和教士的种种不良行为,曾把教皇的宫廷比作"魔鬼的大淫窟";薄伽丘在《十日谈》中更是对教士的种种劣迹和言行不一的本性极尽讽刺挖苦之能事;瓦拉则通过论证《君士坦丁的赠赐》系教会伪造的文件,从而在理论上否定了教皇国的合法性。人文主义者宗教批评的言论和例证几乎无法穷尽,不管每个人文主义者的观点如何,但对教会的批评似乎是一致的。然而,进一步的疑问在于,人文主义者是否从对抗的角度从整体上批评和否定教会?如果不是,那么人文主义者宗教批评的前提条件和限度到底是什么?如果不弄清这些问题,我们就会直观地夸大人文主义者与教会的对抗程度,从而推导出偏颇的认识。这就需要我们对人文主义的宗教批评再聚焦,分层次地分析人文主义者宗教批评的特征。

首先,对教会进行批评是人文主义者共通的特征,这种共通性往往使我们在认识人文主义者时,把他们看作一个有组织的统一的团体,有着共同的政治倾向,有着共同的理论基础,从而把人文主义者界定为对抗教会的统一的力量。其实,这与事实不符。人文主义者作为当时的知识分子,其地位是模糊不清和难以界定的,他们在一定程度上非常孤独,很难清晰地看出他们代表着什么阶层的利益和

① 参见程显煜:《意大利人文主义者的矛盾性与复杂性》,载《历史研究》1987 年第 2 期;《罗马教皇与罗马文艺复兴》,载《历史研究》1988 年第 1 期。

② 参见庞易民:《教皇尼古拉五世与文艺复兴运动》,载《青海师大学报》1988 年第 4 期;郑如霖:《教皇利奥十世的历史地位》,载《华南师大学报》1988 年第 1 期。

力量,"他们越来越成为一个与社会分离的团体的成员,是一个城堡的成员,是一个世界中的小团体的成员,他们的地位非常类似于教士"。[①] 难怪勒戈夫把人文主义者称为"贵族人文主义者",因为他们"经常为王侯效力,但始终把领导社会的责任让给他们,——他们强调的是空闲时间,用优美文学来打发的'闲散'以及古典时代贵族的'悠闲'"。[②] 这种模糊性使得人们很难把他们摆在与教会对抗的地位上。人文主义者之间的理论并不一致,在对待宗教的态度上也参差不齐。这一点,布克哈特在他的《意大利文艺复兴时期的文化》一书中已经提到:"在所有形成一个阶层的人们当中,他们是最没有共同利益感,并且也是最不尊重关于共同利益感的一切的。"[③]从人员构成来看,人文主义者成分复杂。他们的来源根本没有集中于某一个社会阶层,可以说是来自当时各种不同的阶层和阶级,"他们是一群最复杂的,形形色色的人物,今天具有这样一副面貌,明天又换了另外一副面貌"。[④] 这些人文主义者既有来自意大利商业城市共和国的,有来自专制暴君统治的君主国的,也有来自教皇所统治的教皇国的。有出身新兴商人家庭的,也有出身于世袭贵族家庭的,还有的来自教会。这些来自不同背景的人文主义者,尽管有着某些共通的东西,但更有着各自不同的志趣和倾向。由于他们并非一个统一的团体和组织,因而在理论思想方面相互间的出入很大,甚至在某些问题上相互对立,他们之间的相互攻击司空见惯。人文主义者"是一群争论不休,脾气暴躁,动辄生气,性好妒忌的人,总是不断地互相写信,指摘和挑剔对方"。[⑤] 就是每个人文主义者自己前后的思想也经常是矛盾的。彼特拉克、布鲁尼和萨卢塔蒂都赞颂尘世的价值,认为知识并不是孤立地存放在象牙塔里的东西,而是居住在城市里,为民众造福的东西。但是他们又非常轻视自然科学,他们讽刺医生是机械师,从医是一件卑鄙的事情。里努奇尼曾经激烈地反对禁欲主义,但是后来他又赞赏"寺院的和潜修的道德"。[⑥] 薄伽丘在《十日谈》里对教会大加讽刺,但后来又

① John Oppel, *Alberti On Social Position of the Intellectual*, Journal of Medieval and Renaissance Studies, Vol. 19, No. 1 (Spring 1989), p. 123.

② [法]雅克·勒戈夫:《中世纪的知识分子》,张弘译,商务印书馆1999年版,第142~143页。

③ [瑞士]雅各布·布克哈特:《意大利文艺复兴时期的文化》,何新译,商务印书馆1981年版,第269页。

④ [英]阿伦·布洛克:《西方人文主义传统》,董乐山译,生活·读书·新知三联书店1997年版,第21页。

⑤ [英]阿伦·布洛克:《西方人文主义传统》,董乐山译,生活·读书·新知三联书店1997年版,第21页。

⑥ [意]加林:《意大利人文主义》,李玉成译,生活·读书·新知三联书店1997年版,第22~23、78页。

想皈依正教,做僧侣,卖掉自己的书籍;幸而经彼特拉克极力劝阻才没有彻底放弃人文主义立场。布洛克曾这样总结文艺复兴时期意大利的人文主义,说它“既不是一种信条,也不是一种哲学体系,他不代表任何一个利益集团,也不想把自己组织成一种运动”。[①] 虽然这样说有些言过其实,但也从一个侧面说明人文主义者无论在人员构成,还是思想体系和行动中都没有形成为一个有组织的团体。因此,尽管人文主义者在宗教批评上具有一致性,但每个人对宗教的认识是有差异的,而且每个人进行宗教批评的着重点都不一样。这就需要进行具体分析,如果我们从整齐划一的角度去认识人文主义者,就难免过于强调其共性而忽略其复杂性,从而造成理解和认识的偏颇。

其次,人文主义者的宗教批评始终固守着一条不可逾越的界限,那就是人文主义者从来没有达到否认宗教和教会的地步,也就是说,他们所做的一切批评都是在承认宗教信仰,保持虔诚的前提下进行的。人文主义者以讽刺和揭露教会的腐败,暴露教会的丑行而著名,似否认宗教,同宗教格格不入。这其实是一个认识误区。人文主义者批评宗教,但没有任何言论和行动可以说明他们否认宗教,“他们之中没有一个人曾经承认或者敢于承认是一个正式的哲学上的无神论者”,[②] 甚至他们对待宗教的态度比一般人还要虔诚,“一个奇怪的事实是:这个新文化的某些最热心的提倡者是最虔诚地敬上帝的人乃至是禁欲主义者”。[③] 对教会的揭露和批判同对宗教的虔诚似乎是一对无法调和的矛盾,但是,如果我们了解人文主义者对待言语的态度,也许可以部分理解这一矛盾。人文主义者的雄辩和激烈言辞并不代表推翻什么,而是强调言辞对某些心灵病症的“治疗”作用,“在其早期的著作《秘密》和信件中,我们可以看出彼特拉克试图成为 medicus animorum,即成为一名医治者,用言辞治愈自己和其他人的各种疾病”。[④] 因此,他们的批评本身也往往带有良药苦口的意味。正因如此,韦斯曼探讨了大众团体的宗教行为和人文主义者的思想,找到了两者的共通之处,认为文艺复兴时期的“大众团体和人文主义者的虔诚都源自同样的道德和精神世界”“两种团体都对宗教文化做出

---

① [英]阿伦·布洛克:《西方人文主义传统》,董乐山译,生活·读书·新知三联书店 1997 年版,第 67 页。

② [瑞士]雅各布·布克哈特:《意大利文艺复兴时期的文化》,李玉成译,生活·读书·新知三联书店 1997 年版,第 491 ~492 页。

③ [瑞士]雅各布·布克哈特:《意大利文艺复兴时期的文化》,李玉成译,生活·读书·新知三联书店 1997 年版,第 490 页。

④ George W. McClure, *Healing Eloquence*: *Petrarch*, *Salutati*, *and the Physicians*, Journal of Medieval and Renaissance Studies, Vol. 15, No. 2 (Fall 1985), p. 319.

了实质的贡献”。①

人文主义者承认宗教信仰和保持虔诚的态度可以从两个方面得到明显的体现。第一,人文主义者的实际生活是同教会密切结合在一起的,人文主义者或是亲身担任教职,或是为教皇所重用,反过来,教会往往热情地接纳人文主义者,“因此如像过去一样,不少从事研究古典著作的人,他们把在教廷里担任秘书或是什么工作当作他们晋升的阶梯”。② 洛伦佐·德·美第奇是佛罗伦萨的统治者,本身又是一个人文主义者和艺术的保护人,他又极力使他的儿子乔瓦尼成为红衣主教,并最后登基为教皇,由此而出现了一个人文主义教皇。在洛伦佐给儿子的一封信中,他除教导自己的儿子不要学坏和不要奢侈外,特意教导他说,“我首先要告诫你,你一定要感谢上帝,并不断地想起不是因为你的美德,审慎和节制而使得我们家族荣耀和尊贵,而是因为他的恩惠,你应当通过虔诚,贞洁和模范生活来报答”。③ 彼特拉克是“人文主义之父”,但他接受过僧职和低级神品,并曾经在罗马柯隆那红衣主教的宫殿里愉快地做了七年食客,在获得桂冠诗人称号后,他“接受了好几个教俸,富裕得足以轻视财富”。④ 尽管瓦拉在 1440 年便已经写出了他那著名的文章,证明了《君士坦丁的赠赐》是伪造的文件,并因此同当朝的教皇发生了矛盾,但是,他还是得到了后继教皇的支持,并在 1448 年担任了教皇秘书。著名的柏拉图主义者费奇诺从 1473 年开始正式成为一名牧师,之后又获得好几个基督教会的有薪俸的职位,最后成为佛罗伦萨大教堂牧师会的成员。著名学者皮科在 10 岁便被命名为教皇法庭首席公证人。人文主义者投身教皇宫廷或担任教职,说明人文主义者同教会有着广泛的合作基础。正是教会为人文主义者的生活提供了物质保障,为人文主义者的研究提供了空间和文化基础,同时也正是教廷为人文主义者提供了施展才华的机会。教皇利奥十世时,人文主义者与教皇的合作是非常典型的,利奥十世奖励和帮助古典及人文主义作品的编订和出版工作,邀聘和保护艺术巨匠,给予优厚待遇与赏赐,不遗余力地收集古典文物和古典著作,大量的人文主义者都投到他的麾下。对教会而言,人文主义者也似乎是不可

---

① Ronald F. E. Weissman, Humanist Preaching and Lay Piety in Renaissance Florence. Timothy Verdon and John Henderson (eds.), *Christianity and the Renaissance*, Syracuse University Press, 1990, p. 251 - 252.

② [英]丹尼斯·哈伊:《意大利文艺复兴的历史背景》,李玉成译,生活·读书·新知三联书店 1992 年版,第 158 页。

③ Lorenzo De Medici, Paternal Advice to a Cardial. Merrick Whitcomb (trans.), *Source-Book of the Italian Renaissance*, Philadelphia, University of Pennsylvania Press, 1903, p. 82.

④ [美]威尔·杜兰特:《世界文明史:文艺复兴》,幼师文化公司译,东方出版社 1999 年版,第 18 页。

或缺的,因为人文主义者可以为国家草拟公函和在公开而庄严的场合担任讲演,可以用自己的才能来装点教会。因此,在实际生活中,人文主义者并未抛弃教会而形成独立的阵营,教会也没有因为人文主义者的主张而把他们拒之门外,双方反而形成了相互扶植和相互合作的关系。尽管他们之间也有着这样或那样的矛盾,但是这些矛盾并没有引起人文主义者与教会的决裂。

第二,就人文主义者的理论而言,他们在批评教会的同时,也是极力维护宗教和教会的至上地位的。彼特拉克在他的文章《论无知》中非常清楚地阐明了这一观点。他说,"我的心灵的最深处是与基督在一起的""当这颗心灵思考或谈到宗教时,即在思考和谈到最高真理、真正幸福和永恒的灵魂的拯救时,我肯定不是西塞罗主义者或柏拉图主义者,而是基督徒"。[①] 因此,就彼特拉克而言,"宗教信仰和宗教虔诚在他的思想和著作中居于核心地位,并且也没有丝毫理由来怀疑他的陈述是否真诚。假如在宗教和古代哲学之间发生冲突的话,他将站在前者的教旨一边"。[②] 乔瓦尼在自己的通信中也表达了同样的情感。他说,虽然他非常喜欢古代,但是这种喜欢并不包括神圣的宗教和信仰,与古代人相比,在宗教信仰上"我们"要幸福得多。尽管在其他方面古代有优越于"我们"之处,但在信仰方面"我们"不会居于他们之下,因为古代人在异教的引领之下,必将步入歧途,而"我们"则沐浴着基督教的光芒。所以"那些追随他们的领路人走入地狱的人是不幸的,相反我们是非常幸福的。我们已经看到了真正的光芒,它使得我们知道了我们所愿,并为我们打开了道路,沿着这条道路,我们可以达到真正的幸福"。[③] 马基雅弗利虽然批评罗马教会使意大利处于四分五裂状态,因为它一方面占有世俗权力,另一方面又没有足够的力量来控制它,但是他仍然认为宗教不可或缺,因为"维持宗教的基础并维持它们,是共和国或一个王国的统治者的职责;如果他这样做了,就会很容易保持他们的共和国虔诚,结果会保持国家的完美和团结"。[④] 因此,无论在实际生活中还是在理论上人文主义者都没有否认宗教和教会,这成为他们进行宗教批评的前提,也成为他们与教会合作的基础。

---

① 参见郑如霖:《教皇利奥十世的历史地位》,载《华南师大学报》1988 年第 1 期。

② [美]保罗·奥斯卡·克里斯特勒:《意大利文艺复兴时期八个哲学家》,姚鹏、陶建平译,上海译文出版社 1987 年版,第 13 页。

③ Giovanni Dondi Dall's Orologio, Letter to Fra Guglielmo Centueri da Cremona, From Eric Cochrane and Julius Kirshner(eds.), *Reading in Western Civilization: The Renaissance*, The University of Chicago Press, 1986, p. 70.

④ Niccolo Machiavelli, Discouises on the First Ten Books of Titus Livius. From Reading in Western Civilization: The Renaissance, p. 203.

第三,人文主义者宗教批评的内容方面,同样体现着他们的限度。人文主义者由于没有形成统一的力量,因而也没有形成系统的理论体系,同时他们又是作为虔诚的信徒进行宗教批评,所以批评内容同样带有零散性和不成体系的特点。概括起来讲,人文主义者宗教批评的重心不是整个神学体系和整个教会本身,而是神学中的某些问题和教会中的某些人员;不是注重宗教理论的评点,而是针对教会人士的种种行为;不是注重教会人士的所有行为,而是主要注重教会的世俗化行为;不是针对所有的世俗化行为,而是针对他们言行不一的欺骗行为。从人文主义者的著作中我们可以很明晰地看出,人文主义者批判的对象主要集中在教会中出现的生活腐化及道德堕落现象,而且主要以低级教士、僧侣和修道士作为批评的靶子,因为"他们是过时价值的载体。他们也是最容易受到讽刺的对象,他们离世俗的人和诱惑很近,但又宣称纯洁和拥有特权。按照人文主义者的观点,他们拥有教会前辈的缺点但缺乏前辈的美德"。[①] 确实,在文艺复兴时期,教士和修道士在宗教信仰上出现明显的衰落趋势。教士的素质明显下降,许多教士不了解基本的宗教礼仪常识,甚至有的教士完全是文盲;教会中担任教职的人员成分变得复杂,许多人进入教会组织并不是为了信仰,而是为了金钱或其他目的;随着教会成员素质的下降,随之而来的是教士在道德上的败坏和堕落。正是在这样的状况下,人文主义者对教会进行了攻击和嘲讽,他们揭露和攻击的对象是教会出现的弊端,而不是把矛头指向整个教会,更多的是希望驱除教会中出现的腐败现象。既然如此,我们就不能简单地得出他们"反对教会"的结论,正如张椿年所指出的,"批判僧侣的行为与反对僧侣制度;反对个别教皇与反对所有教皇;反对僧侣制度、反对教皇与反对整个教会;反对教会与反对神是有区别的。每一个批判与反对不等于另一个批判与反对,同一个批判与反对,也可以从不同的立场、角度与深度去进行"。[②]

人文主义者开始尝试着评点教会、研究《圣经》的另一个前提,不是教会在日益走向没落,反而是因为基督教会经过几个世纪的发展,无论在思想上还是力量上已经取得了绝对的优势。对它进行评述,对异教进行研究不但不会妨碍基督教会的优势地位,反而在一定程度上能够促进基督教会的发展。"真正的宗教已经站稳了脚步,异教已经被毁灭,而胜利了的教会已经占领了敌人的营垒。现在几

① John F. H. New, The Renaissance and Reformation, p. 63.

② 张椿年:《从信仰到理性》,浙江人民出版社 1993 年版,第 85 ~ 86 页。

乎有可能和异教接触并对它加以研究而没有什么危险了。"①因此与其说人文主义者对教会的批判和评点是出于对宗教的厌恶,倒不如说是对宗教的关心。与其说人文主义者沉迷于古典学,研究古代希腊和罗马的典籍和思想是为了寻求与教会对抗的工具,倒不如说是在古典文化中寻求素材,来延伸和扩大当时占优势的宗教文化。

只有了解了人文主义者对宗教的真正态度和宗教批评的前提及限度,我们才可以真正了解为什么对语言学和古典学这些充满异教思想的学问的研究差不多都会得到教皇和主教等人的赞助,为什么人文主义者往往会成为罗马教廷和主教官邸里的红人,为什么人文主义者都激烈地批评教会但从来没有越过否认教士的范围,为什么在文艺复兴的发源地意大利没有发生或更早地发生德意志那样的宗教改革。这一切都是由人文主义者对教会的态度所决定的。

二、理想宗教模式的建构

人文主义者的宗教模式是学者探讨最少的问题,应该说,到目前为止,人们对人文主义者心目中的理想宗教样式,仍然模糊不清。造成这种状况的原因,一方面是因为人文主义者往往是作为宗教的批评者,而不是改革者出现的,"瓦拉是以批评的方式而不是以建构的方式来行事的;在瓦拉那里,也许隐含着某些教会学观念,但从没有积极地表达出来。"②同时他们的批评主要集中在教会人士的不良行为上,而不是教义上,所以他们并没有关于理想宗教的特别清晰的系统阐述。另一方面,他们是在保全现有宗教和教会的基础上进行宗教批评的,所以不可能提出一种与现有宗教模式反差极大的新的理论体系。另外,由于我们往往把人文主义者当作宗教的对立面,所以非常注重他们关于反宗教的言论,而不注重他们作为虔诚教徒的真实想法。其实,尽管人文主义者关于宗教的论述散见于各处而不成系统,但是他们确实在通过自己的著作和行动进行建构理想宗教模式的努力,他们的宗教观念就存在于对宗教的批评之中,存在于对世俗领域的拓展之中。既然他们并不是站在推倒宗教和取代现有教会的立场上,那么,在他们的宗教批评和强调世俗观念的背后,也就有着改善宗教的意味,有着构建理想宗教的线索。人文主义者建构理想宗教模式的努力之一是回到古典时代,通过古典时代来重新

① [瑞士]雅各布·布克哈特:《意大利文艺复兴时期的文化》,李玉成译,生活·读书·新知三联书店1997年版,第203页。

② Christopher S. Celenza, *Renaisance Humanism and the New Testament*: *Lorenzo Valla's Anntations to the Vulgate*, Journal of Medieval and Renaissance Studies, Vol. 24, No. 1 (Winter 1994), p. 40.

审视现有的一切,从而为自己的理论找到支持和理论依据。我们知道,重视古典学术的收集和研究,回到古代是人文主义者的主要特征之一。彼特拉克说,"在所有使我感兴趣的主题中,我尤其关注古代,因为我所在的时代时常拒斥我,因此,如果不是为了那些我亲爱的人,我宁愿选择出生在别的时代。为了忘记我自己的时代,我总是努力把自己的精神置于其他时代"。① 马基雅弗利1513年在给朋友的一封信中这样写道:"当夜幕来临时,我回家进入书房,我脱掉沾满灰尘和汗水的劳动服装,穿上在宫廷穿的长袍,我进入古代的殿堂,并受到他们的欢迎。在这里我独自享受只属于我的食粮,我因此而生。"②这反映了人文主义者与古典时代的独特情感。人文主义者回到古典时代,并不仅仅是回到西塞罗等古典学术大师那里,回到柏拉图等古典哲学家那里,吸取关于世俗生活的素养,他们也同样回到了古典教父那里,从他们那里探寻宗教的本义,并把自己的思想交给他们去审视。彼特拉克就经常把早期教父奥古斯丁作为自己精神上的导师,时常把自己的心迹向他坦白,通过奥古斯丁以正统宗教的观点来检视自己的灵魂。这一点明显地表现在他的著作《秘密》一书中,在这本书里,他以和奥古斯丁对话的形式,道出自己对爱情、荣誉的看法和追求,让奥古斯丁来评判是非。③ 彼特拉克在他的《登上文图克斯山》的信件中,同样表达了对奥古斯丁的尊敬。这封信本来就是彼特拉克写给一位奥古斯丁僧侣的,他在巴黎遇到这位僧侣并把他当作自己的精神导师。在这封信中,描绘他登上文图克斯山时,在山顶上看到了周围的景色,他翻开了随身带去的奥古斯丁的《忏悔录》,发现奥古斯丁已经在书中记载了彼特拉克此时所见到的景象,因此他从周围的景色反过来审视了自己的心灵,"我对自己感到愤怒,因为我们仍然赞美尘世之物,虽然我很久以前就从教徒哲学家那里得知'比较而言,除了灵魂以外没有什么值得赞赏,如果灵魂是伟大的,那么其余的都微不足道'"。④ 以彼特拉克为主的人文主义者与古典教父的精神沟通、交流,昭示人文主义者把理想的宗教建立在对早期基督教的追寻上。人文主义者选择早期教父的宗教思想作为标本,是因为那时正是基督教成熟的原始阶段,是基督教

---

① Francesco Pertraca, To Posterity. From James Harvey (trans.), *The First Modern Scholar and Man of Letters*, New York: G. P. Putnam, 1898, p. 64.

② J. R. Hale (trans.), *The Literary Works of Machiavelli*, Oxford: 1961, p. 139.

③ 关于彼特拉克《秘密》的内容,参见北京大学西语系资料组编:《从文艺复兴至十九世纪资产阶级文学家艺术家有关人道主义人性论言论选辑》,商务印书馆1973年版,第6~13页。以及Reading in Western Civilization: The Renaissance, p. 46 – 48。

④ Francesco Pertraca, The Ascent of Mount Ventoux, From the First Modern Scholar and Man of Letters, p. 72.

理论的创成阶段,是宗教更纯洁的阶段,他们的思想中包含着基督教思想的真义和最基本的形式。而文艺复兴时期的宗教理论由于各种各样后来的解释的加入和不同理解的纷争,已经掩盖了宗教理论最原始的本义,同时由于神职人员对世俗问题的过多涉及和其种种不良行为的泛滥,已经玷污了宗教本身的清白。人文主义者追溯早期教父时代,就是当时试图恢复宗教本身的清白。就这一点而言,人文主义者与早期教父的亲近,同他们进行宗教批评和重视古典是非常一致的,"从根本上说,人文主义者与受其影响的哲学一样并不是异教徒,反宗教者或隐秘的无神论者。人文主义者无非是想对文化来个深入的追本溯源,从漏洞百出的注释和译文回到经典著作本身。一些基督教的人文主义者,回到了《圣经》和教父那里,他们对宗教及世俗的语言和文本有了更确切的理解"。① 瓦拉论证《君士坦丁的赠赐》文件的真伪正是人文主义者这方面努力的典型体现,这说明,人文主义者不是通过设计一套新的教义理论来建立自己的宗教理想,而是通过考证,鉴别现有宗教理论的依据,去除后人添加在宗教理论上的多余和错误的东西,从而恢复基督教本来的含义和面貌,"瓦拉教会学的观点是极为尊重和倾听'旧基督教'教会的仪式,圣保罗的精神和早期教父时代的基本要旨"。② 瓦拉力图去除附加在宗教上的种种属性,认为宗教就是宗教,而没有必要在它面前加上"真正的""基督的"等资格限制和属性限制。③ 皮科也是在这方面做出努力的人文主义者之一,他亲自设计和完成了著名的九百论题,邀请欧洲的著名学者在罗马广泛辩论,以求辨明真理。人文主义者在宗教上寻求与古典时代的结合,清楚地表明了人文主义者的宗教理想:现在的宗教和教会已经蒙满尘垢,人们应当追本溯源,扫除这些尘垢,真正的宗教应当回复到基督教原始初创时期的真义上去。

人文主义者宗教理想的第二个表现就是要排除现有宗教的狭隘和偏执,提倡宗教宽容。具体说来,人文主义者就是想通过广泛探讨古典文化,推崇古典学者的思想,以及追溯教会最初始的状态,为宗教和古典文化寻找到结合点,从而为宗教宽容找到理论依据。人文主义者认识到,古典时代既是一个人才辈出,各种学问和理论诞生的时代,也是基督教真正诞生和定型的时代,而当时基督教理论的

① [美]大卫·戈伊科奇等编著:《人道主义问题》,杜丽燕等译,东方出版社 1997 年版,第 100 页。

② Christopher S. Celenza, *Renaissance Humanism and the New Testament: Lorenzo Valla's Anntations to the Vulgate*, Journal of Medieval and Renaissance Studies, Vol. 24, No. 1 (Winter 1994), p. 40.

③ Lorenzo Valla, The Profession of the Religious, From David Englander (ed.), *Culture and Belief in Europe 1450 – 1600: An Anthology of Sources*, Blackwell Publishers, 1993, p. 34.

创成不是与那些古典学问和理论分离的结果，恰恰是结合了古典学问的成果，因此人文主义者心目中的理想的宗教应当是和古典学问相容的，它们之间是可以调和的。布克哈特注意到，从但丁开始，就经常把同一个事实的基督教说明和异教的说明放在一起，[①]说明他已经开始注意到了对同一个事物的不同看法。彼特拉克非常崇拜西塞罗，处处模仿西塞罗的文风，甚至还给西塞罗写过不少“信件”，同时彼特拉克又信守基督教，他认为“两者可以互相容忍”，因此“我们可以说，彼特拉克是一个清楚的例子，说明人文主义者能够既反对经院哲学，同时保持其基督教信仰，能够把自己的古典学识和宗教信仰调和起来。因而彼特拉克乃是‘基督教人文主义’早期意大利先驱”。[②] 布鲁尼在给一位有教养的妇女的信中认为，人们往往不自觉地首先把宗教和道德作为研究的主题，研讨圣奥古斯丁等人的著作，从中寻求美德，但是，美德往往存在于古希腊、罗马的著作中，存在于历史、演说术和诗歌中。因而，寻求美德应该拓展领域，把宗教以外的其他学科的知识纳入研究的视野之中。[③] 费奇诺则试图把柏拉图主义和基督教调和起来，他确信，“真正的宗教即基督教，和真正的哲学即柏拉图主义，在根本上是彼此能调和一致的，它倾向于把它们看成是姐妹，而不是使一个从属于另一个。他相信柏拉图的理性的任务是证实和支持基督教的信仰和权威，甚至认为为了真正宗教的利益而不能仅仅靠信仰引导的人，只能通过理性和最完美的哲学走向真理。”[④]皮科则走得更远，他不但认为古典文化与基督教具有可调和性，而且认为所有有真知灼见的思想和宗教理论都可以统一起来。对皮科而言，“所有已知的哲学和神学学派及思想家都具有某种真实和可靠的洞见，这些洞见可以彼此调和起来，因而值得重新提出和辩护。”[⑤]这种调和不仅只是宗教和古典文化的调和，同时也包括不同宗教观点之间的调和，正如费奇诺所说的，“每一种宗教都宣扬唯一真正的上帝，

---

① 参见［瑞士］雅各布·布克哈特：《意大利文艺复兴时期的文化》，何新译，商务印书馆 1981 年版，第 201 页。

② ［美］保罗·奥斯卡·克里斯特勒：《意大利文艺复兴时期八个哲学家》，姚鹏、陶建平译，上海译文出版社 1987 年版，第 13 页。

③ Leonardo Brunid Arezzo, De Studiis et Litteris. W. H. Woodward(ed.), *Vittorino da Feltre and Other Humanist Educators*, Cambridge University Press, 1912, p. 127.

④ ［美］保罗·奥斯卡·克里斯特勒：《意大利文艺复兴时期八个哲学家》，姚鹏、陶建平译，上海译文出版社 1987 年版，第 59 页。

⑤ ［美］保罗·奥斯卡·克里斯特勒：《意大利文艺复兴时期八个哲学家》，姚鹏、陶建平译，上海译文出版社 1987 年版，第 72 页。

它们的多样性给世界增添了美丽的色彩。”①通过这种调和的主张，人文主义者提出了自己的观点：宗教应该在尊奉真理的前提下广泛宽容，最初的基督教本来就没有同古典优秀文化形成对立关系，而是与之调和，达成和谐的状态，因此理想的宗教应该放弃偏执，善于吸收各种有见解的学说和理论，既包括不同的神学理论，也包括各种哲学理论。

人文主义理想宗教模式的另一个内容是力图在理论上把人的价值纳入神学体系之中，为人性和人生活的价值在宗教中找到应有的地位，从而达成人性和神性的统一。人文主义者反对人作为“罪人”一辈子过着无意义的赎罪的生活，相反认为，人具有的所有的能力和美德都是上帝赋予的，人们在俗世积极地活动本身就体现着神性。人文主义者这样做的目的不是贬损人性和人的价值，而是把长期被贬损的人的价值提升，认为人的价值同样有着神学的依据和神学的意义，从而扩大神学的内涵和外延。阿尔伯蒂在他的《论家庭》中详细阐述了上帝与人的积极的关系。他说，上帝赠予人适合其所有活动的形式，以及认识到危险事物并逃脱危险的能力。在所有这些数不清的礼物中，上帝加诸人们思想和灵魂上的一些宝贵的东西：节制的意识，对羞耻的畏惧，渴望得到赞扬，这会克制人的贪婪和制止人们过分的欲望。上帝也在人的灵魂上确立了人类社会的约束——正义、平等、自由和爱，因此它可以获得他人的恩惠和赞扬，并获得上帝的怜悯和仁慈。上帝给予我们能力、耐力、力量，并鄙视短暂的东西，因此我们可以尊重和服侍它——通过公正的活动，也就是通过怜悯和节制，并通过任何其他完美和值得赞扬的活动。② 在阿尔伯蒂看来，上帝赋予人的不只是虔诚地敬奉神和向往来世的心，同样包括人的自然的欲望，人的能力和本能，如果人们充分利用上帝赋予的这些能力和本能，同样是在完成上帝的天职。这样，人文主义者就把上帝和人在积极的层面上统一起来，从而为人文主义者所提倡的积极的世俗生活，提倡对利益的追求和对名誉的注重在神学上找到了依据。提倡人性并不违背神性，人性同样是神性的一部分。费奇诺更直接地在人的认识能力方面找到了上帝与人的统一。他认为人作为尘世的主人，具有同上帝一样的无限的认识能力，这种认识能力是上帝给予人的礼物，让人们认识世界的和谐与美。人们运用这种认识能力认识自己，也就是认识上帝，他这样阐述了两者的关系，“如果我们认识事物是为了认识

---

① [美]大卫·戈伊科奇等编著：《人道主义问题》，杜丽燕等译，东方出版社 1997 年版，第 103 页。

② Leon Battista Alberti, On the Family, From Readings in Western Civilization: The Renaissance, p. 92.

自己,那么认识自己就是为了认识上帝……因为上帝让我们认识自己,如果不认识自己,我们怎么可以认识我们从上帝那里得来的优点呢?"①反过来,上帝作为一种抽象的存在,他也需要通过人作为实现自己洞察力和爱的中介,把自己的神性充分显示。所以,人文主义者认为"上帝只有在人身上才能表现出完全的神性,也就是说,在基督的完全的人性中,人才是完全的人。在这个意义上,基督是我们无限之爱的榜样,而不是无限权力的榜样"。② 在人性和神性统一的前提下来探讨人性的价值,符合人文主义者的基本特征,即在承认宗教的前提下表达自己的主张。

通过构建理性宗教模式,人文主义者表达了纯洁宗教的观点,并为他们所提倡的人性理论找到了神圣的依据。

三、世俗与宗教的悖论

人文主义者在理想上建构了一种宗教模式,并为人的价值找到了神学的归宿,但是如何在现实生活中实现这种理想,确是摆在人文主义者面前的难题。人性和神性可以在理论上达到逻辑的统一,但是两者的真正调和绝不如理论推演的那样简单。况且人文主义者所面对的是日益世俗化和日益堕落的宗教,所面对的是要从宗教那里才能分离出的尘世的生活,所以他还要面临纯洁现有宗教和设定尘世生活的任务。所以人文主义者一直纠缠于宗教与世俗的两端,试图在两者之间寻求平衡点,结果形成许多难以消解的悖论。在宗教的前提下,人文主义者的世俗生活更多地停留在心灵的层面,世俗观念的过度发展又使得人文主义者找不到实际的约束力量;人文主义者通过宗教批评来纯洁宗教,他们在宗教方面否认的东西恰恰又是他们在设定世俗生活时所大力提倡的,因而他们纯洁宗教的努力建立在非现实的基础上。由于人文主义者无法突破自己所设定的前提,所以他们也无法消除这种种矛盾。

人文主义者追求人性与神性的统一,但并不是现有宗教与世俗的统一,因为现有的宗教太世俗化了,已经掩盖了宗教的真义;世俗生活又太宗教化了,人们根本认识不到人自身的价值。所以,如果没有纯洁的宗教,人性便失去了赖以统一的依据;如果没有人的真正的生活,又何来与宗教的统一。因此,人文主义者首先面临着两种任务:一是纯洁宗教本身,恢复其原有的面目;二是把世俗生活从宗教

---

① [意]加林:《意大利人文主义》,李玉成译,生活·读书·新知三联书店1997年版,第94页。

② [美]大卫·戈伊科奇等编著:《人道主义问题》,杜丽燕等译,东方出版社1997年版,第110页。

中剥离出来。要完成这样的任务,最主要的是宗教和世俗分离,两者各归其位。宗教要有宗教的生活,世俗要有世俗的生活。因此,人文主义者"把尘世划归人类管辖,把宇宙仍然留给上帝去统治"。[①] 彼特拉克在他的《秘密》中,已经以向奥古斯丁请教的口吻表露了这一思想:"我的想法是,在尘世的时候,我们希望获得尘世的光荣是对的。当我们到达天堂,不再希望和关心尘世的光荣时,人们可以希望享受天上更高的荣耀。因此,我认为,凡人首先关心凡人的事情;短暂的事物之后接踵而来的是永恒的事物,这是一个正确的次序。"[②]特勒肖从人具有双重灵魂的论点出发,论证了人的双重智慧,启示了两种不同的生活。他认为:"人有两个灵魂,一个是神圣的和不朽的,另一个是世俗的和会死的。结果是,人有双重的欲望和双重的智慧。一种智慧可以认识神圣的事物,属于被注入的灵魂,是人所特有的。另一种智慧可以认识感性对象,它属于精神。"[③]这样,由于人具有双重智慧,所以以他为中介,世界区分为世俗世界和神的世界。人作为神的世界的一部分,需要追随上帝;同时作为世俗世界的一部分,他要认识和享受世俗的世界,在世俗世界积极地生活。正如萨卢塔蒂所说的,"当你想从世界上逃走的时候,你就会从天堂里掉下来;而当你生活在尘世中的时候,你的心就可以进入天国。关心、爱护你的家庭、孩子、亲戚、朋友以及包容一切的祖国,并为他们效劳吧!这样做,你的心就不可能不升入天堂,并为上帝所喜爱。"[④]世俗和宗教辩证地统一,又清晰地区别。

人文主义者纯洁宗教的努力是通过宗教批评来完成的。人文主义者批评教会宣讲禁欲但实际上又极度纵欲,许多教会人士甚至教皇都制造出很多的丑闻;教会宣讲节制和赤贫,但是实际上是财富的最大敛聚者和挥霍者,甚至通过出卖圣职,出售赎罪券和圣物来赚取钱财。说到底,就是教会对世俗事物涉入太深。因而,人文主义者攻击教会的主要目标其实正是教会的种种世俗化行为及言行不一的欺骗行为,以及教会把宗教事务和世俗事物混杂在一起的现状。人文主义者指望通过这种批评使得教会还原为其宗教代表的位置,而把世俗世界从宗教中剥离出来。从表面上看,人文主义者的这种努力是非常合理和理性的,但从更深层的角度去分析,其实人文主义者的这种做法含有很大的矛盾。人文主义者一厢情

---

① 张椿年:《从信仰到理性》,浙江人民出版社 1993 年版,第 42 页。

② Donald Weinstein(ed.), *The Ronaissance and the Reformation* 1300 – 1600:*Sources in Western Civilization*, The Free Press,1968,p.64.

③ [美]保罗·奥斯卡·克里斯特勒:《意大利文艺复兴时期八个哲学家》,姚鹏、陶建平译,上海译文出版社 1987 年版,第 122 页。

④ [意]加林:《意大利人文主义》,李玉成译,生活·读书·新知三联书店 1997 年版,第 27 页。

愿地想把教会改造成一种抽象的存在,但教会实际上从一开始就不是一种抽象的存在,而是实实在在地存在于现实社会之中,“涉足市民世界一点也不是文艺复兴时期人文主义者的专利。实际上,多米尼克派从13世纪早期,甚至在1290年共和国建立之前就已经完全加入到佛罗伦萨市民生活中”;①人文主义者主观地把教会看成一种静态的存在,但教会其实是一直在顺应时代的发展而变化的,“教会随着和附和着时代的潮流而动,除非这些潮流直接威胁到它自己的直接利益,否则它不会去对抗它们……教会几乎不会采取任何不利于自己利益的步骤。”②人文主义者批评教会的种种世俗行为,但他们没有注意到自己对世俗生活的宣扬其实与教会世俗化的趋势在本质上是一致的。人文主义者一方面赞美世俗的爱情,鼓励人们追求荣誉,追求财富;另一方面又对教会追求财富和满足人的本能的欲望大加斥责,这本身就构成了一对鲜明的矛盾。因而,由于人文主义者纯洁教会的努力并非建立在现实的基础上,所以他们的努力更多地体现为理论上的意义,未能影响教会立足的基础,也未能阻止住教会世俗化的进程。事实上,在人文主义者批评的浪潮中,教会反而越来越世俗化,世俗化成为教会顺应时代修正自己、接近民众的手段。关于这一点,王挺之做过详细的论述。他认为,尽管“意大利的教会在社会转型时期总的发展方向是趋于衰落,但值得注意的是,教会的衰落并不完全是一种单向的变化,而是呈现出多元变化的复杂因素。一方面在信仰上普遍衰落,价值观念更加趋向普通俗人;另一方面又在社会生活中采取了更加积极的姿态,从各方面加入社会,极力发挥天主教普世主义的影响,重树其拯救众生的济世形象”。③ 因此,人文主义者在顺应时代的要求创建自己的理论的同时,教会也在顺应时代的变化而改变着自身。人文主义者的矛盾之处正是忽略了教会的世俗基础,忽略了教会变化发展的性质,人文主义者试图努力引导出一股世俗的潮流,但又试图让教会在这股世俗的潮流面前止住脚步。人文主义者在不从整体上否认教会的前提下纯洁教会缺乏现实的基础,因而也就削弱了他们的理论对实践的指导力量。

人文主义者除从宗教中剥离出世俗生活外,还从正面的角度来创建世俗生活。他们赞美尘世生活的价值,主张积极的生活和文明的生活。赞颂世俗生活是人文主义者的一个主题。曼内蒂抨击英诺森三世教皇的禁欲作品《蔑视世俗事

---

① Daniel R. Lesnick, Civil Preaching in the Early Renaissance. Timothy Verdon and John Henderson (eds.), *Christianity and the Renaissance*, Syracuse University Press, 1990, p. 210.

② Philip Lee Ralph, *The Renaissance in Perspective*, p. 100.

③ 参见王挺之:《意大利文艺复兴时期的城市宗教生活》,载《历史研究》1996年第5期。

务》,强调“我是一个人”;帕尔米耶里则认为离群索居的人对公共福利毫无用处;阿尔伯蒂强调真正的市民要承担责任,追求全体市民的公共福利。[①] 维吉利奥是一个人文主义教育家,他从世俗的观点表达了教育和现实生活的关系:“语法是为了使他能够掌握例文,从而使他演讲和写作起来更容易和能适应不同的题目和听众。历史可以为他提供行为范例,或避开或遵循,诗歌则渴望模仿史诗文学中英雄的美德。道德哲学则强调希望负责任的市民具备高标准的个人行为。”[②]但是,正如前面所述,在人文主义者的整体理论中,世俗生活并非生活的全部,人的完美价值并非人的世俗价值所能够全部体现,也就是说,世俗生活是相对于宗教生活而存在的,人性也是相对于神性而存在的。一方面世俗生活要从现有的宗教中剥离出来,另一方面又要使剥离出来的世俗生活的价值最终同人文主义者并不清晰的理想的宗教相统一,所以,人文主义者的世俗价值观陷入了双重矛盾。

一方面,人文主义者的世俗观念主要停留在伦理的层面,并不能走向彻底。彼特拉克赞颂世俗生活,但是他认为探索自然是无益的,而把自然归于上帝的范畴,人们只能接受上帝的创造,而不要不自量力地去弄懂它。他说,“我们以笃诚的信仰来接受上帝的最神秘的东西——大自然的奥妙。那些自负要弄懂它的人,不但未达到目的,甚至毫无进展。只有傻子才相信自己真正掌握了宇宙的奥妙。他们听到一些虚假的吹捧,便忘乎所以,以为自己真正掌握了它们似的。这里用不着花更多的笔墨去描绘它们干这桩蠢事的尊容了。使徒已经对罗马人说得明白:谁知道上帝的奥秘?你参加了上帝制定奥秘的工作了吗?”[③]对此,维利(Waley)评价说,“再也没有比这更加‘中世纪的’了,没有比这与人们通常认为是文艺复兴本质的探究的精神更加相对的了。”[④]蓬波那齐虽然坚持没有神秘的东西,没有依赖于信仰的东西,但是他同时认为人的智力无法获得真理,“人的智力是征服真理的糟糕的工具,因此,我们对自然物的了解只不过是一种双重的无知”。[⑤] 人文主义者的这种态度影响极为深远,虽然人文主义者注重理性的态度引发了对自然的探索,但是文艺复兴时期并没有真正形成自然科学观,无论是布鲁诺、哥白尼还是刻卜勒在探索天文学方面都没有忘记探索本身的宗教意义。“刻卜勒的看法就是一个特别突出的例子。它的态度不仅是宗教的,而且还极其

---

① Daniel Waley, *Later Medieval Europe: From St Louis to Luther*, Longman Group Ltd. 1985, p. 135.

② John Hale, *The Civilization of Europe in the Renaissance*, New York: Atheneum, 1994, p. 194.

③ [意]加林:《意大利人文主义》,李玉成译,生活·读书·新知三联书店1997年版,第23页。

④ Daniel Waley, *Later Medieval Europe: From St Louis to Luther*, p. 139.

⑤ Philip Lee Ralph, *The Renaissance in Perspective*, p. 206.

神秘。它的伟大的天文学发现主要出于宗教动机。它从寻找上帝之路出发,结果发现了行星的路径。"①他还用太阳中心说来说明"三位一体"的教义,认为太阳是宇宙的统治者,行星之所以绕日运动,是由于太阳的世界灵魂在指挥。他把圣父说成了居住在太阳上,也就是居住在宇宙的中心,圣子就是环绕太阳这个中心的星球,圣灵则是宇宙间复杂的关系。人文主义者把自然界看成上帝的范畴,把自然科学看成无益的东西,这样就使得他们的世俗价值观建立在非常狭隘的基础之上。

另一方面,由于人文主义者的世俗生活观不是建立在世俗自然的基础上,而是从与现有宗教观念相对的角度去阐述的,他们在抛弃了现有宗教的不合理成分的同时,也把现有宗教合理的成分一起抛弃了。基督教会对人性的压抑是显而易见的,人文主义者要通过主张世俗生活把人性解放出来;然而,当时教会的理论不仅仅是压抑人性,也同样对社会的行为具有规范作用,人文主义者解放了人性,但同时也把这种规范去除了,而他们又未能切实地建立起一套替代教会规范的社会规范,因而在人文主义者提倡世俗化的同时,社会上也出现了道德的无序和混乱状态。人文主义者用提倡爱情和肉欲来与禁欲主义相对,用享受财富与教会赤贫相对,用追求名利来和教会的谦恭相对,但是爱情、肉欲,追逐财富和名利的限度在哪里?这样的世俗追求在怎样的程度上是合理的?人文主义者没有限定或无法限定。结果正如布克哈特所说的,"他(文艺复兴时期的意大利人)的爱情大部分是为了满足欲望,转向于另外一个同样发展了的个性,就是说转向于他的邻人的妻子。在一切客观的事实、法律和无论哪一类约束面前,它保留着由他自己做主的感情,而在每一个个别事件上,则要看荣誉或利益、激情或算计、复仇或自制哪一个在他自己的心里占上风而独立地做出他的决定。"②人文主义者解放出人性和世俗,目的是最终与纯洁了的宗教达到完美的和谐,但人文主义者不可能控制住世俗发展的脚步,很快它就把人文主义者抛到了后面,对自然和科学的探索成为继人文主义之后的主流力量。

综上所述,人文主义者与宗教的关系强烈地体现着人文主义的特征,人文主义者处于一个过渡的时代,它带有该时代新与旧的双重特征。他力求在不放弃宗教的前提下纯洁宗教,想为人性和世俗生活的价值找到生存的空间,从而为两者找到一个平衡点。但是这个平衡点是不存在的。因为社会不是静态的,无论宗教

① [英]亚·沃尔夫:《十六、十七世纪科学、技术和哲学史》(上册),周昌忠等译,商务印书馆1997年版,第7~8页。

② [瑞士]雅各布·布克哈特:《意大利文艺复兴时期的文化),李玉成译,生活·读书·新知三联书店1997年版,第445页。

生活还是世俗生活都非常具体和复杂，人文主义者停留在心灵和伦理阶段的静态的理论不能概括生活的全部特征，也不能预见生活的发展趋势。脱离开人文主义者的过渡性特征，不从其思想的整体去考察，我们就难以公允地对其作出客观的评价。

西方历史误读的东方背景:法律革命、宗教改革与修道生活

彭小瑜

突破历史学和其他文化研究领域的西方话语霸权究竟应该依靠什么？在对外国历史的解读中,特别是对迄今了解还比较肤浅的西方历史,我们要想得出具有独创性的研究成果和结论只有依靠认真、专业、踏踏实实的学术研究。通过讨论中世纪与早期近代历史和文化中的一些个案,笔者在这里希望重新审视一下的问题是,虽然我们的外国历史研究努力批判和超越西方学者的话语,但是又恰恰片面借用西方史学中的一些成果对外国历史做出比较严重的误读。在另一些情况下,由于缺乏深入细致的研究基础和系统的学科建设,我们即便是在试图突破"西方中心论"的时候,仍然落入西方学者和思想家所设置的"陷阱"中。

一、"法律革命"的轰动

首先笔者想讨论的个案是伯尔曼的《法律与革命——西方法律传统的形成》。该书的主要内容是西方法律传统的形成过程,而且作者的主要写作动机是"找到摆脱西方法律目前困境的出路",因为他认为"人们对于作为一种文明、一种社会共同体的西方本身的信念和对9个世纪以来维系西方文明的那种法律传统普遍丧失了信

心”,并且产生了“对法律的蔑视和对法律玩世不恭的态度”。① 为了追溯西方法律的历史起源并寻找危机的症结,伯尔曼对11世纪西欧教会和教皇格里哥利七世在奠定西方法律基础方面的贡献给予了充分的肯定和比较系统的阐述。不过,他对这一时期的西方法律制度史的描述引入了“教皇革命”的概念,试图以此强调教皇政治和法律活动及其纲领的“总体性”“迅速性”“暴力性”“持续性”。②

《法律与革命——西方法律传统的形成》一书被翻译成中文出版后受到普遍的欢迎和好评。该书译者在“译后记”中说,作为一部法律史著作,“作者对西方法律传统的重要形成因素的挖掘和分析都达到了前所未有的高度”。③ 这部著作事实上也被国内的历史学学者和学生广泛阅读,但是从历史学的角度看,除了后面将要谈到的“教皇革命”这一值得商榷的概念,该书的主要缺陷源于两个方面。首先,由于作者的专长是苏维埃法,他写作这部西欧法律史主要依据的是他人的研究成果,而非原始史料。其次,写作时间的跨度长达45年,从1938年开始,出版于1983年,书中吸收和概括了许多比较陈旧的学说和观点。

在我们迄今为止的外国历史研究教学中,对于11世纪西欧历史的认识在很大程度上来自生活·读书·新知三联书店在20世纪60年代组织翻译出版的苏联科学院10卷本《世界通史》第3卷,以及人民出版社几乎同时出版的、由中国学者自己编写的《世界通史》(中古部分)。④ 由于这两部著作的出版,我们研习外国史的学者和学生开始对11世纪的西欧政治和宗教有了比以前更深入细致的了解。对照传统的和晚近的学术研究成果,笔者注意到,这两部通史以格里哥利七世为中心对11世纪西欧政治和宗教问题的处理是比较陈旧的。其主要观点可以概括成如下两点:首先,克吕尼派修士在当时加强教皇权力运动中的作用得到强调,这些修士甚至被描述成运动的主要推动者,人民出版社版本的《世界通史》将格里哥利七世本人也说成是“克吕尼派僧侣”,并且比较突出地说明克吕尼派反感教会内部的腐败和世俗贵族对神职授予的干预,希望针对这些弊端进行改革。其次,教皇被刻画成要求“教权高于俗权”的“宗教狂信者”。生活·读书·新知

---

① [美]哈罗德·J.伯尔曼:《法律与革命——西方法律传统的形成》,高鸿钧等译,中国大百科全书出版社1993年版,第46~47页。

② [美]哈罗德·J.伯尔曼:《法律与革命——西方法律传统的形成》,高鸿钧等译,中国大百科全书出版社1993年版,第101~142页。

③ [美]哈罗德·J.伯尔曼:《法律与革命——西方法律传统的形成》,高鸿钧等译,中国大百科全书出版社1993年版,第815~816页。

④ [苏联]西多罗夫主编:《世界通史》(第3卷上、下册),北京编译社译,生活·读书·新知三联书店1961年版;吴于廑、周一良主编:《世界通史(中古部分)》,人民出版社1962年版。在中文译名的处理上,两部著作有所不同,本文一律以人民出版社版本为准。

三联书店版本的《世界通史》认为，整个授职权之争应该被看成“两个反动势力的冲突”，因为德国皇帝的目的是征服意大利，而教皇是为了建立对“所有西欧国家的统治”。人民出版社版本的《世界通史》则指出，“从长远趋势看，教权终将从属于国家的权力”。①

如果比照伯尔曼的《法律与革命——西方法律传统的形成》对上述历史问题的处理，会发现一些有趣的异同。伯尔曼总结和概括了西方中世纪政治史和法制史学界长期的研究成果，对 11 世纪教会内部的改革运动、格里哥利七世与德国皇帝亨利四世的冲突，以及教会与国家关系在这一时期的变化给予了正面的评价，认为这些事件对西方法律传统的形成有决定性的作用，甚至最终导致了近代西方国家的兴起和近代西方法律体系的产生。由此可以看出他和生活 · 读书 · 新知三联书店版及人民出版社版的《世界通史》在观点上的巨大距离。② 但是伯尔曼著作的引进并不意味着我们在 11 世纪西欧历史研究方面被推进到学术前沿，甚至可能使一些陈旧和错误的学术见解得到进一步的传播和强化。他对克吕尼派作用的认识和对格里哥利七世一些主张的陈述，与前述两部《世界通史》是基本一致的，其出处都是西方学者比较老旧的一些研究。19 世纪的法国学者曾经强调克吕尼派推动 11 世纪教会改革的作用。这一见解主要的依据是后来被证明不可靠的文献记载以及一些相关的近代学者文献编辑错误，包括将格里哥利七世说成是克吕尼派修士的意见。③ 这些法国学者著述中的上述观点后来为兰克等德国史学家所接受，得到更广泛的传播，进入很多中世纪的教科书里。但是德国学者扎库尔和特伦巴赫等人从 19 世纪后期就开始修正该观点，甚至认为克吕尼派在授职权之争中支持的是德国皇帝。晚近学术研究虽然对特伦巴赫完全否定克吕尼派和教会改革联系的观点有所纠正，但是仍然倾向于将克吕尼派推动改革的作用限定在与其他修道团体一起营造有利于发动和进行改革的氛围，从而为领导

---

① 生活 · 读书 · 新知三联书店版《世界通史》（第 3 卷上册），第 226 ~ 229 页；人民出版社版《世界通史（中古部分）》，第 43 ~ 45 页。

② “宗教管辖权和世俗管辖权的分离、并存和相互作用，是西方法律传统的一个主要渊源。”参见[美]哈罗德 · J. 伯尔曼：《法律与革命——西方法律传统的形成》，高鸿钧等译，中国大百科全书出版社 1993 年版，第 118 页。

③ 对格里哥利七世与克吕尼派以及其他修院的关系，最新的研究综述参见 Uta-Renate Blumenthal, Gregor Ⅶ: *Papst zwischen Canossa und Kirchenreform*, Damstadt: Wissenschaftliche Buchgesellschaft, 2001, p. 28 – 31。

改革的教皇伸张权威做了铺垫。[①] 伯尔曼对上述学说史的把握是严重不足的,所以他在1983年出版的著作对克吕尼派作用的描述和早20年出版的两部《世界通史》大体相似。

即便是曾经力图修正特伦巴赫的英国学者考德雷在其后期的著作中也改变了看法,不再坚持克吕尼派大力支持格里哥利七世的意见,也倾向于否认教皇曾经为克吕尼修士,而且对《教皇如是说》的重要性表示怀疑。[②] 事实上,格里哥利七世在位期间的克吕尼修会的会长休与教皇的立场并不完全一致,休更注意与世俗君王维持和谐的关系。[③]

即使在伯尔曼对11世纪"教皇革命"和教会法传统形成的介绍中,我们也可以察觉到他对相关学说史情况的了解不尽理想。为了证实格里哥利七世改革的革命性,伯尔曼援引了《教皇如是说》(*Dictatus Papae*)这一文件。[④] 出于礼貌,专业的教会法学者对《法律与革命——西方法律传统的形成》一书多保持沉默,唯一做了较多批评的是德国学者席费尔。他指出了研究中世纪教会法历史的学者所熟知的一个问题,即《教皇如是说》是一个没有得到广泛流传的文献,对教会法传统没有实质性的影响。另一些学者甚至认为,该文件不仅缺乏法律文件的精确性,其中有些内容还违反教会法公认的原则。[⑤] 正如布卢门特尔所委婉批评的(她甚至没有提及伯尔曼和《法律与革命——西方法律传统的形成》一书),11世纪教会法的复兴始于格里哥利七世之前,而且波及的地区不仅在罗马,还包括法

---

① 相关的学说史,参见 L. M. Smith, *Cluny and Gregoy VII*, The English Historical Review 26 (1911), p. 20 – 33; Giles Constable, *Review of The Cluniacs and the Gregorian Reform by H. E. J. Cowdey*, Speculum 46 (1971), p. 364 – 366; Barbara H. Rosenwein, *Rhinoceros Bound: Cluny in the Tenth Century*, Philadelphia: University of Pennsylvania Press, 1982,克吕尼派研究的学说史概述见第1~2章;Gerd Tellenbach, Church, *State and Christian Society*, Oxford: Blackw ell, 1959; Ernst Sackur, *Die Cluniacenser in ihre kirchlichen und allgemeingeschichtlichen Wirksamkeit bis z ur Mitte des elf ten Jahrhunderts*, 2 vols., Halle: Max Niemeyer, 1892 – 1894 年。关于11世纪西欧社会的修道院改革和宗教复兴,包括克吕尼以外的其他重要修道团体,参见 Uta-Renate Blumenthal, *The Investiture Controversy: Church and Monarchy from the Ninth to the Twelfth Century*, Philadelphia: University of Pennsylvania Press, 1988。

② H. E. J. Cowdrey, *Pope Gregory VII*, Oxford: Clarendon Press, 1998, p. 27 – 30, 502 – 507.

③ H. E. J. Cowdrey, *Review of Armin Kohnle, Abt Hugo von Cluny 1049 – 1109*, The English Historical Review 111 (1996), p. 414 – 415.

④ 中文本翻译成《教皇敕令》似不妥。参见 J. F. Niermeyer (ed.), *Mediae Latinitatis Lexicon Minus*, Leiden: Brill, 1997, p. 330。

⑤ Rudolf Schieffer, *The Papal Revolution in Law ? Rckfragen an Haold J. Berman*, Bulletin of Medieal Canon Law 22 (1998), p. 20; Uta-Renate Blumenthal, *The Papacy and Canon Law in the Eleventh Century Reform*, The Catholic Historical Review 84 (1998), p. 214.

国和德国,因此过度强调罗马和教皇的作用会“完全歪曲11世纪改革和教会法的情形”。伯尔曼所忽略的另一方面是,11世纪以及更早的教会法传统对格里哥利七世有很深的影响。① 所以《法律与革命——西方法律传统的形成》过分突出历史断裂和革命性的倾向在很大程度上歪曲了历史的真相。

苏联的史学具有相当的学术水准。由于在20世纪50年代和60年代苏联学者的研究成果在一定规模上的引入,我们的外国历史研究有了很大的进步。② 正是因为这一进步,通过借鉴苏联史学的成果,我们在学说史上接触了19世纪西方史学的一些经典成果和观点。前面所举的11世纪授职权之争和格里哥利七世研究就是这样一个范例。但是这并没有在面上将我们的研究推进到能够依据原始文献进行独立个案研究的水平,我们对后来的学说史也没有很好地跟进。在改革开放多年以后的今天,我们对西方学术的直接移译和介绍达到了前所未有的规模,但仍然是零星的,外国历史研究仍然没有进行系统的学科建设。这种状况,正如伯尔曼的《法律与革命——西方法律传统的形成》引起轰动一事所显示的,导致我们对西方历史和文化的双重误读:首先,我们在借鉴苏联学者的成果时没有能够鉴别其中西方的学说史,基本上全面接受,没有意识到在使用马克思主义方法论的同时,苏联学者自己也受到西方学术的局限,在具体问题的研究上往往没有突破西方学者的观点。其次,在改革开放以后借鉴西方研究成果的时候,由于我们的外国历史研究仍然缺乏系统性,对这些成果的鉴别能力依然偏弱,对其中包含的陈旧观点不仅没有修正,反而强化了我们过去沿袭自苏联学者的对西方历史的某些误读。

对德国宗教改革研究的片面性和对中世纪西欧“禁欲主义”近似病态的敌视,是另外两个比较明显的误读西方历史的个案。其中的缘由也同样是我们自觉或不自觉地、直接或间接地借用一些西方思想观点误读西方历史。

二、宗教改革研究与启蒙运动的阴影

斯米林是国际公认的宗教改革研究权威,他主编的《世界通史》第4卷上册

① Uta-Renate Blumenthal, *The Papacy and Canon Law in the Eleventh Century Reform*, p. 212, 214 – 218; *History and Tradition in the Eleventh-Century Rome*, The Catholic Historical Review 79 (1993), p. 185 – 196. 在后一篇文章里,布卢门特尔指出,在后来被用来论证教皇至高地位和权威的教会法文献中,很重要的一部分是罗马当地教士的代言人编辑的,而他们的本意只是维护罗马教士的特权。

② 参见彭小瑜:《加强对东欧和俄罗斯历史和历史学的研究》,载《光明日报》2000年2月25日。

典型地反映了苏联马克思主义历史学对宗教改革的见解。① 除了对路德宗教思想不到两页的简短介绍,斯米林基本上是将宗教改革作为社会发展史来处理的,对德国的经济和政治状况、阶级关系以及后来的农民战争给予了许多篇幅,并将闵采尔作为宗教改革的关键人物来对待,对他的"社会政治学说和革命活动"作了详细的描述。②

在宗教改革研究领域,恩格斯对后世马克思主义历史学家的影响十分深远。他的重要贡献是将研究视野扩展到教派争论、教义问题和路德等领袖人物之外,克服了以往研究的狭隘性,将历史唯物主义的方法系统、具体地运用于宗教改革和德国农民战争研究,为马克思主义历史学派的发展奠定了坚实的基础,并且在一定程度上帮助非马克思主义的西方历史学家在研究中关注阶级关系和社会经济问题。③ 但是,如果我们忽视宗教改革学说史的整体性,那么我们对这一重大历史问题的观察和介绍会出现另一种狭隘和偏差,也就是像斯米林等学者那样,将对阶级关系和社会经济问题的研究等同于历史研究。恩格斯就曾经批评过这种庸俗化历史唯物主义的错误倾向。④

戚美尔曼《伟大的德国农民战争》(1841~1843年)是恩格斯在写作《德国农民战争》时依据的主要著作。⑤ 尽管戚美尔曼的作品存在明显的剽窃问题,但在

---

① 参见[苏联]斯米林主编:《世界通史》(第4卷上册),北京编译社译,生活·读书·新知三联书店1962年版。相关评价请参见 A. G. Dickson and John Tonkin, *The Reformation in Historical Thought*, Cambridge, Mass., Harvard University Press, 1985, p. 234-263。本文提及的作者和他们的作品可以在该书的注释中得到详尽的信息。此书和下面的三部著作都是相当系统细致的学说和思想史综述,如果由国内同人作为一个系列组织翻译出版,对我们了解中世纪和近代早期的史学史会有很大帮助。Norman F. Cantor, *Inventing the Middle Ages: The Lives, Works, and Ideas of the Great Medievalists of the Twentieth Century*, New York: William Morrow and Company, 1991; Edward Peters, *Inquisition*, New York: The Free Press, 1988; Wallace K. Ferguson, *The Renaissance in Historical Thought: Five Centuries of Interpretation*, Cambridge, Mass.: Houghton Mifflin, 1948.

② 参见生活·读书·新知三联书店版《世界通史》(第4卷上册),北京编译社译,第189~250页。人民出版社版《世界通史(中古部分)》也以同样的手法来处理宗教改革历史。见人民出版社版《世界通史(中古部分)》,第372~388页。对天主教会的"反宗教改革",两部通史都完全持否定态度,认为是"封建反动势力"活动。参见生活·读书·新知三联书店版《世界通史》(第4卷上册),北京编译社译,第273~276页;人民出版社版《世界通史(中古部分)》,第392~393页。

③ A. G. Dickson and John Tonkin, *The Reformation in Historical Thought*, p. 237-239, 263.

④ A. G. Dickson and John Tonkin, *The Reformation in Historical Thought*, p. 243.

⑤ 参见[德]威廉·戚美尔曼:《伟大的德国农民战争》,北京编译社译,商务印书馆1982年版。"这部著作并不奢望提供独立研讨过的材料。相反,关于农民起义和托马斯·闵采尔的全部材料,都是从戚美尔曼那里借用的。"参见恩格斯:《(德国农民战争)序言》,载《马克思恩格斯选集》第2卷,人民出版社1972年版,第287页。

观点和方法上是有创新的。[①] 在他以前,对农民战争以及闵采尔的主流看法来自路德和梅兰希通,基本上是贬斥和攻击。他们的观点为后来包括兰克在内的历史学家所继承。路德将闵采尔说成是鼓吹暴力的魔鬼,“他从起初就是杀人的”。但是他们的根本分歧在于,闵采尔认为,在人世间可以通过人的努力建设一个完美社会,而受到奥古斯丁影响的路德则认为这是不可能的,认为人世间总是“既有义人也有罪人”。[②] 戚美尔曼则提出完全和路德相反的观点,坚信在人世间实现“上帝的王国”是人类历史的终极目标,而且这一目标可以通过包括暴力革命在内的政治手段来实现。他同时还力图淡化闵采尔的宗教色彩,指出他实际上是理性主义者,只是为了让同时代人明白自己的信念才使用宗教的话语。[③] 恩格斯对德国农民战争的解读和他对 1848 年德国革命的评价有密切关系,他特别强调了德国资产阶级在 1525 年和 1848 年革命中站在诸侯背后出卖革命的软弱表现。[④] 和戚美尔曼一样,恩格斯也认为闵采尔思想的宗教色彩只是一层外衣,其思想的本质是“对当时平民中刚刚开始发展起来的无产阶级因素的解放条件的天才预见”。但是恩格斯后来接受了考茨基的修正,承认闵采尔对基督教神学、教会组织以及宗教礼仪的兴趣和他对教会进行改革的真挚愿望。[⑤] 斯米林的观点,如同生活・读书・新知三联书店版《世界通史》所显示的,则是回到戚美尔曼,强调闵采尔是被压迫者的革命领袖,并不重视宗教,其宗教观点只是一种容易为当时群众接受的宣传手段。[⑥]

戚美尔曼的宗教改革研究本身并非马克思主义和历史唯物主义的,而是以德

---

① Abraham Friesen, *Philipp Melanchthon*, *Wilhelm Zimmerman and the Dilemma of Muntzer Histoiography*, Church History 43 (1974), p. 164 – 166, 180 – 181.

② Abraham Friesen, *Philipp Melanchthon*, *Wilhelm Zimmerman and the Dilemma of Muntzer Histoiogaphy*, p. 167 – 168, 182;参见《约翰福音》第 8 章第 44 节。

③ Abraham Friesen, *Philipp Melanchthon*, *Wilhelm Zimmerman and the Dilemma of Muntzer Historiography*, p. 177 – 180.

④ 参见恩格斯:《〈德国农民战争〉序言》,载《马克思恩格斯选集》(第 2 卷),人民出版社 1958 年版,第 288 页。

⑤ 参见恩格斯:《德国农民战争》,载《马克思恩格斯全集》(第 7 卷),人民出版社 1959 年版,第 414 页;A. G. Dickson and John Tonkin, *The Reformation in Historical Thought*, p. 245。

⑥ 参见恩格斯:《德国农民战争》,载《马克思恩格斯全集》(第 7 卷),人民出版社 1959 年版,第 413 页;A. G. Dickson and John Tonkin, *The Reformation in Historical Thought*, p. 243 – 245, 254 – 255;参见生活・读书・新知三联书店版《世界通史》(第 4 卷上册),第 225 ~ 230 页。人民出版社版《世界通史(中古部分)》在对德国农民战争和闵采尔的处理上完全采用斯米林提出的范式。参见人民出版社版《世界通史(中古部分)》,第 380 ~ 382 页。

国神秘主义和浪漫主义传统以及黑格尔的思想为基础的。① 但是通过他,通过斯米林这样的学者,我们也受到这些西方思想流派的严重影响和局限。

两部《世界通史》在处理宗教改革问题时的主要原则是来自恩格斯的一个基本观点,也就是将德国社会分成三大阵营,即包括皇帝、高级教士、部分诸侯和城市贵族的反动天主教阵营,包括市民、低级贵族和部分诸侯的宗教改革阵营,农民和城市平民组成的革命阵营。② 这样的处理方法,以及前述对闵采尔和农民战争的浓彩重墨的描写,使我们的世界史教科书在一定程度上游离到宗教改革的主流学说史之外,对与宗教改革有密切关系的思想史,譬如教义的发展和争论,给予相当简略粗浅的解释,对天主教的"反宗教改革"则给予简单化的批判。这种机械套用恩格斯的《德国农民战争》的研究思路不仅本身是违背历史唯物主义的,而且也不利于清除我们沿袭的宗教改革研究中的成见和教派偏见,特别是新教学者对天主教历史的片面解释,使我们陷入原本大可超脱的教派之争。

虽然斯米林直接引用的通常是马克思、恩格斯的观点,但是其实他对宗教改革的总体估计与启蒙运动以来西方文人和学者的一些流行观念是一致的。鼓吹和跟随各种思潮的人士就宗教改革发表各式各样的意见,但是近现代西方文化的一个倾向是弱化宗教改革的教义色彩,突出其社会和政治意义,强调其历史进步性。我们的历史教科书,包括人民出版社版本的《世界通史(中古部分)》,通过借鉴苏联的学术成果,在很大程度上继承了这种倾向性。③ 下面仅举宗教改革研究史上的几个例子来说明这种关联。

英国著名诗人约翰·弥尔顿(1608~1674年)早在1641年就提出,宗教改革是人们追求自由的历史进程中的一个阶段。④ 伏尔泰(1694~1778年)超越16世纪新教和天主教人士中以路德等主要人物及其活动为中心理解德国宗教改革的

---

① Abraham Friesen, *Philipp Melanchthon*, *Wilhelm Zimmerman and the Dilemma of Muntzer Historiogra-phy*, p. 177 - 178.

② 参见恩格斯:《德国农民战争》,第399、405~406页;人民出版社版《世界通史(中古部分)》,第380页;生活·读书·新知三联书店版《世界通史》(第4卷上册),第220页。

③ 斯米林对宗教改革进步意义的认识主要在于强调其资产阶级性质和反对天主教会的性质,也就是反封建的性质。参见生活·读书·新知三联书店版《世界通史》(第4卷上册),第251~252页;人民出版社版《世界通史(中古部分)》,第377~378页。李世安和孟广林两位先生编写的《世界文明史》则更加直接地阐述宗教改革的历史进步意义,"马丁·路德的宗教改革启蒙学说,用宗教的思维方式、理论框架和宗教话语,较充分地表达了人文主义的自由、平等与民主的要求,形成了对罗马天主教大一统神权权威与整个封建制度的巨大冲击。他的宗教改革学说,满足了社会各阶层反神权、反封建的愿望,因此而能够得以广泛而迅速地流播,有力地推动了西欧思想文化的更新与社会变革。"参见周一良:《世界通史(中古部分)》,中国人民大学出版社2002年版,第126页。

④ A. G. Dickson and John Tonkin, *The Reformation in Historical Thought*, p. 103 - 104.

模式,将运动看成具有重大社会和历史意义的事件。另一位法国启蒙运动人士孔多塞(1743~1794年)则明确提出,虽然路德等人并没有刻意地推动宽容和思想自由,从实际的结果来看,宗教改革是理性战胜迷信的人类历史过程中的一个前进步骤。① 18世纪的新教人士普遍将宗教改革的意义定位在反抗和突破罗马教廷的独裁专制和思想控制上,笼统地将争取思想自由作为宗教改革的重要成果,甚至认为路德是启蒙运动和个人自由观念的先导,宗教改革和启蒙运动一样是人类历史上的重大进步事件,从而将这场宗教运动纳入他们的进步历史观之中。他们一般将宗教改革前的西欧教会和罗马教廷状况描绘得一团漆黑,并注意到运动的政治色彩。② 一些启蒙学者,如苏格兰的威廉·罗伯逊(1721~1793年),还将宗教改革和心智与文化的开发联系起来,进而将宗教改革与文艺复兴运动并列。罗伯逊还有意识地淡化宗教改革研究的教义内容,认为那是教会学者的专门领域,而自己则主要从政治的角度撰写这段历史。③

19世纪西欧的一些主要历史学者,如基佐(1787~1874年)、麦考莱(1800~1859年)、托马斯·卡莱尔(1795~1881年)和兰克(1795~1886年),在学术上虽然高出启蒙运动时代的文化人,但是他们对宗教改革进行思考的一些基本范式并无根本性的变化。譬如基佐就认为,由于打破了天主教神职人员在宗教和思想领域的特权,宗教改革成为一场解放人类心智的运动。④ 麦考莱也认为,宗教改革是启蒙运动前人们争取思想自由的重要斗争,而且为启蒙运动进行了思想上的准备。卡莱尔甚至说,没有路德,英国的清教和国会,法国革命以及欧洲和美洲近代的发展,都将不可能。⑤ 兰克不仅认为宗教改革恢复了基督教原本的纯洁,还指出,在人类进步的进程中其意义比意大利文艺复兴更重要。⑥

也就是说,在“进步”和“反封建”的框架中来解读宗教改革,基本上是18世纪和19世纪西方学者设定的范式。如果我们意图对宗教改革进行具有独创性的研究,突破西方学者的话语霸权,是否有必要固守这一范式呢?西方学术界自身对之已经作了一系列的修正。举例来说,德国学者特勒尔奇(1865~1923年)在20世纪初就已经批评新教开启近代社会的观点,认为宗教改革实质上是对中世纪神学传统的重新组合,对中世纪人关注的问题给出新的答案,并使中世纪文化

---

① A. G. Dickson and John Tonkin, *The Reformation in Historical Thought*, p. 121 – 126.

② A. G. Dickson and John Tonkin, *The Reformation in Historical Thought*, p. 129 – 134, 141, 148.

③ A. G. Dickson and John Tonkin, *The Reformation in Historical Thought*, p. 143, 145.

④ A. G. Dickson and John Tonkin, *The Reformation in Historical Thought*, p. 152 – 153.

⑤ A. G. Dickson and John Tonkin, *The Reformation in Historical Thought*, p. 156, 159, 163 – 164.

⑥ A. G. Dickson and John Tonkin, *The Reformation in Historical Thought*, p. 168, 173.

和精神得以延续。[①] 到20世纪60年代，德国学者奥伯曼和罗伊特分别就路德和加尔文思想中的中世纪传统提出新的理论。奥伯曼认为，路德的思想是中世纪长期存在和发展的奥古斯丁神学演进的结果。罗伊特则就加尔文的思想做了类似的分析，指出他受到中世纪经院哲学的很大影响。[②] 另一个新的趋势体现在对路德社会和政治思想的重新评价上。卡尔·巴尔特(1886～1968年)在1939年的一封书信里曾经提到，路德以"两个王国"为核心对教会和国家关系进行的阐述解除了基督徒追求社会正义的责任，导致他们宽容社会不公和既定政治秩序，促成国家对路德宗教会的控制，最终使教徒消极地接受纳粹的统治。[③] 在这一特定问题上，我们可以看到，恩格斯对路德在诸侯面前的奴性的批判得到了现代学者的回应。

回顾和追溯学说史本身并不能提出具有创意的研究成果，也不足以帮助我们摆脱西方学者在世界历史研究中的主导影响。但是在深入开展独立研究和进行系统的世界史学科建设之前，我们的确应该认识到，在以往对世界历史的描述和看法中有很浓厚的西方传统观点的影子，而且其中有相当一部分是比较陈旧的。旧见解并不一定不正确，但是由于有些是出自启蒙运动文化人的政论性观点，往往脱离对史实的认真考察，其科学性是大可质疑的。

三、对修道制度和"禁欲主义"的敌意

我们对中世纪修道制度的认识，在一定程度上也笼罩在启蒙运动的阴影之下。在论述与评价意大利文艺复兴时，"中世纪禁欲主义"基本上是以人文主义的对手方形象出现的。[④]

这种过分简约的处理，直接导致将启蒙时代文化人对中世纪修道制度的成见完整地嫁接到20世纪的历史教科书里。吉本在《罗马帝国衰亡史》里曾经经典地表述了启蒙学者对"僧侣制度"的鄙视："这些不幸的脱离社会生活的人全受着阴

---

① A. G. Dickson and John Tonkin, *The Reformation in Historical Thought*, p. 187－188.

② Aliste E. McGrath, *Reformation: An Introduction*, Oxford: Basil Blackwell, 1988, p. 61－64.

③ Aliste E. McGrath, *Reformation: An Introduction*, p. 145; note 11, p. 191.

④ 在对教会文化成就有所，生活·读书·新知三联书店版《世界通史》承认的同时仍然坚持认为，"教会认为自己的主要任务之一，就是使人民保持十分愚昧的状态，以便更彻底地接受奴役。"见生活·读书·新知三联书店版《世界通史》(第3卷上册)，第202～206页，引文见第206页。人民出版社版对此问题的说法也大致相同。参见人民出版社版《世界通史(中古部分)》，第34～35页。在这两部通史里，对文艺复兴的正面评价是与这种对中世纪文化的负面看法联系在一起的，在将矛头指向"教士、贵族和男女修士的愚昧无知和荒淫无耻"的同时又认为："人文主义者反对中古教会的来世观念和禁欲主义，肯定'人'是现世生活的创造者和享受者。"参见人民出版社版《世界通史(中古部分)》，第215、218页；生活·读书·新知三联书店版《世界通史》(第3卷下册)，第882页。

森的,无法制服的迷信精灵的驱使。"“一些圣徒或疯子,就是通过无所顾忌、无所畏惧的服从,而在寺院中成为不朽的人物的。思维的自由,这一切宽宏大量和合于理性的情绪的源泉,全被轻信和服从的习惯毁灭尽净。"①吉本也不看好修道士的品行:“他们这种从如此痛苦和危险的苦行走向犯下人类普通罪恶的极为自然的堕落,也许并不能引起一位具有哲学家头脑的人的悲哀或愤怒。"②他还对修道制度和宗教裁判所的关联作了如下的议论:“各个时代和各个国家的僧侣全都同样以冷酷无情见称:他们很少会因为个人友情改变的严峻的冷漠态度完全来之于宗教仇恨;正是他们这种决无同情心的狂热支持着宗教法庭的神圣而残酷的职责。"③

18 世纪和 19 世纪西方社会的某些人士对中世纪修道制度比较普遍地抱有一种敌视的态度,这既来自启蒙运动的影响,也与整个社会的世俗化趋向有关。人们将修士和修女的出世选择看成消极的,不是“出自对美德的爱,而是出自对邪恶的害怕"。④ 即使在 20 世纪,库尔顿等学者的修道院历史研究仍然带有很强的悲观色彩,认为修道院制度违背人性,必然走向腐败和衰落。⑤ 19 世纪的浪漫主义运动在肯定中世纪文化价值的同时也对修道制度给予正面的描述。不过,新教学者即使在推崇中世纪修道院保存和发展文化功绩的同时依然认为清贫和守贞等理想违背了人性和自然。⑥ 在 20 世纪占主导地位的修道院历史研究一般都客观公允,对修道院制度和修道院对中世纪社会的贡献进行了深入系统的探讨,譬如个人隐修和集体修行之间、社会服务与封闭灵修之间、修士巡游和安定修道之间的张力以及这些问题所涉及的制度和文化,都得到了学者的关注。⑦ 特别需要指出的是,西方研究中世纪的学者在对 12 世纪西欧基督教文化繁荣昌盛局面进行正面评价、提出“12 世纪文艺复兴”概念的同时,也重新解读了当时修道制度和文化的历史意义。他们认为,传统上用来界定 15 世纪意大利文艺复兴的一些特

---

① [英]爱德华·吉本:《罗马帝国衰亡史》(下册),黄宜思、黄雨石译,商务印书馆 1997 年版,第 118、121 页。

② [英]爱德华·吉本:《罗马帝国衰亡史》(下册),黄宜思、黄雨石译,商务印书馆 1997 年版,第 125 页。

③ [英]爱德华·吉本:《罗马帝国衰亡史》(下册),黄宜思、黄雨石译,商务印书馆 1997 年版,第 129 页。

④ Giles Constable, *The Study of Monastic History Today*, Vaclav Mudroch and G. S. Couse (ed.), Essays on the Reconstruction of Medieval History, Montreal: McGill-Queen's University Press, 1974, p. 22.

⑤ G. G. Coulton, *Ten Medieval Studies*, Cambridge: The University Press, 1930. 此书的 10 篇论文和 4 篇附录基本上都是对罗马天主教传统特别是中世纪修道制度的批评。

⑥ Giles Constable, *The Study of Monastic History Today*, p. 22 – 23.

⑦ Giles Constable, *The Study of Monastic History Today*, p. 30 – 33.

点其实在12世纪西欧就出现了。12世纪西欧不仅有文学、法律和艺术的高度发展,而且对个人的尊严、品德和能力也给出前所未有的强调,科学的自然观得到更明显的重视,有所谓"发现个人"或"发现自我"的乐观主义思潮,而修道生活以及修道文学对个人尊严和价值的审视和肯定是这一新思潮的主要组成部分。①

经常在负面意义上使用"禁欲主义"(asceticism)一语,说明我们依然不自觉地处在启蒙运动的阴影之下。② 在字义上,该语词不过就是"修行"和"出世"的意思,与我们将其理解成人性的对立面相差甚远。其实,如果考虑到中世纪修道制度和文化的丰富内容,考虑到修道文学深厚的人文主义底蕴,"禁欲主义"本身就不是恰当的汉语翻译。笔者个人的意见是,"修道精神"或其他类似的汉译会更符合历史的真实。但是我们在外国历史研究中对基督教修道制度的处理还是与西方学者有不同之处,如在描述中世纪西欧社会时给予修道院、修士和修女的篇幅微乎其微,对教会史的其他方面也基本上是一笔带过。形成对照的是,西方学者中间对中世纪教会采取批判态度者并不轻视基督教在当时社会中的影响,其中以库尔顿为典型代表。库尔顿的众多著述对罗马天主教传统所表现的成见到了"令人讨厌和冥顽不化的地步",同时他的作品又可以被认为是"宏伟和鼓舞人心的"。他对中世纪修道制度的批判具有鲜明的论战性,以至于有些英国学者觉得他的表现实在没有风度,"不值得尊敬"。但是他同时又是《修道历史五百年》这一四卷本巨著的作者,对本尼狄克和伯纳德等著名的修道士给予了富有感染力的描写;他在对方济各修会制度的缺陷进行抨击的同时,也对方济各等人的改革精神给予公正的认可。③

最后,笔者还想说明的是,我们的世界史教科书对教皇史的陈述通常有强调中世纪教皇谋求专制和世俗统治权的倾向。譬如对教皇英诺森三世(1198~1216年在位)的评价:他是"富有野心的教皇,承袭并发展了格里哥利七世的教权观

---

① Caroline Walker Bynum, *Jesus as Mother: Studies in the Spirituality of the High Middle Ages*, Berkeley: University of California Press, 1982, p. 82–85. 拜纳姆在此对12世纪"发现个人"问题的学说史有一个比较完整的追溯,提及了下列代表性著作。Walter Ullmann, *The Individual and Society in the Middle Ages*, Baltimore: Johns Hopkins University Press, 1966; Peter Dronke, *Poetic Individuality in the Middle Ages*, Oxford: Clarendon Press, 1970; Robert W. Hanning, *The Individual in the Twelfth-Century Romance*, New Haven: Yale University Press, 1977; Colin Morris, *The Discovery of the Individual: 1050–1200*, London: S. P. C. K., 1972.

② 关于该语词的字义和神学内涵,可参见 Karl Rahner and Herbert Vorgrimler, *Dictionary of Theology*, New York: Crossroad, 1981, p. 28–29。

③ David Luscom be, The Medieval Church, in Ernest Nicholson (ed.), *A Century of Theological and Religious Studies in Britain*, Oxford: Oxford University Press, 2003, p. 171–172; G. G. Coulton, *Ten Medieval Studies*, p. 166–188. G. G. Coulton, *Five Centuries of Religion*, Cambridge: Cambridge University Press, 4 vols., 1923–1950.

点。他认为:教皇是上帝在世界上的代表,其权力直接受之于上帝;皇帝和国王都应臣属于教皇,由教皇授予世俗的权力”。[①] 需要特别说明的是,上述观点并不是苏联学者特有的见解,而是许多西方学者在19世纪和20世纪前半期对英诺森三世所代表的中世纪强势教皇的看法,其中在英语国家有代表性的是A.J.卡莱尔和R.W.卡莱尔以及麦基尔韦恩。“二战”以后,这派观点在中世纪教会史和政治思想史研究中不再占据主导地位,但是英国学者瓦尔特·厄尔曼仍然坚持这一观点。A.J.卡莱尔和R.W.卡莱尔以及厄尔曼,都是具有重要学说史意义的政治思想史专家,他们的一些建设性研究成果也是近年国内学者比较注意引用和借鉴的。[②] 不过,他们对教皇制度和中世纪政治思想的看法缺陷颇多,而且厄尔曼一贯在方法上以预先设定的理论框架来引导文本解读,有简单化处理史料的弊病,并在他多产的著述中长期顽固坚持和宣传自己的立场,在学界造成比较大的影响和声势,引起诸多学者的批评和无奈的感慨。[③] 考虑到前述的学说史情况,我们应该对有关中世纪教皇和政治思想的内容作出相应的调整,避免在修订苏联学者一些陈旧观点的同时,又被一些西方学者误导。

四、小结:以谦虚求得实在的进步

旧学说和旧的研究成果并不一定在科学性上逊色于新成果,旧的研究方法也不一定因为新方法的出现而失去其价值。上述中世纪和近代早期历史的研究个案表明:启蒙运动以来的一系列西方思想观点和西方文化人对特定西方历史问题的看法,包括一些目前被学界一致否定的错误观点,通过种种途径,特别是间接地

① 人民出版社版《世界通史(中古部分)》,第186页。中国学者所编写、出版于20世纪60年代的人民出版社版《世界通史(中古部分)》基本上延续了生活·读书·新知三联书店版《世界通史》(苏联科学院编)的观点。参见生活·读书·新知三联书店版《世界通史》(第3卷上册),第547~548页。

② 参见孟广林:《中世纪前期的英国封建王权与基督教会》,载《历史研究》2000年第2期。

③ 厄尔曼著述颇丰,具有代表性的有如下两部:Walte Ullmann, *The Growth of Pap al Government in the Middle Ages*, London: Menthuen, 1955; *Principles of Government and Politics*, New York: Barnes and Noble, 1961。相关的书评参见Ernst Kantorowicz, *Speculum* 39 (1964), p. 344 – 352, Gaines Post, *Speculum* 43 (1968), p. 387 – 390; Wesley M. Stevens, *Church History* 45 (1976), p. 376 – 378。对厄尔曼系统的批评参见Francis Oakley, *Celestial Hierarchies Revisited: Walter Ullmann' s Vision of Medieval Politics*, Past and Present 60 (1973), p. 3 – 48; A. J. Carlyle and R. W. Carlyle, *Medieval Political Theory in the West*, Vol. 5, Edingburgh: Wm. Blackwood & sons, 1903, p. 151 – 186; Charles H. McIlwain, *The Growth of Political Thought in the West*, New York: The Macmillan Company, 1932, p. 231 – 233。以上两部著作转引自James M. Powell, *Innocent Ⅲ: Vicar of Christ or the Lord of the World*, 2nd ed., Washington D. C.: The Catholic University of America, 1994, p. 37 – 52。关于英诺森三世研究的学说史,也可参考此书。

通过早年引进的苏联历史学者的研究成果,仍然在我们的世界史研究和教学中有比较严重的影响。

启蒙时代文化人以及后来西方学者的一些陈旧观点被深深嵌入我们的教材和思维范式。西方历史在西方的误读,被持续地东方化,成为汉语文化的一个组成部分。在21世纪,如果还继续被18世纪西方启蒙学者的一些幼稚和简单化的、通常是在政论文中提出的见解所左右,这委实太可悲了。也许,我们并不一定要抛弃所有旧的观点和看法。也许,通过认真的文本解读,我们能够证明其中一些观点比晚近西方学者的研究要更接近史实。但是我们的确应该细致梳理一下世界史诸相关问题的学说史。最近几年,大家对外国历史研究中原始文献的把握和文本解读的重要性,开始有清楚的认识。不过就世界史研究和学科建设而言,学说史可能是原始文献之外的另一个"瓶颈"。有趣的是,一些西方学者也注意到萨义德的《东方学》的薄弱之处恰恰在于学术史整理,譬如他对德国和俄罗斯东方学的忽略,同时也在于他简单化地解读西方人描写东方的文本。不过他的问题应该主要来自他的理论框架对他的误导,因为他在倾全力证明西方的"文化霸权"时,对任何与之相反的证据容易视而不见。而萨义德构筑其范式的工具又恰恰是西方哲学家福柯等人的思想。①

学说史的梳理是一项十分精细的工作,在西方历史这个特定的领域,多种语言的熟练掌握首先就是一个十分困难的问题。笔者个人觉得,我们的世界史学科在这方面工作的滞后一定程度上同世界史教学和培养体制的不合理有很大关系。我们应该在外国历史研究这个领域突破所谓"一级学科"和"二级学科"的束缚,借鉴国外的东亚学、欧洲学、美国学、古典学学科的培养框架,将外国语学习和外国历史研究一体化。其实在外国语言文学专业,学科从来都是以不同语言来划分的。外国历史研究的语言要求理论上完全不应该比外国文学研究的要求低,但是我们的学科和教学安排实际上剥夺了学生系统接受研究对象国语言训练的机会,世界史专业的学生在外语学习上的条件一般都很差。如果我们不能够实质性地突破院系专业的界限,而是像目前这样长期停留在僵硬的专业划分和彻底的通才教育之间的中间地带(也就是说,在失去二者长处的同时保留二者的短处),那么还不如实行外语专业和世界史专业双学位制度。

学术著作翻译和出版工作中的问题,也在一定程度上影响我们对相关学说史

---

① See James Clifford, *Review of Orientalism by Edward W. Said*, History and Theory 19 (1980), p. 204 – 223; Lisa Lowe, *Rereadings on Orientalism: Orient Inventions and Inventions of the Orient in Montesquieu's Lettres Persanes*, Cultural Critque 15 (1990), p. 115 – 143.

的了解和介绍,以至于妨碍我们的外国历史研究和教学与国际学界的接轨。这里首先有一个选题问题。我们的西学翻译在传统上有偏重经典的倾向,譬如在罗马史的领域,古代作家李维、阿庇安、西塞罗、塔西佗都受到重视,吉本和蒙森等近代史家的经典著作也已经被翻译成中文。长期以来,翻译者和出版界忽视的是20世纪的作品,而这些作品恰恰是构成当今国际学术界主流话语的基础,是占主导地位的话语,是任何进一步的研究都无法回避的。还是以罗马史的研究为例。在罗马共和国后期政治的研究中,英国学者赛姆的《罗马革命》、德国学者格尔策的《罗马共和国的贵族》和《恺撒》以及美国学者泰勒所著《恺撒时代的党派政治》都出版于20世纪前半期,对蒙森的观点进行了一些补充和修正,而且这些著作本身实际上也已经成为经典。① 这些著作的翻译显然会对我们的罗马政治史研究有很大的推进作用,对学生和社会大众的外国历史知识的更新会有很好的帮助,出版社也愿意出,但是很难找到称职的译者,主要原因是翻译作品在高校和研究机构目前的评估体系中是被轻视甚至不被承认的,而且翻译的劳动报酬通常也不足以支持译者的生活。笔者认为,在外国历史研究领域,国家社会科学基金工作办公室这类机构应该大力资助重要学术著作的翻译,这样来使用资金会比资助一般水平的研究更有价值;一些高等学术研究机构应该成立专门的"编译所"来译介外国人文和社会科学的经典,包括外国历史方面具有重要学说史意义的作品。否则,目前在商业效益严重影响下的出版界难以系统地组织学术翻译工作,而时时让人瞠目结舌的低水平翻译已经让人无可奈何了。

从根本上突破"西方中心论",在西方历史和文化的研究中提出能够影响世界的、具有创新意义的思想和成果,显然不能够依靠对西方话语霸权忿忿不平的批判来取得,而只有通过秉持谦虚心态,经过耐心和长期的学科建设来实现。应该以同情心来增进我们的理解力,祛除学术上对西方学术研究成果的轻慢和偏见,以十分认真的态度对西方学说史进行透彻的了解和实在的把握,并且重视翻译工作和翻译作品的质量。如果我们不能够完成这一突破,至少让我们以殚精竭虑的努力为下一代学人做一些铺垫和准备工作,并为他们树立一个在学术上以谦虚求得实在进步的榜样!

---

① See Ronald Syme, *The Roman Revolution*, Oxford: Oxford University Press, 1939; Matthias Gelzer, *Die Nobil i$^3/_4$t derr—mischen Republik*, Leipzig-Berlin: B. G. Teubner, 1912; *C$^3/_4$sar, der Politiker und Staatsmann*, Stuttgart-Berlin: Deutsche Verlag-Anstalt, 1921. 这三部书都已经被翻译成英文: *The Roman Nobility*, Oxford: Blackwell, 1969; *Caesar: Politician and Statesman*, Oxford: Blackwell, 1968; Lily Ross Taylor, *Party Politics in the Age of Caesar*, Berkeley: University of California Press, 1949。

英美史学家有关中世纪英国宪政史研究的新动向

孟广林

近代英国的君主立宪制及其相关的宪政学说，素来被西方学术界看作西方近代政治制度和思想的典型标本，并常常将其历史源头和演进历程追溯到英国的中世纪时代。因此，西方史学界对中世纪英国宪政史（主要是议会君主制的缘起、形成、发展与特征及其相关的思想观念）的探究，一直保持着经久不衰的激情。西方学者在这一研究领域所取得的丰硕成果是有目共睹的，但毫无疑问也存在某些学术缺陷，而诸多学派的观点分歧乃至学理纷争更是不绝如缕，绵延至今。不久前，笔者应邀出席了在美国罗彻斯特举行的重要的国际学术讨论会，亲历了欧美同行在这一研究领域中的学术成就与观点交锋。经过会议组委会的授权，这次会议的3篇有代表性的学术论文已被编译成题为《中世纪英国宪政制度新解》的一组论文在国内发表。① 兹就该会议的概况，特别是英、美

---

① 这组题为《中世纪英国宪政制度新解》的论文译文，发表在《历史研究》2010年第3期。它们是：[英]詹姆斯·坎贝尔的《英国宪政的盎格鲁—撒克逊起源》（J. Campbell, *The Anglo-Saxon Origins of English Constitutionalism*），孟广林、鞠长猛译；[英]约翰·马蒂科特的《郡骑士的前史：920年至1270年王国会议中的小土地所有者》（J. Maddicott, *Small Landholders at Central Assemblies*, *c.* 920 – 1270: *The Pre History of the Knights of the Shire*），孟广林、柴晨清译；[美]理查德·卡尤珀的《文学与历史：质疑中世纪英国"宪政制度"》（R. Kaeuper, *The Literature and the History*: *Questioning Constitutionalism of Medieval England*），孟广林、李家莉译。

史学家有关中世纪英国宪政史研究的新动向及其学术分歧,作一介绍与点评,以供国内同仁参考。

一、有关罗彻斯特国际学术讨论会的概况

这次罗彻斯特国际学术讨论会的名称是"法律、司法和统治:中世纪宪政制度的新观点"(Law,Justice, and Governance: New Views on Medieval Constitutionalism),由美国罗彻斯特大学历史学系主办,宗教学系和英语系协办,于2009年4月2日至6日在美国纽约州罗彻斯特举行,约有40位学者参加了会议。应邀参加会议的有英国牛津大学、约克大学、埃克塞特大学和美国的康奈尔大学、普林斯顿大学、宾夕法尼亚大学、加利福尼亚大学、罗彻斯特大学等著名院校的历史学家以及博士候选人等。在他们中,有不少是当代西方史学界在这一研究领域的名家。其中有20世纪50年代英国"麦克法兰学派"的主要传承人、牛津大学的J. 坎贝尔(J. Campbell)教授,英国皇家社会科学院院士、牛津大学的J. 马蒂科特(J. Maddicott)研究员,前约克大学历史学系主任、《英国议会档案》的主编M. 阿莫诺(M. Ormord)教授,罗彻斯特大学的R. 卡尤珀(R. Kaeuper)教授,康奈尔大学的P. 海安斯(P. Hyams)教授,普林斯顿大学历史学系主任W. C. 乔丹(W. C. Jordan)教授,加州大学洛杉矶分校首席副校长王史克(Scott. Waugh)教授,肯塔基大学的M. 吉安卡罗(M. Giancarlo)教授等。

这次会议共收到28篇学术论文。其中主要有:J. 坎贝尔的《英国宪政的盎格鲁—撒克逊起源》,J. 马蒂科特的《郡骑士的前史:920年至1270年王国会议中的小土地所有者》,R. 卡尤珀的《文学与历史:质疑中世纪英国"宪政制度"》,M. 阿莫诺的《1376年的"好议会":14世纪英国政治中的下议院、共同体和"共同利益"》,P. 海安斯的《法律革命时代中的文献与口头表达:英国的证据》,M. 吉安卡罗的《新宪政制度的麻烦:兰加斯特王朝早期迪比抒情诗对公共秩序的焦虑》,王史克的《1200~1400年英国宪政制度的成功与失败》,A. 波拉德的《15世纪的民众与政治》,L. 斯塔莱的《环境与国土认同》,D. 福兰克的《14世纪诺福克的军役和特别役务》,以及笔者提交的《有限还是专制:中西封建君主制的比较研究》。这些论文涉及的问题比较广泛,涵盖了中世纪英国的政治、军事、法律、思想文化乃至民众政治意识等,而且主要是史学个案的研究,无论从材料上看还是从诠释的角度看,大多都具有相当的深度与广度,其中不少观点富有学术创见。此外,在史学方法上也有所突破,如将新政治学、心态史学、计量史学乃至后现代史学等新史学的方法引入研究,甚至还出现了"以诗证史"的研究新路径。

二、英、美史学家的新动向及学术分歧

对中世纪英国宪政制度的新考量与新认知是这次学术会议的聚焦点。学者们的发言与争论,既反映了近年来英国史学界所浮现的某种"回归"传统理路的苗头,也凸显了美国史学家怀有力图突破陈说的渴望。这两种学理倾向在讨论中的激烈碰撞,再次凸显了英、美两国史学家在这一领域早已存在的重大学术分歧。

19世纪末以来,受"牛津学派"创始人斯塔布斯(Stubbs)的辉格派"宪政主义"史学观的影响,英国史学家惯于用近代宪政的眼光去审视中世纪英国的封建议会君主制,十分臆断地夸大议会对君主的制约,或潜心于从中论证所谓"议会主权"与"王在法下"的"神圣"的政治原则;甚至竭力发掘所谓英国固有的"自由传统"对贵族参政议政权利的滋养与促进,来彰显英国议会产生的历史必然性与中世纪英国"宪政"的优越性。20世纪中期开始,一些英国学者力图摆脱"牛津学派"学理模式的羁绊,从司法、行政、战争与贵族群体等诸方面展开研究,对斯塔布斯的观点做了不同程度的质疑与修正,有的甚至将之贬称为"中世纪议会的现代神话的建构""斯塔布斯神话"。曾受"牛津学派"影响的麦克法兰(K. B. McFarlane)由此"破茧而出",通过对王权运作、贵族群体行为、议会上下议院活动等方面的深入分析,对斯塔布斯所阐证的"兰加斯特宪政主义"说予以尖锐批判。受此影响,新一代史学家逐渐滋长起研究"实际发生的政治"的新学术取向。①

不过,曾经盛行于西方史坛的"斯塔布斯传统"虽然受到不少有力的质疑与挑战,但其"余韵流风"仍萦绕在史学界,对史家的思维方式和研判尺度仍有着很大的影响。曾经师从于麦氏并曾被看作"麦克法兰学派"嫡系传人的坎贝尔教授,就力图在此次会议上"拨乱反正"而回归"斯塔布斯传统"。詹姆斯·坎贝尔堪称半个世纪以来牛津大学历史学系的"元老级"教授,是西方研究英国中世纪政治史声名遐迩的史学大师,在这个研究领域培养了不少著名史学家。在这次学术会议上,他提交的《英国宪政的盎格鲁—撒克逊起源》一文及其所作的大会主题发言,让与会者在目睹这位大师的学术风采的同时,也感知到他对"斯塔布斯传统"的敬仰与捍卫。

"宪政主义根源于盎格鲁—撒克逊时代"是坎贝尔观点的主基调。他宣称,在中世纪的英国,"宪政传统和观念有着非常久远的历史",以至于有史家认为诺曼征服之前的英国具有"宪政王权"(constitutional monarchy)的特点。坎贝尔引

① 参见孟广林:《西方史学界对中世纪英国"宪政王权"的考量》,载《历史研究》2008年第5期。

用诸多的史料指出，这一"宪政传统"主要表现在盎格鲁—撒克逊人的按照地方习惯来处理国家事务的传统。在诺曼征服前，王室的令状或公告不仅要传送到郡法庭等地方法庭，向普通土地拥有者宣示，而且要在其上许诺实行仁政。尤其值得注意的是，这些文件"频繁使用'所有民众'这个术语"，包含着彰显这一"宪政传统"的"政治国家"（political nationa）的含义，也说明自由农民"是英国社会的基础"。正因如此，郡法庭和百户区法庭在地方事务中扮演着至关重要的角色，按照英国各地的习惯法处理任何争端。同时，"村民和地方官员倾向于通过宣誓或审判来捍卫他们的观点"。那么，诺曼征服是否打断了这一本土的政治文化传统了呢！坎贝尔作出了否定的回答。在他看来，诺曼征服后，英国并没有形成大陆的那种封建附庸制度。在很多地区，领主附庸是指一种诸如将"某人"说成是从属于某人的关系，虽然他并不是"某人"的领主，对其没有司法审判权。坎贝尔的这一研究无疑是很有价值的，因为它对英国社会的"封建化"提出了严重质疑，并对英国本土的政治传统作了细致的诠释。但仔细辨析即可看出，他的观点其实潜含着斯塔布斯的"宪政主义"史学观的理路，以至于他在最后本能地为斯塔布斯的学术观点作公开辩护。他指出，"在最近几十年，斯塔布斯还没有得到公正、合理的看待"。斯塔布斯关注一代又一代人对自由和政府之态度的持续性，并合理地解释了盎格鲁—撒克逊与现代宪政联系的根本重要性，同时也把诺曼征服看成建立在自由国家基础之上的王权的重建过程。斯塔布斯的伟大学术贡献虽然遭到不少人的随意贬抑，但其重大的学术影响和地位却难以磨灭。对此，坎贝尔引用法国古内（Guéneé）教授的话说："斯塔布斯已经作出了一个如此完美的总结，如此通俗简洁的理论，这一理论引导很多代的历史学家去肯定它，精确地证明它，此外是用令人钦佩的学识来摧毁它，但在一百年后，他们还是不能取代斯塔布斯理论的地位。"

约翰·马蒂科特曾师从于坎贝尔，长期在牛津大学从事教学和研究，以探讨13世纪、14世纪的英国贵族而饮誉史学界。他虽然与坎贝尔有着直接的师承关系，但并不完全认同斯塔布斯的观点。① 不过值得注意的是，在这次会议上，马蒂科特在其《郡骑士的前史：920年至1270年王国会议中的小土地所有者》一文中，也把学术视阈往前回溯至盎格鲁—撒克逊时期，认为议会君主制中下议院的主要代表郡骑士早在这一时期就已经出现，并在诺曼征服后仍旧延续。马蒂科特指出"10世纪的王国会议开启了未来议会发展的叙事，它表现为中央会议勃兴和小贵

① 参见孟广林：《中古英国政治史研究的路径选择与中西比较——与牛津大学J. R. 马蒂科特院士的学术对话录》，载《清华大学学报》2007年第1期。

族对其事务的参与”。在这一过程中,“塞恩”(Thegn)作为“乡绅阶层”日益兴起,他们主持郡法庭,领受国王的令状,有时也参加王国大会议商讨政务,作为国王制定令状的证人。这一政治传统在诺曼征服后延续下来,并形成了让地方人士参与王国大会议的两种召集机制:以单独的名义召集国王的总封臣等大贵族,通过郡守来集体召集低级领主即“乡绅阶层”或“低级封臣”,也就是“骑士”。之所以重视召集低级领主,是“为了强化国王要求协商的权利”,也是因为这些低级封臣“对封建的封地继承金、监护权和婚姻方面的事件负有责任”。此外,这一阶层所占地产的数量归集在一起超过了伯爵和男爵,且主导着郡法庭,既可从他们身上牟利,也可从他们那里获得有价值的建议。随着税收的日益增加,国王征税需要同各个阶层协商,更需要重视这个阶层的诉求。大宪章的有关税款要求服从于“公众意见”的核心规定,开始把低级封臣亦即“骑士”带入我们现在所称的“议会”。可以说,在以选举代表身份出现之前的很长时间,“骑士”是以低级封臣身份出席议会的。到亨利三世末期,特别是孟福尔执政的那一阶段,才开始在各郡选出骑士来代表地方。这是一个历史性的重大进步,因为,“将它从土地占有权为基础改变成为地方选举”。马蒂科特的这一新观点在很大程度上弥补了史学界有关议会地方代表制产生之历史渊源与社会基础的认识。此外,针对史学界对议会初期“骑士”代表重要性低估的成见,马蒂科特也力图用史实予以驳正。马蒂科特没有像坎贝尔那样,从相关的论证中明确地引申出中世纪英国宪政发展史的“自由传统”,进而为在西方史学界遭到普遍挑战和质疑的斯塔布斯的“宪政主义”史学观正名。他的理路与坎贝尔有所差异,即看到了诺曼征服后封建土地占有权对“宪政”的影响。不过,稍加辨析即不难看出,马蒂科特力图通过“郡骑士”的“前史”来论证中世纪英国议会的地方代表制源远流长,中下阶层的政治参与和与国王的协商是英国根深蒂固的政治文化传统,其中的确蕴含着与其师学术呼应的韵味。据此,马蒂科特在最后提出了“英国例外论”,认为在整个欧洲唯有英国才出现这样的政治史状态,即“统治国家的会议在大贵族阶层以下也有一个特别强大的参与因素”。这一“英国例外论”包含着深厚的“宪政主义”史学观中的“权利”意蕴,尽管它不像斯塔布斯那样公开地强调以“自由”为基础。

在这次会议上,还有一些英国学者也与其师友相互呼应,从另外的角度显示了某种“回归”传统理路的态势,其中马克·阿莫诺教授的观点值得注意。这位当今西方史学界在这一领域中成就斐然的新秀,也曾师从于坎贝尔教授。但在多年的研究实践中,阿莫诺力图摆脱斯塔布斯“宪政主义”史学观的影响,吸收新政治学的理念与方法,独辟蹊径,以“公共政治”的视角来论证14世纪英国君主的政治权威。[①] 可是在这次学术会议上,阿莫诺的学术观点从一个侧面反映了其学术理念的"摇摆性"。他通过不少论证来强调英国 1376 年的"好议会"的历史意义。在他看来,在这次议会上,议会代表对主要王室官员拉蒂默等五人的违法失职行为提出弹劾,要求给予刑事制裁,这开创了议会弹劾政府大臣的先例。这一议会弹劾的程序既具有普通司法程序的一般特征,又带有某些宪法程序的特点。在中世纪英国宪政史上,这一议会弹劾也以其特定的"宪政内容",首次表达了由英国社会各阶层构成的整个共同体的利益诉求。由此,他断定,这是中世纪英国政治史上的一次伟大的"宪政革命"。阿莫诺的研究十分精致,有助于史学界对中古英国议会发展史的认识。但他的观点难免有"议会主权"的"弦外之音",从某种程度上反映了新一代英国史学家对"斯塔布斯'宪政主义'史学观的眷恋"。

对英国史学家的上述学术见解,一些美国史学家并不认同,甚至表示质疑。在他们看来,斯塔布斯的"宪政主义"史学观,从某种意义上说是英国维多利亚时代的产物。这一时代被认为是英国工业革命的顶点时期,也是作为"日不落"的大英帝国君主立宪制的精神得以充分凸显、社会经济与思想文化发展的全盛时期。以斯塔布斯为代表的"牛津学派"在中世纪英国政治史的研究上作出了大量开创性的成就。不过,"牛津学派"的学理模式也存在严重缺陷,即用所谓的"自由"来诠释盎格鲁—撒克逊人固有的政治文化传统,将之作为中世纪英国宪政史发展的精神源头,进而以此来印证英国政治制度的标本意义和英国政治的独特、优越。

基于种族上和文化传统上的亲缘性,美国史学界也曾经不同程度地受到斯塔布斯"宪政主义"学理模式的影响。然而,自 20 世纪初以来,美国的英国中世纪政治史研究开始摆脱了对"英国理路"的"路径依赖",逐渐走出"斯塔布斯传统"的阴影,不断作出独特的重大成就。在美国,中世纪史研究的奠基人是著名的史学大师查尔斯·哈斯金斯(C. H. Haskings)。他从 1902 年开始即为普林斯顿大学的历史学教授,也曾在哈佛大学任教,直至 1931 年退休。他著有《诺曼人的制度》(*Norman Institutions*)、《欧洲历史上的诺曼人》(*The Norman in European History*)等多部学术著作。在《诺曼人的制度》一书中,针对斯塔布斯、弗里曼等人的"盎格鲁—撒克逊传统决定"论,哈斯金斯通过大量论证强调,诺曼底公爵领所发展的成熟的封建制度与强大的宗主权都通过"诺曼征服"对英国历史发展产生重大影响。哈斯金斯之后,其嫡系传人美国著名的史学大师约瑟夫·斯特雷耶(Joseph

---

① 参见孟广林:《中世纪英国宪政史研究的新理路——与 M. 阿莫诺教授的学术对话录》,载《中国人民大学学报》2007 年第 2 期。

Reese Strayer)继续在普林斯顿大学历史学系执教近30年,长期担任系主任,并在1971年被选为美国历史协会主席。斯特雷耶的主要学术著作有《封建制度》(*Feudalism*)、《论近代国家的中世纪源头》(*On the Medieval Origins of the Modern State*)、《美男子腓力的统治》(*The Reign of Philip the Fair*)。他在中世纪史上试图摆脱包括英国在内的西欧史学界之"封建分裂割据论"、"主权分割论"有关理路的影响,从封建制与国王公共权威的趋同关系、从国王主导地位对国家形成的影响等视角考量问题。尤其是,斯特雷耶为美国培养了一批优秀的中世纪史学家,如以研究西欧中世纪文明见长的诺曼·F.坎特(N. F. Cantor),在法国封建政治史研究上建树卓越的托马斯·N.本森[1](T N. Bisson),精于中世纪英国政治史探讨的理查德·卡尤珀(R. Kaeuper)。他们在吸取西欧史学研究成果的基础上,都开拓出各自独特的研究路径。

多年来,理查德·卡尤珀教授一直致力于英国中世纪司法和政治秩序的研究,对斯塔布斯的"宪政主义"解释传统提出过批评。[2] 在这次会议上,作为会议筹办人和大会主席的卡尤珀,发表了《文学与历史:质疑中世纪英国的"宪政制度"》一文。他认为,应该以新的材料和视角来重新审视中世纪英国的"宪政制度"。在这一问题上,已经没有人受维多利亚时代的思想所制约,因为它已经"在斯塔布斯主教和他的追随者那里终结了"。而要做好研究,首先应"令人信服地识别具有代表性的证据",如在14世纪、15世纪的那些关乎法律实际运行、乡村(还有城市)暴力和混乱的证据,而不只是来源于政治和财政目标的诉讼类型的证据。此外,要注意发掘"社会精英阶层的暴力行径"的证据,"因为这些人的暴力行径比日常发生的无权阶层的犯罪受到更少的严厉的、有规则的控告",却是存在的,有助于说明问题。其次应充分参考中世纪的文学作品的记载。社会各阶层的讥讽与控诉文学的作品在一定程度上反映了"普遍不满的呼声"。例如,通过这类作品的分析就可以看出,"苛政和不公正已经普遍流行"是导致1381年英国农民大起义的根源。最后,还应当对中世纪英国的"公共秩序的状态"作一接近于历史实际的评估。13世纪末、14世纪的编年史和文学作品,都"表示出对国内暴力泛滥现象的担忧"。爱德华一世在一封私人信件中也承认王国中充满的"无序、骚动以及暴行",可能开启战争的端绪。同时,还需研判在普通法实施过程中

---

① 参见黄春高:《追寻中世纪"权力的历程"——托马斯·N.本森的权力史研究》,载《历史研究》2008年第5期。

② 参见孟广林:《比较视野下的中古西欧政治史研究——与美国史学家R.卡尤珀的学术对话录》,载《史学月刊》2008年第2期。

乡绅发挥的作用。事实上，乡绅之间经常发生仇斗，并利用其对农村司法权的垄断而累积权势，提高声望；或"以法律为武器攻击对手或者绕过法律诉诸暴力"；或借助家族和社会关系网来"滥用司法调查团"为其牟利。因此，不应该"把乡绅阶层设想成保障乡村正义的理想代理人"。卡尤珀接着指出，有关国王是否是"正义的轴心"、是否运用法律维护社会秩序的问题，也取决于对文学作品中证据的辨析。当时的文学作品过分强调国王在这方面的作用，但也反映了人们对贤明而强大的君主实施法律、主持公正的长期渴望。一方面，国王被看作是良法的制定者、司法弊端的最终整治者。这样的作品不能说是幻想，因为它们"来源于生活"。另一方面，"所有中世纪国王都既能制定法律又能发动战争"，但对外战争其实并没有带来国内法律秩序上的公平和稳定。当时是"一个崇尚战争并视战争为上帝之手所赐的社会"，士兵在国内的一些案件因在对外战争中的效力而被国王宽赦，这必将导致社会的强烈不满。对此，卡尤珀再次提醒，不应该循守原先的旧观点，"而是要用一种不断拓宽的视角去理解"，这样才能够获得新的认识。

卡尤珀在叙述自己的看法时，显然注意到了英国史学家固有的学术立场，但他并未妥协。因此，他事先声明，"我们不需为在我们的学术中所进行的十分异类的探讨而致歉"。他呼吁史学家将中古文学作品与一般的历史资料结合起来探讨，并试图勾勒出当时英国的历史状态：社会常常处于暴力、混乱的无序状态，而社会精英也常常进行暴力争夺、侵害。因此，国王被看作良法仁政的实施者、公平正义的维护者。国王可以制定法律，又主导战争，是社会各个阶层普遍求诉的政治权威。卡尤珀的论文虽然标以《质疑"宪政制度"》，但始终没有对中世纪英国的议会君主制的运作、特征作正面的分析与诠释。不过这一"剑走偏锋"的学术路径及其对当时社会实际状态之一面的论述，与英国史学家所乐道的"宪政制度"形成了巨大而鲜明的历史反差，无疑是对斯塔布斯"宪政主义"史学观中的所谓"自由传统""王在法下""议会主权""权利意识"等论旨的有力挑战。在接下来的讨论中，卡尤珀更明显地表达了自己的观点。他认定从 14 世纪至 15 世纪，先后有爱德华二世、理查二世等 5 位君主被阴谋推翻与杀害，1381 年还爆发了农民要求人身自由解放、废除封建奴役制度的斗争，15 世纪后期更爆发了争夺王位的长达 30 年的"玫瑰战争"，这些都是与宪政主义或制度相悖逆的。因此，对中世纪英国政治中特别是议会君主制中的所谓"宪政"因素不能夸大。此外，针对坎贝尔在会议上发表的观点，卡尤珀教授还指出，在盎格鲁—撒克逊时期的马尔克公社中去寻找所谓中世纪英国"宪政主义"的源头也是不恰当的。因为这一时期，英国的自由农民开始农奴化，诺曼征服后农奴化完成。在这一过程中，马尔克公社所残存的原始民主、平等的因素消解殆尽。正因如此,在英国议会逐渐定型的14世纪爆发了农民反封建奴役的大起义。

卡尤珀的观点,在会议上得到了不少美国史学家的呼应。保罗·海安斯虽在20世纪80年代曾在坎贝尔门下攻读博士,但回到美国后却力图摆脱"师门"的影响。在此次会议上,他提交的论文回避了"宪政主义"问题,侧重于论述罗马法复兴后英国法律的嬗变,其中隐含着凸显罗马法在强化王权统治上的思路。针对阿莫诺的观点,海安斯指出,1376年的"好议会"只是"英国式的革命",并非具有近代宪政的意义。王史克教授认为,中世纪英国的宪政制度经历了一个从成功到失败的过程。它发端于大宪章,此后经过一系列的政治冲突与整合,逐渐形成了国王与贵族、地方代表合作、协商的议会君主制。但这一宪政制度也经受了严峻挑战,最终毁于君主的独裁和贵族的野心。1399年贵族以武力推翻理查二世而建立兰加斯特王朝并将议会作为实现其政治阴谋的场所,正是这一宪政制度失败的标志。这一观点,实际上否定了影响斯塔布斯的所谓"兰加斯特宪政主义"的陈说。马略·吉安卡罗教授同样没有对"兰加斯特宪政主义"说进行正面批驳。然而他也"剑走偏锋",以一种"以诗证史"的全新理路来对之作印证。他用15世纪前期的抒情诗来说明,在兰加斯特王朝时期,整个英国社会都处于动荡纷争的无序状态。君主、贵族和大众都为欲望所缠绕而尽力逐利,"每个人都处于战争状态"。在这样的社会环境中,议会君主制的运作充满欺诈、暴政乃至暴力血腥。吉安卡罗旨在通过对诗歌中所传递的对社会公共秩序之焦虑的分析,来引导学术界对"兰加斯特宪政主义"说提出进一步质疑。

三、会议的有益启示

此次有关中世纪英国宪政史的国际学术会议,以其鲜明的专业化特征与富有的学术成效,尤其是不同学理对垒、争辩的学术氛围,在当代国际学术史上留下了浓墨重彩的一笔。

在这次学术会议上,在如何对待斯塔布斯"宪政主义"的学理模式,如何探求中世纪英国宪政的起源、特征,如何全面发掘和妥当运用史料等重要问题上,英、美两国的史学家都显示了各自的学术新动向与相互之间的学术分歧,这对于国内学者是一种十分有益的启示。这从一个侧面告诉我们,对于史学研究中某种长期盛行的学理模式,既不能一味循守,也不应全盘否定,而必须以理性的态度对之作全面的审视与解析,"弃其糟粕,取其精华"。对某种社会政治制度之建构、属性与运作的研判,既要探讨相关的制度设计、法律规定,也需对它们给社会政治秩序的实际影响予以深入的考量。因为对于政治史家来说,"实际发生"的历史现象远比“应该如此”的拟定要重要得多。只有将两者结合起来研究,我们才可能将政治史的研究纳入科学的轨道,最大限度地接近历史的“真实”。此外,政治史的研究急需拓宽史料的来源,此举将有助于开拓我们研究的深度与广度。尤其是那些长期被忽略、冷落的源于社会生活的相关文学作品,同样值得史家结合相关的时代背景去用心品读与体悟。所有这些都表明,以马克思主义唯物史观为指导,全面系统地批判借鉴西方史学界的有价值的学术成果,进而深化包括中世纪英国在内的西欧封建政治史的研究,仍然是我国史学界所面临的重要学术任务。

思想和话语的积淀:近代以前西欧财产观的嬗变

侯建新

财产权利制度不是孤立的,它是社会整体结构的重要组成部分。进一步追溯还会发现,财产权利制度的形成与人们的观念和诉求息息相关,后者是财产权利制度的精神层面,是制度之魂灵。当然,这不是少数人的凭空想象,而是根植于人们长时段的生活过程和文化传统里,融化在世代相传的社会共识中。欧洲近代的财产权利观是内生的,其伴随相应的思想和话语一点一滴地积淀而形成。

关于西欧财产权发展历史的认识,相当长一段时期受到欧洲中世纪概念的影响。以前西方的百科全书和词典总是认为,中世纪是沉沦上千年的“黑暗时代”①,直到启蒙运动才有幸产生近代财产权利的思想和话语体系。例如,米诺格(Kenneth Minogue)自信地宣称:“权利和内

---

① 《韦氏词典未删节版》(*Webster's Unabridged Dictionary*)1934年版。转引自[美]罗德尼·斯塔克:《为了上帝之荣耀——如何从一神论走向改革、科学、政治迫害和奴隶制的终结》(Rodney Stark, *For the Glory of God: How Monotheism Led to Reformations, Science, Witch-Hunts*, and the End of Slavery),普林斯顿大学出版社2003年版,第129页;《韦氏新世界词典》(*Webster's New World Dictionary*),世界出版社1966年版,第373页;《黑暗时代》(*Dark Ages*),载《朗曼现代英语词典》(Owen Watson, ed., *Longman Modern English Dictionary*),朗曼有限公司1968年版,第271页。

燃机一样是现代的产物”。[①] 所幸欧洲学术界和国内学术界近几十年的研究成果正在帮助人们走出误区。中世纪以来欧洲财产权利观念演化的历史受到许多历史学家、法律史学家的关注,诸如伯尔曼(Harold J. Berman)、麦克法兰(Alan Macfarlane)、蒂尔尼(Brian Tierney)、斯金纳(Quentin Skinner)、尼德曼(Cary J. Nederman)等著名学者。他们通过深入挖掘与研究一系列历史资料——特别是中世纪教会保留下来的原始文献,发现以往被认为各种不同的思想散论存在内在的连续性,从而将中世纪的观念与近代的观念联系起来,整合起来,对以往几乎割裂的财产权利观念史做了必要的修正。[②] 关于中世纪欧洲财产观念研究,国内史学界也有相应成果问世,同样应当引起我们的高度关注。[③] 不过,学术史的梳理仍然有很大空间,宏观视野下的专题性梳理和研究尤显必要。在罗马帝国废墟上建立起来的欧洲文明,是次生文明、混合文明,是在吸纳先前不同文化资源基础上不断演化的一种文明;而对欧洲财产权利观念史的探讨,势必溯源欧洲不同的文化源流及其之间的碰撞、交融和沉淀。

西欧中世纪与近代不是断裂而是对接,并且是极其深刻、内在的历史对接。现代欧洲财产权利观念的每一个侧面几乎都可以在中世纪找到它的足迹。而中世纪西欧封建财产权的形成是特定历史条件的产物。倘若就观念的承袭性而言,

---

① [美]肯尼斯·彭宁顿:《西方思想的权利史》(Kenneth Pennington, *The History of Right in Western Though*),载《埃默里法律杂志》(*Emory Law Journal*)第47卷,1998年冬季刊。

② [美]参见哈罗德·J.伯尔曼:《法律与革命——西方法律传统的形成》(Harold J. Berman, *Law and Revolution The Formation of the Western Legal Tradition*),哈佛大学出版社1983年版;[英]艾伦·麦克法兰:《英国个人主义的根源:家庭、财产和社会变迁》(Alan Macfarlane, *The Origins of English Individualism: The Family, Property and Social Transition*),剑桥大学出版社1979年版;[美]布莱恩·蒂尔尼:《宗教、法律与宪政思想的发展(1150—1650)》(Brian Tierney, *Religion, Law and the Growth of Constitutional Thought* 1150 - 1650),剑桥大学出版社1982年版;[美]布莱恩·蒂尔尼:《自然权利的概念:自然权利、自然法和教会法的研究(1150—1625)》(Brian Tierney, *The Idea of Natural Rights: Studies on Natural Rights, Natural Law and Church Law* 1150 - 1625),威廉·B.伊尔德曼斯出版公司2001年版;[英]昆廷·斯金纳:《现代政治思想的基础》(Quentin Skinner, *The Foundations of Modern Political Thought*)第1卷,剑桥大学出版社1978年版;[美]凯里·J.尼德曼:《财产与反抗:14世纪英格兰的政治理论与主体权利》(Cary J. Nederman, *Property and Protest: Political Theory and Subjective Rights in Fourteenth-Century England*),载《政治评论》(*The Review of Politics*)第58卷,1996年第2期;[美]理查德·塔克:《自然权利理论:起源与发展》(Richard Tuck, *Natural Rights Theories: Their Origin and Development*),剑桥大学出版社1978年版。也有不同意见,如[英]约翰·菲尼斯:《自然法与自然权利》(John Finnis, *Natural Law and Natural Rights*),牛津大学出版社2011年版。

③ 参见赵文洪:《私人财产权利体系的发展——西方市场经济和资本主义的起源问题研究》,中国社会科学出版社1998年版;刘军:《西方财产观念的发展》,载《文史哲》2007年第6期;赵文君:《基督教与近代西欧私人财产观念的形成》,载《史学理论研究》2010年第4期。

渊源于日耳曼传统与习惯,同时滥觞于古典文明与基督教,可以说它是上述三元素的混合物。[①] 本文就此逐一展开讨论,对近代以前的西欧财产权利观念形成做一整体性探讨,特别是关于"主体权利"概念发展——当下国际史学界探讨的前沿话题之一[②]——与西欧财产观的逻辑关系的分析,显示了西欧历史的连续性及思想和话语积淀的巨大的社会历史价值。

一、日耳曼传统和《圣经》

欧洲文明是日耳曼人入主西欧后逐渐形成的,因此日耳曼人的传统及习惯法无疑是西欧财产权观念的重要来源。在部落时代,日耳曼人的土地是村社共有的,村民个体耕作,该模式被称为马尔克(Mark)。牛羊等家畜,还有个人的武器、工具、家具、个人住房及其周围园地被视为私有财产。塔西佗说:"日耳曼人多以畜群的多寡相夸耀,这乃是他们所钟爱的唯一财富。"结婚前,男方向女方交纳的彩礼往往是"一轭牛、一匹勒缰的马、一面盾、一支矛或一把剑"[③],显然都属于私人财产。随着私有财产和私有财产观念的形成,因此产生了遗产继承。每人的继承者一般是自己的子女。如果身后没有子女,则遗产依次应归其兄弟和叔伯诸舅所有。日耳曼人喜欢离群索居,不容许住宅彼此毗连,而是零星散落地逐水草或树林而居。[④] 土地被视为共有财产,包括耕地,也包括荒地、沼泽和森林。显然,村社时期的日耳曼人形成了共有和私有相混杂的所有权观念。当日耳曼人迈进文明社会的门槛时,铁器已普遍使用。伴随个体耕种方式的发展,他们很早就产生了个体主义的倾向,但是共同体的观念及尊重惯例的传统也是根深蒂固的。

---

① 笔者认为上述三元素也是欧洲文明的三个来源,参见侯建新:《交融与创生:西欧文明的三个来源》,载《世界历史》2011 年第 4 期。

② 财产权与权利、自然权利、主体权利观念密切相关,是法学家、哲学家和历史学家争论不休的热门话题之一,相关论战持续到当下。近期的讨论情况可参见美国学者蒂尔尼的《自然权利的概念》(Brian Tierney, *The Idea of Natural Rights*)一书。该书争辩性地梳理了 20 世纪 80 年代以来关于权利和主体权利的主要论点,是再次掀起这一问题之争的震撼之作,获得 2001 年度的哈斯金(Haskin)大奖。另参见[英]安娜贝尔·S. 布雷特:《自由、权利和自然——后期学术思想中的个人权利》(Annabel S. Brett, *Right and Nature: Individual Rights in Later Scholastic Thought*),剑桥大学出版社 1997 年版;[美]弗兰西斯·奥克利:《自然法、自然之法、自然权利:观念史的延续与断裂》(Francis Oakley, *Natural Law, Laws of Nature, Natural Rights: Continuity and Discontinuity in the History of Ideas*),国际出版集团 2005 年版。

③ 参见[古罗马]塔西陀:《阿古利可拉传、日耳曼尼亚志》,马雍、傅正元译,商务印书馆 1959 年版,第 57、64 页。

④ 参见[古罗马]塔西陀:《阿古利可拉传、日耳曼尼亚志》,马雍、傅正元译,商务印书馆 1959 年版,第 63、65 页。

酋长或军事首领与围护在他身边年轻战士所结成的关系,称为亲兵制。在这里,血缘关系不能发挥作用,这是以荣誉、勇敢及相互尊重为基础的军事组织,霍莱斯特称之为"军事兄弟会"①(military brotherhood)。这些青年平时拥护首领的地位,战时保卫首领的安全;首领则向他们提供武器、给养及一份战利品。"酋帅为胜利而战斗;侍从们则为酋帅而战斗。"②对于军事首领的忠诚和获得利益的交换关系,在日耳曼人进入西欧后仍然保留着明显的印记。例如,参战者平分战利品就是一种公认的权利,5 世纪末叶的"苏瓦松花瓶"故事即明证。尚未皈依基督教以前,法兰克王国的奠基人克洛维曾率军队劫掠了不少教堂财产,其中有一只美丽的广口瓶,主教请求克洛维归还。为了取得教会的支持,克洛维有意归还,虽然贵为国王,可他也没有决定财物归属的权力。他只是说:"跟我们到苏瓦松去,因为所有的战利品都要在那里分配。如果我抽签抽中了那只瓶子的话,我一定满足主教的愿望。"在苏瓦松,面对公开的全部战利品,克洛维国王说:"最英勇的战士们！我请求你们在我的那份东西之外,不要拒绝再让给我那只瓶子。"对国王的请求并非一呼百应,一名士兵高声拒绝道:"除了你自己抽中的那份东西以外,这只瓶子你一点也拿不到手!"克洛维只得抑制住内心的愤怒。③ 从这个故事我们可以看出,即使至法兰克王国早期,财物仍然归共同体所有,并按照某种惯例分配,共同体的财产不是统治者可以随意支配的。值得注意的是,这些观念和原则被人们普遍接受,不管高兴不高兴,国王也绕不过去!

日耳曼人入主欧洲后,他们实际生活中的惯例大多来自日耳曼人的传统。所谓"蛮族法典",即指公元5 世纪至9 世纪最早见诸文字的日耳曼习惯法汇编。该法典已经相当重视个人动产及其保护。例如,偷窃食物和家畜等被认为是严重的罪行,可能被绞死。对盗窃如此严厉的惩罚在古罗马社会里颇为罕见。④ 日耳曼人重视围篱的保护作用,因为围篱宣示了私人地域或该地域事实上的独自占有。萨利克法等规定了围篱内葡萄园的保护问题,闯入葡萄园的家畜将遭宰杀,毁坏或拖走围篱的人会遭受 15 ~62.5 苏勒德斯的罚款。这是一笔相当重的罚款,因为 1 个奴隶或 1 匹马的价值仅为 12 苏勒德斯,由此可以推想私人地域的保护在

---

① 参见[美]C. 沃伦 · 霍利斯特、[美]朱迪斯 · M. 本内特编:《中世纪简史》(C. Warren Hollister, Judith M. Bennett, *Medieval Europe: A Short History*),麦克劳希尔公司 2002 年版,第 38 页。

② [古罗马]塔西陀:《阿古利可拉传 · 日耳曼尼亚志》,马雍、傅正元译,商务印书馆 1959 年版,第 62 页。

③ [法兰克]格雷戈里:《法兰克人史》,寿纪瑜、戚国淦译,商务印书馆 1981 年版,第 81 ~82 页。

④ 参见[法]菲利浦 · 阿利埃斯、乔治 · 杜比主编:《私人生活史Ⅰ:古代人的私生活——从古罗马到拜占庭》,李群等译,三环出版社、北方文艺出版社 2007 年版,第 394 ~395 页。

日耳曼人心目中占据举足轻重的地位。[①] 关于"蛮族法典",古列维奇评论说:"(日耳曼)蛮族法律准则,主要涉及保护自由民的人身权利、财产权利以及对侵犯这些权利的惩罚。"[②]

基督教《圣经》不仅是一部宗教经典,也是一部道德律法文献,对欧洲人有极其深刻的影响;反过来看,由于"宗教是历史的钥匙"[③],从中也可以发现中世纪西欧人的财产权利观念。打开《旧约》或《新约》,经常可以发现谴责偷盗、诈骗等侵害私有财产的行为。"不可偷盗"列入摩西十诫,这实际上是明确肯定了私人财产的合法性。一些《圣经》故事,表明个人拥有支配自己财产的合理性。《马太福音》葡萄园工人故事中,葡萄园主人支付每个工人一个银币。由于他们为他干活时间的长短是不一样的,有人为此抱怨,主人的回答是:"我愿意给那最后来的,就像我也给你一样。难道我不可以用我的东西,做我愿意做的事吗?"(《新约·马太福音》20:14、15)以色列王亚哈看上了靠近自己王宫的一个葡萄园,该葡萄园属于一个名叫拿伯的人。国王最初要用另一个葡萄园交换或用银子购买,但遭到了拿伯的拒绝。后来国王听从了王后的怂恿,将葡萄园主人置于死地,强占了他人的产业。上帝便派先知转告以色列王,他在"行耶和华眼中看为恶的事。耶和华说:'我必使灾祸临到你,将你除尽'……"(《旧约·列王纪上》21:20、21)拿伯葡萄园的故事则表明,侵占他人财产必受严厉惩罚,不论你是什么人,即使贵为国王也不能染指他人财产。

另一个故事的含义就不那么简单了,反映了基督教关于财产共同使用和分享的观念。教众推崇"凡物公用",人人都出卖田产房屋,然后把所得银两放在使徒脚前,再按需分开。有一对夫妇卖了田产,所得银两截留若干后才放到使徒脚下,结果遭天谴而双双毙命。其中圣彼得质问亚拿尼亚时说道"田地还没有卖(的时候),不是你自己的吗?既卖了,价银不是你做主吗?"(《新约·使徒行传》5:1~4)言外之意,出卖田地所得银两属于你的,如何处置你可以做主,也确是你做主,所以你要为自己的决定负责。该故事表达了基督教财产观的双重性:一方面承认个人财产,另一方面认为私人财产权是有条件的。故事提倡财产的共同使用和分享,因为上帝才是一切财产的终极所有者,世人皆匆匆过客。

---

① 参见[法]菲利浦·阿利埃斯、[法]乔治·杜比主编:《私人生活史Ⅰ:古代人的私生活——从古罗马到拜占庭》,李群等译,三环出版社、北方文艺出版社2007年版,第406页。

② [俄]A. J. 古列维奇:《中世纪文化范畴》(A. J. Gurevich, *Categories of Medieval Culture*),劳特里奇和基根·保罗出版公司1985年版,第159页。

③ [英]克里斯托弗·道森:《进步与宗教》(Christopher Dawson, *Progress and Religion: An Historical Inquiry*),美国天主教大学出版社2001年版,"前言"第13页。

早期基督教会神学家们并不是一般地反对财产,也没有主张或反对私有制,他们曾在很多场合一再强调财产私有的合法性。普瓦蒂埃人奚拉里(Hilary of Poictiers)曾说"占有财富不是错误,错误的是占有品的使用方式……只占有不算犯罪,非法占有才是犯罪"。显然,他认为占有财富没有问题,关键是对待财富的态度。重要的两个字是"轻看",轻看财富,如同轻看这个世界。圣·奥古斯丁说:"谁不知占有财产并不是什么罪恶,只是爱财,指望占有财富,要财富胜过真理或正义才是罪恶呢。"①在后一种意义上讲,私有财产起源于原罪,是非正义的,不应存在于人类的理想社会中。② 对于中世纪欧洲业已存在的私有财产,又作何解释呢?他认为,上帝从同一块泥土中制造了穷人和富人,穷人和富人生活在同一片土地上。根据某项人定法,可能有人会说这份地产是我的,那个仆人是我的,这所房子也是我的,其实这不过是上帝通过各地君主把这些分配给人类而已。③ 上帝创造一切,一切源于上帝,基督教思想给中世纪财产权观念打上了明显的印记:"人不是人世间绝对的、不受限制的财产所有者,而是对上帝负责的管家。"④轻看的态度是和感恩的心联系在一起的。得到食物、衣服、住房等世俗物,以及得到朋友等,要能意识到这是在享受来自上帝的祝福。如果上帝没有给予那么多,也应该是快乐的,因为拥有世俗物不是人生中最重要的,"我已经学会了在任何情况下都知足。我知道怎样处卑贱,也知道怎样处丰富;在一切事上,在一切情况下,或饱足,或饥饿,或丰富,或缺乏,我都得了秘诀。"(《新约·腓立比书》4:11~12)基督徒"轻看"和"知足"的态度,深刻地影响了他们的财富观。

13世纪神学家阿奎那与奥古斯丁一样,坚持认为私人财产权要建立在正确使用这些财富并使社会受益的基础上。⑤ 当然,他赞同私有财产更有效率的观点,认为它是使公共利益获得物质财富的最好方法,因此在阐述私有财产的合理性方面有所进步。⑥ 阿奎那认为,按照自然法财产应该公有,可是私有财产依据的人定法并不违反自然法,而且是对自然法的补充,关键在于人的理性基础。所谓理性,就是当公共社会或邻人需要的时候,财产所有者不可以无动于衷,否则社

---

① 参见巫宝三主编:《欧洲中世纪经济思想资料选辑》,商务印书馆1998年版,第334页。

② 参见[英]比德·贾耐特:《中世纪的社会理论(1200—1500)》(Bede Jarrett, *Social Theories in the Middle Ages* 1200-1500),弗兰克·卡斯有限公司1968年版,第122页。

③ 参见巫宝三主编:《欧洲中世纪经济思想资料选辑》,商务印书馆1998年版,第332页。

④ [英]彼得·斯特克、[英]大卫·韦戈尔:《政治思想导读》,舒小昀等译,江苏人民出版社2005年版,第240页。

⑤ 参见巫宝三主编:《欧洲中世纪经济思想资料选辑》,商务印书馆1998年版,第347页。

⑥ 参见巫宝三主编:《欧洲中世纪经济思想资料选辑》,商务印书馆1998年版,第339页。

会可以强迫他将财产用于正当目的。①

显然,基督教承认人的一定财产权利,然而这样的权利是相对的、有条件的,上帝才是财产的终极所有者。“天,是耶和华的天,地,他却给了世人。”(《旧约·诗篇》115:16)所谓给了世人,只是允许世人使用而已。因此,“地不可永卖,因为地是我的,你们在我面前是旅客,是寄居的。”(《旧约·利未记》25:23)归根结底,“地和其中所充满的,世界和住在其间的,都属耶和华。”(《旧约·诗篇》24:1)总之,上帝才是天地万物的终极所有者,而人——不论穷人和富人都是上帝造的,所以基督教渗透着对私有财产的某种限制,甚至某种程度的均贫富的思想,认为人们的财富本该差不多的。《圣经》中有“禧年”的规定,每50年应该有一个“禧年”也称“圣年”这一年,“在遍地给一切的居民宣告自由……各人要归自己的产业,各归本家。”(《旧约·利未记》25:8~12)在同一章指出,人们可以收回已经典卖过的祖业。倘若一时没有财力赎回,可以等待禧年,届时“自己便归回自己的地业”。(《旧约·利未记》25:23~34)“禧年”概念再次表明基督教的私人财产权是有条件、有限制的,或者说终极的私人财产是不存在的,世人不过是“旅客”,对于财产不过是有时间性的占有。

大概基于同样的理念,基督教对待穷人有一种特殊的礼遇。首先,财富多寡不成为进入天堂的条件。耶稣对门徒说:“倚靠钱财的人进神的国是何等地难哪!骆驼穿过针的眼,比财主进神的国还容易呢!”(《新约·马可福音》10:24~25)其次,是对社会弱势群体的怜爱,并使他们有尊严。不管是一个麻风病患者还是放荡的妓女或流落街头的乞丐,在上帝的眼中,在来世的生命里,在最为重要的方面没有什么不一样。他劝诫富者捐赠穷人,“你若愿意做完全人”。(《新约·马太福音》19:21)甚至,可以原谅因贫穷而犯下的过错。《圣经》中耶稣原谅了因饥饿难忍而偷拔麦穗的使徒,在此打开一个中世纪基督教世界穷人与财产权的重要话题。

摩西十诫明令“不可偷盗”,为什么这里又原谅盗窃呢?因为极度的贫困,会威胁一个人的生命和生存,生命乃上帝创造,为了生存可以采取非常手段因此也可以原谅非常手段。因此,在食物委实匮乏的情况下,穷人可以毫无罪过地取得维持生命必需的面包。当然,穷人的权利也须受到严格限制。人们普遍认为,穷人可以取得维持生命必需的面包。然而,只有在“他、他的妻子和孩子都可能受到饥饿威胁”的情况下才可以偷窃,且仅仅限于“面包或其他可以吃与喝的东西”,

① 参见[意]托马斯·阿奎那:《阿奎那政治著作选》,马清槐译,商务印书馆1982年版,第142~143页。

或者是“几块用来生火取暖的木头”。[①] 100 年后,另一位神学家安托里诺表述了同样的观念:“当你收割你土地上的庄稼时,你不要齐根割断;也不要采集留在地上的麦穗,也不要拾起掉在你的葡萄园中的葡萄串,而应留下它们给那些贫穷的和陌生的人。”[②]这是一种道德提倡,一些主张在现实生活中未必做得到、行得通,因为它们往往与法庭法律发生冲突。穷人的权利实际涉及个人生命权、生存权,乃至中世纪罗马法复兴中催生的自然权利的话题。

二、罗马法复兴及罗马法再解读

显然,12 世纪以前基督教会思想家的财产观念丰富而驳杂,不同于古典希腊罗马的财产观,然而有一点他们是相似的,即都没有将财产权视为人的自然权利或主体权利(Subjective Rights)。[③]

在古希腊,曾长期陷入私有公有优劣的争论中。论者信心满满,他们绝对没有想到这个话题竟然在人类社会讨论了数千年仍莫衷一是。柏拉图在《理想国》中认为,为使人免于自私和贪婪之心,保持社会秩序,应当消除私人财产。在他的理想国中,除从事经济活动的自由民阶层外,战士和哲学家都不应有私人财产,甚至不应该有家庭,从而实现社会的永久和平。倘若私有财产不可避免,也要严格限制贫富差距(比如不准超过最低财产标准的 5 倍)。[④] 可是亚里士多德不同意柏拉图将私有财产归于罪恶根源的观点,而主张有经济效率的、不可避免的私有财产。“一味企求齐一性的城邦将不再是一个城邦,或者虽然还是城邦,却差不多是不算城邦的劣等城邦,就像有人把和声弄成同音或把节奏弄成单拍一样。”[⑤]他指出,财产公有不能解决争端,而且还会带来使人懒惰等新的问题。例如,斯巴达限制私有财产、禁欲并没有达到目的,反而从另一个方面强化了社会的两极分化、

---

① [法]若兹·库贝洛:《流浪的历史》,曹丹红译,广西师范大学出版社 2005 年版,第 30 页。

② [英]比德·贾耐特:《中世纪的社会理论(1200—1500)》,弗兰克·卡斯有限公司 1968 年版,第 127 页。

③ 以往在国内学术界话语中,“主体权利”(subjective rights)一词几乎没有人使用和提及,而是将其简单地译为“权利”,也就是说将 subjective 略去不译。笔者认为,不可省略,可译为“主体权利”。参见侯建新:《社会转型时期的西欧与中国》,济南出版社 2001 年版,第 7 章;侯建新:《“主体权利”文本解读及其对西欧史研究的意义》,载《史学理论研究》2006 年第 1 期。

④ 参见[古希腊]亚里士多德著、颜一编:《亚里士多德选集:政治学卷》,中国人民大学出版社 1999 年版,第 49 页。

⑤ 参见[古希腊]亚里士多德著、颜一编:《亚里士多德选集:政治学卷》,中国人民大学出版社 1999 年版,第 40 ~41 页。

私下纵欲和官员腐败泛滥。[①] 应当承认，古希腊已经出现个体意识萌芽，但总起来看，希腊城邦仍然是整体淹没个体身份的社会。亚里士多德对这种性质的希腊社会做过这样的描述："不能认为每一位公民属于他自己，而要认为所有公民都属于城邦，每个公民都是城邦的一部分，因而对每一部分的关心应当同对整体的关心符合一致。"[②]到古罗马时代，情况出现了一些改变，在法律上他们提出了"所有权"的概念（dominium），并部分地付诸实践。注释法学派进一步把罗马法中的所有权解释为所有者对财产物的占有权、使用权、收益权和处分权。不过，切不可误认为罗马时代所有人都享有这种权利。物权的保护严格限制在一定的社会范围内，即城邦公民的范围内，不包括外邦人，更不包括奴隶。在它那里，私有财产的保护和身份的认定同等重要，后者更重要，说到底，古典希腊和罗马社会都是一种身份社会或整体主义社会。相对于社会或国家而言，没有独立自主的个体，就不会有真正意义上的个人主义的诉求。英国学者厄奈斯特·巴克（Ernest Barker）说"在希腊的政治思想中个人概念并不突出，'权利'概念则似乎几近于从未形成过。"[③]因此，"真正的自由，个人之权利以及对个性的尊重，在希腊和罗马的文化里无处可寻。"[④]在这种大环境下，留给私人财产的空间毕竟是有限的。

应当承认罗马法是中世纪产权观念的重要来源，但须经过一番改造，并伴随着自然权利观念的形成，才最终成为新的欧洲财产观。而自然权利概念的萌芽产生于12世纪的教会法学家对《教令集》的注释过程中——法学概念——再次遭遇宗教。

当然，自然权利首先产生于当时社会生活的沃土中。正如蒂尔尼所指出的那样，自然权利、主体权利观念生长的历史土壤"不仅仅是一些特定时间和地点的事件"，还包括"一个社会从过去继承下来的整个思想和语言传统"。在西欧，到12世纪时究竟发生了什么呢？法兰西著名历史学家布罗代尔说："11世纪和12世纪，在封建王朝的统治下，欧洲达到了它的第一个青春期，达到了它的第一个富有活力的阶段。"[⑤]农业劳动生产率提高、城市兴起、大学出现及大规模的垦荒运动

---

① 参见[古希腊]亚里士多德著、颜一编：《亚里士多德选集：政治学卷》，中国人民大学出版社1999年版，第57~63页。

② [古希腊]亚里士多德：《政治学》，颜一等译，中国人民大学出版社2003年版，第267~268页。

③ [英]厄奈斯特·巴克：《希腊政治理论——柏拉图及其前人》，卢华萍译，吉林人民出版社2003年版，第9页。

④ [美]施密特：《基督教对文明的影响》，汪晓丹译，北京大学出版社2004年版，第239页。

⑤ [法]费尔南·布罗代尔：《文明史纲》，肖昶译，广西师范大学出版社2003年版，第294页。

改变了整个西欧的面貌。伴随着社会稳定、经济发展和多元社会的形成,不仅有法学的复兴,还有个体的发展和自我意识的成长。在12世纪的西欧,出现了对个人意愿、个人同意的关注,并渗透到教会法的诸多领域,也渗透到一般社会生活中。个人的良心斟酌,伴之以个人信念,成为一般意义上的社会实践。到12世纪末,在婚姻法中,男女双方无须任何仪式,只要愿意,他们的婚姻就是神圣合法的;在合同法中,只要有缔约人的承诺,就产生具有约束力的义务。著名年鉴学派创始人布洛赫指出:"自我意识的成长的确从独立的个人扩展到了社会本身。11世纪下半叶,促进自我意识发展的动力,来自伟大的宗教'觉醒'运动,通常被称为格利高里改革……这是一场极其复杂的运动,从民众心灵深处产生的观念,与神职人员虔诚渴望交汇在一起,特别是那些靠古代文献培育起来的修道士们。"①人类学家麦克法兰等学者也有相关的论述:"至少从13世纪开始,英格兰大多数平民就已经是无拘无束的个体了,他们在地理和社会方面高度流动着,在经济上是'理性的'、以市场为导向追逐实利的,在亲属关系和社会生活中是以自我为中心的"。② 社会发展和社会需求是罗马法复兴的基础和前提。

历史学家普遍认为,"自然权利"概念直接源于教会法学家观念和话语的发展,后者又与教会法学家对教会法规的整理和注释过程密切相关。随着罗马法的复兴,唯一掌握文化和知识的教会人士试图将教会的所有法律汇集到一部或若干部文献汇编集中。大约在1140年,一位名叫格拉提安(Gratian)的意大利教士在前人整理的基础上,借鉴罗马法注释学家的成果,收集、编辑、整理了数千条教会法法规,将其著作命名为《歧义教规之协调》(*Concordantia Disordantium Canoum*)。为纪念格拉提安修士的杰出贡献,从那时起,人们往往把它称作《格拉提安教令集》*Decretum of Gratian*),这是西欧历史上第一部全面的和系统的法律论著,是中世纪法学理论的重要文献之一。③

《格拉提安教令集》影响颇大,很快成为其他学术团体参照的"范本",成为12世纪罗马法复兴的一部分。格拉提安在对《教令集》的评注过程中,认定ius为神法或自然法,将其与人法区分开来,并认为它是人类共同遵守的律法:"自然法对所有人来说都是共同的法,它是基于自然的本能,而不是基于制定法。例如,男

① [法]马克·布洛赫:《封建社会》(Marc Bloch, *Feudal Society*)(第1卷),劳特里奇出版公司1965年版,第106~107页。

② [英]艾伦·麦克法兰:《英国个人主义的根源:家庭、财产和社会变迁》,剑桥大学出版社1979年版,第163页。

③ 参见[美]哈罗德·J.伯尔曼:《法律与革命——西方法律传统的形成》,哈佛大学出版社1983年版,第142页。

女结合,养育后代,对物的共同占有和针对物的自由,从天空、陆地和海洋中获取物;归还寄存物、借债还钱,不同力量之间的相互排斥。"[①]格拉提安不自觉地表述了西欧业已存在的两大法律体系。与非基督教的其他地区不同,至少从那一时期起就存在"神法"或"自然法"概念,与人类制定并实施的"人法"即"实定法"并立。这两种法有时能达成一致,更多的时候则存在分歧和距离。格拉提安得出了自然法高于人定法的结论:"无论是习惯法还是成文法,如果违反自然法,就无效……依照自然法,所有财产归大家共有;依照习惯法或制定法,这件财物属于我,那件财物属于别人。"[②]一方面,格拉提安认为自然法高于人定法;另一方面,他承认人定法中个人财产的合法性,[③]"即使一个主教也能拥有他的私人财产"。[④]当时的世俗法和教会法也是这样认为的,而这显然不符合自然法的公有性质。格拉提安的解释充满了不确定性。

财产私有与自然法的关系,成为后来的法学家无法逾越的鸿沟。越来越多的学者发现,问题的关键在于对 *ius naturale* 含义的理解上。格拉提安编的《教令集》中之所以出现上述矛盾,因为该词具有多种含义,而且格拉提安没有从主体意义上思考 *ius*。后来的教会法学家们在注释《教令集》时,*ius* 一词则普遍被赋予一定的主观的要求、道德的含义。1160 年,鲁菲诺斯(rufinus)的定义颇有影响,他指出:"自然法是一种特定的力量,促使每个人在本能上趋利避害。自然法存在于下列三种状况中,命令、禁止和指示……命令和禁止是不可以有丝毫减损的,而指示可以有所减损,就其自然状态而言,它不同于命令和禁止,它倾向于善。并且这也同样适用于如今市民法的所有和共同财产的权利,这个奴隶属于我、这块土地属于我。"[⑤]自然法存在的三种状况中的"命令"与"禁止"都是自然法的传统概念,而"指示"的界定使得 *ius* 一词具有了主观的意义,它被鲁菲诺斯理解为"宽容

---

① [美]布莱恩·蒂尔尼:《自然权利的概念:自然权利、自然法和教会法的研究(1150—1625)》,威廉·B.伊尔德曼斯出版公司 2001 年版,第 59 页。

② [英]戴安娜·伍德:《中世纪经济思想》(Diana Wood, *Medieval Economic Thought*),剑桥大学出版社 2002 年版,第 18 页。"格拉提安宣称任何与自然法相悖的人法都是无效的"(Gratian declared that any human law contrary to natural law was to be held null and void),参见[美]布莱恩·蒂尔尼:《自然权利的概念:自然权利、自然法和教会法的研究(1150—1625)》,威廉·B.伊尔德曼斯出版公司 2001 年版,第 60 页。

③ 参见[美]布莱恩·蒂尔尼:《自然权利的概念:自然权利、自然法和教会法的研究(1150—1625)》,威廉·B.伊尔德曼斯出版公司 2001 年版,第 59 ~ 60 页。

④ 参见[美]布莱恩·蒂尔尼:《自然权利的概念:自然权利、自然法和教会法的研究(1150—1625)》,威廉·B.伊尔德曼斯出版公司 2001 年版,第 60 页。

⑤ 参见[美]布莱恩·蒂尔尼:《自然权利的概念:自然权利、自然法和教会法的研究(1150—1625)》,威廉·B.伊尔德曼斯出版公司 2001 年版,第 62 页。

的原则”(permissive principle),因此,私人财产也可以被自然法“宽容”①这一时期的主流观念逐渐接纳了私人财产权利,如同菲利克斯·弗吕奇格(Felix Flückiger)指出的那样,“不再认为所有权是有害的”。② *ius naturale* 也有了主体含义和客体含义的区分,出现了“主体权利”概念的萌芽。更重要的是,至1300年,普通法法学家发展了一套坚实的权利语言,并创造了一系列由自然法衍生出的权利。1150年到1300年,他们界定了基督徒和非基督徒的财产权、自卫权、婚姻权和法律程序等权利根源于自然法而不是实在法。他们将这些权利完全置于自然法框架之内,并认为这些权利不能被君主褫夺。君主也没有对源于自然法的权利的管辖权,因为这些权利是不可让渡的。③

不过,在12世纪的教会法学家讨论中,*ius* 一词还是在这两种含义中来回摇摆的。④ 维利指出,无论主体权利概念还是私有财产的合法性的理解,注释法学家们的作品“充满了矛盾和迟疑,同时也是充满了挫折的努力”。⑤

三、主体权利与财产权利观

两个世纪后(即14世纪),欧洲重提财产权利话题,因为理论与实践的纠结没有真正解决:自然法宣称财产公有,可实际生活中又存在着私人财产。基督教会关于“使徒贫困”话题的争论再次引爆了西欧财产权利观的大讨论。令人感兴趣的是,这场论战不是致力于消除贫困,也不是直接论证私人财产权利的合法性,而是从一种形而上的角度探讨方济各会的“使徒贫困”思想是否具有正义性和神圣性。12世纪中叶的方济各修道会由意大利人方济各(Franciso Javier)——西方传统中的贫苦王子——创建,要求门徒仿效基督过清贫的生活,叫作“使徒贫困”。他们身无分文,宣传清贫、节欲,否定私有财产,自甘穷困,认为财产是异教的概念。该修道会自诞生一直受到历届教宗的明确支持和维护。但是,约翰二十二世成为罗马教廷掌门人后,态度迥然不同。由于迄今不明的原因,他公开质疑

---

① [美]布莱恩·蒂尔尼:《宽容的自然法和财产:从格拉提安到康德》(Brian Tierney, *Permissive Natural Law and Property: Gratian to Kant*),载《思想史杂志》(*Journal of the History of Ideas*)2001年第3期。

② [爱尔兰]J. M. 凯利:《西方法律思想简史》,王笑红译,法律出版社2010年版,第129页。

③ 参见[美]肯尼斯·彭宁顿:《西方思想的权利史》,载《埃默里法律杂志》第47卷,1998年冬季刊。

④ 参见[美]布莱恩·蒂尔尼:《自然权利的概念:自然权利、自然法和教会法的研究(1150—1650)》,威廉·B. 伊尔德曼斯出版公司2001年版,第61~62页。

⑤ [美]布莱恩·蒂尔尼:《自然权利的概念:自然权利、自然法和教会法的研究(1150—1650)》,威廉·B. 伊尔德曼斯出版公司2001年版,第56~57页。

"使徒贫困"的合理性。约翰二十二世坚持认为,方济各宣称放弃一切所有权实际上是不可能的,因为他们生活中使用和消费任何一件物品时都无法与该物品的所有权分割。一位方济各使徒吃下一块面包,说他对这块面包没有权利是不可理喻的,因为只有物主才有权利销毁他的物品。因此,方济各会成员不可能放弃一切所有权,为了生存他们必须消耗物品。① 几年后,约翰二十二世颁布了关于贫困问题训令,再次阐释所有权的重要性。他将所有权定义为人生存必要的条件,是一种不能与人相分离的权利,因此,断然否定方济各会修士的绝对贫困、摒弃一切所有权的理念。② 约翰二十二世关于财产权利的思想一向被近代以来的学者所重视,更重要的是它进一步引发了关于自然权利和主体权利的探讨。

奥卡姆(William of Ockham, also Occam,约 1285~1347 年)是经院哲学家、方济各会的重要成员,是教宗约翰二十二世的主要论战对手。尽管奥卡姆是英格兰人,但似乎与德意志的关系更近。由于与教廷不和,受到"异端"的指责,曾被押解至阿维尼翁教廷接受审查。后越狱逃出,辗转前往德意志,得到德皇的庇护,定居在慕尼黑王宫中。在那里直到去世,他写出大量的政治和哲学著作,成为一名杰出的辩论家,支持方济各会修士反对教皇约翰二十二世的权威。他留下的那些文字至今还在吸引各国众多学者,译成各种语言并不断地给予诠释和研究。在整个辩论过程中,奥卡姆不是简单地回应所有权重要与否的问题,而是迂回证明方济各修士享受生活必需品的合法性,因此他论证的重点是自然权利和实定权利的区分,其实也就是 *ius* 的主体意义和客体意义的区分。也就是说,继前人区分了"自然法"与"实定法"两大法律体系后,奥卡姆第一次明确强调了自然权利(natural rights)和实定权利(positive rights)的并立,进一步阐述了自然法和自然权利理论,强调主体权利的根源是自然和理性,一种"正义的理性",一种把人类作为理性的、自由的和负有道义的潜在观念。凭借这一信念,奥卡姆讨论了统治者权力的限度。他认为每个人都有与生俱来的自然权利,并将该思想与基督教福音派的自由权观念组合,成功地进行了一种新的结合。他认为"实定权利"仅是物的外在的法定权利,是规章规定或人们经协商而建立起来的。当权利持有者犯某种罪或外界发生某种变动时,该权利可以被剥夺,也可能被剥夺,不过原持有者

① 参见[美]布莱恩·蒂尔尼:《自然权利的概念:自然权利、自然法和教会法的研究(1150—1650)》,威廉·B.伊尔德曼斯出版公司 2001 年版,第 94~96 页。

② 参见[美]布莱恩·蒂尔尼:《自然权利的概念:自然权利、自然法和教会法的研究(1150—1650)》,威廉·B.伊尔德曼斯出版公司 2001 年版,第 104~105 页。

可以在法庭上申诉。[①] 自然权利或主体权利则不然。奥卡姆强调指出,它是所有人都使用的权利,这种权利不是源于人定法,而是"源于自然",因此,"这种权利永远不能被放弃,因为实际上它是维持生命之必需"(This right could never be renounced since the actual use of things was necessary to sustain life)。他还将这种权利归结为个体(individual)的人,而不是普遍的人。[②] 至此"主体权利"概念基本确立,奥卡姆被称为"主体权利之父"(the father of subjective rights)。[③]

据此,奥卡姆的论战也就有了结论。某个物品的所有权不过是实定权利,是人所规定的权利,在这个意义上方济各派修士是可以放弃的。而自然权利来自上帝,"源于自然",是无法与人相分离的与生俱来的权能。虽然方济各修士没有什么实定的财产权,但是他们仍具有这种主体权利,所以他们可以使用和消费生活所需要的物品,不管这些物品是否属于他们所有。奥卡姆既成功地辩护了方济各派"使徒贫困"的原则,又论证了个人的财产权利,并且由此创造了"主体权利"的概念。

依照自然权利的观念,人有权利维持自己的生命,所以穷人在极端需要的情况下可以拿走富人多余的物品,这就是所谓"穷人的权利"。[④] 但穷人索取不能超过必要的限额,以至于富人无法生活下去。同理,富人有帮助穷人的义务,从一定意义上讲任何多余的财富都被看作匮乏者的共有财产。其实12世纪的《格拉提安教令集》就有多篇文章为穷人权利声张,最有分量的一篇的作者是前面提到的鲁菲诺斯。他写道:"如果他所取的比需要的多,那么这就叫暴力掠夺。"[⑤]12世纪的另一位法学家休格西奥(Huguccio)宣称,根据自然法,我们应该保留必需之物,余下的分发给需要的人,在饥荒或有急需的时候尤其要这样做。后来,教会法学家们发展了休格西奥的思想,提出穷人在必要时有偷窃或抢劫粮食的"权利"。正如13世纪著名的教会法学家奥斯蒂恩西斯(Hostiensis)所说,这样做时,"一个

① 参见[美]布莱恩·蒂尔尼:《自然权利的概念:自然权利、自然法和教会法的研究(1150—1650)》,威廉·B.伊尔德曼斯出版公司2001年版,第121页。

② 参见[美]布莱恩·蒂尔尼:《自然权利的概念:自然权利、自然法和教会法的研究(1150—1650)》,威廉·B.伊尔德曼斯出版公司2001年版,第122页。

③ 参见[美]布莱恩·蒂尔尼:《自然权利的概念:自然权利、自然法和教会法的研究(1150—1650)》,威廉·B.伊尔德曼斯出版公司2001年版,第28页。

④ 参见[美]布莱恩·蒂尔尼:《13世纪的自然权利:根特的亨利的一个问询》(Brian Tierney, *Natural rights in the Thirteenth Century: A Quaestio of Henry of Ghent*),载《镜》(*Speculum*)第67卷,1992年第1期。

⑤ [美]肯尼斯·彭宁顿:《西方思想的权利史》,载《埃默里法律杂志》第47卷,1998年冬季刊。

苦于饥饿的人似乎只是在使用他的权利而不是谋划一次偷窃”。[①] 这样的话语在中世纪和现代早期的思想阐述中颇为常见。以后不断有学者讨论“多余”这个概念,某些关于施舍和捐献是须尽义务的话题从这里得到了延续和发展。彭宁顿指出,当17世纪末约翰·洛克写下“慈善救济使每个人都有权获得别人的物品以解燃眉之需”[②]的时候,其早期思想传统已经在欧洲存在5个世纪之久。可见,现代财产权思想与中世纪的思想传统存在明显的联系,而且,中世纪权利话语中的财产权利观不是单向的,不是僵硬地强调物主的权益,而是有着相当丰富的内涵。主体权利也确实不是一个自私的、过分强调自我的资本主义的社会的产物,奥卡姆称之为“忽略公共权利(common rights)是一个罪过”。[③] 主体权利对历史的影响是相当复杂的。

主体权利理论指导下的“穷人的权利”似乎产生了一种悖论:穷人为生存可以未经允许拿走他人的东西,这种行为是自然权利使然,但是按照实定法他们的行为就是犯罪。也就是说,根据道德观念穷人享有权利,而在实际生活中很难实施。不过,中世纪法学家似乎给予自然权利更神圣的地位。蒂尔尼指出,如果他从富人的剩余中拿走他所需要的,在世俗法官看来他是一个贼,即使可能被绞死,但在上帝眼里他仍然没有罪过。也就是说,他们对财产的主体权利是任何条件都无法使之废除的一种绝对的权利。即使当权利的行使受到法律禁止时,权利资格本身仍是不可侵犯的。[④]

奥卡姆的论断影响颇为深远,成为近代欧洲财产权利理论的重要源头:财产权是一种自然权利,是不可剥夺的。现代学者米歇尔·维利对奥卡姆这位中世纪学者的创造性劳动赞赏有加,称其主体权利思想(包括财产权在内)的建构是一场“语义学革命”[⑤](semantics revolution),如同“一场名副其实的哥白尼革命”[⑥]

---

① 参见[美]肯尼斯·彭宁顿:《西方思想的权利史》,载《埃默里法律杂志》第47卷,1998年冬季刊。

② 参见[美]肯尼斯·彭宁顿:《西方思想的权利史》,载《埃默里法律杂志》第47卷,1998年冬季刊。

③ 参见[美]肯尼斯·彭宁顿:《西方思想的权利史》,载《埃默里法律杂志》第47卷,1998年冬季刊。

④ 参见[英]比德·贾耐特:《中世纪的社会理论(1200—1500)》,弗兰克·卡斯有限公司1968年版,第123页。

⑤ [日]将基面贵巳:《奥卡姆和中世纪晚期的政治语境》(Takashi Shogimen, *Ockham and Political Discourse in the Late Middle Ages*),剑桥大学出版社2007年版,第154页。

⑥ [美]亚瑟·斯蒂芬·麦克格雷德:《奥卡姆与个体权利的诞生》(Arthur Stephen McGrade, *Ockham and the Birth of Individual rights*),载[美]布莱恩·蒂尔尼编:《权威与权力:中世纪法律与政府的研究以纪念沃特尔·乌尔曼70寿辰》(B. Tierney, ed., *Authority and Power: Studies on Medieval Law and Government Presented to Walter Ullmann on His Seventieth Birthday*),剑桥大学出版社1980年版,第149页。

(a veritable Copernican revolution),在人类思想史上具有标志性意义。尽管学者们对奥卡姆的哲学和神学著作的看法不一,但许多学者都认为他是西方学者对主体权利的原理进行概括的第一人。奥卡姆的理论建树成为一个强有力的思想纽带,将12世纪、13世纪的法学家和16世纪的思想家连接起来,从而使自然权利观念在现代社会之前就深深地扎根于欧洲大地上。

奥卡姆观点引人注目之处,不仅在于将个人财产权利归于自然权利,还在于将财产权与选择政府的权力联系起来。这样,他的财产权利观念由维持生命的生存权,扩展到选择统治者的权力以及限制统治者的抵抗权,后者被认为是一种合法的乃至神圣的自然权利。① 奥卡姆宣称,上帝以劝诫的形式授予人类拥有财产和选择统治者的双重权利,统治者的权力是源自上帝并通过人民赋予的。因此,无论皇帝还是教宗的权力,都要受到臣民权利的限制。实际上,11世纪既已颁布《教宗选举条例》,13世纪早期确立多数同意的原则,②13世纪与14世纪之交产生收回赞成的原则。奥卡姆则指出,虽然教宗是信众推举,如果教宗成为异端的话,他一样要受到大公会议即世界性主教会议的审判。③

人们应当安全地享有一定的财产权,可是现实生活存在各种挑战,最大的威胁来自特权阶层,有时则来自共同体内的多数派。因此,奥卡姆关于财产权的论证往往与统治者的权力联系在一起,与多数派的权力联系在一起。奥卡姆坚持认为,不论统治者还是多数民众的表决都不能随意剥夺一般教士和民众的财物。"民众"(在这里可理解为多数人——译者注)作为整体的权利与个体的权利是一样的,所以"民众不能,也没有资格把绝对的权力授予君主,民众持有的权利不比其个体成员的权利更高"。"民众"的权利也以实际占有为限,"民众不能授予自己比实际占有还多的权力"。为了证明这一点,奥卡姆引述了一条例证,后者来自一份教会法文本,即一项长期争议的特鲁瓦教堂(church of Troyes)案例。该教士团的教士划分为本地多数派和外地少数派。根据教会惯例,每一个教士应当享有同等的津贴,但是在13世纪初,本地多数派教士发动了一场财政政变,他们强占了教堂葡萄园,它是外地少数派俸禄的来源。该案例提交给教宗英诺森三世裁决。教宗判定本地多数派的这一做法无效,认为"多数票实际上不能剥夺教士共

---

① 参见[美]弗兰西斯·奥克利:《自然法、自然之法、自然权利:观念史的延续与断裂》,国际出版集团2005年版,第105页。

② 参见[英]J. H. 伯恩斯:《剑桥中世纪政治思想史(350—1450年)》(J. H. Burns, *The Cambridge History of Medieval Political Thought C.* 350 – *C.* 1450),剑桥大学出版社1988年版,第451页。

③ 参见[美]保罗·E. 西格蒙德:《库萨的尼古拉斯和中世纪政治思想》(Paul E. Sigmund, *Nicholas of Cusa and Medieval Political Thought*),哈佛大学出版社1963年版,第97页。

同体中少数派的个人权利(individual rights)"。该文献的原始旁注进一步阐明这一观点:多数票绝不是无条件的,只在特定、必要的情况下产生作用。在一般情况下总要考虑多数人的利益,但是也要考虑少数人的利益,从保护个人的财产权出发,他们实际上否定了"多数人暴政"。① 这样,由财产权利论证不仅延伸了"穷人的权利",还衍生了"少数人的权利"和臣民的抵抗权等重大理论问题。

奥卡姆的思想不是孤立的,存在广泛的社会基础。其实,在奥卡姆完成主体权利论述之前,《大宪章》已经产生,它是英国贵族和教会联盟在1215年迫使约翰王签署的。如果说奥卡姆等经院哲学家完成了主体权利意义上王权与臣民关系的理论构建,那么《大宪章》则是在实践中将王权置于某种约束之下的一种努力。《大宪章》总共63条款,基本上是一份关于贵族、教会和市民的权利清单,以具体的禁律条款防止王权任何形式的权利侵夺。接近一半的条款关注臣民的人身权利,人身自由和安全是财产安全的前提;超过一半的条款则关注臣民的财产权利,大多是为了规范国王不能随意增加税收和军役。臣民在这里不包括普通的佃农。《大宪章》的第61条款特别规定,推举25名贵族组成委员会监督国王遵守《大宪章》;一旦发现违规行为,他们有权力作出法律仲裁,也有权力组织对国王的抵抗。贵族委员会就是后来的议会上院。

对西欧各国产生深远影响的《大宪章》诞生在13世纪初叶不是偶然的,而奥卡姆的财产权利观也不是他一家之言。几乎与奥卡姆同时代发声的另一份历史文献可以证明。英格兰教士威廉的《爱德华三世统治镜鉴》(*Speculum Regis Edwardi Ⅲ*)写于14世纪30年代,通篇是对国王的劝诫,清晰地表达了王权与所有权的关系。威廉的表述与奥卡姆的学说有异曲同工之妙。

在威廉对国王劝诫的话语中,*ius*的含义已经直接转意为所有权(*dominium*),认为它是每个人都应当有的权利。他反复且毫不含糊地强调这样一个原则:每一个人"都是他的物品的所有人,没有人能够违背他的意志而夺走他的物品。所有权意味着独自控制其财产的排他性权利,其他人无权干涉"。威廉声称,"在这个世界上,人们可以根据自己的意愿自由地对待他们自己和他们的所有物"。国王是尘世上最有权威之人,最有可能也最有力量对一般人的所有权造成威胁,因此,话锋一转,指向国王——由经济关系议题转向政治关系议题。他说,"一条普适的、有约束力的准则是:不能违背物主的意志剥夺他的任何物品",任何人都不可以,"即使贵为国王也不能违反这一原则,否则就构成一种非正义的违法行为,必

① 参见[美]布莱恩·蒂尔尼:《自然权利的概念:自然权利、自然法和教会法的研究(1150—1625)》,威廉·B.伊尔德曼斯出版公司2001年版,第184页。

将导致其受到现世和来世的惩罚"。[①] 这实际上是对国王可能侵犯所有权的行为发出了警告,口气极其严厉,俨然天命在身,大义凛然、毋庸置疑。

威廉的所有权定义似乎超然物外,尤其关注社会底层人的所有权受当权者侵害的问题。"不论阶级和性别,所有权属于每一个人。穷困老妇人的母鸡(这是她所需鸡蛋的唯一来源)被王室官员强行购买,如同王权强占最大的地产领主的财产一样,都是一种严重的侵权行为。因此法律要求尊重贫苦农妇的所有权如同尊重权贵一样,或许还要更加尊重,因为她全凭国王支配,而富者及其财物还能得到王室保护。对威廉来说,所有权是一种明确的人权,由任何合法拥有物品的人所享有。不可侵犯的个人所有权要求对所有人一视同仁,无论其社会身份和政治等级。所有权的经济逻辑是即便最贫穷的农民也享有几亩薄田的所有权。"[②]继而,威廉进一步排除了国王侵犯臣民财产权的任何可能,无论他摆出多么华丽的借口。"威廉提及,不存在基于共同福祉就可以违反个人主体权利的特殊情况。这使其形成了更为确定的标准,即判断国王及官员何时超越了他们权力的限制。"[③]"一旦发生侵犯臣民财产权的情况,统治者必须承担起臣民反抗的全部责任。"[④]这实际明确承认和申明了臣民合法抵抗的权利。

如果说奥卡姆从经院哲学的视域论证了财产权利的合理性,那么威廉则从劝诫当权者的角度阐述了臣民特别是弱势人群财产自卫权的合法性。我们还可以列举出同时代更多的话语,与《爱德华三世统治镜鉴》一类的文献或威廉的话语一样,可见他们的观念和话语不是孤立的,而是以其特定的传统和深厚的经济社会生活为根基的。随着经济与社会、物质与精神的进一步发展,近代出现洛克等思想家关于财产权理论的系统论述是完全可以预期的。显然,中世纪与近代之间没有一道鸿沟,恰恰相反,它们一脉相承。

中世纪社会已经出现了财产权利语言和观念,也能对之进行广泛探讨,但这只是一个起点。社会精英的讨论固然重要,不过还需要进一步考察这些观念对现实生活产生怎样的影响,在多大范围内形成了社会共识,并且在多大程度上实践

---

① [美]凯里·J. 尼德曼:《财产与反抗:14 世纪英格兰的政治理论与主体权利》,载《政治评论》第 58 卷,1996 年第 2 期。

② [美]凯里·J. 尼德曼:《财产与反抗:14 世纪英格兰的政治理论与主体权利》,载《政治评论》第 58 卷,1996 年第 2 期。

③ [美]凯里·J. 尼德曼:《财产与反抗:14 世纪英格兰的政治理论与主体权利》,载《政治评论》第 58 卷,1996 年第 2 期。

④ [美]凯里·J. 尼德曼:《财产与反抗:14 世纪英格兰的政治理论与主体权利》,载《政治评论》第 58 卷,1996 年第 2 期。

了它。很明显,无论上层精英的话语与社会普通大众的实际生活状况的距离,还是整个财产权利理论与经济社会生活内在的深刻联系,都需要展开更为丰富的历史画面,然而这超出了本文讨论的范围,须专文另论。

新中世纪学复合论域研究解析
——以中世纪欧洲犹太人问题为例

王云龙

20世纪80年代以来,随着人文社会科学由现代性取向整体性地向后现代取向位移,西方学术界在中世纪历史研究领域发生了重大的学术转向,即由传统的中世纪史或曰中世纪学向新中世纪学(New Medievalism)转变。新中世纪学不是传统中世纪学(Medievalism)的一顶新的学术帽子,而是突破了传统的中世纪学囿于史料学、文献学的本体论(Ontology)和编年史、观念史的知识学(Epistemology)的学术边界,进入复合论域(Composite Domain)的学理境界。新中世纪学的复合论域研究不复具有传统中世纪学的学科刚性,既不再固守传统中世纪学近乎公设的本体论内涵,也不再延续传统中世纪学约定俗成的知识学外延,而是以中世纪千年历史为型构母题(Matrix of Episteme),通过学理路径的整合设置、学科范式的创新设定、学术话语的操作设计,在当下主流语境中,解析特定义项的历时性言说的语意差异,演绎新中世纪学无法限定的丰富性。本文在厘清新中世纪学的学理脉络的基础上,以西方学术界权威著作和一流刊物讨论相对较多的、能够体现新中世纪学特质的复合论域的中世纪欧洲犹太人问题为案例,解析新中世纪学的学理构造。

一、学术史解构与文献学重构

以欧洲中世纪犹太人历史问题论域为例，可以清晰地看出新中世纪学与传统中世纪学的学术分野。保罗·富拉克尔评价，由米切尔·托克撰写的《新编剑桥中世纪史》第1卷第20章“500～1050年欧洲犹太人”，是“一篇令人惊叹的学术综述，它在很大程度上推翻了以前关于犹太人在中世纪早期历史状态的论断”。①也就是说，托克解构了传统学术史关于反犹主义的母题型构。富拉克尔认为，托克解构了传统中世纪学关于反犹主义渊源的论断，指出“托克关于欧洲犹太人的文章直接挑战了广泛流传的基于宗教情感的反犹主义论断。这一论断在我们的时代已是常识，是对犹太人作为基督教世界活跃的邻居与对手的反应。这只是西班牙的真实写照，因为西哥特国王颁布了许多反犹法令。老一辈历史学家把这想象为是对犹太人作为帮助阿拉伯人征服伊比利亚半岛的‘第五纵队’的镇压。但是托克清楚地表明，没有证据显示，10世纪前犹太人在欧洲大规模存在。他的审慎细致的工作提示我们依据新的阐释重新审视旧的正统论断始终是有价值的，重新评定证据也是始终必需的”。② 后现代取向的新中世纪学正是这样，在解构被传统学术史奉为“常识”的母题型构方面，在基础性史料文献学上，以实证的而非演绎的、近乎中国传统“朴学”的方法，摧毁传统中世纪学术史的话语合法性体系，通过文献学重构，还原历史实态，确立新中世纪学言说的“合法性”。

在解构传统中世纪学的犹太论域，托克针对其学术史理念，指出“相对于这一时段（中世纪）其他地域（的犹太人），欧洲犹太人无论是人口数量，还是精神创造力都是乏善可陈的。尽管如此，现代历史学家仍然把他们（欧洲犹太人）看作特异的一群人。在这一点上，现代历史学家因袭了中世纪基督教会人士的看法，即把犹太人看作比其实际存在与影响更大的挑战”。③ 这种学术史成因于中世纪欧洲犹太人母题型构的叙事史，是中世纪基督教会关于异端的母题之一，犹太人比其他异教徒更为便捷地被基督教世界塑造成杀害耶稣的凶手、基督徒的公敌。犹太人成为普世基督教（ecumenicalism）的否定性他者、与之相对的撒旦的人格化身。中世纪基督教世界的各种文本，对于在历史编纂学话语体系中定格犹太人的

---

① Paul Fouracre, *The New Cambridge Medieval History*, Vol. 1, Preface, New York: Cambridge University Press, 2005, p. 14.

② Paul Fouracre, *The New Cambridge Medieval History*, Vol. 1, Introduction, New York: Cambridge University Press, 2005, p. 11 – 12.

③ Michael Toch, *The Jews in Europe* 500 – 1050, in The New Cambridge Medieval History, Vol. 1, New York: Cambridge University Press, 2005, p. 547.

所指(signified)起到了至关重要的作用。传统西方历史编纂学的中世纪欧洲犹太人所指,由三个相互关联的母题型构而成,即从古典时期开始犹太人就遍布欧洲的定论、帮助阿拉伯人征服西班牙的“第五纵队”的定谳、垄断欧洲贸易的定式。

针对犹太人从古典时期开始遍布欧洲的传统学术史定论,托克写道:“我们(关于中世纪欧洲犹太人)的观念受到含糊不清、严重失衡的文献传统的左右不是偶然的。欧洲绝大部分地区存在着大量来源于基督教会的文本——圣徒的生平与圣迹、编年史与史籍、墓志铭、正式文告、教会法集、神哲学论著——以及与之配套的法律、帝国与王室的法令、宪章。然而,依据最近对圣徒传记和宗教论辩术的研究,这些文献中的大部分需要审慎对待,这提醒我们不能盲目地将这些文献作为第一手材料使用。欧洲基督教会把犹太教和犹太人选定为供内部基督徒消解的道德与神学对立面。”他从新中世纪学取向的文献学角度,解构传统中世纪学所依据的关于犹太人的学术史成说,指出并非欧洲基督教世界所有隐喻性的参考文献都能证明犹太人的存在。例如,用7世纪、8世纪爱尔兰基督教会律令集中谴责犹太人的文献,来印证犹太人在彼时彼地实际存在,就是极端的例证。古典罗马时期,犹太人是帝国城市人口的重要构成因素。在拜占庭,主要在小亚细亚,其次在希腊和塞浦路斯、克里特、罗得等岛屿,拜占庭犹太人社团的建立可以回溯到狄奥多西二世(408~450年)时的君士坦丁堡。他们通过意大利,孕育了中世纪欧洲犹太人。意大利的墓志铭文和文献资料表明,最早的犹太人社团自罗马共和国就存在于罗马,并持续存在下去。中世纪意大利文献提及,6世纪早期罗马北部的热那亚和米兰存在一定规模的犹太人社团。随后,他们从文献中消失,直到8世纪才有文献提及,帕维亚和阿斯蒂重新出现个别的犹太人,10世纪以后拉文纳、维罗那、帕维亚、特雷维索、卢卡、里米尼、安科纳出现了大量犹太人社团。居住在罗马以南亚平宁半岛和西西里岛的犹太人社团,在被阿拉伯和诺曼征服之前,主要受拜占庭的统治与影响。墓志铭文显示,6世纪意大利犹太人使用与其毗邻而居的民族的语言,特别是将其与希腊——拜占庭移民联系起来的希腊语,来表明自己的认同符征。① 7世纪中期到8世纪中期,在法兰克没有文献提及犹太人。8~9世纪的文献表明,很可能是来自西班牙的犹太人在法国南部大幅度增加。犹太人沿罗讷河扩散到法国中部的维埃纳、里昂、马孔和沙隆。到11世纪早期,犹太人社团在缅因—安茹、勃根第、香槟、洛林和诺曼底随处可见。古典晚期,科隆和特里尔曾出现犹太人,其后则无从考稽。至11世纪晚期,在神圣罗马

① See Michael Toch, *The Jews in Europe* 500 - 1050, in The New Cambridge Medieval History, Vol. 1, New York: Cambridge University Press, 2005, p. 547 - 550.

帝国的科隆、特里尔、美因茨、施派尔、沃尔姆斯、雷根斯堡、布拉格和马格德堡,出现了来自法国和意大利的众多繁荣的犹太人社团。诺曼底犹太人随同征服者威廉,来到了英格兰。11世纪,东欧也出现了犹太人。早期欧洲犹太人的定居史分为两个方面——南方和北方,两个时期——古典晚期到800年和800~1100年。古典时期以降,地中海沿岸,包括拜占庭、意大利罗马以南、法国南部、西班牙东部一些地方,犹太人口持续下降。直到9世纪末,犹太人才在欧洲大陆随处可见。托克总结性地指出,犹太人只是在被称为High Medieval的11世纪,才开始遍布欧洲,强大到能够宣称对中东宗教权威的中心保持智力上的独立。① 托克通过文献学实证,改变了从古典时期开始犹太人就遍布欧洲的传统中世纪学的定论。

托克依据有关学者的文献学考据的实证,发现犹太人自身的史料——希伯来文的墓志铭、族谱出现于地中海南岸地区,欧洲犹太人创作的第一批文学作品是9世纪以后在意大利南部发现的希伯来文宗教诗歌,②而此时距离阿拉伯人征服西班牙至少已有100多年。托克基于文献学的重构,解构了传统学术史关于中世纪欧洲犹太人作为阿拉伯征服者的“第五纵队”的定谳。他指出,公元711年,伊比利安犹太人与阿拉伯入侵者的合作被作为证明传统观点的例证。但考究其出处,就会发现这是一个“第五纵队”的神话。这是犹太人背叛的热门话题,其历史成因可以回溯到圣徒传记所载的508年西哥特阿尔勒城被围事件。这一事件被西哥特西班牙人和后来因阿拉伯人入侵而被迫流亡的西班牙人演绎成定说,事实上在西哥特西班牙的犹太人只是一个微不足道的群体,但在世俗统治者和基督教会看来,犹太人是可怕的巨大威胁。③ 托克指出,安达卢西亚被征服几百年后,3个语种的文献才提及犹太人。开罗犹太密库文书(Genizah)令人信服地载明,他们有着阿拉伯名字,读写都用阿拉伯语,其表现与北非犹太人别无二致。这只能有一种解释,他们是在711年以后,由北非大规模移民而来,形成了西班牙系犹太人(Sepharad),一种与中东以外犹太人文化背景完全不同的、新的伊比利安犹太人。只有在西班牙科尔多瓦以南的卢塞纳,才能看到纯粹的犹太人城镇。9世纪巴比伦传奇(Bab ylonian saga)对此作了稍为夸大的描述,这已为稍后的阿拉伯史料所证实。犹太人遍布城乡,史料翔实地指出,科尔多瓦、塞维利亚、卢塞纳、格拉

---

① See Michael Toch, *The Jews in Europe* 500 - 1050, in The New Cambridge Medieval History, Vol. 1, New York: Cambridge University Press, 2005, p. 553 - 555.

② See Michael Toch, *The Jews in Europe* 500 - 1050, in The New Cambridge Medieval History, Vol. 1, New York: Cambridge UniversityPress, 2005, p. 548.

③ See Michael Toch, *The Jews in Europe* 500 - 1050, in The New Cambridge Medieval History, Vol. 1, New York: Cambridge UniversityPress, 2005, p. 551.

纳达、哈恩、托来多、卡拉塔尤和萨拉戈萨等地都有犹太人。在这种环境下，涌现出一些杰出的犹太人，如萨鲁特（Hasdaiibn Shap rut），他是科尔多瓦埃米尔阿里拉曼三世（Abdal-Rahman Ⅲ）的医生和高级外交官，高产的作家，不知疲倦地保护海外犹太人，赞助希伯来—阿拉伯诗歌创作和犹太经典研究。由此可以看出，西班牙犹太文化的兴起，脱胎于中东，在较短的时间内形成自己的独特形态，其中阿拉伯文化的影响是主要方面。这确实是西班牙系犹太人"黄金时代"的开端。安达卢西亚犹太人口显著增长，迫使犹太人进入基督教地区。从9世纪起，犹太人使用阿拉伯名字，零散地出现在东北部的赫罗纳、巴塞罗那、塔拉戈纳、托尔托萨和乡村，北部的莱昂、贝洛拉多，西部的科英布拉、科伦纳、梅里达和贝雅。① 托克依托文献学的实证，推翻了犹太人是帮助阿拉伯人征服西班牙的"第五纵队"的传统中世纪学的定论。

传统中世纪学的众多专家学者，将中世纪欧洲犹太人定位于垄断贸易。原因就在于，统治者给犹太人提供特权和保护，独尊塔木德律法，与生俱来或从大流散（Diaspora）以来就倾向于社团组织和家庭纽带，以从事欧洲与中东和穆斯林西班牙的远程贸易著称。据推测，犹太人早期和其他东方的商人合作从事这些贸易，从加洛林王朝到11世纪，独自从事贸易。托克指出，传统中世纪学关于欧洲犹太人的这种定位必须抛弃。② 他认为，首先须谨防夸大。一位学者为突出犹太人在中世纪早期欧洲的影响力，把一个叫普里斯卡的犹太人描绘成"与国王做生意并控制索恩河畔的沙隆铸币厂的犹太商人和政府官员"。即使普里斯卡确实是犹太富商，并与希尔伯里克国王做生意。学者经常被以细微变化形式屡屡出现的"犹太人和其他商人"（Judeiet ceterimercatores）的用语误导，与其将这个用语解读为犹太人是众所周知的商人，"其他商人"是后来添加的，不如把它作为其所出自的文本作者的简单的话语区分，即犹太人由宗教同一性界定，基督徒由职业界定，更易于理解。这个用语提供了由整个现代学术研究支撑的毋庸置疑的证据：除加洛林王朝及其以后时代的犹太人外，还存在其他商人集团。文献表明，1000年即地中海贸易大扩张时期的商人们详尽记录了商务合作伙伴的信息，大量商业信息提到了欧洲各地的商人，唯独没有欧洲犹太人。犹太教《答问》（*Responsa*）典籍提到学者、吟游诗人和学生的经常性交流，但几乎没有欧洲犹太人贸易联系的记载。

---

① See Michael Toch, *The Jews in Europe* 500 - 1050, in The New Cambridge Medieval History, Vol. 1, New York: Cambridge University Press, 2005, p. 551 - 552.

② See Michael Toch, *The Jews in Europe* 500 - 1050, in The New Cambridge Medieval History, Vol. 1, New York: Cambridge University Press, 2005, p. 555.

当11世纪犹太人口开始增长时,霸权而不是犹太人已经主宰了欧洲贸易。因此,犹太人垄断贸易的神话必须打破。①

托克通过文献学重构,解构了传统中世纪学关于中世纪欧洲犹太人的学术史的定论、定谳和定式,还原了中世纪欧洲犹太人的真实历史状态,在这一论域展现了新中世纪学的学理风貌。

二、事件史本文与阐释学文本

新中世纪学以后现代主义为背景话语的复合论域研究,以颠覆依托浪漫主义及其变异形态的现代性宏大叙事的传统中世纪学为取向,以中世纪事件史为学术资源,不拘泥于史料学的论域,而是以事件史(history of events or episodes)(或用罗素、怀特海的术语,称之为"事素史")本文(quidditas)为解构的话语平台,解构与重构阐释学文本。新中世纪学的学术界面,由事件史本文与阐释学文本的多维度互动构建而成。事件史本文与阐释学文本在历时性语境、共时性语义中形成学理张力,依从发生学的谱系溯究与类型学的知识考古,在历时性语境中还原事件史本文,在共时性语义中揭示阐释学文本。由此,新中世纪学进入后现代的学术洞天。

新中世纪学视阈的中世纪欧洲犹太人问题,是事件史与阐释学互动的、历时性语境与共时性语义异质同构的复合论域命题。新中世纪学这一论域的内在张力,就是破解作为论证在巴勒斯坦建立以色列国的天然而神圣合法性的犹太复国主义(Zionism)。② 犹太复国主义关于欧洲千年反犹的学理言说体系,所依据的事件史的起点是1096年第一次十字军途经莱茵兰的屠犹事件,由此直至希特勒大屠杀。因而,犹太复国主义认定1096年莱茵兰屠犹事件开启了欧洲犹太人的千年灾难史。基于1096年莱茵兰屠犹事件引发的12世纪犹太人殉教运动的16世纪犹太"哀戚学派"(Lachrymose School)历史编纂学,③是20世纪的犹太复国主义千年灾难史的宏大叙事的学理渊源。1096年莱茵兰屠犹事件成了欧洲犹太

① See Michael Toch, *The Jews in Europe* 500 – 1050, in The New Cambridge Medieval History, Vol. 1, New York: Cambridge University Press, 2005, p. 559 – 561.

② 19世纪中后期,中东欧犹太人兴起了犹太复国主义运动,主张巴勒斯坦是《圣经》的"应许之地",首都在耶路撒冷即锡安(Zion)。锡安是被大卫王攻占的耶路撒冷布斯人(迦南的亚摩利人)的要塞。大卫王在锡安山上建有圣殿,是犹太人精神皈依所在。

③ David Nirenberg, *The Rhineland Massacres of Jews in the First Crusade: Memories Medieval and Modern*, in G. Althoffed., Medieval Concept of the Past, New York: Cambridge University Press, 2002, p. 297.

人千年创伤史的发生学渊薮,对此,美国霍普金斯大学历史学教授戴维·涅伦堡山(David Nirenberg)采用跨文本对话(Dialogue cross Texts)的方式,通过解析历时性阐释学文本的心理意象与创伤记忆,还原事件史本文,以及事件史本文如何被犹太民族集体记忆复制与强化。

历时性文本解读与集体记忆性语境分析,凸显新中世纪学的内在张力及其对宏大叙事的解构作用。涅伦堡指出:“900 年前,十字军在开赴耶路撒冷,途经莱茵兰时,袭击了海德堡(Heidelberg)及其周围地区的犹太人。很多犹太人被杀,或被迫皈依基督教,还有很多因为拒绝皈依基督教而被杀。这一事件在现代犹太历史编纂学占有突出地位,被当作永世不忘的、以大屠杀达到顶峰的(欧洲)反犹主义(Anti-Semitism)的第一个罪行……许多犹太人社团的文本,把屠犹事件当作唤起犹太人力量与通过悲剧历史强化民族认同的集体记忆的载体。”[①]这种集体记忆“对于现代犹太人来说,就是评判历史,哪些是要坚持的,哪些是必须反对的”。[②] 同时,也必须看到,1096 年莱茵兰屠犹事件“开始了危险的进程,毒害了欧洲人的心灵与想象力”。[③] 涅伦堡认为:“第一次十字军屠犹,作为犹太历史叙事的焦点性事件,它伸张了对从古至今的苦难的认同,彰显了由逐步升级的迫害直到大屠杀、进而进行犹太复国主义救赎的目的论同一性。”作为卓有造诣的新中世纪学专家,涅伦堡“从把第一次十字军屠犹与大屠杀相联系的目的论和基于此的集体记忆的模式论两方面,提出质疑”。从事件史本文出发,应用心智史与集体记忆的精神分析方法,解构作为现代性话语霸权的犹太史成说,构建新中世纪学的言说体系。涅伦堡把自己的质疑分为三方面展开:“首先,叙述与分析犹太人针对1096 年事件的一些文本,其目的不是为了增进我们对于中世纪希伯来文本本身的历史理解,而是确立中世纪(文本)中现代对应物的位置。是什么使这些文本与现代犹太人的经历有着一目了然的联系?其次,考察中世纪文本承载的历史意识,以揭示它们表述的特定的记忆模式是如何被后代的记忆者所遗失或发现。这些文本,换句话说,没有建构超历史的犹太社群,相反,是由特定情况下的特定犹太人所创作的。最后,特别探讨一种现代记忆形态,弗洛伊德的创伤(trauma)和

---

① David Nirenberg, *The Rhineland Massacres of Jews in the First Crusade: Memories Medieval and Modern*, in G. Althoffed., Medieval Concept of the Past, New York: Cambridge University Press, 2002, p. 297.

② Alan Mintz, *Hurban: Response to Catastrophe in Hebrew Literature*, New York: Columbia University Press, 1984, p. 10 – 11.

③ Arno Mayer, *Why Did Heavens Not Darken? The "Final Solution" in History*, New York: Pantheon Books, 1988, p. 25.

'压抑重现'(return of repress)理论,通过1096年屠犹事件研究,把第一次十字军文本置于与19世纪末20世纪初反犹运动引发的特定记忆模式直接相关的犹太历史经历的现代叙事,揭示其中的内在联系。对创伤的分析,意味着把众多用当下复制历史的记忆与史学的现代性理论作为标本:众多(现代性)范式受到特定的影响,都把犹太史描述为对于暴力迫害持续性反应的历史。"犹太人历史的这种对于暴力迫害持续性反应的特质,激发了涅伦堡对其进行新中世纪学解读的学术冲动。在研读相关文献的基础上,他写道:"尽管有很多原因对这种持续性进行探究,但我只把自己限定于两个最明显的原因。第一,在犹太宗教和文化中,暴力迫害事件史的记忆化始终占据重要而复杂的地位,在我看来,这种历史理解是不充分的。第二,现代反犹暴行的奇灾巨难,赋予了以极端方式,援引目的论和历史持续性,阐释反犹暴行的先验合法性。通过中世纪与现代的内在连续性,中世纪成为集体记忆的源泉。"这也印证了哈贝马斯关于"奥斯维辛历史性地改变了人类生活条件的基础"①的论断。涅伦堡指出:"109年记忆简史只是对这(历史性)改变很小的一个方面的揭示,这个方面小到与一个盲人把象耳朵当做大象一样。尽管,有时大象也能够通过象耳朵被认知。"②

作为事件史本文的1096年十字军莱茵兰屠犹事件的具体情形,必须明晰地呈现。这是阐释学的逻辑前提。这一事件对于中世纪学者而言,只是十字军开赴圣地叙事的一个插曲。众多十字军集团前往耶路撒冷途经莱茵兰时,威胁了那里的犹太人社群。③ 大多数十字军集团接受了犹太人的贿赂,没有骚扰犹太人,径自开往东方。但有一些十字军屠杀犹太人,或以暴力迫使他们改宗基督教。施派尔有10或11个犹太人被杀;沃尔姆斯有800犹太人被杀;美因茨有1100多犹太人被杀;其他地区的屠犹事件发生在整个摩泽尔河谷和更往东的布拉格、雷根斯堡。这些被记录在基督徒和犹太人的文献中,特别是一系列希伯来编年史和大量的赞美诗、祝祷词、回忆录。④

十字军把屠犹当作对犹太人杀害耶稣的神圣复仇:"这里,就在我们中间,就

---

① David Nirenberg, *The Rhineland Massacres of Jews in the First Crusade: Memories Medieval and Modern*, in G. A. thoff ed., Medieval Concept of the Past, New York: Cambridge University Press, 2002, p. 279 – 281.

② Jürgen Habermas, *Eine Art Schadensabwicklung*, Frankfurtam Main: Suhrkamp, 1987, p. 163.

③ See David Nirenberg, *The Rhineland Massacres of Jews in the First Crusade: Memories Medieval and Modern*, in G. Althoffed., Medieval Concept of the Past, New York: Cambridge University Press, 2002, p. 282.

④ See Shlomo Eidelberg, *The Jews and the Crusaders: The Hebrew Chronicle of the First and Second Crusades*, Madison: University of Wisconsin Press, 1977, p. 99.

是犹太人的祖先毫无道理地谋害和折磨基督耶稣。让我们对他们复仇,把他们从所有民族中清除出去,让以色列的名字永远消失。"①十字军不但这样叫嚣,而且野蛮地残害犹太人。第二次十字军东征中,法国骑士袭击了深受爱戴的拉比雅各布·本·梅厄(Jacob Ben Meir),在他头上砍了5刀,边砍边咒骂:"你是犹太人的头,我们要为耶稣复仇,用你们犹太人砍我主五刀的方式,来砍你!"②为了避免皈依基督教或被十字军玷污的自我牺牲,中世纪欧洲犹太人把屠犹事件看作殉教。这种殉教意识深植于犹太人自《旧约》以来的历史传统中。所罗门·巴·参孙编年史(Chronicle of Solomon Bar Samson)记载雷切尔(Rachel)的殉教事迹。雷切尔是以撒(Issac)的女儿,犹大(Judah)③的妻子。雷切尔说:"我有4个孩子……但始终没有得到神恩、眷顾,我的孩子,我将以上帝神圣的名义,用你们来传导神恩。"她的一位朋友捉住男孩,杀了他,雷切尔按照古代神庙牺牲献祭仪式,用袖子接住他的血。两个女儿准备好刀,雷切尔亲手杀了她们,以为牺牲献祭。她把躲藏在箱底下的儿子亚伦拖出来,杀了他,献祭于至高无上的上帝。④ 在欧洲犹太人千年苦难史的现代性叙事中,这些殉教的施行者与原文本的形象大相径庭,出现了范式转义(Tropological Paradigm)把殉教事件文本作为20世纪,特别是大屠杀的远古回响。伊万·马库斯指出,(在犹太人千年创伤史叙事中)把这些殉教文本中的施行者,当作对人类理解可能性的史无前例的撕裂。针对这种话语策略,马库斯进一步指出:"犹太叙事作者在阐释这些史无前例的殉道行为的意义时,首要关注的采用传统可接受的模式"。⑤ 这是由于"20世纪上半叶的大屠杀,使稽古钩赜的第一次十字军文本变成鲜活记忆。"⑥

---

① David Nirenberg, *The Rhineland Massacres of Jews in the First Crusade: Memories Medieval and Modern*, in G. Althoffed., Medieval Concept of the Past, New York: Cambridge University Press, 2002, p. 282.

② Shelomo Dov Goitein, *Obadyah: A Norman Proselyte*, Journal of Jewish Studies, Vol. 4, 1953, p. 80 - 81.

③ See Abraham Habermann ed., *Sefer Zekhirah, Selihot Ve-kinnot*, Jerusalem: Mosad Beyalik, 1970, p. 121.

④ 此犹大不是出卖耶稣的犹大,而是《圣经》时代以色列人12支派之一的犹大派的创始者。大卫王和所罗门王都出于犹大支派。公元前586年,犹大国亡于亚述,其民被掳往亚述。公元前538年,波斯征服亚述,波斯居鲁士大帝允许犹太人返回故土。此后,犹太人历史基本是犹大支派的历史。

⑤ David Nirenberg, *The Rhineland Massacres of Jews in the First Crusade: Memories Medieval and Modern*, in G. Althoff ed., Medieval Concept of the Past, New York: Cambridge University Press, 2002, p. 284 - 285.

⑥ Ivan Marcus, *From Politics to Martyrdom: Shifting Paradigm in the Hebrew Narratives of the 1096 Crusade Riots*, Prooftexts, No. 2, 1982, p. 41, 45.

大屠杀是欧洲犹太人千年创伤史的阐释学触媒。第二次世界大战后,耶路撒冷出版了哈伯曼(Habermann)编辑的第一次十字军文献,打破了中世纪与现代的界限,鲜明地标志着这种转变。这种转变体现在历史编纂学上的努力,要追溯到贝尔(Fritz/Yitzhak Baer)。① 他的早期著作重新把中世纪确立为犹太教的形成时期,他写道:"如果抹去(中世纪)一两千年的记录,我们的历史将一无所有。"②贝尔秉持兰克关于"每个时代都直接与上帝相通"的理念,将其应用于犹太教历史的语境化建构。他把中世纪基督教西班牙犹太人历史,重新建构成生机勃勃的犹太教历史。在关于中世纪西班牙犹太人的早期著作中,他批驳了海因里希·格雷茨(Heinrich Graetz)③把这一时期看作欧洲犹太人衰落期的权威观点。他指出:"我们(犹太人)已经从作家、迫害与受难的文献目录那里挽回了声誉。"④

20 世纪 30 年代后期,随着纳粹德国对犹太人迫害的加剧,贝尔在学术理念上发生了回归传统"哀戚学派"的变化,并由此出发,开始构建欧洲犹太人千年创伤史。1938 年,贝尔在批评"反哀戚学派"(Anti-Lachrymose School)学者巴隆的著作《犹太人社会与宗教历史》时指出:"中世纪欧洲犹太人的历史是一系列惨无人道的迫害(史)。"⑤1936 年,贝尔的《大流散》(*Galut*)一书,以隐晦的笔触表明了其历史学理念的变化。他在封面署上其希伯来名字"Yitzhak",而非德文名字

---

① 贝尔师从迈内克(Friedrich Meinecke),是犹太史"耶路撒冷学派"的创立者。迈内克(1862 ~ 1954 年)是 20 世纪上半叶德国最重要的历史学家,与其老师狄尔泰一道被视为现代理智主义史学之父,著有《历史主义的由来》等。

② David Nirenberg, *The Rhineland Massacres of Jews in the First Crusade*:*Memories Medieval and Modern*, in G. Athoff ed., Medieval Concept of the Past, New York:Cambridge University Press, 2002, p. 300.

③ 海因里希·格雷茨(1817 ~ 1891 年),德意志历史学家,1869 年任教于布雷斯劳大学,撰写《古今犹太人史》共 11 卷,是犹太人历史的第一部典范著作,对后世犹太历史学家影响甚大,但也多有批评。

④ Fritz Baer, *Die Juden im Christlichen Spanien*, Berlin, 1936; reprinted London, 1970, Vol. 2, p. 24, unpublished edition.

⑤ David Nirenberg, *The Rhineland Massacres of Jews in the First Crusade*:*Memories Medieval and Modern*, in G. Athoffed., Medieval Concept of the Past, New York:Cambridge University Press, 2002, p. 300.

"Fritz"。他把西班牙系犹太人与德意志系犹太人(Ashkenazic)①并列。在学术生涯早期,他对西班牙犹太人倾注了大量的学术热情,并把西班牙犹太人的中世纪褒扬为犹太教的生机勃勃时期。此时,他却把中世纪西班牙犹太人描绘为对犹太人精神的同化主义背叛的超历史例证,破坏了"犹太人共同体意识"。贝尔转过来反对把犹太人西班牙时期奉为典范的19世纪自由主义同化取向的历史编纂学,他的新的英雄或主人公(new heroes)是第一次十字军屠犹事件的殉教者及其虔诚的后继者,以及他们朴素的信念。他认为这才是犹太教虽历经磨难,但亘古不灭的本质。贝尔从历史的语境化转入救赎的目的论:"如果今天我们能够在古代尘封已久的编年史看到未来的每件事情,就好像历史在《圣经》中无休止地铺陈展开一样,大流散中的每一部分的每个犹太人就会明了有一种力量使犹太民族脱离了因果循环的历史。"他进一步强调:"我们民族漫长历史的每个时代,我们历史存在的每个关键之点,蕴涵于世代相传的秘密之中。"②对于贝尔等犹太学者来说,第一次十字军屠犹已经由事件史本文变成了阐释学的隐喻文本,预示和有助于了解大屠杀的重大的灾难性事件。

三、重建性记忆与创伤史建构

新中世纪学以跨学科的精神分析史学为学术平台,通过解析犹太民族在第二次世界大战后的集体性记忆重建,揭示了犹太民族创伤史的学术机理。纳粹德国大屠杀直接触发犹太人对中世纪的记忆重建,第一次十字军屠犹成为欧洲犹太人千年创伤史的重建性记忆的肇端,由事件史文本被型构认知为历史学的"心理事件"(Mental Event)文本。历史学意义上的"心理事件"具有其他史学文本一样的解读多样性,"心理事件像许多其他种类的事件一样,也像物质对象一样,我们对它们的定位并不比简单的(用相关词汇所做的)区分更为精确"③绝大多数当代学者把第一次十字军屠犹事件文本看作对大屠杀创伤,如果不是救赎的话,也是具

---

① 德意志系犹太人,指原居住在莱茵河流域和法兰西并于11~13世纪历次十字军战争期间迁往波兰、立陶宛、俄罗斯等斯拉夫国家的犹太人。17世纪犹太人在东欧遭到迫害,许多犹太人迁往西欧定居。后来凡采用德系犹太人礼拜仪式的犹太人通称为德系犹太人,以区别于西班牙系犹太人。在讲希伯来语的口音、文化传统、礼拜祷词特别是礼拜仪式上,两系各有特色,德系犹太人在20世纪以前广泛使用意第绪语。目前全世界犹太人80%以上是德系犹太人。在以色列国,两系各有大拉比,地位平等。

② David Nirenberg, *The Rhineland Massacres of Jews in the First Crusade: Memories Medieval and Modern*, in G. Athoff ed., Medieval Concept of the Past, New York: Cambridge University Press, 2002, p. 300 – 301.

③ Donald Davidson, *Essays on Actions and Events*, Oxford: Oxford University Press, 1980, p. 176.

有治疗效果的超历史反应，“犹太人的集体记忆有着至关重要的现代来源。通过记载毁灭性灾难的文献，犹太人领悟了暴力的循环本质，并在很大程度上，通过对史无前例的灾难的复制寻觅到慰藉”[①]这一灾难性创伤存在于犹太幸存者中，不是毁灭性，而是建构性的。通过对第一次十字军屠犹事件的重建性记忆阐释，建构起欧洲犹太人千年创伤史。西方主流学者强调第一次十字军屠犹事件与大屠杀的相似性，是对现代犹太人创伤进行历史治疗的起点，“从回顾性居主导地位的现代希伯来文献中，可以看出，德意志系犹太人殉教者的鲜活形象，高度概括了历史中哪些是要笃行的，哪些是必须反对的”。[②]

大屠杀彻底改变了犹太历史学家对欧洲犹太历史的观念。“二战”后，犹太历史学家致力于重建历史创伤与大屠杀的新的同一性，这种新的同一性把第一次十字军屠犹事件文本变成犹太人历史集体记忆的鲜活的里程碑。弗洛伊德的创伤概念，充斥于涉及从第一次十字军屠犹到大屠杀的现代犹太历史著作中。在现代德文历史编纂学著作中，他的创伤概念也被广泛使用，首开先河的是法兰克福学派的巨擘阿多诺，[③]米切利希夫妇作了卓有影响的精神分析史学研究(psychohistorical study)。[④] 关于从第一次十字军屠犹到大屠杀的创伤史，特别是创伤集体记忆的研究，不能绕过迈尔的《无法把握的历史》、弗里德兰德的《记忆、历史与灭绝欧洲犹太人》、卡帕拉的《大屠杀阐释》等著作。朗格的《大屠杀证言》(*Holocaust Testimonies*: *The Ruins of Memory*, New Haven: Yale University Press, 1991)揭示了大屠杀幸存者的创伤记忆。暴力是弗洛伊德的创伤概念固有的，“是强有力到打破保护伞的外界刺激”，创伤事件“诱发了不安……导致各种可能的动态自我保护”。他进而指出，自我保护通过重建针锋相对的不宽容记忆，保障主体的存续。最基本的自我保护就是压抑，记忆的压抑。记忆的压抑持续自我彰显、闯入意识，“压抑归来”(return of repressed)。这种“归来”是创伤最本质的方

---

① David Roskies, *The Literature of Destruction*: *Jewish Responses to Catastrophe*, Philadelphia: Jewish Publication Society, 1988, p. 4.

② David Nirenberg, *The Rhineland Massacres of Jews in the First Crusade*: *Memories Medieval and Modern*, in G. Athoffed, Medieval Concept of the Past, New York: Cambridge University Press, 2002, p. 303.

③ See T. W. Adorno's essay, *Was bedeutet*: *Aufarbeitung der Vergangenheit* (1959), translated and reprinted in Bitburg in Moral and Political Perspective (Geoffrey H. Hartman ed., Bloomington: Indiana University Press, 1986, p. 114 – 130).

④ See Alexander and Margarete Mitscherlich, *The Inability to Mourn*: *Principles of Collective Behavior*, trans. by Beverley R. Placzek, NewYork: Grove, 1975.

面:在当下复制历史。[①] 欧洲犹太人千年创伤史,在大屠杀叙事中达到史无前例的创伤的顶点。

创伤叙事是应用于反犹暴行文本的历史编纂学范式,弗洛伊德出版于 1939 年的《摩西与一神教》,通过揭橥摩西之谜来分析反犹主义与犹太民族创伤的历史文化成因。他把摩西描述为埃及贵族,选择犹太人来保持一神教。摩西还是一个严酷苛刻的工头,在一次犹太人的反抗暴动中被杀。第二个比较柔顺的,也叫摩西的人继承了他的位置,犹太人杀害第一个摩西的罪恶感如此强烈,不得不重新皈依到第一个摩西创立的一神教。在犹太人的记忆里,两个摩西合二而一了。弗洛伊德在著作中,把杀害摩西作为犹太人的始基性创伤,这个创伤被复制,犹太人杀害了自己的图腾与戒律的创设之父——摩西及耶稣,基督徒憎恨犹太人,就是因为犹太人否认弑神与弑父的行为。他宣称,正是靠着复制创伤,犹太民族在一切毁灭性的打击下幸存下来。[②] 心理分析史学家寻找复制记忆的模式,是为发现始基性创伤所在。历史变成了探悉疾病起源与演变的病原学。[③] 创伤理论为经历过反犹太人歇斯底里时代的德国犹太人知识分子,提供了将循环论与救赎论在现世融合、共通的学理范式。德国犹太人宗教存在主义大师罗森茨维格在 1921 年出版了《救赎之星》,反对黑格尔式的历史主义,认为回归到上帝、启示录、救赎的理念世界,才能平复民族的创伤。[④] 出生于德国、曾任以色列科学与人文科学院院长的著名犹太神哲学家、历史学家斯格拉姆在 20 世纪 30 年代,转向《卢里亚喀巴拉》(*Lurianic Kabbalah*)研究。这部典籍记载犹太人被驱逐出西班牙后所遭遇的一系列创伤事件及犹太人的反应,把犹太人被逐看作神性内在创伤的展现。[⑤] 喀巴拉是犹太教神秘主义体系,自 13 世纪以来多次出现。该词又泛指犹太教神秘主义一切派别。最初的喀巴拉称为灵轮,公元 1 世纪始现于巴勒斯坦。已

---

① See David Nirenberg, *The Rhineland Massacres of Jews in the First Crusade*:*Memories Medieval and Modern*, in G. Althoff ed., Medieval Concept of the Past, New York: Cambridge University Press, 2002, p. 304.

② See David Nirenberg, *The Rhineland Massacres of Jews in the First Crusade*:*Memories Medieval and Modern*, in G. Althoff ed., Medieval Concept of the Past, New York: Cambridge University Press, 2002, p. 305.

③ See Saul Friedlander, *History and Psychoanalysis*:*An Inquiry into the Possibilities and Limits of Psychohistory*, New York:Holmes & Meier, 1978, p. 11.

④ See Amos Funkenstein, *An Escape from History*: *Rosenzweig on Destiny of Judaism*, History and Memory, No. 2, 1990, p. 119 – 134.

⑤ See Amos Funkenstein, *Gershom Scholem*:*Charisma*, *Kairos*, *and the Messianic Dialectic*, History and Memory, No. 4, 1992, p. 123 – 140.

知的最古老的犹太人教神秘主义经籍是公元3~6世纪出现的《创世之书》，灵轮的主要典籍《光明之书》，成书于12世纪。《隐喻之书》形成于13世纪西班牙。到了16世纪中叶，卢里亚（1534~1572年）扛起喀巴拉的大旗。喀巴拉大师卢里亚生于耶路撒冷，传教并提出新的创世论。《卢里亚喀巴拉》新创世论的原理是，神光退隐，创造出原始的空间，发光体隐没在躯壳之中，通过极度神秘的生活和不懈地与邪恶斗争，犹太人成功地达到了宇宙复兴。卢里亚喀巴拉对后世犹太人影响巨大而深远。斯格拉姆从神秘主义的精神分析史学的视角，把《卢里亚喀巴拉》看作上帝的传记，详述了神性生活的灾难，通过自我改变，缓慢地、几乎自为地克服灾难。① 对于弗洛伊德而言，压抑归来是为了进入未来，贝尔和斯格拉姆等历史学家通过将其复制进历史来反对20世纪反犹太人的创伤。由此，我们很容易理解第一次十字军屠犹事件文本，为践行现代犹太人认同提供了重建集体记忆的创伤史构造的磁极。涅伦堡认为，只有把第一次十字军屠犹事件文本与形成这些文本叙事状态的现代概念、理论清晰地并列，才能理解这些文本何以成为断言欧洲犹太人千年创伤史持续性的焦点。② 这种并列有助于澄清欧洲犹太人千年创伤史的特定方面，其种族发展史幻觉的极端表现形式，就是把犹太人历史变成对产生奥斯维辛集中营的根源的求索历程，“宗教与反犹主义相连，创世与种族灭绝相伴。”③

犹太复国主义是历史与逻辑的统一，也是集体记忆与民族生存的统一。肇始于第一次十字军屠犹事件的欧洲犹太人千年创伤史，为犹太复国主义提供了历史基础与逻辑前提。历史基础体现为构成集体记忆的事件史本文，逻辑前提表现为民族生存必需的重建集体记忆文本的天然合法性言说体系。贝尔等20世纪犹太历史学家，把大流散以来的犹太人历史构造成无休止的暴力与迫害的循环史，认为只有回到地上的耶路撒冷，才能得到救赎，天命所归地终止犹太人的千年厄运，为践行犹太复国主义摇旗呐喊。④ 贝尔式的犹太史是追求现世的弥赛亚主义形

---

① See Amos Funkenstein, *Gershom Scholem: Charisma, Kairos, and the Messianic Dialectic*, History and Memory, No. 4, 1992, p. 131

② See David Nirenberg, *The Rhineland Massacres of Jews in the First Crusade: Memories Medieval and Modern*, in G. Althoffed., Medieval Concept of the Past, New York: Cambridge University Press, 2002, p. 307.

③ Gavin I. Langmuir, *History, Religion, and Antisemitism*, Berkeley: University of California Press, 1990, p. 8.

④ See David Nirenberg, *The Rhineland Massacres of Jews in the First Crusade: Memories Medieval and Modern*, in G. Althoff ed., Medieval Concept of the Past, New York: Cambridge University Press, 2002, p. 307.

态的目的论进程史，深深地依赖传统的神正论，寻求一种详述性，把莱茵兰屠犹事件殉教者的奉献性语汇转换为民族主义的关键词。欧洲犹太人千年创伤史通过强调中世纪与现代反犹暴力的同质性，形成了为犹太复国主义辩护的历史基础与逻辑前提。当代学术史视阈的中世纪欧洲犹太人问题，较典型地反映了新中世纪学复合论域的学理取向特质、方法论特点、问题意识特征、跨学科特色。新中世纪学并不局限于中世纪欧洲犹太人论域，而是广泛应用于中世纪历史研究的各个领域，新人辈出，新论繁丽，是 21 世纪国际学术界靓丽的风景线。

道德的合理性与国家权力的合法性①

——西方马基雅维里思想批评史寻迹

周春长

马基雅维里思想批评史是西方思想文化批评史的重要组成部分。一派将马基雅维里政治理论当作非道德主义予以拒斥;另一派则坚持认为,在马基雅维里所处的时代,用一切手段捍卫国家的存在及国家权力的有效运作,其历史的正当性无可厚非。这种对立聚焦在一个非常棘手的理论问题上,即如何看待马基雅维里的政治理论与西方传统形而上学道德价值观的关系。本文拟以此为线索进行评述。

一、文艺复兴时代人文主义的反响

15 世纪下半叶至 17 世纪上半叶的马基雅维里思想批评史可概括为:共同感受胜于批评;情感性的道德批评胜于学术性的理论探讨;文学领域接纳讽刺的热情及由此产生的社会反响胜于政治思想领域的冷静反应。或者说,蕴含在批评者心灵深处的关于道德合理性和国家权力合法性的对立——这一马基雅维里思想批评史上的尖

---

① 笔者在《马基雅维里的人性论、才气说和命运观析微》(参见《上海师范大学学报》2004 年第 1 期,以下简称《析微》)和《马基雅维里思想评略》(即将在《历史教学问题》上发表,以下简称《评略》)等文中对马基雅维里的总体思想已经做了概述。凡上述文章中论证较充分的地方,此文就做简略处理。本文立足点是西方的马基雅维里批评史,可看作《析微》和《评略》的补充。

锐问题,在那段时期还未体现为深刻的学理反思,至多在字里行间初露端倪。

什么是新型国家的理想和有效的运作模式?如何应对强权国家势力的挑战?这些对于15世纪至16世纪任何一个有远见的意大利政治家和政治思想家来说,都是必须严肃面对的问题。为此,人们一方面立足于现实,另一方面又试图在古典的和中世纪的现实政治社会中寻找摹本。这种情况在克尔希那主编的《意大利国家的起源:1300~1600年》①一书中有详尽的阐述。戈德曼的《从波里奇阿诺到马基雅维里:文艺复兴盛期的佛罗伦萨人文主义》②一书,则生动地介绍了马基雅维里与文艺复兴时期意大利人文主义者共同感受时代变化、在理论创作和政治交往中相互切磋的史实。这种共鸣首先反映在国家利益和国家权力的有效运作高于一切的认识上。许多佛罗伦萨政治思想家与威尼斯的政治思想家一起在国家政治体制和政治运作(如议会设置、军队构成、公民社会组织等)方面进行讨论,交换看法。他们中的多数人以现实的目光看待意大利的政治走向,注重从国家权力自身的特点来设计政治行为。这些言谈经过学者、政界的传播,从而构成一种政治思想界的风尚。③ 我们还可以从当时的外交活动入手进行评论,我们可以看到,像米兰驻外大使安基罗(Angelo)这样的外交家和政治家在处理当时意大利城市共和国之间、意大利与法国等大国关系时施展的策略、手段乃至个人野心等。④对照马基雅维里的外交实践,难有伯仲高下之分。⑤ 教皇亚历山大六世的宫廷礼仪官伯恰德在其《在波吉亚教廷——教皇亚历山大六世施政记事》⑥中,将恺撒·波吉亚如何为达到自己控制意大利的政治目的而不惜与法国、西班牙结盟分割那不勒斯和科罗那的情景予以记载和分析。⑦ 其笔触客观而又冷静,与马基雅维里对恺撒·波吉亚政治生涯、政治见地和政治手段的分析针砭相对照,可谓相得益

---

① See Kirshner, J., ed., *The Origins of the State in Italy*, 1300—1600, The University of Chicago Press, 1995.

② See Godman, P., *From Poliziano to Machiavelli: Florentine Humanism in the High Renaissance*, Princet on University Press, 1998.

③ See Hale, J. R., ed., *Renaissance Venice*, *Rowman and Littlefield*, 1973, p. 432 – 435.

④ See Kendall, P. M. and Ilardi, V., ed., *Dispatches with Related Documents of Milanese Ambassadors in France and Burgundy*, 1450 – 1483, Vol. Ⅰ.

⑤ 无论是旧版还是新版的《剑桥世界近代史》,都对马基雅维里的外交视野做过精彩的描述,可参考。

⑥ See Burchard, J., *At the Court of the Borgia: Being an Account of the Reign of Pope Alexander* Ⅵ, The Folio Society, 1964.

⑦ See Burchard, J., *At the Court of the Borgia: Being an Account of the Reign of Pope Alexander* Ⅵ, The Folio Society, 1964, p. 184 – 191.

彰。在一些书信(最应该提及的是马基雅维里的书信)①里,马基雅维里的政治感受与其时稍有政治敏感力的思想家在许多地方有相同点。1513 年,马基雅维里致信佛罗伦萨驻罗马大使维托里,对西班牙、法国、教皇等政治力量如何在政治利益的驱动下相互利用以达到自己的政治目的等情况作了详细的分析。尤其对法国和西班牙的外交政策中将各自在结盟问题上的利益考虑等评析得环环相扣、鞭辟入里。② 对当时流行的利益高于一切的政治目的描述,在其他信函札记里也有清晰的反映。《韦斯巴西阿诺回忆录:15 世纪著名人物传》常常以平静的语调陈述政治上的尔虞我诈,其中对柯西莫·德·美第奇利用出访来审度权谋国内势力的叙述,全然不存道德评判的色彩。③ 稍早的 14 世纪的回忆录《文艺复兴佛罗伦萨回忆录两篇:彼梯和达梯的日记》④则以商人的世俗利益眼光来记录当时佛罗伦萨的政治争斗。所有上述文件反映出,在那个权力、力量征服一切的时代,社会和政界的政治伦理态度发生了根本的变化。人们不仅以平静的态度去面对那些反映强权的言辞,还对君主为夺取、巩固权力的任何行为大唱赞歌,甚至把为强权政治利益而去挑战各种灾难的勇气当作一种风范来赞美。

马基雅维里去世后,来自宗教思想界和文学艺术界的道德非难迅速蔓延开来。1532 年,也就是在马基雅维里去世后 5 年,《君主论》正式发表。但《君主论》早在马基雅维里生前就流传开来。1529 年,当时英王亨利八世委任的驻教廷大使托马斯·克伦威尔向红衣主教波尔推荐了一本意大利文的政治著作(是不是马基雅维里的《君主论》还有待考证)。10 年之后,波尔感叹道,那个读过此书的克伦威尔想必是撒旦的代表。这就是后来用"Old Nick"(恶魔)这个词攻击马基雅维里的由来。这个故事引申出几点思考:(1)当时人们主要凭《君主论》的一些提法来评判马基雅维里的思想。(2)教会上层人士是用一种敌视异教思想家的情感和眼光来理解马基雅维里的著作。果然,1559 年,马基雅维里的所有著作(马基雅维里的全集于 1550 年发表)被宗教裁决机构宣布为禁书。(3)文艺复兴时期新柏拉图主义盛行。那些以寻找绝对完美的理念世界为宗旨的文人和思想家,

---

① See Gilbert, A., ed and translated, *The Letters of Machiavelli*, The University of Chicago Press, 1988.

② See Gilbert, A., ed and translated, *The Letters of Machiavelli*, The University of Chicago Press, 1988, p. 107 – 117.

③ See The Vespasiano Memoirs: *Lives of Illustrious Men of the XVth Century*, Univesity of Toronto Press, 1997, p. 214.

④ See *Two Memoirs of Renaissance Florence: The Diaries of Buonaccorso Pitti & Gregorio Dati*, Waveland Press, Inc., 1991.

带着片面的传统形而上学有色镜来阅读和评点马基雅维里的《君主论》,其认识偏差是可想而知的。

马基雅维里在《君主论》中阐述的思想还受到新教徒的谴责。法国胡格诺教徒金蒂利的《反驳马基雅维里》一文认为,马基雅维里所说君主只有让臣民惧怕才能使他们服从,这是极端偏颇的观点,金蒂利认为,只有正义和在正义名义下的理解和爱才是君主统治的真正基础,才是维持统治的最高标准。① 金蒂利开了非道德主义批评之先河。自金蒂利以后,凡抨击马基雅维里的非道德主义,大致出于两种思想标准的考虑:一种是以基督教的道德为标准;另一种是以西方传统的自然权利思想为标准(详后文)。马洛在悲剧《马耳他的犹太人》中对马基雅维里的嘲弄即受金蒂利的影响而发。② 同时,许多文人深受新柏拉图主义的影响。新柏拉图主义的核心思想是追求最高的完美,宣扬发自心灵的爱,倡导和谐的美等。受此熏陶的文人,竭尽描述之能事将马基雅维里当作恶魔来攻击。

与金蒂利等人的反感不同,大多数人文主义政治思想家仍在自己的著作里发挥马基雅维里的有关想法。英国政治思想家哈林顿指出,以现实的利益为原则,用法制的形式来规范社会和政治国家的运作,在这方面马基雅维里可称得上是惟一的一名政治家。但哈林顿颇感遗憾地认为,马基雅维里的著作没有受到应有的重视。甚至认为《利维坦》的作者霍布斯也未必懂得马基雅维里所倡导的法制国家的真正内涵。③ 哈林顿还特别关注马基雅维里对政治社会中"制衡"原则的阐述,哈林顿经常用制衡(balance)一词来评点这一原则。④ 再以当时一些重要的国际法理论的代表为例,他们中的大多数人主张,任何法律都必须以实定法即历史上形成的、由各种文本确定的法律条文为法律实践和政治实践的依据。⑤ 可见在马基雅维里去世后的相当长的时间内,政治思想家、法学家中间还不乏马基雅维里的知音。

二、启蒙时代以后形而上学的诠释

在理性主义占主导地位的几个世纪,对马基雅维里持肯定态度是主流思想。

---

① See Gentillet, I., Contre Nicolas Machiavel Florentin, from De Jensen, L., ed., *Machiavelli-Cynic, Patriot, or Political Scientist*, Boston: D. C. Heath and Company, 1960, p. 1 -4.

② See Meyer, E., *Machiavelli and the Elizabethan Drama*, p. 39.

③ 参见[英]詹姆士·哈林顿:《大洋国》,何新译,商务印书馆1963年版,第7页。

④ See Harrington, *The Commonwealth of Oceana and A System of Politics*, Cambridge University Press, 1992, p. 15.

⑤ See The Works of Mr. Richard Hooker, Burt Frnklin, 1970, Vol. Ⅰ, p. 204 -205.

正如斯宾诺莎在《政治学》中所言,“因为马基雅维里维护自由,而且为此提过一些非常有益的意见,如果这样解释这位贤哲的思想,我觉得更为可信。”①可以将17世纪下半叶至19世纪上半叶的马基雅维里思想批评概括为:既有启蒙学者对马基雅维里的拒斥,又有启蒙学者试图从理性主义、哲学本体论的角度对马基雅维里国家权力理论的重新认识。道德合理性和国家权力合法性之间的关系问题,成为马基雅维里思想批评的核心环节。

伏尔泰曾用道德至善主义对马基雅维里进行批评、拒斥。受伏尔泰的影响,普鲁士国王腓特烈二世也撰文《批驳马基雅维里》。这是一篇马基雅维里思想批评史上相当有影响的文章。腓特烈二世以君王的名义再次将道德合理性问题提到至高无上的地位,认为正义、善良和诚心等是君主维系社会,臣民遵纪守法的必备条件。② 按照这种主张,国家权力的合法性必须以道德的合理性为前提。另一些启蒙思想家虽然小心翼翼地防止与马基雅维里的名声牵连,但他们至少并未完全拒斥马基雅维里有关政治手段等的考虑。例如,孟德斯鸠在《论法的精神》中认为,“当一个民族看到继续保持和平将使另一个民族有可能来消灭自己,这时进行攻击就是防止自己灭亡的惟一方法。”③据记载,伏尔泰读此语句,大为惊讶,认为与马基雅维里如出一辙。④ 而卢梭对马基雅维里又作出了另一种评判。在卢梭看来,真实的马基雅维里是一位热爱自由、推崇共和国体制的思想家。而且马基雅维里的为人正直又善良。⑤ 这些想法在以后的马基雅维里思想批评史中逐渐被人接受。

最值得关注的是,黑格尔对马基雅维里的学说进行了别具一格的形而上学诠释。按照古代希腊的形而上学思想传统,整体性、形式的完美性等都具有优先的存在地位。因此任何事物,其存在的完美形式就是其存在合理性的体现。事物只有在整体中才能体现其存在的合理性。例如就形式的完整性而言,国家应被看作优先于个人和家庭。同时,按照亚里士多德的理论,任何抽象的理论只有在现实的个体性中才有其真实的存在意义。如果一个城邦国家中,各个政治力量的权力分配比较适度,国家权力的运作比较顺畅等,那么这种国家的存在就是合理的,在合理的这层意义上也就是合法的。因此,国家权力的本质应该从它现实的运作中来发现其真正的存在意义。由此反观国家和道德的关系就会发现:两者之间虽然

---

① [荷兰]斯宾诺莎:《政治论》,冯炳昆译,商务印书馆1999年版。

② See De Jensen, L., ed., *Machiavelli-Cynic, Patriot, or Political Scientist*, p.5–8.

③ [法]孟德斯鸠:《论法的精神》(上卷),张雁深译,商务印书馆1961年版,第137页。

④ See Prezzolini, G., *Machiavelli*, Robert Hale Limited, 1968, p.229.

⑤ 参见[法]卢梭:《社会契约论》,何兆武译,商务印书馆1980年版,第95页。

都有终极意义上的存在一致性,但就现实而言,国家权力又有其自己特定的意义标准,与通常认可的形而上学道德理念并非完全一致。① 黑格尔进一步说,任何理念都有优先的地位,都是自成一体的和谐整体。国家、国家权力及其运作,就是上述形而上学理念的具体体现。这就是哲学上所说的"真"。如果"真"与善和美相关联的话,国家的存在和国家权力的有效运作也就称得上是"善"。以此为理论出发点,黑格尔肯定了马基雅维里对建立国家必要性的认识,并认为在这个大前提下采取何种途径去建立国家,这主要看是否符合现实的要求,许多场合下的手段都是不得已而为之。后来,新黑格尔主义者鲍桑葵在《关于国家的哲学理论》一书中用"理想的事实"来概括上述国家存在的思想。② 卡西尔则直接将黑格尔的上述理论比作马基雅维里的"鼓吹者"和"保卫者"。③

事实上,马基雅维里与黑格尔关于国家权力等方面的观点还是有区别的。就形而上学的国家权力思考而言,黑格尔非常瞧不起马基雅维里的思想方式,认为马基雅维里只是从自己的经验和实际生活中引申出种种想法。④ 所以在黑格尔的心目中,马基雅维里的国家理论没有达到传统的形而上学的思考程度,只是被马基雅维里偶然意识到了。⑤ 但黑格尔批评马基雅维里的地方,恰恰是马基雅维里超出黑格尔之处。黑格尔力图从道德和国家权力相互关系中证明现存国家的形而上学基础,所以不时地用"绝对理念"去照应现存国家权力的运作等问题。而马基雅维里没有详尽的形而上学思考,从而更彻底地贯彻现实主义的政治观,使国家权力的运作等问题逐渐演变为政治科学的内容。

黑格尔的国家权力理论事实上为我们认识马基雅维里的国家权力观,作了非常完整的注解。它可以归结为:第一,国家权力的合法性有其自身的形而上学存在基础;第二,国家权力不是一种先天的构想,它存在于现实的社会发展之中,其中罗马共和国是一种典范;第三,国家权力的合法性具体表现为以法制为基础的权力运作的有效性,而道德合理性以人与社会的情感关系为纽带。

三、19 世纪后期以来的综合性研究

19 世纪下半叶至 20 世纪上半叶的马基雅维里思想批评史可概括为对马基

---

① 参见[德]黑格尔:《法哲学原理》,范扬、张企泰译,商务印书馆 1961 年版,第 259 页。

② 参见[英]鲍桑葵:《关于国家的哲学理论》,汪淑钧译,商务印书馆 1995 年版。

③ 参见[德]卡西尔:《国家的神话》,范进等译,华夏出版社 1999 年版,第 175 页。

④ 参见[德]黑格尔:《哲学史讲演录》(第 3 卷),贺麟、王太庆译,商务印书馆 1959 年版,第 375 页。

⑤ 参见[德]黑格尔:《历史哲学》,王造时译,上海书店 1999 年版,第 416 页。

雅维里进行充分的学术资料的积累和分析,并在总结材料的基础上进行综合评判。

19世纪末,有三部著作开启了人们评价马基雅维里的新视野。它们分别是布克哈特的《意大利文艺复兴时期的文化》、[①]西蒙兹的《意大利文艺复兴》[②]和维拉里的《马基雅维里的生平和时代》。[③] 布克哈特提示人们要从时代特征和现实政治的角度去理解马基雅维里的思想,而不要局限于道德的评价。[④] 这一批评立场以后被广泛采纳,如泰勒的《意大利文艺复兴的魅力》[⑤]等著作就延伸了上述观点。亨肖则指出,马基雅维里首先想到的不是对形而上学最初的正确性的认识,而是将现实问题当作惟一的考虑。[⑥] 西蒙兹的立足点是力图将马基雅维里思想各个层面反映出来。而作为意大利本土著名政治活动家和政治思想家的维拉里,则在其洋洋洒洒的《马基雅维里的生平和时代》(全书两卷、31章)中,从意大利民族国家统一史的立场出发、也从当时意大利的历史特点出发来评价马基雅维里的生平和思想。

战争惊醒了传统的基督教欧洲社会。随着"二战"的结束,也随着马基雅维里思想研究的深化,学人开始重新审视、批判马基雅维里的思想体系。20世纪下半叶以来的马基雅维里思想批评史可概括为:学术水准提升;理论鸿沟依存。

先回顾一下学术界的马基雅维里研究状况:一类是试图完整评述马基雅维里的专著,其中经常被提及的有:安格罗《马基雅维里:一个剖析》,[⑦]该书从马基雅维里的著述、研究方法和核心概念等多维角度展开评述;罗佛-菲奥里《马基雅维里》,[⑧]以学科、著作两条线索交错进行研究;维罗里《尼可洛的微笑:马基雅维里传》[⑨]和《马基雅维里》,[⑩]显示作者长年以马基雅维里为研究核心的学术功底;作

---

① 参见[瑞士]雅各布·布克哈特:《意大利文艺复兴时期的文化》,何新译,商务印书馆1979年版。

② See Symonds, A., *Renaissance in Italy*, 第1版由Smith, Elder从1875年到1886年分卷出版,本文使用的是第2版。

③ See Villari, P., *The Life and Times of Niccolo Machiavelli*, Charles Scribner's Sons, 1891.

④ 参见[瑞士]雅各布·布克哈特:《意大利文艺复兴时期的文化》,何新译,商务印书馆1979年版,第84~85页。

⑤ See Taylor, R. A., *Invitation to Renaissance Italy*, Harper & Brothers, 1930, p. 36-40.

⑥ See Hearnshaw, F. J. C., Machiavelli, from Hearnshaw, F. J. C., *The Social and Political Ideas of Some Great Thinkers of the Renaissance and the Reformation*, Barnes & Noble Inc., 1925, p. 87-121.

⑦ See Anglo, S., *Machiavelli: A Dissection*, Harcourt, Brace & World Inc., 1969.

⑧ See Ruffo-Fiore, S., *Niccolo Machiavelli*, Boston: Twayen Publishers, 1982.

⑨ See Viroli, M., *Niccolo's Smile, A Biography of Machiavelli*, Farrar, Straus and Giroux, 2000.

⑩ See Viroli, M., *Machiavell*, Oxford University Press, 1998.

为一名法国学者,巴伦库出版了《马基雅维里》①一书,力图呈现马基雅维里作为一名佛罗伦萨公民和共和国拥护者的形象。而且书的印制形式极其便于携带阅读,很有点像斯金纳的《马基雅维里》,译成英文后流传甚广。意大利学者普列佐利尼的《马基雅维里》②一书将与马基雅维里研究有关的诸多问题进行归类梳理,清晰地展示其前后相继的历史变迁状况。德·格拉吉亚《地狱中的马基雅维里》③则文采飞扬,形式独特,表达了许多独到的想法,由于得到了普利策奖,该书深受学人和普通读者的欢迎。

另一类是专题性的著作,其中有:加弗尔《马基雅维里与智慧学史》,④主要论述了马基雅维里的务实睿智;吉尔伯特《马基雅维里与奎恰迪尼》,⑤集中阐述了人文主义的政治理想类型,特别对马基雅维里与奎恰迪尼注重现实的思维特点做了比较研究;阿斯柯利与卡恩合编《马基雅维里与文学论稿》,⑥书中对《君主论》中文学性意蕴的阐述,特别引人注目;罗得沃斯基《君主论——历史的批评》,⑦展示了时尚的历史批评;波考克《马基雅维里的运动:佛罗伦萨政治思想与大西洋共和传统》,⑧使人看到马基雅维里在近代欧洲政治思想和政治实践中的奠基人地位;苏利文《马基雅维里的三个罗马——宗教、人文自由和政治改革》,⑨充分开掘马基雅维里处理宗教的现实态度;斯特劳斯《对马基雅维里的思考》,⑩是20世纪坚守传统自然权利并以此抨击马基雅维里的经典之作。

还有一类是将马基雅维里放在文艺复兴大背景中进行透视的专著,其中有:查伯德《马基雅维里与文艺复兴》,⑪书中注意到马基雅维里关于制度与人的才气

---

① See Barincou, E., *Machiavelli*, Grove Press Inc., 1961.

② See Prezzolini, G., *Machiavelli*, Robert Hale Limited, 1968.

③ See De Grazia, S., *Machiavelli in Hell*, Princet on University Press, 1989.

④ See Garver, E., *Machiavelli and the History of Prudence*, The University of Wisconsin Press, 1987.

⑤ See Gilbert, F., *Machiavelli and Guicciardini-Politics and History in Sixteenth Century Florence*, New York: W. W. Norton Company, 1984.

⑥ See Ascoli, A. R., and Kahn V., ed., *Machiavelli and the Discourse of Literature*, Cornell University Press, 1993.

⑦ See Rodowski, *The Prince-A Historical Critique*, Twayne Publishers, 1992.

⑧ See Pocock, J. G. A., *The Machiavellian Moment: Florentine Political Thought and the Atlantic Republican Tradition*, Princeton University Press, 1975; Smith, B. J., *Politics and Remembrance: Republican Themes in Machiavelli, Burke, and Tocqueville*, Princeton University Press, 1985.

⑨ See Sullivan, V. B., *Machiavelli's Three Romes: Religion, Human Liberty, and Politics Reformed*, Northern Illinois University Press, 1996.

⑩ See Strauss, *Thoughts on Machiavelli*, the University of Chicago Press, 1978.

⑪ See Chabod, *Machiavelli & The Renaissance*, Bowes Publishers Ltd., 1958.

之间的关系,在好的制度下,人的才气会相应地提升;而当制度毁坏时,特别需要一个领袖式的人物来拯救社会和人的才气;[①]邦德内拉《马基雅维里与文艺复兴史学技艺》[②]一书中批驳了一些学者有关马基雅维里的思想和著作毫无规则形式可言,他的思想深受古典学者包括希腊古典学者和人文主义思潮的影响,邦德内拉的论述提示人们,马基雅维里是传统文化的继承者,同时又是一个始终立足时代来思考政治社会运作的大思想家。

随着马基雅维里思想批评视野的日趋扩大,对相关问题的批评也发生了变化,如对美第奇家族、对波吉亚家族及对教皇、对当时国际关系的变化等的批评就是其中的核心部分。许多学者在研究与马基雅维里思想有密切关系的美第奇、波吉亚等家族时,都花费了相当的笔墨。通过这种学术切入点,人们对马基雅维里又有了新的认识。[③] 其中马丁斯《血腥的四月》[④]对马基雅维里军事意识的评论;张伯伦《波吉亚家族的衰亡》对马基雅维里与波吉亚家族关系和看法的描述;[⑤]厄兰格尔《卢克蕾西娅传记》对马基雅维里关于各城邦如何相互利用以削弱教廷势力的意识的描述,[⑥]都有各自的精到之处。

在对马基雅维里思想反思的过程中,形成了鲜明对立的两派:一派主张,在马基雅维里的政治思想体系里,共和国思想占主导地位,力图重新设计以古代罗马共和国为摹本的共和国政治体制。尽管马基雅维里的著作最终并没有为当时的意大利描绘出一幅完整的共和国国家蓝图,但共和国原则、自由原则、权力的制衡原则等涉及国家权力合法性的论述,体现了马基雅维里作为一名人文主义者最基本的一面。如果离开了法制意义上的国家权力及其运作,那么其他政治社会的问题都只能是子虚乌有。这一派以剑桥大学的斯金纳为代表。[⑦] 他对马基雅维里

---

① See Chabod, *Machiavelli & The Renaissance*, p. 95 – 97.

② See Bondanella, P. E., *Machiavelli and the Art of Renaissance History*, Wayne State University Press, 1973.

③ 笔者在《西方文艺复兴三大研究热点述评》(见《史学理论研究》2003 年第 1 期)和《西方文艺复兴三大研究热点述评(续)》(见《世界历史》2004 年第 1 期)两文中已就这些家族做了论述,可供参考。

④ See Martines, L., *April Blood: Florence and the Plot Against the Medici*, Oxford University Press, 2003, p. 166.

⑤ See Chamberlan, E. R., *The Fall of the House of Borgia*, The Dial Press, 1974, p. 308.

⑥ See Erlanger, R., *Lucrezia Borgia: A Biography*, Hawthorn Books Inc., 1978, p. 25.

⑦ 代表作有:[英]昆廷·斯金纳:《马基雅维里》,王锐生、张阳译,工人出版社 1985 年版;[英]昆廷·斯金纳:《近代政治思想的基础》,奚瑞森、王方译,商务印书馆 2002 年版;Bock, Skinner and Viroli, ed., *Machiavelli and Republicanism*, Cambridge University Press, 1993。

的评价始终围绕马基雅维里是一个共和主义者展开。① 斯金纳还进一步指出,马基雅维里真正感兴趣的既不是共和政体,也不是君主政体,而是城邦政体。② 这提示了我们一个问题,马基雅维里力图找到国家权力有效运作的最一般的方式,或者称之为政治科学。无怪乎莫利斯在《新君主论》中继续呼吁,如果要真正坚持马基雅维里的主张,就必须真正做到实用主义的政治学,更清晰、更实在、超越党派、识时务的。③ 布鲁的《马基雅维里的共和党人》④一书也力图在马基雅维里的准则中找到最好的国家权力和政治治理运作良方。关于道德,斯金纳指出马基雅维里心目中的道德就是罗马共和国的道德,具体体现为法制的、以共和国自由和和平为目标的公民社会道德行为体系。⑤ 斯金纳还就美德等概念进行详细的考证。著名学者汉斯·巴伦也就上述问题做过精彩的论述,并成为这方面的经典表述。⑥ 为了彻底揭开所谓的马基雅维里非道德主义谜团,另一研究专家曼斯菲尔德还从思想史的角度批驳了仅从思想中确立道德品行出发点的理论谬误,⑦同时对马基雅维里注重"行动"的立场予以强调。⑧ 但曼斯菲尔德的论证只是对马基雅维里做了现实主义的确认,却无助于从根本上驳斥下面就要谈到的斯特劳斯的观点。另外,斯金纳和曼斯菲尔德等人的评论多少忽略了黑格尔曾经作出的总结,没有从马基雅维里道德理论的源头上去分析马基雅维里的道德与国家的关系。甚至有学者如克罗宁试图从马基雅维里生平的各种事例中找寻马基雅维里看低人性的理由。⑨ 事实上,马基雅维里对人性、善恶等伦理道德问题所采取的既不是贬抑也不是褒扬的价值论立场,而只是从政治科学的角度和现实主义的立场将它们的特征呈现。凯利称之为"价值中立"。⑩

另一派则从欧洲传统的自然法等道德立场出发,尖锐批判马基雅维里的非道

---

① 参见[英]昆廷·斯金纳:《近代政治思想的基础(上):文艺复兴》,奚瑞森、王方译,商务印书馆2002年版,第280~288页。

② 参见[英]昆廷·斯金纳:《马基雅维里》,王锐生、张阳译,工人出版社1985年版,第102页。

③ See Morris, D., *The New Prince*, Los Angeles, Renaissance Books, 1999.

④ See Blue, N. A., *Machiavelli's Republican: The Best Possible American & How to Achieve It*, Chapel Hill Press Inc., 2000.

⑤ 参见[英]昆廷·斯金纳:《马基雅维里》,王锐生、张阳译,工人出版社1985年版,第107页。

⑥ See Baron, H., *Crisis of the Early Italian Renaissance*, Princeton University Press, 1966, p. 133 - 134.

⑦ See Mansfeield, H. C., *Machiavelli's Virtue*, p. 6 - 11, 12, 18 - 20.

⑧ See Mansfeield, H. C., *Machiavelli's Virtue*, p. 3.

⑨ See Cronin, V., *The Flowering of the Renaissance*, Collins Clear-Type Press, 1969, p. 118 - 120.

⑩ 参见[爱尔兰]凯利:《西方法律思想简史》,王笑红译,法律出版社2002年版,第163页。

德主义立场。这一派有美国芝加哥大学的斯特劳斯、①天主教哲学家马利坦、柯普立斯顿等人。他们认为20世纪的社会动荡是因为传统道德价值体系遭受破坏的结果。所以,马基雅维里的非道德主义必须接受审判,必须重塑以基督教和理性精神为核心的西方传统价值体系。柯普立斯顿在他的多卷本《哲学史》中尽管注意到马基雅维里从法的角度来谈公民品德,仍坚持认为马基雅维里是一个非道德主义者。② 斯特劳斯还认为,马基雅维里的所谓爱国是以抛弃道德的善为前提的,因此根本不值得去颂扬。从根本上讲,马基雅维里的心目中没有基督教所倡导的善的品德。③ 而马基雅维里的上述非道德主义产生的根本原因是他否认人的自然权利。④ 显而易见,以斯特劳斯为代表的马基雅维里批评群体,其整个的理论立足点是从人的自然权利来推断政治学说和政治行为的正当性。斯特劳斯将自然权利视为政治社会的绝对标准,这与20世纪下半叶对人权等问题的讨论密切相关。但正如一些学者所指出的那样,普遍人权和道德的有效性是非常抽象的形而上学问题。在现实社会中,道德的合理性和人权的普遍性应当还原为更实际的提法,至于那些以攻击马基雅维里主义的名声来换取政治资本的行为,葛兰西在《狱中札记》中则给以毫不留情的揭露。⑤

斯特劳斯坚持形而上学的自然权利论,并以此为标准去评点马基雅维里的政治生涯和思想,而斯金纳一派没有对斯特劳斯的自然权利本体论立场给出充分的理论回应。所以争论双方都未就道德合理性和国家权力合法性之间的关系进行形而上学层面的理论交锋。还有的学者用看似平和的态度回避对问题的讨论,认为马基雅维里关于道德、国家权利、政治手段等问题与我们现在的认识差距较大,因此提醒我们尽量不要用现在的认识去评价马基雅维里,而要回到他的思想本身和时代本身。⑥ 或者用非此即彼的语气进行断案,如帕列尔指出,近代的政治科学基于一种自然权利学说的基本立场,而马基雅维里的国家权力理论与此相背,

① 代表作有:[美]斯特劳斯:《关于马基雅维里的思考》,申彤译,译林出版社2003年版。英文Strauss, *Thoughts on Machiavelli*, The University of Chicago Press, 1978。

② See Copleston, F., *A History of Philosophy*, Doubleday, 1993, Vol Ⅲ, p.317 – 318.

③ 参见[美]斯特劳斯:《关于马基雅维里的思考》,申彤译,第302、3、267~274页。

④ 参见[美]斯特劳斯:《自然权利与历史》,彭刚译,生活·读书·新知三联书店2003年版,第164页。

⑤ 参见[意]安东尼奥·葛兰西:《狱中札记》,曹雷雨、姜丽、张跣译,中国社会科学出版社2000年版,第96~97页。

⑥ See Plamenat Z, J., *Man and Society: A Critical Examination of Some Important Social and Political Theories from Machiavelli to Marx*, London:1963, p.8 – 9.

故不能称其为近代政治科学的奠基人。[①] 当然还有一些派别试图用现代主义的各种立场和解释方法对马基雅维里做进一步的思考。这些应该引起我们足够的重视。

马基雅维里思想批评史延绵5个世纪,情况错综复杂。现做初步结论如下:①马基雅维里的国家权力运作等思想,是文艺复兴时期流行思潮的反映。②马基雅维里思想批评史启示人们,根据西方的文化传统,道德合理性和国家权力合法性的关系,在形而上学的终极存在意义上具有统一性。而历史上国家权力的合法性则以现实性为存在基础,并通过法制等内容来保持道德合理性的外观。③马基雅维里始终以古代罗马共和国为摹本来通盘考虑道德和国家权力等问题,这客观上体现了传统文化(包括形而上学道德观、国家观在内的传统文化)的延续,也体现了马基雅维里政治思想的独特性。④"非道德主义""马基雅维里主义"等概念是出自道德至上主义的批评误解。

---

① See Sorell, ed., *The Rise of Modern Philosophy: The Tension between the New & Traditional Philosophy from Machiavelli to Leibniz*, Oxford: Clarendon Press, 1993, p. 271.

韩非与马基雅维里国家权力学说同异辨

周春生

对韩非与马基雅维里的政治思想加以比较研究，这是学术界持续不断的兴奋点。① 就国家权力学说而言，两人在构建强大国家权力系统和实施有效国家权力运作方面有许多相同的认识。但以韩非的势、术、法学说为线索展开比较，我们会发现韩非和马基雅维里的国家权力学说之间存在诸多质的不同。笔者拟在这方面做些学理探索和比较研究。

一、势：在不同时代、文化背景下对构建强大国家权力系统的敏锐意识

国强则兴，国弱则亡。对此的敏锐意识，常能使政治思想家在国家权力问题上引出许多深邃的思考。韩非和马基雅维里就是中西方在构建强大国家权力系统方面写出惊世骇俗著述的两位杰出政治思想家。随着研究的深化，许多学者从韩非和马基雅维里是阴谋权术者的狭隘视界中解放出来，而用国家权力设计和运作等政治学眼光去全面审视韩非和马基雅维里的国家理论。以韩非的国家观为例，牟宗三认为这是法家从国家的角度处理各

---

① 直接以韩非和马基雅维里比较为名的著述有王赞源的《韩非与马基雅维利比较研究》（台北，幼狮文化事业公司，1983年版）等。王赞源的著作从时代背景、政法理论基础、统治术等各个角度论述韩非和马基雅维里两人政治思想的相同之处，其中有许多可商榷之处。各种论文则不计其数。

个政治单位的尝试;[①]冯友兰从建立中央集权专制国家的角度评论韩非政治主张的矛盾态度;[②]梁启雄则明言,“秦国中央集权封建帝国的出现,在相当大程度上是韩非政论的具体表现”;[③]张素贞以《国家秩序——韩非子》为题重新研读、分类《韩非子》一书,并指出《韩非子》所给出的是一套“治国蓝图”。[④]

在韩非的时代,对国家的整体看法往往表现为关于国家权力的意识,更确切地讲是对君王权力的意识。查《韩非子》书中对国和邦的看法,大致围绕君主统治展开。如“至治之国,君若桴,臣若鼓,技若车,事若马”。[⑤] 又《韩非子》不乏“治国”之言,可见其用意。韩非以前,早就有思想家涉略国家权力问题,如慎到的论述等。韩非作为法家的集大成者,试图在国家治理上将势、术、法三者结合起来。他的国家权力设计推崇法、法令:“明主之国,令者,言最贵者也,法者,事最适者也。言无二贵,法不两适,故言行而不轨于法令者必禁;”[⑥]“令必行,禁必止”。[⑦] 但法的实施必须配之以“势”,按照韩非的设想,一个君王必须用明确的政治目标去营造一种治理畅通的“势”或国势。他说:“夫势者,名一而变无数者也。势必于自然,则无为言于势矣。吾所为言势者,言人之所设也。”[⑧]又曰:“抱法处势则治,背法去势则乱。”[⑨]另外,“势”还是一种君臣位序分明的强权体制,“夫所谓明君者,能畜其臣者也;所谓贤臣者,能明法辟、治官职以戴其君者也。”[⑩]在此前提下,任何逆君主而动的言行都必须制止,“贤者之为人臣,北面委质,无有二心;朝廷不敢辞贱,军旅不敢辞难;顺上之为,从主之法,虚心以待令而无是非也。故有口不以私言,有目不以私视,而上尽制之。”[⑪]君主则应当用如下“二柄”去制约臣,“明主之所导制其臣者,二柄而已矣。二柄者,刑德也。何谓刑德?曰:杀戮

① 参见牟宗三:《中国哲学十九讲》,上海古籍出版社1997年版,第169页。

② 参见冯友兰:《中国哲学史新编》(第2册),人民出版社1984年版,第451~457页。

③ 梁启雄:《韩子浅解》(上册),中华书局1960年版,第18页。

④ 张素贞:《国家秩序——韩非子》,湖南出版社、三环出版社1998年版,第14页。

⑤ 《韩非子·功名》,载陈奇猷:《韩非子新校注》,上海古籍出版社2000年版,第552页。本文中凡不注明出处的《韩非子》引文均出此本。本文还参考以下校本:陈启天:《增订韩非子校释》,台北,商务印书馆1969年版;张觉:《韩非子全译》,贵州人民出版社1992年版;周锺灵、施孝适、许惟贤主编《韩非子索引》,中华书局1982年版;等等。

⑥ 《韩非子·问辩》,载陈奇猷:《韩非子新校注》,上海古籍出版社2000年版,第950页。

⑦ 《韩非子·饰邪》,载陈奇猷:《韩非子新校注》,上海古籍出版社2000年版,第366页。

⑧ 《韩非子·难势》,载陈奇猷:《韩非子新校注》,上海古籍出版社2000年版,第945页。

⑨ 《韩非子·难势》,载陈奇猷:《韩非子新校注》,上海古籍出版社2000年版,第946页。

⑩ 《韩非子·忠孝》,载陈奇猷:《韩非子新校注》,上海古籍出版社2000年版,第1151页。

⑪ 《韩非子·有度》,载陈奇猷:《韩非子新校注》,上海古籍出版社2000年版,第99页。

之谓刑,庆赏之谓德。”①从中可以看到,韩非所谓有效的政治治理,就是君主通过对臣下官吏的有效驾驭以捍卫自身的权威,进而在不可动摇的君主权威下使法令通达天下。当然,一种势的养成又由多方面因素促成,所谓“圣人之所以为治道者三:一曰利,二曰威,三曰名。夫利者所以得民也,威者所以行令也,名者上下之所同道也。”②又所谓“明君之所以立功成名者四:一曰天时,二曰人心,三曰技能,四曰势位。”③与势相辅相成的是“术”。在韩非的政治思想体系里,术有诡异之术,也有依法之术。具体表现为“七术六微”。不难看出,上述韩非的“势论”的确包含专权、阴谋等因素。有的学者认为,“势就是生杀大权和控制群众的资本”。④但现在有更多的学者从国家治理、国家权力运作的角度来开掘“势”的内涵和意义。⑤ 也就是说,要充分评估由“势”而可能导致的国家政治统治效果。例如韩非的国家理论将国家的权力运作当成“公”的事宜,即从“公”的整体考虑其他具体的政治治理问题。《韩非子》有言:“公义行则治”;⑥“故群臣公正而无私”。⑦ 姚蒸民藉此指出,“盖先秦诸子中,唯韩非最能认清国家之本质,以国家为人群之政治组合体,而非前此国与家之合成体。”⑧此说有一定的道理。当然,在宗法制文化背景下,国与家不可能截然分开,韩非的国家理论也不例外。

从国家权力运作的角度看,韩非势论中最值得细究的看法是,君主要懂得“造势”,即通过对官吏的任命和运作,使官位充分显示其职能,从而营造出对君权有利的国势。韩非言:“任人以事,存亡治乱之机也……任人者,使有势也。”⑨“势重者,人君之渊也。君人者势重于人臣之间,失则不可复得矣。”⑩韩非的国家治理方法集中体现为对官吏的使用和控制。所谓“圣人治吏不治民”⑪国家权力的运作无非知人善任,由此而营造出的“势”就能成为国家权力的基础。对上述造势的观点,学者也有评论。如“韩学端在集中一国之统治力量(势),运用有效之统治工具(法与术),杜绝足以祸国之一切乱源,建立以君主为中心之新政治制

---

① 《韩非子·二柄》,载陈奇猷:《韩非子新校注》,上海古籍出版社2000年版,第120页。
② 《韩非子·诡使》,载陈奇猷:《韩非子新校注》,上海古籍出版社2000年版,第986~987页。
③ 《韩非子·功名》,载陈奇猷:《韩非子新校注》,上海古籍出版社2000年版,第551页。
④ 施觉怀:《韩非评传》,南京大学出版社2002年版,第343页。
⑤ 参见谷方:《韩非与中国文化》,贵州人民出版社1996年版,第6章“势论”。
⑥ 《韩非子·饰邪》,载陈奇猷:《韩非子新校注》,上海古籍出版社2000年版,第366页。
⑦ 《韩非子·难三》,载陈奇猷:《韩非子新校注》,上海古籍出版社2000年版,第906页。
⑧ 姚蒸民:《韩非子通论》,台北,东大图书股份有限公司1999年版,第3页。
⑨ 《韩非子·八说》,载陈奇猷:《韩非子新校注》,上海古籍出版社2000年版,第1024页。
⑩ 《韩非子·喻老》,载陈奇猷:《韩非子新校注》,上海古籍出版社2000年版,第437页。
⑪ 《韩非子·外储说右下》,载陈奇猷:《韩非子新校注》,上海古籍出版社2000年版,第806页。

度。故能影响实际政治,结束列国纷争之局,并支持秦代而后二千年间之帝国政制。欧洲之所以始终国家分裂,而卒无一国得以实现一统之梦者,即在其封建制度衰落之际,无此种势法术兼备之政治学说出现”。① 其实,国家权力的运作有一个体现国家自身整体功能最大化的问题。至少韩非势论所要开掘的正是国家作为一种政治单位才能具有的权力功能。这也是韩非国家理论中的闪光点。以后中西方政治实践的得与失无不归结为统治者对国家权力功能的开掘和利用问题。至于认为韩非“于势论中强调主权与统治权之特性及其运用”之说,②则有评说过头之嫌。主权问题来自欧洲近代史上的国家关系实践,即在14世纪至17世纪的国家争端中,由于自然法的思想文化因素和其他国际调停等因素而萌生出国家主权意识。这些因素在韩非的年代并不存在。所以,我们在肯定韩非的国家意识时,不能超脱中国的文化背景和当时的具体历史环境。

韩非的国家意识和国家权力运作想法产生于周室衰微、列国纷争的春秋战国时代,并迅速被秦国等采纳,产生了广泛的政治实践效应。当时最为紧迫的政治形势是,各国都面临其他国家势力的威胁。如何使国家政令畅通?如何使国家强大起来?如何使国家在征服他国的过程中赢得自身的存在?这些是当时政治思想家必须严肃对待的问题。归结为一点就是国家权力的运作必须有效力、有效率。从韩非的著述看,他已经就建设强大的、以君主为核心的势、术、法合用的国家权力作了系统的考虑。当然,韩非并没有对未来秦朝的中央集权大一统国家政治体制(如秦的郡县设置等等)进行系统的阐释,这种政治理论方面的努力将由韩非以后的政治理论家和政治实践来完成。

千年之后,马基雅维里谈论君主国、共和国时也在很大程度上指君主的统治、共和政治体制下的国家权力运作等。③ 在马基雅维里的时代,政治思想家所面对的是国际上纷繁复杂的国与国之间的关系。不少人文主义者相继发表了以《君主国》《君主论》等为题的专著,其中以马基雅维里的《君主论》最为著名,影响最大。按照马基雅维里的设想,无论是君主国、共和国还是教会国都必须首先构建起一个强大的国家权力运作系统,从而形成强大的国势,在列国纷争中立于不败之地。为此,马基雅维里提出了一个最简单的衡量国势强盛与否的标准,即“一个君主在

① 姚蒸民:《韩非子通论》,台北,东大图书股份有限公司1999年版,第348页。

② 参见姚蒸民:《韩非子通论》,台北,东大图书股份有限公司1999年版,第3页。

③ 参见笔者所作《马基雅维里的人性论、才气说和命运观析微》(载《上海师大学报》2004年第1期)、《道德的合理性与国家权力的合法性—西方马基雅维里思想批评史寻迹》(载《史学理论研究》2005年第3期)、《马基雅维里思想评略》(载《历史教学问题》2005年第4期)等。

困难的时候是否能够依靠自己的力量屹立不移”。[①] 但与韩非时代不同,马基雅维里时代的国家间关系反映了欧洲不同民族、不同地缘、不同历史传统的国家需求和争斗。即使就同一个意大利而言,不同的城市共和国也有纷繁复杂的历史背景和现实状况。所以马基雅维里的国家权力理论就没有韩非那么幸运,它虽然被佛罗伦萨暂时采纳,却无法成为意大利国家统一的理论基础。另一个不同于韩非时代的情况是,在意大利城市国家中,存在形式各异的政治体制如君主政制、共和政制等。但意大利乃至欧洲很少有像先秦中国那样中央集权大一统国家的文化根基和历史机遇。古典时代的希腊以降,国家政治中始终有不同性质、不同程度的制衡力量,如不同类型的议会等在起作用。即使是15世纪、16世纪的英国、法国等民族国家,虽然君主的力量十分强大,但其力量并未摆脱议会、各职能部门的权力制衡。在马基雅维里时代,当君主的力量高出议会等议政机构的力量,通常就称其为君主统治国家。而当议会等议政机构的力量占主导地位时,人们就称其为共和制国家,从政治学的角度讲,这就是君主(统治者)和对君权有制约的权力部门进行权利协调的城市国家。总之,马基雅维里国家权力理论的核心是针对意大利城市国家政治体制的现实,通过强化国家权力来铸造一个强大的城市国家。

二、术:韩非的权力运作唯君主为上;马基雅维里则主张权力制衡

在设计国家权力的结构时,韩非更多地考虑以君主为核心的专制集权问题。马基雅维里则面对意大利当时不同类型的国家,其重点是分析不同国家权力的性质,并尝试以古代罗马共和国的国家政治体制为蓝本,设计出一个带有权力制衡形式的国家权力运作模式。

韩非或法家在设计国家权力运作时的又一理论特色是采用道家的统治术。老子的“道”既引导法家走向普遍性的法制,也导致政治运作的玄密性,即国家权力实施过程中有序的法制与无序的君王私下手段之合一。在许多情况下,“有序”受“无序”的控制。这对中国古代国家权力的运作影响深广。《韩非子》中有“解老”“喻老”两篇,格外引人注目。对此两篇的真伪妥切,学术界还有争论。[②] 笔者以为,现在至少还没有充分的理由说“解老”“喻老”中的许多文字不是韩非所著。从韩非的思想结构和《韩非子》的篇章结构看,“解老”“喻老”及其中表达的思想也不像是外加进去的异样东西。在韩非看来,只有圣人能理解那个神秘的

---

① [意]尼科洛·马基雅维里:《君主论》,潘汉典译,商务印书馆1985年版,第50页。

② 参见郑良树在《韩非之著述及思想》(台北,学生书局1993年版)中对“解老”“喻老”的详细考释。

道,并对道加以利用,"道在不可见,用在不可知:虚静无事,以暗见疵。"[①]相关的政治技巧有:"主之所用也七术,所察也六微。七术:一曰、众端参观,二曰、必罚明威,三曰、信赏尽能,四曰、一听责下,五曰、疑诏诡使,六曰、挟知而问,七曰、倒言反事。此七者,主之所用也。"[②]至于"六微"则是:"一曰、权借在下,二曰、利异外借,三曰、托于似类,四曰、利害有反,五曰、参疑内争,六曰、敌国废置。此六者,主之所察也。"[③]其他值得注意的手段还有:"爱多者则法不立,威寡者则下侵上。是以刑罚不必则禁令不行。"[④]"挟智而问,则不智者至;深智一物,众隐皆变。"[⑤]"使天下皆极智能于仪表,尽力于权衡,以动则胜,以静则安。"[⑥]一个治国的明君必须懂得上述政治要略,即"明君之道"。韩非在具体阐述"明君之道"时不外乎上述权术的运用。这种权术有明显的道家意蕴,如:"明君之道,使智者尽其虑,而君因以断事,故君不穷于智;贤者敕其材,君因而任之,故君不穷于能;有功则君有其贤,有过则臣任其罪,故君不穷于名。是故不贤而为贤者师,不智而为智者正。臣有其劳,君有其成功,此之谓贤主之经也。"[⑦]这种权术有点政治隐身术的味道,"人主之道,静退以为宝。不自操事而知拙与巧,不自计虑而知福与咎。是以不言而善应,不约而善增。"[⑧]韩非还不时用天道、鬼道来形容,所谓"故明主之行制也天,其用人也鬼"。[⑨] 以上充分说明韩非国家权力理论中有坚决实行法制的一面和配之以阴柔玄秘手段的另一面。当然,韩非在引申道家的理论时做了独特的发挥。如从"去私抱朴"到"去私抱法";从非仁义到明法度;从"国之利器不可以示人"到重权势;等等。[⑩] 牟宗三不无感触地总结说:"元首是政治等级中的一级,本来是客观的,但法家将元首尊得超过了等级,就产生弊病而成了君主专制。"[⑪]王邦雄从形上形下的角度进行透视,"老子哲学形上形下通贯为一,有其形上根源的常道,也有其形下的应世变道。此下庄子与慎到,即上承此形上之道而有不同的开展,申韩则仅执守其形下之道,转为统御臣民的权术,这是老子哲学流变而出的

---

① 《韩非子·主道》,第74页。
② 《韩非子·内储说上》,第560页。
③ 《韩非子·内储说下》,第615页。
④ 《韩非子·内储说上》,第563页。
⑤ 《韩非子·内储说上》,第568页。
⑥ 《韩非子·安危》,第526页。
⑦ 《韩非子·主道》,第67页。
⑧ 《韩非子·主道》,第81页。
⑨ 《韩非子·八经》,第1045页。
⑩ 侯外庐等:《中国思想通史》(第1卷),人民出版社1957年版,第613页。
⑪ 参见牟宗三:《中国哲学十九讲》,上海古籍出版社1997年版,第176页。

两条路线。"[①]至于是否"仅执守其形下之道",这值得商榷。倒是陈蕙娟所言真确:"韩非把老子'无为而无不为'创造转化成'术'的运用。即《扬权》篇说的'君臣不同道',《主道》篇说的'臣有其劳,君有其成功'。"[②]总之,道家思想从不同的方面满足了韩非的国家权力运作和术的设想、需求。从国家权力运作的角度分析问题,与君主专制统治相配合的权术如韩非的权术之运用会赢得某种强大的国势,并在国家非常时刻或通常情况下发生特定的政治治理效应,这些都是无可置疑的事实。但此种国家权力毕竟以君主的权威、利益为核心,其结果会造成权力运作方面与法制相悖的情景发生。由此而导致的政治灾难同样被几千年的中国政治史所印证。

马基雅维里的权术理论在西方赫赫有名。《君主论》中说:"君主必须有足够的明智远见,知道怎样避免那些使自己亡国的恶行,并且如果可能的话,还要保留那些不会使自己亡国的恶行。"[③]又说:"任何人都认为,君主守信,立身行事,不使用诡计,而是一本正直,这是多么值得赞美呵!然而我们这个时代的经验表明:那些曾经建立丰功伟绩的君主们却不重视守信,而是懂得怎样运用诡计,使人们晕头转向,并且终于把那些一本信义的人们征服了。因此,你必须懂得,世界上有两种斗争方法:一种方法是运用法律,另一种方法是运用武力。第一种方法是属于人类特有的,而第二种方法则是属于野兽的。但是,因为前者常常有所不足,所以必须诉诸后者。因此,君主必须懂得怎样善于使用野兽和人类所特有的斗争方法。关于这一点,古代的作家们早已谲秘地教给君主了。"[④]其他经常被提及的说法还有,"君主既然必须懂得善于运用野兽的方法,他就应当同时效法狐狸与狮子。由于狮子不能够防止自己落入陷阱,而狐狸则不能够抵御豺狼。因此,君主必须是一头狐狸以便认识陷阱,同时又必须是一头狮子,以便使豺狼惊骇。"[⑤]马基雅维里这种权术思想的理论基础是,任何一种国家制度都存在普遍有效性的形式方面,它不可能处理不可测人性支配下可能带来的所有不可预计的问题。因此,政治家不仅要懂得如何运用制度化的手段,还要懂得用各种非制度化的甚至非常规的手段去对应人性世界,去进行政治治理。如果我们只考虑上述权术之言,那么马基雅维里与韩非的权力运作理论就十分相像了。

但事实并非如此。马基雅维里的国家权力理论围绕共和国的政治运作展开,

---

① 王邦雄:《韩非子的哲学》,台北,东大图书公司1993年版,第39页。
② 陈蕙娟:《韩非子哲学新探》,台北,文史哲出版社2004年版,第88页。
③ [意]尼科洛·马基雅维里:《君主论》,潘汉典译,商务印书馆1985年版,第74页。
④ [意]尼科洛·马基雅维里:《君主论》,潘汉典译,商务印书馆1985年版,第83页。
⑤ [意]尼科洛·马基雅维里:《君主论》,潘汉典译,商务印书馆1985年版,第83~84页。

其中有两个支撑点，即公民自由和权力制衡。马基雅维里受古代罗马的政治思想家和古代罗马的政治文化影响较深，他心目中那个理想的罗马共和国立国之本就是保护公民的自由性。① 为了最大限度地实现和保护这种自由，就必须按照权力牵制的理论设置相应的机构。例如，就有必要在共和国里设置一个能够充分表达公民意愿的议事机构。同时，执政官秉公行事，贵族与平民的权力则处于相互制约之中。罗马的政体和法律之所以能维系，还与一批执行法律的政府官员分不开，正是这些官员对公民的行为有所约束。因此，对罗马政体的完整认识应当从这样一些方面着眼，它们有：民众、元老院、保民官、执政官和法律制度等。由这样一些因素组成的政体就有持久的稳定性，不会因具体事件的变化而随之发生变化。所以君主的权术并不是唯君主为转移。在马基雅维里看来，任何出于一人之手的政府总会出问题。他说："个体只关顾自己的情感，天天都会发生无数非正义的行为，所以出于限制的需要，或力求贤明之士来引导，或为了逃避上述无政府状态，人们又返回由一位君主执政的新政府，一般来讲，人们又会步步走向无政府的状态……"②理想的办法是：以古代罗马共和国为榜样去建立一种宪政，并且由君主、贵族和平民相互制约，各自明确其政治权利与义务。③ 唯其如此，才真正称得上是一个由法律确定的自由基础上所建立的政府。④ 马基雅维里是一个历史经验主义者和人文主义者，他承认历史上罗马共和国那些行之有效的法律、制度与人性有内在的关联性，承认它们是国家权力有效运作的基础。我们应当这样来理解马基雅维里的权术，即君主的统治手段只有在近代国家的权力制衡结构中才具有真正的效应。因此不是君主的谎言能救一个国家，而是一个国家具备了基本的权力制衡功能时，也许需要一次君主的谎言。所以主流始终是权力制衡结构和功能。正如布克哈特所描绘的那样，"我们看到他如何地希望建立起一个温和的民主形式的共和国以为美第奇家族之续。"⑤

总之，马基雅维里国家权力理论的源流和应用对象与韩非相比分属两种不同的文化传统和类型。这种不同的文化传统和类型决定了韩非和马基雅维里国家

---

① See Sullivan, Vickie B., *Machiavelli's Three Romes: Religion, Human Liberty, and Politics Reformed*, Northern Illinois University Press, 1996, p.4.

② Machiavelli, *The Discourses*, trans. by Christian E. Detmold, Modern Library, 1940, p.114.

③ Machiavelli, *The Discourses*, p.115, 16–17.

④ Machiavelli, *The Discourses*, Chapter XL, form *The Portable Machiavelli*, edited and translated by Bondanella P. and Mark Musa, Penguin Books, 1979, p.254–260.

⑤ [瑞士]雅各布·布克哈特：《意大利文艺复兴时期的文化》，何新译，商务印书馆1979年版，第84页。

权力理论存在许多质的不同。

三、法:韩非囿于宗法伦理谈法制;马基雅维里以公民自由为基础论法制

韩非和马基雅维里分析国家问题时都假设人性中有恶的因素和变幻莫测的成分,并提醒政治家要根据人性设计相应的对策。同时,韩非在推行以法治国时,将先秦宗法社会中的父权升格为国家权力体制,以规约个人的行为。而马基雅维里的法制理论强调,在提防人性中恶的因素时,作为国家权力基础的公民个人自由应当受到高度重视。

从人性中有恶的因素这个前提出发,韩非和马基雅维里的政治思想都有明确的目标,即设计以法为基础的国家权力系统及其有效的运作模式。抽象地讲,韩非国家权力理论中也在某种程度上体现出任何政治力量都必须在法的限度内进行运作的想法,即使是天子也不例外,所谓"明主之道忠法",①"天子失道,诸侯伐之。"②对此,我们要从法制国家的角度给予积极的评价。特别是上文提到,韩非及法家思想以道家学说为源流,这里还包含着道家的"道"等概念满足了法、国家权力运作等的形式普遍性需求之因素。高柏园认为,"就道的超经验性与超言说性而言,法在韩非中之意义亦可有其超经验性与超言说性。法在韩非思想中并不是一经验之对象,而是指导吾人经验活动之规则,同时为了统一思想与意志,是以法有最高之权威,不容任何人论辩怀疑,由是而有其超言说性……道与法之间最为重要的意义关连,应该是韩非乃试图将法的地位提高至道的地位,作为一切存在的基础。"③又如姚蒸民之言,"韩非承道家之学,师其意而落实之,以'法'代'道',作为衡量一切之标准。"④曹谦则从自然法的角度评述法、道的关系,认为道体现为一种"自然法",有客观、公正、至善的特征,法家将其引申到政治治理的法,使法也成为客观、公正和至善。⑤ 谢云飞更详细地发挥这一思想,"韩非既因袭道家的'法自然'之思想,然又化其自然为必然,而导其道德以成法术,此则使道家玄妙之道落实,而成必定之法则也。"⑥"其所谓自然,即不用心智以妄测,而用客观之法度,凡是非功过,皆以客观之法度衡量之,此为最自然之量度法,亦即

---

① 《韩非子·安危》,第532页。

② 《韩非子·难四》,第924页。

③ 高柏园:《韩非哲学研究》,台北,文津出版社1994年版,第27页。

④ 姚蒸民:《韩非子通论》,台北,东大图书股份有限公司1999年版,第88页。

⑤ 参见曹谦编著:《韩非法治论》。转引自《民国丛书》第四编(7),上海书店据中华书局1936年版影印。

⑥ 谢云飞:《韩非子析论》,台北,东大图书公司1996年版,第52页。

化自然为必然之法也。”①

但韩非又响应了道家“无为”理论适宜于宗法制集权统治的一面，其视君权为父权，于是走向与法制相悖的路途。② 或者说，在先秦特定的社会、文化背景下，韩非思想中积极的因素没有走完其逻辑的进程。在韩非的政治法律思想体系里，君主没有任何法律上的义务去为权力的获得和享受付出各种代价。韩非处于百家争鸣的时代，各家虽政见相佐，然在宗法伦理方面颇有相类似者。林纬毅通过对《韩非子》的考释和研究，指出韩非思想以法为核心、法儒兼用。③ 笔者认为，无论是法家还是儒家，他们思想所依赖的宗法文化并没有根本改变。家长、君主及由此而下的规范体系始终是社会的主流。在以“君君、臣臣、父父、子子”伦理纲常为基础的宗法社会里，从理论上讲，君主的权力不受任何其他政治势力的制约。就政治结构而言，周王室的式微并不意味着宗法社会的结构销声匿迹，而是原来以血统为基础的宗法统治模式已经难以适应日益扩展的政治区域和日益强盛的区域政治势力。作为法家集大成者的韩非，其思想亦未超脱宗法思想文化的窠臼。在宗法思想文化的大框架下，韩非设计出以君父为伦理政法核心的国家权力系统。韩非曰：“臣之所闻曰：‘臣事君，子事父，妻事夫，三者顺则天下治，三者逆则天下乱，此天下之常道也，明王贤臣而弗易也。’则人主虽不肖，臣不敢侵也。”④既然是上对下的控制，那么理所当然君父以严威治臣子，“万乘之主、千乘之君所以制天下而征诸侯者，以其威势也。”⑤上文所评韩非之“势”论，最能体现其君主至上的专权设想。从韩非势论的逻辑结构看，韩非在考虑国家权力结构时必须设定一个前提即“有道之君”的存在。⑥ 有时又称作“明主”，所谓“明主在上则人臣去私心行公义”。⑦ 国或邦只是明主的一种工具。明君不存，势、术的运用就会有不同的结果。韩非尝言：“今以国位为车，以势为马，以号令为辔，以刑罚为鞭策，使尧、舜御之则天下治，桀、纣御之则天下乱，则贤不肖相去远矣。”⑧透过韩非所设计的以君王为最高权力的政治体制，处处有宗法制文化背景下君权独尊和

① 谢云飞：《韩非子析论》，台北，东大图书公司1996年版，第53页。

② 参见周春生：《“法”与“道”——韩非政治法律思想源流辨析》，载《上海师范大学学报》2005年第4期。

③ 参见林纬毅：《法儒兼容：韩非子的历史考察》，台北，文津出版社2004年版；韩星：《先秦儒法源流述论》，中国社会科学出版社2004年版。

④ 《韩非子·忠孝》，第1151页。

⑤ 《韩非子·人主》，第1162页。

⑥ 《韩非子·扬权》，另可参见《韩非子·解老》等。

⑦ 《韩非子·饰邪》，第366页。

⑧ 《韩非子·难势》，第942页。

专制集权的成分。对于老百姓则采取愚民政策。“民智之不可用,犹婴儿之心也。”①“故举士而求智贤,为政而期适民,皆乱之端,未可与为治也。”②“使民以法禁而不以廉耻。”③说到底,民是如何使用的问题,所谓“民用官治”是也。④

马基雅维里所说的法和法制是指最高政治准则,任何公民和政治力量都不能凌驾于法律之上。他设计了以罗马共和国为蓝本的政治体制,强调罗马人正是因为有了法律才能在以后的历史中不断恢复他们的自由、重新获取他们原先国家的地位和施展其巨大的政治影响。⑤ 无论哪种势力都必须在法律的限度内实施其主张。马基雅维里注意到李维对罗马共和国时代党派纷争的描述。这种党派纷争是以对对手的压制为前提的,其结果必然是一胜一败。所以马基雅维里认为,只有法律而不是个人能够超出于所有人之上。⑥ 在《兵法七论》中,马基雅维里进一步指出,权力的集中只在军事上的非常时期有其必要性,因为那时需要在极短的时间内对重要的问题作出迅速的反应和决断,在其他时候就不能由一个人说了算,而应当由顾问等共同商议决断。⑦ 总之,法是国家权力的基础。⑧

马基雅维里特别注意到作为法制基础的公民社会问题。例如,有了良好公民素质的社会,法制也有了基础。反之,如果公民腐败了,那么政权的基础也就彻底完结了。⑨ 从希腊的城邦政治开始到罗马共和国、罗马帝国,其社会结构表现出非常典型的公民社会特征。到了中世纪,在欧洲更广泛的政治区域里仍以特定的形式表现着原来的公民社会特征,其中包括马基雅维里所生活的意大利。在马基雅维里的政法思想体系里,人是就公民这一层含义而言的。马基雅维里的代表作虽冠以《君主论》之名,但书中的君主并不高出于公民社会之上。按照马基雅维里的观点,任何人都生活在特定的公民社会之中,因此任何人包括君主在内都享有、履行法所规定的权利和义务。就权力形式而言,这意味着君主权力形式即使是世袭的也有法的认可限度,同时意味着君主权力、地位的取得有多种样式和途

---

① 《韩非子·显学》,第1147页。

② 《韩非子·显学》,第1147页。

③ 《韩非子·六反》,第1009页。

④ 《韩非子·六反》,第1007页。

⑤ See Machiavelli, *The Discourses*, p. 231.

⑥ See Machiavelli, *The Discourses*, p. 232 – 233.

⑦ See Machiavelli, *Art of War*, Lynch, Christophor, translated and edited with a Commentary, Chicago: The University of Chicago Press, 2003, p. 16 – 17.

⑧ See Bonadeo, Alfredo, *Corruption, Conflict, and Power in the Works and Times of Niccolo Machiavelli*, Los Angeles: University of California Press, 1973, p. 105.

⑨ See Machiavelli, *The Discourses*, p. 169 – 170.

径。从统治与被统治的关系看,君主所统治的对象是与自己处于同一个法制约下的公民。君主与公民的关系因而也是一种法的关系。从理论上讲,公民对于君主也有法的制约力。当然这种制约力是通过特定的机构发生效应的。所以在法的限度内君主失去其权力和地位也是极正常的。马基雅维里分析共和国的基本出发点就是以公民社会的立场来考虑国家统治的艺术。① 马基雅维里在《李维史论》的第 1 部中对罗马共和国与公民社会诸问题做过非常明确的阐述。在《佛罗伦萨史》《兵法七论》里,马基雅维里对军事、公民社会、共和国三者的关系同样做了详细的论述。根据马基雅维里在不同著作中所表达的观点,只有在公民社会里才谈得上真正意义的宪政。或者说"宪政"是公民社会的主要特征。真正的理想社会就是以公民社会为基础的、能充分体现共和国整体功能的国家。同时,公民在国家中享有充分的自由和法律意义上的权利,其中包括对国家事务的决断权。在马基雅维里的心目中,所谓腐败的政府象征就是公民难以对国家问题进行决断,例如对官吏难以进行任选等。② 马基雅维里在分析佛罗伦萨政治稳定的原因时充分注意到公民参与国家管理的问题,例如由每个区选出的 2 名公民代表组成 12 人"长老会"(后改称"贤人政府")、由平民和贵族代表组成的"议事会"、由经济政治双重效应的"行会"、由平民代表组成"人民公会"和贵族代表组成的"公社会议"共同执掌政权等。由于这些机构的存在代表了大多数公民的利益,因此使得佛罗伦萨在相当长时期内政治稳定。③

公民自由问题也是马基雅维里政治学说的核心。马基雅维里十分鲜明地表达了对公民自由的看法,"自由的力量是什么也压制不了的,岁月也无法把它消泯;一位君王的功勋无论有多大,也不可能补偿自由的损失。"④"我们经常可以看到这样的情形:有些人并未亲身享受过自由的美妙,只是从他们的父辈嘴里听说过,因而对自由产生热爱。这些人一旦重获自由,就会以百折不挠的决心去保卫它,任何艰险在所不计。即使他们的父辈已不记得自由为何物,而那些公共建筑、政府大厅以及自由机构的种种徽记却仍然历历在目,这些都可以使他们想起自由。这些东西是不可能不让人们知道的,不可能不引起各阶层公民们的向往

---

① See Viroli, M., *Machiavelli*, Chapter Ⅱ, "The Art of the State", Oxford: Oxford University Press, 1998.

② See Machiavelli, *The Discourses*, p. 169.

③ 参见[意]尼科洛·马基雅维里:《佛罗伦萨史》,李活译,商务印书馆 1982 年版,第 63、72 页;另参见第 144、157 页。

④ [意]尼科洛·马基雅维里:《佛罗伦萨史》,李活译,商务印书馆 1982 年版,第 103 页。

的。”[①]“对于一个习惯于享受自由的人来说,即使是最轻的锁链也会感到沉重,在他那自由的灵魂上强加的任何束缚都压迫着他。而且,一个激烈的民族和一位贤明的君主结合到一起的事例是不可能找到的。”[②]马基雅维里的论断是,“一个君主,特别是那种有过暴政经历的君主,企求人民回归善途,消除对自己的敌意,就必须真正了解人民的愿望是什么。”[③]马基雅维里高度赞美罗马共和国时期政权的基础,即以人民(平民)为基础。他认为,以人民为基础,共和国的自由才能真正有保证。[④]

综上所述,韩非和马基雅维里都对强大国家权力系统提出了各自的看法,揭示出国家权力运作或国家行政系统的实质性内涵,达到了两个不同思想文化系统所能容纳的理论逻辑高度。这些需要政治思想界做进一步的研究。但两者的区别显而易见:韩非力主宗法社会结构中的、以君主权力为核心的国家权力理论;而马基雅维里则赞成以公民自由为基础的、受权力制衡的国家权力运作。

---

① [意]尼科洛·马基雅维里:《佛罗伦萨史》,李活译,商务印书馆1982年版,第103~104页。

② [意]尼科洛·马基雅维里:《佛罗伦萨史》,李活译,商务印书馆1982年版,第104页。

③ Machiavelli, *The Discourses*, p. 162.

④ See Machiavelli, *The Discourses*, p. 121.

鸣　谢

本选编得到华东政法大学何勤华教授主持的国家社科基金重大项目“法律文明史”(11&ZD081)的支持。项目第六子课题“中世纪欧洲世俗法”由陈灵海、柴松霞、冯引如、卢然、林海、郭文青、江小夏、吴玄、肖崇俊共同承担,于2012年年底完成初稿,在上海举办了结项答辩会。答辩会上,侯建新教授、陈文海教授、赵立行教授、苏彦新教授、赵文洪研究员、郑殿华教授等师长提出了许多宝贵意见,也启发了我们将写作过程中参考的中世纪欧洲史研究论文中的精彩之作选编成集与学友共享的想法。这一想法不久就陆续得到了选编所收各篇论文作者的支持。编选和校对过程中,我们反复阅读这些各具特色的论文,对作者们占据资料之多之广、切入命题之准之新、推理论证之精之实深感钦佩,也深感改革开放以来中国不但崛起为世界强国,也逐渐跻身为世界史研究的强国。由于方方面面的原因,选编出版进程的漫长超过了我们的预估,也造成了一些缺憾,如因篇幅所限不得不放弃了许多优秀论文,因通讯原因无法与一些杰出作者取得联系,因学识疏浅而在编校过程中出现错漏等。此外,因作者们的行文习惯和表达方式各有特色,不同论文的注释格式或有差异,难以强求形式统一,敬请读者谅解。何少芳、边鹏、李永增、杨颖、单若昱、朱欢、孙琳、陈茜等在校对复核工作中付出了很多辛劳,在此向他们表示感谢!法律出版社法治与经济分社沈小英社长、刘晓萌编辑、常锋编辑的精心策划和细致专业的工作,是本选编出版的有力保证。最后当然也是最重要的，谨向本选编的论文作者侯建新、孟广林、王云龙、陈文海、彭小瑜、施诚、沈坚、徐家玲、朱明、哈全安、赵立行、顾銮斋、徐善伟、苏彦新、陈太宝、李栋、朱晓喆、周春生等教授致以最衷心、最诚挚的谢意！祝愿我国的中外历史研究日日新、又日新！

编　者

2024 年 7 月